COLOMBIE

Marc Lessard

ÉDITIONS ULYSSE

Le plaisir... de mieux voyager

Auteur Marc Lessard	*Directeur de collection* Claude Morneau	*Illustratrices* Marie-Annick Viatour Lorette Pierson
Correcteur Pierre Daveluy	*Directrice de projet* Pascale Couture	Sophie Matteau
Chargé de projet Daniel Desjardins	*Cartographe et infographe* André Duchesne	*Photographe* *Page couverture et* *intérieures*
Assistante Stéphane G. Marceau	*Assistants* Patrick Thivierge Line Magier	Carlos Pineda
Collaborateur Marc Rigole		*Directeur artistique* Patrick Farei - Atoll Direction

Remerciements : ce guide n'aurait jamais vu le jour sans l'aide de plusieurs organismes et de plusieurs personnes à différents niveaux. Je ne saurais jamais trop remercier mon frère Serge Lessard, du Conseil national de la recherche du Canada, à qui j'ai fait parvenir mes textes par Internet. En Colombie, je dois remercier tout spécialement monsieur Murry Esselmont, attaché commercial à l'Ambassade du Canada, el doctor Jairo Alfredo González Izqueirdo, Director Estrategia Turística, Ministero de Desarrolo Económico, à Santafé de Bogotá, el doctor Enrique Arcienegas, président de COTELCO, Associación Hotelera de Colombia, aussi à Santafé de Bogotá, et el doctor Pedro Luis Mogollón V., directeur du Centro de Convenciones de Cartagena de Indias. Je dois aussi mentionner la collaboration efficace et sans retenue des compagnies d'aviation Avianca et Air Canada.

Je ne saurais non plus oublier les personnes suivantes qui, directement ou indirectement, ont aussi contribué à leur manière à cette publication, notamment à Montréal, Abedda Abdelkader, Richard Barabé, Jacques Bazinet, Élise Labelle, Louise L'Andriaut, Claude Robert et Patrick Ropars, entre autres. Et en plusieurs endroits en Colombie, Patricia Puccetti Carvajal, à Cartagena de Indias, Joaquím Romero Díaz, Fernando E. Muñós S. et María Liria Ortega B., à Medellín, Luisa Liliana Velásquez R. et Ximena Dávila Mejía, à Manizales, Edgar Omar Garzón G. à Armenia, José Gómez à Tuluá, Jeff Benoît à Cali, la señora Yolanda Mosquera T. et les guides Ramiro et Lucio Marino Bravo Muñós, à Popayán, John Jairo Benjumea, à San Agustín, Jaime Calderón Devia, à Tierradentro, et combien d'autres.

Les Éditions Ulysse remercient la SODEC (gouvernement du Québec) ainsi que le ministère du Patrimoine (gouvernement du Canada) pour leur soutien financier.

DISTRIBUTION

Canada : Distribution Ulysse, 4176, St-Denis, Montréal (Québec) H2W 2M5, ☎ (514) 843-9882, poste 2232 ☎ (800) 748-9171, fax : (514) 843-9448, www.ulysse.ca; guiduly@ulysse.ca

États-Unis : Distribooks, 820 N. Ridgeway, Skokie, IL 60076-2911, ☎ (847) 676-1596 fax : (847) 676-1195

Belgique-Luxembourg : Vander, 321, avenue des Volontaires, B-1150 Bruxelles, ☎ (02) 762 98 04 fax : (02) 762 06 62

France : Vilo, 25, rue Ginoux, 75737 Paris, cedex 15, ☎ 01 45 77 08 05, fax : 01 45 79 97 15

Espagne : Altaïr, Balmes 69, E-08007 Barcelona, ☎ (3) 323-3062, fax : (3) 451-2559

Italie : Centro cartografico Del Riccio, Via di Soffiano 164/A, 50143 Firenze, ☎ (055) 71 33 33 fax : (055) 71 63 50

Suisse : Diffusion Payot SA, p.a. OLF S.A., case postale 1061, CH-1701 Fribourg, ☎ (26) 467 51 11 fax : (26) 467 54 66

Pour tout autre pays, contactez Distribution Ulysse (Montréal).

Données de catalogage avant publication (Canada), voir p 6.

© Éditions Ulysse - Tous droits réservés - Bibliothèque nationale du Québec
Dépôt légal - Quatrième trimestre 1998
ISBN 2-89464-078-1

«*Nous ne sommes ni des Européens ni des Indiens, mais appartenons à une espèce située entre les indigènes et les Espagnols.*»

— Simón Bolívar, *El Libertador* —

SOMMAIRE

SYMBOLES DES CARTES

---

❶	Information touristique	⚘	Parc
🚌	Gare routière	▲	Montagne
🚋	Funiculaire	⫶	Ruines archéologiques
✈	Aéroport	◓	Plage
⬛	Gare ferroviaire	✉	Bureau de poste

ÉCRIVEZ-NOUS

Tous les moyens possibles ont été pris pour que les renseignements contenus dans ce guide soient exacts au moment de mettre sous presse. Toutefois, des erreurs peuvent toujours se glisser, des omissions sont toujours possibles, des adresses peuvent disparaître, etc.; la responsabilité de l'éditeur ou des auteurs ne pourrait s'engager en cas de perte ou de dommage qui serait causé par une erreur ou une omission.

Nous apprécions au plus haut point vos commentaires, précisions et suggestions, qui permettent l'amélioration constante de nos publications. Il nous fera plaisir d'offrir un de nos guides aux auteurs des meilleures contributions. Écrivez-nous à l'adresse qui suit, et indiquez le titre qu'il vous plairait de recevoir (voir la liste à la fin du présent ouvrage).

Éditions Ulysse
4176, rue Saint-Denis
Montréal (Québec)
H2W 2M5
www.ulysse.ca
guiduly@ulysse.ca

DONNÉES DE CATALOGAGE

Lessard Marc
    Colombie
    (Guide de voyage Ulysse)
    Comprend un index.

    ISBN 2-89464-078-1

    1. Colombie - Guides. I. Titre. II. Collection.
F2259.5.L47 1998   918.6104'635   C98-940802-7

Du même auteur, publié chez Guy Saint-Jean Éditeur :

- *Le miroir aux assassins,* collection «NOIR MYSTÈRE»
- *Rumeurs de morts,* collection «NOIR HORREUR»

SYMBOLES

≡	Air conditionné
⊛	Baignoire à remous
⊘	Centre de conditionnement physique
▣	Coffret de sécurité
⛵	Coup de cœur Ulysse pour les qualités particulières d'un établissement
ℂ	Cuisinette
ec	Eau chaude
mb	Minibar
≈	Piscine
ℝ	Réfrigérateur
ℜ	Restaurant
bp	Salle de bain privée (installations sanitaires complètes dans la chambre)
⌂	Sauna
S	Stationnement
⊶	Télécopieur
☎	Téléphone
tv	Téléviseur
tlj	Tous les jours
⊗	Ventilateur

CLASSIFICATION DES ATTRAITS

★	Intéressant
★★	Vaut le détour
★★★	À ne pas manquer

CLASSIFICATION DE L'HÉBERGEMENT

$	moins de 30 000 pesos
$$	entre 30 000 et 50 000 pesos
$$$	entre 50 000 et 70 000 pesos
$$$$	entre 70 000 et 100 000 pesos
$$$$$	plus de 100 000 pesos

Les tarifs mentionnés dans ce guide s'appliquent à des chambres pour deux personnes.

CLASSIFICATION DES RESTAURANTS

$	moins de 5 000 pesos
$$	entre 5 000 et 10 000 pesos
$$$	entre 10 000 et 20 000 pesos
$$$$	entre 20 000 et 30 000 pesos
$$$$$	plus de 30 000 pesos

Les tarifs mentionnés dans ce guide s'appliquent à un repas pour une personne,
incluant la taxe, mais excluant le service et les boissons.

LISTE DES CARTES

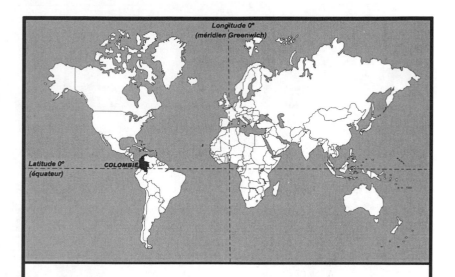

Situation géographique dans le monde

Colombie

Capitale : Santafé de Bogotá
Superficie : 1 141 740 km²
Population : 38 000 000 hab.
Langue officielle : espagnol
Monnaie : peso

PORTRAIT

Plantée de travers au-dessus de l'Amérique du Sud, tel un *morrión* (casque de guerre espagnol en métal et de forme arrondie avec une bordure en retroussis, en usage dans les années 1500) sur la tête d'un jeune conquistador effronté à moitié soûl, la Colombie couronne son hémisphère dont elle semble surveiller de près les intérêts. Bénéficiant d'une situation géographique tout à son avantage, elle est sise au point de fusion de l'isthme de Panamá, au nord du continent austral. C'est le seul pays sud-américain qui touche aux deux océans, soit l'Atlantique au nord-est, par la mer des Caraïbes, et le Pacifique au sud-ouest. L'équateur, le cercle de rotation de la Terre, traverse son territoire en Amazonie.

Morion

GÉOGRAPHIE

La Colombie — dont la fête nationale est le 20 juillet et les emblèmes nationaux sont le condor, l'orchidée *Catleya trianae* et le palmier de Quindío — présente une superficie de 1 141 748 km². Deux fois plus étendu que celui de la France, son territoire accueille les deux tiers de la population de cette dernière, soit environ 38 millions d'habitants (0 — 14 ans, 32%; 15 — 64 ans, 64%; 65 ans et plus, 4%). Il est délimité au nord par la mer des Caraïbes (1 600 km), à l'ouest par le Panamá (266 km) et l'océan Pacifique (1 300 km), à l'est par le Venezuela (2 219 km) et le Brésil (1 645 km), et au sud par le Pérou (1 626 km) et l'Équateur (586 km). Son drapeau national est constitué de trois bandes horizontales : la jaune occupe la partie supérieure et médiane de la bannière; la bleue, représentant le ciel et la mer, occupe l'autre partie médiane, tandis que la rouge, prenant la moitié de l'espace de la jaune, représente le sang des héros colombiens.

Dans sa partie ouest, trois chaînes de montagnes en façonnent le paysage pour le moins sculptural, issues de la partition de la cordillère des Andes. Au sud, en sortant de l'Équateur, celle-ci se fractionne en effet en trois branches, tel le fer d'un trident, pour former la Cordillère occidentale le long du littoral pacifique, la moins haute des trois chaînes, qui culmine à 4 250 m. Ce relief continue de s'étendre jusqu'en Amérique centrale, où, sectionné, il livre passage au canal de Panamá.

En pointe médiane, la Cordillère centrale. Colonne vertébrale de la Colombie, elle domine tout le massif avec ses volcans, ses inselbergs et ses pics enneigés de plus de 5 000 m. Finalement la branche de droite, la Cordillère orientale, avec ses hauts plateaux (Santafé de Bogotá) qui s'aiguisent en pointe acérée jusque dans la mer des Caraïbes au nord pour former la Sierra Nevada de Santa Marta. En guise d'ergot, l'un des plus hauts sommets de l'Amérique du Sud, le Cristóbal Colón, qui culmine à 5 800 m (par comparaison, le Kilimandjaro en Afrique, au nord du Tanganyika, atteint 5 895 m, alors que le mont Blanc dans les Alpes, chevauchant la France et l'Italie, n'atteint que 4 807 m). Les géologues sont d'avis que la cordillère des Andes est une chaîne de montagnes jeune, ce qui expliquerait la fréquence des mouvements sismiques qui la secouent régulièrement.

Les branches des cordillères insèrent deux vallées fertiles, le Valle del Cauca et le Valle de la Magdalena, dont les noms des fleuves qui les baignent. Les *llanos* (plaines) et la forêt amazonienne couvrent l'est du pays, alors que le littoral ouest est occupé par une forêt tropicale impénétrable : la forêt primitive du Chocó. La population est concentrée sur les hauts plateaux, dans les vallées et près de la côte caraïbe, alors qu'une partie significative du territoire colombien demeure encore aujourd'hui inhabité. La fameuse route panaméricaine si controversée, la Carretera Panamericana, ne le traverse pas encore complètement. Elle s'arrête à la forêt du Chocó, où des groupes écologiques manifestent régulièrement pour sauvegarder le caractère unique de cette région. Si bien qu'il est toujours impossible de rejoindre la Colombie par voie terrestre depuis l'Amérique du Nord.

Enfin, l'archipel San Andrés y Providencia, dans la mer des Caraïbes, de même que de nombreuses îles dont celles de Malpedo et Gorgona dans le Pacifique, font aussi partie du territoire colombien.

D'immenses fleuves mouillent la Colombie, à savoir le Río Orinoco (l'Orénoque) et le Río Amazonas (l'Amazone). Deuxième plus grand cours d'eau au monde avec ses 6 520 km de longueur, battu de peu par le Nil-Kagera en Afrique, qui court sur 6 670 km, le Río Amazonas ne longe la Colombie que sur 130 km, selon un traité signé en 1930 par la Colombie,

le Brésil et le Pérou, à la suite de nombreux conflits frontaliers. La Colombie est aussi baignée par le Río Magdalena, le Río Atrato, le Río Cauca, le Río Meta, le Río Guaviare, le Río Caquetá et le Río Putumayo. Tous ces grands fleuves, issus des cordillères, et leurs nombreux affluents irriguent avantageusement la terre colombienne, qui, en retour, nourrit généreusement ses habitants.

FAUNE ET FLORE

La faune

La variété de la faune n'a d'égale que le climat et la géographie qui regroupe plaines, montagnes, fleuves et jungles. Dans la forêt amazonienne par exemple, on peut trouver, dans moins de 10 ha, 1 500 espèces de plantes florales et plus de 750 essences d'arbres, 450 espèces d'oiseaux, 150 sortes de papillons, 100 espèces reptiliennes, 60 amphibiens et plus de 8 000 insectes différents et souvent... piqueurs. De ce fait, la Colombie est reconnue sur le plan international comme la banque génétique de l'humanité possédant aussi un très haut taux d'espèces dites endémiques parce qu'uniques et confinées à une seule région. On peut trouver en Colombie, selon l'endroit où l'on est, des lamas, des alpagas, des iguanes, des quetzals huppés, des perroquets aras, et naturellement, toute la variété des animaux domestiques connus.

La forêt équatoriale pullule de jaguars, d'alligators, d'ours, de cerfs, de serpents venimeux ou constricteurs, de loups, de renards, de lièvres, de singes, de tapirs, d'ocelots, de tamanoirs, de chats sauvages et de dindons sauvages. Le pays est aussi peuplé d'une quantité impressionnante d'oiseaux terrestres et aquatiques dont les pélicans, les flamants roses, les condors, les faucons, les cigognes, les perroquets, les toucans, les paons, les colibris et les moqueurs.

On a repéré 150 espèces aquatiques dans le Río Magdalena et plus de 250 dans le Río Orinoco seulement, sans compter les deux espèces de dauphins d'eau douce du Río Amazonas (voir p 304).

Les deux océans rivalisent tant par la qualité que par la quantité de poissons, de mammifères et de crustacés, de la baleine à bosse près de

Jaguar

Buenaventura à tous les delphinidés. On y pêche le requin, l'espadon, le thon, la crevette, le rouget et la raie, entre autres, de même qu'une foule de petits poissons exotiques destinés aux aquariums.

La flore

Comme la Colombie peut se targuer de présenter à tour de rôle ou en même temps tous les climats de la planète, la flore en est d'une variété étonnante. On y trouve la végétation des régions désertiques, sur la côte atlantique, celle des plateaux alpins des cordillères, celle des savanes près de Santafé de Bogotá et même la toundra dans les montagnes aux neiges éternelles. Mais le pays possède aussi d'épaisses forêts tropicales, vaporeuses et humides, celles du Chocó et de l'Amazonie par exemple, dont la flore, une des plus importantes au monde, déborde d'une faune souvent inquiétante.

Encore ici, la Colombie se distingue. En effet, près de 20 000 des 55 000 espèces de plantes sont dites endémiques, c'est-à-dire qu'elles sont autochtones ou particulières à la région. Le palmier de cire du département de Quindío, le plus grand palmier du monde, en est un exemple.

UN PEU D'HISTOIRE

Les anthropologues et les ethnologues demeurent encore perplexes aujourd'hui devant les difficultés à démêler l'imbroglio tissé tant par les innombrables légendes que par les bribes de vie authentiques des anciennes civilisations de l'Amérique du Sud, retransmises de bouche à oreille et de génération en génération. Ils sont incapables d'en recenser adéquatement la population, tellement l'information manque, et ils en sont réduits à l'estimation raisonnable. Les conquistadores ayant fondu ou détruit un grand nombre de vestiges et les *huaqueros*, pilleurs de tombes, continuant dans cette veine, ils ne peuvent baser leur analyse que sur de rares morceaux d'architecture, sur une quantité minimale de poteries, sur certaines pièces de textile, sur quelques bijoux et sur certaines pièces d'or, aussi en infime quantité. En faisant même une lecture critique des récits écrits par des chroniqueurs de l'époque et par certains Espagnols plus érudits, ils sont tout au plus en mesure de tracer quelques lignes grossières des populations amérindiennes qui peuplèrent la Colombie précolombienne.

Des migrants d'Asie

Les spécialistes ont conclu que le Nouveau Monde avait été peuplé à l'occasion de lointaines mais massives migrations. Selon leurs déductions, les premières peuplades à pénétrer dans le continent sont des nomades originaires de l'Asie du Nord-Est. En petites tribus, ils franchissent l'Europe du Nord et traversent l'Alaska, il y a environ 50 000 ans, soit en empruntant le détroit de Béring ou encore en passant par les îles Aléoutiennes, qui forment un pont continu et solide en période de glaciation.

Ces tribus vivent en groupes isolés et suivent les troupeaux de rennes, de cerfs et de bisons sauvages pour subvenir à leurs besoins, sans savoir où elles vont, ni où elles sont. Encore aujourd'hui d'ailleurs, les Lapons, nomades des steppes du nord de la Suède, de la péninsule de Kola au nord de la Finlande et de la Sibérie, se déplacent toujours de cette façon, au rythme des troupeaux de rennes en quête de pâturages dont ils prélèvent leurs besoins en viande, en lait, en fourrure et en transport, les animaux étant semi-domestiqués.

Sur ces nouveaux territoires avancent les premières tribus paléolithiques, nues et faiblement armées de massues de pierre taillées grossièrement qu'elles utilisent à la chasse et comme outil de construction. En plus des troupeaux de rennes, elles suivent les mammouths et d'autres mastodontes aujourd'hui disparus. Ces gros animaux n'ont en effet aucune difficulté à repérer les points d'eau et les pistes qui y mènent. Tout en utilisant les espèces grégaires comme garde-manger, elles envahissent lentement tout l'hémisphère Nord, pénètrent dans l'isthme central pour atteindre finalement la partie sud du continent, qu'elles peuplent jusqu'à la Terre de Feu. Probablement à cause de l'extrême chaleur du climat, du sol accidenté, de la forêt tropicale dense et humide, et de l'absence de pâturages adéquats dans certaines régions, les grands troupeaux de ruminants n'entrent jamais au Mexique, terminant leur propre migration dans les plaines luxuriantes du sud des États-Unis.

La dernière grande glaciation s'achevant quelque 10 000 ans av. J.-C., le passage solidifié entre l'Europe du Nord et l'Amérique fond rapidement au soleil. Il faut attendre la construction de grands navires pour que les Européens remettent les pieds sur le continent isolé et «découvrent» une population qui a non seulement survécu mais aussi établi des civilisations originales et souvent sophistiquées. Ces civilisations auraient maîtrisé l'agriculture, le tissage, la céramique et l'orfèvrerie avant même certaines nations du «vieux monde». Cependant, des navigateurs en pirogue à balanciers et colonisateurs d'îles du Pacifique auraient pu rejoindre les côtes de l'Amérique en provenance du Sud-Est asiatique, et apporter un souffle nouveau aux peuplades dorénavant indigènes de ces territoires. Plusieurs légendes autochtones font état de géants venus de l'ouest dans des embarcations en jonc tressé. Ce qui expliquerait par exemple la connaissance de certaines de ces techniques et peut-être aussi de l'utilisation de l'arc et des flèches comme arme, en complément de la massue paléolithique d'origine, ou même certaines techniques de construction de pirogues utilisées

sur les côtes du Pacifique au moment de la découverte.

Les camélidés (lamas, alpagas, vigognes et guanacos) sont présents dans les Andes, notamment au Pérou, et ils permettent l'élaboration d'une vie pastorale et donc plus sédentaire. Mais il faut attendre la Conquête pour voir arriver le cheval, l'âne, le porc et, partant, l'établissement d'un cheptel de ferme. Pour la plupart nomades donc, les premiers habitants de l'hémisphère Sud ont de ce fait laissé bien peu de traces de leur mode de vie. L'errance n'autorise pas, à l'époque, la mise en valeur des choses de l'esprit comme l'écriture ou la peinture que d'autres peuples sédentaires ont déjà développé en Europe. Comme exemple, les peintures rupestres découvertes dans les grottes d'Altamira en Espagne, qui datent de 30 000 ans av. J.-C. et qui dépeignent avec un réalisme étonnant la vie des primitifs. Cependant, on fabrique déjà de la poterie dans le sud de la Colombie quelque 4 000 ans av. J.-C., et certains objets retrouvés lors de fouilles archéologiques présentent des similitudes troublantes avec ceux en usage chez les anciennes civilisations chinoises. De quoi semer encore plus la perplexité chez les chercheurs. À San Agustín par exemple, on a retrouvé des monuments funéraires et des monolithes gigantesques taillés dans la pierre datant de plus de 3 000 ans av. J.-C. Et présentant des similitudes avec les statues mégalithiques (*moai*) de l'île de Pâques dans le Pacifique, à quelque 900 km à l'ouest du Chili, à qui l'île appartient. Géographiquement cependant, l'île de Pâques fait partie de la Polynésie.

Relativement à la toponymie, les archéologues et les historiens ont souvent prêté, faute de mieux, les noms des sites archéologiques d'Amérique du Sud aux tribus qui les habitaient. À titre d'exemple, les San Agustín dominaient la région de San Agustín, au sud de la Colombie. La ville principale de la civilisation des Mochicas au Pérou était Moché, tandis que les artisans *nazcas* ont pour capitale la ville de Nazca. Et c'est à Nicaragua, un cacique (chef ou roi) d'une intelligence remarquable selon les Espagnols, que l'on doit le nom du Nicaragua, pays d'Amérique centrale.

Les premières nations colombiennes

Les premières nations colombiennes sont multiples (voir p 39). Elles sont éparpillées sur le territoire dans lequel elles ont pénétré par deux chemins : certaines longent la côte des Caraïbes pour s'y implanter, et d'autres franchissent les Andes pour s'installer dans les plaines basses du Río Orinoco et du Río Amazonas. Ce sont des Arhuacos et des Caraïbes, ancêtres des Tayronas (régions de la Sierra Nevada) et des Sinús (région de Cartagena), des Amérindiens guerriers et hostiles qui, quelques millénaires plus tard, coloniseront les îles de la mer des Caraïbes. D'autres encore se faufilent le long de la côte du Pacifique pour installer des villages dans des oasis près des rivières. Ces nations colonisent ainsi l'ouest de la Colombie avant de s'établir en Équateur, au Pérou, au Chili et jusqu'à l'extrême sud de la Terre de Feu, en Argentine.

Le relief du pays contribue grandement à l'isolement des premiers Colombiens, qui ne savent pas créer de courant culturel et politique unique comme les Incas au Pérou, les Aztèques au Mexique et les Mayas en Amérique centrale. Cependant, ces premiers Colombiens sont issus de deux grandes familles, et ils parlent à peu près la même langue, le quechua, la langue la plus commune des tribus de la cordillère des Andes, ou des dialectes dérivés de celle-ci. À l'arrivée des Espagnols, ce sont encore les tribus issues de ces deux cultures qui dominent le territoire colombien.

Il faut aussi reconnaître que la majorité des premiers habitants du nouveau continent étaient parfaitement autonomes au moment de la Conquête, sauf pour certaines tribus isolées. Ils sont déjà des orfèvres, des céramistes, des potiers, des hydrauliciens et des architectes de grand talent. Ils n'ont certes pas besoin de l'enseignement des missionnaires pour cultiver le coton, le maïs, la tomate, la pomme de terre, le cacao, le tabac, la calebasse, le piment, les pois, les haricots, l'arachide, l'ananas, la goyave et d'autres produits qui, inconnus en Europe pour la plupart ou mal utilisés, y font encore aujourd'hui la renommée de plusieurs pays : la tomate en l'Italie, la pomme de terre en Belgique et le cacao en Suisse, entre autres. Leur science de la botanique, de la zoologie (Moctezuma au Mexique possède son propre zoo) et de la chirurgie est plus avancée que celle des Européens. De plus, leur pharmacopée contient des excitants, des anesthésiques, des purgatifs, des antihémorragiques, des vulnéraires et des remèdes comme la quinine, par exemple. En outre, au Mexique plus précisément, les archéologues ont découvert les vestiges de jeux de pelote, un sport sacré pratiqué par la plupart des cultures précolombiennes.

Si la majorité des tribus autochtones ne savent ni lire ni écrire — les Mayas connaissent l'écriture et possèdent un calendrier —, elles connaissent cependant les mathématiques puisqu'elles se servent de monnaies d'échange. D'autre part, elles construisent depuis des siècles déjà des palais, des monuments, des temples et des édifices publics en maçonnerie solide et de dimensions qui forcent l'admiration des Espagnols. Et si ces derniers sont souvent confrontés à la famine, ce n'est pas faute de ressources. Mais les Amérindiens refusent de les nourrir, révoltés qu'ils sont du comportement aberrant des dieux sauvages et meurtriers venus d'au-delà des mers.

PORTRAIT

L'ère précolombienne

Il n'est pas possible de comprendre la Colombie d'aujourd'hui sans se retremper dans le contexte de la «découverte» du Nouveau Monde par Christophe Colomb en 1492. D'autant plus que le pays porte son nom... même s'il n'y a jamais mis les pieds. Outre la découverte de la Colombie (1499), cette grande aventure comporte aussi la conquête des autres pays de l'Amérique latine, notamment le Venezuela (1498), le Panamá (1501), le Pérou (1532) et l'Équateur (1533), qui ont déjà formé avec elle la Grande-Colombie en 1819. On ne peut non plus oublier les États-Unis (1513), le Mexique (1519), la Terre de Feu (1520) et le Canada (1534), tous découverts par les Européens dans la même période de temps, ces deux derniers territoires se situant aux antipodes du nouveau continent, qui s'étend d'un cercle polaire à l'autre, qui couvre près de 5 000 km dans sa partie la plus large et qui court sur une longueur de quelque 20 000 km.

À cette époque, les cartographes devaient refaire le planisphère tous les jours. Il s'agit en effet du plus spectaculaire bouleversement qu'ait jamais connu l'humanité et qui, en moins de 50 ans, a fait éclater les frontières connues pour doubler la surface du monde.

Essayons d'imaginer l'agitation que produirait la découverte d'une planète éloignée qui présenterait, à peu de chose près, la même superficie que la Terre. En effet, en ces temps reculés, au crépuscule du Moyen Âge (476-1453), aux communications et déplacements restreints, l'humanité s'est vue dotée d'un immense continent comprenant l'Amérique du Nord, l'Amérique centrale et l'Amérique du Sud, et incluant les îles des Caraïbes. Éloignés certes, ces nouveaux territoires. D'une étonnante beauté aussi. Riches et peu peuplés. Mais surtout habités par des sauvages facilement manœuvrables, qui ne savent que faire de leur or ou qui n'en connaissent pas la valeur... à qui l'on déléguerait une bande de motards criminalisés à titre d'ambassadeurs. En effet, toutes les civilisations hautement évoluées (les Aztèques, les Mayas, les Incas, les Chibchas) qui régnaient sur ces terres depuis des millénaires ont, en effet, été décimées sinon exterminées en cette même courte période de temps, sans compter leurs branches vernaculaires. Elles ont été systématiquement trompées, volées, violées et finalement vaincues au cours de guerres injustifiées, à armes inégales, puis condamnées aux travaux forcés (*mita*). D'autre part, diverses pandémies nouvelles sont fraîchement importées d'Europe par les nouveaux arrivants, alors que les indigènes n'en sont aucunement immunisés : la variole, la rougeole, la grippe, le typhus, la diphtérie, en autres calamités. Délimitées par la géographie, par leurs besoins essentiels et par leurs propres conquêtes, leurs frontières ont été à tout jamais violées par les différents régimes des envahisseurs qui y ont implanté les leurs, en répondant à d'autres critères, à la mesure de leurs propres besoins et surtout de leur cupidité.

En l'an de grâce 1492 donc, les conquistadores envahissent le Nouveau Monde («l'an de grâce» est une expression surannée qui s'appliquait aux années de l'ère chrétienne à l'époque). Ceux-ci sont animés de trois objectifs principaux. En effet, les riches contrées de l'Extrême-Orient, découvertes par Marco Polo en 1271, sont devenues inaccessibles par voie de terre. Les Turcs musulmans en ont bloqué les pistes caravanières en se rendant maîtres de Constantinople (anciennement Byzance, maintenant Istanbul) en 1453. Les marchands européens doivent maintenant trouver une voie navigable pour continuer leur commerce florissant avec ces pays exotiques que sont la Chine et le Japon. Les Portugais sont les premiers à s'engager à fond dans cette recherche. Ils tentent de contourner le sud de l'Afrique, dont ils ne connaissent encore ni l'envergure ni les limites. Barthélemy Diaz relève enfin le défi. En 1487, il navigue au large du cap de Bonne-Espérance.

Deuxièmement, les guerres sévissent depuis longtemps en Europe, et chacun des royaumes — la France, l'Angleterre, le Portugal, l'Espagne, l'Italie et l'Allemagne, entre autres — a à cœur d'agrandir son territoire respectif et d'y asservir de nouveaux sujets pour les convertir... en soldats.

Mais les découvreurs souhaitent aussi porter à de nouveaux peuples la parole de l'Évangile, puisque toutes expéditions et conquêtes sont sanctionnées par la sainte Église, ce qui permet de voler et de tuer l'infidèle sans le moindre remords «pour la plus grande gloire de Dieu». Même si la plupart des conquistadores répugnent de prime abord à utiliser le meurtre, ils n'hésitent jamais à y recourir lorsqu'il est question d'évangélisation des infidèles. Et si l'on prétend encore aujourd'hui que les missionnaires — notamment les ordres mendiants, dont les franciscains, les dominicains, les augustins et autres jésuites — ont beaucoup aidé les populations conquises en Afrique et au Nouveau Monde en leur apportant les connaissances acquises dans les monastères d'Europe, ils se sont plus souvent qu'autrement comportés comme de vulgaires soldats formés à l'école des croisades. Les Templiers (1119-1312), par exemple, avaient été un ordre de moines-banquiers chargés notamment de gérer le Trésor du royaume de France. Mais ils avaient surtout été une puissance militaire mise sur pied et reconnue par le pape Honorius II, en 1128, dont les moines-soldats, à titre de chevaliers, avaient pour mission de protéger les croisés et les pèlerins qui se rendaient en Palestine. Mais il y eut aussi les hospitaliers de Saint-Jean de Jérusalem et les chevaliers teutoniques qui, aussi moines-soldats, avaient la même mission. D'autre part, les jésuites, une «milice» du catholicisme fondée en 1540 par un Espagnol, Ignace de Loyola, ont toujours un «général» à leur tête.

Au cours des opérations au Nouveau Monde, le moindre roturier ou domestique, le moins gradé de la soldatesque et le plus humble moinillon, peut accéder du jour au lendemain à la «noblesse». Il se voit, en effet, automatiquement gratifié d'une supériorité à laquelle sa modeste origine ne lui donne aucunement droit à l'époque. Il peut dorénavant vivre en aristocrate, en roitelet arrogant, logé et nourri par les serviteurs et les esclaves que la troupe est chargée d'assujettir, de réduire au rang d'animaux ou d'anéantir si besoin est. Il s'accapare de leur richesse, alors que les femmes et les filles des peuples vaincus deviennent bien entendu ses concubines obligées, fussent-elles des princesses de haut rang, issues d'une civilisation hautement sophistiquée. Contrairement aux mœurs strictes qui régnaient en Espagne, les liaisons passagères, le concubinage et la polygamie avec les Amérindiennes s'installent rapidement au Nouveau Monde. À ce titre, les femmes deviennent un butin aussi convoité que l'or. Si bien que, dès le premier retour de Colomb en 1493, la syphilis fait son apparition pour la première fois en Europe et s'étend à travers le monde comme une véritable traînée de poudre.

Outre l'aventure, la gloire et la richesse qui les attendent au loin, la plupart des conquistadores désirent ardemment quitter le vieux continent ravagé par la famine, séquelle implacable de guerres interminables et ruineuses qui ne laissent pas le loisir de cultiver la terre. Également, de nombreuses épidémies consécutives dévastent la population dont la «grande peste», la peste noire et combien d'autres vicissitudes.

Le Portugal

Le Portugal est un pays naissant à l'époque. En effet, la Terra Portucalense, province romaine dans l'Antiquité, habitée par les Ibères et les Celtes, naquit véritablement au milieu du XIIe siècle, alors qu'Alphonse Enriquez s'en proclame roi. C'est un pays tout de go éminemment dynamique, à cause surtout de son accès direct à la mer, la navigation constituant le moyen le plus facile de développement économique rapide.

L'Espagne

Le fanatisme religieux règne aussi en maître, en Espagne notamment, qui décrète la proscription des Juifs et la persécution des Maures. Sous l'autorité du dominicain Tomás de Torquemada, la Nouvelle Inquisition de 1477, quant à elle, s'attaque farouchement aux hérétiques, c'est-à-dire à tous ceux qui déplaisent à la royauté et au clergé. Rien pour dormir tranquille! Au cours de cette époque trouble, on affirme même que l'on peut traverser l'Espagne tout entière, la nuit, en s'orientant avec les cris et les gémissements des torturés et en se dirigeant à la lueur des bûchers où périssent en flamme les suppliciés, toujours «pour la plus grande gloire de Dieu». La famine sévissant, il arrive souvent qu'au petit matin on ne retrouve plus les cadavres des suppliciés de l'Inquisition.

L'Espagne est alors partagée entre les catholiques et les Maures venus d'Afrique du Nord qui s'y sont établis depuis l'année 711, alors qu'ils avaient pénétré au sud de l'Espagne par Gibraltar, dénommé ainsi en l'honneur de leur chef berbère Jabal al-Táriq. Ils conquirent l'Espagne

tout entière et furent stoppés à Moussais-la Bataille, près de Poitiers, dans le sud-ouest de la France, par Charles Martel en 732. Pendant ce temps, les royaumes catholiques de Castille et d'Aragon sont continuellement en confrontation jusqu'à leur réunion, en 1479, à la suite du mariage de la reine Isabelle Ire la Catholique et de Ferdinand d'Aragon. Cette liaison permet soudainement d'intensifier la guerre pour déloger les Maures de Grenade, ville jugée imprenable à l'époque, qui jouit d'une culture hautement avancée. Les Maures baissent finalement pavillon le 2 janvier 1492 devant la nouvelle puissance des royaumes unis. L'Espagne renaît! ¡Viva España!

Quelques années plus tard, en 1519, Charles Quint est élu empereur. Il devient le souverain le plus puissant d'Europe, alors qu'il règne sur l'Espagne et ses possessions outre-Atlantique. Il gouverne aussi l'Allemagne, la Belgique et la Hollande de même que l'Autriche, reçue en héritage de son père. Il est aussi roi de Naples, de la Sicile et de la Sardaigne par l'héritage de sa mère. Il mènera quatre guerres contre la France qui dureront 30 ans et réussit même à faire prisonnier François Ier à Pavie en 1525. Charles Quint l'oblige alors à signer le traité de Madrid, le 13 janvier 1526, par lequel le roi de France lui cède la Bourgogne et renonce à sa suzeraineté sur l'Artois et la Picardie. À partir de ce moment, l'Espagne devient la plus grande puissance mondiale et dominera le monde pendant près de 200 ans avec son Invincible Armada.

La France

À cette époque, la France est dévastée par des guerres qui n'en finissent plus. L'ost (l'armée à l'époque féodale), la croix et la bannière sont levés tôt, en début du nouveau millénaire, en vue des huit croisades successives, en Terre sainte, de 1095 à 1270, pour libérer la Palestine, alors aux mains des musulmans. Puis, il y eut aussi la croisade des Albigeois contre les hérétiques dans le sud de la France, de 1207 à 1213, dont l'Inquisition française est issue, instaurée par le pape Grégoire IX en 1233. En même temps, la France se lance dans 300 ans de conflits quasi sans interruption dont deux guerres de Cent Ans contre l'Angleterre, de 1152 à 1259 et de 1337 à 1453, face à Henri Plantagenêt et ses descendants, entre autres Richard Cœur de Lion et Jean Sans Terre. Suivent la guerre d'Italie en 1494 et celle d'Espagne en 1516, puis les guerres civiles et religieuses qui se terminent par l'édit de Nantes signé par Henri IV en 1598.

Avec ces perturbations, il règne ici, comme dans les autres pays ouest-européens d'ailleurs, une curiosité équivoque envers les conquêtes espagnoles, puisqu'on vient d'annoncer le retour fructueux du premier voyage de Colomb. Et ses récits font rapidement le tour de toutes les cours. Alors que les Anglais se montrent quelque peu indifférents, ayant pourtant la réputation d'être les plus habiles navigateurs en raison de leur situation géographique, Jacques Cartier quitte Saint-Malo à la recherche de nouveaux territoires «pour la plus grande gloire de la France». Cartier est un marin d'expérience qui a déjà pêché dans les bancs de Terre-Neuve, découverte en 1496 par Giovanni Cabotto, un navigateur de Gênes au service de l'Angleterre. Il est à la tête de deux bateaux et d'une expédition composée de 60 hommes, financée par François Ier. Cartier débarque au Canada en 1534 et fonde la Nouvelle-France au nom du roi, en plantant une croix en bois d'une dizaine de mètres de hauteur à Gaspé, après avoir navigué dans une belle baie qu'il dénomme «baie de Chaleur».

L'ère colombienne

Christophe Colomb, Cristoforo Colombo de son vrai nom italien et Cristóbal Colón pour les Espagnols qui l'ont accueilli. Qui n'a jamais entendu parler de ce marin, fils du tisserand génois Domenico Colombo et de Susanna Fontanarosa, elle-même fille de tisserand, qui, en «découvrant» les Amériques, a donné aux Espagnols l'un des plus riches territoires au-delà des mers? Il a ouvert la voie aux conquistadores pour développer un empire deux fois plus grand que toute l'Europe entière. Et si nous vantons encore aujourd'hui le courage de Neil Armstrong et d'Eldwin Aldrin, les premiers hommes qui ont marché sur la Lune le 16 juillet 1969 (Michael Collins était resté dans la cabine), que dire de ceux qui bravèrent l'inconnu pour voguer allégrement sur ce qu'ils dénommaient la Mer des Ténèbres à la découverte du mystère de la Terre? En effet, à la fin du XVe siècle, personne ne peut encore affirmer que la Terre est ronde. La science officielle de l'époque est assujettie aux dogmes religieux, à l'Inquisition donc, et la théorie qui prévaut est celle de l'astronome et mathématicien grec, né en Égypte, Claude Ptolémée (85-160), publiée dans *L'Almageste* (mot arabe qui signifie «composition mathématique»). Ptolémée y

décrit un système astronomique plaçant la Terre au centre de l'univers, sans toutefois en préciser ni les contours ni les dimensions. Ce n'est qu'en 1530 que cette thèse est mise en doute par le Polonais Nicolas Copernic. Il ne faut pas non plus oublier que Galileo Galilei (Galilée) fut taxé d'hérésie par le pape Urbain VIII (Maffeo Barberini) et condamné à nier ses propres idées sur la rondeur de la Terre et son mouvement rotatif. *«[...] et pourtant elle tourne!»*, aurait répondu Galilée avec une pointe de sarcasme non dissimulé à l'endroit de l'inculte pape. C'était en... 1633, quelque 150 ans après les premières expéditions suicides de Colomb.

L'épopée de la découverte du nouveau continent n'est pas le fruit du hasard, ni l'effet d'une heureuse orientation des astres. Elle est une suite logique à d'innombrables aventures maritimes et d'expéditions de pêche, alors que les pêcheurs de morues bretons, basques et anglais se rendent régulièrement dans les bancs poissonneux (à l'époque) de Terre-Neuve. Ces derniers ont témoigné bien avant Christophe Colomb de l'existence de terres fertiles et riches, habitées par des êtres étranges et nus, bien au-delà des archipels de Madère, des Açores, des Canaries et des îles du Cap-Vert. Quelque 500 ans avant Colomb en effet, les Vikings de Scandinavie, connus aussi sous les noms de Varègues ou Normands, à bord de leurs drakkars à rames et à voiles carrées, à proue sculptée en l'effigie d'un dragon (*drakkar* étant un mot scandinave signifiant «dragon»), avaient d'ailleurs déjà débarqué au Labrador et à Terre-Neuve pour établir des comptoirs d'échanges. On a découvert des vestiges de leurs nombreux passages même jusqu'à Boston, en Nouvelle-Angleterre.

Si la recherche de nouveaux territoires dépend de la conjoncture de l'époque, elle a cependant été rendue possible grâce au perfectionnement du gouvernail à étambot et à la construction de nouveaux vaisseaux, les caravelles, en 1440, par les architectes de marine portugais dans les chantiers navals du prince Henri le Navigateur à Sagres. De conception révolutionnaire, ces bateaux élancés de 50 tonneaux sont plus solides, plus rapides et plus facilement manœuvrables que les autres bateaux de l'époque. Ils sont à trois mâts et à voiles latines (triangulaires et longitudinales), ce qui les différencie des autres gréements à voiles auriques (carrées) efficaces uniquement avec le vent dans le dos. Ce sont les premiers navires construits spécifiquement pour la navigation hauturière. Ils doivent faciliter l'exploration de l'Afrique,

Caravelle

libérant les capitaines du cabotage périlleux dans des estuaires inconnus. Par leur dimension supérieure, ils constituent aussi une amélioration substantielle quant au commerce et au transport des esclaves en provenance du «continent noir».

De plus, le temps étant un facteur essentiel pour déterminer la position, l'invention de l'horloge à ressort en spirale, au début du XVe siècle, de même que l'apparition de l'aiguille des minutes (l'aiguille des secondes ne fit son apparition que vers 1560) ont permis aux navigateurs de l'époque de faire le point avec beaucoup plus de précision. L'horloge à poids suspendus utilisée auparavant n'était pas très efficace en haute mer et surtout par gros temps, alors que l'horloge à huile — qui mesure le temps par la baisse de niveau d'huile qui alimente une bougie — et le sablier ne comportaient même pas d'aiguille. Pour ce qui est de la boussole, elle serait apparue de façon rudimentaire vers l'an 1000 en Chine. Si elle permet de savoir où l'on va avec son aiguille toujours pointée vers le nord, elle ne permet pas, sans l'heure juste, de savoir où l'on est, une donnée essentielle pour la navigation hauturière.

Les préparatifs

Lorsqu'il commence à parler de se rendre dans les pays d'Asie en voguant vers l'ouest, Chris-

tophe Colomb a déjà accompli plusieurs voyages à titre de marin et de capitaine en Angleterre, en Islande et aux Açores entre autres, pour le compte de plusieurs armateurs dont les pays sont en guerre les uns contre les autres. Il a même eu l'occasion de faire du troc et de toucher au marché lucratif des esclaves en Guinée portugaise. C'est donc un personnage controversé qui se présente aux différentes cours pour réquisitionner des navires afin de partir à la découverte de nouvelles terres et rapporter assez d'or pour libérer la Terre sainte du joug des Turcs de Constantinople. Cette libération, il en fait une mission personnelle.

Pour les uns, il est un négrier avide de pouvoir et assoiffé d'argent, mangeant à tous les râteliers. Obséquieux devant les puissants, il est arrogant envers ses subordonnés tout en méprisant ses alter ego. Pour d'autres, Colomb n'est qu'un poète fou, un rêveur déconnecté de la réalité ou encore un adolescent attardé, imbu des aventures de Marco Polo, relatée dans le *Livre des diversités et merveilles du monde*, publié à Gênes en 1299. Beau spécimen de schizophrène dirait-on aujourd'hui, incapable qu'il est de choisir entre sa vocation messianique au service de la sainte Église, son rôle de militaire et sa soif de gloire personnelle. Il apparaît tout de même comme la quintessence des conquistadores réunissant courage, audace, orgueil et force morale. Il est le modèle des aventuriers, sans scrupule, qu'aucun obstacle ne rebute. À preuve, Christophe Colomb aurait lui-même menti effrontément à ses armateurs, à ses pilotes et aux membres de l'équipage en faussant la distance parcourue lors du premier voyage, mettant ainsi leur vie en jeu et compromettant sérieusement la sécurité de ses trois navires.

D'après les versions, triomphalistes il faut bien le dire, de son fils Fernando et d'un écrivain contemporain, Las Casas, il semble que Colomb ne soit pas parti à la recherche des Indes, comme on serait porté à le croire. Selon ces deux biographes, il rêvait avant tout de trouver des îles de transit pour s'approvisionner en eau et en nourriture, comme les Açores par exemple, et ainsi faciliter son long voyage en direction de Cypango, les îles du Japon. Ports d'escale, ces nouvelles terres devaient lui permettre d'atteindre l'Extrême-Orient par mer et de débarquer enfin dans ces pays exotiques aux richesses fabuleuses.

Dès 1483, Christophe Colomb propose donc au roi Jean II du Portugal de lui confier trois caravelles équipées et approvisionnées pour naviguer pendant au moins un an. Colomb demande de charger les voiliers avec toutes sortes de breloques sans valeurs comme des miroirs, des colliers imitant les pierres précieuses, de petits couteaux et des clochettes. Rien en fait pour défrayer le coût des objets d'or, des tissus fins, de la soie et des épices qu'il aurait sans doute ramenés s'il avait pu débarquer aux Indes sans escales, rapporte encore Fernando Colombo. C'est dire qu'il ne s'attendait pas à atteindre l'Extrême-Orient dans un premier voyage. De plus, il se doutait déjà que les peuplades qu'il allait rencontrer sur ces nouvelles terres étaient loin d'être civilisées. Deux marins, Fernão D'Ulmo — un Flamand dont le vrai nom est Ferdinand Van Olmen — et le Portugais João Estreito, lèvent d'ailleurs les voiles, en 1487, à la recherche de l'île mythique d'Antilia, tout probablement les Antilles. On n'a cependant jamais plus entendu parler d'eux. D'autre part, dans le Timée, Platon décrit une île, l'Atlantide, si belle qu'elle serait la résidence des dieux. Marin de Tyr, un éminent astronome et fondateur de la géographie mathématique, avait aussi tracé les contours de cette île mystérieuse dans un portulan (ancienne carte marine qui décrit, entre autres, les accès aux ports connus de l'époque) daté de la fin du Ier siècle que Colomb avait consulté. Dès le début, Colomb ne s'intéresse nullement à la colonisation (il faut considérer ici que, si l'Amérique latine — ainsi que les États-Unis — ont subi trois envahissements successifs par les conquistadores, par les colons et par les membres du clergé, le

Canada n'en a subi que deux, Cartier et ses marins n'étant pas des gens d'armes). Ce n'est qu'à son troisième voyage qu'il s'en préoccupe. Pour lui, il s'agit avant tout de partir pour mieux revenir... plus riche. Pour mettre toutes les chances de son côté, et en bon négociateur qu'il est, il réclame des titres, des dignités d'amiral, de gouverneur et de vice-roi, en cas de réussite, et une rémunération de 10% tirée des marchandises rapportées, toute exigence que le roi portugais juge hors de proportion. Sa demande est rejetée.

Toujours convaincu de la faisabilité de son projet, Colomb délaisse le Portugal pour l'Espagne, où il se présente à la cour royale. Mais comme l'Espagne consacre à cette époque tout son Trésor à combattre la domination des Maures en Andalousie, une province de l'extrémité méridionale d'Espagne (Andalousie est une déformation de Vandalitia, un nom donné aux territoires conquis par les Vandales, un peuple germanique qui avait envahi la Gaule et l'Espagne en 406 de notre ère), Christophe Colomb doit patienter pendant près de cinq ans avant d'essuyer un premier refus humiliant de la part d'une commission royale dont certains membres trouvent l'aventure farfelue. Comment en effet comprendre, avec les connaissances du temps, que l'on puisse atteindre l'Orient en se dirigeant vers l'Occident?

Colomb décide alors de tenter sa chance auprès du roi de France. Sur le point de quitter l'Espagne, la reine Isabelle le convoque à nou veau. Il subit pourtant une seconde rebuffade plus mortifiante encore de la part cette fois d'un comité ad hoc. Cependant, après la victoire inopinée de l'Espagne, le 2 janvier 1492, sur les tours mauresques de l'Alhambra (en arabe, al-Hamra' signifie «la rouge», couleur du pisé et de la terre avec laquelle les Maures avaient construit ces tours, à l'image des remparts en pisé rougeâtre qui ceinturent Marrakech au Maroc, leur pays d'origine), et la capture de leur sultan Boabdil, la Couronne modifie ses priorités. L'Espagne, au lendemain de la Reconquista, est de nouveau prête pour d'autres défis et peut se tourner vers une nouvelle destinée. Colomb reçoit donc tout ce qu'il attend de la Cour, mais sans rémunération en cas d'échec. En fait, la guerre d'Espagne contre les Maures allait se poursuivre contre d'autres infidèles dans les nouvelles terres que prétend conquérir l'étranger. La guerra de Moros sera transformée en guerra de Indias. Au terme matamoros, matamore ou tueur de Maures, s'ajoutait désormais celui de matain-

PORTRAIT

dios, tueurs d'Amérindiens. Ainsi l'avait décidé Isabelle Iʳᵉ la Catholique, et les bannières royales allaient dorénavant flotter au-delà de la mer Océane «pour la plus grande gloire de l'Espagne et de la sainte Église».

Le départ

La même année, le matin du vendredi 3 août 1492, à 8 heures, quelque 90 hommes d'équipage et une trentaine d'autres de divers métiers larguent les amarres. Ils quittent le port de Palos de la Frontera dans la province Huelva, à l'embouchure du Río Tinto en Andalousie, à bord de trois caravelles gréées latines. Colomb, alors âgé de 39 ans, commande le plus grand et le plus lent des trois navires, la *Santa María*, un bateau ponté de 100 t (tonneaux), piloté par un capitaine cantabrique, Juan de la Cosa. Martín Alonzo Pinzón, un autre navigateur expérimenté, commande la *Pinta,* un bateau de 50 t, avec son frère Francisco comme capitaine. L'autre caravelle de 40 t, la *Niña*, est commandée par le troisième frère Pinzón, Vicente Yañes, et pilotée par Pedro Alonzo Niño, ce dernier ayant baptisé le bateau à son nom, vu qu'il en est l'armateur. Les trois caravelles, naviguant de conserve, se dirigent vers les îles Canaries, où Colomb fait escale, le 12 août suivant, pour modifier le gréement de ses bateaux, passant des voiles latines aux voiles auriques pour mieux profiter des alizés, un vent de dos. Les voiliers d'aujourd'hui qui participent à la transat annuelle des Alizés, au début novembre, empruntent à peu près le même chemin au départ de France, en passant par les Açores avant de mouiller dans les eaux de la Guadeloupe au début décembre. Ils hissent le spinnaker dès la sortie du port pour profiter des vents arrière.

Le 9 septembre, les trois navires quittent les îles Canaries en direction plein ouest et, le 12 octobre 1492, quelque 70 jours après le départ de Palos, Juan Rodríguez Bermejo, un marin perché au château de vigie de la *Pinta*, s'écrie enfin *«Terre! Terre!»*, devenant ainsi le premier découvreur de l'Amérique, en fait (Christophe Colomb aurait empoché la récompense de 1 000 maravédis offerte par la reine au premier marin à apercevoir une nouvelle terre, somme qui équivalait à un mois de salaire). Quelques heures plus tard, les bateaux mouillent dans une anse de Guanahaní, l'une des îles Lucayes (aujourd'hui l'île Watling aux Bahamas). Christophe Colomb en prend possession au nom de la cour d'Espagne devant un groupe d'insulaires : les Arhuacos. Ce sont des Amérindiens imberbes, nus, démunis et pacifiques qui s'entourent continuellement d'un nuage de fumée (ils fument le cigare).

Le 6 décembre, Colomb touche l'extrémité ouest d'une grande île qu'il dénomme Isla Española (aujourd'hui l'île d'Hispaniola, soit Haïti et la République dominicaine). Il y rencontre d'autres insulaires qui, cette fois, lui offrent des masques et des ornements primitifs en or, en échange de clochettes et d'autres babioles. Ne parlant pas leur langue, Colomb remarque toutefois que les femmes et les hommes indigènes ne se comprennent pas non plus entre eux. Ce n'est qu'à son second voyage qu'il résoudra cette énigme. Ces autochtones sont, en fait, des Caraïbes (Karib), des Amérindiens belliqueux et surtout cannibales (*caribal* en indigène) qui terrorisent toutes les Antilles méridionales. Selon un rituel qui date de millénaires, ils dévorent leurs ennemis vaincus pour mieux s'approprier leurs femmes comme concubines. Les femmes *arhuacos* ne sont donc pas pressées d'apprendre la langue de ceux qui terminent à peine de se curer les dents avec les os de leurs ex-conjoints.

Le retour

Utilisant le bois et les matériaux récupérés de la *Santa María* naufragée, Colomb construit un fort, Navidad, où il laisse une quarantaine d'hommes en garnison avant son départ vers l'Espagne le 4 janvier 1493, alors qu'il rentre au port de Palos le 15 mars. Bien qu'il ne rapporte que peu d'or, ses exploits n'en suscitent pas moins beaucoup d'enthousiasme, et il est reçu à la Cour avec tous les honneurs dus à ses succès. Confirmé dans ses titres d'amiral et de vice-roi d'Espagne, il ne trouve alors aucune difficulté à financer sa seconde expédition, qu'il entreprend cette fois, en 1493, avec 17 bateaux bourrés de plus de 1 500 hommes armés d'épées, de lances, d'arbalètes et d'escopettes (tromblons primitifs, genre d'armes à feu à canon court et évasé). Il emmène aussi des chevaux et quelques... prêtres.

Pendant ce temps, pour éviter la guerre entre l'Espagne et le Portugal — bénéficiaire privilégié de toutes les découvertes outre-Atlantique, c'est-à-dire au-delà des Açores, dont la souveraineté échouait à l'Espagne avec le traité d'Alcáçovas, signé en 1479 —, qui réclame à cor et à cri les découvertes de Colomb, le pape espagnol Alexandre VI Borgia accorde à l'Espagne, selon quatre bulles de 1493, toute autorité sur les nouveaux territoires à 100 lieues à l'ouest des Açores. Toujours pour éviter une guerre, l'Espagne signe le traité de Tordesillas en 1494 avec le roi Manuel le Fortuné du Portugal et lui cède les possessions qui rétablissent les limites des concessions portugaises préalablement accordées. Le traité porte la frontière édictée par le pape à 370 lieues à l'ouest des Açores, ce qui donne l'autorité au Portugal sur les territoires de l'actuel Brésil, au grand dam de la France et de l'Angleterre, toutes deux exclues de ce partage. Le Brésil devient ainsi colonie portugaise six ans avant qu'un Portugais, Pedro Álvarez Cabral, en route vers Calicut aux Indes, y mette les pieds pour la première fois, le 21 avril 1500.

Entre le 12 et le 25 novembre 1493, au cours de son second voyage, Colomb débarque d'abord sur une île qu'il dénomme Guadalupe. Puis, il navigue vers la Dominique, Marie-Galante, (du nom de son bateau), les îles Vierges, les Saintes, Monserrat, Santa María la Redonda, la Antigua et La Désirade avant de rejoindre Navidad, sur Isla Española. Le fort est complètement rasé, et il ne reste plus aucun survivant de la garnison qu'il y avait laissée. Avec horreur, Colomb découvre que ses hommes ont été tués et dévorés par les autochtones.

Plutôt que de chercher vengeance, il fait appel à la bonne volonté du cacique caraïbe et lui demande l'aide des Amérindiens pour construire la ville d'Isabela (plutôt un fortin pour se défendre des cannibales qu'une ville proprement dite). Peu habitués au labeur forcé, ces derniers ne tardent pas à se révolter et à attaquer les Espagnols, qui, cette fois, sont bien décidés à les soumettre. Bien que mieux armés que les Arhuacos, les Caraïbes se font joyeusement massacrer. Les Espagnols à cheval, armes à feu et épées à la main, lancent leurs chiens de guerre contre les sauvages et leurs ridicules fléchettes empoisonnées qui ne pénètrent pas le fer des armures. D'autant plus que les Caraïbes sont complètement pris de panique. En effet, ils croient dur comme fer que ces immenses bêtes en fer, portant dessus un homme, en fer aussi, crachant le feu et le fer du bout des bras, ne sont qu'un même et unique démon directement sorti des enfers.

Il y a beaucoup de pertes du côté des Amérindiens; les survivants sont distribués (repartimiento) en esclavage aux Espagnols. Mais la main-d'œuvre manque désespérément. Tellement que, à la suggestion d'un religieux, Fray Bartolomé de Las Casas, on décide de faire venir des esclaves noirs d'Afrique pour terminer la construction de l'église d'Isabela. Il n'est pas sûr que Christophe Colomb ait pris lui-même la décision d'importer des esclaves. Mais il demeure incontestable qu'il a eu de bons contacts dans ce commerce en Guinée portugaise et qu'il pouvait facilement en organiser le transport.

La révolte s'installe bientôt au sein des membres de la colonie espagnole, affaiblie par la faim et la fièvre, causes de nombreux décès. Colomb rationne les nobles et les prêtres, et les oblige même à travailler, ce qui provoque d'autant plus la colère que leur statut social, en Europe, les exempte automatiquement et à perpétuité des abjections du travail sous toutes ses formes. Le Catalan Maragrit s'échappe, vole un navire et gagne l'Espagne, accompagné d'un ecclésiastique rebelle, Fray Boyl. Ils font un rapport accablant à la reine et prétendant que Colomb traite les prêtres et les nobles sujets de sa majesté en esclaves. La reine Isabelle se voit forcée de déléguer un commissaire royal pour assumer l'autorité sur toutes les colonies. Elle précise même qu'aucun de ses loyaux sujets, anciens ou nouveaux, n'est et ne saurait être esclave (les esclaves ne paient pas d'impôt). Mais les conquistadores feront fi des doléances de la cour d'Espagne vis-à-vis du traitement infligé aux Amérindiens. Ils continueront la distribution d'Amérindiens aux *encomenderos*, possesseurs d'Amérindiens en tutelle, tout au cours de leurs nombreuses escarmouches avec les différentes tribus et pendant tout le temps que durera la Conquête.

À l'arrivée de l'émissaire de la reine, la ville d'Isabela est abandonnée à la nature qui a repris sa place. On fonde alors Nueva Isabela, qui devint plus tard Santo Domingo et qui servit de siège au gouvernement des Indes espagnoles pendant plus de 50 ans.

En 1499, le noble Alonzo de Ojeda part en expédition d'Hispaniola, accompagné de Juan de la Cosa et d'un obscur Italien nommé d'Amerigo Vespucci, ancien petit épicier de Séville devenu marin par hasard. Il navigue sur le lac Maracaibo, à l'intérieur même du continent, et aborde le Venezuela, la petite Venise, ainsi dénommée un peu par dérision à cause des huttes des Amérindiens bâties sur pilotis. Il débarque ensuite à Cabo de la Vela, sur la péninsule de la Guajira, pour «découvrir» la Colombie. Il faudra attendre deux ans pour que s'organise, en 1501, une première reconnaissance de ce nouveau territoire, sous la direction de Juan de la Cosa, qui compte parmi ses hommes un simple soldat ambitieux du nom de Francisco Pizzaro, futur conquistador du Pérou.

Ce n'est qu'à son troisième voyage, en 1498, que Christophe Colomb longe enfin le continent proprement dit (*tierra firme*). Il navigue alors le long des côtes du Venezuela, à l'embouchure du Río Orinoco, qu'il croit être le fleuve qui mène au paradis. À son quatrième et dernier voyage, en 1502, Colomb débarque en Amérique centrale et apprend des Amérindiens l'existence d'une autre mer que Vasco Núñez de Balboa observe pour la première fois le 25 septembre 1513 sur les hauteurs d'une montagne du Panamá. Núñez de Balboa vient de découvrir le Pacifique. Le Nouveau Monde est alors déjà connu sous le nom d'Amérique, du prénom d'Amerigo Vespucci. Le moine et géographe Martin Waldseemüller, un ami personnel de Vespucci, avec qui il a navigué, utilise en effet le premier cette appellation, notamment dans un atlas publié en 1507 à Saint-Dié-des-Vosges en France, ville productrice de papier. Tous les historiens sont cependant unanimes à attribuer la découverte de l'Amérique à Christophe Colomb, mort en 1506 à l'âge de 55 ans. Certains considèrent Amerigo Vespucci comme un vulgaire usurpateur. Pourtant, ce fut Vespucci qui, le premier, comprit que les nouveaux territoires découverts par Christophe Colomb constituaient en fait un nouveau continent, ce dernier continuant à croire qu'il avait atteint l'extrémité est de l'Asie. Pour ce qui est d'Amerigo Vespucci, il est mort du paludisme à Séville en 1512.

L'ère postcolombienne

Après avoir été trahi par des compagnons d'armes, Núñez de Balboa se voit tout de même confier le titre de gouverneur de deux provinces du Pacifique, où il fait construire quatre brigantins (navires à deux mâts, à un seul pont et à huniers auriques) pour partir à la découverte de nouveaux territoires sur le nouvel océan. Dénoncé de nouveau, cette fois pour trahison contre le gouverneur Pedro Arias de Ávila, surnommé Pedrarias, il est arrêté par Francisco Pizzaro — désormais monté en grade —, traduit en justice sous l'accusation de haute trahison et finalement condamné à la décapitation en 1517. Francisco Pizzaro s'embarque alors comme commandant des navires tout neufs et vogue sur le Pacifique. C'est une première de la part des conquistadores, cette percée par le Pacifique. Mais elle est un échec, parce que les navires longent des

rives inhospitalières, constituées de marécages et de forêts vierges où ils ne peuvent se ravitailler. Mais Pizzaro se reprendra quelques années plus tard, comme nous le verrons plus loin.

Hernán Cortés

En 1519, Hernán Cortés y Pizzaro, né à Trujillo en Extremadura, une région de l'ouest de l'Espagne, et cousin de Francisco Pizzaro, quitte Cuba et débarque dans l'île de Cozumel. Il y passe ses troupes en revue et en fait le recensement avant d'accoster sur la côte continentale du Mexique, découvert en 1517 par Francisco Hernández de Córdoba.

Avec quelque 600 hommes, des mousquets et une vingtaine de chevaux, il compte envahir le pays des Mexicas, qui deviendra plus tard la Nouvelle-Espagne (le Mexique). Pour forcer ses hommes récalcitrants à aller de l'avant et à pénétrer à l'intérieur des terres, il saborde lui-même ses propres navires sur la côte de la péninsule yucatèque au sud du territoire mexica. Il visite les pyramides toltèques-mayas du Yucatán, «découvertes» aussi en 1517 par Hernández de Córdoba. Là, on l'informe que les Aztèques terrorisent depuis longtemps les autres tribus *mexicas*, dont les Toltèques, les Mayas, les Tlaxcaltèques et les Cempoalans, entre autres. La puissante civilisation aztèque a en effet établi sa domination depuis des siècles sur tout le territoire *mexica* jusqu'au Guatemala.

Hernán Cortés comprend vite l'intérêt qu'il peut tirer de cette situation explosive. En effet, il s'agit pour lui de s'associer avec les uns pour combattre les autres, comme il est d'ailleurs prescrit dans la 6e *requerimiento* (voir p 28). À ce moment-là, les Aztèques forment un empire de plusieurs millions de sujets. Ils savent lire et écrire, et l'Aztèque Moctezuma marche littéralement sur l'or, les semelles de ses souliers en étant couvertes. C'est par courrier que ce dernier apprend que des êtres étranges, blancs, barbus et bardés de fer, sont descendus sur la côte et qu'ils ont entrepris un voyage à l'intérieur du continent vers les hauts plateaux de ce qui est aujourd'hui México. Les Aztèques occupent en effet Tenochtitlán-México, une haute vallée à 2 270 m au-dessus du niveau de la mer et protégée par des montagnes. Ils sont répartis dans une dizaine de cités dont la majorité sont lacustres et que l'on atteint en franchissant des ponts tournants. On y trouve des remparts, des tours, des temples, des

El Dorado

Près des rives de la magnifique Laguna de Guatavita (voir p 108), à une cinquantaine de kilomètres de Bogotá, vivait le très pacifique cacique Guatavita avec, toujours selon la légende, son harem impressionnant de femmes d'une beauté peu commune. Un jour, sa préférée, dont la beauté surclassait toutes les autres, le trompa avec un quelconque serviteur, faisant non seulement ombrage à sa dignité royale mais aussi à son orgueil de mâle (manifestement, le machisme en Colombie ne date pas d'hier). Il fit exécuter sur-le-champ le «lèse-majesté» avec toute la cruauté due à son crime et dénonça publiquement les cornes que lui avait fait porter sa dulcinée.

Du jour au lendemain, cette dernière se vit insultée et traitée en paria par un peuple en délire qui manifesta toute sa loyauté à son cacique. Sans le moindre égard pour la jeune femme et ses splendides attraits. Acculée au désespoir par tant d'ignominie, elle se jeta dans le lac avec son enfant. Le cacique en resta bouche bée. Il était bien déterminé à la punir sévèrement, mais il n'avait jamais imaginé qu'elle puisse disparaître de façon aussi douloureuse... pour lui.

Il ordonna qu'on fouille le lac à leur recherche. Un grand prêtre plongea au fond des eaux, mais revint bredouille. Il informa cependant le cacique que sa femme et son fils étaient bel et bien vivants. La belle était heureuse de vivre désormais au fond du lac dans l'immense palais englouti d'un démon qui la respectait. Il n'était plus question de revenir sur terre subir les injustices auxquelles Guatavita l'avait condamnée. *«Je veux revoir ma femme et mon enfant»*, s'écria le cacique qui ordonna aussitôt au grand prêtre de retourner dans les abysses. Ce dernier s'exécuta. Il refit surface quelques instants plus tard portant dans ses bras le corps inerte de l'enfant que le démon avait tué. Avant sa mort, il lui avait même arraché les yeux pour montrer aux humains l'ampleur de son mécontentement.

Pour calmer le démon, Guatavita décida alors de le combler de cadeaux. Il fit organiser de grandioses cérémonies et obligea le peuple à prier pour le retour de sa belle. Une fois par mois au lever du jour, accompagné des dignitaires de sa cour, de musiciens et de pèlerins, le cacique embarquait sur un radeau plein d'or et d'émeraudes qui l'emmenait au milieu de la lagune. Des serviteurs enduisaient alors son corps dénudé d'une résine de térébinthe gluante que l'on aspergeait d'une fine poudre d'or. Puis, le cacique entonnait un douloureux mais puissant miséréré que les flots matinaux portaient jusque dans le cœur du peuple agenouillé sur le rivage qui le reprenait en chœur. Sous les premières lueurs de l'aube, son corps plein d'or rivalisait de splendeur avec le soleil levant, alors qu'il lançait à l'eau, à pleines mains, tout le chargement d'émeraudes, de pièces et de bijoux votifs en or, afin que le démon consentit à lui rendre sa bien-aimée. Il se lavait ensuite dans les eaux du lac à l'aide d'une saponaire, de façon à ce que la poudre d'or de son corps aille recouvrir les murs du palais submergé.

Mais le démon refusa toujours de libérer la jeune femme, qui ne voulait plus revenir sur terre non plus. Avait-elle trouvé le véritable amour dans les bras du monstre marin? La légende ne le précise pas. Mais elle aura entraîné une véritable folie de l'or chez les conquistadores et les aventuriers de l'époque. En effet, les Amérindiens prétendaient que la coutume du bain d'or s'était perpétuée de cacique en cacique depuis l'intronisation du successeur du malheureux amant éconduit et qu'elle subsistait encore au moment où ils la racontaient.

Si les Espagnols ne trouvent jamais le trésor de Guatavita, ils pillent à profusion l'or chez les Chibchas et chez les autres tribus de la région. Et ils l'exportent à pleine armada de galions (grands navires de 600 tonneaux fortement armés, successeurs des caravelles) au royaume d'Espagne. Les bateaux sont cependant souvent attaqués par les pirates, entre autres par le corsaire Jean Fleury (Juan Florín pour les Espagnols), qui, sous les ordres de François Ier, est chargé de venger l'honneur de la France cavalièrement mise à l'écart lors du partage des colonies du Sud. Quand les galions parviennent sans encombre à destination, l'or est transporté à la Torre del Oro, la Tour de l'or de Séville, qui existe encore aujourd'hui, pour être transformé en numéraire. Après l'indépendance de la Colombie, Simón Bolívar fera fondre lui aussi une partie du trésor autochtone pour faire frapper des pièces à son effigie.

Aujourd'hui, tous les bijoux et pièces d'or découverts sur les sites archéologiques sont systématiquement achetés par le gouvernement colombien au prix du cours de l'or pour être entreposés au Museo del Oro de Bogotá. Les *huaqueros* acceptent sans difficulté de vendre au gouvernement l'or qu'ils récupèrent. Cependant, ils ne se préoccupent aucunement des autres pièces archéologiques, parce qu'ils n'en connaissent ni la valeur marchande ni la valeur historique. Ces pièces sont automatiquement détruites. Systématiquement soustraites en tout cas à l'analyse des spécialistes.

palais fabuleux, des édifices publics, des esplanades et même des aqueducs pour amener l'eau douce dans les maisons et évacuer les eaux usées, les cités lacustres étant construites sur des lagunes d'eau salée.

Toutes les constructions sont en pierres bien taillées et cimentées, recouvertes de chaux. Elles sont souvent décorées de boiseries odoriférantes en cèdre ou autres bois précieux. Elles sont séparées par de grandes chaussées pavées, nivelées et rectilignes qui se coupent à angle droit (aucune civilisation de l'Amérique du Nord ou du Sud, aussi avancée soit-elle, ne connaît pourtant l'usage de la roue). Certaines cités sont plus grandes et plus magnifiques que Grenade ou Séville, alors que d'autres rivalisent en beauté avec Genève, Pise ou même Venise, pour les cités lacustres, selon les premières réactions espagnoles, telles que rapportées par les chroniqueurs de l'époque. L'abondance y règne partout, comme en témoignent les marchés publics plus grands que ceux de la majorité des grandes villes d'Espagne. On y offre des produits plus diversifiés et en plus grande quantité, et les étalages sont regroupés par produits, à l'image des marchés arabes.

En 1520, Cortés fait construire des brigantins de façon à attaquer les Aztèques par voie de terre, certes, mais aussi par voie de mer, pour éviter le piège des ponts tournants. Lors d'une rencontre se voulant pourtant pacifique, Cortés fait lire la *requerimiento* à Moctezuma par l'un de ses capitaines. Par l'entremise d'une traductrice autochtone et concubine de Cortés, Doña Marina, Moctezuma lui demande qui est cet énergumène de roi qui, dans son pays lointain, se permet de distribuer des terres qui ne lui appartiennent pas.

Le prenant en otage, Cortés se rend maître assez facilement de la civilisation aztèque tout entière. Le barbu blanc, croient les Amérindiens, est l'incarnation de l'un de leurs dieux, Quetzalcóatl, le Serpent à plumes. En outre, Cortés a regroupé sous son commandement la plupart des autres tribus indigènes qui voient en

lui le libérateur du joug aztèque. D'autant plus qu'il est le maître du tonnerre : il tire du canon. Si la première confrontation avec les Aztèques se déroule sans encombre et en si peu de temps, il mettra tout de même plus de trois ans à asseoir sa domination sur cette partie du Nouveau Monde. Il devra, en effet, affronter rébellion sur rébellion de la part des Amérindiens. Ils le combattent en démontrant un courage peu commun, d'autant plus qu'ils connaissent maintenant sa nature humaine qui ne s'apparente guère à celle de leurs dieux. Cortés est même forcé d'abandonner México, le 30 juin 1520, à l'issue d'une bataille de nuit, la *Noche triste*, où tous ses bateaux sont détruits et près de deux tiers de ses hommes tués ou capturés.

Cortés reçoit des renforts de Cuba pour relever ses troupes fatiguées. Il repart de nouveau en campagne et, cette fois, il s'en tire victorieux pour de bon. Les Aztèques sont anéantis complètement, peuple et culture. Cortés détruit, sans vergogne et en y mettant le feu, toutes les cités qu'il qualifiait lui-même de merveilleuses. Il ordonne la démolition des temples et des édifices à coup de pioche, dans un processus d'éradication systématique. Les Espagnols utilisent ensuite les matériaux récupérés pour construire leurs propres églises, palais, édifices publics, maisons et autres installations, sur les sites mêmes de ceux qu'ils viennent à peine de démolir, selon le style mudéjar en influence dans la mère patrie.

Fernand de Magellan

Outre les Italiens Cristoforo Colombo, Amerigo Vespucci et Giovanni Cabotto, l'Espagne avait aussi adopté Fernão de Maghalhães du Portugal, qui prit le nom de Fernando Magallanes. Magellan donc, un autre navigateur chevronné, avait pendant ce temps découvert, le 28 novembre 1519, le fameux passage tant recherché qui permettait d'unir l'Atlantique et le Pacifique. C'est un parcours dangereux mais navigable, au sud de l'Argentine, qu'il dénomme à juste titre le détroit de Magellan, l'une des découvertes les plus fantastiques en ce qui concerne la connaissance géographique du monde de l'époque. En atteignant le nouvel océan, au cap Deseado au Chili, il le dénomme El Mar Pacífico, la mer Pacifique, à cause du temps magnifique — pacifique — qu'il y fait à ce moment. C'est pourtant un fait exceptionnel à cette latitude, été comme hiver. Même si Núñez de Balboa a déjà vu le Pacifique quelques années avant, en 1513 au Panamá, c'est tout de même sous le nom choisi par Magellan qu'il sera consigné dans les atlas de l'époque.

Magellan meurt aux Philippines le 27 avril 1521, tué par une sagaie (javelot) indigène. Cependant, l'un de ses lieutenants, Elcano, poursuit la route à bord d'un des cinq vaisseaux de Magellan, le *Victoria*, et rentre en Espagne, réussissant ainsi la première circumnavigation de l'histoire. Son voyage autour du monde aura duré trois ans.

Francisco Pizzaro

Francisco Pizzaro ne sait ni lire ni écrire. Il gardait les pourceaux dans son Extremadura natale. Mais est-ce bien nécessaire chez un conquistador à qui l'on demande de maîtriser le maniement de l'épée et de compter l'or? Pour ça, on peut s'y fier. Pizzaro est un guerrier qui sait compter. On exige aussi de lui qu'il sache commander des hommes. Pour ça aussi, pas de problème. Ses troupes ont en effet autant peur de lui que des ennemis qu'ils rencontrent. Fils bâtard d'un gentilhomme ruiné de Trujillo d'Extremadura en Espagne, Pizzaro a fait partie de l'expédition de reconnaissance de Juan de la Cosa, en 1499, sur la côte caraïbe de la Colombie, à titre de simple soldat. Son ambition personnelle et son manque total de considération pour qui que ce soit lui ont permis de grimper rapidement l'échelle des grades. C'est la raison pour laquelle on l'avait chargé de l'arrestation de Núñez de Balboa, dont il a commandé les navires sur le Pacifique, le long des côtes de l'Amérique centrale.

Au Panamá en 1524, Francisco Pizzaro s'associe à Diego de Almagro — autre illustre illettré qui s'identifiait au nom de son village, Almagro, aussi en Extremadura (Pizzaro le fera d'ailleurs étrangler en prison en 1538. À leur tour, les partisans du fils d'Almagro assassineront Pizzaro en 1541). Il s'associe aussi à un prêtre, Fernando de Luque, que les Panaméens surnomment Fernando el Loco (Fernand le fou). Ensemble, ils affrètent un navire, et Pizzaro part

de nouveau vers le sud avec une centaine d'hommes. Trouvant difficilement à se ravitailler dans les marécages que constitue la côte du Pacifique, il aborde une terre plus hospitalière, Isla Gorgona, puis un village du continent, au sud de Buenaventura, devenant ainsi le seul conquistador à avoir foulé la Colombie par l'Atlantique et le Pacifique.

Des Amérindiens lui fournissent des vivres et lui offrent de l'or en petite quantité. Assez tout de même pour piquer sa curiosité. Il entend parler pour la première fois d'une civilisation fascinante, à l'organisation pyramidale, dont les tentacules de civilisation commencent à peine à pénétrer en Colombie. Les Incas ont en effet déjà établi leur domination sur l'Équateur, le Birú (Pérou), la Bolivie, le Chili et probablement une partie de l'Uruguay et de l'Argentine depuis des centaines d'années, et amorcent leur domination dans le sud de la Colombie. Les Amérindiens lui décrivent des cités incasiques étonnamment développées avec des maisons, des temples et des palais gorgés d'or, Cuzco et Cajamarca sans doute, où séjourne le grand Inca. Envoûté par ces discours itératifs à chaque fois qu'il s'arrête pour s'approvisionner, Pizzaro vogue de plus en plus vers le sud.

Il fonde la ville de San Miguel en Équateur, à l'embouchure de la Chira, une rade protégée sur le Pacifique. Ce sera un pied-à-terre sûr d'où il pourra partir à la conquête du Pérou et recevoir du renfort du Panamá ou de la Nouvelle-Espagne si besoin est. Il en laisse le commandement à Sebastián Moyano de Belalcázar.

À cette époque et au grand étonnement de Pizzaro lui-même, tout le territoire inca est sillonné de chaussées pavées qui facilitent le commerce, même si les Incas ne connaissent pas non plus la roue. Une route, par exemple, réunit Santiago au Chili et Quito en Équateur sur une longueur de plus de 5 000 km. Toutes ces artères sont desservies par des relais judicieusement postés à intervalles réguliers qui comportent des silos pleins de maïs et d'autres denrées pour se ravitailler entre les étapes, et même des vêtements de rechange. C'est donc avec une surprenante facilité que Pizzaro, en 1525, peut pénétrer à l'intérieur du pays des Incas en utilisant les installations gracieusement mis à sa disposition par ceux-là même qu'il s'apprête à attaquer.

À cette époque, la guerre civile fait rage au sein de l'Empire inca, alors que deux frères s'en disputent le trône (en langue quechua, le mot *inca* signifie «chef»). S'il désigne aussi toute une civilisation, il implique qu'il s'agit d'un peuple de haute noblesse et de grande culture). En effet, le souverain Huayna Cápac est mort sept ans auparavant. Il était le onzième Inca de la dynastie. Dans son testament, Huayna Cápac a divisé l'Empire en attribuant à son fils héritier légitime, Huascár, le gouvernement de Cuzco au Pérou, où se trouve le fameux Inti-Huasi, le temple du Soleil, dont les murs sont en or massif. Mais il a aussi fait don de la province de Quito en Équateur à Atahualpa, un autre fils plus énergique issu de son harem. Ce dernier sort vainqueur d'une guerre fratricide qui le projette sur le trône où le peuple l'adore comme un véritable Dieu-Soleil.

Atahualpa a établi sa résidence à Cajamarca au nord du Pérou, où Pizzaro lui demande audience. Atahualpa le reçoit avec beaucoup d'honneur — comme un frère pourrait-on dire — et l'installe, lui et ses hommes, dans une résidence somptueuse réservée aux visiteurs de marque du royaume. Il lui offre même la coca, la drogue sacrée des Incas utilisée spécialement dans les cérémonies religieuses et les fêtes civiles. Mal lui en prit, car Pizzaro se sent bizarre tout à coup. Il «allume». Il hallucine peut-être, la drogue ne produisant pas les mêmes effets chez tous les consommateurs. La panique s'empare de lui. Il se sent soudainement piégé. Il vient de réaliser qu'il est entré les yeux fermés dans la gueule du loup, avec tout son contingent de quelque 170 hommes dont 62 cavaliers. Ils sont cernés de toute part par plus 40 000 Amérindiens faiblement armés... mais armés tout de même, et habiles à utiliser l'arc, les flèches empoisonnées et la fronde. Il réalise qu'il doit tenter le coup de force, s'il veut sortir vivant de cette impasse. En accord avec ses hommes, il ourdit le dessein de s'emparer d'Atahualpa. Il sait pertinemment bien que Hernán Cortés, son propre cousin, n'a pas hésité à utiliser la ruse au Mexique, quelques années auparavant, pour prendre Moctezuma en otage. La centralisation politique aidant, il sait aussi par expérience que, décapité de son Inca, le peuple se laissera facilement contrôler.

Prétextant une discussion sans importance entre «frères», il invite Atahualpa à une rencontre informelle tôt le lendemain. En moins d'une heure, Pizzaro met l'Empire inca à ses genoux, vassalisé au royaume d'Espagne, équipé qu'il est de chevaux, de chiens de guerre, de couleuvrines (canons à tube long et effilé), de mousquets et d'arbalètes, toutes armes et animaux encore inconnus ici, surtout les «hommes-chevaux centaures». Pizzaro et sa

bande d'hystériques tirent partout. Dans le tas. Sans même viser. Résultat? Plus de 4 000 morts chez les Incas, aucune perte chez les Espagnols qui ont, de plus, réussi à capturer Atahualpa.

Pendant la détention de l'Inca, qui se poursuivra pendant plus de six mois, Pizzaro a tout de même la décence de le traiter avec la dignité due à son rang, lui laissant sa cour et son harem. Il l'invite à manger à sa table et lui enseigne même à jouer aux échecs. Entretemps, ses soldats laissés libres en profitent pour se livrer au pillage du palais somptueux de l'Inca, digne des royaumes enchantés décrits dans les romans de chevalerie à la mode en Espagne, notamment l'*Amadis de Gaule* et *Les Exploits d'Esplandián*, rédigés par Ordóñez Montalvo et publiés respectivement en 1508 et en 1521. Pizzaro ne sait peut-être pas lire, mais il peut apprécier. Longtemps avant, les Incas avaient vaincu les Chimús pour s'emparer de leur trésor qui, eux, avaient déjà fait main basse sur l'or des Mochicas, leurs ancêtres. La résidence d'Atahualpa regorge donc d'objets de luxe en or pur, de bijoux, de vases, d'ustensiles et de pierres précieuses.

Pour payer une rançon en échange de sa liberté, Atahualpa offre même de remplir d'or une pièce de 4 m sur 5 m, et ce, à hauteur de bras. En quelque deux mois, il exécute sa promesse, ses *chasquis* (messagers) faisant le tour du royaume pour amasser tout l'or, l'argent et les émeraudes qu'ils peuvent recueillir sous forme de statuettes, de jarres, d'ornements ou de bijoux. Ça ne représente cependant qu'une infime partie de l'immense fortune royale préalablement enfouie dans une cache qui n'a jamais encore aujourd'hui été découverte. Avis aux intéressés.

La cupidité aidant, les Espagnols se ruent sur les émeraudes, pierres vertes qu'ils traitent comme des diamants. Ils tentent d'en déterminer la valeur en les frappant à coup de ferratier (marteau de maréchal-ferrant). Ils en fracassent la majorité avant que l'un d'eux s'aperçoive de leur bêtise.

Au lieu de libérer l'Inca, à qui il avait pourtant donné sa parole, Pizzaro le fait baptiser, manœuvre dolosive par excellence, à l'incitation d'un ecclésiastique de mauvaise foi, Fray Vicente de Valverde. Puis, d'un revirement pour le moins spectaculaire, il l'accuse d'inceste à l'endroit de ses sœurs, avec qui Atahualpa est effectivement marié. Il l'accuse aussi de polygamie puisqu'il a de nombreuses femmes, de

Requerimiento

Tout au cour de la Conquête, les Espagnols réduisirent en fait toutes les civilisations du Nouveau Monde à la servitude, traitant les Amérindiens avec bonté quelquefois, mais surtout avec beaucoup de cruauté, au gré de leur fantaisie et selon leur propre vanité. Quand les conquistadores en armes sont en présence d'Amérindiens, un greffier lit au cacique la *requerimiento*, une mise en demeure de reconnaître un seul Dieu et l'autorité du roi d'Espagne sur leurs territoires, autorité conférée par le pape. Les Amérindiens, évidemment, ne comprennent jamais la teneur de ce document, et leur indifférence «justifie» alors le combat engagé et la prise d'esclaves.

En cela, les conquistadores suivent à la lettre les principes décrits par Vittoria et publiés plus tard à Salamanque en 1539 dans la *Relectiones de Indis* :

1- Les conquistadores ont le droit de passage et de commerce. La résistance à ces droits justifie la guerre;

2- Les conquistadores ont le droit de prêcher l'Évangile partout. La résistance à l'Évangile justifie la guerre;

3- Si les nouveaux convertis sont forcés de revenir à leurs anciennes divinités par leurs princes, cela justifie la guerre;

4- Le pape peut remplacer un prince païen par un chrétien si un bon nombre de sujets du premier se convertissent;

5- La guerre est justifiée si la majorité des sujets d'un prince désirent devenir sujets du roi d'Espagne;

6- Si deux princes païens sont en guerre, les Espagnols peuvent s'associer à l'un des deux pour combattre l'autre et partager les fruits de la victoire;

7- Les autochtones sont incapables de se gouverner eux-mêmes. L'intervention armée des Espagnols pour imposer leur propre gouvernement est donc justifiée.

---

fratricide (n'a-t-il pas tué son frère Huascár?) et d'idolâtrie, étant adoré à titre de Dieu-Soleil, tous crimes punissables de mort... dans la religion catholique.

Atahualpa est donc étranglé et écartelé, selon les rites de châtiment appliqués en Espagne par l'Inquisition, puis brûlé sans autre forme de procès. Ce «meurtre» constitue un crime impardonnable pour les Amérindiens et prélude à la révolte qui sera sauvagement matée. Quelque 50 ans après la venue de Pizzaro au Pérou, il ne restait plus guère que 30% de la population indgène initiale, décimée qu'elle fut à la suite de multiples confrontations, escarmouches et propagations de maladies importées d'Europe, comme la variole. Condamnés aux travaux forcés pour rébellion contre les détachements espagnols, des millions d'Amérindiens ont aussi perdu la vie uniquement dans les mines d'argent du Potosí en Bolivie, les mines les plus riches du monde, découvertes par hasard en 1545 par un Amérindien *yanacona* (serviteur), accompagné de son maître, un Espagnol du nom de Villarroël. Les Amérindiens y meurent de froid, de famine ou de fatigue. Ils sont surtout engloutis vivants par les éboulements dus aux techniques de creusage sans étayage. Le tout, avec la bénédiction tacite de l'Église. Du moins, sans condamnation. Parce que, dans les cas de meurtres prémédités ou de génocides systématiquement répétés comme ici, il n'y a pas de zone grise. Si l'on ne crie pas haut et fort l'indignation sur toutes les tribunes, on approuve. Certains ecclésiastiques sur le terrain se sont élevés contre l'esclavage et le travail forcé des Amérindiens, entre autres les dominicains Fray Bartolomé de Las Casas et Fray Antonio de Montesinos. Mais rarement ces derniers se sont-ils plaints en hauts lieux de la cruauté inacceptable des Espagnols envers les autochtones même selon les normes de l'époque.

On se plaît à imaginer que si les Aztèques ou les Incas avaient connu la roue et les armes à feu, s'ils avaient pu combattre leurs ennemis à dos de cheval et à armes égales, ils les auraient sans aucun doute vaincus.

La conquête de la Colombie

Peu après, en 1536, l'homme de confiance de Pizzaro à San Miguel, Sebastián Moyano de Belalcázar, se prépare à envahir l'actuelle Colombie par la côte du Pacifique. Son commandement étant bien ancré à San Miguel et à Quito en Équateur, dont il a aussi la charge à titre de gouverneur, il prend avec lui tous les Espagnols disponibles et près d'un millier d'Amérindiens. Il pénètre très profondément dans la province de Popayán, et son expédition l'amène bien au-delà du territoire auparavant dominé par les Incas dont la propre pénétration, considérée pourtant comme inéluctable par les indigènes jusqu'ici, a été stoppée net par l'occupation de Pizzaro.

La Colombie est alors peuplée d'Amérindiens en majorité cannibales, sous la domination de petits rois régionaux continuellement en guerre les uns contre les autres. Rien pour affronter un détachement de fantassins bien armés de canons et de mousquets ainsi que d'une cavalerie secondée par des meutes de chiens de guerre.

Des conquistadores venus du nord, de l'est et de l'ouest

En revenant en arrière, en 1499 et sur la côte est des Caraïbes, on s'aperçoit que, dès les débuts de la conquête du territoire colombien, les conquistadores ne rencontrent que peu ou pas de résistance de la part des Amérindiens, à peine moins primitifs à leurs yeux que ceux des archipels des Antilles, dont ils connaissent déjà les faiblesses. Les féroces anthropophages Caraïbes, Tumacos, Pijaos et Panches ne livrent pour ainsi dire aucun combat aux nouveaux venus. Cependant et malgré leurs victoires successives et relativement faciles dans les îles caraïbes (Ponce de León finit d'occuper La Hispaniola en 1493 et prend possession de Puerto Rico en 1508. La Jamaïque est conquise le 5 mai 1509 par Juan de Esquivel et l'île de Cuba par Diego Velázquez en 1511), les Espa-

gnols sont véritablement terrorisés à la seule idée de devoir combattre l'une de ces tribus qui mangent les prisonniers sous leurs yeux, directement sur le champ de bataille, en ragoût, dans *«des marmites avec du sel, des piments et des tomates»* (selon Bernal Díaz del Castillo, un chroniqueur de l'époque). Crus, s'ils n'ont rien pour les faire cuire. À travers les âges et les cultures, la faim a souvent dicté le menu des belligérants, alors que les guerriers fatigués, blessés, affamés ne sont pas toujours approvisionnés adéquatement. De plus, dans plusieurs mythologies, une croyance veut que les combattants s'accaparent de l'âme et du courage de l'ennemi en le dévorant. C'est la raison pour laquelle les Amérindiens s'associent souvent aux Espagnols qui se préparent à envahir un territoire où règne un tyran. Ils savent qu'ils feront bombance à bon marché et qu'ils rehausseront leur courage. Certaines tribus vont plus loin et pratiquent le sybaritisme en hommage aux dieux. En effet, elles engraissent les enfants prisonniers comme des animaux de basse-cour, strictement dans le but de les manger lors de cérémonies religieuses. D'autres organisent même des raids chez leurs voisins uniquement pour s'approvisionner en chair humaine.

Si les Quimbayás n'offrent pas non plus de résistance, il n'en est pas de même pour les autres peuples autochtones des plateaux andins qui combattent farouchement, avant de se réfugier dans les montagnes pour fuir les menées impérialistes de Charles Quint, dont les troupes les envahissent dorénavant sur trois fronts. Il ne reste pratiquement plus rien de ces civilisations qui comprenaient près d'un million d'indigènes.

À la recherche de l'or dont les Amérindiens ne cessaient d'en vanter les innombrables filons, beaucoup d'explorateurs et de rêveurs picaresques sillonnent le pays, pourtant réputé pour son accès difficile. Une première reconnaissance du territoire colombien s'organise dès 1501, sous la direction de Juan de la Cosa, un membre de l'expédition de Rodrigo de Bastidas. Il explore d'abord le littoral de la mer des Caraïbes puis fonde la première cité, Santa Marta, en 1525, à l'extrémité du cap de la Aguja, dont Bastidas devient le gouverneur. Quelques années plus tard, en 1533, Pedro de Heredia (Pedredia), un noble de Madrid, jette les premières pierres de ce qui est aujourd'hui Cartagena, le second établissement permanent au pays situé à l'entrée du golfe de Darién.

Gonzalo Jiménez de Quesada

Mais c'est au conquistador Gonzalo Jiménez de Quesada que l'on doit la fondation de Ciudad Nueva de Granada, qui devint Santafé de Bogotá, l'actuelle capitale de la Colombie.

Descendant d'une famille de la noblesse espagnole et avocat de profession, Gonzalo de Quesada aborde le territoire de Colombie par la côte caraïbe avec quelque 160 des 800 hommes qui formaient son expédition au départ d'Espagne, les autres ayant disparu en mer à la suite de fortes tempêtes. Alors âgé de 34 ans et accompagné de Don Pedro Fernández de Lungo, il remonte le Río Magdalena en 1538 depuis Santa Marta. Après la perte de ses bateaux, de multiples escarmouches avec les Amérindiens, la fièvre, la famine et la mort par épuisement de ses hommes — souvent aussi dévorés par les alligators —, il parvient enfin dans une vallée cultivée des Andes. Il est surpris d'y découvrir de nombreux villages aux coquettes maisons de bois, aux portes desquelles carillonnent doucement des mobiles en or pur. Plus loin, il parvient à des cités avec des édifices imposants et des forteresses difficiles à conquérir : le territoire chibcha. Il y avait, en effet, plusieurs millénaires que les Chibchas avaient conquis ces terres pour y asseoir leur civilisation. Épouvantés à la vue des chevaux, les premiers Amérindiens rencontrés lui offrent des enfants à manger, croyant avoir affaire à des Panches, une tribu cannibale rivale.

Quesada a tôt fait d'asservir l'un des deux rois régnants, Tunja, et d'accaparer ce qu'il croit être son trésor, alors que les Amérindiens en ont caché la plus grande partie. Il part ensuite à la recherche du second roi, Bogotá, dont le refuge lui a été révélé par des Chibchas livrés à la torture de ses hommes. À la suite d'une courte bataille — plutôt une débandade de la part des Amérindiens terrorisés par les chevaux et les fusils —, le roi est retrouvé mort, sans qu'on puisse faire main basse sur le second trésor royal. Soupçonnant son successeur Sagipa d'en connaître la cachette, Quesada l'aide à accéder au trône. Lassé des tergiversations du cacique à répondre à ses questions, Quesada le met aussi à la torture. Sagipa continue de se taire. Il meurt un mois après, emportant avec lui son secret.

Quesada profite de ce répit dans la chasse au trésor pour fonder Santafé de Bogotá en 1538 sur le site même de Bacatá, la capitale des Chibchas. Plus tard en 1539, il créera la Nou-

velle-Grenade, une capitainerie administrée par la vice-royauté de Lima, au Pérou.

Du Pacifique, le conquistador Belalcázar continue sa marche vers le centre de la Colombie pour établir au passage les villes de Popayán en 1536, et plus tard de Cali en 1537, dans la vallée de Cauca.

Entre-temps, redevable de sa couronne à des emprunts consentis par des banques allemandes, Charles Quint avait accordé la concession du Venezuela aux banquiers et armateurs Welser de la ville hanséatique d'Augsburg, en Allemagne. Beaucoup d'expéditions partent donc des côtes vénézuéliennes vers l'intérieur du pays. L'une d'elles parvient même à atteindre las sabanas, les savanes de Bogotá, après un voyage de plus de trois ans, pour constater que les Espagnols y sont déjà bien implantés. Son commandement est assuré par un Allemand du nom de Klaüs Federmann, mais la troupe est formée essentiellement d'Espagnols et d'Amérindiens.

Au même moment, au sud de Bogotá, les Espagnols venus du Pacifique rencontrent pour la première fois des hommes qui parlent la même langue, à l'étonnement d'ailleurs des deux groupes. Et la Colombie devient le seul pays d'Amérique à avoir été «découvert» par l'Atlantique et le Pacifique en même temps, de 1501 à 1537, de trois sources différentes... sans que les conquistadores s'en doutent (les États-Unis, découverts le 27 mars 1513 par Juan Ponce de León, ont été traversés d'est en ouest par Pánfilo de Narváez et ses hommes en 1536, ce dernier ayant été tué en Floride). Ce qui n'est pas sans provoquer des heurts et des empoignades entre les trois groupes, chacun des chefs réclamant pour lui le titre de commandeur de l'ordre de Saint-Jacques, une sorte de Légion d'honneur qui comporte une forte rémunération de même que l'adelantado ou le titre de gouverneur des régions nouvellement conquises. Et les richesses qui s'y attachent lui permettent (enfin) de payer ses hommes. Ils y trouveront leur compte.

Tous ces nouveaux territoires conquis deviennent, en 1717, une vice-royauté indépendante de celle de Lima, au Pérou, mais toujours sous le nom de Nouvelle-Grenade. Elle comprend approximativement les territoires actuels de Panamá et de la Colombie, auxquels se rattachent par la suite le Venezuela et une partie de l'Équateur. Abolie en 1724, la Nouvelle-Grenade fut reconstituée en 1739.

L'indépendance

Les premiers soubresauts anti-espagnols font leur apparition à Soccoro — dans l'actuel département de Santander — en 1781, dans le cadre du soulèvement vite avorté des *comuneros* contre l'augmentation des impôts sur les marchés. Les Espagnols adoptent de plus en train de mesures offensantes et discriminatoires dont l'interdiction du port des vêtements traditionnels pour les Amérindiens, l'expropriation de leurs terres collectives appartenant de toute façon à l'État et la déportation pure et simple de ces derniers en Espagne pour n'importe quelle raison.

La chute de la domination espagnole sur les *criollos* (Espagnols nés en Amérique) est aussi précipitée par la guerre d'Indépendance des États-Unis de même que par la Révolution française. En effet, dès 1794, Antonio Nariño traduit la Déclaration des droits de l'homme et du citoyen rédigée en France en 1789 par Marie Joseph, marquis de La Fayette, entre autres, un texte inspiré de la Déclaration d'indépendance des États-Unis, rédigée le 4 juillet 1776 par Thomas Jefferson. Ce texte explosif pour l'époque sème l'idée que la Colombie peut aussi accéder à l'indépendance et se libérer du joug maintenant trop oppressant de la mère patrie.

Entre 1809 et 1815, plusieurs villes se rebellent contre l'autorité coloniale et se regroupent pour former des *cabildos* (sorte de provinces indépendantes). Trois grands courants s'affrontent au cours de cette période : les royalistes, fidèles à l'administration coloniale, les centralistes de Bogotá, qui désirent un état autonome de l'Espagne, et les fédéralistes regroupés à Cartagena, favorables à l'union de provinces aux pouvoirs très étendus au sein d'un État fédéré. Les nombreuses querelles et conflits entre ces lignes de pensée ruinent à la fois financièrement et moralement leurs protagonistes respectifs, facilitant ainsi la reconquête des territoires par les Espagnols entre 1815 et 1819. Cette période est marquée principalement par une répression cruelle et massive de la part de l'administration militaire coloniale, qui provoque un haut-le-cœur unanime, même chez les plus fervents des royalistes.

Simón Bolívar

Le général Simón José Antonio de la Santísima Trinidad Bolívar y Palacios est encore aujourd'hui considéré comme le messie de l'Amérique du Sud. *El Libertador*, l'un des plus grands stratèges du temps, réussit en effet à expulser les Espagnols du territoire sud-américain et à offrir l'indépendance au peuple.

Après la libération partielle de son propre pays, ce Vénézuélien, né à Caracas d'une famille noble, envahit la Colombie avec 2 500 partisans, soutenu par le Colombien Francisco de Paula Santander. Ils battent les 5 000 Espagnols venus à leur rencontre au pont de Boyacá le 7 août 1819. Le 17 décembre de la même année à Angostura (aujourd'hui Ciudad Bolívar) au Venezuela, les représentants du peuple de l'ancienne vice-royauté de Santafé de Bogotá proclament l'indépendance. Ils nomment par acclamation Simón Bolívar président de la république de la Grande-Colombie qui comprend alors la Cundinamarca — autre nom pour désigner la Nouvelle-Grenade —, une partie du Pérou, la Bolivie, le Panamá et le Venezuela. Simón Bolívar en profite pour accorder l'égalité des droits aux Amérindiens. Il aide le Pérou à conquérir son indépendance et en devient même président en 1824.

Mais son rêve d'une grande nation unifiée, à l'exemple des États-Unis, ne fait pas long feu. Peu de temps après, en 1830, le Venezuela s'en détache, suivi de près par l'Équateur. Malheureusement, l'égalité de droit pour les Amérindiens disparaît en même temps que les sécessions, et l'on s'empresse d'instaurer l'ancien régime. C'est désormais aux métis que revient le droit de posséder des esclaves, et ils se montrent, si cela se peut encore, plus cruels et inhumains que les Espagnols. Amer, usé par la guerre, miné par la tuberculose, Simón Bolívar s'éteint à Santa Marta le 17 décembre de la même année.

Francisco Santander regagne la Colombie, d'où il avait été exilé le lendemain de l'indépendance. Il la dirigera jusqu'à 1837. Sous sa présidence et celle de son successeur, deux grands partis politiques voient le jour : le Parti libéral (fédéraliste) et le Parti conservateur (centraliste). Le fossé entre ces deux partis se creuse si profondément que les provinces en profitent pour se constituer une autonomie presque totale jusqu'à la création en 1863 de Los Estados Unidos de Colombia. De nombreuses guerres civiles entre les États fédérés éclatent et mettent le pays à feu et à sang pendant de nombreuses années. En 1886, une commission gouvernementale réunissant des membres des deux partis élabore les textes de base de la constitution de la république de Colombie, qui voit le jour en 1894 et qui comprend encore le territoire panaméen. Cette constitution restera en vigueur jusqu'en 1991.

Le Panamá s'en détache toutefois en 1903, à la suite d'une divergence fondamentale concernant le percement du canal interocéanique, le canal de Panamá, creusé par l'ingénieur français Ferdinand de Lesseps en 1881 et terminé par les États-Unis en 1914. La Colombie ne reconnaît le fait qu'en 1921, après avoir encaissé une indemnisation de 25 millions de dollars de la part des États-Unis. C'est à partir de cette date que la Colombie devient ce qu'elle est aujourd'hui, héritière d'un passé glorieux et d'un avenir encore tumultueux, secoué par la guérilla, les coups de force et les émeutes.

La Colombie contemporaine, un marché aux putschs

Véritable pandémonium d'atrocités, le dernier siècle continue à perpétrer la violence issue des confrontations entre les deux principaux partis politiques, et voit se dérouler pas moins de 19 guerres civiles fratricides dont la «guerre des Mille Jours», de 1899 à 1902. Cette guerre meurtrière ruine l'économie et entraîne la sécession de l'actuel Panamá.

Les conservateurs parviennent néanmoins à garder le pouvoir jusqu'en 1930, date à laquelle les libéraux prennent leur place, avec à leur tête Rafael Uribe. Lui succède un autre libéral, Alfonso López Pumarejo, qui assure la présidence de 1934 à 1938. Puis, pour deux mandats consécutifs, de 1938 à 1946, les libéraux conservent encore le pouvoir avec Eduardo Santos, suivi pour un deuxième mandat, d'Alphonso López Pumarejo. Celui-ci démissionne finalement avant terme, en 1945, alors qu'Alberto Lleras Camargo assume l'intérim.

Depuis quelques années déjà, une lutte intestine rongeait le Parti libéral, et un avocat marxiste au charisme particulier, Jorge Eliécer Gaitán, décide de se présenter aux élections contre le candidat officiel. Le conservateur Mariano Ospina Pérez en profite pour s'installer au pouvoir en 1946, alors que les libéraux se rallient en bloc autour de Gaitán. Menacé par le «gaitanisme» qui s'impose dans toutes les couches sociales, indépendamment des tendances politiques, les conservateurs utilisent la violence comme moyen de persuasion envers les électeurs. Ce qui n'empêche pas la signature, en 1948, d'une entente tripartite avec le Venezuela et l'Équateur concernant l'ouverture du marché entre ces trois pays.

Puis, toujours en 1948, surgit l'une des périodes les plus noires de l'histoire récente de la Colombie. Ce triste épisode débute par l'assassinat de Gaitán, suivi de la mise à sac spontanée de Bogotá par une population révoltée devant ce geste. Il en résulte 10 années de terreurs qui font plus de 300 000 morts. Les uns la surnomment *la Violencia* et les autres *el bogotazo*. Les deux partis se livrent à des assassinats et à des actes d'une violence sans précédent, allant de l'élimination de familles entières aux tortures physiques de toutes sortes. Ici, ce n'est plus la mort qui prend de l'importance, mais la mise en scène qu'on en fait. On arrache les yeux. On tranche les oreilles. On éventre les femmes enceintes. On émascule les hommes pour les empêcher de se reproduire. On tue les parents devant les enfants et les enfants au nez des parents. Rien n'échappe à l'horreur. Toutes les institutions et même la religion participent à la frénésie. La campagne faisant l'objet d'une attention toute particulière de la part des protagonistes, il s'ensuit un exode sans précédent vers les villes, aucunement préparées à recevoir le flot massif de ces nouveaux venus, démunis, affamés, qui n'ont d'autre recours que de s'installer dans des bidonvilles en périphérie des quartiers déjà existants.

La Violencia finit tout de même par s'atténuer sous la dictature du général Gustavo Rojas Pinilla, commandant en chef de l'armée, qui prend le pouvoir de 1953 à 1957 à la suite d'un *pronunciamiento*, un coup d'État. Exténués par leurs affrontements meurtriers, les deux partis réunis sous l'insigne du Front national concluent un accord d'alternance du pouvoir et de partage égal des charges administratives, cependant que le général Pinilla est forcé à l'exil en Espagne. Il s'agit du «pacte de Benidorm», qui donne à la Colombie une période de relative stabilité. De 1958 à 1962, le libéral Alberto Lleras Camargo prend la tête du gouvernement, remplacé de 1962 à 1966 par le conservateur Guillermo León Valencia et suivi du libéral Carlos Lleras Restrepo de 1966 à 1970.

Sur ces entrefaites et en réponse à ces administrations incapables d'améliorer la situation économique du pays (problème agraire, chô-

Jorge Eliécer Gaitán

Issu d'une famille relativement modeste, le libéral Jorge Eliécer Gaitán Ayala se taille rapidement une réputation de héros auprès d'une grande partie de la population colombienne par ses discours passionnés dénonçant le parasitisme et l'inaction de l'élite de son époque. Délaissant les mœurs politiques dont l'identification à un parti constitue un engagement sans équivoque à sa philosophie, Gaitán sera le premier véritable tribun colombien en s'élevant au-dessus des partis pour s'intéresser aux revendications du peuple.

Honni par ses détracteurs et même par des membres de son propre parti, il s'assurera tout de même une très grande popularité auprès de la majorité, par ses interventions directes et publiques. Son assassinat, lors d'un défilé en 1948, a suscité la même horreur en Colombie que celle de J.F. Kennedy aux États-Unis en 1963. Gaitán est encore aujourd'hui considéré comme un héros national partout en Colombie, même auprès des conservateurs.

PORTRAIT

mage, fiscalité, éducation, entre autres), on assiste à l'apparition de plusieurs groupements de guérilleros. On dénombre, entre autres, les Forces armées révolutionnaires colombiennes et communistes (FARC), l'Armée populaire de libération maoïste (Ejército de liberación popular, E.L.P.) et le M-19, le mouvement du 19-Avril (date de la mort de Jorge Eliécer Gaitán), regroupant des éléments populistes et nationalistes. Ils réussissent à gêner le gouvernement par des actions spectaculaires sans toutefois le déstabiliser complètement.

Les élections de 1970 portent au pouvoir le conservateur Misael Pastrana Borrero jusqu'en 1974 sur une fraude gouvernementale. Le vote massif des Colombiens allait en faveur de son adversaire Rojas. En 1974, c'est le libéral Alfonzo López Michelsen qui est porté au pouvoir, suivi des présidences successives du libéral Julio César Turbay Ayala de 1978 à 1982 et du conservateur Belisario Betancur de 1982 à 1986. Mais le clivage sociologique et la polarisation encore plus marquée des tendances politiques débouchent encore une fois sur la violence, alors que plus de 60% de la population s'abstient de voter à des élections qu'elle considère factices. Betancur veut à tout prix instaurer un programme social-chrétien et établir une paix rationnelle avec les guérilleros. Après de nombreuses déceptions, le non-respect des ententes intervenues et l'assassinat par des forces occultes de guérilleros amnistiés par le gouvernement, les groupes révolutionnaires reprennent le maquis.

Peu après l'attaque du palais de justice de Bogotá, qui se termine dans un bain de sang en 1985, Betancur décide d'œuvrer sur le plan international. Il joue un rôle prépondérant dans la création du groupe Contadora, destiné à

mettre fin aux conflits en Amérique centrale, avec l'aide du Mexique, du Panamá et du Venezuela. Le groupe Contadora évite entre autres une intervention armée directe des États-Unis lors du conflit au Nicaragua. Ronald Reagan y voyait en effet une tentative d'expansion du communisme international, alors que Contadora réussit à la ramener à une dimension locale. Le groupe Contadora réussit aussi à formuler des principes destinés à ramener une paix sociale, un *modus vivendi*, entre les différents groupements politiques dans la majorité des pays d'Amérique latine. En Colombie, pendant les années qui suivent, la plupart des groupes de guérilleros délaissent la montagne pour se présenter dans l'arène politique officielle. Ils jouent le rôle de véritable opposition en dénonçant l'insécurité matérielle, les inégalités sociales et la pauvreté engendrée par les privilèges dont jouissent encore les grands propriétaires terriens.

Le libéral Virgilio Barco prend le pouvoir de 1986 à 1990 et mène une lutte active aux narcotrafiquants qui culmine avec l'assassinat, en août 1989, du candidat libéral à la présidence Luis Carlos Galán. Le conservateur César Gaviria accède au pouvoir de 1990 à 1994, alors qu'à la lumière d'une refonte de la Constitution le 5 juillet 1991, on voit naître un gouvernement à tendance réellement pluraliste. Mais en 1992, la situation économique se détériore encore et la guérilla se manifeste de nouveau. C'est l'un des principaux problèmes, avec celui de la drogue toujours présent, qu'a affronté le libéral et très controversé Ernesto Samper Pizano au cours de son mandat de 1994 à 1998. D'autre part, Samper a dû faire face à de fortes pressions, en 1996, pour démissionner en cours de mandat, accusé qu'il fut d'avoir reçu plus de 5 millions de dollars du cartel de Cali pour financer sa campagne électorale. Le conservateur et ancien maire de Bogotá, Andrés Pastrana Arango, dirige aujourd'hui les destinées de la Colombie, depuis la passation du pouvoir du 7 août 1998, alors qu'il avait été élu au deuxième tour au cours des élections du mois de juin précédent. Il a battu Horacio Serpa, le successeur d'Ernesto Samper à la tête du Parti libéral. Dès son accès au pouvoir et avec l'aide notamment du Prix Nobel Gabriel García Márquez, Andrés Pastrana a initié des pourparlers avec les principaux groupes de guérilleros de façon à instaurer une paix durable et réclamée à grands cris par l'ensemble de la population en Colombie. Depuis son élection et grâce à la crédibilité du nouveau leader colombien, les relations avec les États-Unis se sont grandement améliorées, alors que le département d'État américain a laissé entendre qu'il désirait tourner la page et établir des relations bilatérales basées sur un agenda qui va bien au-delà de celui de la drogue.

INSTITUTIONS POLITIQUES ET ADMINISTRATIVES

La Colombie est une république unitaire décentralisée qui élit tous les quatre ans un président et chef de l'État au suffrage universel direct. Le conservateur Andrés Pastrana Arango dirige la Colombie depuis la passation des pouvoirs du 7 août 1998, alors qu'il avait été élu au deuxième tour au cours des élections du mois de juin précédent. Il avait alors battu Horacio Serpa Uribe, le successeur du libéral Ernesto Samper Pizano, qui, lui, avait assumé la présidence de 1994 à 1998. Les votes à l'élection du 22 juin 1998 se sont répartis comme suit : 6 065 342 pour le Parti conservateur d'Andrés Pastrana Arango, soit 50,45 % ; 5 585 627 pour le Parti libéral d'Horacio Serpa Uribe, soit 46,46 % ; 371 927 de votes en blanc, soit 3,09 % ; 107 729 de votes annulés, soit 1 %.

Le président exerce son pouvoir exécutif avec les ministres qu'il désigne lui-même. Quant au pouvoir législatif, il appartient au Congrès national, qui se compose de deux chambres dont les membres sont aussi élus au suffrage universel direct : il s'agit du Sénat, qui compte 112 membres, et de la Chambre des députés, qui regroupe 199 membres.

Tous les deux ans, le Congrès élit un vice-président dans le cadre d'une session conjointe. Dans l'éventualité où le président n'est plus en mesure de le faire, c'est ce dernier qui assume la charge suprême et veille par intérim au respect des institutions.

Pour ce qui est de l'organisation judiciaire, la Cour suprême en assume le contrôle avec 24 juges élus à vie. Elle intervient dans quatre sections distinctes : le civil, le pénal, le droit du travail et le droit constitutionnel. Pour les questions d'importance majeure, les cours pénale, civile et du droit du travail se réunissent lors de sessions plénières.

Dans les régions, il y a des tribunaux de première et de seconde instances qui siègent dans les provinces et les départements. Un tribunal de paix siège dans les communes de moindre importance.

Au niveau administratif et selon la Constitution renouvelée de 1991, la Colombie est divisée en 32 départements, avec chacun sa propre capitale, sous l'autorité d'un gouverneur : ce sont les départements d'Amazonas, d'Antioquia, d'Arauca, d'Atlántico, de Bolívar, de Boyacá, de Caldas, de Caquetá, de Casanare, de Cauca, de Valle del Cauca, de Cesar, du Chocó, de Córdova, du Cundinamarca, de Guainía, de la Guajira, de Guaviare, de Huila, de Magdalena, de Meta, de Nariño, de Norte de Santander, de Santander, de Putumayo, de Quindío, de Risaralda, de San Andrés y Providencia, de Sucre, de Tolima, de Vaupés et de Vichada. S'y ajoutent la capitale, Santafé de Bogotá, et quatre cités métropolitaines (Santiago de Cali, Medellín, Barranquilla et Bucaramanga), en plus de cinq divisions administratives appelées *Commissarías*, quatre *Intendencias* ou intendances et même un district spécial, celui de Cartagena de Indias.

Sur le plan international, la Colombie est membre du Mouvement des pays non alignés (MNA), qui regroupe aujourd'hui 113 membres. Mis sur pied il y a quelque 40 ans à Bandung en Indonésie par une trentaine de pays afro-asiatiques, le MNA s'assure d'un consensus politique en organisant des réunions trisannuelles des chefs des États participants, dans le but de relever leur standard de vie commun et d'offrir une base de discussion solide avec les autres pays du monde. En 1995 à Cartagena, la Colombie a été élue à la présidence du Mouvement jusqu'en 1998. Il s'est agi pour ses partenaires de reconnaître et d'appuyer sa participation énergique, au cours des années précédentes, au sein du Conseil de sécurité de l'ONU, entre autres.

PORTRAIT

Les départements

0   100   200km

N

Mer des Caraïbes

Riohacha

Santa Marta
Barranquilla
ATLÁNTICO
Cartagena

LA GUAJIRA

MAGDALENA

Valledupar

BOLÍVAR

CESAR

Sincelejo
Montería
SUCRE

NORTE DE SANTANDER

PANAMÁ

CÓRDOBA

Cúcuta

Bucaramanga

VENEZUELA

ANTIOQUIA

SANTANDER

ARAUCA

Arauca

Medellín

Quibdó
CHOCÓ

BOYACÁ

CASANARE

Puerto
Carreno

Océan
Pacifique

CALDAS

Manizales

Tunja

Yopal

VICHADA

RISARALDA

Pereira

CUNDINAMARCA

Armenia

QUINDÍO

Ibagué

⊕ Bogotá

VALLE DEL
CAUCA

TOLIMA

Villavicencio

Puerto
Inírida

Cali

META

CAUCA

Neiva

GUAINIA

Popayán

HUILA

San José
del Guaviare

NARIÑO

Florencia

GUAVIARE

Pasto
Mocoa

PUTUMAYO

CAQUETÁ

Mitú

VAUPÉS

⊕ Quito

ÉQUATEUR

AMAZONAS

BRÉSIL

Amazonas

PÉROU

Rio

Leticia

© ULYSSE

Membre aussi depuis 1968 de l'ALAC (Association latino-américaine de libre-échange), qui favorise le développement du commerce intrazonal entre les pays signataires dont l'Argentine, le Brésil, le Chili, le Mexique, le Paraguay, le Pérou, l'Uruguay, la Bolivie, l'Équateur et le Venezuela, la Colombie a été l'un des responsables de la création du Pacte andin. Ce traité permet aux pays impliqués d'entreprendre des initiatives économiques régionales et de signer des accords de portée partielle sans la participation des autres pays membres. Cette entente a donné naissance en 1991 au Mercosur, le Marché commun de l'Amérique du Sud. Il n'est pas exclu que le Mercosur signe des accords avec l'Alena (l'Accord de libre-échange nord-américain) à plus ou moins brève échéance, le Canada ayant déjà conclu un accord similaire avec le Chili.

LE PORTRAIT ÉCONOMIQUE

Outre l'or et les émeraudes, la Colombie possède d'importants gisements de bauxite, de potasse, de charbon (gisements de Cerrejón), de nickel et de cuivre. Le pays est aussi producteur de pétrole, dont les gisements des plaines côtières de la mer des Caraïbes produisent plus de 500 000 barils par jour. La production agricole est aussi importante et fournit du travail à plus de 30% de la population active. Alors que la production de maïs et de riz répond à la demande locale, on exporte la banane, le coton, le cacao, le tabac, le café et le sucre. Pour ce qui est des fleurs, le pays a atteint récemment le deuxième rang mondial, et la flore colombienne se retrouve maintenant sur tous les marchés internationaux. On exporte aussi des crustacés, mais la pêche reste encore un domaine sous-exploité, alors que l'on pourrait facilement doubler la production du bétail. Plus récemment, la Colombie a trouvé des débouchés lucratifs sur les marchés internationaux pour son artisanat et ses produits dits d'industrie légère.

Le tourisme

Vu sa mauvaise réputation, la Colombie accuse beaucoup de pertes sur le plan touristique. L'infrastructure y est pourtant non seulement adéquate à tous les niveaux, mais dépasse souvent les normes internationales. Les sites touristiques en Colombie sont étonnants de beauté et de diversité, et quelques-uns pourraient facilement et sans contredit revendiquer le titre de huitième merveille du monde. Citons, par exemple, la cathédrale de sel de Zipaquirá, près de Santafé de Bogotá (voir p 109), et les vestiges de San Agustín (voir p 286) et de Tierradentro (voir p 288), entre autres.

Les émeraudes

La Colombie est le premier producteur d'émeraudes au monde et fournit près de 80% de la production mondiale. Le marché des émeraudes (esmeraldas) est sous le contrôle du gouvernement par l'entremise de deux compagnies minières, la Techminas et la Coexminas. On peut cependant se procurer ces pierres précieuses à bas prix chez des revendeurs de rue, à Bogotá notamment. Pourvu que l'on s'y connaisse bien sûr, car il est facile de se faire duper.

À Muzo par exemple, une ville réputée très violente et située dans une zone où l'on ne pénètre qu'avec un laissez-passer, on peut trouver des émeraudes à prix ridicule en achetant directement aux hommes, femmes et enfants qui fouillent sans relâche les débris d'une mine à ciel ouvert, comme des vautours s'arrachant les restes d'une carcasse éventrée encore fumante.

L'actuel propriétaire de cette mine, lui-même ancien mineur et fouilleur de débris, ordonne à ses bulldozers de jeter les déchets miniers, après en avoir filtré le contenu, vers des ruisseaux où pullulent les chercheurs indépendants. Son geste permet à toute une population — de 10 000 à 15 000 personnes — de récupérer quelques pierres qu'ils peuvent vendre à des comptoirs spécialisés. Les déchets contiennent encore près de 30% de toute la récolte de pierres précieuses. De petite taille, ces émeraudes coûteraient trop cher à recueillir avec les moyens techniques habituels.

Vivant dans des baraquements de planches, ces aventuriers sédentaires dépensent en général tout ce qu'ils gagnent du commerce des pierres dans les bars et les bordels environnants qui foisonnent. On peut s'imaginer assez facilement l'atmosphère particulièrement «pétée» de cette ville irréelle où les fréquents accrochages entre individus ne dérangent plus personne, sauf ceux qui sont assez près de l'échauffourée pour miser leur gain de la journée sur un des combattants.

PORTRAIT

D'autres vivent dans des tentes. Ceux-là arrivent de partout en provenance de tous les milieux. Ce sont généralement des familles en vacances qui viennent grossir les rangs des chercheurs pour quelques semaines, à la recherche de la grosse pierre qui les rendra éventuellement riches. Tout le monde ne fouille pas à la même place, et le *tambre* (les déchets de la mine) réserve un emplacement à des privilégiés : les policiers et les infirmes. Une ligne imaginaire sépare ce secteur des autres, gardée en permanence par des vigiles armées. La ligne est peut-être imaginaire, mais les vigiles, eux, ne le sont pas. Ils pourraient éventuellement tirer sans avertir en direction de ceux qui s'aventurent à empiéter sur un lieu réservé.

L'or

La Colombie, neuvième au monde, fait partie des principaux pays qui produisent 20 % de l'or mondial. Ce sont des compagnies nationales qui exploitent les mines ou les filons, mais des compagnies étrangères louent aussi des concessions. On dénote entres autres la Frontino Gold Mines, la Consolidated Gulf Fields, l'Anglo-Colombian Development, la South American Gold and Platinium et l'International Mining.

Sur certains fleuves et rivières cependant, sur le Río Guelmambi, le Río Pimbi, le Río Guapípi et le Río Ragui entre autres, dont les embouchures donnent sur le Pacifique, des orpailleurs individuels se sont regroupés dans des villages — Las Peñas, Los Barzos, El Venero — et perpétuent la quête de pépites d'or à la main en filtrant l'eau et la boue à la batée, et en récoltant tout ce qui brille. Mais l'or ainsi recueilli est acheté à un prix dérisoire par les intermédiaires. Il ne suffit pas à rentabiliser une journée de travail, et les orpailleurs à la petite semaine doivent aussi faire de l'agriculture pour subsister.

Le café

L'Amérique latine produit encore aujourd'hui plus de la moitié du café consommé à l'échelle mondiale. Cultivé sur un million d'hectares, le café colombien procure du travail à plus de 400 000 personnes. Comme le raisin, le café est une importation, et les premiers caféiers, originaires d'Afrique, ne font leur apparition en

Amérique que vers les années 1720 : ils produisent de petits fruits rouges, les graines d'arabica. L'officier de marine français Gabriel Mathieu de Clieu aurait en effet planté le premier caféier au feuillage d'un vert brillant en Martinique dès cette époque. Plus tard, vers 1730, les jésuites l'auraient implanté en Colombie.

Trois fois l'an, le caféier entre en floraison. De petites fleurs blanches aussi odoriférantes que le jasmin apparaissent alors sur ses branches. Quelque deux mois plus tard, les fleurs font place à de petites baies vertes qui prennent, en grossissant, une couleur rougeâtre puis carrément rouge sombre au bout de six à sept mois. Alors se produit un phénomène assez rare, puisque de nouvelles fleurs font leur apparition, de sorte que l'arbre entre en floraison en même temps qu'il est couvert de baies.

Pour obtenir le meilleur choix de grains, il faut cueillir les baies à la main, une à une, au moment où elles rougissent. L'enveloppe de la baie recouvre une pulpe blanche qui, à son tour, recouvre deux graines de café.

Puis, on lave les baies mûres et on les passe dans une machine à décortiquer qui les débarrasse de leur peau et de leur pulpe. Pour plus de précaution, on les fait ensuite tremper de façon à ce que la fermentation fasse dissoudre le reste de la pulpe. Les grains recueillis sont ensuite soumis à un second lavage avant de reposer dans des séchoirs industriels pendant une journée. Certains producteurs préfèrent encore l'ancienne méthode de séchage naturel. Ils placent alors les grains sur des dalles de béton exposées au soleil. Ce procédé est plus long et demande de quatre à huit jours.

À la fin du séchage, on récolte des grains d'un beau vert tendre que l'on doit «brûler» avant d'en faire un café. En général, les grandes entreprises torréfient leur café au moment de le mettre en marché, mais on peut se procurer des grains de café frais torréfiés dans des boutiques spécialisées. Pour ce qui est des petits *cafeteros* (producteurs de café) colombiens, ils ne jurent évidemment que par le café qu'ils brûlent eux-mêmes. Et c'est ce qu'ils conseillent. Parce qu'on peut facilement faire sa propre torréfaction à la maison. Il suffit de placer quelques grains de café vert dans un poêlon en fonte chauffé à feu doux. Le processus se fait lentement. Il faut s'assurer que les grains brunissent uniformément pendant quelque 20 minutes, le temps exact de torréfaction étant matière de goût.

Le café préparé avec les grains encore chauds de la torréfaction est un délice, surtout quand on a pris soin d'écraser les grains en poudre dans un mortier en bois, ce qui ajoute au goût. Allez savoir pourquoi. Selon la meilleure recette au niveau des proportions, il faut une cuillerée à soupe de grains de café moulu pour confectionner une petite tasse de café à laquelle on a dilué une cuillerée de sucre. Ceux qui ont l'occasion de goûter à un café concocté selon cette recette avec des grains frais torréfiés affirment sans ambages qu'ils viennent de boire le premier vrai café de leur vie. Et le meilleur, il va sans dire!

On boit beaucoup de café en Colombie, et tout est prétexte à déguster un *tinto*, un café noir. Paradoxe s'il en est un, beaucoup de Colombiens affirment qu'on n'y boit que du mauvais café, la meilleure qualité étant réservée à l'exportation. En fait, le meilleur café est acheté à 95% de sa production par la Bourse de New York, aux États-Unis, pays qui ne produit même pas de café. Ce dernier le revend à une cinquantaine de pays consommateurs, et c'est à New York qu'on fixe les prix de vente internationale du café. Cependant, on peut parfaitement boire de bons cafés en Colombie, dans les grands hôtels par exemple, dans les restaurants où l'on sert l'expresso, dans les boutiques d'importation que l'on retrouve dans la majorité des grandes villes et dans les *fincas* (fermes) de café des départements de Caldas, de Risaralda et de Quindío, entre autres (voir p 242).

Le vin

La Colombie n'est pas un grand producteur de vin... ni de grand vin. En fait, c'est le plus petit des pays producteurs d'Amérique, et la réputation de son vin ne dépasse pas ses frontières. S'agit-il du manque d'intérêt des investisseurs, sachant que la Colombie bénéficie d'un climat très diversifié qui, dans certaines régions, pourrait s'avérer propice à la culture du fruit capricieux? On sait pourtant que son voisin, le Chili, fabrique d'excellents vins, et les spécialistes s'entendent pour affirmer qu'ils sont tous sous-évalués. En Colombie, les vignes produisent du raisin plusieurs fois par année, bouleversant ainsi le cycle des vendanges. On y élabore entre autres des manzanillas, des vins de type porto et, depuis quelques années déjà, un certain nombre de vins de table. Pour ce qui est des restaurants, ils proposent une carte de vins d'importation à prix raisonnable en général, notamment dans les grandes villes et les sites touristiques. Certains restaurants permettent même à leurs clients d'apporter leur vin, prélevant en retour une «taxe de bouchon».

LE PEUPLE COLOMBIEN

Maelström de couleurs crues, issues de la palette du plus fou des Fauves, amalgame d'effluves capiteux qui font tourner la tête, démence de polyphonie tonitruante et angoissante, la Colombie a pas fini de piquer la curiosité. Avec ses cordillères, ses vallées, ses puissants fleuves, ses multiples climats et ses reliefs déroutants, elle a forgé au fer rouge le caractère unique de sa population. Soumis depuis toujours à la servitude de son relief rébarbatif, et ce, dès la venue des premiers migrants, en passant par les conquistadores espagnols et jusqu'à aujourd'hui, les Colombiens ont dû lutter avec hargne pour maîtriser leur territoire. De là à suggérer la violence comme signe le plus distinctif chez eux, il n'y a qu'un pas trop aisément franchi. Pourtant, la rigueur d'une contrée ne devrait-elle pas créer chez les peuples qui l'habitent un besoin de solidarité incompatible avec l'agressivité dont sont taxés les Colombiens? Cette question demeure pour l'instant sans réponse, alors que la fébrilité et l'exubérance de ces derniers sont toujours à fleur de peau. Il est indéniable qu'ils sont passionnés, dramatiques, imaginatifs, créateurs, débrouillards et même... roublards, ce qui n'est pas sans engendrer son lot de contradictions. La culture et les arts — la musique entre autres — tiennent une place plus importante chez le Colombien, épicurien dans l'âme, que chez d'autres peuples.

Quatrième plus grand pays d'Amérique du Sud, la Colombie y est cependant le deuxième pays le plus populeux après le Brésil. Et c'est aussi l'un des plus métissés du monde. La Colombie compte de 50% à 55% de métis (Amérindiens et Blancs), de 20% à 25% de mulâtres (Noirs et Blancs), 20% de Blancs, 3% de Noirs, 1% de Sambos (Noirs et Amérindiens) et de 1% à 2% d'Amérindiens, ces derniers étant divisés en une cinquantaine de groupuscules réunis en une douzaine de cultures : Tayrona, Sinú, Chibcha, Quimbayá, Tolima, Calima, Tierradentro, Cauca, Guane, San Agustín, Nariño et Tumaco. On y trouve aussi de nombreuses ethnies issues d'une plus récente immigration, notamment des Italiens, des Allemands, des Juifs, des Turcs, des Libanais, des Arabes, des Asiatiques, toutes d'un apport certain à la culture.

«*L'Amérique du Sud est une abstraction*», disait Henry Kissinger, ancien secrétaire d'État américain. Sa réflexion s'applique plus particulièrement à la Colombie, pays de contradictions par excellence. L'un des premiers producteurs de café au monde : on y boit que du mauvais café selon les Colombiens eux-mêmes. Pays d'extrême violence : on y rencontre pourtant une majorité de gens d'une extrême gentillesse. Pays chaud puisque à cheval sur l'équateur : on y gèle souvent, alors que 70% de la population vit dans les hauteurs des Andes, la capitale Santafé de Bogotá pouvant même enregistrer 4°C au cours de l'*invierno*, la saison des pluies. Les vêtements d'hiver — cache-col et gants — n'y sont pas considérés comme une manifestation d'élégance ou de coquetterie, mais bien comme une nécessité. Véritable Babylone de races et de couleurs : les Colombiens ne sont pas racistes pour autant. On prétend d'ailleurs, non sans une pointe d'ironie que, s'il y a de nombreux conflits de personnalités, il n'y a pas de racisme. Par contre, la ségrégation sociale est omniprésente, sans égards pour la couleur. L'esclavage a fait son apparition au cours des premières années de la colonisation, avec Cartagena de Indias comme plaque tournante, où l'on vendait autant les Amérindiens que les Noirs. Plus de 100 millions de Noirs ont fait les frais de ce monstrueux commerce dans les Amériques dont moins d'un tiers a survécu au transport. Ils provenaient pour la plupart de razzias effectuées en Angola, au Soudan, en Guinée et au Congo. À la suite de révoltes — les premières tentatives de libération en Amérique du Sud sont le fait d'esclaves noirs soutenus par les Amérindiens —, l'esclavage est finalement aboli en Colombie en 1851 par le président de l'époque José Hilario López. Des groupes de Noirs s'installent sur la côte caraïbe, dans la Magdalena, dans le Cauca et surtout dans le Chocó, et le long du littoral du Pacifique, qui est encore aujourd'hui peuplé en majorité par leurs descendants.

De langue espagnole et de religion catholique, les Colombiens ont perdu quelque peu de leur ferveur religieuse au cours des dernières années. Dans les grands centres du moins. Dans les plus petites agglomérations, la religion est toujours très présente — plus ostentatoire qu'intérieure dira-t-on — et se réclame presque du fétichisme. Les grandes fêtes catholiques comme Noël ou Pâques sont encore célébrées avec beaucoup d'éclat, et les églises se remplissent à la moindre cérémonie religieuse comme les baptêmes, les mariages ou la première communion. De plus, de nombreuses sectes ont vu le jour récemment, en concurrence directe avec l'Église catholique colombienne, la plus conservatrice de toute l'Amérique du Sud.

D'autre part, la famille continue à jouer un rôle de premier plan en Colombie, même s'il s'agit d'une arme à double tranchant. En effet, protectrice sans restriction de tous ses membres, elle réclame en retour que chacun fasse sa part pour y subvenir. Ce qui taxe d'autant le développement individuel puisque cette exigence n'a aucune limite ni chronologique ni pécuniaire, sinon celle des besoins exprimés par le «clan» qui passent avant ceux de chacun des individus. L'exil ou l'émigration ne font pas obstacle à cette situation. Et effet, les Colombiens sont toujours tenus de fournir gîte et nourriture à chacun des membres de la famille en visite dans le pays d'adoption, tout en étant tenu moralement d'expédier au pays une partie de leurs gains extérieurs pour le bénéfice de tous.

Des chiffres

Selon le Departamento Administrativo Nacional de Estadísticas, quelque 27% des Colombiens vivaient sous le seuil de la pauvreté en 1997. La croissance du produit intérieur brut a chuté récemment de 5,7% à 3,3%. Le chômage atteignait 14,3% en 1998, alors que l'inflation frisait les 20%. Le déficit fiscal annuel se chiffre maintenant à 3,8 milliards $US, et seuls les investissements étrangers sont à la hausse, atteignant un accroissement spectaculaire de 40% au cours des dernières années pour se situer à quelque 4 milliards $US. L'indice de fécondité se chiffre à 2,92, alors que l'espérance de vie atteint les 70 ans. L'analphabétisme est de l'ordre de 8,7%, alors que la scolarisation des 12 ans à 17 ans atteint 65,7%. Le pourcentage de la scolarisation au niveau des études du premier cycle universitaire est de 17,5%.

Peuples amérindiens

Aujourd'hui, plusieurs Amérindiens de la cordillère des Andes vivent toujours selon les traditions ancestrales, alors que certaines tribus demeurent encore ignorées du reste du monde. Contrairement aux autres grandes civilisations qui se partagent ou dominent de vastes territoires, les premiers habitants de Colombie sont constitués de petites tribus farouches, méfiantes, qui se développent sur des territoires plutôt restreints. Voici une brève descriptions des plus importantes de ces premières nations (voir aussi la section «Histoire», p 14).

Les Tayronas

Les Arhuacos sont les ancêtres des Tayronas (voir aussi p 156). Ce sont des Amérindiens très fiers qui se dérobent aux influences des conquistadores et de leur civilisation en fuyant dans les hautes terres. Les Arhuacos, les Koguis et les Wayuús d'aujourd'hui en sont les descendants directs. Si, au début, «Tayrona» désigne une seule et unique tribu, ce terme est maintenant employé pour désigner tout le peuple qui vit dans la Sierra Nevada — alors que certains préfèrent la dénomination moins courante de «Kogui». Aujourd'hui plus perméables à la civilisation que leurs ancêtres, ils vivent tout de même encore retirés. Ils pratiquent surtout l'élevage et l'agriculture.

Les archéologues à la recherche de cette civilisation ont trouvé des vestiges de rues et d'esplanades dans des cités hautement sophistiquées, réunies par un réseau routier en pierre de près de 500 km. Ils ont découvert des escaliers en dalles de pierre ainsi que des blocs massifs, toujours en pierre, utilisés comme fondation de maisons ou d'édifices religieux ou publics. Les Tayronas avaient mis au point une technique assez sophistiquée pour niveler la montagne en sorte de terrasses superposées. Ils y construisaient par la suite des cités avec des temples et des maisons, et y installaient des systèmes complexes d'aqueduc.

Ils travaillaient aussi la poterie, tandis que l'agriculture, la pêche et l'extraction du sel des marais salants des cités côtières constituaient leur principale source de subsistance. Mais ils pratiquaient aussi le commerce d'une foule d'autres objets de fabrication artisanale dont des pièces d'orfèvrerie. Les Tayronas étaient monogames, et leurs femmes jouissaient d'un statut plus élevé que chez la majorité des autres tribus. Leur civilisation était composée de plusieurs sociétés réparties sur un tout petit territoire en comparaison des autres cultures.

Comme la Sierra Nevada de Santa Marta ne fournit pas d'or, les Tayronas devaient l'importer. Probablement qu'ils en faisaient le commerce avec les Quimbayás de la vallée du Río Cauca et peut-être aussi avec les tribus du Panamá qui sont leurs voisins naturels, indifférents qu'ils étaient aux frontières d'aujourd'hui. Tayrona signifie «orfèvre», en langue quechua,

l'orfèvrerie étant une technique fortement répandue à travers toutes les régions andines : les Tayronas en avaient fait une spécialité.

Aujourd'hui, en accord avec la nature et l'esprit de leurs ancêtres, les Tayronas ont décidé de s'ouvrir au monde. Ils permettent désormais aux étrangers de visiter leur territoire. Ainsi, les touristes sont dorénavant accueillis à Pueblito et Ciudad Perdida, la «cité perdue» de la Sierra Nevada de Santa Marta, dans une zone difficile à traverser et que l'on dénomme El Infierno, l'Enfer. Cette ouverture sur le monde est relativement récente puisque Ciudad Perdida (voir p 157) n'a été connue de la «civilisation» qu'en 1975, tant les Tayronas demeuraient hostiles à la présence des Blancs chez eux, fussent-ils archéologues.

Les Chibchas

Si les Espagnols ont mis tant d'acharnement à conquérir l'Amérique du Sud, c'est qu'ils cherchaient avec avidité à s'accaparer des richesses qui s'y trouvaient. Ont-ils été bernés par la malice indigène — encore très présente aujourd'hui chez les Colombiens —, qui consiste à profiter de l'ignorance d'autrui pour mieux s'en moquer? Toujours est-il que si les conquistadores ont pillé honteusement toutes les civilisations, ils ont toujours été laissés sur leur faim. Car les Amérindiens leur faisaient entrevoir des richesses cent et mille fois plus fabuleuses que celles dont ils ont réussi à s'emparer. Pour éloigner ces barbares indésirables et parasites de leurs villages, ils racontaient obligeamment leurs légendes — ou n'importe quoi — qui rendaient les Espagnols complètement fous de convoitise.

Groupes de tribus organisées aussi en petits royaumes, les Chibchas (surnommés Muiscas par les Espagnols) étaient comme bien d'autres tribus des orfèvres et des lapidaires. Au moment de la Conquête, et ce, depuis quelque deux siècles av. J.-C., ils occupaient la savane de Bogotá, au centre de la Colombie, c'est-à-dire tout le haut plateau de la Cordillère orientale. Leur civilisation jouissait de la protection offerte par d'immenses forteresses quasi infranchissables — les montagnes — et par des plaines tout aussi démesurées qui permettaient d'apercevoir et d'identifier l'ennemi de très loin. Bien que leur niveau de développement ne les autorise pas à s'attaquer à la construction en pierre, ils vivent tout de même dans des palais, des édifices et des maisons en bois dont la splendeur émerveille les Espagnols à leur

Les communautés amérindiennes

0   100   200km

N

Mer des Caraïbes

Wayuú

Kogi

Tayrona

PANAMÁ

Motilones

Sinú

VENEZUELA

Guane

Emberá

Tunebo

Cuiva

Guahibo

Océan
Pacifique

Quimbaya   Chibcha

Sáliva

Muisca

Piapoco

Waunana

Guahibo

Puinave

Calima

Páez

Currípaco

Guambiano

Tierradentro

Caŭcá

Tumaco   Inga   Kamsá

San Agustín

Coalquer

Coreguaje

Kofán

Nariño

Ingara

Barasana

ÉQUATEUR

Witoto

Makuna

Witoto

BRÉSIL

Ticuna

Yagua

Ticuna

Amazonas

PÉROU

Río

© ULYSSE

L'antithèse autochtone

Capables de voyager longtemps sans se fatiguer en mastiquant la feuille de coca avec le *mambe*, les Amérindiens sont en général paisibles et conservent une attitude prudente devant les Blancs. Car leur philosophie, le sens de la vie qui leur est propre, a toujours constitué et constituera toujours une vision radicalement opposée à celle de ces derniers, plus particulièrement en Amérique du Sud, où certaines tribus demeurent encore aujourd'hui inconnues des Blancs.

Par exemple, si l'or représente le summum de la richesse pour les Espagnols, le précieux métal n'a pas la même signification pour les Amérindiens, qui y trouvent une manifestation tangible de la puissance divine et principalement celle du Dieu-Soleil.

Les vertus des Blancs sont souvent des tares chez les Amérindiens, tout comme les défauts des premiers deviennent les qualités des derniers. Ainsi la paresse, dénoncée avec fermeté chez les peuples dits «civilisés», devient-elle une nécessité chez les Amérindiens, qui doivent ménager leurs énergies parce qu'ils vivent en accord avec la nature, la géographie et le climat de leur région. Pauvre, l'Amérindien se sert de son dénuement pour préserver ses traditions. Quand il réussit à subvenir à ses besoins quotidiens et à ceux de sa famille, il cesse de travailler, le travail n'étant pas une activité essentielle à la vie. Ce qui ne l'empêche pas de planifier ses récoltes à l'avance. Il porte un profond respect à la terre et entretient une relation d'amitié avec les animaux qu'il chasse et le poisson qu'il pêche. Il partage toujours le surplus de ses récoltes avec les membres de sa communauté. L'enrichissement ne se fait jamais aux dépens des autres et il ne connaît pas l'avarice. Ce mot n'existe même pas en quechua. L'Amérindien est heureux dans la simplicité, quand le soleil se lève, quand il pleut ou quand il fait doux.

Le Blanc, lui, continue à travailler — de faire travailler «son» monde — pour emmagasiner des richesses, même lorsqu'il est déjà pourvu de toutes les nécessités de la vie, commandant par cette attitude le respect de ses pairs et posant avec orgueil comme modèle à suivre pour les autres. Il ne donne rien, il vend. Partant, son «partage» est toujours intéressé. Nanti, le Blanc utilise ses richesses pour affirmer sa dictature et en justifier les raisons. Il trouve son bonheur dans l'exhibition de sa propre réussite et dans l'étalage de la fortune qui en découle.

L'Amérindien prend tout son temps pour effectuer un travail. Il respecte l'outil autant que le produit qu'il en tire. Pour l'Amérindien, le temps c'est la vie.

Le Blanc qui prend son temps... perd son temps, c'est évident : le temps, c'est de l'argent.

L'Amérindien rêve et son rêve devient un guide essentiel à l'orientation de sa vie.

Un Blanc qui rêve est... un rêveur, un poète, donc un fardeau pour la société.

L'Amérindien ne manque pas à sa parole. Le Blanc n'en est tenu que par contrat signé en bonne et due forme. Souvent même, il doit en référer aux tribunaux pour débrouiller les prétentions des parties en cause.

L'Amérindien vivait nu au moment de la Conquête, sans aucune concupiscence ni arrière-pensée, en parfaite harmonie avec la nature. À la même époque, en Europe, une femme ne pouvait même pas exhiber l'ombre d'un ongle d'orteil sans se retrouver au bûcher de l'Inquisition pour cause d'indécence. Aussi, les conquérants et leurs prêtres eurent-ils tôt faits de forcer les Amérindiens à se couvrir pour éviter le péché. Aujourd'hui convertis au catholicisme, les autochtones se montrent pudiques devant la nudité, alors que les Européennes... envahissent les plages des Caraïbes les seins nus!

L'Amérindien âgé continue de vivre à l'intérieur du noyau familial tout en y recevant soins, respect et affection de la part de tous les membres. Patriarche, il constitue une source inépuisable de renseignements pour les enfants avec qui il partage une tendresse sans borne.

PORTRAIT

Le vieillard blanc est confiné dans une maison de retraite, véritable antichambre de la mort. À la recherche d'un dernier souffle de chaleur humaine, il en est réduit à fréquenter les McDonald's, le dimanche après-midi, pour quémander un contact avec des enfants inconnus, versant une larme au moindre geste d'un marmot effronté, tout en rêvant à ses propres petits-enfants, qui ne vont jamais le voir parce qu'ils ne connaissent pas cet étranger agonisant qui fait peur.

Les dieux de l'Amérindien sont accessibles et semblables à lui. Ils ne portent pas de jugement sur l'être humain, un être faible et sans ressources. Ils semblent beaucoup plus près des dieux des civilisations orientales d'où ils sont probablement issus, ayant migré en même temps que leurs adorateurs.

Celui du Blanc est hautain, distant, empesé et revanchard. Il porte des jugements sur les actions de l'homme et n'hésite pas à le condamner à tous les maux de l'enfer, à la moindre expression d'une idée novatrice.

arrivée. Tellement que ces derniers n'hésitent pas à nommer l'endroit «Valle de los Alcazares» (la vallée des châteaux). Leurs maisons, entre autres, sont de vrais petit bijoux qui témoignent d'une qualité de vie souvent supérieure à celle des Espagnols qui les découvrent : elles sont solides, érigées avec soin et aménagées fort agréablement. Certaines ont des tapis et des meubles. Les Chibchas, eux, portent des vêtements de coton aux riches couleurs, de nombreux bijoux d'or et des pierres précieuses. Ils ne connaissent pas l'écriture mais possèdent une monnaie d'échange : ils avaient même établi un système de crédit qui doublait une dette non payée à chaque pleine lune. Ils savaient manier les métaux d'une façon exceptionnelle. Ils créaient ainsi de nombreux objets coulés dans des formes en argile sculptée.

À l'instar des Tayronas, ils ne possèdent pas non plus de mine d'or et doivent importer les pépites de leurs voisins, les Quimbayás, car ils sont aussi des orfèvres hors du commun. Comme les Quimbayás, ils utilisaient le martelage, le tréfilage, le rivetage et l'incrustation. Mais ils connaissaient en plus la technique de la cire perdue et celle du filigrane, un entrelacement de fils de métal retenus ensemble par une soudure secrète dont le procédé demeure encore aujourd'hui une énigme.

En soufflant sur un brasier de charbons de bois à l'aide de sarbacanes, ils réussissaient à élever la température de leurs fours de façon à mélanger l'or pur et souple à d'autres métaux comme l'argent et le cuivre dont ils faisaient des alliages résistants. Tellement qu'ils trompent souvent la sagacité des Espagnols qui les croient en or pur. Ils créaient ainsi de nombreux bijoux dont des pendentifs, des boucles d'oreilles, des

amulettes et des ornements de nez aux formes multiples.

En outre, ils exploitaient des mines de sel et d'émeraudes. Ils connaissaient parfaitement l'agriculture et cultivaient la pomme de terre, alors que le petit gibier était abondant et diversifié. Ils maîtrisaient la poterie, le tissage et la teinture d'étoffes de coton. Même si leurs rois Bogotá et Tunja étaient pratiquement toujours en guerre à l'arrivée des Espagnols, ils n'étaient pas vraiment guerriers et unissaient souvent leur force contre leurs ennemis héréditaires et anthropophages : les Panches. On croit que les Páez d'aujourd'hui (voir p 288) sont les descendants directs des Chibchas.

Le rituel propitiatoire de «l'homme doré» des Chibchas est encore aujourd'hui bien ancré dans l'imagination populaire. Qui en effet n'a pas entendu parlé de l'El Dorado (voir p 24), la légende d'un cacique *chibcha*? Et les légendes ne sont-elles pas l'interprétation onirique d'une réalité? Pour leur part, les conquistadores n'y ont vu que ce qu'ils voulaient bien croire. Beaucoup y ont payé de leur vie.

La civilisation San Agustín

L'un des principaux sites de civilisation précolombienne de toute l'Amérique du Sud est sans contredit San Agustín (voir p 286), dans le sud de la Colombie, où l'on a mis au jour de nombreux ouvrages en pierre et en terre cuite. On y a aussi découvert des tombeaux et des temples souterrains, de même que des centaines de sculptures et de termes (statues sans membres) de formes humaines ou animales taillées dans la roche tendre. On a découvert d'immenses stèles monolithiques anthropomorphes taillées à même la pierre volcanique. Les constructions les plus intéressantes restent toutefois les grands tumulus mesurant plus de 4 m de hauteur sur 20 m à 25 m de diamètre. On croit que ces tumulus abritaient des temples souterrains cachés à la vue des intrus par d'immenses dalles de pierre.

Les Quimbayás

Mais la civilisation des Quimbayás demeurent sans contredit la plus curieuse de Colombie. Les Quimbayás vivaient sur les territoires de ce qui est aujourd'hui le département d'Antioquia, le long du Río Cauca, à l'ouest de la Colombie. Ce sont les tombes qui ont révélé leur présence aux archéologues. De deux types différents, les premières sont aménagées en surface, tandis que les autres se trouvent à quelque 10 m de profondeur. Les défunts y étaient entreposés à même le sol, entourés d'un mobilier funéraire composé d'ustensiles de céramique et de pierre ainsi que de nombreux colliers et autres bijoux en or.

Les Quimbayás excellaient surtout dans le travail des métaux. Leur technique du travail de l'or, selon toute vraisemblance, aurait été mise au point quelque 500 ans av. J.-C. Déjà, ils utilisaient avec un art consommé le martelage, le tréfilage, le rivetage et l'incrustation. En effet, il y a beaucoup d'or dans les montagnes du centre et du sud du pays. Les Quimbayás ne creusaient pas de mines, car ils ne savaient pas concasser la pierre. Ils ne possédaient pas non plus de hauts fourneaux. Mais ils sont des orpailleurs habiles, sachant parfaitement filtrer l'or des sédiments alluviaux des cours d'eau. Ils travaillaient à la batée, sorte de récipient destiné à laver les sables aurifères afin d'en recueillir les pépites.

Les Quimbayás étaient polygames, et les nombreuses épouses d'un homme témoignaient de sa prospérité et du degré d'influence qu'il exerçait au sein de sa communauté.

Les Motilones

Les Motilones, pour leur part, seraient descendants des Caraïbes : leur langue en tout cas s'y apparente. Ils ont longtemps résisté à la civilisation et, à l'instar de nombreuses autres tribus indigènes, ils ont dû aussi affronter non sans inquiétude l'arrivée du néocolonialisme. Ils se sont refoulés dans les montagnes et, encore aujourd'hui, ils vivent dans les endroits les plus reculés et les plus hauts de la Sierra Nevada de Santa Marta.

Le pouvoir amérindien

L'Organisation nationale des indigènes de Colombie (ONIC) lutte aujourd'hui pour la défense des droits des Amérindiens, confrontés de plus en plus aux réclamations des *terratenientes* (gros propriétaires terriens) et des petits paysans qui accaparent leurs terres. Jusqu'à la réforme agraire de 1961, une seule loi datant de 1890 régissait les Amérindiens. Elle prévoyait la mise sur pied de réserves qui appartenaient à l'État, marginalisant ainsi les Amérindiens. Avec la réforme de 1961, les réserves disparaissent pour être remplacées par des *resguardos*, des territoires redonnés cette fois en collectivité aux Premières nations. Elles y détiennent leur propre autorité administrative. Par suffrage universel, elles y élisent un conseil dirigé par un cacique qui fait le lien avec l'État et préside aux tribunaux de petites instances, les crimes majeurs demeurant toujours la responsabilité des juges colombiens.

Cependant, l'avenir des Amérindiens n'est pas réglé pour autant. En effet, toutes ces réformes, y compris la création d'un ministère des Affaires indiennes en 1960 et l'adoption en 1967 de la convention relative à la protection des indigènes de l'Organisation internationale du travail, demeurent des démonstrations de bonne volonté de la part du gouvernement colombien. Les fonds prévus pour l'achat des territoires ne sont pas suffisants, et les ministères impliqués se heurtent continuellement au refus de vendre de la part des *terratenientes*, dont les prétentions de grands seigneurs relèvent encore aujourd'hui du régime féodal.

C'est la raison pour laquelle les Páez ont mis sur pied en 1971 le premier conseil régional des Amérindiens du Cauca, qui a causé un véritable malaise en Amérique latine. Le conseil a créé, entre autres, des écoles bilingues avec prépondérance en langue autochtone, ce qui prouve leur détermination à faire respecter leur culture.

CULTURE ET TRADITIONS

La Colombie ne présente pas de différences culturelles majeures, dans les grands centres ou dans les sites ou destinations touristiques, par rapport aux civilisations européennes ou nord-américaines. Elle est envahie par les téléphones cellulaires, la frénésie inutile, l'uniformité et l'internationalisme, ici l'apanage d'une nouvelle génération bien nantie, branchée sur l'antenne parabolique, l'ordinateur et le réseau Internet. Qui pourrait l'en blâmer? Cela transparaît dans son comportement, dans sa mode vestimentaire, dans ses loisirs, dans la gastronomie et dans les arts en général, de même que dans la façon d'aborder et de recevoir l'étranger.

Pour un dépaysement à la colombienne, il faut apprendre à regarder ailleurs et s'intéresser à la vie quotidienne dans ce qu'elle a de plus simple. Il faut apprendre à sentir les parfums inconnus qui émanent de partout et qui agressent le nez surtout après la pluie. Il faut voir le déferlement des couleurs qui hypnotisent, qui enivrent. Il faut écouter la cacophonie des chansons populaires qui rivalisent de décibels avec les conversations dans une langue qui sonne parfois comme une litanie et d'autres fois comme une longue plainte, jamais monocorde, toujours harmonique, racontant le passé tumultueux, le présent difficile et l'avenir incertain dans une même envolée lyrique empreinte de tous les espoirs.

La violence

La Colombie jouit (sic) d'une réputation peu enviable à travers le monde et, régulièrement, on peut lire ou voir des reportages sur la violence qui y sévit (voir aussi p 71). «La Colombie est un pays violent» semble être le cliché le mieux entretenu dans les milieux touristiques. Peut-être cette situation est-elle à l'avantage des autres destinations de vacances qui y perdraient au change si cette réputation s'avérait fausse. Sans verser dans l'obséquiosité, admettons qu'on doive y regarder à deux fois avant de porter un jugement global. En effet, une analyse plus sérieuse démontrerait sans aucun doute qu'une infime partie de la population seulement se livre au crime violent. Comme n'importe où ailleurs, d'ailleurs. Mais elle est la seule responsable de cette réputation «diabolique» qui rejaillit sur l'ensemble des Colombiens et qui les stigmatise sur le plan national et international. Il faut noter que les méfaits qu'on reproche à la Colombie sont de type *hot*, c'est-à-dire des crimes à la mode qui constituent une véritable manne pour les médias, et dont les gens aiment à entendre parler : la drogue, la guérilla, le machisme.

En fait, la violence sévit d'une façon endémique dans certaines régions bien spécifiques de Colombie. Au moins six groupements importants tirent vers eux la couverture du pouvoir tout en dominant certaines régions. Il s'agit des deux partis politiques les plus importants, les libéraux et les conservateurs, puis suivent les militaires, les paramilitaires, les guérilleros et la mafia.

Révolutionnaires qu'ils étaient au cours des 40 dernières années et formés au maniement des armes, la majorité des groupes de guérilleros ont eu pendant quelques années pignon sur rue. En effet, peu après l'attaque du palais de justice de Bogotá par les Forces armées révolutionnaires de Colombie (FARC) en 1985, le président colombien Belisario Betancur participe à la création du groupe Contadora, visant à mettre fin aux conflits en Amérique latine. Le groupe Contadora réussit à formuler des principes destinés à ramener une paix sociale entre les différentes factions politiques, notamment en Colombie. Pendant les années qui suivent, la plupart des groupes de guérilleros délaissent la montagne pour se présenter dans l'arène politique officielle. Ils jouent le rôle de véritable opposition en dénonçant l'insécurité matérielle, les inégalités sociales et la pauvreté engendrée par les privilèges dont jouissent encore les grands propriétaires terriens.

Mais en 1992, la situation économique se détériore encore et la guérilla reprend de nouveau le maquis. Au début de 1998, il n'y avait pas moins de 75 fronts de guérilleros en Colombie relevant de la FARC marxistes ou de l'ELN guévariste (Armée de libération nationale), et pas nécessairement toujours en contact les uns avec les autres. Certains de ces groupuscules entretiennent aujourd'hui des relations plus que douteuses avec les trafiquants de drogue, qu'ils protègent en échange d'argent pour l'achat d'armes. D'autre part, la puissance financière des narcotrafiquants est devenue telle qu'elle peut influencer les élections. L'ancien président libéral Ernesto Samper Pizano a d'ailleurs fait l'objet d'accusation de collusion avec le cartel de Cali lors des élections qui l'avaient porté au pouvoir en 1994. Pour leur part, les États-Unis l'avaient banni de leur territoire à la suite de cette accusation. Il faut spécifier que l'entrée des devises étrangères suscitée par le marché des drogues constitue un fameux dilemme pour un pays en crise, surtout quand le blanchiment d'argent est directement responsable du boom dans la construction à travers la Colombie. L'ancien caïd du cartel de Medellín, Pablo Escobar,

PORTRAIT

n'avait-il pas offert au gouvernement de payer la dette nationale extérieure en échange d'une amnistie? Il a lui-même déjà déboursé les coûts de construction des maisons de tout un quartier destinées aux plus démunis à Medellín.

D'autre part, des groupes d'extrême droite (paramilitaires) ont fait leur apparition sous le nom évocateur de *vigilantissimo*. En juillet 1997, ces escadrons de la mort se sont livrés à un véritable massacre qui a fait 25 victimes dans la région de Mapiripán, à quelque 210 km au sud-est de la capitale Bogotá. En 1998, peu avant les élections, ils ont tué 25 otages dans la région de Barancabermeja, dans le département de Santander. Ils accusaient les villageois de soutenir la guérilla guévariste de l'Armée de libération nationale (ELN). Ils n'ont pas non plus hésité à passer à l'attaque en plusieurs autres occasions parce que, prétendent-ils, les militaires refusent de le faire.

Les responsables gouvernementaux choisissent-ils de tenir la Colombie dans la violence que l'on connaît? La réponse à cette question n'est pas si simple et comporte en soi des zones de nuances qu'il ne faudrait pas sous-estimer. En effet, si la Colombie se veut aujourd'hui une démocratie pluraliste, la réalité est tout autre. À la fin des années cinquante, les conservateurs et les libéraux — les deux principaux partis politiques de Colombie — ont signé un pacte voulant qu'ils se partagent le pouvoir à tour de rôle, de façon à éviter la guerre civile. Les partis se sont alors livrés au clientélisme systématique, ce qui a eu pour effet de créer de nombreuses dettes. Par ailleurs, ce bipartisme, qui a prévalu jusqu'à la refonte de la constitution en 1991, ne prédisposait certes pas à la prise de décision pouvant porter atteinte à ceux qui ont favorisé cette entente de partage, c'est-à-dire les grandes familles, les grands propriétaires terriens et les industriels, entre autres. Le népotisme a donc paralysé tout l'appareil gouvernemental pendant longtemps, alors que le travail était distribué non pas par compétence mais par relation. De nombreux postes coûteux n'ont été créés qu'à titre de récompense pour services rendus, puisant inexorablement les fonds d'un tel régime à même ceux prévus pour les programmes sociaux, alors que l'«effet domino» s'est installé même dans les grandes entreprises. D'autre part, on prétend toujours, en Colombie, que le pays est la propriété de 24 dynasties qui la gouvernent à tour de rôle depuis plus de 100 ans, ces dernières étant issues des familles de conquistadores devenus colons qui se sont implantés sur d'immenses domaines terriens

dès le début de la colonisation. Alors, les élections n'ont souvent suscité qu'indifférence chez une population largement désabusée par le système.

On comprendra facilement aussi que, dans ces conditions, le chacun-pour-soi — et pour ses proches — soit devenu une nécessité pour une bonne partie de la population, avec la survie comme unique perspective. L'anarchie hargneuse qui en découle s'impose comme loi, avec ce que cela comporte : la violence acceptée comme mode de vie. En outre, un sens de l'honneur et de virilité sous-tend toutes relations ou discussions. Puis, le règlement de compte s'installe comme tribunal au moindre désaccord. Et comble d'ironie, la vie en Colombie y est d'une intensité à nulle autre pareille, comme en témoigne la majorité des Colombiens qui ne sont pas sans tirer une certaine fierté de cette situation. Cependant, une vague de changement déferle actuellement en Colombie. Lors des dernières élections de juin 1998, la population a clairement laissé entendre aux 10 candidats à la présidence son ras-le-bol de la violence et de l'impunité des crimes. Le 19 juin, en effet, une manifestation monstre avait été organisée sur la Plaza Bolívar de la capitale colombienne, laquelle était accompagnée d'une manifestation symbolique dans les autres grandes villes, une démonstration de la volonté ferme du peuple qui a paralysé le pays tout entier pendant plus d'une demi-heure.

Le machisme

Depuis quelques années, on peut sentir des bouleversements en ce domaine. En effet, les femmes ont pénétré graduellement le marché du travail pour faire concurrence aux hommes sur le plan économique. Elles ont leur place dans des postes de ministre et de haut fonctionnaire au sein du gouvernement, et elles sont de plus en plus mêlées aux décisions qui touchent l'ensemble de la société et le rôle social de la femme colombienne en particulier. Ce qui est la moindre des choses.

La coca

La feuille de coca est une petite feuille verte et pointue qu'on peut facilement confondre avec une feuille de thé. Elle pousse sur des arbustes pouvant atteindre 3 m de hauteur. Les Amérin-

Le *mambe*

La préparation du *mambe* varie très peu d'une région à l'autre et d'une coutume indigène à l'autre. D'abord, il faut faire chauffer des pierres rondes d'eau douce dans le feu pendant une trentaine d'heures. Puis, on place les pierres dans un chaudron sur le feu avec de l'eau bouillante et du sucre brun jusqu'à ce que la pierre se désintègre. On retire ensuite l'eau pour ne conserver que la poudre ainsi formée que l'on verse dans le *poporó*.

On fait alors sécher la feuille de coca que l'on réduit aussi en poudre. Après l'avoir introduite à son tour dans le *poporó*, on mélange bien. Ensuite, on se met quelques feuilles de coca dans la bouche et l'on y ajoute le mélange du *poporó* que l'on retire à l'aide d'une tige humide. On mâche pendant une quinzaine de minutes avant de cracher le tout.

Il faut spécifier que les Amérindiens n'apprécient pas le citron et la lime, dont les propriétés astringentes assèchent la bouche, la salive étant nécessaire pour favoriser les effets du *mambe*.

---

diens de Colombie transforment la feuille de coca en *mambe*, un composé de cendre et de feuille de coca dont ils remplissent leur *poporó*, une courge vidée (calebasse) en forme de poire. Au besoin, ils y trempent une longue et mince paille en bois qu'ils lèchent pour en absorber le contenu qui leur confère énergie et audace. Ils portent le *poporó* dans leur *guambia* — une sorte de sac en bandoulière — quand ils doivent quitter leur village pour un voyage de plusieurs jours. Pour aller à la chasse par exemple. Pour traverser les montagnes et se rendre au marché d'un village éloigné où ils peuvent vendre fruits et légumes et surtout leurs produits artisanaux. Ainsi utilisé, le *mambe* constitue un aliment d'économie qui soustrait à la fatigue, à la faim et à la soif. Lors de déplacements, les Amérindiens peuvent donc passer des journées entières sans manger ni dormir, ce qui écourte le temps de leur propre solitude et le temps que leur famille passe sans protection.

D'autre part, les *naomas*, les prêtres-sorciers, utilisent aussi la feuille de coca dans les cérémonies religieuses. Ils consomment aussi d'autres substances ou boissons hallucinogènes fabriquées notamment à partir du cactus San Pedro, qui contient de la mescaline. «C'est *coultoural*», me dit-on en français avec la prononciation latino-américaine. Et si tous les gouvernements du monde hésitent aujourd'hui à s'attaquer au tabagisme et à le rendre illégal, une coutume qui ne remonte pourtant qu'à quelques dizaines d'années, le gouvernement colombien serait mal venu, on le comprendra, de légiférer contre l'utilisation de la feuille de coca par les Amérindiens, une coutume qui remonte à plusieurs millénaires.

Chaque groupe d'Amérindiens possède sa propre recette de plante médicinale ou hallucinogène qui a pour effet d'augmenter leur concentration ou leur force physique, ou les deux en même temps. Par exemple, certains Amérindiens de l'Amazonie consomment un puissant hallucinogène, la bufotéine, sécrétée par les glandes cutanées d'un crapaud.

La *cocaína*

Au cours de la guerre du Vietnam, des G.I. étasuniens avaient fait fortune en vendant du haschisch (disponible partout en Orient) aux troupes nixonniennes qu'ils avaient joyeusement «gelées» sur place. De retour aux États-Unis et désirant continuer leur commerce prospère, ils ont trouvé plus facile de faire un pont par air ou par mer entre la Floride et la Colombie que de cultiver la marijuana dans leur propre pays. Ils débarquent donc dans la péninsule de la Guajira, en quête de la matière première qui leur permettra de continuer à fournir leurs anciens camarades de combat et leurs nouveaux clients aux États-Unis qui, *peace and love* aidant, réclament de plus en plus de drogue. En effet, de retour du Vietnam, les *Marines* n'avaient pas tardé à refiler l'habitude de fumer un beau gros joint, un pétard, à l'ensemble de l'Amérique du Nord, habitude qui s'est étendue par la suite aux pays d'Europe. D'autre part, le Mexique étant de plus en plus dans le collimateur du DEA (Drug Enforcement Agency, bureau de lutte anti-drogue aux États-Unis) comme premier exportateur de marijuana et de mescaline, il fallait trouver rapidement un fournisseur de remplacement.

Sur place, les nouveaux conquistadores d'Alta Guajira n'ont pas tardé à faire la découverte des bienfaits de la feuille de coca et se sont mis à sa recherche avec la même frénésie que leurs prédécesseurs pour l'or. Comme la substance avait déjà été utilisée dès les années 1900 dans leur boisson favorite, le Coca-Cola, ils savaient comment la raffiner avec des produits chimiques pour en faire un produit de consommation courante : la *cocaína*. La coke!

Dès le début, les Étasuniens ont gracieusement laissé cette technologie dans les mains de petits caïds de la pègre colombienne pour se contenter d'en faire la distribution aux États-Unis. Les petits «pégreleux» se sont rapidement métamorphosés en super-mafiosi internationaux en fournissant les réseaux de distribution déjà structurés aux États-Unis et à travers le monde. La suite de l'histoire est déjà amplement connue, incluant l'établissement des propres réseaux colombiens en Amérique du Nord et en Europe, la déclaration de guerre du président Bush et de ses successeurs aux narcotrafiquants ainsi que la violence qui s'y rattacha. Qui, en effet, n'a pas entendu parler de l'incarcération de Pablo Escobar, le chef du cartel de Medellín, qui avait lui même tracé les plans de sa prison et en avait défrayé les coûts de construction, y compris l'installation d'une toile anti-bombes au-dessus pour prévenir les attaques de ses ennemis par avion? Qui n'a pas eu vent de son évasion en 1992? Quel média n'a pas rapporté en long et en large les circonstances de sa mort violente un an plus tard, en pleine rue, en plein milieu de son fief d'Envigado, un quartier de Medellín?

Si l'Autrichien Sigmund Freud vante les qualités thérapeutiques de la cocaïne dans son livre *Ueber Coca,* publié en 1884, c'est parce que l'Allemand Wilhelm Lossen a mélangé, dès 1844, les feuilles de coca à de l'éther et à de l'essence pour en faire du chlorhydrate de cocaïne que l'on dénomme aujourd'hui la coke.

Pour obtenir un kilo de cocaïne tant prisée (sic) par les consommateurs, il faut 500 kg de feuilles de coca. En premier lieu, il est nécessaire d'extraire de la feuille de coca l'alcaloïde qui s'y trouve. Pour ce faire, on fait tremper les feuilles dans un mélange de potasse ou de carbonate de soude et d'eau. Ensuite, on les fait macérer dans un bac de kérosène qui dissout l'alcaloïde. Quand le tout devient une boue noire, on y ajoute de l'acide sulfurique qui, agissant sur l'alcaloïde, transforme cette dernière en sulfate de cocaïne. On retire le kérosène pour le remplacer par de l'alcali qui

neutralise les effets nocifs de l'acide sulfurique. On obtient ainsi une pâte grise qui, à son tour, est plongée dans le kérosène. Au bout d'un moment, il se forme des couches d'alcaloïde de cocaïne pur à 60%. Il faut alors laver et sécher cette pâte, puis la replonger dans l'acide sulfurique, auquel on rajoute du permanganate de potassium. Ensuite, on filtre le tout. On ajoute au produit obtenu de l'hydroxyde d'ammonium et, après un autre filtrage, on obtient de la cocaïne-base. Pour en faire le produit le plus recherché des consommateurs, il faut encore dissoudre la cocaïne-base dans de l'éther et y ajouter de l'acide chlorhydrique et de l'acétone. Et voilà la cocaïne prête pour la consommation. Avec toutes les composantes chimiques qui entrent dans sa fabrication, ce n'est pas un produit qu'on retrouvera de sitôt sur les tablettes des boutiques d'aliments naturels!

C'est *coultural!* Bon! Admettons! Mais c'est aussi illégal pour l'ensemble de la population colombienne et pour les touristes qui ne sont aucunement descendants directs de tribus indigènes d'Amérique du Sud. La possession, la vente et l'exportation sont sévèrement punies par les autorités locales et internationales. Rien n'est plus déconseillé qu'un séjour dans une prison étrangère. Ce n'est déjà pas une sinécure dans son propre pays! Même si les Colombiens sont, en général, d'un commerce fort agréable, il ne faudrait tout de même pas s'attendre à ce qu'ils mettent des hôtels de catégorie supérieure ou de luxe à la disposition des étrangers qui lèvent le nez sur leurs lois. De plus, les vendeurs de drogues étant des gens peu recommandables dans quelque pays que ce soit, leur fréquentation se fait donc aux risques et périls de chacun.

Grâce à la «demande» des marchés internationaux et surtout celui des États-Unis, la puissance des «barons de la drogue» leur permet d'entretenir une véritable petite armée pour assurer leur défense. Ils se sont ainsi rendus littéralement maîtres de régions entières. Selon certaines sources, la drogue représenterait près de 14% des exportations de la Colombie et un peu moins de 5% de son produit intérieur brut.

Le gouvernement colombien a, pour sa part, entrepris une série d'actions d'envergure contre les trafiquants depuis 1989, à la suite de l'assassinat par le cartel de Medellín du candidat libéral aux élections de 1990 Luis Carlos Galán, en lutte ouverte contre les narcotrafiquants. Mais il demeure encore évident aujourd'hui qu'une partie du pouvoir est dans les mains de la *mafia* de la *cocaína* qui tire un grand nombre de ficelles, œuvrant aussi maintenant dans l'héroïne et d'autres drogues dures. Aujourd'hui, la Colombie doit s'attaquer en priorité à la pauvreté et à la drogue, mais elle ne pourra en venir à bout sans l'appui des principaux pays concernés par ce fléau.

La gastronomie

La gastronomie est très diversifiée en Colombie (voir aussi p 81). On y trouve en effet une variété de cuisines internationales complètes, depuis la cuisine chinoise jusqu'à la nouvelle cuisine française ou italienne. On trouve aussi des restaurants japonais, espagnols, suisses, argentins et russes, entre autres. Le *fast food (la comida rapida)* est omniprésent; chaque porte ou presque des centres-villes concurrence à la façon colombienne les grandes chaînes *american style*.

La pénurie de réseaux aériens et routiers qui a prévalu longtemps à cause de l'escarpement du territoire a réduit beaucoup de régions à l'isolement. Cette situation a, en contrepartie, contribué à l'essor d'une cuisine régionale originale qui fait la fierté de tous les Colombiens. On trouve de tout en Colombie, un pays autosuffisant en ce qui a trait à la production agricole, à l'élevage et aux pêcheries. Dépendant de la région donc, on mange du bœuf, du porc, de l'agneau et du poulet apprêtés de toutes les façons imaginables, avec tous les légumes exotiques connus. Dans les régions côtières, on déguste tous les poissons et fruits de mer de saison. D'autre part, certains cervidés fournissent une viande exquise alors que le hocco, gros oiseau tapageur à plumage noir, se présente comme la meilleure viande de volaille d'Amérique latine. Il arrive dans certaines régions que l'on mange du singe ou de l'iguane, surtout chez les paysans qui considèrent ces animaux comme des délices.

On trouvera partout des restaurants typiques servant une cuisine régionale, surtout le midi. C'est l'*almuerzo*, le repas économique du milieu du jour, alors que le *desayuno*, le déjeuner, se prend le matin et la *cena* le soir. Cette cuisine plaît ou ne plaît pas, c'est matière de goût. Il faut savoir cependant que, comme toutes les cuisines régionales du monde, la cuisine régionale colombienne est à base de morceaux économiques de viande ou de poisson, accompagnés de fèves et de riz, ce qui en fait une cuisine lourde. Il faut aussi savoir que les restaurants typiques de Colombie offrent une autre particularité : la télévision. C'est typique! Elle joue toujours à tue-tête pour créer l'ambiance ou pour divertir les enfants. C'est désagréable et l'on ne s'y fait pas. Autre caractéristique agaçante, on apportera le plat principal avant même que vous ayez terminé l'entrée. On ne s'y fait pas non plus.

Pour ce qui est de l'assaisonnement, on concocte partout des sauces piquantes qui ne sont pas incluses dans les recettes mais servies aux tables. On évite ainsi de se faire emporter le palais par des plats trop relevés, ce qui est souvent le cas au Mexique, dans les îles des Caraïbes et même dans les pays d'Afrique du Nord.

On ne pourra pas s'empêcher de goûter à l'*arepa*, une galette de pâte frite faite de farine de maïs pétrie avec de l'eau et servie avec tous les plats. L'*arepa* ne vaut certainement pas le bon pain, rare en Colombie, mais on la retrouve sur toutes les tables latino-américaines. Pour ce qui est de la banane plantain, le fruit du bananier de paradis, on la consomme autant crue que pochée, frite, grillée, en ragoût et en potage. On en fait même des chips alors qu'on la fait frire en rondelles qui, aplaties, son, replongées de nouveau en pleine friture, ce qui les rend croquantes comme toutes croustilles devraient l'être.

La noix de coco est employée dans plusieurs plats mijotés auxquels elle confère non seulement une couleur originale mais aussi un goût exceptionnel. En outre, l'huile de coco est couramment utilisée pour la friture, comme l'huile d'arachide d'ailleurs. Mais c'est évidemment dans les *postres* (les desserts), surtout les crèmes glacées, que la noix du cocotier déploie toute sa splendeur et émerveille encore longtemps les papilles après dégustation.

Les plus audacieux tenteront de déguster *las culonas* (les gros culs), de grosses fourmis sans véritable saveur propre mais goûtant la graisse dans laquelle on les fait cuire. Et le sel qui les enrobe. Comme les escargots d'ailleurs, qui goûtent le beurre à l'ail dans lequel ils cuisent. *Las culonas* (voir p 228) sont une des spécialités de la région de Bucaramanga, la capitale de la province de Santander.

Pour trouver les meilleurs restaurants de Colombie, il faut arpenter la Zona Rosa des villes visitées. La Zona Rosa est un quartier — parfois identifié comme tel, d'autres fois non — où l'on trouve la plus grande concentration de bars, de discothèques et de restaurants. Tous les chauf-

PORTRAIT

feurs de taxis connaissent la Zona Rosa de leur ville et peuvent vous y conduire. On peut aussi s'informer auprès de la réception de l'hôtel.

Fêtes civiles et religieuses

Comme la Colombie est un pays essentiellement catholique où la religion joue encore un rôle de premier plan, les fêtes religieuses sont nombreuses et célébrées avec beaucoup d'ostentation. On commémore aussi de nombreux événements qui ont marqué la vie politique du pays, et chaque jour férié est prétexte à la *fiesta*, à la *salsa*, à la *discoteca*, à la *música* en général, le tout arrosé de bière, de rhum et d'*aguardiente*.

Voici quelques jours fériés en Colombie :

1ᵉʳ janvier : (*Circuncisión*) le jour de l'An;
6 janvier : (*Los reyes Magos*) l'Épiphanie ou Les Rois (mages);
19 mars : (*San José*) la fête de saint Joseph;
Mars ou avril : (*Semana Santa*) la Semaine sainte;
1ᵉʳ mai : (*Día del trabajo*) la fête du Travail;
Mai : (*La Ascensión del Señor*) l'Ascension;
Mai ou juin : (*Corpus Christi*) la Fête-Dieu;
Juin : (*Sagrado Corazón de Jesús*) la fête du Sacré-Cœur de Jésus;
29 juin : (*San Pedro y San Pablo*) la fête de saint Pierre et saint Paul;
20 juillet : (*Día de la Independencia*) la fête nationale de la Colombie;
7 août : (*Batalla de Bocayá*) commémoration de la bataille de Bocayá;
15 août : (*La Asunción de Nuestra Señora*) l'Assomption;
12 octobre : (*Día de la Raza*), le jour de la Race, commémoration de l'arrivée de Christophe Colomb en Amérique;
1ᵉʳ novembre : (*Todos los Santos*) la Toussaint;
11 novembre : (*Independencia de Cartagena*) commémoration de la libération de Cartagena;
8 décembre : (*Inmaculada Concepción*) l'Immaculée Conception;
25 décembre : (*Navidad*) Noël.

Les Colombiens, on l'aura deviné, adorent fêter. Tout est prétexte à une célébration et à une danse. Plusieurs événements à caractère international se déroulent donc en Colombie au cours de l'année. En voici quelques-uns :

Janvier : la foire de Manizales;
le Carnaval de Biancos y Negros, à Pasto;
le Carnaval del Diablo, à Riosucio (biennal);

Février : le carnaval de Baranquilla;
Mars-avril : le Festival international de musique antillaise de Cartagena;
la Semaine sainte partout en Colombie, spécialement à Popayán et Mompós;
Avril : le Festival de la légende *vallenata,* à Valledupar;
le Festival international de théâtre latino-americain de Bogotá (biennal);
Juin : le Festival international du film de Cartagena;
le Festival folklorique avec le couronnement de la reine de Bambuco, à Neiva;
Août : le Festival de la mer de Santa Marta;
la foire des fleurs de Medellín;
Septembre : le Festival de théâtre latino-américain de Manizales;
Novembre : le couronnement de Miss Colombie, à Cartagena;
le concours national de la reine des cocotiers, à San Andrés;
le Festival folklorique et touristique du LLano, à San Martín;
La Feria International del Vino, à Cali;
Décembre : foire de la canne à sucre, à Cali.

L'ARCHITECTURE

L'architecture colombienne du début de la colonisation est caractérisée par la pauvreté des matériaux utilisés, surtout le bois. Et ce n'est que vers la fin du XVIIᵉ siècle que l'on commença à ériger des cathédrales et des monastères en pierre tout en gardant le bois comme élément de décoration. Du point de vue du style, la Colombie perpétua longtemps un art baroque fortement influencé par le style espagnol en vogue à la fin du Moyen Âge. Elle fut détournée de la Renaissance, qui triomphait au même moment, parce que ses nouveaux habitants, en majorité incultes ou trop occupés à la conquête, n'en subirent aucunement l'influence.

Dans l'architecture coloniale du début, on remarque surtout l'influence de l'art mudéjar, caractérisé par ses ornements abstraits et rococos et l'absence totale de représentation d'êtres vivants par crainte de l'idolâtrie, tel que prescrit par le *Coran,* et du style plateresque, fortement illustré, caractérisé par la profusion d'ornements baroques. Ces deux styles règnent en maître sur les édifices laïques ou religieux, notamment sur les toits en bois et sur la décoration des façades. Mais la patine du temps sur un matériau sensible comme le bois et surtout les ravages du feu ont laissé peu de vestiges de ces premiers balbutiements.

Cependant, on trouve encore en Colombie quelques monastères de l'époque, notamment le monastère franciscain de Tunja, la capitale de Boyacá, à l'entrée des *llanos*, érigé en 1550. À Bogotá même, on peut admirer quelques édifices qui témoignent eux aussi du règne de l'art mudéjar. D'autres constructions intéressantes ne manquent pas dans cette ville, et beaucoup d'églises sont remarquables, notamment par la décoration intérieure qui tenait une place primordiale au XVIIe siècle.

Pour leur part, les nouveaux leaders colombiens en architecture ont su développer un style original, homogène, moderne, avec une touche bien particulière d'interprétation du baroque d'autrefois — dans les lignes épurées par exemple et dans l'utilisation du bois et du fer forgé en guise de décoration. Les condominiums (appartements), plusieurs hôtels et de nombreux édifices gouvernementaux ou privés commandés à de jeunes cabinets d'architectes en sont des exemples éloquents, notamment dans les grandes villes comme Santafé de Bogotá, Medellín, Santiago de Cali et Barranquilla.

LES ARTS

L'art a toujours tenu une place prépondérante en Colombie que ce soit dans le domaine de l'architecture, des arts plastiques, de la littérature ou de la musique. De nombreux artistes colombiens ont fait leur marque sur le plan national et international. À l'image de son peuple diversifié, l'art colombien est le reflet de ses diverses régions. Chacune d'elles ayant ses propres valeurs, il n'en demeure pas moins que la Colombie présente une homogénéité assez remarquable en comparaison des autres pays latino-américains.

La peinture et la sculpture

Dans le domaine de la peinture, les Colombiens ont également fait preuve d'une grande créativité. Après les chefs-d'œuvre de l'époque coloniale, dont Gregorio Vásquez de Arce y Ceballos et Ricardo Acevedo Bernal furent les représentants les plus acclamés, et de l'époque impressionniste, dont Andrés de Santa María

fut le précurseur, c'est surtout la peinture contemporaine qui attire l'attention.

Si tous les pays le moindrement ouvert sur le monde subissent en même temps les mêmes influences en ce qui a trait aux arts plastiques contemporains, la Colombie ne fait nullement exception à cette règle : sa sculpture et sa peinture ont fortement été influencées par les mouvements et les écoles en vogue aux États-Unis et en Europe, voire même en Orient. Les artistes colombiens se sont adaptés aux tendances dites internationales. Si par ailleurs on leur reproche souvent un certain manque d'originalité, alors qu'un marasme synchrone est repérable partout même à New York, Paris, Londres, Berlin ou Montréal, c'est qu'on oublie trop souvent que l'art officiel répond à des critères «académiques» bien précis et, partant, restrictifs. Ce carcan «art moderne» laisse en effet peu de place à l'expression personnalisée, au figuratif par exemple, un trait caractéristique du langage plastique latino-américain et particulièrement colombien. Gonzalo Ariza par exemple, avec ses toiles marquées d'une forte influence orientale (le peintre ayant étudié au Japon), nous fait découvrir avec une sensibilité peu commune la beauté de la nature colombienne à travers ses paysages andins. Dans un tout autre style, Eduardo Celis et ses tableaux hyperréalistes méritent également une mention plus qu'honorable. Qu'il suffise de nommer Alejandro Obregón, Edgar Negret, Fernando Botero (voir p 215), Luis Caballero et Dario Morales, pour n'en citer que quelques-uns qui ont fait leur place depuis longtemps au soleil mondial. Ce qui permet évidemment d'oublier les autres peu ou pas connus, pourtant chefs de file d'un art populaire d'une originalité assez spectaculaire. En font foi les décorations des *chivas* (autobus), qui sont de véritables chefs-d'œuvre, notamment dans le département d'Antioquia. Voilà les vrais artistes contemporains de la Colombie.

La littérature

En littérature, l'influence européenne s'est manifestée longtemps chez les écrivains latino-américains et colombiens qui se sont exprimés souvent en castillan et même en français pour se faire connaître. Cependant, la récurrence de la littérature européenne dans l'imaginaire des écrivains colombiens semble de moins en moins marquée. Citons Jorge Isaacs (1837-1895), qui, dans son célèbre roman intitulé *María*, décrit les mœurs campagnardes de l'époque, ainsi que José Eustacio Rivera (1888-1928) qui, dans son roman *La voragine* (Le gouffre), évoque avec réalisme les difficiles conditions de survie de l'homme dans la forêt tropicale. C'est également avec beaucoup de réalisme que, dans *Cuatro años a bordo de mi mismo* (Quatre années à bord de moi-même), Eduardo Zalamea Borda nous fait partager les dures conditions de vie dans la péninsule de la Guajira. Parmi les écrivains natifs de Cartagena, citons Luis Carlos López (1881-1950), qui écrivit plusieurs recueils célèbres, et Rafaël Núñez (1825-1894), un poète romantique qui joua aussi un grand rôle dans la vie politique (voir p 181). Plus récemment encore, et comme toute la communauté internationale, les écrivains colombiens ont été profondément touchés par le régionalisme symbolique de *Cent ans de solitude* du Prix Nobel Gabriel García Márquez, qui nous fait découvrir au travers d'une bourgade rurale imaginaire appelée *Macondo* le vécu des familles villageoises. Ces dernières, mêlées malgré elles aux événements politiques qui secouent le pays, se voient entraînées dans la spirale de la brutalité, rappelant ainsi la cruelle période de *la Violencia* (voir p 32).

La musique

La fin de semaine colombienne est consacrée à la danse, principalement la *salsa* (voir p 264), que l'on réchauffe à coup de litres d'*aguardiente* (une eau-de-vie de canne à sucre anisée), alors que les *telenovelas*, téléromans ou *soap operas* font relâche. L'industrie de la musique populaire est très dynamique en Colombie, comme partout ailleurs en Amérique latine. Riche et variée, cette musique puise ses sources à tous les courants et surtout dans le folklore diversifié des régions sud-américaines et caraïbes. Partout, *salsa* et *cumbia* sont omniprésentes, la *cumbia* jouissant pratiquement du statut de danse nationale. Elle fut apportée par les esclaves noirs d'Afrique de l'Ouest. Du côté de la *salsa* — une sauce concoctée avec différents éléments —, influencée par le *guaguanco, la guaracha, le cha-cha-cha* (Mexique) et le *mambo* (Cuba), il faut mentionner le plus grand des *salseros* originaire de Cartagena, Joe Arroyo, 14 fois vainqueur du trophée Congo au carnaval de Barranquilla. Chacune de ses représentations attire des foules nombreuses. Pour son concert célébrant ses 25 ans de scène, 80 000 personnes avaient pratiquement démoli un parc à Bogotá.

Dès les premiers jours en Colombie et principalement sur la côte caraïbe, vous noterez cette musique vive et rythmée, accompagnée d'accordéon et à l'esprit plutôt folklorique qu'est le *vallenato* (voir p 140). Ce genre musical provient du nord-est du pays, de la région de la Guajira, et date du début de ce siècle. Il connut une très grande vogue dans les années soixante et soixante-dix. Le *vallenato* est encore présent aujourd'hui, et des chanteurs très connus, comme Diomedes Díaz, continuent d'enregistrer des chansons *vallenatas*.

RENSEIGNEMENTS GÉNÉRAUX

L e chapitre qui suit propose des renseignements pratiques et des conseils judicieux qui visent à aider le voyageur à mieux préparer un séjour à l'étranger et à mieux s'intégrer aux us et coutumes d'un pays visité, en l'occurrence la Colombie.

Avant de partir, veillez à emporter tous les documents nécessaires pour entrer et sortir du pays. Quoique ces formalités soient peu exigeantes, sans les documents requis, on ne peut voyager en Colombie. Gardez donc avec soin ces documents officiels.

FORMALITÉS D'ENTRÉE

Le passeport

Un passeport valide est exigé par les autorités colombiennes pour pénétrer sur le territoire. Idéalement, la date de son expiration devrait excéder d'au moins six mois la date du départ. Cette date est clairement indiquée en page 2 du précieux document, à côté de la photo d'identification officielle. Toutefois, lorsqu'un voyageur est muni d'un billet de retour, on ne lui exigera la validité que pour la durée du séjour. S'il a omis de se procurer la preuve de son retour chez lui, on pourra exiger qu'il ait en mains les fonds suffisants pour sortir du pays.

Dans certains cas, on exigera qu'il défraie le coût du départ dès l'arrivée.

Le voyageur averti devrait conserver des photocopies de la page d'identification de son passeport en s'assurant que le numéro de ce dernier est bien visible. Il est ainsi plus facile de le remplacer en cas de perte ou de vol. Pour faire émettre un autre document officiel, il est alors nécessaire de s'adresser au consulat ou à l'ambassade de son pays. D'autre part, il ne faut jamais garder au même endroit le passeport, les billets d'avion ou les autres titres de transport, les pièces d'identité, l'argent liquide, les cartes de crédit et les preuves d'assurances de façon à ne pas se retrouver sans argent et sans pièce d'identité en cas de perte ou de vol. Dès l'arrivée à destination, il est aussi recommandé de faire des photocopies non seulement de la page d'identification mais aussi de la page signalant la date d'entrée au pays. En effet, certaines banques exigent ces deux renseignements avant de changer les chèques de voyage et même les devises.

La carte de tourisme

Pour entrer au pays, il est nécessaire d'avoir en sa possession une carte de tourisme (*tarjeta del turista*). Dans la plupart des cas, cette carte est remise à l'aéroport à l'arrivée. Elle permet à tout visiteur (canadien, français, belge ou suisse) de rester 60 jours au pays. Il faut la conserver avec soin durant tout le voyage, car elle devra être remise aux autorités à la fin du séjour.

Le visa

Pour pénétrer en territoire colombien, aucun visa n'est exigé pour la plupart des citoyens de l'Europe de l'Ouest de même que pour les citoyens canadiens ou étasuniens. Les autres sont invités à s'informer auprès du consulat colombien de leur pays. Vu la conjoncture internationale, les conditions d'accès qui prévalent dans certains pays sont appelées à évoluer rapidement. Il est donc prudent de toujours vérifier ces détails importants auprès du ministère des Affaires étrangères de son pays avant le départ.

La taxe de départ

Une taxe de départ de 20 000 pesos (on accepte 20 $US) doit être acquittée par tous les voyageurs au moment de quitter la Colombie. Il faut prévoir cette somme en espèces, car les cartes de crédit ne sont pas acceptées. Pour un voyage de plus de 30 jours, on exigera une taxe de départ de 50 000 pesos, mais on acceptera aussi bien 50 $US.

Les douanes

Chaque pays édicte ses propres normes en ce qui concerne le droit d'importation de marchandises en provenance de l'extérieur pour ses citoyens ou ses visiteurs. En Colombie, il est possible d'importer certaines marchandises en quantité limitée. Par exemple, on peut entrer au pays avec un maximum de 2 litres d'alcool, 200 cigarettes et des articles de parfumerie nécessaires à son usage personnel. Tenter d'outrepasser une quantité permise ou d'introduire aux douanes des substances illicites ou des armes à feu est contraire à la loi et punissable sévèrement, dépendant de la gravité du délit. On peut entrer au pays en ayant en sa possession un litre d'alcool, 200 cigarettes et des articles (autres que des articles personnels) d'une valeur de 100 $US. Il est, bien sûr, interdit d'importer de la drogue et des armes à feu.

AMBASSADES ET CONSULATS EN COLOMBIE

Les ambassades et les consulats sont des organismes gouvernementaux chargés entre autres d'aider les ressortissants de leur pays. Non seulement peuvent-ils fournir une aide précieuse aux visiteurs qui se trouvent en difficulté, mais ils peuvent aussi procurer le nom de médecins ou d'avocats en cas d'accident ou de décès par exemple. Toutefois, seuls les cas urgents sont traités. Il faut noter que les coûts relatifs à des services professionnels à l'étranger ne sont pas défrayés par les missions consulaires. Dans le cas de perte de passeport, il devient obligatoire de s'adresser à l'ambassade ou au consulat pour le renouvellement de ce document.

Dans le cas d'agression ou de vol, n'hésitez jamais à en informer les représentants de votre pays. Non seulement sont-ils là pour aider, mais ils sont aussi grandement intéressés à connaître les dangers auxquels sont confrontés leurs concitoyens. Pour les cas d'urgence, les services sont offerts jour et nuit. Hors des heures de bureau, il suffit de laisser un message sur le répondeur en précisant clairement le but de l'appel et comment on peut vous joindre facilement. Laissez un numéro de téléphone si possible. Un agent de service prend régulièrement note des messages reçus. Dépendant des arrangements pris localement, il se peut aussi que l'appel soit acheminé directement dans votre pays d'origine où un agent consulaire vous répondra.

Belgique

Ambassade
Calle 26 No. 4a-45, 7ᵉ étage
Santafé de Bogotá
☎282 88 81

Consulat
Carrera 113 No. 11-49
Ciudad Jardín
Santiago de Cali
☎/≈332 08 26

Consulat
Carrera 33 No. 49-35, Torre Norte, 4ᵉ étage
Bucaramanga
☎43 26 76, ≈43 39 72

Consulat
Carrera 43a No. 14-109
Medellín
☎266 66 06

Brésil

Ambassade
Calle 93 No. 14-20, 8ᵉ étage
Santafé de Bogotá
☎218 08 00

Consulat
Calle 129d No. 55-91
Medellín
☎265 75 65

Consulat
Calle 11 No. 1-07, bureau 304
Santiago de Cali
☎888 02 82

Canada

Ambassade
Calle 76 No. 11-52
Santafé de Bogotá
☎313 13 55, ⋅⋅313 30 71

Consulat
Calle de la Inquisición et Av. Santo Domingo
esquina, No. 33-08
Cartagena de Indias
☎664 73 93

Équateur

Ambassade
Calle 89 No. 13-07
Santafé de Bogotá
☎257 00 66, ⋅⋅257 97 99

Consulat
Carrera 1a No. 23-127
Santa Marta
☎23 35 40

Consulat
Calle Castelbondo, Edificio Santo Domingo
Bureau 18
Cartagena de Indias
☎664 41 68

Consulat
Calle 50 No. 52-22, bureau 802
Medellín
☎512 11 93

Consulat
Calle 18 No. 8-47, bureau 603
Pereira
☎38 85 67

Consulat
Calle 4 No. 1-10, Edificio Mercurio, bureau 502
Santiago de Cali
☎660 45 60

Espagne

Ambassade
Calle 92 No. 12-68
Santafé de Bogotá
☎618 48 46, ⋅⋅616 61 04

Consulat
Calle Don Sancho No. 36 79
Cartagena de Indias
☎664 72 16, ⋅⋅664 16 44

Consulat
Carrera 23 No. 39-39
Manizales
☎84 59 60

Consulat
Carrera 42 No. 10-11, bureau 204
Medellín
☎312 04 00, ⋅⋅266 53 64

Consulat
Autopista a Floridablanca No. 144-114
Torre 1, bureau 201
Bucaramanga
☎38 41 76

Consulat
Calle 2 No. 3-77
Buenaventura
☎23817 ou 23259

Consulat
Calle 6 No. 3-34
Santiago de Cali
☎881 70 85, ⋅⋅888 13 02

RENSEIGNEMENTS GÉNÉRAUX

États-Unis

Ambassade
Carrera 45 No. 22d-45
Santafé de Bogotá
☎315 15 66

Consulat
Calle de la Factoría, No. 36-37
Cartagena de Indias
☎665 18 87

France

Ambassade
Carrera 11 No. 93-12
Santafé de Bogotá
☎618 05 11, ⋯236 20 33

Consulat
Carrera 2, No. 42-78
Cartagena de Indias
☎664 12 90

Consulat
Calle 17 No. 2-56, bureau 212
Santa Marta
☎22 22 14

Consulat
Carrera 52 No. 14-200, bureau 204
Medellín
☎235 80 37

Consulat
Av. 3n No. 8b-24, bureau 405
Santiago de Cali
☎883 58 04

Italie

Ambassade
Calle 93b No. 9-92
Santafé de Bogotá
☎218 66 04, ⋯610 58 86

Consulat
Calle del Colegio No. 34-75
Cartagena de Indias
☎660 09 22

Consulat
Calle 31 No. 43a-172
Medellín
☎262 31 39

Consulat
Angle Carrera 20 et Calle 20,
Edificio Banco de Bogotá, bureau 501
Manizales
☎83 19 35

Consulat
Carrera 20 No. 36-11, bureau 401
Bucaramanga
☎40 13 55

Consulat
Calle 20 No. 8a-34
Santiago de Cali
☎883 14 45

Mexique

Ambassade
Calle 82 No. 9-25
Santafé de Bogotá
☎610 40 70, ⋯218 59 99

Consulat
Carrera 1a No. 15-50
Santa Marta
☎33 76 84, ⋯20 65 89

Consulat
Av. Valenzuela, Edificio Araujo, 1er étage
Cartagena de Indias
☎664 36 53, ⋯660 11 85

Consulat
Carrera 43a-50 No. 1-204
Medellín
☎268 63 13, ⋯239 70 62

Consulat
Calle 22-50 No. 21-08
Manizales
☎80 78 04

Consulat
Calle 14 No. 4-63
Santiago de Cali
☎880 79 75 ou 880 76 03

Pérou

Ambassade
Carrera 10 No. 93-48
Santafé de Bogotá
☎236 42 98, ⋯623 51 02

Consulat
Transv. 53 No. 20-53
El Bosque
Cartagena de Indias
☎669 41 78, ✻669 44 34

Consulat
Calle 7 No. 4-28, El Rodadero
Santa Marta
☎22 75 40

Consulat
Calle 4 Sur No. 43a-195, Edificio Centro
Ejecutivo, bureau 201-D
Medellín
☎268 72 85, ✻268 72 93

Consulat
Calle 12 Norte No. 4-17, Palacio Rosa
Bureau 615
Santiago de Cali
☎/✻668 03 66

Consulat
Carrera 11 No. 7-20
Leticia
☎27204, ✻27825

Suisse

Ambassade
Carrera 9a No. 74-08, bureau 1101
Santafé de Bogotá
☎255 39 45, ✻235 96 30

Consulat
Calle 24, No. 23-29
Cartagena de Indias, Manga
☎666 38 80

Consulat
Calle 14 No. 3-08, Edificio Los Bancos
Bureau 805
Santa Marta
☎21 42 72

Consulat
Carrera 68 No. 48d-48
Medellín
☎230 45 63, ✻260 18 81

Consulat
Carrera 100-16 No. 11-90, bureau 316
Santiago de Cali
☎332 04 91, ✻332 04 89

Venezuela

Ambassade
Calle 33 No. 6-94, 10e étage
Santafé de Bogotá
☎285 2035, ✻287 04 94

Consulat
Carrera 7 No. 3-08, Edificio El Ejecutivo
Riohacha
☎27 40 76

Consulat
Calle 32b No. 69-59
Medellín
☎351 16 14

AMBASSADES ET CONSULATS À L'ÉTRANGER

Belgique

Rue Van Eyck, 44
1050 Bruxelles
☎649 5679, 649 7233, 649 8678
ou 649 7909
✻646 0768

Canada

Ambassade
360, rue Albert, bureau 1002
Ottawa, Ontario, K1R 7X7
☎(613) 230-3760, ✻(613) 230-4416

Consulat
1010, rue Sherbrooke Ouest
Bureau 420
Montréal, Québec
H3A 2R7
☎(514) 849-4852 ou 849-2929
✻(514) 849-4324

Consulat
1, Dundas Street West
Bureau 2108
Toronto, Ontario, M5G 1Z3
☎(416) 977-0098 ou 977-0475
✻(416) 977-1025

Consulat
789 West Pender Street
Vancouver, Colombie-Britannique, V6C 1H2
☎(604) 865 6435, ✻(604) 685 6485

RENSEIGNEMENTS GÉNÉRAUX

Espagne

Ambassade
Zurbano 34, 1a izquierda,
28010 Madrid
☎310 0441, ⇒310 0239

Consulat
Paseo de Gracia 2, 4, 6
08007 Barcelona
☎90 34 3 412 7828, ⇒90 34 3 412 7540

Consulat
Alameda de Mazarredo No. 47, 20. 30.
48009 Bilbao
☎94 34 4 423 0539, ⇒94 34 4 423 0267

Consulat
Av. Molini No. 2
41012 Sevilla
☎90 34 5 423 7883, ⇒90 34 5 423 5930

États-Unis

Ambassade
1825 Connecticut Avenue NW, Suite 218
Washington, DC 20018
☎(202) 332-7476 ou 332-7573
⇒(202) 332-7180

Consulat
3379 Peachtree Rd. NE Suite 555
Atlanta, GA 30326
☎(404) 237-1045 ou 237-0535
⇒ (404) 237-7957

Consulat
535 Boylston Street, 11th floor
Boston, MA 02116
☎(617) 536-6222, ⇒(617) 536-9372

Consulat
500 North Michigan Avenue, Suite 2040
Chicago, Illinois 60611
☎(312) 923-1196, ⇒(312) 923-1197

Consulat
2990 Richmond Avenue, Suite 544
Houston, Texas 77098
☎(713) 527-8919 ou 527-9093
⇒(713) 529-3395

Consulat
8383 Wilshire Boulevard, Suite 420
Beverly Hills, CA 90211
☎(213) 653-4299 ou 653-9863
⇒(213) 653-2964

Consulat
290 Aragon Avenue
Coral Gables, Florida 33134
☎(305) 444-5084 ou 441-1235
⇒(305) 441-9537

Consulat
2 Canal Street, Suite 1844
New Orleans, Louisiana 70130
☎(504) 515-5580, ⇒(504) 525-4903

Consulat
10 East 46th Street
New York, NY 10017
☎(202) 949-9898, ⇒(202) 972-1725

Consulat
595 Market Street, Suite 2130
San Francisco, CA 94105
☎(415) 495-7195 ou 495-7196
⇒(415) 777-37 31

Consulat
Parada 27 1/2, Av. Ponce de León,
Edificio Mercantil Plaza, Suite 818
Hato Rey, Puerto Rico 00918
☎(809) 754-1675, ⇒(809) 754 1675

France

Ambassade
22, rue de L'Élysée
75008 Paris
☎01 42 65 46 08, ⇒01 42 66 18 60

Suisse

Ambassade
Dufourstrasse 47
3005 Berne
☎31 351 5434, ⇒31 352 7072

RENSEIGNEMENTS TOURISTIQUES

Le service gouvernemental de développement touristique était en pleine réorganisation lors de notre passage. À toutes fins utiles, voici l'adresse de l'office national de tourisme à Bogotá qui devrait aujourd'hui pouvoir fournir des cartes et des dépliants sur les activités et les sites touristiques intéressants non seulement pour Bogotá mais aussi pour l'ensemble du pays.

La **Corporación Nacional de Turismo (CNT)** *(lun-ven 8h30 à 12h30 et 14h à 17h; Calle 28 No. 13a-15, ☎283 94 66 ou 284 37 61)* est située au niveau de la rue du plus haut édifice de Bogotá, identifié aux couleurs rouge et ocre de Bancafé.

Quel que soit le moyen de transport utilisé, l'avion, le train, l'auto ou l'autocar, il est bon de se renseigner sur la situation économique, culturelle et politique du lieu de destination, et ce, avant de quitter son pays pour un séjour à l'étranger.

Certains pays sont sûrs, d'autres moins. Plusieurs font face à des situations instables, des insurrections ou des troubles majeurs. Il faut donc vérifier auprès du ministère des Affaires étrangères de son pays, qui se charge d'informer adéquatement sur la situation qui prévaut à l'étranger.

Des organismes indépendants informent aussi les voyageurs des risques qu'ils peuvent encourir en visitant certains pays et certaines villes. Kroll Information de New York, par exemple, classe les villes du monde entier selon une valeur de 1 à 10, le 10 étant attribué aux villes les plus dangereuses, le tout en fonction de critères variant de la stabilité politique à la sécurité des personnes.

Son *Daily Intelligence Briefing* fait le point quotidien sur les conflits politiques, la corruption, la criminalité et le terrorisme en plus de signaler les événements spéciaux, carnavals ou jours fériés qui pourraient avoir des incidences sur la sécurité en général.

Kroll Information Services
New York, USA
☎(703) 319-1112
www.krollassociates.com

Pour ce qui est du Control Risks Group de Londres, il produit le même genre d'informations, destinées à tous les voyageurs, qu'il diffuse en Europe et aux États-Unis en classant les zones de guerre en tête de liste des plus grands dangers.

Control Risks Group
Londres, Angleterre
☎(0171) 222-1552
Washington, États-Unis
☎(703) 893-0083
www.crg.com

L'ARRIVÉE AU PAYS

Par avion

Plusieurs voyagistes proposent des forfaits incluant l'avion, l'hébergement et les restaurants. Ces formules «tout compris» ont l'avantage de permettre aux voyageurs de n'avoir aucun souci à se faire une fois arrivés en Colombie. Ces forfaits amènent généralement les visiteurs dans une des principales destinations touristiques du pays, notamment Cartagena de Indias, Santa Marta et San Andrés. Voici quelques voyagistes se spécialisant dans ce type de voyage : Vacances Signature, Caribe Sol, Royal Vacances et Vacances Air Transat.

La plupart des grandes compagnies d'aviation ont des vols réguliers à destination de la Colombie. Mais au cours de la période de l'hiver, on peut voyager en charter sans escale à des coûts moindres. Il faut surveiller la publicité quotidienne ou hebdomadaire des agences de voyages dans les journaux pour bénéficier des meilleurs prix. On peut réserver son forfait quelques mois à l'avance et bénéficier ainsi de réductions substantielles. Ou encore voyager à la dernière minute avec Le Club D-7 *(3607 rue St-Denis, Montréal; ☎514-843-6441 ou 800-363-6724)* par exemple, spécialisé dans l'écoulement de sièges d'avion à la dernière minute, et ainsi bénéficier des rabais proposés pour ce type de voyage qui n'offre peu ou pas de sécurité en ce qui concerne les destinations. Pour la Colombie, vous aurez le choix entre Cartagena de Indias, Santa Marta et San Andrés uniquement. Cette formule permet de partir en ne prenant que son billet d'avion et en trouvant à se loger sur place, les lieux d'hébergement étant nombreux et diversifiés partout en Colombie.

Différentes compagnies aériennes proposent des billets vers la Colombie : Royal, Air Transat et Canada 3000.

Du Canada

De Montréal : Air Canada propose un vol quotidien vers l'aéroport de Miami, d'où l'on peut prendre une correspondance pour Bogotá sur les ailes d'Avianca ou pour d'autres destinations en Colombie comme Cartagena de Indias, Santa Marta, Medellín, San Andrés, etc.

De Toronto : Air Canada a aussi un vol quotidien à destination de Miami, d'où l'on peut prendre une correspondance sur Avianca.

De France

Au départ de Paris, plusieurs possibilités s'offrent au voyageur :

Avianca propose trois vols hebdomadaires directs en Boeing 767, le mercredi, le vendredi et le dimanche, à 12h35, de l'aéroport Charles-de-Gaulle à destination d'El Dorado, à Santafé de Bogotá, et en correspondance immédiate avec ses vols intérieurs. Le voyageur avisé peut aussi se procurer, pour aussi peu que 180 $US en basse saison et 200 $US en haute saison, un Air Pass *Conozca Colombia*, vendu seulement pour les vols outre-Atlantique. L'Air Pass, valide pour 30 jours, permet d'effectuer cinq escales à destination, au choix du détenteur, peu importe la distance, excluant les destinations San Andrés et Leticia en Amazonie. C'est une façon économique de découvrir toute la Colombie, incluant l'Amazonie et les Andes de même que le littoral des Caraïbes et celui du Pacifique. En incluant San Andrés et Leticia, le coût de l'Air Pass s'élève à 260 $US en basse saison et à 290 $US en haute saison. Les enfants paient 67% de ce tarif alors qu'il en coûte 10% pour les bébés. D'autre part, on peut ajouter une destination supplémentaire pour 40 $US jusqu'à concurrence de trois destinations. Quant à Air France, la compagnie a trois vols réguliers par semaine à destination de Santafé de Bogotá.

Viasa propose aussi des vols Paris-Caracas au Venezuela, d'où l'on peut prendre une correspondance pour plusieurs destinations en Colombie.

Pour de plus amples renseignements à Paris, il suffit de consulter Minitel 3615 Colombie.

De Belgique et de Suisse

De ces pays, les voyageurs doivent voyager en passant par Paris.

D'Espagne

Les voyageurs disposent de deux possibilités seulement au départ d'Espagne. Avianca propose deux vols par semaine, le mardi et le jeudi à 13h30, au départ de Madrid en direction de Santafé de Bogotá.

En direction de Cartagena de Indias, un vol par semaine : le samedi à 15h15.

D'Allemagne

De Francfort, Avianca propose un vol direct par semaine le vendredi à 12h10 et un vol avec escale le lundi à 12h10.

De Grande-Bretagne

De Londres, Avianca propose deux vols par semaine en direction de Santafé de Bogotá, le mardi à 13h et le samedi à 14h.

Des États-Unis

De New York, Avianca propose, en direction de Santafé de Bogotá, un vol direct tous les jours de la semaine à 9h30.

En direction de Baranquilla, il y a un vol direct le dimanche à 8h.

En direction de Cartagena de Indias, il y a un vol direct le samedi à 8h.

De Miami, Avianca propose des vols directs en direction de Santafé de Bogotá le lundi, le vendredi, le samedi et le dimanche à 13h15 et tous les jours de la semaine à 17h15.

En direction de Baranquilla, des vols s'effectuent tous les jours de la semaine à 16h.

En direction de Cartagena de Indias, des vols s'effectuent tous les jours de la semaine à 14h30.

Avianca à l'étranger

Voici les coordonnées d'Avianca, où vous obtiendrez plus de renseignements :

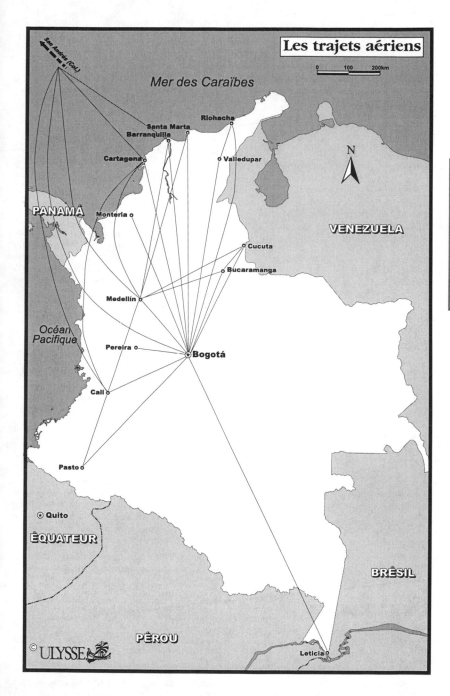

RENSEIGNEMENTS GÉNÉRAUX

Allemagne
Frankenallee 125 - 127
Francfort-sur-le-Main
☎49 69 7 580 9943, 580 9944 ou 580 9945
⊷49 69 7 39 32 00

Belgique
Avenue Louise, 363
Bruxelles 1050
☎32 2 640 8502 ou 32 2 640 8244
⊷32 2 640 1257

Canada
1 St. Clair Avenue West, bureau 202
Toronto, Ontario
M4V 1K6
☎800 284-2622 ou 800 387-8667
⊷800 972-1112

Espagne
Gran Via 88, esquina c/ de los Reyes,
Edificio España
Madrid 28013
☎34 91 542 8553, ⊷34 91 542 5915

Barcelona
Gran Via Corts Catalanes 617, Entlo 1 RA
Barcelona 08700
☎31 20 653 285, ⊷31 20 653 4687

États-Unis
8125 NW 53rd Street
Miami, FL 33166
☎599-7291

6 West 49th Street
New York, NY 10020
☎399-0858

France
31, avenue de l'Opéra
Paris 75001
☎01 42 60 35 22, ⊷01 40 15 06 03

Grande-Bretagne
19, Colonnade Walk
Victoria, London, SW1W-9SH
☎44 99 076 7747, ⊷44 99 931 9232

Italie
Via Madona Due Ponti 6
Capena, Roma 00060
☎39 6 930 3835, ⊷39 6 930 3834

Pays-Bas
Evert Vandebeekstraat 11
Amsterdam 1118
☎31 20 653 2685, ⊷31 20 653 4687

Portugal
Campo Grando No. 29, 2º B
Lishoa 1700
☎351 1 793 2749, ⊷351 1 795 1188

Suède
P.O. Box 3315
Stockholm 10366
☎46 8 14 40 55, ⊷46 8 24 18 88

Suisse
Loewenstrasse 51
Zurich 8001
☎41 1 212 5010, ⊷41 1 212 5057

Les aéroports

La majorité des grandes villes de Colombie, comme Santafé de Bogotá, Medellín, Cartagena de Indias et Santiago de Cali, sont dotées d'aéroports internationaux. Les autres destinations sur le territoire colombien sont facilement accessibles en voyageant avec les compagnies d'aviation locales, toutes les villes possédant un aéroport accueillant les vols internes.

Aux aéroports, des taxis et des autobus publics sont sur place et peuvent emmener les visiteurs au centre-ville. Bien que les tarifs des taxis soient toujours affichés sur la fenêtre latérale arrière droite, les chauffeurs peuvent tenter de négocier un forfait. Il vaut mieux s'en tenir au prix indiqué. Si le chauffeur refuse, changez de taxi.

Toutes les agences de location de voitures ont un kiosque dans les aéroports. Vous pouvez donc louer une voiture sur place. Elles se trouvent les unes à côté des autres; profitez-en pour comparer les prix. N'oubliez pas, cependant, qu'en général vous obtiendrez un meilleur tarif en réservant à l'avance auprès de la centrale de réservation mondiale. Prenez soin de prendre avec vous la confirmation du tarif alors proposé (numéro de réservation).

LES ASSURANCES

Annulation

Étant donné le prix du billet d'avion, il est possible de se procurer une assurance qui en couvre le coût dans le cas où il s'avère impossible d'effectuer le voyage pour cause de maladie ou de décès dans la famille par exemple.

Cette assurance est normalement suggérée par l'agent de voyages au moment de l'achat du billet d'avion ou du forfait. Elle permet le remboursement du billet ou forfait, dans le cas où le voyage devrait être annulé en raison d'une maladie grave ou d'un décès. Les gens n'ayant pas de problèmes de santé ont peu de chance d'avoir recours à une telle protection. Elle demeure par conséquent d'une utilité relative. Une réservation n'est pas une confirmation d'une place à bord d'un avion. Vous devez obtenir une confirmation de votre agent de voyages ou du transporteur pour embarquer. Assurez-vous que la mention «OK» apparaît à la case réservation sur le billet.

De même, une réservation ne confirme pas le prix du billet, qui peut changer entre la date de réservation et la date du paiement final. Vous pouvez donc payer plus cher, mais il se peut aussi que vous ayez à payer moins s'il y a réduction de prix. La plupart des transporteurs s'engagent à exiger le prix discuté lors de la réservation.

Les lignes aériennes exigent aussi la confirmation de la date du retour au moins 72 heures avant le vol, par téléphone ou en personne auprès du représentant de l'agent de voyages sur place. Si vous ne le faites pas, on pourrait vous refuser l'embarquement.

Les billets d'avion n'offrent aucune accessibilité. En ce sens, ils ne peuvent être cédés à quiconque. Avant l'embarquement, les compagnies aériennes peuvent demander de présenter une pièce d'identité pour s'assurer que vous êtes bien le détenteur du billet que vous présentez. Il existe une seule façon de voyager avec un billet d'une tierce personne : il s'agit d'un billet prépayé par cette dernière. La seule personne autorisée à voyager avec un tel billet est évidemment celle dont le nom apparaît sur le titre du transport.

Vous êtes responsable du billet d'avion, et vous devez éviter de le perdre. En cas de perte, le transporteur peut émettre un billet de remplacement moyennant des frais supplémentaires. Mais il peut aussi émettre un tout nouveau billet dont vous aurez à acquitter le prix immédiatement, dépendant des arrangements pris avec l'agent de voyages.

Vol

La plupart des assurances-habitation protègent une partie des biens contre le vol, même si celui-ci a lieu à l'étranger. Pour réclamer, il faut avoir une copie du rapport de police. En général, la couverture pour le vol en voyage correspond à 10% de la couverture totale. Selon les montants couverts par votre police d'assurance-habitation, il n'est pas toujours utile de prendre une assurance supplémentaire. Pour les voyageurs européens, il est recommandé de prendre une assurance-bagages.

Vie

Plusieurs compagnies aériennes proposent une assurance-vie incluse dans le prix du billet d'avion. D'autre part, beaucoup de voyageurs disposent déjà d'une telle assurance; il n'est donc pas nécessaire de s'en procurer une supplémentaire.

L'assurance-maladie

Lorsqu'on se déplace dans des pays étrangers, il est essentiel de posséder une assurance-maladie. En effet, les honoraires des médecins et les coûts de l'hospitalisation et des médicaments sont toujours imprévisibles. Même si certains gouvernements remboursent ces dépenses sur présentation de reçus, ils ne vont pas au-delà de leur propre barème de prix qui pourrait ne pas être le même que dans le pays visité. Il ne faut pas prendre de chance, ne serait-ce que pour une simple *turista*.

L'assurance-maladie s'achète avant le départ auprès de la majorité des compagnies d'assurances ou chez l'agence de voyages qui peut offrir une police d'assurance d'une compagnie spécialisée. Il faut exiger que la police couvre adéquatement la consultation du ou des médecins ou spécialistes (prévoir un montant assez élevé), les frais d'hospitalisation et des soins médicaux ainsi que les coûts des médicaments. Il est essentiel d'y trouver une clause de rapatriement en cas de maladie grave ou d'impossibilité de recevoir des soins spécifiques ou topiques, ou même en cas de décès. Il faut en outre vérifier ce que la police stipule au cas où le patient en voie de guérison se verrait dans l'obligation d'acquitter les frais de clinique avant de quitter celle-ci. D'autre part, la preuve d'assurance (ou une photocopie) devrait toujours se trouver à portée de main en cas de besoin.

Dans le cas d'une réclamation, il faut fournir :

● l'original de reçus ou l'original des relevés de paiement par carte de crédit ou encore une photocopie des chèques encaissés (recto-verso) sur lesquels le nom de l'hôpital ou du professionnel de la santé apparaît clairement;
● l'original des comptes.

Les renseignements suivants doivent figurer sur les documents :

● le nom et l'adresse du professionnel de la santé qui a dispensé les services;
● la description détaillée des services reçus;
● la date et le montant des frais pour chaque service reçu;
● le résumé du dossier médical dans le cas d'une hospitalisation;
● le protocole opératoire, s'il y a eu opération.

Il faut aussi noter que les frais reliés à l'obtention d'un rapport médical ou d'un résumé de dossier ne sont pas des services assurés. Ils ne sont donc pas remboursés.

LA SANTÉ

L'eau

Partout en Colombie, dans les plus petits villages, on vend de l'eau embouteillée ou en sachet de plastique que l'on perce à l'aide d'une paille. Cependant, dans la majorité des grandes villes comme Santafé de Bogotá, Medellín, Pereira, Santiago de Cali, et autres, l'eau du robinet est potable et vous ne serez pas en danger si vous en consommez.

Pour ce qui est de la glace dans le verre d'eau, dans les boissons gazeuses, dans les jus naturels, dans les apéros ou les *drinks,* il faut savoir se servir de son jugement. Il serait étonnant que, dans les hôtels, les bars et les restaurants de Colombie, on s'avise à servir des breuvages dont la glace serait impropre à la consommation. Il n'en demeure pas moins que, dans des terrains de camping, dans les sites en dehors des sentiers battus, en pique-nique ou même à l'achat de jus frais pressés dans la rue, il vaut mieux éviter les glaçons.

Les maladies

La Colombie est un superbe pays à découvrir. Malheureusement, les visiteurs peuvent y attraper certaines maladies comme la malaria, la typhoïde, la diphtérie, le tétanos, la polio et l'hépatite A. Rares sont les cas où les visiteurs contractent de telles infections, mais ils se présentent à l'occasion. Aussi est-il recommandé, avant de partir, de consulter un médecin (ou une clinique des voyageurs) qui vous conseillera sur les précautions à prendre. N'oubliez pas qu'il est bien plus simple de se protéger de ces maladies que de les guérir. Il est donc utile de prendre les médicaments, les vaccins et les précautions nécessaires afin d'éviter des ennuis médicaux susceptibles de s'aggraver.

La brève description des principales maladies qui suit n'est présentée qu'à titre informatif.

La malaria

La malaria (ou paludisme) est causée par un parasite sanguin dénommé *Plasmo dium sp.* Ce parasite est transmis par un moustique (l'anophèle) qui est actif à partir de la tombée du jour jusqu'à l'aube.

La maladie se caractérise par de fortes poussées de fièvre, des frissons, une fatigue extrême, des maux de tête ainsi que des douleurs abdominales et musculaires. L'infection peut parfois être grave quand elle est causée par l'espèce *P. falciparum.* La maladie peut survenir lors du séjour à l'étranger ou dans les 12 semaines après le retour. Exceptionnellement, elle se manifestera plusieurs mois plus tard. Il importe alors de consulter un médecin.

L'hépatite A

Cette infection est surtout transmise par des aliments ou de l'eau que vous ingérez et qui ont été en contact avec des matières fécales. Les principaux symptômes sont la fièvre, parfois la jaunisse, la perte d'appétit et la fatigue. Cette maladie peut se déclarer entre 15 et 50 jours après la contamination. Il existe une bonne protection contre la maladie : un vaccin administré par injection avant le départ. En plus du

La santé en avion

L'atmosphère renfermée de l'avion peut souvent causer des malaises ou du moins de l'inconfort. Voici quelques trucs qui vous aideront à passer ces moments de promiscuité obligatoires.

• Comme l'air sec peut irriter la gorge et le nez, il faut boire beaucoup d'eau ou de jus en se rappelant que les diurétiques comme l'alcool, le café et le thé accroissent la déshydratation.
• L'air sec peut aussi irriter les yeux. Ce serait donc une bonne idée d'éviter le port des verres de contact et leur préférer les lunettes ordinaires.
• Pour ce qui est de la nourriture, il faut préférer les repas légers sans sel ni sucre et si possible sans produit laitier, plus faciles à digérer quand on ne fait pas beaucoup d'exercice. C'est le cas en avion, où l'on peut passer des heures sans bouger. Il faut choisir des repas composés de légumes, de fruits et de pain qui sont mieux indiqués dans les circonstances.
• Il arrive parfois que certains passagers souffrent d'enflures aux pieds après un séjour en avion. L'immobilité peut en effet affecter la circulation sanguine causant une modification de l'activité cardiaque, de la tension musculaire et de la rétention des fluides. Même assis, il faut prendre le temps de s'étirer les muscles et même quelquefois se promener dans l'allée quand celle-ci n'est pas occupée par le service.
• D'autres encore subissent des blocages inconfortables du nez et des oreilles, au décollage et à l'atterrissage notamment, causés par les changements de pression à bord de l'appareil. Rien de grave. Il suffit de se boucher les narines complètement en exerçant une délicate pression avec le pouce et l'index, de se fermer la bouche et de souffler légèrement. La pression ainsi créée dans les conduits du nez et des oreilles équilibre la perte de pression de la cabine. On peut recommencer le geste selon les besoins. Ce truc est aussi utilisé par les amateurs de plongée sous-marine ou de plongée-tuba lorsque la pression de l'eau se fait sentir dans les oreilles, à partir de 2 m de profondeur.

RENSEIGNEMENTS GÉNÉRAUX

traitement recommandé, il est conseillé de se laver les mains avant chaque repas et de s'assurer de l'hygiène des lieux et des aliments consommés.

L'hépatite B

Tout comme l'hépatite A, l'hépatite B touche le foie, mais elle se transmet par contact direct ou par échange de liquides corporels. Ses symptômes s'apparentent à ceux de la grippe et se comparent à ceux de l'hépatite A. Un vaccin existe aussi, mais sachez qu'il est administré sur une certaine période, de sorte que vous devriez prendre les dispositions nécessaires auprès de votre médecin plusieurs semaines à l'avance.

La fièvre rouge (dengue)

La fièvre rouge (aussi appelée «fièvre solaire» ou «dengue») est transmise par les moustiques et, dans sa forme la plus bénigne, peut entraîner de légers malaises semblables à ceux d'une grippe : maux de tête, changements de température, muscles douloureux et nausée. Dans sa

forme hémorragique, la plus grave et la plus rare, elle peut entraîner la mort. Il n'existe pas de vaccin contre cet organisme, alors il faut prendre des précautions contre les moustiques.

La fièvre typhoïde

Cette maladie est causée par l'ingestion d'eau ou d'aliments ayant été en contact (direct ou non) avec les selles d'une personne contaminée. Les symptômes les plus communs en sont une forte fièvre, la perte d'appétit, les maux de tête, la constipation et, à l'occasion, la diarrhée ainsi que l'apparition de rougeurs sur le corps. Ils apparaissent de une à trois semaines après l'infection initiale. L'indication thérapeutique du vaccin (qui existe sous deux formes différentes, soit intramusculaire ou en pilule) dépendra de votre itinéraire. Encore une fois, il est toujours plus prudent de consulter la clinique quelques semaines avant le départ afin de bien planifier la série d'injection de vaccins.

La diphtérie et le tétanos

Ces deux maladies, contre lesquelles la plupart des gens ont été vaccinés dans l'enfance, ont des conséquences graves. Donc, avant de partir, vérifiez si vous êtes bel et bien protégé contre elles; un rappel s'impose parfois. La diphtérie est une infection bactérienne qui se transmet par les sécrétions provenant du nez ou de la gorge, ou encore par une lésion de la peau d'une personne infectée. Elle se manifeste par un mal de gorge, une fièvre élevée, des malaises généraux et parfois des infections de la peau. Le tétanos est causé par une bactérie. Elle pénètre dans l'organisme lorsque vous vous blessez et que cette blessure entre en contact avec de la terre ou de la poussière contaminée.

Les autres maladies

Des cas de maladies telles que l'hépatite B, le sida et certaines maladies vénériennes ont été rapportés; il est donc sage d'être prudent à cet égard.

Près des zones torrides, les nappes d'eau douce peuvent être contaminées par l'organisme causant la schistosomiase (bilharziose). Cette maladie, provoquée par un ver qui s'infiltre dans le corps pour s'attaquer au foie et au système nerveux, est difficile à traiter. Il faut donc éviter de se baigner dans toute nappe d'eau douce dans ces régions.

N'oubliez pas non plus qu'une trop grande consommation d'alcool peut causer des malaises, particulièrement lorsqu'elle s'accompagne d'une trop longue exposition au soleil. Elle peut aussi entraîner une certaine déshydratation.

Beaucoup de gens développent aussi un pityriasis versicolore dont l'apparition est favorisée par l'humidité. C'est une dermatose à levure, topique au thorax, caractérisée par deux propriétés distinctes : la peau ne bronze pas et elle est phosphorescente la nuit. La meilleure solution en est une de prévention. Il faut prendre des' médicaments anti-levure un mois avant d'affronter l'humidité.

Les enfants peuvent développer un impétigo à la suite d'une piqûre ou d'une égratignure trop grattée. L'impétigo est causé par un staphylocoque ou un streptocoque qui infecte la plaie. Il faut toujours la laver avec un désinfectant recommandé par le médecin ou le pharmacien.

Bien que la recherche médicale soit très avancée en Colombie (le D' Pattarayo a mis au point un vaccin contre la malaria qu'il a gracieusement offert à l'institut de recherche Walter Reed de Washington pour le bénéfice de la communauté internationale), il n'en reste pas moins que, dans les petits centres, les équipements médicaux ne sont pas aussi modernes qu'on le souhaiterait. Les cliniques médicales sont souvent mieux équipées que les hôpitaux, et il est préférable de choisir ces dernières pour les premiers soins. Dans les grands centres, il a toujours des médecins qui s'expriment dans d'autres langues — le plus souvent en anglais —, et leur compétence ne fait aucun doute. Si une transfusion de sang s'avère nécessaire, il faut s'assurer que les tests de qualité ont été effectués selon les normes internationales. La plupart des hôteliers sont en mesure de conseiller un bon médecin. Les agents touristiques des voyagistes étrangers en poste dans les grands centres sont aussi des sources de renseignements fiables. Ces derniers parlent habituellement trois ou même quatre langues. Ils se feront un plaisir de recommander un médecin, information qu'ils mettent déjà à la disposition de leurs clients. D'autre part, l'International Association for Medical Assistance to Travelers (IAMAT) publie une mise à jour régulière du répertoire des établissements de santé et des médecins qui parlent l'anglais et le français à travers le monde. On peut se renseigner au ☎(416) 652-0137.

Les malaises que vous risquez le plus d'attraper sont causés par une eau mal traitée, susceptible de contenir des bactéries provoquant certains problèmes, comme des troubles digestifs, de la diarrhée, de la fièvre. Il est donc préférable d'éviter d'en consommer. L'eau en bouteille, que vous pouvez acheter un peu partout au pays, est la meilleure solution pour éviter ces ennuis. Lorsque vous achetez l'une de ces bouteilles, tant au magasin qu'au restaurant, assurez-vous toujours qu'elle est bien scellée. Dans les grands hôtels, il est courant que l'eau soit traitée, mais vérifiez toujours avec le personnel avant d'en boire. Les fruits et les légumes nettoyés à l'eau courante (ceux qui ne sont donc pas pelés avant d'être consommés) peuvent causer les mêmes désagréments.

Dans l'éventualité où vous auriez la diarrhée, diverses méthodes peuvent être utilisées pour la traiter. Tentez de calmer vos intestins en ne mangeant rien de solide et en buvant des boissons gazeuses, de l'eau en bouteille, du thé ou du café (évitez le lait) jusqu'à ce que la diarrhée cesse. La déshydratation pouvant être dangereuse, il faut boire beaucoup. Pour remédier à une déshydratation sévère, il est bon d'absorber une solution contenant un litre d'eau, deux ou trois cuillerées à thé de sel et une de sucre. Vous trouverez également des préparations toutes faites dans la plupart des pharmacies. Par la suite, réadaptez tranquillement vos intestins en mangeant des aliments faciles à digérer. Des médicaments, tel l'Imodium, peuvent aider à contrôler certains problèmes intestinaux. Dans les cas où les symptômes sont plus graves (forte fièvre, diarrhée importante...), un antibiotique peut être nécessaire. Il est alors préférable de consulter un médecin.

La nourriture et le climat peuvent également être la cause de divers malaises. Une certaine vigilance s'impose quant à la fraîcheur des aliments (en l'occurrence la viande et le poisson) et à la propreté des lieux où la nourriture est apprêtée. Une bonne hygiène (entre autres, se laver fréquemment les mains) vous aidera à éviter bon nombre de ces désagréments.

Il est recommandé de ne jamais marcher pieds nus à l'extérieur, car parasites et insectes minuscules pourraient traverser la peau et causer divers problèmes, notamment des dermites (infection à champignons).

Les insectes

Comme le climat présente des variations peu communes avec d'autres pays, il n'y a pas le moindre insecte dans certaines régions de la Colombie, alors que d'autres en sont infestées. Sur la côte des Caraïbes, il est surprenant d'y trouver si peu d'insectes malgré un ciel pratiquement sans nuage et une chaleur constante l'année durant. Mais le climat sec de la région ne favorise pas la prolifération des insectes. Pour ce qui est des grandes villes intérieures toutes situées dans l'une ou l'autre des trois cordillères, comme Medellín, Santafé de Bogotá et Santiago de Cali, l'altitude et le climat froid ou sec en empêchent la prolifération.

Partout où le climat est humide, en Amazonie par exemple ou dans le Chocó, sur la côte du Pacifique, les insectes sont nombreux. Il faut minimiser les risques d'être piqué en se couvrant bien, particulièrement le matin et à la tombée du jour, où les insectes piqueurs sont les plus voraces.

Certaines espèces peuvent transmettre des maladies comme la filaire de bancroche, le paludisme, la dengue, l'encéphalite, la maladie de lyre, la peste, la fièvre jaune ou la fièvre pourprée. Il faut éviter les vêtements de couleur et les fragrances qui signalent la présence d'une proie aux insectes piqueurs comme une enseigne au néon annonçant un restaurant. Il ne faut pas lésiner sur l'insecticide ou l'insectifuge en s'assurant de protéger les aliments et les ustensiles de cuisine. Les produits composés de N-diéthyl-m-toluamide (DEET) à 35% et d'autres isomères, appliqués directement sur la peau, sont les plus efficaces. Si par malheur on y est allergique, il faut choisir le filet anti-moustiques pour se protéger. On le trouve sous forme de casque, de gilet ou de pantalon dans les boutiques spécialisées. Lors de promenades dans les bois, il faut porter des vêtements qui couvrent le corps au complet, y compris des chaussures et des chaussettes.

Certaines personnes peuvent avoir des réactions violentes à la suite de la piqûre d'un insecte. Il est essentiel pour ces dernières de transporter dans la trousse de premiers soins un dispositif auto-injectable d'épinéphrine, qui permet d'éviter le gonflement et l'obstruction des voies respiratoires le temps de se rendre à l'hôpital.

Les entomologistes estiment à plus de 3 000 le nombre d'espèces de maringouins de la famille des culicidés. Probablement que toutes les espèces sont présentes en Amazonie et dans le Chocó. Ils précisent que le mythe du maringouin qui meurt après une piqûre est faux. Ils ajoutent pour plus de précision que seule la femelle pique et, au cours de sa vie, elle peut piquer cinq ou six fois. La démangeaison qui s'ensuit est causée par la salive de la femelle qui dépose en même temps quelque 200 œufs à chaque fois qu'elle inflige une morsure. Quelques espèces jouissent d'une certaine longévité, et les femelles peuvent vivre jusqu'à cinq mois ou plus. Elles sont dotées d'un sens de l'orientation remarquable qui les protège des prédateurs.

Le bruit émis par un maringouin qui bat des ailes de 250 à 600 fois par seconde peut faire damner n'importe quel saint qui tente de s'endormir. Comme la période de couvaison n'est pas la même d'une espèce à l'autre, les maringouins sont toujours en activité, alors que les femelles peuvent sentir la présence humaine à une distance de 10 m. Toute activité qui provoque la sueur rend plus vulnérable aux insectes piqueurs qui recherchent l'humidité. La paresse n'est donc pas considérée comme un vice dans les régions chaudes et, souvent, il vaut mieux remettre à *mañana* ce qu'on peut faire aujourd'hui. Bonne nouvelle cependant, les maringouins n'aiment pas le vent. En ce sens, un bon ventilateur est plus efficace comme protection que l'air conditionné.

Les méduses

Les méduses ou physalies des mers chaudes ne s'attaquent pas à l'homme. L'animal formé d'une vésicule flottante ainsi que de polypes et de filaments longs, quelquefois de plusieurs mètres, dérive plutôt au gré de la fantaisie des courants des océans et peut, de ce fait même, se retrouver n'importe où. En général, c'est le baigneur qui plonge dessus, et il convient d'être prudent avant de se lancer à l'eau.

Le contact avec les filaments de la physalie cause une dermatite qui peut parfois s'avérer fatale. Il ne faut pas frotter la blessure mais bien la tremper dans l'eau salée. Ensuite, on applique du bicarbonate de soude (du soda à pâte) avant d'enlever les tentacules.

Les insolations

La Colombie est située sur la ligne équinoxiale, sur l'équateur plus précisément, ce grand cercle du globe terrestre perpendiculaire à son axe de rotation. On pourrait en déduire que le pays est constamment baigné par un chaud soleil agressif. Ce n'est pas le cas. On y trouve en général deux saisons des pluies, en octobre et novembre et en avril et mai. Dans la majorité des villes intérieures, le soleil ne pose jamais de problèmes et il peut même y geler à l'occasion, à Bogotá notamment, à cause de l'altitude. Si vous résidez sur l'une des deux côtes (atlantique ou pacifique) ou en Amazonie, vous devez savoir vous protéger contre les rayons dévastateurs du soleil.

Contrairement à la croyance populaire, il ne pleut pas jour et nuit à la saison des pluies, et ce, pendant des mois. Si c'était le cas, la végétation serait un véritable fouillis de pourriture détrempée que la saison chaude ne parviendrait jamais à sécher. En Colombie, la saison des pluies se caractérise par de brusques orages de très forte intensité qui durent quelques heures à peine. Ils peuvent causer des ravages comme des inondations et des glisse-

ments de terrain. Il peut aussi pleuvoir pendant quelques jours de suite avant que la nature se calme pendant un certain temps et que le soleil réapparaisse. Pendant la saison chaude, il y a des averses sporadiques, mais le soleil est en général omniprésent.

S'il permet de fabriquer la vitamine D, de réduire l'acné et de montrer un teint de bronze, le soleil est aussi un facteur de développement du cancer de la peau et de l'apparition de mélanomes selon certains spécialistes. D'autres prétendent qu'il s'agit là d'une nette exagération qui fait l'affaire des fabricants de cosmétiques. Peu importe qui a raison, il faut porter des vêtements couvrants, un chapeau et des lunettes de soleil pour se protéger adéquatement et éviter les insolations.

Les rayons ultraviolets A (UVA) brûlent instantanément, alors que les rayons ultraviolets de type B font des ravages à long terme. Les philtres chimiques dibenzoylméthane, méxoril SB et oxybenzone sont efficaces contre les rayons UVA. Les cinnamates, les esters de PABA et les acides sulfoniques le sont contre les UVB. Plusieurs crèmes solaires sont en vente sur le marché. Cependant, elles n'offrent pas toutes la protection désirée. Il faut consulter le pharmacien, choisir la plus efficace et connaître la composition de la lotion retenue en lisant son contenu sur la bouteille.

Il est préférable de s'enduire de protection au moins 20 min avant d'affronter le soleil. Et ce n'est pas parce qu'on est imbibé d'une crème qui présente un facteur de protection 30 (30 fois supérieure à la normale) qu'on peut passer plus d'une heure directement sous le soleil. Une trop longue exposition peut résulter en une insolation qui produit des étourdissements, des vomissements, de la fièvre, des enflures, de l'eau dans les pieds ou les genoux, etc. Le danger de ressentir un malaise nous guette surtout au cours des premiers jours, où l'on doit éviter de longues périodes d'exposition consécutives.

La trousse de santé

Une petite trousse de santé permet d'éviter bien des désagréments. Il est bon de la préparer avec soin avant de quitter la maison. Veillez à emporter une quantité suffisante de tous les médicaments que vous prenez habituellement, ainsi qu'une ordonnance valide pour le cas où vous les perdriez. Il peut, en effet, être malaisé de trouver certains médicaments dans les plus petites agglomérations. Les autres médicaments tels que ceux contre la malaria et l'Imodium (ou un équivalent) devraient également être achetés avant le départ. De plus, n'oubliez pas d'emporter des pansements adhésifs, des désinfectants, des analgésiques, des antihistaminiques, du liquide pour verres de contact et une paire de lunettes supplémentaire si vous en portez, et des comprimés contre les maux d'estomac. Ils peuvent tous être achetés en Colombie, mais il peut parfois être malaisé de les trouver, surtout dans les villages reculés.

LE CLIMAT

Vu sa configuration géographique, la Colombie possède une variété innombrable de climats pour satisfaire tous les goûts. Depuis les neiges éternelles de la Sierra Nevada de Santa Marta et du volcan Puracé de la Cordillère centrale jusqu'au désert de sable de la péninsule de la Gajira en passant par le climat tropical humide de l'Amazonie et des forêts du Chocó et le climat tempéré des *sabanas*, tout y est. On n'y trouve toutefois que deux saisons : la saison des pluies appelée, *invierno*, et la saison sèche, dite *verano*, du mois de décembre au mois de mars.

LA PRÉPARATION DES VALISES

La valise doit correspondre au type de voyage choisi ainsi qu'au climat des destinations. Si le voyage inclut plusieurs destinations en Colombie, il faut prévoir emporter des vêtements pour la plage, y compris les crèmes pare-soleil, de même que des vêtements plus chauds (lainage et cuir) pour la montagne et les hauts plateaux de Santafé de Bogotá, où le climat peut atteindre 4°C. Il faut aussi prévoir se munir de vêtements de toile si l'on désire se rendre en forêt tropicale, en Amazonie ou dans le Chocó.

Dans les grandes villes où la mode tient un rôle important, les femmes sont mieux accueillies en portant des robes ou des tailleurs et le port du veston a cours chez les messieurs. Les jeans sont à éviter autant que possible si l'on tient à faire des contacts d'affaires et si l'on veut fréquenter les endroits à la mode.

Pour les hommes, un complet de couleur neutre devrait suffire pour les soirées, alors que les femmes devraient emporter une robe classique noire qui, avec une veste, devrait convenir aux sorties officielles, tout en ayant à l'esprit que les mélanges de coton et de polyester résistent mieux aux faux plis que les tissus naturels.

Si le voyage se réduit aux stations balnéaires, il faut prévoir se munir de vêtements pour la baignade de même que de vêtements pour le soir en se rappelant que les Colombiens acceptent mal le costume de bain en ville. Les torses nus en dehors de la plage ne sont pas nécessairement bienvenus. Il n'y a pas encore de nudisme sur les plages de Colombie, et les seins nus ne sont pas non plus encore à la mode. En ville par ailleurs, il faut un minimum de décence pour visiter cathédrales, monastères, églises et autres lieux de culte religieux.

Au cours de l'*invierno*, il faut prévoir préparer la même valise avec, en plus, les accessoires de pluie habituels, y compris le parapluie. Pour la détente, prévoyez vous munir de un ou deux livres et d'un jeu de cartes ou d'échecs. Les Colombiens sont reconnus comme étant coriaces aux échecs.

Il faut apprendre à alléger sa garde-robe de vacances et emporter ce qui s'avère strictement nécessaire.

Les voleurs préfèrent les valises en cuir, dont le prix de recel est souvent supérieur à celui de la marchandise qu'elles contiennent. Ils apprécieront encore plus les valises identifiées d'une griffe internationale et reconnues pour la qualité du tannage de la peau, de la rareté de l'animal utilisé et du souci apporté aux détails de finition. Aussi est-il est préférable de voyager avec un sac d'équipement sportif, solide, résistant, qui permet, entre autres choses, de transporter plus d'effets avec une sécurité accrue.

Les bagages à main

Toutes les compagnies aériennes sont assujetties à des réglementations visant le contrôle des bagages à main pour éliminer les excès de poids, de forme, de taille et de volume. C'est une question de sécurité pour les passagers. Comme la plupart des lignes aériennes exploitent différents types d'avions, la réglementation diffère d'un vol à l'autre.

Certaines compagnies aériennes ont même limité le nombre de bagages à main. Les voyageurs doivent donc apporter une attention encore plus grande au moment de boucler leurs valises. Le bagage à main ne devrait contenir que des objets essentiels comme les lunettes, les médicaments, etc.

Transportez vous-même les médicaments dont vous avez besoin, comme l'insuline, les lunettes, la trousse de verres de contact, etc. Gardez avec vous les objets de valeur qui ne devraient jamais être placés dans les bagages enregistrés. Tenez à portée de la main passeport, portefeuille, billet d'avion, carte d'embarquement, etc. Vous pouvez aussi éviter un certain nombre de désagréments en emportant dans les bagages à main quelques vêtements de rechange dans le cas d'une perte ou d'un retard dans la livraison des bagages principaux.

Le bagage à main devrait contenir un nécessaire de couture miniature pour faire face aux accidents, de même qu'un sachet de détergent pour le lavage des sous-vêtements et des bas. Pour ce qui est de la pharmacie, elle devrait se composer de petits échantillons de shampooing, de dentifrice et de lotion.

Tout article apporté à bord constitue un bagage à main soumis à des limites de taille et de rangement. Habituellement, les compagnies aériennes appliquent des frais de bagages supplémentaires si le poids des bagages enregistrés excède le poids total permis. Pour connaître le coût d'un excédent de bagage, communiquez avec la compagnie émettrice du billet d'avion.

LA SÉCURITÉ

Voyager dans l'inconnu, dans n'importe quelle partie du monde, et même dans son propre pays, c'est se mettre dans un état de vulnérabilité facilement décelable par un quelconque prédateur à l'affût d'une victime. En effet, non seulement le malfaiteur est-il à la recherche d'une proie facile, mais cette dernière l'informe souvent par des gestes innocents ou une attitude naïve qu'elle est toute disposée à se laisser prendre. Souvent en effet, les victimes contribuent à leur propre malheur en s'identifiant ouvertement comme touriste sur la plaque de l'auto de location, par exemple, ou en s'arrêtant n'importe où pour demander leur chemin.

Quand on voyage seul (ou en couple) dans un pays où l'on ne parle pas la langue, on fait habituellement face à un vide stressant qu'on

ne parvient pas toujours à identifier et dont on ne peut déterminer l'ampleur. En effet, on se retrouve soudainement privé de l'essentiel, condamné à l'isolation, détourné de son foyer, de sa famille, de son milieu de travail et de ses habitudes quotidiennes en passant souvent du plein hiver au plein été en quelques heures à peine. Ce qui explique la tentation de nouer facilement de nouvelles relations avec le premier venu pas nécessairement recommandable, et probablement à l'affût du désarroi de nouveaux arrivants. Pourquoi ne pas attendre quelques jours avant de faire les premiers pas en ce sens? Question de prendre une certaine distance et d'acquérir un début de compréhension des us et coutumes de la région.

Les indésirables

Les sites touristiques sont souvent encombrés de nombreux marchands ambulants et spécialistes de la sollicitation. Ils possèdent sur le bout des doigts l'art de vendre toutes sortes de marchandises absolument inutiles. Certains même insistent pour faire découvrir des boutiques où ils reçoivent une ristourne en retour d'une vente. Si vous n'êtes pas intéressé, il est possible de s'en débarrasser par un «No, gracias» poli, mais ferme.

Rien ne vous oblige non plus à répondre à l'importun qui tient à tout prix à devenir un ami ou un guide et qui vous aborde avec l'éternel «¡Hola Amigo!» D'un signe de la main, mettez un holà rapide à ces hola intempestifs, sans faire preuve d'agressivité et sans même prononcer une parole, ce qui dévoilerait à coup sûr que vous n'êtes pas colombien.

L'orientation

Avant de quitter la chambre, il faut prendre en note les coordonnées de l'hôtel, c'est-à-dire son nom, son adresse, le nom du quartier et son numéro de téléphone. On obtient ces informations à la réception de l'hôtel qui les tient à la disposition des hôtes sur une carte de visite. Au retour, on pourra de cette façon fournir des renseignements complets au chauffeur de taxi et lui laisser entendre que l'on connaît le trajet. Il est préférable de toujours savoir où l'on va ou, du moins, en avoir une bonne idée, que ce soit en direction de la plage, du marché ou des rues commerciales propices au magasinage. En ce sens, il faut consulter la carte routière et le plan de la ville en plus d'autres renseignements avant de quitter la chambre d'hôtel, de même qu'il faut vérifier l'adresse de l'ami ou de la connaissance à qui l'on veut rendre visite avant de partir à l'aventure.

Assurez-vous par exemple de connaître parfaitement le trajet pour atteindre le musée, la galerie d'art ou le restaurant que vous avez choisi. À pied, marchez toujours d'un pas normal et assuré. Ne paraissez pas surpris outre mesure devant une situation cocasse. Tenez-vous à distance et, surtout, mêlez-vous de vos affaires. Pour vérifier le nom d'une rue, faites-le d'une façon discrète, comme si vous étiez un habitué du quartier. Et si, par hasard, vous vous perdez et ne savez plus vous orienter, évitez la panique et l'anxiété. Arrêtez-vous dans un café ou sur une terrasse, dégustez un rafraîchissement et réfléchissez tranquillement en feuilletant vos notes. Vous finirez bien par trouver une solution par vous-même, sinon prenez un taxi.

Les adresses

Un système d'adresses (*dirección*) est en vigueur partout en Colombie, dans toutes les grandes villes et même dans les *pueblos* de moindre importance. Ce système est simple et efficace : il s'agit de signifier premièrement le numéro de *calle* ou de *carrera* ou le nom de l'*avenida*. On indique ensuite le numéro de la *carrera* ou de la *calle* transversale, suivi du numéro de porte, ces deux derniers numéros étant reliés par un trait d'union. Exemple : l'adresse exacte et complète de l'hôtel Punta Canoa à Cartagena de Indias est Calle 7 No. 2-50. Selon cette donnée, on comprend facilement que le Punta Canoa est situé au numéro de porte 50, sur la Calle 7, près de la Carrera transversale 2. La plaque numérotée du building indique bien d'ailleurs 2-50. De même, l'adresse de l'hôtel Parque Real, toujours à Cartagena, est Carrera 3 No. 8-171. On comprend alors que l'hôtel Parque Real est situé au numéro de porte 171 sur la Carrera 3, près de la Calle 8. La plaque numérotée du building indique sans équivoque 8-171. C'est la seule façon pour les chauffeurs de taxi de s'y reconnaître, et plusieurs refuseront la course si la *dirección* n'est pas indiquée clairement de cette façon. Ça facilite aussi l'utilisation du présent guide, qui devient compréhensible même pour les Colombiens sollicités pour un renseignement qui ne comprennent que l'espagnol.

La violence

Les problèmes de violence sont réels en Colombie, principalement dans les grandes villes, mais il ne faut pas croire que leurs habitants sont barricadés à longueur d'année pour autant (voir aussi p 45). Ils tiennent compte de cette réalité dans leurs déplacements quotidiens comme les habitants de New York, de Paris, de Londres ou même de Rome, par exemple en évitant certains quartiers et en agissant avec prudence.

Il y a trois sources principales de menace à envisager : les crimes de droit commun, la guérilla et la drogue. Pour ce qui est de la drogue, il suffit de s'en éloigner en sachant que les peines imposées pour la simple consommation sont sévères en Colombie. Quant aux guérilleros, ils se spécialisent dans l'enlèvement et dans les rançons qu'ils peuvent en obtenir et ne visent que les personnages haut placés de la société colombienne ou les étrangers qui détiennent des postes importants dans les entreprises étrangères. Ils n'ont aucun intérêt à s'attaquer aux simples touristes. Encore faut-il éviter certaines régions à risque, particulièrement dans la campagne colombienne. D'autre part, avec un minimum de jugement, on peut éviter les petits criminels en planifiant ses déplacements avec précision et le plus grand souci de sécurité.

On peut considérer la majorité des grandes villes colombiennes comme étant relativement sécuritaires, à l'image des autres grandes villes du monde. De toute façon, mieux vaut éviter les quartiers chauds et non recommandés par les hôteliers. Pour ne pas s'égarer ou se retrouver seul dans des rues sombres le soir, il vaut mieux prendre le taxi pour revenir du restaurant.

Le journal national ou local

Il est toujours intéressant d'acheter le journal du matin que vous traînez partout avec vous sous le bras ou bien en évidence dans la main. Vous ne savez pas lire la langue du pays? Qu'à cela ne tienne! Personne ne le sait! Et bien malin qui pourra affirmer avec certitude que vous n'y comprenez rien. Une photo valant mille mots, comment en effet ne pas comprendre celle de la une du grand quotidien national ou local qui annonce la victoire au *fútbol* de l'équipe favorite de la ville où vous séjournez? C'est l'une des meilleures façons d'apprendre la langue d'un pays et de se familiariser avec ses us et coutumes. Par exemple, en lisant les petites annonces, on apprend le coût des maisons, le prix des autos neuves et combien d'autres informations utiles. En feuilletant les pages du cahier économique, on vérifie le taux de change de la devise et l'on s'assure que celui qu'on obtient à la banque est juste. Soudain, on ne se sent plus aussi vulnérable. Le journal crée en fait une sorte de rempart intellectuel qui fait fuir les importuns.

Le bluff sera de courte durée si l'on a pris soin de tapisser toutes les valises, bagages à main et accessoires du drapeau du pays d'origine. Geste hautement patriotique sans doute. Ne reste plus maintenant qu'à éviter les ressortissants rancuniers qui auraient été maltraités chez vous. En tout état de cause, pourquoi s'attirer des ennuis? La discrétion en la matière a bien meilleur goût et témoigne d'un savoir-vivre et d'un certain respect envers le pays hôte.

Les journaux nationaux *El Tiempo* et *El Espectador* sont publiés à Bogotá et sont disponibles partout au pays, alors que chaque ville de moindre importance possède un ou plusieurs médias écrits.

Les bijoux

Vous avez intérêt à ne porter que peu ou pas de bijoux du tout. Les bijoux n'ont aucune utilité sauf celle de se faire remarquer. À moins de ne fréquenter que les casinos, les palaces ou les grands restaurants, à moins de ne voyager qu'en limousine et de restreindre ses activités qu'à des endroits à sécurité maximum, ils ne sont qu'encombrements inutiles et sujets d'inquiétude constante. Il vaut mieux les laisser à la maison. Sinon, il est préférable de les déposer dans le coffre-fort de l'hôtel. Tous les hôtels offrent ce type de protection, alors que les plus grands offrent un coffre-fort dans la chambre même. Si vous résidez dans un petit hôtel et utilisez son service de coffre-fort, assurez-vous de la présence du préposé qui détient la combinaison du coffre au moment où vous désirez reprendre possession de vos biens, à heure fixe ou à date précise. Cela dit, le port des bijoux et des accessoires de mode est d'usage courant en Colombie et les Colombiens ne s'en privent pas.

L'appareil photo

À moins d'être un photographe professionnel, il n'est pas nécessaire d'apporter en voyage un appareil sophistiqué qui peut facilement s'abîmer au contact de l'eau ou du sable de la plage. Tous les fabricants d'appareils photo offrent aujourd'hui des caméras jetables, pour la lumière du jour ou avec flash. Certains appareils sont même submersibles, enfermés qu'ils sont dans un boîtier de plastique imperméable. Il ne faut pas oublier que seul le laboratoire de développement photographique est autorisé à les ouvrir. Ces appareils se vendent entre 12 000 et 15 000 pesos en Colombie et l'on en trouve partout dans les grandes centres, chez les marchands d'appareils photo évidemment, mais aussi chez les vendeurs de souvenirs, les boutiques d'artisanat et les pharmacies, entre autres. Vous serez surpris de la qualité des photos qu'on peut en tirer. Par contre, si vous choisissez d'apporter les appareils électroniques que vous utilisez habituellement et avec lesquels vous vous sentez plus familier, il vaut mieux alors les transporter dans un sac discret, si possible non identifié, que vous porterez en bandoulière.

Tout le monde n'aime pas être photographié. Il est toujours préférable de demander la permission avant de se prendre pour un paparazzi en puissance et de planter une lentille n'importe où, n'importe quand, dans la figure de n'importe qui.

Le poste de police

En cas de vol, portez premièrement plainte à un agent ou auprès du poste de police local. Dépendant de la gravité de l'agression, les policiers institueront une enquête en proportion. Peut-être n'aurez-vous pas confiance en leurs méthodes. Ce n'est sûrement pas une bonne idée de leur confier vos angoisses ni de mettre en doute leur compétence. En tout état de cause, le vol de touristes n'est pas dans l'intérêt d'un pays hôte. Même si les policiers n'agissent pas avec toute la célérité voulue, dites-vous bien que l'agression que vous signalez est enregistrée dans le système et qu'elle fera l'objet d'un rapport. Vous ne retrouverez peut-être pas vos biens, mais vous aiderez ainsi la cause des autres voyageurs. De nos jours, la majorité des pays ont mis sur pied une politique touristique structurée, centrée en bonne partie sur la sécurité des voyageurs dans le but bien évident d'accroître leur part de ce marché très rentable mais férocement concurrentiel de cette industrie. Certaines régions touristiques de la Colombie ont enregistré des progrès substantiels dans ce domaine au cours des 10 dernières années, alors que d'autres tardent à emboîter le pas.

En voyage, vous êtes assujetti aux lois en vigueur dans le pays que vous visitez. Votre passeport étranger ne vous en dispense aucunement et ne vous confère nullement l'immunité diplomatique. Si vous avez des ennuis avec la justice locale, mettez-vous immédiatement en communication avec la mission de votre pays d'origine la plus près. Si c'est impossible, demandez à quelqu'un de le faire pour vous.

Police : ☎112
Police du tourisme : ☎334 25 01, poste 33.

LES TRANSPORTS

Les distances sont parfois longues en Colombie. De grands travaux d'infrastructure sont effectués afin d'améliorer plusieurs routes du pays et notamment pour terminer la Carretera Panamericana. Plusieurs autoroutes sont à quatre voies, près de Bogotá entre autres et de la majorité des grandes villes, ce qui a permis de diminuer de beaucoup les risques d'accident. Mais la majorité des routes sont encore à deux voies, ce qui incite à la prudence.

La location d'une voiture

Il est assez difficile pour un étranger de passer inaperçu alors que la plaque de la voiture de location indique clairement qu'il s'agit d'un véhicule loué, à coup sûr conduit par un touriste ou un homme d'affaires étranger qui, de toute évidence, a les moyens de se payer une telle location. Avant de louer une voiture, il faut s'assurer auprès de l'hôtel et de l'agence de location des dangers que l'on peut encourir en conduisant son propre véhicule. Et surtout, comment les éviter.

D'autre part, les méthodes de conduite sont bien différentes d'un pays à l'autre. Les pays d'Europe en sont un bon exemple, car ils favorisent souvent la priorité à droite quand ce n'est pas la conduite à gauche. Des méthodes peu orthodoxes pour des Nord ou Sud-Américains.

Les Colombiens ont par ailleurs tendance à interpréter les lois de la circulation selon l'impulsion du moment. En ce sens, ils ne sont pas toujours disposés à s'arrêter au feu rouge, même dans les grandes villes. Parfois, oui! D'autres fois, non! Passé la tombée du jour, alors que la circulation se fait moins dense, les feux de circulation ne sont tout simplement plus respectés. En ce sens, il est préférable de voyager en taxi ou en autobus, si la voiture ne constitue pas une absolue nécessité. Tout compte fait, dans les grandes villes, la circulation démentielle et anarchique rend la location d'une voiture prohibitive.

Ces problèmes sont moins évidents à la campagne. Il faut cependant se rappeler que la surveillance routière de la police y est inexistante et que personne n'émettra de contraventions, ce qui ouvre la porte à toutes les libertés. Par exemple, les Colombiens ne respectent pas la double ligne et dépassent dans les courbes ou dans les déclivités. C'est une manière de conduire acceptée et même comprise. Tous les chauffeurs s'attendent donc à tout instant à voir surgir une voiture en sens inverse à l'entrée d'une courbe ou au haut d'une pente. Aussi conduisent-ils en anticipant cette éventualité. En effet, il s'agit de la seule occasion pour un chauffeur de dépasser un lourd camion lent qui bloque la route. Les autres comprennent son dilemme qui sera éventuellement le leur dans quelques instants. Ils sont donc tout disposés à lui laisser le chemin libre et même à rouler sur l'accotement de gravier si la situation vient à l'exiger. Ils manifesteront leur contrariété d'un coup de klaxon, mais il s'agit plus d'un haussement d'épaules que d'un sursaut de colère. Souvent même, le chauffeur du camion visé par la manœuvre participe à l'exercice. Il signifiera par gestes qu'une tentative de dépassement est en cours de façon à minimiser les risques aux véhicules impliqués — y compris évidemment le sien. Étonnamment, les accidents sont rares, compte tenu de la fréquence de ces pratiques peu orthodoxes mais efficaces dans le contexte routier sud-américain.

Si vous optez pour la location d'une voiture, gardez les portes verrouillées ainsi que les vitres fermées lors de vos déplacements. Il est recommandé de stationner la voiture dans des parkings sous surveillance ou dans des endroits bien en vue. Souvent, on vous indiquera un endroits pour stationner le véhicule dans la rue et, du même coup, on vous proposera de le

RENSEIGNEMENTS GÉNÉRAUX

Tableau des distances (km)
Par le chemin le plus court

© ULYSSE

Ville	Armenia	Bogotá	Bucaramanga	Cali	Cartagena	Florencia	Medellín	Monteria	Pasto	Popayán	Quibdo	Riohacha	Santa Marta
Armenia													
Bogotá	286												
Bucaramanga	725	439											
Cali	194	484	923										
Cartagena	974	1178	917	1088									
Florencia	533	547	986	521	1507								
Medellín	348	**552**	1543	462	626	881							
Monteria	739	943	1217	933	300	1272	391						
Pasto	594	884	1323	400	1488	623	942	1253					
Popayán	343	633	1072	149	1237	372	611	1003	251				
Quibdo	596	800	1791	710	874	1129	248	639	1110	859			
Riohacha	1289	1147	708	1403	406	1694	941	708	1803	1552	1189		
Santa Marta	1191	1286	824	1305	217	1724	843	517	1705	1454	1091	191	
Yopal	662	376	521	860	1783	923	928	1319	1260	1010	1029	1229	1369

Exemple : La distance entre Bogotá et Medellín est de 552km.

garder sous surveillance. Il est alors d'usage de débourser de 200 pesos à 300 pesos pour ce service. Ne payez qu'à votre départ. Quelle que soit la durée de votre absence ou l'endroit de stationnement, assurez-vous de ne jamais laisser ni bagages ni vêtements à l'intérieur. Pour plus de sécurité même, videz le coffre à gants de son contenu et laissez-le ouvert.

Les principales firmes internationales de location de voitures sont toutes présentes en Colombie.

La location d'une moto

Dans la plupart des villes et des centres de villégiature, il est possible de louer une motocyclette moyennant de 12 000 pesos à 15 000 pesos l'heure et jusqu'à 40 000 pesos par jour de location. On exigera que vous laissiez en dépôt votre passeport (ou une pièce d'identité valide). D'autre part, il faut vérifier que les assurances couvrent les coûts de réparation en cas d'accident ou de vol. Même si vous avez contracté une assurance voyage avant de partir qui couvre les accidents d'auto, l'assureur ne considère que certains types de véhicules qui incluent la voiture de tourisme, la familiale, la camionnette et les véhicules tout-terrains tout en excluant les camions, les motos et les scooters, les voitures anciennes de plus de 20 ans, etc. N'oubliez pas que la conduite doit être prudente car, bien que les motocyclistes soient fort nombreux au pays, les automobilistes n'y font pas toujours attention. Assurez-vous toujours de vous entendre sur le prix et sur toutes les conditions de paiement avant de partir avec un véhicule loué.

Les taxis

Les taxis se hèlent. Ils sont partout présents dans les grandes villes de même que dans tous les grands centres de villégiature. Ils sont un moyen économique de voyager en relative sécurité surtout si vous êtes plusieurs à en partager le coût. En sortant de l'aéroport, ils sont le moyen le plus rapide d'accéder au centre-ville et, partant, aux principaux hôtels, si vous ne voyagez pas à forfait avec hôtel compris. En ce cas, le voyagiste se charge normalement du transport terrestre.

De couleur habituellement jaune ocre et identifiés *Servicio Público*, ils sont équipés de compteurs dans les grandes villes. Ailleurs, les prix sont fixés à l'avance et par secteur, peu importe la distance parcourue à l'intérieur d'un même secteur. Normalement, les chauffeurs chargent pour le nombre de secteurs traversés jusqu'à concurrence de 1 000 pesos par secteur. Deux secteurs coûteront donc 2 000 pesos. En soirée, passé 17h donc, les prix sont plus élevés. Ces prix sont toujours clairement indiqués sur la vitre arrière latérale droite du véhicule. À la descente d'avion, informez-vous auprès des agents de bord du tarif en vigueur de l'aéroport au centre-ville. Vous aurez ainsi une bonne idée du coût à payer en fonction de la distance à parcourir pour tous les autres déplacements.

D'autre part, vous pouvez négocier avec un chauffeur la location de sa voiture pour une plus longue période, une plus grande distance ou encore pour toute la journée. En ce cas, il est logique de choisir une voiture plus récente ou encore de type limousine. Il en coûtera le même prix pour une voiture neuve que pour une vieille guimbarde. Sachez attendre et choisir ce qui convient le mieux à vos déplacements.

L'autobus ou le *chiva*

Pour une touche locale à peu de frais, un véritable bain de foule, il faut prendre l'autobus ou *chiva*. Vieux, coloré, tonitruant, brinquebalant, il ne vous en mènera pas moins à destination. Le *chiva* en ville coûte environ 300 pesos pour une balade d'une vingtaine de kilomètres ou plus.

Le *chiva* est le miroir de son conducteur. On y retrouve habituellement une décoration hétéroclite qui reflète son tempérament. Plus souvent, ce sont des icônes et des statuettes en plastique de la Vierge, en innombrable quantité, collées partout, même dans les fenêtres. À l'occasion, ce peut être aussi des photos du dernier *Playboy*, une collection d'enjoliveurs de roues ou des photos de footballeurs, de boxeurs, d'équipes de sport, etc.

Comme sa rentabilité est assurée par le nombre de passagers véhiculés, le chauffeur a tout intérêt à offrir le meilleur service possible. Il s'arrête donc pile au moindre signe de la main pour laisser monter les clients. Pour débarquer, il suffit de crier «*Aquí por favor*» (Ici, s'il vous plaît) ou faire signe au chauffeur, qui s'arrêtera à l'endroit désiré.

L'autocar

Le transport public d'une ville à l'autre ou vers le plus petit village est d'une efficacité exemplaire en Colombie. Ce service est offert à partir du Terminal de Transportes (quelquefois, il y en a deux) de chaque ville, un édifice toujours assez récent et très bien organisé, desservi par une cinquantaine de compagnies d'autocars et divisé en sections selon la direction des destinations nord, sud, est ou ouest. Toutes les compagnies possèdent leur propre billetterie dans chacune de ces sections; le coût du transport terrestre est avantageux partout en Colombie.

Ici aussi le choix s'impose, non seulement entre les services mais également entre les compagnies desservant une même destination aux mêmes heures et à des prix qui ne diffèrent que de quelques dollars, et empruntant quelquefois des routes différentes. Ainsi le voyageur peut-il se déplacer dans la classe de son choix. Dépendant des moyens dont il dispose, il peut privilégier l'express première classe avec air conditionné, télévision et service d'hôtesse, ou voyager à prix minimum dans un confort limité. Chacun des services ayant ses avantages et ses inconvénients, voici quelques réflexions qui vous aideront à faire un choix judicieux.

Les *colectivos* sont des taxis partagés entre plusieurs occupants qui desservent toutes les destinations. Ce sont de puissantes voitures américaines, rarement neuves, à huit cylindres et à quatre portes. Comme les chauffeurs doivent prendre au moins cinq passagers pour rentabiliser leur course, les départs ne s'effectuent pas à heure précise mais bien au gré de la demande. L'attente peut durer de 10 à 20 min. Rarement plus, faut-il préciser. Le trajet s'effectue plus rapidement, mais pas nécessairement avec un maximum de confort, principalement pour les deux passagers du siège avant, ces derniers y compris le chauffeur transportant souvent un bagage à main. Mais le chauffeur s'arrêtera sur demande pour un café, ce qui personnalise le service. D'autant plus qu'il est facile d'entrer en conversation avec les autres occupants. Les *colectivos* sont recommandés pour les courtes distances de moins de deux heures. Ce service plus rapide et plus personnalisé coûte un peu plus cher.

Les *aerovans* sont des minibus assez récents de 10 ou 15 sièges qui desservent aussi les mêmes destinations. Les départs s'effectuent aussi selon un minimum de passagers mais, encore ici, l'attente se situe entre 10 et 20 min. Jamais plus. Les sièges sont plus confortables, et la vue par les fenêtres n'est pas bloquée par des tentures. La conversation avec les autres passagers se fait plus difficilement, mais le chauffeur s'arrêtera aussi pour le café si le trajet s'éternise. Les *aerovans* sont tout indiqués pour les courses de moins de trois heures, et le prix se situe entre celui des *colectivos* et celui de l'autocar.

Les autocars de première classe (ou *ejecutivos*) sont relativement neufs et de grande dimension. Une hôtesse s'occupe du confort des passagers à bord, et le véhicule est équipé de toilettes. L'autocar est donc un excellent moyen de transport pour les longues distances de plus de trois heures, par exemple. Plus particulièrement si l'on a eu la bonne idée de se munir de quelques bières pour passer le temps, une façon de voyager qui ne soulèvera aucune récrimination. L'hôtesse fournit d'ailleurs des sacs pour la récupération des canettes. Si l'autocar doit s'arrêter en chemin, elle n'hésitera pas à laisser monter des vendeurs de produits alimentaires de toutes sortes — notamment des vendeurs de bières —, qui se feront un plaisir de renouveler votre cargaison.

Cependant, les fenêtres des autocars sont toutes garnies de lourdes tentures qui permettent de se protéger du soleil. Cet accessoire nécessaire coupe pourtant la vue des paysages, la plupart du temps grandioses sur les routes de Colombie qui n'ont pas encore été transformées en «centres commerciaux» par l'affichage sauvage comme dans beaucoup d'autres pays.

Les sièges sont aussi confortables que ceux des avions, tout en offrant plus de place pour les jambes. Pour le divertissement de l'ensemble des passagers, l'autocar fournit la télévision, dont la cacophonie incessante peut finir par tomber sur les nerfs. D'autre part, l'air conditionné dans les régions côtières fonctionne toujours à toute puissance et sans arrêt, assez pour rendre certains voyages désagréables. Pour un meilleur confort, prévoyez donc vous munir de «bouchons d'oreilles» de même que d'un lainage.

Les autocars quittent le Terminal à heure fixe de jour et de nuit. Il y a des départs pratiquement toutes les heures pour les trajets de courte distance. Pour les trajets plus longs, il faut consulter les horaires des compagnies sur place.

Certaines compagnies offrent un meilleur service. Il faut s'informer auprès de la réception de l'hôtel ou même auprès des chauffeurs de taxi pour connaître les meilleures compagnies. Elles varient d'une région à l'autre.

Enfin, les *chivas*, plus vétustes encore, sans air conditionné, sans télévision et avec des sièges peu ou pas confortables, font aussi du transport interurbain et desservent des routes et des villages plus reculés. Peints selon l'imagination d'un artiste chargé de les décorer aux goûts locaux, les *chivas* s'arrêteront fréquemment et dans des endroits imprévisibles au gré du chauffeur et des passagers. Ils laissent monter à chaque arrêt quantité de vendeurs d'eau, de bières, de jus, de boissons gazeuses, de sandwichs, de chips, d'œufs d'iguane, etc. Les *chivas* offrent l'avantage de montrer en gros plan les couleurs locales, les passagers allant ou revenant du marché avec toutes sortes de produits de consommation courante, y compris des animaux domestiques vivants, plus souvent des cochons, des poules ou des coqs de combat. À Cartagena de Indias par exemple, les *chivas* sont utilisés comme attractions touristiques et sont présentés comme une sorte d'emblème de la Colombie. Toutes les boutiques de souvenirs à travers le pays vendent d'ailleurs des reproductions de *chivas* en céramique ou en d'autres matériaux. Il faut y penser à l'avance avant d'effectuer un voyage en *chiva*. Ce qui peut paraître exotique au début peut vite tourner au cauchemar à cause de la température, du confort relatif et du va-et-vient constant.

Le train

Il n'y a pas de train de passagers en Colombie, sauf à Santafé de Bogotá, où l'on trouve un train spécifiquement à l'usage des touristes : le Tren Turístico de la Sabana (voir p 98), qui relie Bogotá à Nemocón.

L'auto-stop

Le prix des trajets en autocar étant relativement bas, et l'auto-stop étant, il va sans dire, un moyen de voyager comportant des risques, n'en faites qu'en dernier recours. Dans ce cas, la prudence s'impose. Les femmes voyageant seules devraient éviter de faire de l'auto-stop.

LES SERVICES FINANCIERS

La devise colombienne est le peso. Son signe d'identification est le $. Le papier-monnaie est disponible en billets de 20 000, 10 000, 5 000, 2 000 et 1 000 pesos. La petite monnaie, quant à elle, se présente en pièces de 100, 50, 20 et 10 pesos. Parfois, dans les hôtels, on indiquera les prix en dollars américains. **Tous les prix mentionnés dans ce guide le sont en pesos, sauf indication contraire.**

Comme la monnaie colombienne est soumise à de forte pression, elle obéit à des fluctuations constantes et a subi de nombreuses dévaluations au cours des dernières années. Les journaux publient tous les jours l'indice des devises étrangères ainsi que le taux de change dans leur section «Économie», à la rubrique «Devi-

Taux de change

1$CAN	=	1 005,09 PESOS	1 000 PESOS =	0,99$CAN
1$US	=	1 521,50 PESOS	1 000 PESOS =	0,66$US
1EURO	=	1 767,92 PESOS	1 000 PESOS =	0,57EURO
1FF	=	267,94 PESOS	1 000 PESOS =	3,73FF
10FB	=	435,51 PESOS	1 000 PESOS =	22,91FB
1FS	=	1 092,09 PESOS	1 000 PESOS =	0,91FS
100PTA	=	878,16 PESOS	1 000 PESOS =	113,81PTA
1000LIT	=	911,30 PESOS	1 000 PESOS =	1097,7LIT

ses». À titre d'indication, consultez le tableau des taux de change.

Les banques

Les banques ont des horaires différentes selon les départements où elles font affaire. En général, elles ouvrent dès 8h pour fermer à midi, ouvrir de nouveau à 14h et fermer à 16h30. À Bogotá cependant, elles n'offrent pas de services avant 9h et ferment à 15h, exception faite du dernier vendredi du mois, où le service se termine à midi. Évidemment, elles sont toutes fermées le samedi et le dimanche, comme partout ailleurs à travers le monde, et il faut prévoir changer assez d'argent pour subvenir à ses besoins pour la fin de semaine. Quand on est en vacances, on oublie assez facilement la notion du temps, et il n'est pas rare d'oublier que le vendredi est un jour clé en ce qui touche le change. Fort heureusement, les guichets automatiques sont en service partout en Colombie.

Pour utiliser un guichet automatique qui permet de retirer de l'argent en devises locales à un taux avantageux et sans problème, il faut choisir les guichets identifiés Visa et Visa Plus si vous faites affaire avec une banque affiliée avec cette carte ou Cirrus si vous faites affaire avec MasterCard. Il suffit de composer votre numéro d'identification personnel. Le service est offert en espagnol et en anglais. Il y a 368 guichets Visa et 11 guichets Visa Plus en Colombie identifiés *V* et *VP*. Les guichets du Bancafe sont identifiés *VP*, ceux du Banco de Colombia *V*, ceux du Banco Popular *VP* et ceux de Redeban *V*. Ce ne sont pas tous les guichets de ces banques qui portent l'identification appropriée. Pour l'affiliation à Cirrus, il faut chercher les guichets identifiés BIC, Red Multicolor et Davivienda. Il y a plus de 1 500 guichets affiliés à Cirrus-MasterCard en Colombie.

Il faut noter que des frais fixes d'utilisation sont imposés (2 50 $CAN) pour chacune des transactions. En retirant une somme équivalente à 500 $US par transaction, ces frais fixes ne représentent plus qu'un faible pourcentage — moins de 0,5% —, soit la moitié moins que les frais exigés pour l'achat de chèques de voyage American Express. En cas de perte ou de vol de carte de guichet automatique ou de carte de crédit Visa, il faut composer en Colombie le ☎980 125 713. Pour la carte MasterCard, le numéro international est le ☎800-307-7309.

Le dollar US

Le voyageur se sentira plus en sécurité en voyageant avec des dollars US en devises ou en chèques de voyage. En plus d'être facile à changer, le dollar US bénéficie d'un meilleur taux que les autres devises.

Le change

Il est inutile et dangereux de tenter de changer de l'argent dans la rue. Les banques offrant un taux avantageux, pourquoi courir le risque d'un vol ou d'échange de faux billets alors que l'agio éventuellement réalisé n'en vaut pas la peine?

Les avances de fonds

Le meilleur taux de change est obtenu en demandant une avance de fonds sur la carte de crédit. On y gagne alors plus de 10%, ce qui sera alors nettement supérieur aux intérêts que vous aurez à payer au retour.

RENSEIGNEMENTS GÉNÉRAUX

Les chèques de voyage

Si vous n'utilisez pas le service «inter-banques», les chèques de voyage constituent un moyen sûr de transporter de l'argent en sécurité. Mais même en devises américaines, vous aurez de la difficulté à les changer, sauf au Banco Industrial Colombiano (BIC). S'ils sont en d'autres devises, le BIC acceptera de les changer. Le Banco Unión Colombiano accepte aussi ces transactions, alors que le représentant officiel d'American Express en Colombie, TMA (Tierra Mar Aire), refuse de changer les chèques de voyage American Express, même en devises américaines, chèques de voyage facilement changeables partout selon la publicité d'AMEX. Sauf chez eux, il faut croire!

Les cartes de crédit

La majorité des cartes de crédit, et en particulier les cartes Visa (Carte Bleue) et MasterCard, sont acceptées dans bon nombre de commerces comme les hôtels et les restaurants. Cependant, ne comptez pas seulement sur elles, car plusieurs petits commerçants les refusent. Encore une fois, même si vous avez des chèques de voyage et une carte de crédit, veillez à toujours avoir des espèces sur vous.

LA POSTE

Le service postal outre-mer est assuré par la compagnie nationale d'aviation Avianca. On peut donc se précurer des timbres dans les bureaux de la compagnie. La majorité des grands hôtels s'occuperont de ces détails pour leurs hôtes. Une carte postale ou une lettre coûtera quelque 800 pesos pour l'Amérique et 1 000 pesos vers l'Europe.

LE TÉLÉPHONE

Pour faire des appels interurbains en Colombie, vous devez composer le 09, suivi de l'indicatif régional de la ville du correspondant que vous voulez joindre (cet indicatif est clairement spécifié au début de chacun des chapitres), et le numéro de celui-ci.

Pour réduire les frais d'interurbains lors d'un séjour à l'étranger, les Canadiens peuvent utiliser le service *Canada Direct*. Avec l'aide d'un téléphoniste bilingue, ils peuvent téléphoner au Canada ou dans d'autres pays et même à l'intérieur du pays où ils séjournent. Il suffit de composer le numéro d'accès à *Canada Direct*, et un téléphoniste répond aussitôt. Il faut s'informer des tarifs d'appel avant de demander la communication. Les appels vers le Canada sont facturés au tarif canadien des appels internationaux et peuvent inclure des réductions en fonction de l'heure de la journée au Canada. Les plans d'économie *TéléPlus outre-mer*, *Intermax* et *Avantage* s'appliquent également pour les appels utilisant les services *Carte d'appel* et *AppelleMoi*.

De la Colombie, le numéro à composer pour entrer en communication avec *Canada Direct* est le ☎980-19-0057.

On peut aussi appeler directement à frais virés (PCV), qui s'avère le plus économique. De Colombie, il faut composer les numéros suivants.

Pour le Canada : ☎901 + indicatif régional + numéro du correspondant.

Pour la France : ☎980-33-0057 ou 980-33-0010.

Pour la Belgique : ☎90-32 + préfixe de la ville si nécessaire + numéro du correspondant.

Pour la Suisse : ☎90-41 + préfixe de la ville si nécessaire + numéro du correspondant.

Pour joindre un correspondant en Colombie, il faut signaler les numéros suivants.

Du Canada : ☎011-57 + préfixe de la ville + numéro du correspondant.

De la France, de la Belgique et de la Suisse : ☎19-57 + préfixe de la ville + numéro du correspondant.

Voici quelques numéros de téléphone d'urgence ou fréquemment appelés :

Police : ☎112
Police du tourisme : ☎334 25 01, poste 33
Pompiers : ☎119
Ambulance et pharmacies 24 heures : ☎115
Heure locale :☎117
Informations locales (téléphone) : ☎113

I

Informations nationales : ☎00
Informations internationales : ☎08.

HÉBERGEMENT

En ce qui a trait à l'hébergement en Colombie, vous aurez l'embarras du choix partout. Selon le type d'établissements que vous choisirez, du plus petit hôtel au grand complexe hôtelier, le prix d'une chambre variera grandement, mais vous devrez toujours y ajouter la taxe.

Les tarifs mentionnés dans ce guide s'appliquent à des chambres pour deux personnes.

$	moins de 30 000 pesos
$$	entre 30 000 et 50 000 pesos
$$$	entre 50 000 et 70 000 pesos
$$$$	entre 70 000 et 100 000 pesos
$$$$$	plus de 100 000 pesos

La plupart des hôtels acceptent les cartes de crédit, sauf bien sûr les plus petits hôtels (qui les acceptent quelquefois).

L'hôtel

On distingue cinq catégories d'hôtels en Colombie. Près des centres-villes, on trouve des hôtels pour petit budget dont le confort est souvent rudimentaire. Leurs chambres comportent généralement une petite salle de bain et un ventilateur de plafond. La seconde catégorie, soit les hôtels de catégorie moyenne, dispose normalement de chambres climatisées, au confort simple mais adéquat. On les trouve généralement aussi près des centres-villes et dans les centres touristiques. Les hôtels de la troisième catégorie, moyenne à supérieure, sont habituellement utilisés par les Colombiens appelés à travailler à l'extérieur. Ces hôtels constituent en général des aubaines pour les touristes qui y trouvent un confort certain en plus de la sécurité à prix avantageux. Puis, il y a les hôtels de catégorie supérieure, situés dans les destinations touristiques mais que l'on retrouve aussi dans les grandes villes. Enfin, il y a les hôtels de grand luxe, pour lesquels il faut s'attendre à payer un prix relativement élevé, comparable au prix pratiqué partout dans le monde. Parmi les hôtels de cette dernière catégorie, plusieurs font partie des grandes chaînes hôtelières internationales, notamment les chaînes Inter-Continental, Sofitel, Relais et Châteaux de France et Melía.

Sauf les hôtels pour petit budget, la plupart des établissements sont équipés d'une génératrice électrique, car les pannes de courant sont fréquentes hors des grands centres. Les hôtels de catégories moyenne et supérieure disposent souvent de gardiens qui veillent à assurer la sécurité des visiteurs.

Enfin, certains hôtels proposent un forfait «tout compris», si bien que le prix d'une chambre inclut deux ou trois repas par jour, toutes les boissons locales, les taxes et le service. C'est le cas des hôtels de la chaîne Decamerón, présente uniquement dans les sites touristiques, mais qui n'acceptent pas, sauf exception, de touristes de passage. Rien n'empêche cependant de s'informer sur place auprès de la direction de ces hôtels.

Les *cabañas*

Les *cabañas* sont en fait des motels et quelquefois des chalets qui ont la particularité de proposer des chambres avec salle de bain privée situées dans de petits pavillons indépendants. Elles sont généralement peu chères et comportent toujours un ventilateur, souvent l'air conditionné et parfois une petite cuisinette.

Le logement chez l'habitant *(Bed and Breakfast)*

Plusieurs *fincas* (fermes), notamment dans la région des *cafeteros* (producteurs de café), ont été converties en hôtels afin de recevoir des visiteurs. Le confort offert peut varier grandement d'un endroit à l'autre. Ces chambres ne disposent généralement pas de salle de bain privée dans les plus modestes *fincas*, mais d'autres iront jusqu'à proposer la piscine chauffée. Les prix sont en fonction des services disponibles.

Les auberges de jeunesse

Il n'existe pas beaucoup d'auberges de jeunesse en Colombie, si ce n'est à Cartagena de Indias (voir p 190). Pour ceux qui veulent se loger à peu de frais, il faudra regarder du côté des petits hôtels.

RENSEIGNEMENTS GÉNÉRAUX

Identité et choc culturel*

À l'aube d'un voyage, on se préoccupe de la condition de nos bagages et équipements, on s'assure de mettre à jour notre vaccination et d'obtenir tous les papiers légaux nécessaires, mais souvent peu d'attention est apportée à la préparation culturelle. Sans «entraînement», on risque le choc! Voici donc en quoi consiste le choc culturel, comment cela se produit et de quelle façon on peut se préparer à vivre cet état.

Brièvement, on peut définir le choc culturel comme de l'anxiété que l'on ressent lorsque nos outils de communication et de compréhension usuels deviennent inefficaces dans un contexte culturel différent de celui d'où l'on est originaire. C'est un état qui, mélangé à la fatigue, à la surprise et aux efforts de compréhension qu'exigent le voyage et le contact interculturel, engendre un stress psychologique quelquefois déroutant...

Le choc culturel est un phénomène frustrant qui peut facilement faire bifurquer la personne qui voyage avec de bonnes intentions vers l'intolérance, le racisme et l'ethnocentrisme; c'est-à-dire développer la conviction que l'on vit dans une société idéale comparativement à ce nouvel univers où bien des choses sombrent dans le total mystère. Toutefois, ce genre de réaction est nuisible parce qu'elle limite beaucoup l'expérience du voyage.

Les gens rencontrés dans un nouvel environnement ont des attitudes et un style de vie pouvant être difficiles à comprendre et parfois même à accepter en fonction de nos valeurs. On se demande comment des gens peuvent vivre en faisant parfois le contraire de ce que nous jugeons raisonnable. Il est alors d'autant plus facile de modeler une réalité que nous ne comprenons pas afin de la discréditer ou de la ridiculiser.

Aujourd'hui, même si l'on tente de vendre la globalité du monde et l'homogénéité culturelle croissante de notre planète, il est toujours à propos de parler des mondes plutôt que du monde; le monde du sport, le monde des affaires, celui des Africains, celui des banlieusards ou le monde des riches ou des pauvres. Des mondes en communication, certes, mais qui ont leurs idées et leur propre conception de la vie. Des mondes ayant chacun au moins une image des autres si ce n'est pas de contact; une image parfois floue, parfois même faussée, d'autres fois assez juste, mais toujours seulement qu'une image. Si une image vaut mille mots, la réalité des mondes en contient, elle, bien des millions. Avant de partir, il faut savoir que la réalité dépasse souvent la fiction et que le voyage est de l'activité culturelle active comparativement à la télévision.

Depuis que les groupes humains sont en interrelation, ils tentent de se retrouver à travers leurs différences. Il faut se rappeler que ce qui fait la force d'un groupe, qu'il soit animal ou humain, c'est sa diversité : diversité génétique, diversité des idées et des solutions pour avancer. Qui n'a jamais plaint un monde où tous les humains seraient identiques?

Voyager, c'est donc accepter de développer une vision holistique du monde – une vision globale –, c'est-à-dire être prêt à faire face au fait que le tissu culturel humain est complexe, composé de plusieurs ethnies qui ont toutes quelque chose à nous apprendre : une dimension philosophique, une connaissance médicinale ou une pratique culinaire qui risque d'alimenter notre bagage personnel et qui constitue la richesse du patrimoine humain.

Il faut donc être capable de relativisme culturel : être à même de contextualiser les comportements et les agissements des gens en fonction de leur milieu social, leurs moyens techniques et financiers, et surtout de considérer leur conception différente du monde. Il faut être plus que curieux ou tolérant. Il faut accepter de réapprendre à voir le monde à travers une nouvelle lunette culturelle.

Ne cherchez pas trop de référents, de choses qui sont comme chez vous. Ne tentez pas de reforger l'environnement en fonction de vos envies, laissez-vous aller à la nature des choses. Rappelez-vous que, dans cette réalité dure à saisir qu'est le pays étranger et qui peut sembler parfois hostile, il y a des gens qui trouvent le bonheur et qui aiment la vie. Lorsque l'on participe au quotidien des gens, ils sont amenés à nous communiquer et à nous permettre de saisir ce qu'ils vivent, ils nous commentent ce qui se déroule sous nos yeux et nous permettent ainsi de démystifier des concepts qui peuvent paraître très exotiques au premier coup d'œil et qui sont en fait faciles à contextualiser lorsqu'ils sont expliqués. C'est toujours avantageux d'obtenir des instructions avant de participer à fond à un jeu, et il va de soi que le fait de parler la langue aide à la compréhension. Sinon, la courtoisie est toujours de mise. Par contre, soyez prudent lorsque vous communiquez par signes, car certains gestes ou utilisations de vos mains pourraient avoir une signification autre que celle que vous leur donnez.

Débutez le plus tôt possible votre préparation culturelle; les librairies et les bibliothèques sont remplies d'ouvrages pertinents sur les cultures qui vous fascinent. Vous découvrirez que la lecture permet de partir avant l'avion et, une fois de retour, qu'elle est un bon moyen de vous assurer que le voyage perdure.

*Texte préparé par Jean-Étienne Poirier

Le camping

Il existe de nombreux terrains de camping en Colombie. On les retrouve surtout dans les sites touristiques. On pourra aussi pratiquer le camping sauvage... qui est déconseillé à cause de la présence de guérilleros dans plusieurs endroits, notamment dans les montagnes.

RESTAURANTS

Des petites cafétérias servant des plats locaux et peu chers aux restaurants gastronomiques proposant des plats raffinés, il existe en Colombie quantité d'adresses pouvant répondre aux goûts de tous les voyageurs, en passant par la *comida rapida* (*fast food*) comprenant la pizza, les hamburgers ou le poulet rôti jusqu'à la cuisine française, espagnole ou italienne la plus sophistiquée. Le choix sera particulièrement varié dans les grandes villes, à Santafé de Bogotá notamment, à Medellín et à Santiago de Cali, ainsi que dans les centres touristiques, à Cartagena de Indias plus particulièrement et à Santa Marta, entre autres.

Les tarifs mentionnés dans ce guide s'appliquent à un repas pour une personne, incluant la taxe, mais excluant le service et les boissons.

$	moins de 5 000 pesos
$$	entre 5 000 et 10 000 pesos
$$$	entre 10 000 et 20 000 pesos
$$$$	entre 20 000 et 30 000 pesos
$$$$$	plus de 30 000 pesos

La cuisine colombienne

Peu épicée, la cuisine colombienne est avant tout une cuisine simple et nourrissante, préparée à partir des produits disponibles selon la région. Les plats, souvent à base de poisson ou de fruits de mer, de bœuf, de poulet ou de porc, apprêtés avec du riz, des fèves ou des bananes plantains, composent souvent l'essentiel des menus. En visitant quelques-uns des restaurants, vous aurez certainement la chance de goûter quelques-unes des spécialités du pays, comme le *sancocho,* une soupe-repas qui diffère d'une région à l'autre.

VINS, BIÈRES ET ALCOOLS

La bière

Certaines bières sont de fabrication régionale et ne se retrouvent que dans certains départements, la Poker par exemple, dans la région de Santiago de Cali. D'autres sont par contre distribuées partout en Colombie, comme la Águila, la Club Colombia et la Leona (500 pesos au *mercado* et de 800 pesos à 1 200 pesos au restaurant et dans les bars). Bon nombre d'hôtels, de restaurants et de bars proposent également des bières importées.

RENSEIGNEMENTS GÉNÉRAUX

Le vin

Depuis quelques années, les vins sont devenus populaires en Colombie, même s'il n'existe pas de réelle production locale. Les vins proposés dans les restaurants sont donc importés, notamment du Chili, de la France et de l'Italie. Ils demeurent pourtant à prix abordable, d'autant plus qu'on peut les commander au verre (de 4 000 pesos à 4 500 pesos ou plus).

L'alcool

On peut trouver tous les alcools d'importation en Colombie. Les alcools les plus branchés demeurent pourtant le rhum et l'*aguardiente*, une eau-de-vie de canne à sucre anisée.

LES HEURES D'OUVERTURE

Certains commerces sont ouverts sept jour par semaine, alors que d'autres restreignent leurs activités. En général, les heures d'ouverture vont de 8h à 12h et de 14h à 19h.

LA TAXE ET LE SERVICE

La taxe locale, l'*IVA* ,n'est pas toujours incluse ou même affichée dans les prix. Il faut vérifier ce détail avant de louer une chambre ou acheter une marchandise. La *propina* (le pourboire) ne l'est pas toujours non plus, et il faut ajouter de 10% à 15% à la facture lorsqu'elle n'est pas mentionnée. En général, on n'est pas obligé de donner un pourboire dans les buvettes, les dépanneurs et les autres petits commerces du genre.

DÉCALAGE HORAIRE

Le Québec et la Colombie sont dans un fuseau horaire différent d'une heure. Comme il n'y a pas de changement d'heure en Colombie, il n'y a donc pas de décalage horaire en hiver avec le Québec, qui, lui, avance l'heure, alors qu'il y a une différence d'une heure en été (- 1 heure). Il y a une heure de différence avec les Maritimes en été (- 1 heure), alors qu'en hiver la différence est de deux heures (- 2 heures). Pour ce qui est de l'Ontario et de la côte est des États-Unis, il n'y a pas de différence d'heure en été alors qu'en hiver il y a une différence d'une heure (+ 1 heure). Pour le centre du Canada et des États-Unis, la différence est d'une heure (+ 1 heure) en été et de deux heures en hiver (+ 2 heures). Pour la côte ouest des deux pays, la différence est de deux heures en été (+ 2 heures) et de trois heures en hiver (+ 3 heures).

Il a une différence de six heures avec les pays d'Europe de l'Ouest pendant l'hiver (- 6 heures) et de moins sept heures pendant l'été (- 7 heures).

LES GUIDES TOURISTIQUES

Le service de guide touristique est réglementé en Colombie, et il faut avoir un permis officiel du gouvernement pour exercer cette fonction. Pour plus de sécurité, exigez-le. Ces guides ne travaillent pas gratuitement et réclament parfois des sommes d'argent importantes. Si vous désirez louer les services d'un guide, entendez-vous clairement sur les services correspondant au montant d'argent exigé, et ne payez qu'à la fin.

FEMME VOYAGEANT SEULE

Il est toujours plus hasardeux pour une femme de voyager seule, ne serait-ce que pour le choix d'un hôtel ou même, dans certaines destinations, pour trouver des toilettes convenables. Cela dit, les femmes sont en relative sécurité en Colombie, pourvu qu'elles évitent les régions éloignées. Si les Colombiennes sont d'une beauté hors de l'ordinaire, les Colombiens, eux, sont pour la plupart des séducteurs dans l'âme doublés de danseurs hors pair. Ils ne se gêneront pas le moins du monde pour faire la cour à une jolie étrangère.

● Les femmes sont souvent victimes de crimes de rue. Soyez particulièrement vigilante lorsque vous sortez seule. Évitez les zones d'ombre.
● Pour éviter les ennuis dans un pays fortement religieux, il convient de toujours choisir une tenue décente.
● Il faut choisir l'hôtel avec soin, s'assurer qu'il répond à un minimum d'exigences et vérifier que les serrures des fenêtres et des portes fonctionnent normalement.

DIVERS

Unité de poids et mesure

Le système officiellement en vigueur est le système métrique. Voici cependant une petite table de conversion utile :

1 livre	=	454 grammes;
1 pied	=	30 centimètres;
1 mille	=	1,6 kilomètre.

Les *supermercados*

On peut acheter de tout dans ces supermarchés d'alimentation : des produits alimentaires, des produits de beauté, de l'alcool et des cigarettes.

Les fumeurs

Il n'existe aucune restriction à l'intention des fumeurs. Les cigarettes produites localement sont peu chères, et il est possible de se procurer des produits d'importation, surtout des États-Unis. On peut fumer dans tous les endroits publics.

Électricité

Tout comme en Amérique du Nord, les prises électriques sont plates et donnent un courant alternatif à une tension de 110 volts (60 cycles). Les Européens désirant utiliser leurs appareils électriques devront donc se munir d'un adaptateur et d'un convertisseur de tension.

RENSEIGNEMENTS GÉNÉRAUX

84

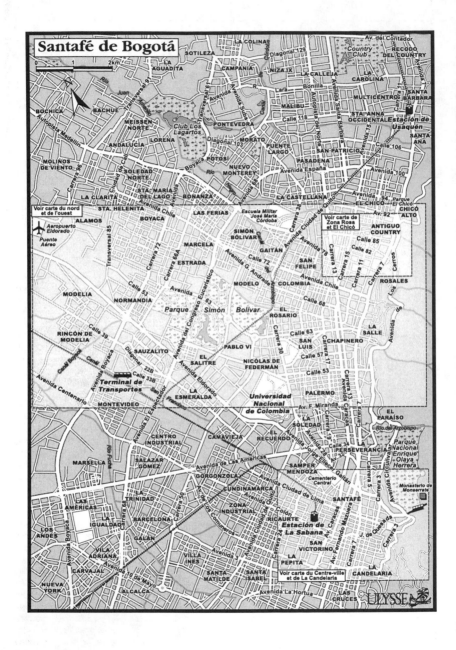

SANTAFÉ DE BOGOTÁ ET LE DÉPARTEMENT DU CUNDINAMARCA

L e Cundinamarca est sans doute l'une des plus belles régions de Colombie, principalement à cause de ses paysages, de sa biodiversité, de son climat et de l'amabilité de ses habitants. L'étymologie du mot *Cundinamarca* est évidemment indigène et serait une déformation des mots *cudirrumarca, cundalumarca* ou encore *condurcunca*. En langue *chibcha, cundinamarca* signifie «hauteur où vit le condor».

Avec une superficie de 24 210 km², le territoire représente quelque 2% de la surface totale de la Colombie avec près de 8,5 millions d'habitants, soit près de 25% de la population. Le Cundinamarca est limité au nord par le département de Boyacá, à l'est par les départements de Boyacá et de Meta, au sud par les départements de Meta, de Huila et de Tolima, et enfin à l'ouest par le Río Magdalena, qui le sépare des départements de Tolima et de Caldas. On y trouve 115 municipalités disséminées sur un territoire montagneux sillonné par la Cordillère orientale, dont certains pics culminent à plus de 4 000 m, entre autres El Nevado d'une hauteur de 4 560 m. La *sabana*, pour sa part, se situe en moyenne à quelque 2 600 m au-dessus du niveau de la mer.

Lorsque Gonzalo Jiménez de Quesada et ses conquistadores pénétrèrent pour la première fois dans la région des hauts plateaux de la Cordillère orientale en 1538, ils furent étonnés d'y trouver d'immenses terres fertiles et abondamment irriguées, protégées par de hautes montagnes et où vivaient des Amérindiens riches et paisibles : les Muiscas. Ils y découvrirent la cité de Bacatá, qui est le site même où s'élève aujourd'hui Santafé de Bogotá, sur un plateau qui porte le même nom.

On peut encore trouver des vestiges de la présence des indigènes à Nemocón par exemple. On sait que le Cundinamarca était le territoire des Amérindiens de la famille linguistique *chibcha*, l'une des nations les plus civilisées de Colombie. Divisés en 56 tribus dont notamment les Panches, les Muiscas, les Muzos, les Colimas, les Sutagaos sous la domination des deux caciques, El Zipa et El Zaque, ces Amérindiennes cultivaient des fruits et des légumes comme les pommes de terre, le manioc, les fèves, les tomates et le maïs, avec lequel elles fabriquaient la *chicha*, une sorte de bière fortement alcoolisée. De stature moyenne mais robustes, intelligents et travailleurs, ils avaient la peau de couleur cuivre. Ils chassaient le gibier et certains oiseaux qu'ils apprêtaient avec de l'ail et avec du sel provenant des mines de Zipaquirá et de Nemocón. Ils faisaient du commerce entre tribus voisines, échangeant du sel, des étoffes et des émeraudes contre de l'or, du coton et des coquillages. Ils vénéraient le Soleil qu'ils nommaient Sue, et la Lune, qui portait le nom de Chía. Les fêtes religieuses étaient célébrées avec une grande solennité, plus spécialement l'intronisation d'un nouveau cacique. Toute la population se réunissait à l'occasion au bord d'un lac pour offrir des présents aux dieux, et la fête se terminait par des chants et des danses.

Les Muiscas étaient un peuple paisible qui ne faisait la guerre que pour se défendre. Ils obéissaient à des lois sévères et punissaient aussi sévèrement le vol et l'assassinat. L'orfèvrerie tenait une place importante dans leur vie. Pour ce qui est de leurs artisans, ils vivaient à l'écart de la communauté et consommaient du tabac et la feuille de coca.

Les Panches, pour leur part, étaient féroces et cruels. Ils attaquaient régulièrement les Muiscas, armés qu'ils étaient d'arcs, de flèches empoisonnées et de sarbacanes. Ils posaient même des pièges pour attraper leurs ennemis vivants, qu'ils dévoraient ensuite dans des banquets en l'honneur de la victoire.

Les Muzos, quant à eux, étaient établis sur les rives du Río Negro et y exploitaient les nombreuses mines d'émeraudes de cette région.

Quand les Espagnols pénétrèrent dans le Cundinamarca, ils en prirent rapidement possession en y fondant premièrement Bogotá, le siège de leur premier gouvernement à l'intérieur de ce nouveau territoire. Puis, ils érigèrent d'autres villages un peu partout sur cet immense plateau verdoyant, caractérisé par la fréquence des pluies; ces villages comprenaient toujours une place principale au centre, la *plaza*, où l'on trouvait d'un côté l'église et de l'autre la mairie et d'autres maisons de grands seigneurs. Les nouveaux habitants s'occupaient surtout d'agriculture et d'élevage de troupeaux de bœufs et de chevaux.

Aujourd'hui, les autoroutes et les routes secondaires asphaltées qui mènent dans la *sabana* sont bordées d'arbres majestueux. Les huttes à toit de chaume ont fait place à de somptueuses *haciendas* qui font à juste titre tourner les têtes, quelques-unes étant spécialisées dans la culture des fleurs qui ont fait la réputation du pays à travers le monde.

La *sabana* est considérée comme le jardin de Santafé de Bogotá sinon de toute la Colombie. Outre les fleurs, on y cultive le café, le maïs, les bananes plantains, la canne à sucre, les pommes de terre, l'orge, le blé, le manioc, etc. On y trouve des mines de charbon, de fer, de souffre, d'émeraude, de plomb, de zinc et de sel. Ainsi, on peut y bénéficier de meilleurs prix sur à peu près tout, de la chambre d'hôtel à la restauration en passant par divers produits

artisanaux, des vêtements et autres articles, la région étant autonome en ce qui concerne ses besoins essentiels.

Pour ce qui est de la gastronomie, elle est le miroir des différents climats que l'on rencontre dans ce territoire, chaque village et chaque vallée ayant sa propre spécialité tout en conservant ses caractéristiques dont certaines sont originaires d'Espagne.

Beaucoup de paysans revêtent encore quotidiennement le costume national du Cundinamarca. Par exemple, les hommes portent un pantalon de toile de couleur sombre, une chemise de coton, une ceinture de laine, des sandales de cuir et un chapeau de paille de couleur claire. Ils portent un sac en bandoulière dans lequel ils transportent nourriture, couteau de poche, tabac et briquet lorsqu'ils travaillent aux champs, sans oublier la *chicha*, la bière de maïs.

Pour leur part, les femmes portent une jupe dont le bas est orné d'une broderie de couleurs et de dessins variés. Les motifs sont des répliques de ceux utilisés par les aborigènes pour illustrer leur mythologie. Le jupon est bordé, quant à lui, avec des motifs semblables mais de couleurs différentes de la jupe. La blouse est en toile blanche et arbore un large collet orné de bordures et de franges multicolores au cou et aux manches. La tête est habituellement recouverte d'une écharpe noire de soie ou de dentelle qui cache un petit chapeau de paille. Les cheveux sont séparés au milieu et retenus avec un ruban rouge, alors que des boucles d'oreilles et un collier somptueux s'ajoutent à leur parure. Aux pieds, elles portent des sandales blanches ornées d'une frange noire.

Santafé de Bogotá

Si l'on connaît bien de nom la capitale de la Colombie, Bogotá, on remarque dès l'arrivée que l'on y fait le plus souvent référence sous le syntagme «Santafé de Bogotá, D.C.» (Sainte-Foy de Bogotá), un district fédéral de près de sept millions d'habitants. Perchée à quelque 2 680 m d'altitude au centre d'un immense plateau fertile — la savane (*sabana*) de la Cordillère orientale —, Santafé de Bogotá, d'une superficie de 1 582 km², est aussi la capitale du département du Cundinamarca.

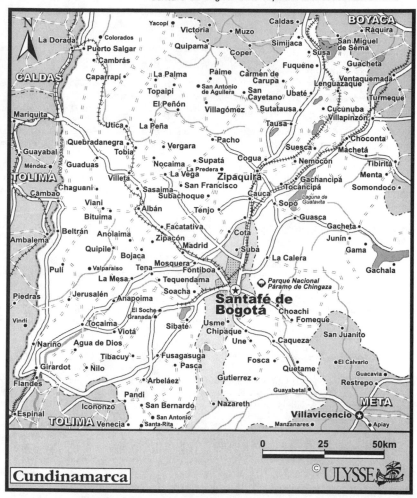

Cundinamarca

© ULYSSE

Prenant racine au nord et au sud directement dans la *sabana,* Santafé de Bogotá est entourée de hautes montagnes et est bornée à l'est par le Monserrate (3 200 m d'altitude) et le Guadalupe (3 320 m), habités par une partie de la population, et à l'ouest par le Funza, un affluent du Río Magdalena. C'est en fait une ville assez unique et moderne qui ne manque pas de charme, chaque coup d'œil offrant un panorama différent d'un paysage magnifique tout en hauteurs et en couleurs. Bogotá est en outre le siège du pouvoir exécutif, législatif et judiciaire du gouvernement de Colombie. La ville est elle-même sous la gouverne d'un maire élu au suffrage universel de ses citoyens *(Alcade Mayor del Distrito Capital).* Ce dernier nomme aussi des administrateurs et représentants

(Alcades menores) des 20 zones qui subdivisent la capitale.

La température

Située en haute altitude donc, Santafé de Bogotá présente un climat moyen de 12°C à 14°C, avec des pointes de 22°C à 24°C le jour sous le soleil, et des chutes radicales à 6°C ou 4°C le soir. Ce qui est relativement froid, surtout par temps humide, la moyenne d'humidité annuelle se situant autour de 70%. Pour un meilleur confort, il faut donc choisir des hôtels qui offrent le chauffage central, ce qui hausse le prix de la chambre, alors que certains établis-sements iront même jusqu'à proposer des

Spécialités du Cundinamarca

L'*ajiaco santafereño* est une soupe épaisse faite à partir d'une herbe que l'on dénomme *guasca* et de deux variétés de pommes de terre. On y ajoute, selon la région, du maïs, du poulet, des câpres et de la crème.

Le *cuchuco* est une autre soupe à base de farine, de pommes de terre, de porc et de plusieurs variétés de fèves.

La *sobrebarriga* est préparée avec les abdominaux du bœuf. Servie à la créole, la viande est accompagnée de tomates, d'oignons et de cumin. Rôtie, elle est accompagnée de riz blanc, de pommes de terre et de manioc cuits à la vapeur.

La *fritanga* est un plat de viandes frites, habituellement de la saucisse, du boudin, des pattes et du filet de porc ainsi que des abats. On y trouve aussi de la viande de bœuf et plusieurs variétés de légumes.

Le *puchero bogotano* est un pot-au-feu confectionné avec du poulet, du porc et du bœuf. On y mélange aussi du chou, des épis de maïs, des pommes de terre, du manioc et des bananes plantains.

Le *canelazo* est un breuvage sucré servi chaud, préparé avec de l'essence de cannelle et mélangé avec de l'*aguardiente*, du rhum ou du cognac.

Le *viudo de pescado* est une soupe très populaire, plus particulièrement dans la région de Girardot, sur les rives du Río Magdalena. Il est confectionné avec différentes sortes de poissons d'eau douce et plusieurs variétés de légumes.

La *chicha* est une bière de maïs mélangée à du miel.

Le *chocolate santafereño* est fabriqué selon une vieille tradition bogotanienne qui remonte aux premiers temps de la colonie. Servi entre 17h et 18h, le *chocolate santafereño* est un breuvage chaud au chocolat, délayé dans du lait ou de l'eau et accompagné de gâteaux, de tartelettes ou d'autres gourmandises.

La *changua* est une soupe confectionnée à partir de lait et d'oignons à laquelle on ajoute un œuf cru avant de servir.

Le *tama cundinamarqués* est un plat populaire qui consiste en un pâté cuit comprenant du maïs, des saucisses piquantes, du poulet et des côtelettes de porc, et servi avec une ratatouille ou des condiments.

---

chambres avec foyer. Il y a deux périodes dites d'été ou de pluies peu abondantes, de décembre à février et de juin à septembre, alors que l'on y subit aussi deux hivers, en octobre et novembre et de mars à mai. On aura tout intérêt à s'habiller en conséquence et à prévoir se munir de vêtements légers le jour et de vêtements plus chauds le soir.

Un peu d'histoire

C'est au conquistador Gonzalo Jiménez de Quesada que l'on doit la fondation de Ciudad Nueva de Granada le 6 août 1538 sur le site de Bacatá, l'ancienne capitale des Chibchas, l'un des peuples précolombiens les plus évolués de Colombie. La ville devint en 1575 «la très loyale ville de Santafé», selon un édit du roi Philippe II d'Espagne. Quelque 200 ans plus tard, en 1740, Santafé devint la capitale de la vice-royauté de Nueva Granada sous le nom de Santafé de Bogotá.

Après l'indépendance de la Colombie, en 1819, Santafé de Bogotá fut dénommée capitale de la province du Cundinamarca, qui formait à l'époque la Grande-Colombie avec le Venezuela et une partie de l'Équateur, y compris la ville de Quito. Dès 1830 cependant, la Grande-Colombie se scinda pour former les républiques du Venezuela, de l'Équateur et de la Colombie, la ville conservant alors sous le nom de Bogotá son titre de capitale de cette dernière entité devenue république. Et ce n'est qu'à la suite de la refonte de la constitution promulguée en juin 1991 qu'on lui rendit son nom et sa mémoire en lui annexant les municipalités d'Usme, Bosa, Usaquén, Suab et Engativá. On l'appelle aujourd'hui avec fierté Santafé de Bogotá en souvenir de son passé historique.

Bogotá aujourd'hui

Ville ouverte et internationale, Santafé de Bogotá présentait jusqu'à tout récemment un riche héritage historique avec une architecture républicaine et coloniale importante — la ville portait d'ailleurs le surnom affectueux d'«Athènes de l'Amérique du Sud». Mais sa destruction, en 1948, au cours d'une période assez trouble surnommée par les uns *La Violencia* et par les autres *El Bogotazo*, a forcé les autorités à entreprendre une reconstruction rapide en verre et en béton. La ville aujourd'hui n'a plus rien d'historique, sauf le vieux quartier de La Candelaria et quelques rues étroites du centre-ville. On y trouve bien sûr des vestiges d'époque comme des églises, des théâtres, des édifices gouvernementaux et encore quelques maisons. Le plus souvent, ces dernières ont été reconverties en restaurants ou en musées.

Si Buenos Aires, en Argentine, se présente comme le Paris d'Amérique du Sud, Bogotá est devenue au fil des ans le New York de l'hémisphère Sud avec ses larges artères rectilignes, ses grands boulevards à multiples voies, ses rues envahies par des millions de voitures, d'autobus, de camions et d'autres moyens de transport, son centre économique, ses nombreux gratte-ciel, ses centres commerciaux et ses quartiers pauvres... contournés avec une sainte horreur par une élite richissime. Avec une population de quelque sept millions d'habitants, dont la majorité provient des campagnes de diverses régions isolées qu'elle a fuies au milieu de la violence pour venir grossir une ville pas nécessairement prête à l'accueillir, Santafé de Bogotá présente toutes les caractéristiques d'une mégalopole hétéroclite sans en avoir véritablement la diversité internationale tout en subissant les inconvénients : la méfiance, l'insécurité, les ghettos non plus ethniques ici mais régionaux, la pauvreté endémique de certains quartiers et la

richesse ostentatoire des autres, etc. Dans certains quartiers, chaque rue, chaque édifice et pratiquement tous les commerces sont protégés par une ou plusieurs vigiles armés. Mais la ville tire aussi des bénéfices de cette situation, tant au point de vue économique que culturel. En effet, Bogotá se présente aujourd'hui comme l'une des centres majeurs de la culture colombienne, influencé par un apport constant d'une diversité de cultures en provenance de toutes ses régions largement représentées.

Toutes les grandes marques et griffes du monde y ont pignon sur rue, et l'on y trouve tous les produits de luxe que se dispute une clientèle aisée qui roule en Mercedes, en Corvette ou en Jaguar, alors que d'autres se déplacent à dos d'âne pour vendre des produits de consommation courante à une clientèle nombreuse et bigarrée. Ici, pas de juste milieu. Du moins pas encore. La classe supérieure exerce une domination de tous les instants. La classe moyenne ne possède pas encore de véritable identité. Ni davantage de réelle dimension. Ni de force politique concrète. Pour ce qui est du peuple proprement dit, issu de la terre, il n'a pas nécessairement tous les atouts en main pour faciliter son passage de la vie rurale à la vie citadine. Tous les espoirs sont donc permis aux gens les plus entreprenants, alors que les individus moins débrouillards sont condamnés automatiquement à la médiocrité. De ce fait, les *Bogotanos* ont mauvaise réputation. Commerçants par la force des choses, ils n'hésitent pas le moins du monde à s'accaparer de la plus grande marge de profit possible lors de la plus petite transaction, n'ayant en général aucun sens d'appartenance à une quelconque communauté, sauf celle bien sûr de la famille et du *compadre* (ami), issu de la même région, du même *pueblito*, de la même *calle*. Au marché, dans les restaurants, à l'hôtel, tout n'est prétexte qu'à soutirer le plus d'argent possible à «l'inconnu», à «l'adversaire», à «l'ennemi». Et lorsqu'un chauffeur de taxi charge le double ou le triple du prix pour une course à un passager présomptueux, ce dernier n'hésitera pas à le traiter de voleur. Pourtant, il n'y a ni vol ni même escroquerie. Il s'agit de commerce, le plus doué des deux parties en cause profitant de l'ignorance de l'autre. Choquant sans doute, frustrant même, mais c'est la loi du commerce que les *Bogotanos* mettent en pratique partout. Mieux vaut être sur ses gardes. Et en rire plutôt que d'en garder rancœur si cela se produit. Ce qui finirait par mettre un fort bémol au plaisir de la visite.

Bogotá est donc un centre commercial dynamique qui constitue un attrait pour les services financiers de toutes sortes. On y trouve les sièges sociaux des 400 entreprises les plus importantes au pays, comme les banques, les caisses d'épargne, les sociétés fiduciaires et les compagnies d'assurances entre autres, qui gèrent en moyenne le tiers des ressources financières nationales.

La ville compte un fort secteur de services qui constitue l'un des supports importants dans le domaine des exportations dans le cadre de l'ouverture économique internationale du pays. Ce secteur emploie près de 30% des forces vives de la ville, qui bénéficient du meilleur niveau éducatif au pays tout en offrant un fort bassin de ressources humaines de haut niveau. Bogotá compte en effet une trentaine d'universités et d'écoles d'enseignement supérieur, notamment la Universidad Nacional de Colombia, la Universidad Autonoma de Colombia, la Universidad Católica de Colombia, la Universidad Cooperativa de Colombia, la Universidad de Los Andes, la Universidad Inca de Colombia, la Universidad Libre, la Escuela Superior de Administración Pública, pour n'en nommer que quelques-unes.

L'activité industrielle occupe aussi une place de choix dans la structure productive de la ville. Les industries les plus prospères sont l'alimentation, les équipements et le matériel de transport, l'industrie chimique et le textile, le matériel électrique, les boissons, le plastique, la métallurgie et la confection de vêtements. Avec près de 25% de la population globale du pays, Bogotá (et le Cundinamarca) obtient près de 23% du produit national brut (PNB).

On y trouve une cuisine régionale assez typée et économique, mais aussi une foule de restaurants chers, du chinois au français en passant par l'italien, le japonais, l'espagnol, le russe et autres. Mais le *fast food* y est décidément à l'honneur (*la comida rapida*), chaque porte ou presque du centre-ville se disputant le droit de concurrencer à la colombienne les McDonald's et autres pizzerias ou rôtisseries *american style* qui font la livraison dans les édifices à bureaux adjacents. En ce sens, le centre-ville manque cruellement de terrasses, de bars sympathiques et de petits restaurants branchés qui sont l'apanage de la classe moyenne de toutes les grandes villes : il faut se rabattre sur la Zona Rosa pour se sentir à l'aise à ce niveau. Comme si le *Bogotano* à l'aise faisait fi de l'âme de sa ville pour ne s'intéresser qu'à ses muscles.

Bogotá vit l'après-midi

Les *Bogotanos* fréquentent les restaurants le midi. Rarement le soir. Cette tendance se poursuit même les fins de semaine, alors que les restaurants sont envahis par une clientèle nombreuse à la recherche d'un brunch familial. C'est sans doute le meilleur moment pour s'enivrer de Bogotá, qui prend tout son charme à cette occasion. L'heure est à la détente. Le soleil réchauffe l'air. Les *Bogotanos* respirent. Les enfants piaffent. Une fillette solitaire fait du patin à roues alignées sur le trottoir, adjacent à la terrasse où ses parents sont attablés. Elle culbute, s'affale, sèche une larme, se relève et recommence. Bogotá vit... l'après-midi.

Côté culturel, on y trouve au moins trois cinémathèques — la Cinemateca del Museo de Arte Moderno, la Cinemateca Distrital et la Cinemateca del Auditorio —, de nombreux théâtres et cinémas, des galeries d'art et une cinquantaine de musées, alors que l'orchestre symphonique national met régulièrement ses concerts à l'affiche. Pour la détente nocturne, c'est la Calle 82 qu'il faut fréquenter avec tous ses night-clubs chics, ses discothèques et ses casinos.

Le jour, l'Avenida Jiménez est une attraction en soi. Une portion de cette rue, en effet (entre les Carreras 7 et 8), regroupe les *esmalderos*. Ce sont des commerçants d'émeraudes qui, debout et par petits groupes, discutent avec d'éventuels acheteurs et même avec les passants dès 8h le matin et jusqu'à 17h ou 18h le soir pour écouler leur marchandise, soit des pierres brutes de toutes dimensions non encore taillées et d'un vert à faire rêver. On les voit, nombreux, qui négocient ferme, les yeux fixés sur un morceau de papier blanc déplié, hypnotisés par les fameuses pierres encore mates qui subjuguent. Elles deviendront précieuses, pourvu que l'on sache faire le bon choix et que la coupe et le polissage soient parfaits. Elles rapporteront beaucoup d'argent, pouvu que le vendeur n'en exige pas trop. Beaucoup d'aléas qui font que l'enjeu est de taille. La négociation est de rigueur, et il va de soi qu'on ne peut accepter d'emblée une première proposition sans perdre sa crédibilité. Quelquefois, un acheteur — ou serait-ce un vendeur? — se retire en proférant un juron... pour mieux revenir quelques instants plus tard et accepter une seconde proposition plus avantageuse sans doute. Tout ce marchandage en pleine rue est tout à fait légal, d'autant plus qu'on est ici à l'entrée de l'édifice du Ministerio de Agricultura (Av. Jiménez No. 7-65) et que la police est omniprésente. On peut y acheter, en toute quiétude et à bas prix, des pierres dégrossies mais non taillées... pourvu qu'il ne s'agisse pas de vulgaires morceaux de verre teinté. *Business being business*, ce ne serait pas du vol mais du... commerce *estilo bogotano* (façon bogotanienne).

Bogotá se divise en quatre grands secteurs, dont le centre, qui s'étend entre les Carreras 1 à 14 et les Calles 5 à 34. Il comprend le vieux quartier colonial de La Candelaria, le centre des affaires ainsi que la plupart des édifices politiques et administratifs, les musées, les églises et la plupart des monuments historiques et la gare ferroviaire. Le secteur nord, moderne et commercial, débute à la Calle 72 et constitue le siège de la vie financière tout en se réservant des secteurs résidentiels, commerciaux et culturels. Au sud, on trouve les quartiers ouvriers et industriels, qui ne présentent rien d'intéressant pour les touristes, alors que le secteur ouest comprend les grandes industries, de nombreux parcs, des installations sportives, d'autres édifices administratifs, l'aéroport El Dorado de même que le Terminal de Transportes.

Les quartiers huppés du secteur nord ont pour nom Santa Bárbara, Santa Ana, Sotiliza, El Chicó et Rosales entre autres. Les quartiers de classe moyenne sont Soledad, Nicolás de Federman, Palermo, Mandalay, Normandia, Chapinero, Pablo VI, Molinos et Kennedy, ce dernier ayant été fondé par John F. Kennedy.

Les quartiers à éviter portent les noms de San Victorino — avec sa Calle de la Cartucho (sic) renommée à travers la Colombie pour son très haut niveau de violence —, Las Cruces et la Perseverancia entre autres. Ce sont des quartiers où circule abondamment la drogue, où la prostitution est un mode de vie et où sévit le délit commun en général comme le vol, l'agression et autres.

Ici, il faut être fou ou carrément suicidaire pour louer une voiture. Seul le chauffeur expérimenté peut se débrouiller dans une telle démence où il faut connaître pratiquement d'instinct la conduite en zigzag accompagnée du klaxon, indispensable à la survie d'une voiture et de ses passagers en Amérique du Sud. Il saura éviter les pare-chocs des camions et des autobus, freiner d'urgence à l'apparition saugrenue d'une

brouette poussée par un homme pieds nus dans l'allée de gauche, où l'on roule habituellement à 50 km/h ou même 60 km/h. Il s'amusera à défier le futur champion cycliste de Colombie qui, lui, a décidé de se taper un «10 km» contre la montre en plein bouchon de circulation. Néophytes ou claustrophobes, s'abstenir.

> ## Décibels
>
> Véritable capharnaüm avec les klaxons des voitures, des camions et des autobus, les cris des vendeurs, les décibels survoltés des appareils de son, l'activité du centre-ville trouve son point culminant à la sortie des bureaux, soit vers 16h, alors que les rues se transforment en marché public.
>
> Ici, l'acouphène est effarant et persistant. Comme un rythme tapageur et saccadé d'une musique disco d'une rave éclatée où la mélodie a complètement disparu.

Ici, il faut être fou ou carrément suicidaire pour tenter de traverser une rue en dehors des zones réservées à cet effet, c'est-à-dire au coin des rues, là où des feux stoppent la circulation. Mais, encore là, la prudence s'impose car les motos n'obéissent que rarement à cette signalisation qui s'adresse uniquement aux voitures. Le soir, rien à faire. Mêmes les voitures n'obéissent plus aux feux devenus simple décoration routière. Pourtant, les accidents sont rares à Bogotá, compte tenu de cette situation pour le moins débridée, anarchique pour les étrangers.

Le sud de la ville — là où les rues commencent à décliner leurs numéros en sens inverse — regroupe les quartiers pauvres et même très pauvres. À moins d'y travailler pour des raisons humanitaires, il est inutile de visiter ces derniers, qui ne présentent d'ailleurs aucun attrait touristique. Même les chauffeurs de taxi refusent de s'y rendre. Non pas parce qu'ils présentent plus de risques, mais bien parce que les gens qui y habitent n'ont pas les moyens de... se payer une course en taxi. Le nord, par contre, est réservé aux quartiers huppés, qui ont réussi à déployer une véritable conscience sociale dans leur développement en matière d'architecture et d'urbanisation. Les rues, les avenues et les autres artères sont belles et bordées d'arbres. On y trouve de nombreux parcs. Les édifices ont du style, du design. Il faut fréquenter la Zona Rosa et les quartiers situés entre les Calles 70 et 140 pour s'en faire une idée.

Les excursions autour de Bogotá

Si plusieurs excursions sont proposées dans les environs de Santafé de Bogotá, il serait impardonnable de manquer une visite à la cathédrale de sel de Zipaquirá, sans conteste la huitième merveille du monde. On ne pourrait pas non plus parler de Bogotá sans avoir vu la Laguna de Guatavita, où est née la légende de l'El Dorado, qui a donné les premières impulsions aux conquistadores pour partir à la conquête du territoire colombien.

La façon la plus commode de se déplacer est probablement de louer une voiture avec chauffeur pour toute la journée, ce qui reviendra entre 60 000 pesos et 70 000 pesos, pourvu que l'on négocie serré. Le trajet par l'autoroute est sans doute plus rapide, mais comme cette dernière n'est pas encore parachevée partout avec deux voies séparées, il n'y a pas beaucoup d'avantage à l'emprunter, surtout à l'aller. La route panoramique — en fait, le prolongement de la Carrera 7, via Norte, qui prend le nom de Carretera Central del Norte et qui finit par rejoindre l'autoroute — est le chemin tout indiqué pour avoir un aperçu unique de la *sabana* de Bogotá. Outre les très belles *haciendas* (grandes propriétés terriennes avec une somptueuse demeure) bordées d'arbres et souvent avec piscine creusée, où paissent de paisibles troupeaux, et les *fincas* (aussi grandes propriétés terriennes mais avec une résidence moins opulente), où l'on cultive des roses, des œillets, des glaïeuls et des orchidées, on trouve des clubs de golf, des clubs de tennis, des clubs d'équitation, des clubs de natation de même que des parcs d'attractions et de nombreux restaurants et des postes d'essence.

Zipaquirá

La petite ville coloniale de Zipaquirá, à environ une heure de route et à quelque 50 km de la capitale Bogotá, compte près de 85 000 habitants et est l'une des agglomérations les plus anciennes de Colombie.

Un peu d'histoire

Zipaquirá a, en effet, été fondée le 18 juillet 1600 par Luis Enríquez. Les premiers Espagnols

arrivés sur les lieux y rencontrèrent une population indigène installée un peu à l'ouest du site actuel, dont le village se nommait Chica-Quicha. À l'usage, les Espagnols ont rapidement transformé ce nom en «Zipaquirá». En langue *chibcha*, Chica-Quicha signifie «pied de *chica*», chica étant probablement la montagne de sel.

Zipaquirá aujourd'hui

Si Zipaquirá est l'une des petites villes les plus prospères du Cundinamarca, à cause de la mine de sel toujours en exploitation et des retombées économiques directes et indirectes de celle-ci, la ville est aussi un centre d'artisanat reconnu. En ce sens, il faut visiter sa Plaza de Mercado pour en admirer la production. On peut y acheter, entre autres choses, des étoffes de laine, des figurines religieuses, des cendriers, des vases et des candélabres en céramique, en bronze et en d'autres matériaux, ainsi que des sculptures en marbre ou en bloc de sel provenant de la mine. Mais c'est surtout la visite de la Catedral de Sal qui s'impose.

 ## POUR S'Y RETROUVER SANS MAL

Une multitude de rues et de voies de circulation quadrillent Santafé de Bogotá, comme toutes les villes de Colombie. La ville compte donc des *carreras* et des *calles* qui portent toutes des numéros. On trouve aussi de nombreuses *transversales* et *diagonales* qui portent, elles, des noms et des numéros. Alors que les *transversales* suivent la direction des *carreras*, les *diagonales* suivent celle des *calles*.

À Bogotá, lorsque les voies de circulation se dirigent du sud vers le nord, parallèlement aux montagnes orientales, ce sont des *carreras* et leurs numéros augmentent alors en direction ouest, les numéros de portes pairs se trouvant du côté est de la rue. Si les voies de circulation sont orientées d'est en ouest et perpendiculaires aux *carreras*, ce sont des *calles*, dont les numéros augmentent en direction nord, les numéros de portes pairs se trouvant du côté nord de la rue. Dans la conversation de tous les jours, on dira par exemple *calle siete* (Calle 7) et *carrera séptima* (Carrera 7e).

L'avion

L'**aéroport El Dorado** de Santafé de Bogotá *(Av. Eldorado, ☎413 95 00)* comporte deux édifices. L'édifice principal est utilisé pour les vols internationaux, et l'autre, l'aérogare **Puente Areo** *(☎413 81 03)*, pour les vols intérieurs, mais les départs d'Avianca en direction des États-Unis s'effectuent à partir de ce dernier. Bien que le détenteur d'un billet d'Avianca puisse rejoindre l'un ou l'autre building en prenant une *buseta* de la compagnie, on n'offrira pas automatiquement ce service. Il vaut mieux vérifier l'emplacement exact de l'envolée du retour auprès d'un des comptoirs de renseignements de la compagnie avant de quitter l'aéroport. Comme ces comptoirs ne sont ouverts qu'aux heures d'affluence, il se peut que l'information ne soit pas disponible à l'heure de l'arrivée. Il faut alors vérifier l'information auprès d'un agent de voyages ou auprès d'un des comptoirs de vente de la compagnie au centre-ville au moment d'effectuer la confirmation du vol du retour. Les chauffeurs de taxi peuvent aussi s'avérer utiles. Pour passer d'un édifice à l'autre en taxi en cas de méprise, il en coûte 5 000 pesos.

Voici l'horaire des vols directs d'Avianca vers les destinations extérieures :
Aruba, lun-sam 9h29; jeu, dim 10h20; mer 11h20; ven 11h40.
Buenos Aires, Argentine, mer 14h avec escale; jeu 16h30 lun, ven, dim 21h30.
Caracas, Venezuela, lun-ven 12h15; dim 14h30; tlj 20h35.
Francfort, Allemagne, dim 14h30 avec escale; jeu 15h45.
Lima, Pérou, tlj 9h45 avec escale; mer, dim 19h avec escale; lun, mar, ven, sam 21h avec escale.
Londres, Grande-Bretagne, lun, ven 18h45.
Los Angeles, lun, jeu, ven, sam 10h30 avec escale.
México, Mexique, lun, jeu, ven, sam 10h30.
Miami, USA, lun, ven, sam, dim 7h; tlj 10h.
New York, États-Unis, tlj 15h45.
Panamá, Panamá, tlj 7h14.
Paris, France, mar, jeu, sam 16h50.
Quito, Équateur, tlj 9h45; mer, dim 19h; lun, mar, ven sam 21h.
Río de Janeiro, Brésil, mer, dim 23h.
San José, Costa Rica, mar, mer, sam 10h10 avec escale; tlj 14h.
Santiago, Chili, mer 14h; lun, ven, dim 21h30 avec escale.

Avianca propose des vols directs de Bogotá en direction des villes colombiennes suivantes :

Armenia, lun-jeu et sam 6h02; jeu 7h50; tlj 11h30 et 18h; 105 000 pesos.
Baranquilla, tlj 7h06, lun-ven et dim 10h10; tlj 12h20, 14h30, 16h16, 19h15; lun-ven et dim 20h42; 198 000 pesos.
Bucaramanga, tlj sauf dim 6h04; tlj 6h50 et 10h46; mar, jeu et dim 11h58; lun-ven et dim 13h05; tlj 14h et 15h30; lun-ven et dim 16h36; tlj 18h42, 19h36 et 22h05; 141 000 pesos.
Call, lun-sam 6h30; lun-ven 7h54; lun-ven et dim 9h02; tlj 10h58, 13h15 et 14h02; lun-ven et dim 15h56; tlj 17h02; lun-ven et dim 18h04 et 19h08; tlj 19h40, 20h30 et 22h06; 129 000 pesos.
Cartagena, mar, jeu, sam et dim 6h10; tlj 8h40; lun, mer, ven 10h10; tlj 11h16, 14h32 et 16h44; ven 19h; lun-ven et dim 19h20; 198 000 pesos.
Leticia, sam 10h10; mar 14h30; 235 000 pesos.
Manizales, tlj 6h30 et 14h10; 105 000 pesos.
Medellín, lun, mer, ven 6h20; lun-ven 6h38 et 8h; tlj 9h; lun-sam 11h30; tlj 13h12, 14h15 et 16h15; lun-ven et dim 17h48; tlj 19h04; lun-ven et dim 20h30; tlj 22h; 117 000 pesos.
Pereira, tlj 6h05, 8h36, 10h56 et 13h52; lun-sam 17h; lun-dim 18h; lun, ven-dim 20h lun-ven 20h45; 105 000 pesos.
Popayán, lun-jeu et sam, dim 14h30; 114 000 pesos.
Riohacha, tlj 10h28; 232 000 pesos.
San Andrés, tlj 6h10 et 10h10 avec escales; mar, jeu, sam-dim 12h50; tlj 13h22; ven 14h; lun 15h30; 237 000 pesos.
Santa Marta, tlj 6h22, lun-ven 6h38; tlj 9h32, jeu et dim 14h30; lun, mer, ven 18h20; jeu et dim 18h35; mar et sam 18h56; 198 000 pesos.

Plusieurs compagnies d'aviation desservent l'aéroport international El Dorado. En voici les coordonnées :

Les compagnies nationales

Aces, Carrera 10 No. 26-53, ☎281 72 11
AeroRepública, Carrera 10 No. 27-51, bureau 303, ☎281 51 99 ou 281 55 11
Aires, Av. 13 No. 79-56, ☎257 30 00 ou 610 96 53
Avianca, Carrera 7 No. 16-36, ☎241 54 97
Intercontinental de Aviación, Carrera 10 No. 28-31, ☎281 51 52 ou 283 30 15
SAM, Carrera 10 No. 27-91, ☎286 94 02
Satena, Carrera 10 No. 27-51, ☎286 27 10

Les compagnies internationales

Aerolinas Argentinas, Calle 85 No. 20-11,
☎616 61 11 ou 610 50 66
Aeroperú, Carrera 10 No. 227-51, ☎286 87 11
Aerotaca, Carrera 10 No. 227-51, ☎286 96 82
Air France, Calle 72 No. 10-07, ☎210 14 84
ou 210 16 65
Alitalia, Calle 32 No. 7-16, ☎287 13 75
ou 287 13 84
American Airlines, Carrera 7 No. 26-20,
☎285 11 11
British Airways, Calle 98 No. 9-07,
☎218 02 00
Copa, Calle 100 No. 8a-49, ☎26 93 70
Continental Airlines, Carrera 7 No. 71-52,
☎312 25 65
Iberia, Calle 85 No. 20-11, ☎616 61 11
KLM, Calle 26 No. 4a-45, tour 6, ☎234 30 01
Ladeco, Calle 100 No. 8a-49, ☎611 15 33
Lufthansa, Calle 100 No. 8a-49, 8ᵉ étage
☎618 04 00
Mexicana de Aviación, Calle 100 No. 8a-49,
☎610 14 77 ou 618 16 36
Swissair, Calle 93a No. 14-17, bureau 605,
☎218 63 00
Varig, Carrera 7 No. 33-24, ☎285 83 00
Viasa, Carrera 20 No. 85-11, ☎610 50 66
Zuliana de Aviación, Carrera 10 No. 27-51,
☎281 56 55.

L'autocar

À Santafé de Bogotá, le transport par autocar
en direction des autres villes colombiennes est
d'une efficacité exemplaire comme partout en
Colombie. Ce service est proposé à partir du
Terminal de Transportes *(angle Transv. 66 et
Calle 33 ou, pour plus de précisions, Calle 33b
No. 69-59,* ☎*295 11 00),* un édifice assez
récent et efficace, desservi par une cinquantaine de compagnies et divisé en quatre sections pour les départs en direction du nord, du
sud, de l'est ou de l'ouest. Toutes les compagnies possèdent leur propre billetterie dans
chacune de ces sections.

Ici aussi le choix s'impose. En *colectivos,* des
taxis qu'on se partage, le trajet s'effectue plus
rapidement mais pas nécessairement dans un
maximum de confort, alors que les départs ne
s'effectuent pas à heures précises mais selon le
nombre de passagers. Les *colectivos* sont
recommandés pour les courtes distances de
moins de deux heures. Ce service coûte un peu
plus cher.

Les *aerovans* ou minibus offrent aussi des
départs selon un minimum de passagers. Les
aerovans sont tout indiqués pour les courses de
moins de trois heures et coûtent un peu moins
cher que les *colectivos*.

Les autocars de première classe (ou *ejecutivos)*
sont relativement neufs, de grande dimension
et pourvus de toilettes. L'autocar est donc un
excellent moyen de transport pour les longues
distances de plus de trois heures par exemple.
Cependant, les fenêtres des autocars sont
toutes garnies de lourdes tentures pour protéger les passagers du soleil. Cet accessoire
coupe l'accès aux paysages, la plupart du
temps grandioses sur les routes de Colombie.
Le même service est offert par des autocars de
moindre qualité sans air conditionné ni télévision. Ils coûtent un peu moins cher et
s'arrêtent plus souvent. Les autocars quittent le
Terminal à heures fixes. Il y a des départs
pratiquement toutes les heures pour les trajets
courts. Pour les trajets plus longs, il faut
consulter les horaires des compagnies sur
place.

Les transports en commun

S'il est possible d'utiliser les transports en
commun à partir de l'aéroport pour se rendre au
centre-ville durant la journée — il y a un arrêt
d'autobus à la porte centrale de l'édifice principal et aussi devant l'aérogare Puente Aero —,
il ne servirait à rien de tenter de prendre
l'autobus le soir, les complications de même
que les dangers inhérents à une telle aventure
la rendant prohibitive. Mieux vaut voyager en
taxi le soir à Bogotá. Même les *Bogotanos* le
conseillent. Il faut donc prévoir faire une dépense budgétaire à cet effet. Au retour, au
cours de la journée à partir du centre-ville, on
peut rejoindre l'aéroport en utilisant les transports en commun. Il suffit de se rendre à
l'intersection de la Carrera 3 et de la Calle 19,
ou sur la Carrera 10, et de prendre un *ejecutivo
(450 pesos)* en direction d'Alamos, puis une
buseta en direction de l'aéroport *(350 pesos)*.
Il y a aussi des *ejecutivos* et des *busetas* identifiés «Aeropuerto» sur le pare-brise qui font le
trajet directement.

Plusieurs catégories d'autobus desservent
Bogotá, et les prix varient d'une centaine de
pesos (quelques cents seulement) pour chaque
catégorie. La route empruntée et la destination
finale sont indiquées sur un carton placé en
évidence sur le pare-brise, mais pour le nouvel

arrivant fraîchement débarqué, comment s'y reconnaître? Il faut s'informer de la route à suivre pour se rendre à une destination choisie auprès du préposé à la réception de son hôtel. On peut aussi tenter de s'informer auprès des gens qui semblent eux aussi attendre l'autobus au coin d'une rue par exemple. En général, on se fera un plaisir de vous informer correctement.

Encore faut-il pouvoir descendre!

Pour ce qui est de l'autobus, il faut utiliser un bouton avertisseur placé au plafond au-dessus de la sortie arrière. En *buseta* ou en *ejecutivo*, il faut indiquer au chauffeur son intention de descendre en disant *«aqui, señor, por favor»* (ici, monsieur, s'il vous plaît).

L'autobus entassera le plus grand nombre de passagers possible et s'immobilisera aux arrêts indiqués en rouge et jaune *(paradero)* pour laisser descendre ou monter les passagers. Mais il s'arrêtera aussi, par un signe de la main ou à la demande d'un passager, généralement à un coin de rue. Les tarifs sont aussi indiqués sur le pare-brise, et ils diffèrent selon l'heure du jour ou de la nuit.

Les *busetas* et les *ejecutivos* coûtent un peu plus cher (si peu), mais se révèlent plus confortables, les passagers étant limités au nombre de sièges disponibles. Les tarifs sont aussi indiqués sur le pare-brise.

Il y a aussi un service *super ejecutivo* avec des autobus à air conditionné et même dotés de télévision. Les tarifs sont aussi indiqués à l'avant.

Les taxis

Aux portes de l'aéroport, une multitude de chauffeurs de taxi se mettent à votre disposition. Choisissez un taxi officiel bien identifié et désigné par le répartiteur en fonction, à l'extrême gauche en sortant. Cette balade devrait coûter 10 000 pesos jusqu'au centre-ville. Le chauffeur peut exiger le double ici. Libre à vous de refuser, mais vous devrez à ce moment-là négocier longtemps avant de trouver un autre taxi, ce qui n'est pas conseillé, alors que la fatigue du voyage commence à se faire sentir et que les valises deviennent de plus en plus lourdes et encombrantes.

Les taxis sont efficaces, propres, nombreux et économiques à Bogotá. Ils acceptent les passagers sans hésitation n'importe où sur la rue par un signe de la main, mais ils proposent aussi un service sur appel téléphonique, les voitures étant dotées d'une radio. En général, le travail est professionnel et sans reproche.

De couleur jaune ocre et bien identifiées en noir sur les portes par les mots *Servicio Público*, les voitures compactes à quatre portes sont munies d'un taximètre qui détermine le montant à payer et dont le minimum est fixé à 1 000 pesos. Si le chauffeur refuse de l'utiliser, il faut changer de voiture. Les pourboires ne sont pas d'usage, mais ils sont appréciés. Si vous décidez de négocier le prix d'une course, le chauffeur chargera automatiquement le double et même le triple sans hésitation, un geste normal pour tout homme d'affaires qui tente de maximiser ses profits. Mieux vaut se fier au taximètre.

Si le chauffeur paraît affable et bien disposé à votre égard, et si vous avez l'intention d'utiliser le taxi plusieurs fois au cours d'une même journée, il est possible de retenir ses services pour la somme de 8 000 pesos l'heure durant la journée. Plus cher le soir évidemment. Il suffit de prendre ses coordonnées et son numéro de téléavertisseur personnel, et sa compagnie se fera un plaisir d'entrer en communication avec lui. Vous profitez ainsi d'un service personnalisé. Et c'est quelqu'un que vous connaissez déjà qui attendra sagement à la porte de votre hôtel le lendemain. Avec un minimum d'astuce et de savoir-faire, vous bénéficierez d'un chauffeur, d'un guide et d'un interprète pour le même prix, un geste normal pour tout homme d'affaires qui tente de maximiser ses profits. Chacun son tour! D'autre part, on peut aussi utiliser le taxi à tarif fixe pour se rendre dans les sites touristiques en banlieue de Bogotá. Le prix est établi en fonction d'une destination aller-retour, et il peut en coûter entre 40 000 pesos et 50 000 pesos, le prix incluant une attente de une ou deux heures sur le site visité.

De plus, tous les grands hôtels offrent un service de limousine avec chauffeur que l'on peut louer pour quelque 2 000 pesos de plus l'heure. Le service est plus discret, puisque la voiture n'est pas identifiée. On s'informe à la réception.

SANTAFÉ DE BOGOTÁ

Voici quelques numéros de téléphone utiles concernant les compagnies de taxis :

Taxi Libres, ☎311 11 11
Taxi Perla, ☎201 04 11
Real Transportada, ☎333 33 33
Telecooper, ☎222 21 11
Proturisme, ☎223 21 11
Texatelite S.A, ☎222 22 22
Astax Dorado, ☎250 36 71
Tax Q.A.P. S.A., ☎311 66 66
Tax Express, ☎411 11 11
Pronturismo, ☎430 77 77
Teletaxi, ☎226 66 66
Coop. Radio Taxi, ☎288 88 88
Nuevo Taxi Mio, ☎237 47 11

La location d'une voiture

Il n'est pas recommandé de louer une voiture à Bogotá si vous n'avez pas l'expérience de la conduite sud-américaine. Mais il peut être intéressant d'utiliser une automobile louée pour en visiter la banlieue qui regorge d'attraits, ce qui permet de le faire à son rythme en prenant tout son temps pour admirer les plus intéressants.

La circulation n'y est pas aussi stressante qu'en ville, mais encore faut-il savoir que la surveillance routière par la police y est inexistante et que personne n'émettra de contraventions, ce qui ouvre la porte à toutes les libertés. Sans faire de vitesse excessive (étonnant dans les circonstances), les Colombiens ne respectent pas la double ligne et dépassent dans les courbes ou dans les déclivités. Cependant, les accidents sont rares, compte tenu de la fréquence de ces pratiques peu orthodoxes mais efficaces dans le contexte routier sud-américain.

Plusieurs agences de location de voitures sont représentées à l'aéroport, mais elles ont aussi des bureaux au centre-ville. Les tarifs sont à peu de chose près les mêmes, dépendant du plan de location proposé et des spéciaux en vigueur pour une fin de semaine par exemple. Cependant, il faudra inclure dans le budget de location une dépense pour les péages fréquents *(environ 1 200 pesos par poste de péage)* sur les routes et les autoroutes colombiennes. Voici quelques coordonnées utiles :

ABC Rent-a-Car, Carrera 4 No. 65-16, ☎210 01 94
Abordo, Carrera 34 No. 160-49, ☎677 13 54

Auto Lima, Calle 98 No. 15-17, ☎621 36 39
Avis Rent-a-Car, Av. 15 No. 101-45, ☎610 44 55 ou 620 33 59
Bochica Rent-a-Car, Av. 15 No. 120-59, ☎612 05 95
Budget, Av. 15 No. 107-08, ☎213 63 83, 213 60 20 ou 612 50 40
Car Rental, Calle 99 No. 14-27, ☎618 06 42
Colombian Car Rental, Av. 15 No. 118-03, local 09, ☎215 42 02 ou 612 64 32
Dollar, Diagonal 109 No. 14-61, ☎620 03 62, 620 00 43 ou 612 82 95
Econorent, Av. 15 No. 107-24, ☎214 97 03
Hertz, Av. 15 No 107-24, ☎214 42 28 ou 214 97 45; et Carrera 10 No. 26-35, ☎284 14 45
Internacional Travel, Carrera 13 No. 79-09, ☎257 60 71
National Car Rental, Calle 100 No. 14-46, ☎612 56 35 ou 620 00 55
Pronto Rent-a-Car, Av. 15 No. 105-22, ☎919 16 84
Rentacar, Calle 71 No. 9-39, ☎235 48 24, 212 15 92 ou 212 06 64
Rentamos, Calle 100 No. 11b-95, ☎616 06 57, 256 72 59 ou 257 85 48
Rentautos, Carrera 7 No. 46-41, ☎285 96 48, 285 73 39 ou 287 96 01
Uno Auto Renta, Diagonal 109 No. 14-61, ☎619 29 77

RENSEIGNEMENTS PRATIQUES

Indicatif régional : 1

Poste

La correspondance est acheminée via les bureaux d'**Avianca** *(lun-ven 7h30 à 19h, sam 8h à 15h; Carrera 7 No. 16-36).*

Banques

Toutes les banques colombiennes ont leur siège social à Bogotá. Elles ont toutes le même horaire, qui diffère ailleurs au pays, du lundi au vendredi de 9h à 15h, exception faite du dernier vendredi du mois, le service se terminant alors à midi. Si vous voyagez avec une carte de guichet automatique, vous n'aurez aucun problème à ce sujet puisque les guichets *caja automático* sont présents partout en Colombie et même dans le hall d'entrée de certains hôtels. Par contre, seulement quelques banques

Aux abords de la Plaza de Bolívar à Santafé de Bogotá, la Catedral
Primada avec ses deux clochers qui pointent vers le ciel.

La Candelaria, avec ses maisons à balcons souvent rénovées par des artistes, compte parmi les quartiers les plus pittoresques de Santafé de Bogotá.

changent les chèques de voyage, dont la plus accommodante, le Banco Industrial Colombiano (BIC), changera la plupart des devises et même des chèques de voyage émis en devises autres qu'américaines. Le BIC demeurant la plus efficace, on exigera tout de même une photocopie de la page d'identification du passeport et de la page montrant le tampon d'entrée au pays avant de changer vos chèques, une procédure qui, dépendant de la file d'attente, pourra prendre jusqu'à une heure et même plus d'un temps précieux en voyage. Voici tout de même quelques adresses utiles de banques qui peuvent éventuellement changer les chèques de voyage :

Banco Popular, Calle 17 No. 7-43, ☎341 04 88;
Banco Unión Colombiano, Carrera 7 No. 71-52, ☎312 04 11;
Banco Industrial Colombiano (BIC), Carrera 7 No. 32-33, ☎232 88 61.

Pour ce qui est des bureaux de change (*casas de cambio*), ils changeront effectivement les chèques de voyage, mais le taux appliqué reste prohibitif par comparaison avec celui des banques. D'autre part, seule la devise américaine trouve indulgence à leurs yeux, le marché des autres devises étant pratiquement inexistant. Voici quelques adresses de bureaux de change :

Cambios Country, Carrera 13 No. 84-24, bureau 206, ☎256 73 97;
El Dollar, Centro Comercial Unicentro, local 2-247, ☎619 06 78;
Telecambio, Calle 25 No. 28-58, ☎368 69 41;
New York Money, Av. 15 No 123-30; Centro Comercial Unicentro, local 2-247, ☎213 22 58, 213 99 47 ou 213 07 59; Carrera 11 No. 82-71, Centro Comercial Andino, local 348, ☎616 89 55 ou 616 89 46; aussi angle Carrera 7 et Av. Pepe Sierra, Centro Comercial Santa Bárbara, local F-136, ☎214 20 58 ou 215 26 83.

Certains grands hôtels changent aussi les chèques de voyage en devises américaines pour accommoder leurs clients, mais le tarif ici aussi est plus cher qu'à la banque. En cas d'urgence, ils accepteront peut-être de dépanner un touriste qui ne séjourne pas chez eux. Essayez à la réception de l'hôtel **Tequendama Inter-Continental** (*Carrera 10a No. 26-21, ☎286 11 11)* et à celle de l'hôtel **Victoria Regia** (*Carrera 13 No. 85-80, ☎621 26 66)*. On vous répondra en français ou en anglais.

Renseignements touristiques

Le service gouvernemental de développement touristique était en pleine réorganisation lors de notre passage. À toutes fins utiles, voici les adresses des principaux offices de tourisme à Bogotá qui seront en service prochainement. Ils devraient pouvoir fournir des cartes et des dépliants sur les activités et les sites touristiques intéressants non seulement à Bogotá mais aussi pour l'ensemble du pays.

La **Corporación Nacional de Turismo (CNT)** *(lun-ven 8h 30 à 12h 30 et 14h à 17h; Calle 28 No. 13a-15, ☎283 94 66 ou 284 37 61)* est située au niveau de la rue du plus haut édifice de Bogotá, identifié aux couleurs rouge et ocre de Bancafé.

Instituto Distrital de Cultura y Turismo *(Calle 10 No. 3-61, ☎286 65 55)*.

Fundo Mixto de Promoción de Bogotá *(Calle 94 No. 9-84, ☎236 19 70 ou 257 07 25)*.

Corporación de Turismo de Cundinamarca *(lun-ven 8h30 à 12h30 et 14h à 17h; Calle 26 No. 47-73, ☎426 00 00)*.

Excursions

Plusieurs agences de voyages proposent des visites guidées de la ville de Santafé de Bogotá le jour ou le soir. Elles sont les mieux placées pour offrir toute une gamme de produits allant du tour de ville à la randonnée d'une journée comprenant le repas du midi en passant par l'excursion de plusieurs jours avec hôtel et repas. Voici quelques excursions d'une journée proposées :

Tour de Bogotá

Cette excursion guidée d'une durée de quatre heures propose, dès 8h, une visite des sites d'intérêt de la ville, y compris le quartier des affaires et La Candelaria. Le tour comprend aussi une visite au Museo del Oro et à la montagne de Monserrate si la température le permet. Le coût : 30 000 pesos. Le chauffeur prend et remmène les passagers directement à leur hôtel respectif.

SANTAFÉ DE BOGOTÁ

Catedral de Sal

Cette excursion, d'une durée de quatre heures, propose une visite à la Catedral de Sal de Zipaquirá, à plus d'une heure de route de Bogotá. Cette cathédrale est construite à quelque 200 m sous le sol dans une mine de sel et est considérée comme la huitième merveille du monde. Le coût est de 40 000 pesos, et le chauffeur prend et remmène les passagers directement à leur hôtel respectif.

La Laguna de Guatavita

L'excursion, aussi d'une durée de quatre heures, se dirige vers le nord en empruntant la Carratera del Norte et grimpe, par une route transversale, à quelque 3 000 m en montagne pour arriver à la Laguna de Guatavita, ce lac mystique des Muiscas qui a donné naissance à la légende de l'El Dorado. Coût : 40 000 pesos.

Tren Turístico de la Sabana

On peut aussi suivre le même itinéraire vers le nord en prenant le **Tran Turístico de la Sabana** *(sam-dim et jours fériés seulement; départ à 8h de l'Estación de la Sabana, Calle 13; No. 18-24 et à 8h30 de l'Estación de Usaquén, Calle 110, entre les Carreras 9 et 10,* ☎*257 14 59 ou 256 37 51).* Il s'agit d'un train essentiellement à l'intention des touristes. Il relie Bogotá à Nemocón et peut mettre jusqu'à trois heures pour franchir une centaine de kilomètres, car il est tiré par une vieille locomotive à vapeur. L'arrivée à destination est prévue pour midi. Le retour est fixé à 15h de Nemocón, avec l'arrivée à l'Estación de la Sabana de Bogotá à 18h. On y trouve un wagon-restaurant où l'on ne sert que du *fast food*. On peut par ailleurs apporter son propre en-cas. Coût : 15 000 pesos.

Une vingtaine d'autres excursions peuvent être organisées aux environs de Bogotá, comme la visite du Parque Nacional Chingaza, une visite d'une plantation de café, une excursion aux chutes de Tequendama, la visite de Fusagazugá, une ville reconnue pour ses somptueux jardins d'orchidées, une excursion à Boyacá, l'une des plus belles villes coloniales de Colombie. Même s'il est possible de les organiser soi-même à meilleur marché, les agences de voyages peuvent proposer des excursions tout compris qui tiennent compte de la sécurité et du temps libre dont disposent leurs clients. Elles préparent des forfaits tout compris près de

Bogotá, mais aussi en Amazonie, à San Andrés, dans les *llanos* ou encore à San Agustín, l'un des sites archéologiques les plus importants en Amérique. Les agences qui suivent sauront proposer l'excursion appropriée. Il vaut cependant mieux s'informer quelques jours à l'avance car certaines d'entre elles ne sont disponibles que pour des groupes, les agences ayant la tâche de réunir un certain nombre de personnes intéressées et libres en même temps.

Tierra Mar Aire (TMA), Carrera 7 No. 35-20, ☎288 20 88 ou 288 44 11;
Aviatur, Calle 19 No. 4-62, ☎282 71 11 ou 286 55 55;
Bruni Tours, Diagonal 109, No. 19-21, bureau 203, ☎612 38 12 ou 214 42 11;
Aguilatours, Calle 13, No. 7-09, Edificio Murillo Toro, ☎282 82 04 ou 342 42 43, ≈282 55 52;
Anaconda Tours, Carrera 14 No. 77-46, 2ᵉ étage, ☎218 01 25, 218 46 79, 611 32 19 ou 256 09 10, ≈611 23 58. Cette agence est spécialisée dans les excursions en Amazonie.
Amaturs, Calle 85 No. 16-28, bureau 203, ☎256 11 35, 257 22 00 ou 257 03 35, ≈218 21 13 (amaturs@impsat.net.co). Cette agence est aussi spécialisée dans les excursions en Amazonie.

★ **ATTRAITS TOURISTIQUES**

Santafé de Bogotá ★★★

Santafé de Bogotá est une ville tournée vers le tourisme et, outre La Candelaria, qui se présente comme un musée en plein air, on peut y visiter une cinquantaine de musées. D'une époque à l'autre, ils racontent patiemment et dans les moindres détails l'épopée historique de cette ville au passé tumultueux.

Le centre-ville et La Candelaria

Il apparaît évident au visiteur que **La Candelaria ★★★** est en soi un attrait touristique d'importance. C'est un quartier historique situé en plein centre-ville qui a été préservé de la destruction lors de *La Violencia*. Aujourd'hui, c'est le plus beau quartier de Bogotá avec ses maisons à balcons souvent renovées par des artistes et ses édifices coloniaux convertis en musées ou abritant un service gouvernemental. On y trouve quelques hôtels, de petits restaurants, la Biblioteca Luis-Ángel Arango, une

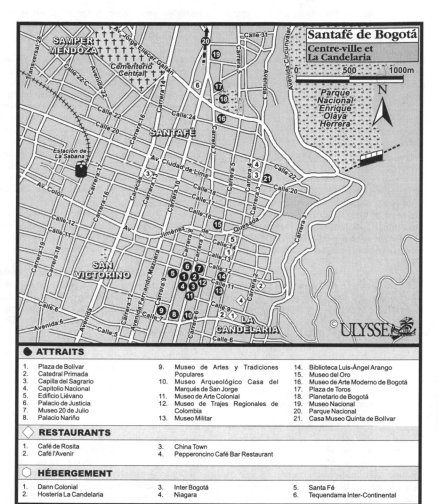

● ATTRAITS

1. Plaza de Bolívar
2. Catedral Primada
3. Capilla del Sagrario
4. Capitolio Nacional
5. Edificio Liévano
6. Palacio de Justicia
7. Museo 20 de Julio
8. Palacio Nariño
9. Museo de Artes y Tradiciones Populares
10. Museo Arqueológico Casa del Marqués de San Jorge
11. Museo de Arte Colonial
12. Museo de Trajes Regionales de Colombia
13. Museo Militar
14. Biblioteca Luis-Ángel Arango
15. Museo del Oro
16. Museo de Arte Moderno de Bogotá
17. Plaza de Toros
18. Planetario de Bogotá
19. Museo Nacional
20. Parque Nacional
21. Casa Museo Quinta de Bolívar

◇ RESTAURANTS

1. Café de Rosita
2. Café l'Avenir
3. China Town
4. Pepperoncino Café Bar Restaurant

○ HÉBERGEMENT

1. Dann Colonial
2. Hostería La Candelaria
3. Inter Bogotá
4. Niagara
5. Santa Fé
6. Tequendama Inter-Continental

université et autres. Mais le quartier se laisse découvrir surtout en se promenant tranquillement dans les rues au hasard des pas.

Plantée en pleine montagne sur les flancs du Monserrate, La Candelaria est une oasis de tranquillité avec ses rues étroites et à sens unique qui réduisent l'intensité de la circulation automobile et dont certaines sont piétonnières. Leur nom gravé sur des plaquettes fixées à même le mur des maisons aux intersections ne manque pas de saveur et montre le sens de l'humour des premiers habitants de la colonie : la Calle de la Fatigue, la Calle de Agonía, la Calle de la Peña, odonymes qui suggèrent l'effort nécessaire à accomplir pour les «escalader», certaines accusant une pente plutôt raide en effet. La Candelaria ne pose pas de problème de sécurité le jour, mais le quartier est à éviter le soir à moins d'y circuler en groupe ou en taxi, certaines rues n'étant pas éclairées.

La **Plaza de Bolívar ★★★** *(entre les Carreras 7 et 8 et entre les Calles 10 et 11)*, au seuil même de La Candelaria, est certes l'une des *plazas* les plus connues de la ville et même du pays à cause de son passé historique peu commun. En effet, dès les premiers temps de la conquête, cette immense *plaza* donnait lieu à de nombreuses manifestations : on y célébrait des messes et autres cérémonies religieuses autant que l'on y organisait des fêtes somptueuses, des corridas, des marchés, etc. On y tenait procès. On y pendait et l'on y fouettait les criminels. C'est ici même que se rencontrèrent pour la première fois — et non sans un certain étonnement ni une certaine défiance —, les conquistadores chargés de la découverte de la Colombie en provenance de trois points de départ différents : Gonzalo Jiménez de Quesada, parti de la côte Caraïbe et qui fonde la ville le 6 août 1538, Sebastián de Belalcázar et ses troupes qui viennent de la côte du Pacifique et plus précisément de Quito, en Équateur, et Klaus Ferderman, qui, lui, arrive du Venezuela, chacun réclamant pour lui-même le titre de gouverneur des régions nouvellement conquises et les richesses qui s'y rattachent. Ils signent tout de même un pacte de non-agression et organisent le premier *cabillo* (conseil municipal) de Bogotá sur la Plaza Mayor, le site même de l'actuelle Plaza de Bolívar, qui garde ce nom jusqu'en 1821, alors qu'on la nomme Plaza de la Constitución. Mais c'est seulement en 1846 qu'elle prend définitivement le nom de Plaza de Bolívar, lorsqu'on y installe la statue en bronze du *Libertador*, une œuvre commandée au sculpteur italien Pietro Tenerani que l'on peut admirer en son centre. Solennel! C'est le seul mot qui vient à l'esprit quand on y déambule pour la première fois.

La **Catedral Primada ★★★** *(Carrera 7)*, au nord-est de la Plaza de Bolívar, est l'édifice qui attire le plus l'attention avec ses deux clochers qui pointent vers le ciel en direction du monastère Monserrate, juché en décor d'arrière-plan au sommet de la montagne. Sa construction remonte à 1807 sur le site même de la première église en toit de chaume de la *sabana* de Bogotá, où Frey Domingo de las Casas célébra la première messe en l'honneur de la fondation de la ville. La sacristie conserve d'ailleurs les vases sacrés et les ornements utilisés lors de cette cérémonie.

L'église est l'œuvre du capucin architecte Fray Domingo Péres de Petrés. C'est cependant Nicolás León qui en termine la construction en 1823. Une première tentative d'ériger une cathédrale à cet endroit dès 1556 avait connu un résultat désastreux puisque l'édifice s'était effondré. En 1572, on décida de bâtir une autre église, la troisième sur le site, qui fut à son tour complètement détruite à la suite d'un tremblement de terre survenu en 1785.

Aujourd'hui, la cathédrale à deux clochers, de style néoclassique, présente encore en façade des statues dans des niches qui proviennent de l'ancienne église coloniale et qui datent du XVIIᵉ siècle. L'intérieur est assez intéressant. On y dénombre 14 colonnes pour soutenir la grande voûte en plein cintre. À droite, outre la chapelle de l'Immaculée Conception, on remarque celle du Sacré Cœur et celle du Christ de l'Expiration, où est exposé un tableau de Van Dyck. À gauche, on ne peut manquer la chapelle dédiée à sainte Isabelle de Hongrie avec son autel de marbre où reposent les cendres du président Antonio Nariño, de l'archevêque de Mosquera ainsi que de Gonzalo Jiménez de Quesada, le fondateur de Bogotá.

Communiquant avec la cathédrale par le transept, la **Capilla del Sagrario ★★★** était utilisée anciennement comme salle de réunion de son Chapitre. La chapelle du Saint-Sacrement (Sagrario) est considérée aujourd'hui comme l'un des monuments les plus représentatifs de l'histoire de Bogotá et, sur le plan artistique, comme l'un des plus importants. Sa construction initiale, sous l'initiative de Don Gabriel de Sandoval y Arratia, eut lieu entre 1660 et 1689; elle a résisté à de nombreux cacaclysmes et catastrophes, entre autres le tremblement de terre de 1743 qui détruisit partiellement ses deux campaniles. Celui de 1827 vit s'effondrer la coupole sur le maître-autel. On reconstruisit par deux fois la coupole, en 1840 puis en 1917, après de nouveaux tremblements de terre. La chapelle elle-même fut renovée entièrement en 1950, clochers et coupole inclus, avec l'aide du gouvernement et de fonds privés, notamment des banques.

Sa façade plus maniériste que baroque donne aussi sur la Plaza de Bolívar. Elle est surplombée par deux clochers, alors que son intérieur en croix latine est surtout remarquable par sa voûte mudéjare en plein cintre ainsi que par plusieurs tableaux du peintre Gregorio Vásquez de Arcey y Ceballos.

Pour ce qui est de la coupole de 30 m de hauteur, elle est ornée de fresques de l'artiste Ricardo Acevedo Bernal. On y trouve aussi les armoiries de la famille du fondateur ainsi que celles des villes de Madrid et de Bogotá. Le premier maître-autel avait été sculpté dans du bois de cèdre avec incrustations de bronze, d'ivoire et de nacre. Le nouveau maître-autel, inauguré en 1881, a en conservé de nombreux fragments.

Le **Capitolio Nacional** ★★★ est le plus bel édifice de la Plaza de Bolívar. Il s'agit d'un immeuble monumental de style grec classique qui couvre entièrement le sud de la *plaza* et qui sert de siège au Congrès. La construction de ce palais des Congrès a débuté en 1847, mais, à cause de nombreuses divergences politiques et de conflits civils, elle ne fut achevée qu'en 1926. Il est érigé sur le site même de l'ancien palais des vice-rois, qui, lui, fut complètement rasé par un incendie en 1786. Trop occupés par des guerres intestines, les derniers représentants de l'Espagne n'eurent pas le loisir d'en commander une reconstruction.

C'est donc au président Tomás Mosquera que l'on doit l'initiative de faire ériger un immeuble de caractère national «pour y loger non seulement le président mais aussi le Sénat, la Cour suprême et les bureaux ministériels». Le travail fut confié à l'architecte danois Tomas Reed, mais c'est l'Italien Pietro Cantini qui se charge du travail en 1871. L'édifice sera finalement terminé par deux autres architectes, Mariano Santamaría et Gaston Lelarge, un architecte d'origine française.

Au sud-ouest de la Plaza de Bolívar, un autre édifice attire aussi les regards. Il s'agit de l'**Edificio Liévano** ★★★, l'hôtel de ville de Bogotá. De facture française, la construction de l'édifice avait d'abord été commandée en 1902 à l'architecte *bogotano* Julian Lombada. Insatisfaites, les autorités en confièrent la finition et le remodelage aussi au Français Gaston Lelarge en 1905.

Du côté plein nord, toujours sur la Plaza de Bolívar, s'élève le **Palacio de Justicia** ★★★, où siège actuellement la Cour suprême et qui est un édifice remarquable, cette fois-ci à cause de son histoire dramatique. Construit initialement en 1921, il fut détruit une première fois par un incendie allumé par la foule surexcitée en avril 1948 lors des émeutes surnommées *El Bogotazo*. Plus tard, on reconstruisit un nouvel édifice moderne, mais celui-ci subit aussi des dommages assez importants lors de la prise en otages des magistrats, en 1985, par les guérilleros du M-19. L'armée passa alors à l'attaque au bazooka et autres armes offensives notamment. L'édifice, mortellement atteint, resta en ruine pendant quatre ans. Les autorités décidèrent alors de la reconstruction d'un nouvel immeuble d'un style qui s'apparente à celui du Capitolio Nacional, en face.

Museo 20 de Julio ★★ *(1 000 pesos; mar-sam 9h30 à 17h, dim et jours fériés 10h à 16h; Calle 11 No. 6-94, ☎334 41 50)*. C'est dans cette très belle maison du XVIIᵉ siècle de style arabo-andalou ou mudéjar que survint l'incident d'*El florero de Llorente*, le 20 juillet 1810, qui servit de déclencheur au mouvement de l'indépendance de la Colombie. La maison fut classée monument national le 20 juillet 1960 et se présente aujourd'hui comme un héritage historique à toute la nation.

Adjacente à la Plaza Bolívar, la maison est considérée aujourd'hui comme l'un des plus beaux joyaux de l'architecture mudéjare en Amérique. Au premier étage, on trouve naturellement le vase à l'origine de l'indépendance, des documents et différents objets ayant appartenu aux protagonistes de la confrontation du 20 juillet 1810 de même qu'une copie de la déclaration de l'Indépendance. On y voit aussi des documents, des uniformes et des armes de l'époque du général Francisco de Paula Santander qui sont des dons des *señores* Edwardo Santos et Rafael Martínes Briceño, deux éminents *Bogotanos*.

El florero de Llorente

Le commerçant espagnol qui tenait boutique dans la maison de la Calle 11 No.6-94, Don José González Llorente, refusa de prêter un vase *(florero)* à un *criollo* (créole, ou encore Espagnol né en Amérique) qui voulait l'utiliser pour décorer la table principale lors d'un banquet donné en l'honneur de José Antonio Villavincencio, un fervent défenseur de l'autonomie. La confrontation entre les deux hommes prit une telle proportion qu'elle dégénéra en conflit entre les Espagnols nés en Europe et les Espagnols américains qui déposèrent le gouverneur.

Le **Palacio Nariño** ★★★ *(Calle 8, entre les Carreras 7 et 8),* un édifice de style néoclassique républicain, constitue la résidence du président de la République. Le mobilier et la décoration intérieure datent de l'époque coloniale. À l'extérieur, sur la place d'armes, on peut remarquer deux sculptures dont l'une, moderne, de l'artiste Edgar Negret, et l'autre préhispanique provenant de San Agustín.

Situé à l'arrière du Capitolio Nacional, le Palacio Nariño est en fait l'ancienne demeure où naquit le 9 avril 1775 le président Antonio Nariño. L'édifice fut préalablement acheté en 1888 et transformé pour y établir les bureaux officiels du gouvernement avant d'être reconverti en faculté universitaire de mathématiques en 1896. Puis, le gouvernement de Rafael Reyes rénova l'ensemble pour en faire la résidence officielle du président. Il est occupé par les présidents successifs de la République depuis 1908.

Museo de Artes y Tradiciones Populares ★★ *(700 pesos; lun-sam 9h à 17h, dim 9h à 13h; Carrera 8 No. 7-21,* ☎*284 53 19).* Créé en 1969 et installé dans l'ancien cloître du couvent San Luis Beltrán des augustins construit au XVIIᵉ siècle, ce musée servit aussi de quartier général à la garde présidentielle à l'époque de la Nouvelle-Grenade. C'est aujourd'hui un monument national qui est le siège de l'Association colombienne de promotion de l'artisanat. Divisé en deux salles, il contient, d'une part, un grand nombre de pièces d'artisanat en provenance de tout le pays et, d'autre part, des pièces d'artisanat indigène confectionnées en bois, en céramique, en fibres d'agavé, en coton, en laine et en d'autres fibres. De plus, le musée est doté d'une biblio-thèque et d'un auditorium, et l'on y organise aussi des expositions ponctuelles reliées à l'artisanat.

Le **Museo Arqueológico Casa del Marqués de San Jorge** ★ *(mar-sam 9h à 12h30 et 13h30 à 17h, dim et jours fériés 10h à 13h; Carrera 4 No. 7-43,* ☎*282 09 40)* est situé dans l'ancienne résidence du marquis de San Jorge érigée à la fin du XVIIᵉ siècle. La Casa del Marqués de San Jorge appartient maintenant au Banco Popular, qui l'a restaurée et convertie en musée. La construction elle-même est remarquable par son style colonial aristocrate avec ses balcons et ses fenêtres en fer forgé. Le musée contient la plus importance collection archéologique de pièces de céramique au pays datant de l'ère précolombienne et exposées de façon didactique et facile à comprendre.

Garde présidentielle

Il ne faut pas manquer sur la place d'armes le changement de la garde présidentielle tous les soirs à 17h. Cette démonstration protocolaire dans une ambiance du début du XIXᵉ siècle a de quoi émouvoir. Pour leur part, les enfants en garderont un souvenir inoubliable.

Le **Museo de Arte Colonial** ★ *(mar-sam 9h30 à 17h30, dim et jours fériés 10h à 17h; Carrera 6 No. 9-77,* ☎*284 13 73, 282 08 52 ou 282 07 40)* est installé dans un ancien cloître de l'église San Ignacio, qui a été construite par le jésuite Juan Bautista Coluccini lors de l'arrivée de la communauté en sol colombien. Plus tard, la bâtisse abrita la Bibliothèque nationale puis le Musée des sciences naturelles.

Ses murs furent témoins d'événements historiques tels que la nomination d'Antonio Nariño à la présidence de la République et l'élaboration de la première constitution du pays.

Museo de Trajes Regionales de Colombia ★★ *(700 pesos; mar-ven 10h à 17h, sam 10h à 13h; Calle 10 No. 6-36,* ☎*282 65 31 ou 281 19 03).* Inauguré en 1972 sur la Plazoleta Rufino José Cuervo dans une très belle maison coloniale, le Musée des costumes nationaux est aussi l'ancienne résidence de la maîtresse de Simón Bolívar, Manuelita Sáenz, qui y habita, semble-t-il, en 1830 avant de partir en exil au Pérou. La maison est aujourd'hui considérée comme monument national. Selon un parcours chronologique bien déterminé, le visiteur peut revive l'histoire du pays à travers les costumes, les meubles, les ustensiles et les autres objets familiers que l'on retrouvait habituellement à l'intérieur des maisons des régions colombiennes à différentes époques.

Museo Militar ★★★ *(600 pesos; mar-ven 9h à 12h30 et 14h à 15h30; Calle 10 No. 4-92, ☎281 30 86 ou 281 31 31).* Inauguré en 1982, ce musée raconte aussi l'histoire de la Colombie. À la façon militaire bien sûr. En insistant sur l'équipement militaire de l'armée, de la marine et de l'aviation colombiennes à différentes époques. Il est situé dans une maison coloniale datant du XIXᵉ siècle, et l'on y voit, entre autres choses, de nombreuses armes à feu de tous calibres, du simple revolver au gros canon, de même que des armes blanches datant de l'époque de la Conquête, des répliques et des vestiges provenant de la marine, des costumes, des uniformes et des drapeaux. Sur deux étages avec plusieurs salles, la visite du musée suit un ordre chronologique. On y voit notamment un guerrier indigène avec ses armes tel qu'il apparaissait aux premiers conquistadores, un soldat de la guerre des «mille jours» (1899 - 1902), un soldat de *La Violencia*, un soldat équipé pour faire face aux guérilleros, un soldat du conflit colombo-péruvien, etc. Dans la salle de la FAC (Force aérienne colombienne), on voit des répliques et des maquettes d'appareils utilisées par l'aviation nationale et des photographies des pionniers de l'aviation colombienne. À l'extérieur, le Museo Militar expose un avion de combat, un pilote en parachute, des canons antiaériens, etc.

La Biblioteca Luis-Ángel Arango ★★★ *(lun-sam 8h à 20h, dim 8h à 16h; Calle 11 No. 4-14, ☎342 06 05 ou 286 46 10, ⌐286 38 81),* en plus des services habituels de bibliothèque comme la consultation en salle et le prêt de livres, la reprographie et la recherche assistée à l'ordinateur, offre aussi des visites guidées et présente une collection permanente de même que des expositions ponctuelles d'œuvres d'artistes locaux et internationaux. Dans la section musique, la bibliothèque propose une programmation variée qui inclut les auditions et projections didactiques dans la salle de musique, des conférences ainsi que des concerts. Entre autres événements, on peut assister aux lundis des jeunes interprètes, aux concerts de musique internationale du mercredi, aux concerts de musique en famille les dimanches et aux concerts du vendredi à 13h. Entrée libre pour ces derniers.

L'une des pièces de collection du Museo del Oro

Museo del Oro ★★★ *(800 pesos; mar-sam 9h à 16h30, dim et jours fériés 10h à 16h30, fermé lun; Calle 16 No. 5-41, adjacent au Parque Santander, entre les Carreras 5a et 7a, ☎342 11 11, poste 5424 ou 334 87 48).* Fondé en 1939 dans les caves du Banco de la República dans le but de regrouper les objets en or de l'ère précolombienne, le Museo del Oro de Bogotá n'a été ouvert au public qu'en 1946. Il regroupe aujourd'hui plus de 36 000 vestiges de l'époque qui consistent en des milliers et des milliers d'objets en or de toutes sortes : des bijoux, des masques, des statuettes, de la vaisselle et d'autres pièces de même que des poteries et des textiles présentés et classés selon les différentes cultures indigènes.

Au premier étage, on trouve une salle où sont présentées des expositions ponctuelles et thématiques consacrées aux différentes cultures indigènes et à l'archéologie en provenance de Colombie et d'autres parties du monde.

Au second étage, cinq salles en enfilade présentent une collection permanente de différents objets provenant des civilisations Tumaco, Calima, San Agustín, Tierradentro, Nariño, Tolima, Quimbaya, Sinú, Tayrona et Muisca. Dans une première salle fermée, un spectacle son et lumière très impressionnant transporte directement le visiteur dans un lointain passé alors que, dans le noir, apparaissent des masques d'or, des bijoux et d'autres figurines au son d'une musique d'ambiance recréée à partir des instruments sonores précolombiens.

Dans les autres salles, on verra des maquettes reproduisant la vie des Amérindiens de l'époque qui permettent de mieux comprendre le quotidien de ces civilisations avancées. Ailleurs, on admirera des diadèmes, des pectoraux, des

SANTAFÉ DE BOGOTÁ

médaillons, des armes et aussi l'une des plus extraordinaires pièces d'orfèvrerie au monde, *La Balsa Muisca*, qui raconte la légende d'El Dorado. Placée sous verre, dans un contexte miniaturisé et sur plaque tournante d'un vert émeraude à l'image de la Laguna de Guatavita, la pièce présente le cacique Guatavita sur son radeau (*balsa*) accompagné de ses serviteurs. La plaque tournante permet d'admirer tous les aspects de la facture dans les moindres détails, alors qu'avec un peu d'imagination, on peut voir l'Amérindien lancer de l'or et des émeraudes au fond de la lagune mystérieuse.

Le troisième étage est consacré à la signification de l'or pour les Amérindiens et pour les Espagnols — qui n'est pas la même, on l'aura compris. On y trouve aussi une bibliothèque sur les différentes civilisations indigènes.

On peut visiter le musée selon son propre rythme ou choisir une visite guidée en espagnol, en anglais ou en français. Il y a des visites guidées en espagnol tous les jours à 11h15 et à 14h45. En anglais à 10h15 et 14h15 et en français aux mêmes heures qu'en anglais, sur demande cependant. Pour d'autres heures de visite en groupe privé par exemple, il faut réserver au ☎342 11 11, poste 5424.

Museos del Oro

Une note d'appréciation : le Banco de la República finance des musées de l'or et d'ethnographie dans toutes les villes les plus importantes de Colombie. En plus de celui de Bogotá, on trouve un musée de l'or notamment à Santa Marta, à Cartagena de Indias, à Manizales, à Pereira, à Armenia, à Cali et à Leticia entre autres, et ils sont tous d'un intérêt exceptionnel.

Le **Museo de Arte Moderno de Bogotá** ★★★ *(1 000 pesos; mar-sam 10h à 18h30, dim et jours fériés 12h à 18h; Calle 24 No. 6-00, ☎283 31 09 ou 286 04 66)* existe depuis 1955, mais n'a pas toujours eu la même adresse. Aujourd'hui, et ce depuis 1980, il occupe un espace de quelque 5 000 m² sur quatre étages dans un building moderne. On y présente, toute l'année durant, des expositions ponctuelles d'art moderne et contemporain d'artistes colombiens autant qu'étrangers. La collection privée compte, entre autres noms, ceux de Fernando Botero, David Manzur, En-

rique Grau, Edwardo Ramírez Villamizar et Edgar Negret, de même que ceux de quelques femmes dont Ana Mercedes Hoyos et María de la Paz Jaramillo. Le musée possède sa propre salle de cinéma et publie la revue trimestrielle *Arte*, vendue notamment à la librairie à l'entrée.

La **Plaza de Toros** ★★★ *(visites lun-ven 9h30 à 12h30 et 14h à 17h30, sam 10h à 14h; angle Carrera 7a et Calle 26)* est un édifice circulaire de style mauresque en brique rouge qui ressemble à une arène romaine : les combats n'y sont à l'affiche qu'au mois de janvier et de février, et quelquefois en d'autres périodes de l'année lorsque la température le permet. Contrairement au Mexique, le taureau est ici mis à mort par le toréador. Cependant, lorque le taureau offre un spectacle exceptionnel par sa force physique ou son caractère combatif ou encore lorsqu'il ridiculise le toréador, les spectateurs réclament de sauver sa vie en agitant un drapeau blanc et en manifestant bruyamment.

Planetario de Bogotá ★★★ *(1 000 pesos; spectacles mar-ven 11h, 15h30 et 17h; angle Carrera 7a et Calle 26, à l'entrée du Parque de la Independencia, ☎334 45 48, 334 45 71 ou 283 63 09, ≈384 78 96)*. Le Planetario présente un spectacle laser *(3 000 pesos; mar-ven 12h 30, 14h et 18h)*. On peut aussi y visiter un petit musée des sciences naturelles *(500 pesos; lun-ven 9h à 17h30, sam-dim et jours fériés 10h à 17h)*.

Le **Museo Nacional** ★★★ *(1 000 pesos; mar-sam 10h à 17h 30, dim et jours fériés 10h à 13h30; Carrera 7 No. 28-66, ☎334 83 66)* présente une collection assez complète de quelque 10 000 pièces archéologiques des civilisations Muisca et Tayrona entre autres, au premier étage. Au second, des salles sont consacrées à l'ethnographie et à l'anthropologie, mais on peut y voir aussi une collection d'armes, de drapeaux et d'uniformes dans la section consacrée à l'histoire. Au troisième étage, on peut admirer trois collections d'œuvres d'artistes qui vont de l'époque coloniale jusqu'au début du XXᵉ siècle.

Par ailleurs, la salle consacrée aux arts modernes expose des œuvres d'artistes tels que Enrique Grau, Alejandro Obregón et Fernando Botero. Le musée est l'un des plus anciens d'Amérique et a été inauguré comme musée des sciences dès 1823. En 1945, il a été déménagé à l'intérieur des murs de l'ancienne prison la plus importante du pays, dont la construction remonte à 1874. Il s'agit d'un panoptique (prison où les gardiens peuvent voir tous les détenus sans être vus eux-mêmes) qui logeait 200 prisonniers, érigé selon les plans de l'architecte danois Tomas Reed d'après un modèle déjà éprouvé à Philadelphie à l'époque. Il devient Museo Nacional en 1948.

Le **Parque Nacional** ★★ *(Carrera 7, entre les Calles 34 et 40)*, situé en plein centre-ville, offre un coin de verdure reposant en milieu urbain avec des terrains de sport, un théâtre et des terrains de jeu pour les enfants.

La **Casa Museo Quinta de Bolívar** ★ *(mar-dim 9h à 17h; Calle 20 No. 3-23 Este, ☎284 68 19)*, comme son nom l'indique, est l'ancienne résidence secondaire de Simón Bolívar. Dans cette maison construite vers 1800, le commerçant espagnol fortuné Don José Antonio Portocarrero avait la réputation de donner de somptueuses réceptions en l'honneur du vice-roi de l'époque. En 1820, le gouvernement s'en porta acquéreur en vue de l'offrir au *Libertador* en gage d'appréciation à la suite de sa victoire sur les Espagnols à Boyacá. Bolívar y séjourne souvent jusqu'en 1830 et en partage même le charme et le confort avec sa maîtresse Manuelita Sáenz durant quatre ans. Classé monument national en 1975, le musée fait découvrir le quotidien de Bolívar dans ses moindres détails. On y voit sa bibliothèque, sa chambre à coucher, sa salle à manger et son bureau, entre autres pièces, et divers objets comme des armes et des documents lui ayant appartenu. Le patio intérieur avec sa fontaine et son jardin est superbe.

Le nord

Le **Parque El Chicó** ★ *(Carrera 7 No. 94-17)* est situé dans la partie nord de Bogotá. On y trouve beaucoup d'arbres et de verdure, des terrains de jeu pour les enfants et même un musée : le Museo Mercedes Sierra de Pérez El Chicó.

Le **Museo Mercedes Sierra de Pérez El Chicó** ★ *(1 000 pesos; lun-ven 8h à 12h30 et 14h à 16h30, sam 9h à 12h; Carrera 7 No. 93-01, ☎623 23 02 ou 623 10 66)* a commencé ses activités il y a plus de 30 ans dans une maison qui a appartenu à Doña Mercedes de Pérez. Dans trois salons de style français, on peut admirer une collection de meubles et d'objets importés d'Europe. Les différentes salles et même la chapelle se louent pour l'organisation de réceptions, comme des mariages par exemple.

Le **Museo Francisco de Paula Santander** *(mar-ven 8h30 à 12h30 et 14h à 17h, sam 9h à 12h; Carrera 7 No. 150-01, ☎258 22 50 ou 216 13 33)* est avant tout une *hacienda* de deux étages (une grande maison de ferme) avec patio intérieur et dont les murs ont plus d'un mètre d'épaisseur. L'intérêt du musée consiste surtout en sa bibliothèque de plus de 600 livres ayant appartenu au général Santander ainsi qu'en la collection de robes de gala de Doña Santander.

L'ouest

Le **Parque el Salitre** ★★ *(entrée sur l'Avenida 63)* est un parc adjacent au Parque Simón Bolívar. Il renferme aussi des pistes cyclables, un lac, des terrains de jeu, des pistes athlétiques, des attractions foraines ainsi qu'un musée : le Museo de Los Niños.

Museo de Los Niños ★★★ *(adulte 3 000 pesos, enfant 2 500 pesos; mar-dim 9h à 12h et 14h à 17h; Carrera 48, No. 63-97, ☎225 52 58 ou 225 75 87)*. Voilà un musée sans but lucratif conçu spécifiquement pour les enfants qui y trouvent, tout en s'amusant, une foule de renseignements scientifiques, technologiques et culturels sur des thèmes aussi variés que la communication, l'art, le corps humain, les ordinateurs, etc. Les sujets sont vulgarisés et les enfants y apprennent des choses indispensables, sur le fonctionnement d'une ville par exemple, sur la physique, sur l'énergie solaire, sur la télévision, sur les technologies de l'avenir, sur le pétrole, sur la santé et même sur la paléontologie.

On y trouve notamment un théâtre, un avion grandeur nature donné par la compagnie aérienne Avianca et une vraie locomotive qui pourrait encore être en service. Les enfants de 7 à 12 ans ne voudront pas manquer ça. Les adultes non plus, surtout ceux qui ont conservé leur cœur d'enfant ou qui, tout simplement, manifestent encore une certaine curiosité.

Le **Parque Simón Bolívar** ★★★ *(entre l'Avenida 63 et la Diagonal 53)* est un immense parc adjacent au Museo de Los Niños et situé en périphérie du centre-ville. Le Parque Simón Bolívar offre beaucoup d'aires de détente, des pistes cyclables, des terrains de jeu et un lac, et l'on peut y pratiquer le jogging. C'est un endroit considéré comme sécuritaire et tranquille.

Le **Museo de Arte Contemporáneo El Minuto de Dios** ★★★ *(1 500 pesos; lun-ven 8h à 13h et 14h à 18h; Carrera 74 No. 82a-81, ☎252 58 90 ou 251 81 00)* possède une collection privée qui compte plus de 500 œuvres d'artistes colombiens les plus réputés comme Fernando Botero, David Manzur, Enrique Grau, Edwardo Ramírez Villamizar, Edgar Negret, Alejandro Obregón, Omar Rayo, Augusto Rivera, Teresa Cuéllar, Pedro Alcántara, Rafael Penagos, Luis Caballero, Leonardo Nierman, José Luis Cuevas, Oswaldo Vigas et Justo Arosomena entre autres. Inauguré dès 1966 par le père García Herreros bien avant d'autres musées d'art contemporain à travers le monde, le Museo de Arte Contemporáneo El Minuto de Dios, installé dans un édifice à l'architecture audacieuse, est un musée à voir absolument.

Le **Museo de Arte de la Universidad Nacional** ★★ *(lun-ven 8h30 à 12h et 13h à 17h; Carrera 30, angle Calle 45, ☎368 12 75)* se spécialise dans la présentation de nouveaux artistes et de nouvelles tendances artistiques. Ouvert depuis le début des années soixante-dix, il expose autant des tableaux que des sculptures ou des gravures.

Museo de la Arquitectura Leopoldo Rother de la Universidad Nacional ★★ *(lun-ven 8h à 12h et 13h à 17h; angle Calle 26 et Carrera 30, ☎368 14 69)*. Ce musée, unique en son genre en Amérique du Sud, a été mis sur pied en 1986. Il est spécialisé en recherche, en conservation et en diffusion de tout ce qui touche l'architecture colombienne. Le musée porte le nom de Leopoldo Rother, en hommage à cet architecte allemand qui s'est établi en Colombie en 1936. Les quatre salles d'exposition présentent, entre autres choses, divers projets d'architecture, mais le musée est aussi doté d'un auditorium et d'une salle de visionnement de vidéos se rapportant à l'architecture. On y trouve bien sûr une librairie complète.

Museo de Historia Natural de la Universidad Nacional ★★ *(lun-sam 9h à 12h et 14h à 19h; Carrera 30, angle Calle 53, ☎368 13 80)*. Le Musée d'histoire naturelle de Bogotá a été inauguré en 1936 et présente une très intéressante collection paléonthologique de mammifères, de poissons et de reptiles, et dispose d'une salle consacrée à l'anthropologie.

Le **Jardín Botánico José Celestino Mútis** ★★★ *(1 000 pesos; mar-ven 8h à 12h et 13h30 à 16h, sam-dim 10h à 16h; Carrera 66a No. 56-84, ☎240 04 83 et 240 61 41)*, inauguré en 1955, est considéré comme l'un des plus importants centres de recherche et de conservation de la flore colombienne, et spécialement de la flore andine au pays. Le jardin comporte des aires de culture de plantes médicinales aussi bien en milieu naturel qu'en serre. Il ne faut pas manquer le Bosquet Andino et El Herbal, entre autres.

Le **Parque de la Florida** *(tout près de l'aéroport El Dorado)* renferme des zones de verdure, des terrains de jeu et un parc d'attractions.

L'**Estadio Nemesio Camacho El Campin** ★★★ *(angle Av. Ciudad Quito et Calle 57)*, avec la Plaza de Bolívar, est probablement le lieu le plus connu des *Bogotanos* puisque c'est ici que se disputent les matchs de *fútbol* du club local. Ce stade peut accueillir 60 000 personnes.

Le **Coliseo Cuvierto El Campin** ★★ *(Av. Ciudad Quito, près de la Calle 57)* peut accueillir 40 000 personnes pour des représentations sportives de boxe, de basket-ball, de même que certaines manifestations artistiques de grande envergure comme des concerts de musique rock.

Le **Palacio de Los Deportes** ★★ *(angle Calle 73 et Carrera 50)* est un autre centre sportif et culturel qui accueille aussi des vedettes internationales rock.

L'est

Le **Monasterio de Monserrate** ★★★ *(Av. Circunvalar, ☎284 55 77 ou 284 57 00)* s'élève sur la montagne du même nom à quelque 3 200 m d'altitude. On atteint le sommet en prenant un téléphérique ou un funiculaire qui, depuis plus de 65 ans, ont transporté des milliers et des milliers de pèlerins sur ce site enchanteur d'où le coup d'œil à lui seul vaut le déplacement.

Surplombant en effet la ville de Bogotá, qui naît directement sur ses flancs, la montagne de Monserrate offre une vue magnifique de l'immensité de la ville, et il faut profiter de la tombée du jour pour la voir s'illuminer de tous ses feux. Mais si l'on décide de rester un bon moment sur les lieux et de profiter du restaurant La Casa San Isidoro (voir p 117), il faut prévoir se munir de vêtements chauds pour le retour car, pendant certaines soirées fraîches, la température peut y atteindre le point de congélation.

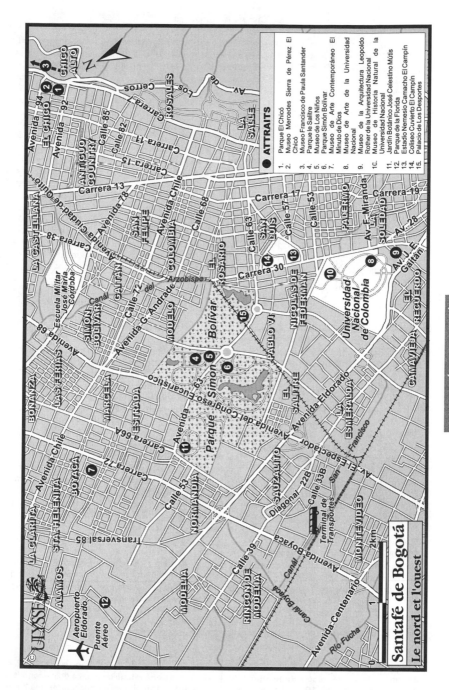

● **ATTRAITS**

1. Parque El Chicó
2. Museo Mercedes Sierra de Pérez El Chicó
3. Museo Francisco de Paula Santander
4. Parque le Salitre
5. Museo de Los Niños
6. Parque Simón Bolívar
7. Museo de Arte Contemporáneo El Minuto de Dios
8. Museo de Arte de la Universidad Nacional
9. Museo de la Arquitectura Leopoldo Rother de la Universidad Nacional
10. Museo de Historia Natural de la Universidad Nacional
11. Jardín Botánico José Celestino Mútis
12. Parque la Florida
13. Estadio Nemesio Camacho El Campín
14. Coliseo Cuvierto El Campín
15. Palacio de Los Desportes

SANTAFÉ DE BOGOTÁ

Santafé de Bogotá
Le nord et l'ouest

0   1   2km

© ULYSSE

La Laguna de Guatavita

La Laguna de Guatavita a probablement déclenché toute la conquête de l'Amérique du Sud, celle de la Colombie assurément. Dès les premiers débarquements en effet, les conquistadores entendent parler de l'El Dorado. Ils se mettent alors sur-le-champ et sans relâche à la recherche du site du fameux lac de la légende pour mettre la main sur les trésors qu'il contient. Des centaines d'expéditions parcourent l'Amérique du Sud en tous sens pendant plus d'un siècle — la légende de l'El Dorado est en effet connue même jusqu'à Quito, en Équateur, à plus de 700 km de Bogotá — pour envahir des contrées infestées de jaguars, d'alligators et de serpents tout en bravant la faim, la maladie et les anthropophages. La Laguna de Guatavita est enfin identifiée vers 1580, alors qu'on découvre une nappe d'eau couleur émeraude qui sommeille au fond d'un cratère. N'y trouvant la moindre parcelle d'or sur les rives, les Espagnols commandés par Antonio de Sepúlveda forcent alors les Amérindiens à creuser une brèche dans la montagne pour assécher le cratère. L'énormité de la tâche laisse encore aujourd'hui pantois. Les Espagnols ne s'y seraient jamais attelés sans l'aide de la main-d'œuvre autochtone gratuite à portée de fusils.

D'abord, il fallait détourner les eaux qui alimentaient le lac. Puis, une brèche fut creusée pratiquement à mains nues dans la montagne même par les Amérindiens, peu habitués aux travaux forcés, qui y laissèrent quantité de vies humaines. L'ouverture permit de vider une partie du lac, à la satisfaction momentanée des Espagnols. Ils y trouvèrent effectivement de l'or et même des émeraudes dont l'une de la taille d'un œuf de poule.

Les travaux sont toutefois abandonnés à la suite d'un affaissement de terrain, mais la brèche est encore bien visible aujourd'hui. Elle facilite d'ailleurs l'accès à la lagune aux visiteurs.

Vers 1625, des mineurs obtiennent encore la permission du roi d'Espagne de drainer le lac. On creuse des tunnels et des galeries dans les parois et, à chaque fois, on trouve de l'or. Mais jamais en assez grande quantité pour satisfaire les entrepreneurs. Plus tard, en 1801, le baron allemand Alexander von Humboldt, voyageur et naturaliste, entreprend de nouvelles fouilles et découvre des marches taillées à même le roc qui, selon sa déduction et en se basant sur la légende de l'El Dorado, devaient servir au rituel de l'intronisation d'un nouveau cacique. En 1823, c'est un Colombien, José Ignacio París, qui entreprend à son tour de nouvelles fouilles. Mais il doit aussi abandonner ses recherches après l'affaissement de son tunnel creusé sous le lac.

L'obsession des chercheurs d'or se tourne alors vers la Laguna Seicha, un lac de dimensions plus modestes à proximité de la Laguna de Guatavita. En 1856, on y perce un canal qui permet l'écoulement d'une partie des eaux, et l'on y découvre quelques objets en or dont une pièce représentant un homme debout sur un radeau jetant des pièces d'or dans l'eau : *La Balsa Muisca*. Cette pièce est actuellement exposée au Museo del Oro de Bogotá (voir p 103). En 1870, on entreprend encore de nouvelles fouilles. La fin tragique de deux hommes affectés au creusage d'un tunnel met cependant fin à l'aventure.

En 1904, Contractors Limited, une firme britannique, réussit à drainer complètement la Laguna de Guatavita. On y découvre encore une fois toutes sortes de bijoux en or dont des colliers et des ornements de nez que l'on vend aux enchères à Londres pour payer les commanditaires. Après de nombreux déboires dont une nouvelle inondation du lac qu'on venait à peine d'assécher, la compagnie abandonne la partie. Pendant plus de 50 ans par la suite, des milliers d'aventuriers de tout acabit tenteront avec des succès mitigés de s'emparer du trésor de la lagune jusqu'à ce que, en 1965, le gouvernement colombien le déclare monument historique et donc lieu inviolable.

Pour ce qui est de la Capilla del Señor Caído de Monserrate, elle a été reconstruite après le tremblement de terre de 1917. La première construction avec un toit de chaume datait des premiers temps de la colonie, entre 1652 et 1657. Un petit village colonial a été reconstitué autour de cette chapelle pour abriter des boutiques de souvenirs; le tout donne l'impression d'un retour vers le passé.

Le téléphérique *(4 600 pesos)* est en service du lundi au samedi, de 9h à minuit, et les dimanches et jours fériés de 6h à 18h. Il vaut mieux y aller en semaine, car les touristes y affluent la fin de semaine. Sa longueur totale est de 820 m. Sa gare inférieure est à 2 692 m au-dessus du niveau de la mer, et sa gare supérieure à 3 152 m, pour une dénivellation de 460 m sur une pente dont l'angle d'inclinaison est de 80,5%. On peut escalader la montagne du Monserrate à pied, mais il pourrait y avoir des problèmes de sécurité, surtout le soir.

Du centre-ville, on peut aussi atteindre facilement la gare du téléphérique à pied, mais cette idée n'est pas recommandée non plus parce que le trajet traverse des rues peu recommandables. Il est préférable de prendre un taxi ou encore l'autobus spécialement identifié «Teleférico» sur le pare-brise.

Zipaquirá

La **Catedral de Sal** ★★★ *(7 000 pesos; tlj 10h à 17h; Vía de Sal)* est une merveille. Une première cathédrale avait été érigée au sein même de la mine de sel par les mineurs dès 1954 sous la direction de l'architecte José María González Concha. Menacée de s'effondrer, elle fut fermée en 1992 pour raison de sécurité. De concert avec l'Instituto de Fomento Industrial, la Sociedad Colombiana de Arquitectos et la Corporación Nacional de Turismo, on décida d'en construire une autre, et le travail fut alors confié à l'architecte Roswell Garavito Pearl avec la participation de Jorge Enrique Castelblanco à la direction technique. Inaugurée le 16 décembre 1995, elle est la quintessence même de l'ingénierie et de l'art mettant en opposition sculptures, jeux d'ombres et de lumières, et allégories. Même si la religion n'est pas votre tasse de thé, il faut convenir que cette cathédrale majestueuse, immense, construite à même les parois de la mine à quelque 200 m sous terre a de quoi époustoufler les plus blasés. La cathédrale, qui couvre 8 500 m², est divisée en trois sections : le chemin de la croix, la coupole et le narthex surmonté d'un jubé, et finalement la grande salle. Pour mieux comprendre l'envergure de l'œuvre, des guides accompagnent les visiteurs en groupe d'une dizaine de personnes. Ils offrent des explications complètes en plusieurs langues. Le service est bénévole et assuré par

des étudiants qui acceptent les pourboires (un minimum de 1 000 pesos par personne est conseillé, mais la visite en vaut assurément le double et même plus).

La cathédrale de sel

La cathédrale peut recevoir quelque 800 fidèles. On peut assister à la messe tous les dimanches et jours de fête et l'on y célèbre même des baptêmes et des mariages.

Le chemin de la croix, dans l'une des galeries principales, est constitué de petites chapelles où est sculptée, à même des colonnes de sel, chacune des 14 stations. Ces stations sont une représentation allégorique de la Passion du Christ. Chacune d'elles utilise le symbole de la croix pour livrer son message; par exemple, pour illustrer l'enterrement du Christ, la croix est placée dans un trou qui prend la forme d'une tombe. Judicieusement mises en valeur par un jeu de lumières indirect, les stations sont toutes des œuvres d'art en soi, d'où se dégage une impression de grandiose, de sacré, de divin indiscutable. Le guide invitera à gratter la paroi de la galerie du doigt, laquelle goûte effectivement le sel.

Dans la partie intermédiaire, on peut admirer une immense croix de 16 m de hauteur sur 10 m de largeur, et ce, d'une distance de plus de 150 m. De ce point de vue en contre-plongée, on jurerait que l'œuvre est un gigantesque bloc de sel suspendu ou même flottant dans un nuage céleste. Il n'en est rien. La croix, d'une blancheur immaculée, est gravée en bas-relief à même la paroi dans un mur de sel bleuté par un éclairage indirect, alors que le restant du mur, d'un noir de jais, prend sa couleur de l'impureté du sel non encore raffiné. L'effet est tout simplement ahurissant, mystique même.

La partie centrale est constituée du presbytère, de l'autel principal et de la grande nef, au centre de laquelle apparaît une sculpture de marbre, *La création du monde* de l'artiste Carlos Enrique Rodríguez Arango, inspirée de la scène de la chapelle Sixtine à Rome, peinte par Michelangelo Buonarroti (Michel-Ange). Par ailleurs, on doit au sculpteur *zipaquireño* Miguel Sopó la statue représentant la Sainte Famille et au sculpteur italien Ludivico Consorti la statue de la Vierge.

SANTAFÉ DE BOGOTÁ

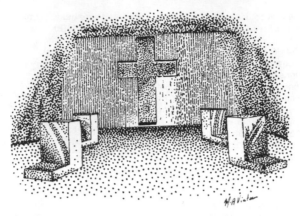

L'une des stations du chemin de croix de la Catedral de Sal

La nef est flanquée de quatre immenses colonnes de 8 m de diamètre, qui représentent les quatre évangélistes, et de deux énormes blocs de sel, *la Vie et la Mort,* traversés par un interstice, soit une sorte de passage étroit qui constitue une autre allégorie à la difficulté de vivre de la naissance à la mort.

Le **Palacio Municipal** ★★ *(au centre-ville)* est une construction imposante qui emprunte au style français de l'époque avec quelques reflets du style gothique. On peut y admirer, dans la salle du Conseil municipal de style néobaroque, des peintures représentant, entre autres personnages, Simón Bolívar, par l'artiste local Federico Rodríguez Mendoza.

Le **Museo Quevedo Zornoza** ★★, un édifice datant du XVIIe siècle où sont gardés des souvenirs de plusieurs générations de la famille Quevedo, famille d'artistes et de musiciens, expose aussi des costumes et des objets datant des XVIIIe et XIXe siècle.

Guatavita

Le trajet vers la Laguna de Guatavita passe par la route panoramique Carretera Central del Norte, en direction cette fois de Sesquilé. À quelques kilomètres de ce petit village, à un croisement, une route en direction des montagnes mène vers la *laguna.* Cette route n'étant pas asphaltée sur plus de 15 km, il vaut mieux éviter de s'y aventurer lors des jours de pluie ou encore louer un tout-terrain.

La **Laguna de Guatavita** ★★★ est troublante. C'est ici en effet, à plus de 3 200 m d'altitude qu'est née la légende de Guatavita, le cacique *muisca* qui se rendait en barque au milieu du lac couvert de poudre d'or et qui jetait dans ses eaux des émeraudes et des pièces d'or pour apaiser la colère du démon (voir p 24). C'est principalement la recherche de ce trésor fabuleux qui motiva les conquistadores à pénétrer à l'intérieur d'un pays au climat et aux populations inhospitaliers. Lorsqu'ils parvinrent enfin à l'emplacement de la lagune, ils ne purent en croire leurs yeux. En effet, la Laguna de Guatavita est une petite étendue d'eau circulaire de moins d'un kilomètre de diamètre qui apparaît soudain, à la suite d'une longue escalade, comme un bijou enchâssé dans le chaton d'une bague. Elle s'étend au fond d'une bouche de volcan, et ses eaux immobiles sont d'un vert profond et mystérieux. Comme aucune vaguelette, aucune ride n'en pertubent la surface, on dirait une gigantesque émeraude sertie dans la crête des Andes.

Les Espagnols le crurent. En voyant ces lieux mystiques des *Muiscas,* ils furent convaincus en effet que la couleur du lac était le reflet du contenu de ses fonds et que la lagune débordait d'émeraudes et de pièces d'or. À maintes reprises, ils tentèrent d'en extirper les trésors, allant même jusqu'à l'assécher. La lourde tâche incomba aux Amérindiens, et plusieurs y laissèrent leur vie. La faille creusée à même la paroi de la montagne pour permettre l'écoulement des eaux donne aujourd'hui accès plus facilement au lac, dorénavant protégé par le gouvernement. Plus aucune fouille n'est aujourd'hui autorisée dans la *laguna.* Un lieu du reste fascinant par sa légende et son histoire. Une excursion unique dans la nature et dans le temps. Un pèlerinage en plein occultisme dans la cordillère des Andes.

HÉBERGEMENT

Santafé de Bogotá

NOTE : tous les hôtels de Bogotá de catégorie supérieure offrent un service de taxi aller-retour à l'aéroport gratuitement sur demande.

Le centre-ville et La Candelaria

Encore une fois, le centre-ville et La Candelaria sont les quartiers les plus intéressants pour les attraits touristiques. Comme ces deux quartiers sont adjacents, on peut se rendre facilement à pied d'un site à l'autre. D'autre part, il est plus facile d'y trouver des hôtels pour tous les budgets.

Hôtel **Santa Fé** *($; bp, ec, ℛ; Calle 14 No. 4-48, ☎342 05 60 ou 342 05 63, ⊷342 18 79)*. Voilà un hôtel bon marché qui saura à coup sûr satisfaire les petits budgets. Il s'agit d'un vieil hôtel non sans charme situé aux portes de La Candelaria. Les chambres au mobilier modeste sont grandes, propres et aérées, et l'hôtel lui-même est sécuritaire. L'accueil est on ne peut plus compréhensif. Il faudra cependant spécifier l'heure de la douche à la réception, et l'on fera chauffer l'eau à temps pour les besoins de chacun. D'autre part, il faut savoir que l'hôtel n'est pas doté de chauffage central et que le froid peut incommoder certains voyageurs.

L'**Hostería La Candelaria** *($$; bp, ec, mb, chauffage d'appoint, ℛ; Calle 9 No. 3-11, ☎342 17 27 ou 286 14 79, ⊷282 34 20)* est un hôtel de style colonial installé dans deux anciennes résidences privées contiguës, dont l'une propose des chambres situées de part et d'autre de trois cours intérieures plantées d'arbres et de fleurs. De ce point de vue, l'hôtel a tout pour plaire aux voyageurs qui recherchent l'âme et l'atmosphère qu'on ne peut retrouver que dans les vieux édifices. La réception et le restaurant se trouvent dans l'autre maison où l'on accède par une porte verrouillée, actionnée sur demande par le personnel. Pour ce qui est de l'hôtel, le propriétaire aurait intérêt à amorcer rapidement une rénova-

tion en profondeur des chambres et des suites pour prétendre offrir un semblant de confort à sa clientèle. À la réception, le service n'était rien de moins que superficiel, boiteux et surtout prétentieux. Dans ces conditions inacceptables et à 49 000 pesos la nuitée, il aurait été normal de crier au vol. Erreur! C'était tout simplement... du commerce *estilo bogotano*. À la manière bogotanienne.

L'hôtel **Dann Colonial** *($$; bp, ec, chauffage, mb, ☎, tv, ▣, ℛ, S; Calle 14 No. 4-21, ☎341 16 80, ⊷344 99 92)* est situé en face de l'hôtel Santa Fé, et aussi aux portes de La Candelaria. Il s'agit ici d'une des meilleures aubaines de Bogotá pour ce qui est du logement. Le Dann Colonial est un hôtel de sept étages qui propose une centaine de chambres immenses n'ayant rien à envier aux suites des autres hôtels de même catégorie. Elles sont aménagées avec goût et sans prétention, et l'on y retrouve tout ce qu'un voyageur peut souhaiter : propreté, confort et tranquillité. Pour moins de 35 000 pesos pour une personne et 50 000 pour deux, il faut choisir le Dann Colonial. Le hall est accueillant et décoré avec élégance, et la réception, professionnelle, est digne des plus grandes chaînes (l'hôtel fait partie du groupe colombien Dann Hoteles, qui administre aussi des hôtels à Cali et à Barranquilla). Cuisine créole et internationale au restaurant.

L'hôtel **Inter Bogotá** *($$; bp, ec, chauffage, ☎, tv, ▣, ℛ, △, ⊘; Carrera 3 No. 20-7, ☎/⊷344 67 12)*, adjacent à l'hôtel Niagara et fort respectable et vise aussi une clientèle au budget limité. La réception est amicale, simple et chaleureuse. Pour 50 000 pesos, il est possible de choisir une chambre avec sauna. L'espace est restreint à cause de l'installation, mais l'ensemble constitue une aubaine.

L'hôtel **Niagara** *($$; bp, ec, chauffage, ☎, tv, ▣, ℛ, bain turc; Carrera 3 No. 20-35, ☎294 23 00, ⊷342 76 02)* est situé quelque peu à l'écart du centre-ville. Ici aussi il s'agit d'un hôtel pour petit budget fort recommandable. Pour 35 000 pesos, ce petit hôtel propose une de ses 30 chambres de dimensions réduites mais propres et tranquilles. On peut aussi y prendre un bain turc pour 6 000 pesos, gratuit après trois nuitées. L'accueil est agréable et empressé.

La **Casa Medina** *($$$$$; bp, ec, ⊗, mb, ☎, tv, ▣, chauffage, ℛ, ⊘, ⊛, △, S intérieur; Carrera 7 No. 69a-22, ☎217 02 88 ou 212 66 57, ⊷312 37 69)* est située dans le nouveau centre financier et commercial de Bogotá et fait partie de la chaîne Relais et Châteaux. La Casa Medina est un monument historique restauré qui compte 21 chambres et 37 suites, toutes luxueuses et confortables, dans un édifice construit en 1945 par Don Santiago Medina. Ce dernier a réuni avec bonheur les tendances traditionnelles architecturales espagnoles et françaises pour déborder en un style unique, utilisant à profusion les carreaux de céramique tout en mettant en relief des colonnes en pierre qui proviennent du couvent espagnol de Santo Domingo. Des portes en bois, taillées à la main, de même que des balcons, des balustrades et des grillages en fer forgé sont les attraits les plus spectaculaires de l'édifice. En avril 1988, à la suite d'une rénovation en profondeur dirigée habilement, qui a préservé son cachet antique, l'immeuble a été transformé en un hôtel exclusif pour une clientèle aisée. Le restaurant, meublé classique, propose une cuisine internationale de prestige dans une ambiance feutrée.

L'hôtel **Tequendama Inter-Continental** (*$$$$*; bp, ec, ≡, mb, ☎, tv, 🅿, chauffage, ℛ, ⊘, ⊛, ◿, S intérieur; Carrera 10a No. 26-21, ☎286 11 11, sans frais des États-Unis ☎800-332 42 46, ⇸282 28 60, bogha@interconti.com) est reconnu comme l'un des meilleurs hôtels de toute l'Amérique du Sud. Sa situation centrale, adjacente au Centro de Convenciones, permet d'avoir une vue panoramique sur les Andes tout en ayant un pied-à-terre au centre-ville. Les chambres sont de la meilleure qualité alors que, dans l'immense hall quelque peu impersonnel, on trouve toutes les commodités comme des boutiques de souvenirs et de sport, une bijouterie, un coiffeur et même un casino. Il y a aussi des agences de voyages et de location de voitures, de même qu'un préposé multilingue aux relations avec la clientèle qui se charge d'aplanir toutes les difficultés qui peuvent se présenter à un visiteur lors d'un premier séjour à Bogotá. L'hôtel propose également plusieurs bars et restaurants tels que le Salon Monserrate, que l'on surnomme le «balcon de Bogotá» à cause de la vue magnifique qu'il offre sur la ville, le restaurant El Virrey, le Café Vienes, La Cascade, un restaurant italien, le Chispas, qui est en fait un pub anglais, et le Lobby Bar, pour les rendez-vous d'affaires.

La Zona Rosa - El Chicó

Le quartier El Chicó, qui s'étend de la Calle 87 jusqu'à la Calle 100, entre la Carrera 7 et

l'Avenida Caracas, est l'un des quartiers les plus huppés de Bogotá; on y trouve, entre autres particularités, des immeubles résidentiels de grand luxe bordés de parcs ombragés. Il comprend en son centre une zone particulièrement intéressante, la Zona Rosa, l'une des plus actives de Bogotá, avec tous les services essentiels et de luxe regroupés dans ses rues, ses allées ombragées, et sur ses boulevards : des restaurants, des cinémas, des galeries d'art, des banques, de nombreuses boutiques *fashionable*, des centres commerciaux, des terrasses, des bars et des discothèques. Pour ce qui est des hôtels, ils sont tous de classe supérieure (sauf le Mediteraneo ci-dessous), et il faut éviter la Zona Rosa si l'on voyage avec un petit ou même un moyen budget.

L'hôtel **Mediteraneo** (*$$*; bp, ec, mb, ☎, tv; Carrera 11 No. 79-43, ☎236 66 30, 218 16 06 ou 249 90 55, ⇸218 17 89) est situé à l'est de la Zona Rosa. C'est l'un des seuls hôtels pour petit budget de ce quartier. C'est probablement son seul intérêt aussi, bien que la réception soit tout à fait chaleureuse.

L'hôtel **Charlotte** (*$$$$*; bp, ec, mb, ☎, tv, 🅿, ℛ, S extérieur avec gardien; Carrera 15 No. 87-94, ☎218 16 25, 218 16 06, 218 17 84, ou 218 17 62, ⇸218 17 89) est situé à la périphérie de la Zona Rosa. Le Charlotte propose une cinquantaine de chambres sur six étages, dont deux étages offrant des chambres avec un petit balcon donnant sur un parc, la Plaza de las Flores, où l'on trouve un petit marché aux fleurs et où l'on peut faire du jogging. L'un des employés de la réception parle suffisamment anglais pour guider les visiteurs ou les renseigner sur les alentours. Cuisine continentale au restaurant.

Pour ce qui est de l'hôtel **Saint Simon** (*$$$*; bp, ec, mb, ☎, tv, 🅿, ℛ, S extérieur avec gardien; Carrera 14 No. 81-34, ☎621 81 88, ⇸618 52 79), il compte, sur 7 étages, 46 chambres sans air conditionné, dont certaines avec cuisinette. Les chambres sont propres, et l'hôtel est calme : il offre un bon rapport qualité/prix.

L'hôtel **Andino Royal** (*$$$$*; bp, ec, ≡, mb, ☎, tv, 🅿, chauffage, ℛ, ⊘, ⊛, ◿, S; Calle 85 No. 12-28, ☎635 11 05 ou 635 07 66, ⇸218 64 95, www.colomsat.net.co/hotel/hs.royal) est un élégant hôtel présentant une façade assez spectaculaire avec des portes vitrées et un vitrail grandiose au-dessus du portail. Les 70 chambres et suites sont meublées avec goût, et l'on ne peut rien reprocher

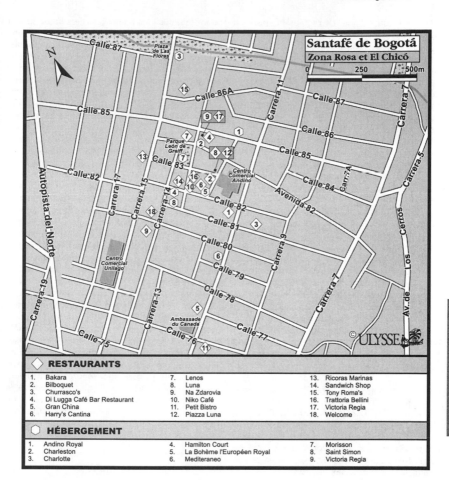

Santafé de Bogotá

Zona Rosa et El Chicó

0   250   500m

◇ **RESTAURANTS**

1.	Bakara	7.	Lenos	13.	Ricoras Marinas
2.	Bilboquet	8.	Luna	14.	Sandwich Shop
3.	Churrasco's	9.	Na Zdarovia	15.	Tony Roma's
4.	Di Lugga Café Bar Restaurant	10.	Niko Café	16.	Trattoria Bellini
5.	Gran China	11.	Petit Bistro	17.	Victoria Regia
6.	Harry's Cantina	12.	Piazza Luna	18.	Welcome

○ **HÉBERGEMENT**

1.	Andino Royal	4.	Hamilton Court	7.	Morisson
2.	Charleston	5.	La Bohème l'Européen Royal	8.	Saint Simon
3.	Charlotte	6.	Mediteraneo	9.	Victoria Regia

à la qualité du service. Le restaurant, pour sa part, se spécialise dans la cuisine italienne.

L'hôtel **La Bohème l'Européen Royal** *($$$$$;* *bp, ec, =, mb, ☎, tv, ▣, chauffage, ℜ, ⊘, ⊛, ◯,* *S; Calle 82 No. 12-35, ☎617 11 77, sans frais ☎800-379 96 36, ⇒618 00 03, hbohemer@cdomsat.net.co)* est aussi un petit hôtel de catégorie supérieure avec une touche européenne. La Bohème l'Européen Royal renferme 66 chambres, un restaurant avec terrasse et cuisine continentale, et un bar tranquille avec musique d'ambiance à l'heure de l'apéro. La réception est sympathique, et le personnel s'exprime aussi bien en anglais qu'en français.

🏨 L'hôtel **Charleston** *($$$$$; bp, ec, =, mb, ☎, tv, ▣, chauffage, ℜ, ⊘, ⊛, ◯, S intérieur; Carrera 13 No. 85-46, ☎257 11 00, ⇒236 79 81)* est voisin de l'hôtel Victoria Regia. Le Charleston est un hôtel de la chaîne Relais et Châteaux qui abrite 65 chambres luxueuses et confortables dans un édifice de style classique doté de 3 tours. Il s'agit d'un hôtel réservé à une clientèle aisée qui ne pourrait envisager un quelconque problème de budget. De ce fait, la réception est un peu froide et correspond au style sévère de l'endroit.

L'hôtel **Hamilton Court** *($$$$$; bp, ec, =, mb, ☎, tv, ▣, chauffage, ℜ; Carrera 14 No. 81-20, ☎621 54 55 ou 622 04 04, ⇒218 88 90)*, de la chaîne Forte Travelodge, est un hôtel de 41 chambres de style classique à prix élevé. L'hôtel n'offre aucune surprise aux clients de cette chaîne qui s'attendent à un traitement de qualité. Ils ne seront pas déçus.

L'hôtel **Morisson** *($$$$$; bp, ec, =, mb, ☎, tv, ▣, chauffage, ℜ, ⊘, ⊛, ◯, S intérieur; Calle 84 No. 13-54, ☎622 31 11, ⇒622 43 88, morisson@impsat.net.co)* est un petit hôtel de 35 chambres et 5 suites royales avec foyer. D'ambiance sympathique, le Morisson est érigé en face du parc León de Greiff. La moitié de ses chambres donnent sur ce parc et offrent une vue magnifique sur ce petit quadrilatère. L'hôtel est situé à quelques pas du Centro Comercial Andino et est entouré de restaurants et de cinémas de qualité.

🏨 L'hôtel **Victoria Regia** *($$$$$; bp, ec, =, mb, ☎, tv, ▣, chauffage, ≈, ℜ, ⊘, ⊛, ◯, S intérieur; Carrera 13 No. 85-80, ☎621 26 66, sans frais des États-Unis ☎800-221 45 42 ou 914 472 03 70, de France ☎01 60 77 27 27, ⇒610 35 16, hvictori@Colomsat.net.co)*, situé dans l'un des plus beaux quartiers de Bogotá et faisant partie de la chaîne Sofitel, est une construction récente, d'architecture sophistiquée, qui offre une ambiance feutrée à l'anglaise. Le hall d'entrée est assez remarquable avec son escalier en bois verni qui mène aux salons. L'hôtel est adjacent aux meilleures boutiques, galeries d'art, cinémas, bars et restaurants de la ville, et se trouve à quelques 20 min du centre financier et du World Trade Center de Bogotá. Le Victoria Regia — nom de la reine d'Angleterre dont on a baptisé le plus grand nénuphar (nymphéacées) à fleurs blanches et rouges d'Amazonie — propose 94 chambres et 5 suites rehaussés d'un service à l'européenne avec un souci nord-américain d'efficacité : tous les employés de la réception s'expriment aussi bien en anglais qu'en espagnol, certains d'entre eux s'expriment même en français. Les chambres sont grandes, confortables et meublées avec goût, comprenant un bureau de travail qui s'avère efficace autant pour les hommes d'affaires que pour les touristes soucieux de bien organiser leurs déplacements. On y trouve un excellent restaurant (voir p 117). D'autre part, le Salon Victoria, à gauche de la réception, propose à sa clientèle de relaxer en dégustant un thé à l'anglaise, reine Victoria oblige, de 16h à 19h du lundi au vendredi. Les pâtisseries, petits fours et autres gâteries qu'on y sert, sont réputés les meilleurs de Bogotá. La Victoria Regia met aussi à la disposition des gens d'affaires une salle de travail complète munie de bureaux, d'ordinateurs branchés à l'Internet, de téléphones et de fax.

Zipaquirá

🏨 L'**Hospederia El Libertador** *($$; bp, ec, chauffage, ☎, tv, ▣, mb, ℜ; via Mina de Sal, ☎852 30 60, 852 68 46, 852 68 48 ou 852 68 50, ⇒852 68 51)* est un petit hôtel néocolonial niché en montagne sur le site même de la mine au sein de laquelle s'élève la Catedral de Sal. Outre le point de vue magnifique sur la ville de Zipaquirá et la campagne environnante, l'hôtel de 11 chambres immenses donnant sur une cour intérieure se révèle être le secret le mieux gardé de Bogotá avec son magnifique restaurant entouré de fenêtres, son bar avec foyer, son accueil sobre et chaleureux, et ses prix : 48 000 pesos pour deux personnes la nuitée. Une aubaine à ne pas manquer!

RESTAURANTS

Santafé de Bogotá

S'il y a des restaurants chers dans tous les grands hôtels, il y a pénurie de restaurants de catégorie moyenne au centre-ville de Bogotá. On y trouve par contre un nombre incalculable de *fast-food* locaux style pizzerias, rôtisseries, etc. Il y a aussi, bien sûr, les *fast-food* des grandes chaînes. Voici tout de même quelques restaurants qui, à leur manière, sortent de l'ordinaire bogotanien.

Le centre-ville et La Candelaria

Café l'Avenir *($-$$; lun-ven 10h à 21h, sam 14h à 18h, fermé dim; Calle 11 No. 2-98, ☎284 79 73)*. Voilà un petit bistro vraiment sympathique de quatre ou cinq tables seulement où l'on peut manger très bien et pour pas cher dans une ambiance bohème sans prétention. C'est un rendez-vous d'artistes et d'étudiants, et le patron, dans la trentaine, reçoit lui-même ses clients tout en s'occupant du service. Au cours des journées chaudes, il arrive qu'on sorte quelques chaises sur le trottoir qui fait alors terrasse. On peut aussi y acheter des produits d'importation haut de gamme comme de l'huile d'olive vierge, du café ou encore de la marmelade maison, en montre dans des armoires vitrées. Le service et l'accueil sont chaleureux, et l'endroit est aussi idéal pour l'apéro.

Le **Café de Rosita** *($-$$; tlj 12h à 20h; Calle 9 No. 3-11, ☎342 17 27 ou 286 14 79)* est le restaurant de l'Hostería La Candelaria (voir p 111). On y propose de bons plats du jour, mais la carte est limitée. Il est aménagé dans une cour intérieure avec un toit de verre. Fréquenté par une clientèle élitiste, il se transforme souvent en petite salle de concerts intimiste. Le restaurant donne accès à des salons décorés à l'ancienne que l'on peut louer pour des réceptions privées.

Le **Pepperoncino Café Bar Restaurant** *($-$$$; lun-sam 12h à 4h; Calle 10 No. 3-87, ☎342 27 46)* est un restaurant italien tenu par une Libanaise du nom de Salma. Dans cet établissement reconnu par le tout Bogotá, il vaut mieux se présenter le soir sur réservation seulement. Il s'agit d'un restaurant exclusif avec une personnalité qui correspond à celle de la patronne. Le restaurant est installé dans une maison coloniale avec cour intérieure couverte et surplombée par un balcon. L'atmosphère y est assez unique et, toujours selon la patronne, il arrive que les dîners s'éternisent après les heures de fermeture quand les clients ont le goût de la fête. *«Il ne faudrait surtout pas l'ébruiter»*, a-t-elle recommandé. On ne le fera pas!

China Town *($$-$$$; tlj 12h à 23h; Carrera 14 No. 18-58, ☎256 45 95, 610 45 95 ou 236 62 10, ⌐616 62 45)*. Comme son nom l'indique, il s'agit d'un restaurant chinois, une bonne façon donc d'apporter du divertissement dans son menu quotidien.

El Pozetto *($$-$$$; tlj 11h30 à 24h; Carrera 7a No. 61-24, ☎235 84 97, 255 35 84, 255 11 60 ou 345 21 17)*. Plus qu'une pizzeria, El Pozetto propose un menu italien complet de pâtes, de poissons, de fruits de mer et de viandes dans un style apprécié d'une clientèle nombreuse de gens d'affaires qui s'y donnent rendez-vous le midi. Le service est bien fait, rapide si c'est nécessaire. Le menu du jour affiche une variété de plats dont un excellent risotto aux fruits de mer. Le décor est à l'italienne sans être trop chargé.

La Zona Rosa - El Chicó

Comme déjà mentionné, toutes les cuisines sont représentées en Colombie, particulièrement à Bogotá et surtout dans la Zona Rosa. Il n'y a que l'embarras du choix, et seul le budget peut limiter ce dernier.

Pour manger rapidement, n'importe quand, à toute heure du jour ou de la nuit, sur le coin d'un comptoir, le **Sandwich Shop** *($; tlj 24 heures sur 24; Calle 82 No. 15-24)* est le lieu tout indiqué pour de bons sandwichs et du café servis 24 heures par jour. Le pain y est excellent, chose rare en Colombie.

Le **Ricoras Marinas** *($-$$; tlj 10h à 22h; Carrera 15 No. 83-37 ☎256 50 26 ou 530 09 63)*, est un petit restaurant d'une dizaine de tables en bois sans nappe et avec des bancs sans dossier. On y mange à la sauvette des plats qui vont de la demi-douzaine d'huîtres jusqu'aux crevettes servies sur un nid de riz en passant par la casserole de fruits de mer et la soupe de poisson. Bas prix assurés. Présentation et service à l'avenant. Bonne cuisine, sans aucune prétention.

SANTAFÉ DE BOGOTÁ

Dans la même catégorie, le **Lenos** *($-$$; tlj 10h à 23h; Calle 85 No. 13-20, ☎218 02 32 ou 218 21 03)* propose surtout du poulet rôti, mais on peut y déguster aussi des steaks. Les meubles sont en bois grossièrement équarri et verni, et les murs, en pierre et en brique. Sans prétention. La terrasse, au deuxième, offre une vue sur la rue, surtout achalandée entre 16h et 19h.

La **Piazza Luna** *($-$$$; tlj 12h à 22h; Calle 83 No. 12-20, ☎257 20 88)* est la terrasse du restaurant Luna (voir p 117). Non seulement peut-on y déguster, attablé, les mêmes plats qu'au restaurant, mais la terrasse se veut aussi un marché champêtre spécialisé en produits pour la cuisine italienne. On y trouve des spécialités culinaires pour emporter de même qu'une bonne variété de pâtes fraîches, de fromages et de légumes frais. On y trouve aussi un choix assez complet de vins italiens, espagnols et chiliens.

Le restaurant **Di Lugga Café Bar Restaurant** *($$-$$$; tlj 11h30 à 1h; Carrera 13 No. 85-32, ☎611 56 14 ou 611 56 65)* est un restaurant italien servant, dans une salle à l'ambiance feutrée, une cuisine recherchée par une clientèle exclusive. À la terrasse ouverte sur cette partie de *carrera* tranquille, on peut déguster une cuisine plus *trattoria*, comme des pizzas par exemple.

La **Harry's Cantina** *($$-$$$; tlj 12h à 1h; Calle 83 No. 12-84, ☎616 87 94 ou 616 81 74)* est un restaurant de style étasunien doté d'une salle à manger et d'une terrasse. On peut autant y manger un sandwich que des plats plus complets à saveur texane et mexicaine. Les meubles et les murs sont en bois verni, et le décor est rehaussé de tapisseries où dominent le rouge et le vert.

Niko Café *($$-$$$; tlj 12h à 24h; Carrera 13 No. 83-48, ☎610 81 02 ou 610 65 53).* Voilà un café à l'ambiance sophistiquée qui sert une cuisine méditerranéenne à deux menus : le menu du jour, de midi à 19h, environ 10 000 pesos, et le menu du soir, qui peut dépasser 15 000 pesos. La salle n'est pas très grande et offre une ambiance chaleureuse. Le décor est moderne et n'est pas sans rappeler certains petits restaurants branchés de New York. Le service se révèle rapide et bien fait.

Le **Petit Bistro** *($$-$$$; tlj 12h à 1h; Calle 76 No. 10-28, ☎249 40 58)* offre quant à lui une cuisine bistro «à la française» dans une atmosphère détendue.

Le restaurant **Bakara** *($$-$$$; mar-dim 12h à 1h; Calle 82 No. 12-09, ☎18 80 38 ou 239 59 26)* propose, dans sa salle à manger et sur sa terrasse, une cuisine méditerranéenne et arabe avec un service sympathique à l'européenne. Ici, on peut flâner ou lire son journal en toute quiétude. Moderne, le décor sépare la terrasse de la salle à manger par une cloison et des portes vitrées, ce qui donne l'impression que la terrasse s'étale jusque dans la salle à manger. Un bar d'une dizaine de places s'ajoute à la salle à manger et confère au tout une ambiance bistro.

La **Trattoria Bellini** *($$-$$$; lun-sam midi à minuit, dim 12h à 22h; Carrera 13 No 83-52, ☎288 85 60, 288 87 50 ou 236 44 01)* est un autre restaurant italien recommandable qui propose une cuisine recherchée malgré l'appellation *trattoria* qui désigne habituellement une cuisine de tous les jours. La salle est décorée avec goût et dans un style moderne branché, avec plexiglas et fleurs, ce qui contraste avec le décor souvent privilégié dans ce genre de restaurant. On s'attendra donc à une cuisine italienne créative sinon nouvelle. Excellent choix de vins italiens.

Pour ce qui est du **Welcome** *($$-$$$; tlj 12h à 15h et 19h à 23h; Carrera 14 No. 80-65, 1er étage, ☎256 47 90)*, c'est un restaurant japonais avec un «bar à sushis». Il s'agit d'un petit restaurant intime avec une seule salle décorée à la japonaise, à laquelle s'ajoute un long «bar à sushis». Le service est excellent et effectué par des Japonais qui s'expriment en espagnol.

Le **Bilboquet** *($$-$$$$; tlj 12h à 24h; Calle 83 No. 12-19, ☎610 52 10)* est un restaurant français à la mode dont la réputation n'est plus à faire, notamment pour la carte des vins, auprès des Français qui vivent et travaillent à Bogotá.

Le restaurant **Churrasco's** *($$-$$$$; tlj 12h à 24h; Calle 81 No. 10-50, ☎236 522 46)* se spécialise dans les grillades. Le menu propose autant les viandes que les poissons et les fruits de mer. Le décor lourd se veut argentin, avec des tables et des chaises, style fauteuil, en bois sculpté.

Restaurant **Gran China** *($$-$$$$; tlj 11h30 à 24h; Calle 77-a No. 11-70, ☎249 59 38 ou 211 48 07, ⊶312 87 12).* Ouvert depuis 1982, ce restaurant chinois peut se targuer d'avoir été jugé excellent par les critiques gastronomiques. Logé dans le quartier des ambassades, le Gran

China ne peut décevoir ceux qui aiment la cuisine orientale. Le menu est complet, et les tables sont dispersées dans plusieurs petites salles, ce qui permet une certaine intimité.

Le **Luna** *($$-$$$$; tlj 12h à 15h et 18h à 23h; Calle 83 No. 12-26, ☎257 20 88)* est un restaurant qu'on ne peut oublier. Installé dans une immense bâtisse blanche dont un mur est entièrement vitré, le Luna est un restaurant italien branché fréquenté par une clientèle huppée. Le bar, à l'entrée, invite à l'apéro, tandis qu'on trouve des tables sur les deux étages de la salle à manger. La cuisine est à la hauteur, et le service, attentionné. Les pâtes sont aussi bien à l'honneur que les pizzas, mais la carte affiche des spécialités comme le filet de poisson au poivre noir et les *linguini* aux fruits de mer.

Le **Na Zdarovia** *($$-$$$$; tlj 12h à 15h et 19h30 à 24h; Carrera 14 No. 80-71, ☎218 50 72)* est, pour sa part, un restaurant russe où l'on pourra boire différentes vodkas. Au menu : la mousse de caviar ou le hareng au vin ou à la moutarde ou encore fumé comme entrée, et le bœuf Stroganov, l'agneau flambé, le canard azerbaïdjanais ou les crevettes sauce au caviar et au champagne comme plat principal. Le service semblait cependant plus attentionné à la table de la clientèle régulière, des amis de la maison, qu'à celle de la clientèle de passage, peu nombreuse il faut dire.

🦞 **Tony Roma's** *($$-$$$$; tlj 12h à 24h; Calle 86a No. 13a-10, ☎611 31 76 ou 256 66 38)* est un restaurant avec un immense puits de lumière conférant une atmosphère unique à la salle. Tony Roma's propose des grillades de viande et de poisson. Le service est sympathique.

Au restaurant de l'hôtel **Victoria Regia** *($$$$; tlj 7h à 22h; Carrera 13 No. 85-80, ☎621 26 66)* (voir p 114), on déguste tous les jours une cuisine de qualité supérieure comportant quatre services et élaborée avec art par le chef français Dominique Asselin. De plus, tous les mois et sous l'appellation *The Wine Maker Dinner*, Dominique Asselin vous invite à participer à un dîner gastronomique composé d'un menu préparé spécialement pour la dégustation d'une sélection mensuelle de vins fins. À cette occasion, un taste-vin accompagne les différents services et fait le tour des tables pour donner des explications sur l'harmonie des vins avec les mets dégustés.

Autres restaurants

Un peu à l'écart, voici d'autres restaurants qui plairont grâce à leur cuisine spécialisée :

Le **Chalet Suizo** *($$-$$$$; lun-ven 12h à 23h, sam-dim 13h à 22h; Av. 22 No. 39a-48, ☎245 61 15)*, comme son nom l'indique, propose des plats internationaux de même qu'une cuisine suisse, y compris les fondues, le tout sous l'œil attentif du patron qui veille lui-même à la qualité des plats et du service.

Le restaurant **Samurai-ya** *($$-$$$$; lun-sam 12h et 18h à 22h; Carrera 8a No. 124-22, ☎213 54 40)* propose, pour sa part, une cuisine traditionnelle japonaise incluant *tempura, sushi, sashimi* et *sukiyaki* entre autres.

Le **Kyoto Oriental** *($$-$$$$; tlj 11h à 22h; Carrera 11 No. 97-32, ☎257 27 28)* est aussi un restaurant japonais qui propose *sushi, sashimi* et *teppanyaki*.

La **Casa San Isidoro** *($$$$; tlj 11h30 à 24h; au sommet de la montagne Monserrate)* a élu domicile à quelque 3 200 m d'altitude. C'est un superbe restaurant français où l'on sert des plats de qualité et où l'on offrre un service de classe. Il faut choisir une table près des baies vitrées pour une vue unique sur Bogotá. Le soir, un pianiste crée une ambiance à la française en jouant des airs de Charles Aznavour.

Zipaquirá

La petite ville de Zipaquirá est active avec ses 85 000 habitants. c'est pourquoi plusieurs restaurants y ont pignon sur rue et qu'on peut s'y offrir des cuisines savoureuses.

🦞 Le restaurant **Begoña** *($-$$; tlj 7h à 20h; Calle 1a, No. 7-50, ☎852 39 32)* est un restaurant typique de bonne dimension, avec des tables agréablement ornées de fleurs, qui sert une cuisine locale et variée dans une ambiance chaleureuse et détendue. Pas cher si l'on considère la qualité et le service.

Le restaurant **Funzipa** *($$-$$$$; tlj 7h à 24h; Calle 1, entre les Carreras 9 et 10, ☎852 22 63)* est un grand restaurant qui propose aussi une cuisine typique dans une atmosphère de classe, avec musiciens locaux les fins de semaine. On y déguste autant de la truite fraîche que les spécialités dont la description

SANTAFÉ DE BOGOTÁ

figure dans l'encadré concernant la gastronomie locale (voir p 88).

  SORTIES

Santafé de Bogotá

Santafé de Bogotá est reconnue pour sa vie nocturne, et les discothèques grouillent d'activité à partir de 23h. Mais on peut aussi profiter de la *feliz hora* (*happy hour* ou heure joyeuse) dans plusieurs établissements, notamment les bars d'hôtels qui proposent souvent deux consommations pour le prix d'une seule. Il faut s'informer. Personne ne vous tiendra rigueur d'une telle revendication, et l'on vous considérera comme un habitué bien au fait des coutumes locales.

Le centre-ville et La Candelaria

Pour ce qui est du centre-ville, il faut montrer patte blanche avant d'entrer dans une discothèque, et l'on vous fera passer au détecteur de métal à l'entrée. D'autre part, on ne vous laissera pas non plus sortir avant d'avoir présenté le reçu du bar attestant que vous avez bel et bien payé vos consommations. Le centre-ville n'étant pas recommandable le soir, sauf si l'on s'y déplace en taxi, il vaut mieux fréquenter la Zona Rosa pour se détendre.

La Zona Rosa - El Chicó

À l'intérieur des limites de la Zona Rosa, on trouve un bon nombre de bars, de terrasses et de cafés fréquentés par une clientèle jeune et trépidante dès 17h. Notamment, sur la Calle 82, entre la Carrera 13 et la Carrera 11. Les bars qui suivent proposent tous, d'un côté ou de l'autre de la rue, des terrasses contiguës avec, à peu de chose près, la même atmosphère, la même clientèle qui passe de l'une à l'autre et la même musique forte, du rock au country (hé oui!) en passant par le *vallenato*. Les consommations sont chères, et la bière locale peut coûter jusqu'à 2 800 pesos, alors que l'on peut goûter à peu près n'importe où des bières importées, entre autres la Corona du Mexique, servie avec un zeste de lime, de même qu'une bonne variété de bières européennes.

Admiral Rosa Club, No. 12-76
Bar Restaurant Almirante, No. 12-21
Charlies' Roast Beef, No. 12-22
Tienda Aguapanela's, No. 12-32, qui propose de la musique typique colombienne de la région de Caldas.
Restaurant Bar Burbon Street, No. 12-36
Bar Kaoba, No. 12-44

Dans les environs, et un peu plus tranquille, la terrasse du restaurant **Bakara** *(mar-dim 12h à 1h; Calle 82 No. 12-09. ☎18 80 38 ou 239 59 26)*, avec une clientèle de 25 ans et plus, est recommandée pour l'apéro en tête-à-tête. Bières à partir de 2 500 pesos.

La **Harry's Cantina** *(tlj dès 22h; Calle 83 No. 12-84, ☎616 87 94 ou 616 81 74)* est un restaurant (voir p 116) qui se transforme en discothèque à partir de 22h jusqu'à tard dans la nuit. Ambiance assurée.

La **Viejoteca** *(ven-sam 22h à 5h; Carrera 15 No. 80-63, ☎218 40 33)* est aussi un restaurant qui se transforme en discothèque. Ici cependant, on fait dans le nostalgique et, soit pour danser ou simplement écouter — ou pour se familiariser —, on propose à la clientèle de la musique locale des années soixante et soixante-dix et quelques tubes des années quantre-vingt. C'est ainsi qu'on pourra entendre les chansons de Los Graduados, Los Hispanos, La Sonora, Fruko, La Billo's et combien d'autres. Beau programme! D'autant plus que le prix des consommations est abordable.

Événements

Trop d'événements sociaux et culturels sont à l'affiche dans le Cundinamarca pour en faire la liste complète. On notera tout de même les événements qui se tiennent à Bogotá même :

Temporada Tourina : les corridas du mois de janvier;

Festival Latino-americano de Teatro : un festival de théâtre au mois de mars;

Feria de Libro : la foire du livre en mai;

Feria Internacional de Bogotá : en juillet, tous les deux ans;

Salón de Agosto : une exposition d'électronique et d'ordinateurs en août.

Casinos

Les Colombiens sont des joueurs invétérés, et les casinos et les salles de billard sont monnaie courante. Bogotá regorge donc de ces établissements. Voici quelques casinos :

Casino Versailles *(tlj 14h à 3h, dim 19h à 24h; Carrera 10a No. 26-21, hôtel Tequendama Inter-Continental)*;
Casino Excelsior *(lun-sam 9h30 à 1h; Carrera 7 No. 13-73, ☎243 05 91)*;
Casino Caribe *(tlj 10h30 à 1h; Carrera 7 No. 21-70, ☎342 99 88)*.

MAGASINAGE

Santafé de Bogotá

À cause surtout de son caractère cosmopolite et de son ouverture sur le monde, Santafé de Bogotá se veut une ville idéale pour les achats de toutes sortes. On y trouve une grande variété de produits de fabrication locale d'excellente qualité notamment de la bijouterie — plus particulièrement de l'or, de l'argent et des émeraudes —, de l'artisanat, des articles de cuir, du textile, de la confection, des antiquités, des objets d'art, de la musique et des objets manufacturés, tout comme un échantillonnage des plus complets de produits importés. Mais attention, le coût de la vie en Colombie étant comparable au coût de la vie dans les pays nordiques, il se peut que l'aubaine du siècle s'y fasse attendre. Il vaut mieux être renseigné sur les prix de détail d'un objet en particulier avant de se jeter sur la première offre qui peut s'avérer plus chère que dans le pays d'origine. Pour ce qui est des vêtements de confection locale et des produits artisanaux, il est évident que les aubaines sont là et qu'il serait regrettable de ne pas en profiter.

Pour un cadeau inoubliable, on peut profiter de son séjour à Bogotá pour acheter des pièces en argent massif qui se révèlent un bon rapport qualité/prix.

Quant aux émeraudes, il faut éviter de les acheter dans la rue. En effet, à moins d'être un connaisseur et de pouvoir discuter avec autorité de clivages (brisures en face plane), de cassures (brisures en face non plane) ou de plans préférenciels (brisures prévisibles), et à moins de pouvoir conduire des tests de dureté (capacité de se laisser rayer par un autre objet) et des tests de solubilité à l'acide chlorhydrique dilué (10%) — ce qui n'est pas commode en pleine rue —, il est évident que les vendeurs en profiteront pour augmenter substantiellement leurs profits. Dans ces conditions, il est préférable de fréquenter les boutiques spécialisées qui sauront garantir la valeur de l'achat, encore que le prix exigé ne puisse constituer une véritable aubaine, le coût de la vie, faut-il le rappeler, étant élevé en Colombie.

D'autre part, les *Bogotanos* marchent peu, par définition, probablement pour raison de sécurité. Les centres commerciaux sont donc tout indiqués pour faire du shopping, alors qu'on peut trouver dans un même endroit tout ce dont on a besoin.

Le centre-ville et La Candelaria

Artisanat

Au centre-ville, les boutiques se suivent d'une porte à l'autre et plusieurs rues se transforment littéralement en marché le soir venu. Rien n'invite plus à la dépense. On y trouve entre autres de nombreux petits étalages d'artisanat. Pour un meilleur choix dans un endroit plus approprié, il faut cependant choisir le **Museo de Artes y Tradiciones Populares** *(lun-sam 9h à 17h, dim 9h à 13h; Carrera 8 No. 7-21, ☎284 53 19)*, siège de l'Association colombienne de promotion de l'artisanat, qui abrite aussi une boutique. On y trouve un étalage de pièces d'artisanat en bois, en céramique, en fibres d'agave, en coton, en laine et en d'autres fibres en provenance de tout le pays.

Artesanías de Colombia *(lun-ven 9h à 18h, sam 9h à 14h; Carrera 3 No. 18-60, ☎284 30 95)* possède une belle collection de pièces d'artisanat dans un décor de cloître tout à fait propice à l'étalage de telles pièces.

Recoleta San Diego *(lun-sam 10h à 19h; Carrera 10a No. 26-50 ☎242 32 00)* est aussi une boutique d'artisanat qui propose une belle collection aux visiteurs. En outre, et ce n'est pas négligeable, la boutique réinvestit une partie de ses profits dans des programmes d'aide aux artisans.

Bijoux

Platería Hector Pena *(Carrera 11a No. 94-45,* ☎*218 30 03 ou 610 41 37).*

Orfebrería Florentina *(Carrera 15, No 88-26,* ☎*256 53 30 ou 257 32 24).*

Développement de photos

Revelado une Demi Hora *(Carrera 7a No. 14-12,* ☎*241 47 42).*

Centres commerciaux

Alhambra, Calle 114a, No. 33-54
Calle Real, Carrera 7, No. 11-72
Terraza Pasteur, Carrera 7, No. 23-56

La Zona Rosa - El Chicó

La Zona Rosa est le paradis des achats avec ses innombrables boutiques d'importation. Il faut prévoir un bon budget avant de se lancer dans le renouvellement de sa garde-robe, et le lèche-vitrine, dans certains cas, peut sauver beaucoup d'argent. Il faut alors déambuler dans les Calles 82 à 85, entre les Carreras 11 à 15, pour bénéficier de tous les attraits qu'offre le quartier. Outre les nombreux restaurants, bars et terrasses, on y rencontre de nombreuses bijouteries, des boutiques de mode, d'antiquités, de décoration et de vaisselle, de même que des disquaires, des fleuristes et des galeries d'art, entre autres.

Bijoux

Akel Joyeros *(Carrera 15, No. 88-83,* ☎*236 62 18).*

Aurigema Internacional *(Carrera 15 No. 78-77, local 156,* ☎*218 56 31).*

Gold & Emeralds *(Carrera 15, No. 86a-84, local 1203,* ☎*218 11 15).*

Greenfire *(Carrera 9, No. 74-08,* ☎*211 46 21 ou 212 03 07).*

Willis F. Bronkie S.A. *(Carrera 9 No 74-08, Profinanzas Building, porte 207,* ☎*211 46 21 ou 211 10 19).*

Galeries d'art et antiquités

La **Galería El Museo** *(lun-ven 10h à 13h et 15h à 18h, sam 11h à 17h, fermé dim; Calle 84 No.*

13-17, ☎*256 69 27 ou 256 68 69,* ↪*256 67 67)* est une galerie d'art privée sur 5 étages et plus de 2 000 m² offrant 3 ou 4 expositions en même temps. Fondée en 1971 avec la présentation de la collection privée de Señor Byron López, la galerie a fait appel dès ses débuts à de jeunes artistes comme Fernando Botero, Alejandro Obregón, David Mansur, etc. La Galería El Museo continue aujourd'hui dans cette même veine et, quand elle fait appel à des artistes internationaux, elle expose en même temps des artistes de la relève. C'est ainsi qu'on peut se procurer directement sur place aussi bien des œuvres de Botero que des œuvres d'artistes moins connus mais prometteurs. La galerie possède une collection permanente et présente de nouvelles expositions tous les mois. Lors de mon passage, il y avait, au cinquième étage, une installation d'une centaine de souliers pour femmes présentés en rangée avec un éclairage d'appoint. L'œuvre était signée Juan Carlos Delgado.

À l'entrée de la galerie, on trouve une boutique où l'on peut se procurer de véritables objets d'art précolombiens et des pièces d'artisanat.

La galerie **Alonso Arte** *(lun-ven 8h30 à 13h et 14h30 à 17h30, sam 10h à 13h et 14h30 à 17h30, fermé dim; Calle 85, No. 11-53, local 2,* ☎*618 00 72 ou 618 03 86,* ↪*236 35 19)* est aussi une galerie privée, propriété du señor Alonso Restrepo, spécialiste notamment en art précolombien et aussi conseiller du Museo Casa del Marqués de San Jorge en ce qui a trait à l'art précolombien. La galerie Alonso Arte présente des œuvres de peintres colombiens et internationaux de renom et offre régulièrement des expositions sur trois étages. Lors de mon passage, la galerie préparait une exposition de l'artiste canadien John Fraser. La galerie se double aussi d'une boutique de véritables objets d'art précolombien.

Librairies

Oma Libros *(dim-mer 12h à 20h, jeu-sam 11h à 21h; Calle 15 No. 82-58,* ☎*256 56 21 ou 256 00 59)* est une librairie où l'on peut trouver une grande variété de livres, de journaux et de périodiques locaux et internationaux. On peut aussi s'y procurer des disques compacts et des vidéos laser. La librairie ayant la particularité de bénéficier de la terrasse du restaurant d'à côté, on peut déguster un café, prendre un repas complet en discutant avec des amis ou simplement lire un journal. Le groupe **Oma Libros** possède d'autres succursales dont l'une se trouve sur l'Avenidae 19, No. 118-78 (☎213 70 83 ou 612 9186).

La **Librairie Française** *(lun-sam 8h à 12h30 et 14h à 18h; Calle 86a No. 13a-44)*, comme son nom l'indique, est une librairie où l'on peut trouver des livres en d'autres langues que l'espagnol, notamment en français et en anglais.

The Golden Book *(tlj 9h à 18h; Calle 85 No. 12-04, ☎257 91 92 ou 257 55 10, ☎218 35 53; aussi Av. 19 No. 136-04, ☎/☎258 08 38)*. Ce sont des librairies à caractère international qui vendent des livres, des périodiques, des journaux et des disques compacts. Photocopies et laminage sur place.

Alimentation

La **Viña del Country** *(tlj 8h à 23h; Carrera 15 No. 83-26 et 28, ☎236 71 49 ou 256 97 74)* est une petite boutique sans prétention où l'on peut acheter bières, vins, alcools et cigarettes.

Le **Cercle du Vin** *(tlj 8h à 18h; Carrera 14 No. 85-75, ☎610 34 01)* est, comme son nom l'indique, une boutique spécialisée dans le vin d'importation français.

Azafran *(tlj 8h à 20h; Calle 13, No. 85 53, ☎618 57 19; et Calle 79a No. 7-72, ☎271 38 24)*. Ce sont de petites boutiques de produits d'importation où l'on peut aussi trouver des fruits et des légumes frais.

Supermercado **Carrulla Country** *(lun-sam 7h à 23h, dim 8h à 20h; Calle 85 No. 15-29, ☎218 03 18)*. Il s'agit d'un supermarché où l'on peut trouver tout ce dont on a besoin pour le quotidien, des viandes (gigot d'agneau entre autres) aux légumes en passant par la bière, le vin, les alcools et les cigarettes.

Le *supermercado* **POMODA** *(tlj 8h à 23h, dim 9h à 21h; Carrera 11 No. 76-19)* est un supermarché italien haut de gamme vendant des produits importés, notamment du vin, des huiles fines et de la charcuterie.

Rigoletto *(lun-sam 8h à 19h; Carrera 13 No. 86a-37, ☎256 69 75)* est une petite boutique italienne où l'on peut trouver des pâtes fraîches et d'autres produits d'importation italiens et argentins.

Développement de photos

Revelado une Demi Hora
Carrera 11 No. 81-07, ☎616 39 92; Calle 72 (Av. Chile) No. 9-29, ☎211 16 57 ou 211 28 35

Centres commerciaux

Andino, angle Carrera 11 et Calle 82
Centro 93, angle Carrera 15 et Calle 93
Centro Suba, Av. Suba ou Calle 140, No. 91-19
El Lago, angle Carrera 15 et Calles 77 à 79
Hacienda Santa Bárbara, angle Carrera 7 et Calle 116
Iserra 100, angle Calle 100 et Av. Suba
Unicentro, angle Carrera 15 et Calle 127
Unilago, angle Carrera 15, No. 78-33.

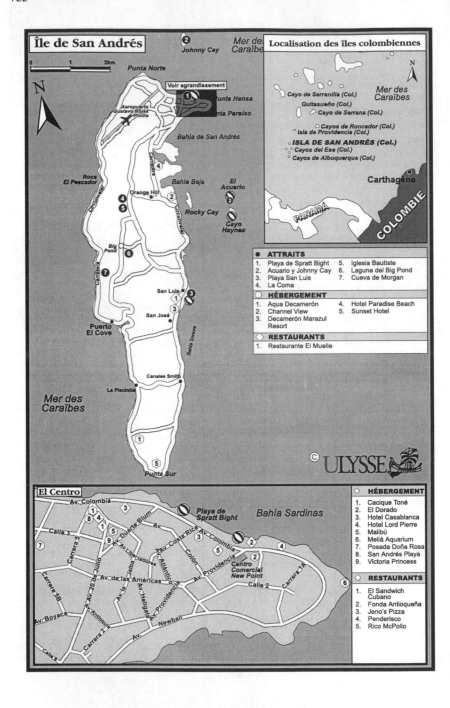

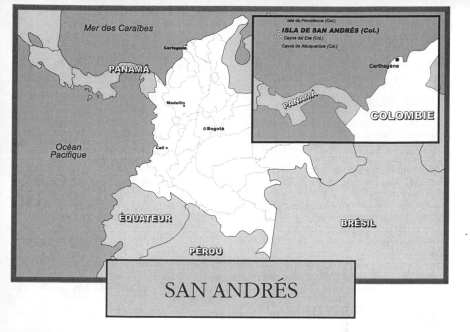

SAN ANDRÉS

L'archipel de San Andrés y Providencia dans la mer des Caraïbes, à 700 km au nord-ouest de la Colombie, est formé d'îles sortant directement de l'imagination d'un manufacturier de cartes postales : des paysages verdoyants, des plages de sable blanc protégées par de magnifiques palmiers et une mer de corail aux eaux tranparentes d'une couleur émeraude. Présentant une superficie totale de 44 km² de terres distribuées çà et là dans 350 000 km² de mer, l'archipel se compose principalement des îles de San Andrés et de Providencia, auxquelles se rattachent les îlots de Santa Catalina, Bolívar, Albuquerque et Cotton Haynes, et les récifs de Grunt, Johnny Rose, Easycay, Roncador, Serrana, Serranilla, Quitasueño, Brothers, Rocky, Crab et Santander, de même que les bancs de sable Alicia et Bajo Nuevo.

Découvert en 1510 par les Espagnols qui l'auraient délaissé peu de temps après, l'archipel de San Andrés y Providencia aurait été occupé premièrement par des puritains anglais et des bûcherons jamaïcains, selon la plupart des historiens, ce qui explique que la plupart des habitants — de langue maternelle espagnole — s'expriment aussi en anglais. Par la suite, le territoire fut reconquis par les Espagnols, au cours de la seconde moitié du XVIIᵉ siècle. Pendant plusieurs années, le drapeau et les armoiries de l'archipel ont changé continuellement, alors que les Anglais, les Hollandais, les Français et les Espagnols en revendiquaient à tour de rôle la possession, au cours d'agressions militaires successives. Ces conflits prirent fin en 1793, à la suite de la signature du traité de Versailles qui reconnut la souveraineté des Espagnols sur l'archipel. Pendant de longues années, le pirate Henry Morgan utilisa l'île de San Andrés comme base d'opération, à l'insu de ses propriétaires. Selon la légende, il y aurait enfoui son trésor fabuleux, dérobé aux Espagnols, qui n'a pas encore été mis au jour aujourd'hui.

San Andrés

L'île de San Andrés, en forme d'hippocampe couvert de palmiers, est traversée du nord au sud par une petite chaîne de montagnes qui atteint à peine 55 m d'élévation. Couvrant une superficie de 36 km² — 12 km de longueur sur 3 km de largeur —, l'île compte environ 60 000 habitants reconnus pour posséder le plus haut niveau d'éducation de Colombie. On compte, par exemple, plus de 40 écoles privées et centres d'éducation spécialisée et près de 15 000 étudiants, soit le quart de la population.

À la suite de la nouvelle constitution de 1991, le statut de l'île passa d'intendance à département, avec un gouverneur en autorité, élu par vote populaire, pour des mandats de trois ans. L'économie de l'île est avant tout basée sur le tourisme — la température paradisiaque se situant autour de 29°C tout au long de l'année.

La mer constitue l'attraction principale, et les plages sont l'unique raison du tourisme dans l'archipel. Elles sont d'ailleurs entretenues aussi précieusement que des terrains de golf, entièrement nettoyées et ratissées dès 5h, alors que les touristes les envahissent dès 6h pour ne les quitter que vers 18h. D'autre part, l'archipel constitue le deuxième récif de corail le plus important au monde après celui de l'Australie, la barrière récifale s'étendant jusqu'aux côtes de l'Amérique centrale, longeant le Belize, le Honduras et le Nicaragua. Il est fréquenté par un grand nombre d'amateurs et de professionnels de la plongée sous-marine. L'archipel reçoit environ 500 000 touristes par année, dont 20% de l'extérieur du pays. La sécurité est totale partout dans l'île, et rarement entend-on parler de méfaits publics. La pêche y joue aussi un rôle important, de même que l'agriculture, le sol étant d'une rare fertilité.

POUR S'Y RETROUVER SANS MAL

Seule la partie nord de l'île constitue une ville, San Andrés, connue plus simplement comme El Centro, dont les dimensions s'apparentent plus à celles d'un village et qui constitue la capitale de l'archipel. Cependant, on trouve d'autres petits villages disséminés dans l'île et la montagne : La Loma, au centre de l'île, San Luis sur la côte est, Cove Bay sur la côte ouest, entre autres.

L'île est encerclée par une route entièrement revêtue d'environ 30 km, la Carretera Circunvalar, que l'on parcourt en auto en moins d'une heure. Pour ce qui est d'El Centro, la ville est traversée d'*avenidas* qui portent des noms et qui vont dans toutes les directions. Les rares *calles* vont d'est en ouest et leurs numéros augmentent du nord au sud, et les *carreras*, rares aussi, vont du nord au sud et leurs numéros augmentent d'est en ouest. Il est tout spécialement à noter que l'Avenida de la Playa — qui longe la plage — porte aussi le nom d'Avenida Colombia. Elle se transforme ensuite en Avenida Newball et devient, dès la sortie d'El Centro, la Carretera Circunvalar ou la Carretera a San Luis.

En avion

La seule façon de se rendre à San Andrés est évidemment de prendre l'avion. Il n'y a pas de service de traversier entre le continent et l'archipel, bien que des bateaux de croisière incluent San Andrés dans leurs destinations.

L'**Aeropuerto Gustavo Rojas Pinilla** *(Avenida Aeropuerto, Sector Swamp Ground, ☎25397)* traverse l'île d'est en ouest, à moins de 2 km au nord du centre-ville. Dès l'arrivée, on exige un visa de séjour au coût de 12 000 pesos, de même que le billet de retour pour tous les visiteurs, afin d'éviter que l'archipel soit envahi par des non-résidents. Il n'y a pas d'autobus qui dessert l'aéroport, et les taxis coûtent 1 000 pesos. Plusieurs compagnies aériennes proposent des vols depuis San Andrés.

Voici l'horaire des vols d'Avianca vers les destinations hors de la Colombie :
Ciudad Guatemala, Guatemala, mar, mer, sam 13h05 avec escale.
Ciudad de Panamá, Panamá, lun, mer, ven 15h45.
San José, Costa Rica, mar, mer, sam 13h05.

Voici l'horaire des vols directs d'Avianca vers la Colombie :
Baranquilla, lun, mer, ven 11h25; mar, jeu, sam, dim 15h45; 178 000 pesos.
Bogotá, lun, jeu, sam, dim 10h05; lun, mer, ven 14h35 avec escale; tlj 16h07; ven 16h50; lun 18h20; mar, jeu, sam, dim 19h45 avec escale; mar, mer, sam 21h05; 237 000 pesos.
Cali, tlj 11h; 228 000 pesos.
Cartagena, lun, mer, ven 14h35; mar, jeu, sam, dim 19h45; 178 000 pesos.
Medellín, lun, mer, ven 15h45; 202 000 pesos.
Pereira, sam, dim 10h05 avec escale, ven 16h50 avec escale; 239 000 pesos.
Providencia, tlj 7h45, 9h20, 10h45, 10h55, 13h10, 14h40, 16h15 et 16h35; 45 000 pesos.

Voici les coordonnées des compagnies d'aviation à San Andrés :
Avianca, Hotel Tiuna, 1ᵉʳ étage, ☎23211, 23212, 23213 ou 27018; Avenida Duarte Blum, Edificio Santa Catalina, ☎23307, 26008, 25432 ou 26681.
Aces, Avenida Colombia, Centro Comercial New Point, ☎21427.
AeroRepública, Avenida Colón No. 3-60, ☎27325, 27334 ou 27619.
Intercontinental de Aviación, Avenida Colombia No. 2-179, ☎25276 ou 26115.
Sam, Hotel Tiuna, 1ᵉʳ étage, Av. Colombia, ☎23211, 23212, 23213 ou 27018; Avenida Duarte Blum, Edificio Santa Catalina, ☎23307, 26008, 25432 ou 26681.

L'autobus

De vieux autobus desservent toutes les parties de l'île. Le service est fréquent — aux 15 min — et coûte 350 pesos. Leur destination est indiquée sur le pare-brise.

Les taxis

Les taxis ne sont pas munis de compteur. Dans El Centro — dont on fait le tour à pied en moins d'une demi-heure —, ils coûtent 1 000 pesos par déplacement. Cependant, il faudra négocier le prix de la course pour l'extérieur, qui peut varier d'un taxi à l'autre, selon l'humeur du chauffeur. Les taxis proposent aussi de vous conduire aux principaux attraits touristiques mais, encore là, il faut négocier le prix de la course qui devrait se situer entre 15 000 et 20 000 pesos, un coût avantageux s'il est partagé entre cinq passagers.

La location d'une voiture

On peut facilement louer tous genres de véhicules à San Andrés, y compris des scooters, des «quadrimotos» (*golf carts* à essence), des véhicules tout-terrain, des autos et même des voitures de grand luxe comme des cabriolets BMW (décapotables), par exemple, que l'on peut utiliser à l'heure. Pour une auto de type VW Golf, il faut compter 20 000 pesos l'heure, 35 000 pesos pour 2 heures, 70 000 pesos pour la journée, de 9h à 18h, et 120 000 pesos pour 24 heures. Pour une «quadrimoto» qui peut loger 4 ou 5 personnes, il faut compter 30 000 pesos l'heure, 50 000 pesos pour 2 heures, 120 000 pesos pour la journée, de 9h à 18h, et 150 000 pesos pour 24 heures. Comme la circulation est rare, sauf dans El Centro, la location d'un scooter s'avère le choix le plus intéressant, qui permet de faire le tour de l'île en moins d'une heure. On exigera un permis de conduire et l'adresse de l'hôtel, de même qu'un dépôt de 30 000 pesos. Le coût de location ne varie pas d'une agence à l'autre et se situe autour 5 000 pesos l'heure, 30 000 pesos pour la journée, de 9h à 18h, et 40 000 pesos pour 24 heures. On peut s'informer auprès des agences suivantes :

Bahía Tours Rent a Car (Motos y Carros), Av. Colombia No. 4-189, ☎23323;

Unicar, qui loue tout type de véhicule; tlj 8h à 11h; Av. de la Playa, No. 3-137, ☎24791 ou 22050;

Portofino Rent a Car, Av. Colombia No. 3-25, 25695 ou 26935.

Le transport par mer

Contrairement à ce que l'on pourrait croire, l'île de San Andrés n'est pas entourée de plages, l'une des raisons principales du tourisme dans l'archipel. Le côté ouest de l'île, balayé par les vents, présente un rivage rocheux et n'offre pas beaucoup de sécurité pour les nageurs. La Playa de Spratt Bight d'El Centro, il faut le dire, saura satisfaire les plus exigeants à cause de la couleur émeraude des eaux cristallines chaudes de la Bahía Sardinas et du sable blanc farineux de la côte.

Mais d'autres plages tout aussi spectaculaires attendent les touristes : Johnny Cay, Acuario et Haynes Cay, entre autres. On peut s'y rendre en prenant une *lancha* (chaloupe à moteur) de la Cooperativa de Lancheros de San Andrés, dont la billetterie est située à l'extrémité est de la plage Spratt Bight. Les prix, indiqués sur un tableau à la porte, incluent l'aller-retour à l'un ou l'autre de ces îlots. Le coût : 6 300 pesos pour les trois îlots.

 RENSEIGNEMENTS PRATIQUES

Indicatif régional : 8

Poste

La correspondance est acheminée via les bureaux d'**Avianca**, Hotel Tiuna, Av. Colombia.

Heures d'ouverture

Les boutiques et magasins sont ouverts en général de 9h à 12h30 et de 15h à 19h30. Comme l'île est essentiellement touristique, ces heures peuvent varier d'une localité à l'autre, d'une saison à l'autre, d'une période à l'autre ou même d'une journée à l'autre, selon l'achalandage.

SAN ANDRÉS

Banques

Les banques offrent des services du lundi au jeudi de 8h à 11h30 et de 14h à 16h et de 8h à 11h30 et de 14h à 16h30 le vendredi. On peut changer des devises au **Banco de la República** *(Av. Colombia No. 2-86, ☎23682)* et au **Banco Popular** *(Av. Las Américas No. 3-161, ☎23621)*. On peut changer des devises et des chèques de voyage au BIC, le **Banco Industrial Colombiano** *(Av. Costa Rica No. 2-57, ☎24195)*. On trouvera aussi bon nombre de guichets automatiques ouverts 24 heures sur 24. D'autre part, la majorité des hôtels de même que plusieurs boutiques acceptent la devise américaine.

Renseignements touristiques

Secretaría de Turismo, Av. 20 de Julio No. 4-169, ☎25085 ou 24346, ☎24346.

Kiosko de Información Turística, Av. Colombia, ☎24230.

Excursions

Un grand nombre d'excursions sont organisées par les agences de voyages spécialisées d'El Centro. En voici des exemples :

Tour Vuelta a la Isla, un tour de l'île dans un train routier, d'une durée de 3 heures, tlj à 9h30 : 6 000 pesos;

Tour Al Acuario y Johnny Cay, une excursion en chaloupe à moteur au départ de la Playa de Spratt Bight, tlj à 9h30 : 8 600 pesos ou 15 000 incluant l'*almuerzo* (le déjeuner) comprenant le poisson frit, du riz, une salade de légumes et une boisson gazeuse;

Tour en semi-submarino Manatí, une excursion à bord d'un sous-marin d'une durée de 45 min, tlj 10h, 11h, 14h et 15h : 12 000 pesos;

Yate con Fondo de Vidrio, une excursion à bord d'un yacht à fond de verre d'une durée de 2 heures; lun, mar et jeu : 10 500 pesos;

Velero Capitán Morgan, une excursion à bord du voilier Capitán Morgan d'une durée de 2 heures, incluant bar ouvert, et musique, départ à 16h : 15 000 pesos;

Crucero del Atardecer, une croisière en bateau, à la tombée du jour, d'une durée de 2 heures, incluant cocktails et musique, tlj à 17h : 10 500 pesos;

Crucero de lujo, une croisière de luxe; mer, ven, sam et dim de 10h à 16h, incluant bar ouvert, l'*almuerzo* et même une balade en motomarine : 30 000 pesos.

Les agences de voyages suivantes vous aideront à choisir ce qui vous convient le mieux :

Islatur, Av. Colombia No.1-09, Edificio Hotel Cacique Toné, ☎24127 ou 23185;
Viajes Portofino, Av. La Playa, No. 1-120, ☎27773, 22210, 22230, 22211 ou 22212;
Fantasia Tropical, Av., Colón, Hotel Caribe, local 9, ☎25158, 25100 ou 27001;
Barboat, Carretera a San Luis, ☎29515;
Gema Tours San Andrés Ltda., Av. Providencia, Centro Comercial New Point, local 108, ☎28666;
Finan-Tours, Av. Duarte Blum No. 1-34, ☎25810 ou 25416;
Receptor del Caribe, Av. Colón, pasaje Comercial Sol Caribe, local 5, ☎22420, 22421, 25857 ou 23975; aussi Carrera 9a No.10-156, Swamp Ground, ☎28853, 28854 ou 28855.

 # ATTRAITS TOURISTIQUES

San Andrés ★★★

La **Playa de Spratt Bight ★★★** est la plage principale de San Andrés. Située directement à El Centro, au pied de nombreux hôtels, terrasses et restaurants, et donnant sur la Bahía Sardinas, cette plage au sable blanc et à l'eau cristalline, blottie dans une baie protégée par un récif de corail, vaut à elle seule le voyage à San Andrés. C'est le rendez-vous quotidien de toute la communauté touristique qui s'y regroupe, tôt le matin, pour ne la quitter que tard dans la soirée. Ici, les amateurs de soleil ne peuvent être déçus. Ils y trouveront toutes les activités aquatiques et balnéaires qu'ils désirent, de la location de motomarines *(50 000 pesos l'heure)* ou de planches à voile *(10 000 pesos l'heure)* au volley-ball ou au *fútbol* de plage, en passant par le lancer du frisbee, tout en dégustant des cocktails exotiques ou de la bière fraîche aux terrasses à moins de 5 m de la plage, de l'autre côté de l'Avenida de la Playa, ou Avenida Colombia. Les femmes de l'île s'y réunissent chaque jour, en groupe, pour tresser les cheveux des visiteuses en *canga*, en fines nattes.

Si la Playa de Sprat Bight est décidément spectaculaire, **Acuario y Johnny Cay ★★★** se révèle une excursion étonnante *(6 300 pesos)* au départ dès 9h30 de la Cooperativa de Lancheros, à l'extrémité est de la plage Sprat Bight. Située à 20 min de San Andrés en *lancha* (chaloupe à moteur), Acuario est une île minuscule entourée de farine blanche qui lui sert de sable, dont les récifs forment un véritable aquarium en pleine mer, à 15 m à peine du rivage, où les visiteurs sont invités à faire de la plongée-tuba avec la faune marine locale. Pas besoin de savoir nager puisque l'aquarium n'a qu'un mètre de profondeur. Les poissons multicolores qu'on y côtoie semblent toujours aussi étonnés de voir apparaître ces drôles d'animaux marins masqués : c'est toujours avec la même curiosité inquiète qu'ils les approchent. Cette visite dure une heure, et on peut louer, sur place *(1 000 pesos)*, l'équipement de plongée-tuba, qui comprend le masque et le tube pour respirer. On garde aussi en sécurité *(1 000 pesos)* sac, appareil photo et autres objets personnels.

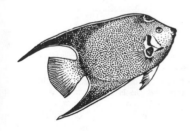

Poisson ange

Puis on reprend la *lancha* qui rebrousse chemin et se dirige maintenant vers Johnny Cay, une île en forme de poire, située juste en face d'El Centro et de Bahía Sardinas, une véritable perle en pleine mer qu'on atteint au bout d'une heure. On peut décider d'y passer la journée ou de revenir à San Andrés, à l'heure désirée, par n'importe laquelle des *lanchas* qui quittent à tout moment.

On peut tout de même prendre le temps d'apprécier la plage et la chaleur de ses eaux et de son soleil. Dès que les visiteurs ont fait le plein d'ensoleillement, ils entrent sous les palmiers, où une cinquantaine de *tiendas* proposent de faire maintenant le plein de bière, d'*aguardiente* ou de rhum. Sous la fraîcheur des arbres magnifiques, la brise de la mer transporte aussi des odeurs de poisson frit. Toutes les *tiendas* proposent le même menu, qui consiste en une variété de poissons frits ou le *sancocho* (soupe de poisson et de légumes), accompagnés de riz et d'une salade de légumes frais *(environ 5 000 pesos, comprenant la bière)*. Après le déjeuner, les *tiendas* se métamorphosent soudainement en discothèque avec piste de danse sur le sable, les serveurs agissant à titre d'animateurs : au menu, le *reggae*, la *salsa*, le *calypso* et... encore le *reggae*.

Seule la partie de Johnny Cay située directement face à San Andrés offre la possibilité de se baigner, les autres côtes de l'île étant battues par des vagues trop fortes et dangereuses pour les nageurs.

La **Playa San Luis ★★★** est située à quelque 10 km d'El Centro sur la Carretera Circunvalar, du côté est, et à équidistance du nord et du sud de l'île, dans le minuscule village de San Luis. Le village d'une trentaine d'habitations est absolument paisible et agréable et n'offre d'autres attractions que ses maisons de bois, d'architecture typiquement caraïbe. La plage, peu fréquentée, très belle aussi, est elle-même une oasis de tranquillité. Elle est le choix idéal pour se retrouver seul, les autres plages de l'île étant très achalandées, on le comprendra. On y trouve deux ou trois petits restaurants-terrasses avec vue imprenable sur la mer (voir p 131).

La **Loma ★★** est un petit village situé au centre de l'île, en montagne, à quelque 50 m au-dessus du niveau de la mer. C'est le plus haut promontoire de l'île, d'où l'on peut en observer toutes les facettes, le point de vue étant tout simplement magnifique.

L'**Iglesia Bautiste ★**, située en plein milieu de La Loma, servait de guide pour les marins à cause de sa situation privilégiée en montagne. Construite en bois en 1847 et malmenée par le soleil et le vent, elle a été entièrement reconstruite en 1896 avec du bois importé des États-Unis.

La **Laguna del Big Pond ★★★**, à La Loma, mesure à peine 400 m sur 150 m et abrite des milliers d'oiseaux, des alligators, des boas et des poissons. Elle est bordée de palmiers et d'arbres fruitiers.

La **Cueva de Morgan** ★, sur la côte ouest de l'île, à équidistance entre le nord et le sud, est une grotte sous-marine à fleur d'eau, creusée par le temps et les vagues à même le corail, et divisée en canaux comme un labyrinthe. Les bons nageurs peuvent y plonger et découvrir, de l'autre côté, une plage déserte où le pirate anglais Henry Morgan aurait caché son trésor. Personne ne l'a encore découvert, mais la légende persiste chez les gens de l'île à l'effet que le trésor existe vraiment et qu'un touriste chanceux finira bien par le découvrir (sic).

 PLEIN AIR

Étant donné que l'archipel est situé sur la deuxième barrière de corail la plus importante au monde après celle de l'Australie — la barrière de corail de San Andrés est la même que celle du Belize, l'archipel faisant «logiquement» partie de la géographie du Honduras, voisin du Belize —, plusieurs touristes le choisissent comme lieu de prédilection pour la plongée sous-marine. Des hôtels sont même en mesure de répondre à ce tourisme spécialisé (voir p 130). Ils sont situés dans des endroits stratégiques, près des récifs, sur la Carretera Circunvalar, éloignés d'El Centro, et leur clientèle n'a en général aucun autre intérêt que les fonds sous-marins, d'une beauté hors de l'ordinaire. En effet, les profondeurs varient entre 3 m et 40 m, et la visibilité oscille entre 20 m et 50 m. L'eau est toujours chaude, entre 25°C et 28°C. Il est toutefois recommandé d'utiliser une combinaison néoprène ou un *wet suit* pour les plongées en profondeur. Il y a six sortes de sites privilégiés par les plongeurs : les petits récifs, les grands bancs de coraux, les falaises, les cavernes, les fonds plats regorgeant de vie marine et, évidemment, les épaves. Certaines excursions sont destinées à des plongeurs certifiés par les agences NAUI, PADI, YMCA, CMAS, DIWA ou leur équivalent, pour les niveaux autonomes et eaux libres 1 ou plus. Mais la plupart des agences offrent des cours préparatoires de type *resort*, de même que des cours intensifs certifiés NAUI et PADI. Tous les organismes louent des équipements et des accessoires de marque Mares, Cressi-sub, US Divers, Sherwood, et Beuchat; il faut noter que les détendeurs de bouteilles sont de type américain. Il faut spécifier aussi que San Andrés est pourvue d'une chambre de décompression et est capable de répondre aux urgences de ce type. Les agences suivantes, spécialisées en plongée sous-marine, vous aideront à organiser vos excursions :

El Centro

Buzos del Caribe, NAUI et FEDECAS, Av. Colombia No. 1a-212, Centro Comercial Dann, ☎23712;

Centro de Buceo Pablo Montoya, PADI, NAUI et FEDECAS, Centro Comercial New Point Plaza, local 110, Av, Providencia, angle Av. de la Playa, ☎/≈23141;

Centro de Buceo Blue Life, Transv. 2a No. 2-121, ☎25318 ou 29124;

Aquamarina Dive Resort, Av. Colombia, Centro Comercial Acuarium, local 3, ☎26649.

Carretera Circunvalar

Sharky Dive Shop, PADI, NAUI, Sunset Hotel, km 13, ☎30420, 30433 ou 25940.

 HÉBERGEMENT

L'archipel de San Andrés y Providencia n'ayant que le tourisme comme activité principale, il est évident qu'on y trouve tous les types d'hôtels pour tous les budgets. D'autre part, le personnel de tous les hôtels s'exprime aussi bien en anglais qu'en espagnol.

San Andrés

À El Centro, on a un très grand choix d'hôtels du côté ouest de l'Avenida de la Playa, en face de la Playa de Sprat Bight, mais aussi dans les rues adjacentes, tous à moins de deux ou trois minutes de marche de la plage. On trouve aussi des hôtels «les pieds dans l'eau», c'est-à-dire directement sur la plage. Plus loin, à l'extérieur d'El Centro, sur la Carretera Circunvalar, il y a d'autres hôtels dont certains sont spécialisés dans le tourisme de plongée sous-marine. C'est le cas de l'**Aqua Decamerón** *(Carretera Circunvalar, km 14,* ☎*23831 ou 27460)*, qui n'accepte pourtant pas de touristes de passage. Pour ce qui est du **Decamerón Marazul Resort** *($$$$$; bp, ec, mb, ⊗, ≡, ☎, tv, ≈, ℜ; Carretera Circunvalar No. 30-45,* ☎*23539, 23657 ou 22013)*, il n'accepte pas non plus de touristes de passage, la clientèle se bornant uniquement aux forfaits tout-inclus. Probablement qu'en négociant avec le gérant, il pourrait tout de même vous héberger. Le Marazul est un hôtel de 234 chambres réparties dans 5 édifices de 2 ou 3 étages. Les chambres sont meublées de deux lits simples ou d'un lit

Le charme d'une belle demeure à Cartagena de Indias.

Un trésor de la faune colombienne : les papillons multicolores.

Un bronze de Botero qui orne la ville de Medellín.

double, et certaines proposent un balcon ou une terrasse. Le Marazul est situé dans la région de San Luis, directement en face d'une très belle plage de sable blanc farineux (à moins de 30 pas, de l'autre côté de la Carretera Circunvalar), ombragée par de magnifiques palmiers, où l'on trouve des transats et des abris contre le soleil en feuilles de palmier séchées, et où l'on peut pratiquer tous les sports nautiques. Comme dans tous les autres Decamerón, le forfait inclut tous les repas et toutes les boissons locales, de même qu'un très grand nombre d'activités comme le tennis de jour et de soir, la planche à voile, la voile et le kayak de mer, entre autres.

El Centro

La **Posada Doña Rosa** *($; bp, tv, ⊗; Av. Las Américas No. 6-43, ☎23649)* est une maison familiale dont la cour intérieure a été modifiée pour donner accès à neuf chambres de type motel. Située sur une rue calme, à environ 1 km de la plage, c'est avant tout un hôtel pour petit budget. Pour quelques pesos de plus, le San Andrés Playa, le Victoria Princess et le Malibú, dont la description suit, sont des choix plus heureux.

L'hôtel **Malibú** *($; bp, ⊗, ≡, ☎, ℜ; Av. Colón, angle Av. Colombia, ☎24342 ou 25644, ⊷25396)* est un hôtel de construction récente, de six étages avec balcons. Les chambres sont agréables, sans plus. Le Malibú est aussi situé à quelques pas de la plage.

L'hôtel **San Andrés Playa** *($; bp, tv, ☎, ≡, ℜ; Carrera 5 No. 1-37, ☎25644)* est un hôtel neuf de 5 étages à 50 m de la plage, à l'arrière de l'hôtel Cacique Toné. Manquant un peu d'atmosphère, surtout à cause du décor froid mais fonctionnel, l'hôtel n'en reste pas moins la meilleure aubaine de San Andrés pour les petits budgets. La direction, nouvellement installée aussi, propose en effet, outre le tarif régulier de 30 000 pesos par personne par jour, l'hébergement et deux repas pour deux personnes à 45 000 pesos par jour pour 15 jours, si payés d'avance. Les chambres sont meublées sobrement mais confortablement. Certaines, plus chères, sont dotées de balcon et offrent une vue en biais sur la Bahía Sardinas.

L'hôtel **Victoria Princess** *($; bp, tv, ☎, ≡, ⊗, ℜ; Av. 20 de Julio No. 1a-116, ☎23189 ou 23796, ⊷26130)* est un petit hôtel propre de 29 chambres situé au cœur d'El Centro. Les chambres sont meublées avec simplicité, et le

personnel est sympathique. Idéal pour petit budget, puisque l'hôtel n'est situé qu'à quelques pas de la plage.

L'**Hotel Casablanca** *($$$$; bp, ec, mb, ⊗, ≡, ☎, tv, ≈, ℜ; Av. Colombia No. 3-59, ☎24115, ⊷26127)* est un petit hôtel de 34 chambres, 8 suites et 14 *cabañas* (unités de motel), face à la plage, et dont la piscine côtoie le trottoir de l'Avenida Colombia. Le choix d'une *cabaña*, autour de la piscine, permet plus d'intimité et donne l'impression de vivre dans un chalet privé. Elles sont meublées sobrement mais efficacement.

L'hôtel **El Dorado** *($$$$; bp, ec, mb, ⊗, ≡, ☎, tv, ≈, ℜ; Av. Colombia, No. 1a-25, ☎24155, 24056 ou 24057, ⊷24056)* est un hôtel de 4 étages avec balcons et 63 chambres, dont la moitié ont vue sur la mer. Cet hôtel sans originalité et situé au cœur d'El Centro pourrait s'avérer bruyant en saison. Les chambres sont grandes et bien meublées de façon fonctionnelle. Par ailleurs, l'hôtel est doté d'un parc spécialement conçu pour les enfants, d'une pataugeoire et d'une piscine autour de laquelle on organise des spectacles en saison.

🌴 L'hôtel **Cacique Toné** *($$$$-$$$$$; bp, ec, mb, ⊗, ≡, ☎, tv, ≈, ℜ; Av. Colombia, angle Carrera 5, ☎24251, ⊷24256)* est l'hôtel le plus connu de San Andrés, puisqu'il est le premier d'El Centro que voient les visiteurs en sortant de l'aéroport. Logé dans un édifice imposant d'une dizaine d'étages en forme de V, le Cacique Toné offre tout ce que l'on peut attendre de ce type d'hôtel voué uniquement au tourisme. Les 144 chambres sont petites mais confortablement garnies de meubles massifs en bois blond, sans particularité, mais fonctionnels. On choisira les chambres de devant avec vue sur la mer, mais même les chambres arrière offrent une vue agréable, avec panorama sur San Andrés et fond de mer. Le personnel est professionnel et accueillant, sachant par expérience ce que recherche la clientèle : l'insouciance, pendant une ou deux semaines. Au sous-sol, le concierge offre, par exemple, des serviettes pour la plage, alors qu'autour de la piscine on organise chaque soir des divertissements pour toute la famille, avec animatrice, orchestre, jeux, concours, etc.

Les hôtels qui suivent ont «les pieds dans l'eau» à El Centro :

L'**Hotel Lord Pierre** *($$$$-$$$$$; bp, ec, mb, ⊗, ≡, ☎, tv, ≈, ℜ; Av. Colombia No. 1b-106, ☎27541, ⊷25666)* est un hôtel de moyenne dimension situé directement sur la mer proposant 49 chambres et 11 suites sur 3 étages. De construction récente, il offre la particularité de posséder son propre quai et un ascenseur panoramique. Les chambres sont grandes et meublées dans le style des îles avec des meubles en bois léger clair. Le personnel est accueillant.

L'hôtel **Meliá Aquarium** *($$$$$; bp, ec, mb, ⊗, ≡, ☎, tv, ≈, ℜ; Av. Colombia No. 1-19, ☎26918, 23117, 29010, 29030 ou 23120, ⇆26918, 26938 ou 26471)* est probablement l'hôtel le plus cher de San Andrés. Érigé directement dans la mer, l'hôtel ressemble plus à une série de condominiums dont certaines chambres sont dotées de balcons qui s'avancent dans la mer, assez pour y pêcher en prenant l'apéro. Le Meliá Aquarium est aussi pourvu d'une piscine unique d'eau salée, construite à même la mer et alimentée avec son eau. Les chambres sont grandes et conforables, alors que le personnel est sympathique et accueillant.

Carretera Circunvalar

Les hôtels qui suivent sont situés à l'extérieur d'El Centro. Certains sont spécialisés en plongée sous-marine :

 L'hôtel **Channel View** *($$; bp, ec, mb, ⊗, ≡, ☎, tv, ℜ; Carretera Circunvalar, entre km 5 et 6, San Luis Bay, ☎27057)* est sans contredit le plus sympathique des hôtels de San Andrés. Situé directement sur la mer, sous une forêt de palmiers, cet hôtel isolé compte 30 chambres de style motel, avec mobilier de bambou, dans un style propre au décor des îles des Caraïbes. La réception est à aire ouverte, alors que des allées ombragées par des arbres mènent aux chambres et finalement à la plage privée, où sont installés des filets de volley-ball. Le Channel View organise lui-même ses excursions de plongée sous-marine, directement de la plage qui fait face au récif Rocky Cay ou aux sites plus éloignés en mer, selon le choix des amateurs. Complètement à l'écart de toutes les autres activités de San Andrés, pourtant à moins de 15 min de la vie nocturne d'El Centro, le Channel View est un hôtel au charme et à l'ambiance uniques qui offre le meilleur rapport qualité/prix. Le personnel de la réception est excessivement chaleureux tout en faisant preuve de discrétion.

Le **Sunset Hotel** *($$$; bp, ec, mb, ⊗, ≡, ☎, tv, ≈, ℜ; Carretera Circunvalar No. 12-257, km 13,* ☎30433 ou 25940)* est aussi un petit hôtel de 20 grandes chambres donnant sur la piscine, avec balcon, vue sur la mer et mobilier en bambou dans le plus pur style des îles. En plus de la piscine, l'hôtel est doté d'une pataugeoire, d'un bar et d'un restaurant. Situé à près d'une demi-heure d'El Centro, sur un bord de mer dangereux pour la simple baignade, l'hôtel est spécialisé dans la plongée sous-marine, ayant sa propre organisation complète, Sharky Dive Shop (voir p 128), pour desservir sa clientèle et la clientèle de passage. Le Sunset propose aussi des forfaits qui comprennent des sorties de plongée en mer tous les jours.

L'**Hotel Paradise Beach** *($$$; bp, ec, mb, ⊗, ≡, ☎, tv, ≈, ℜ; Carretera Circunvalar No. 12-257, entre km 1 et 2, ☎25977, 25574, 26384 ou 25570, ⇆25622)* est un petit hôtel de style motel situé à moins de 5 min d'El Centro. Ce nouvel hôtel, dont la réception offre une vue magnifique sur la mer, dispose d'une piscine pour adultes et d'une pataugeoire pour les enfants dans un décor magnifique. Les 55 chambres, de dimension normale, sont confortables et garnies de meubles en bambou clair. Le personnel est attentif, comme partout ailleurs à San Andrés. Sans être spécialisé en plongée sous-marine, l'hôtel propose pourtant cette option à ses hôtes.

RESTAURANTS

San Andrés

Tous les hôtels ont leur propre restaurant pour leur clientèle et la clientèle de passage. D'autre part, on trouvera à San Andrés, comme partout ailleurs en Colombie, une multitude de *fast foods* qui servent des repas économiques. Sur l'Avenida de la Playa, le soir, des marchands ambulants proposent aussi quantité de nourriture préparée d'avance ou cuite sur place sur des charbons de bois. La majorité des restaurants proposent la livraison à domicile.

El Centro

El Sandwich Cubano *($$; tlj 10h à 24h; Av. 20 de Julio No. 1-09, ☎25635)*, comme son nom l'indique, est spécialisé dans le sandwich cubain, un assortiment de viandes froides ou cuites avec une variété de légumes, le tout servi dans un pain au goût prononcé. Excellent!

On y prépare aussi des frites d'accompagnement.

Pour une cuisine plus recherchée, on choisira parmi les suivants.

Jeno's Pizza *($$; tlj 10h à 24h; Av. Colombia No. 4-189, ☎24392 ou 27848)* est une «terrasse-pizzeria» où, outre une variété complète de pizzas, on peut aussi déguster des fruits de mer.

Rico McPollo *($$; tlj 7h à 24h; Av. Colombia No. 2-63, ☎26896 ou 24631)* est aussi un restaurant *fastfood* (*comida rapida*) où l'on pourra savourer du poulet, bien entendu, mais aussi des hamburgers de poulet, des soupes de poisson, des crevettes panées, des filets de poisson panés, entre autres. On y sert aussi des petits déjeuners à l'américaine.

La **Fonda Antioqueña** *($$-$$$; tlj 11h30 à 24h; Av. Colombia No. 1a-16, ☎24185)* est un restaurant de spécialités régionales d'Antioquia (Medellín). Pourtant, on y trouvera aussi des fruits de mer, et le *pargo frito* (le rouget frit) vaut le déplacement. Installé dans une vaste maison sur le bord de la mer, le restaurant est décoré d'objets d'artisanat rappelant ses origines. On y mange à d'immenses tables rustiques en bois, entourées de chaises de même style. Le service est détendu mais stylé, alors que le restaurant propose une carte des vins complète.

Le **Penderisco** *($$-$$$; tlj 7h à 20h; Av. Colombia, angle Carrera 5a, ☎24251)* est le restaurant de l'hôtel Cacique Toné (voir p 129). Dans un vaste espace de style classique, le Penderisco propose une cuisine continentale qui varie entre le poisson et les viandes cuites à la braise. On y trouvera aussi une variété de pâtes de même qu'une carte des vins satisfaisante composée de vins français, italiens et chiliens.

Carretera Circunvalar

Restaurante El Muelle *($$-$$$; tlj 11h30 à 20h; Carretera Circunvalar, Playas de San Luis, entre km 7 et 8, ☎30128)* est un tout petit restaurant avec terrasse situé directement sur la Carretera Cicunvalar, du côté ouest, ce qui permet aux propriétaires d'installer des transats avec parasol sur la petite plage d'en face pour y proposer le service de bar (et de restaurant). Sans hésiter, il faut choisir la terrasse à l'ombre, rafraîchie par la brise de la mer, pour y manger à l'aise en prenant tout son temps. Car le chef, Carlos Rodríguez, y prépare les meilleures pinces de crabe à l'ail de San Andrés et, sans doute, de l'archipel. Servies en entrée, elles peuvent être commandées en double pour un repas complet, mais la conque sauce tomate est aussi inoubliable. Comme le serveur ne s'exprime que difficilement en anglais, il se sent inconfortable avec la clientèle étrangère. Il faut alors s'assurer qu'il mette bien le vin blanc au frais dès l'arrivée, car on pourrait être déçu. On insistera pour un Follonica blanc sec de la Casa Vinicola de San Paolo di Jesi, importé d'Italie.

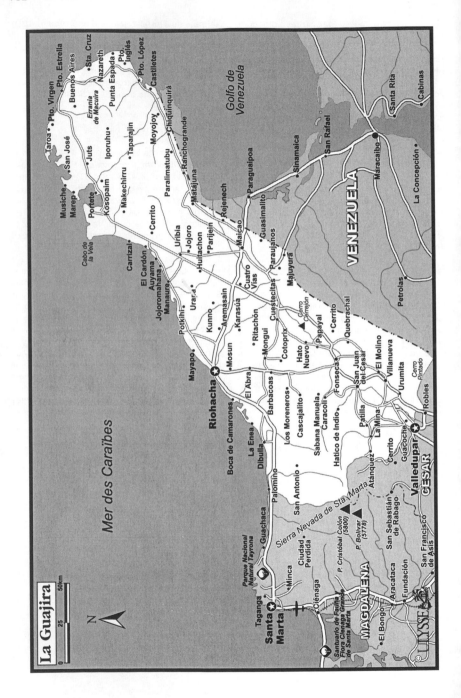

La Guajira

Mer des Caraïbes

Golfo de Venezuela

VENEZUELA

CESAR

MAGDALENA

Santa Marta

Riohacha

Valledupar

Maracaibo

Parque Nacional Natural Tayrona

Sierra Nevada de Sta. Marta

P. Cristóbal Colón (5800)

P. Bolívar (5778)

Santuario de Fauna y Flora Cienaga Grande de Santa Marta

Taroa · Pto. Virgen · Pto. Estrella · Sta. Cruz
Buenos Aires · Nazareth · Pto. Inglés
San José · Juts · Punta Espada · Castilletes
Musiche · Portete · Kosopaim · Moyojoy · Chiquinquirá
Marep · Makechirru · Taparajin · Ranchogrande
Iporuhu · Paralimatubu · Matajuna
Cerrito · Uribia · Rejenech
El Cardón · Jojoro · Maicao · Paraguaipoa
Carrizal · Huitachon · Parijein · Guasimalito
Auyama · Urania · Cuatro Vias · Paraujanos · Sinamaica
Jojoromahana · Kunno · Cuestecitas · Majuyura
Manaure · Aremasain · Ritachón · Cerro Cerrejón · Petrolas
Potkihi · Karasúa · Mongui · Cotopriz · Papayal · Cerrito
Mayapo · Mosun · Hato Nuevo · Quebrachal
Barbacoas · San Juan del Cesar · El Molino
El Abra · Los Moreneros · Fonseca · Villanueva
Boca de Camarones · Cascajalito · Urumita
La Enea · Sabana Manuela · Caracoli · Cerro Pintado
Dibulla · Hatico de Indio · Patilla · La Mina
Palomino · San Antonio · Atánquez · Cerrito · Guácoche · Robles
Guachaca · Ciudad Perdida · San Sebastián de Rabago · San Francisco de Asís
Minca · El Bongo · Aracátaca · Fundación
Taganga · Ciénaga

San Rafael · Santa Rita · Cabinas
La Concepción

N

0   25   50km

© ULYSSE

RIOHACHA ET LE DÉPARTEMENT DE LA GUAJIRA

La péninsule de la Guajira, l'une des régions les plus excessives d'Amérique du Sud par son climat, appartient, pour une très large part, à la Colombie alors qu'une petite bande sur les rives du golfe du Venezuela constitue une partie du territoire de ce dernier pays. Ayant dépendu longtemps du département de Magdalena avant de devenir une intendance administrative en 1954, la Guajira a été établie en département en 1964, avec Riohacha comme capitale. Divisée en trois régions, à savoir l'Alta Guajira, la Media Guajira et la Baja Guajira, la Guajira est un immense désert de 20 180 km² où il n'y a à peu près rien sauf des mines de sel et de charbon, dont celle de Corréjon, la plus grosse mine de charbon à ciel ouvert au monde. Limité au nord par la mer des Caraïbes et au sud par le département de Cesar, le département de la Guajira est aussi bordé à l'est par la mer des Caraïbes et par le Venezuela et à l'ouest par le département de Magdalena. On y trouve quelque 500 000 habitants. Seuls les touristes aventureux y trouveront leur plaisir bien que les agences de voyages proposent des excursions organisés offrant un confort relatif.

Riohacha

Riohacha (on prononce *Rio-a-cha*) est située à plus de trois heures de route de Santa Marta. C'est une ville de moyenne importance, mais c'est aussi la capitale du département de la Guajira avec quelque 120 000 habitants, incluant la proche banlieue.

Riohacha, il faut bien le dire, n'est pas belle. Malgré toutes les prétentions des dépliants touristiques qui l'annoncent comme un paradis, il faut reconnaître que le paradis ne vient jamais sans son côté infernal déplaisant. Riohacha n'est pas belle, mais cela n'est pas son moindre défaut. Le système d'égouts déborde souvent. Certaines rues sont alors envahies par des eaux sales et stagnantes que le soleil ne parvient pas à assécher. La plage n'est pas attirante non plus avec ses eaux brunes et agitées et son sable qui gagnerait à être mieux entretenu. En effet, le Río Ranchería, à l'extrémité est de la ville, déverse ses eaux dans une mer agitée, lui conférant une couleur brunâtre peu invitante. Elles cernent la plage comme une lunule sombre jusqu'à 1 km dans la mer sur près de 5 km de longueur. Pourtant, l'eau ne serait pas polluée, dit-on. Dommage qu'elle en donne l'apparence. Pour ce qui est des habitants de Riohacha, ils profitent de leur plage les fins de semaine mais ne s'y baignent pas beaucoup. Ils utilisent surtout le couvert des arbres pour se rafraîchir.

Un peu d'histoire

La ville fut fondée en 1545 sous le nom de Nuestra Señora de los Remedios del Río de la Hacha par des colons en provenance du Venezuela sous la direction de Klaus Federmann.

Anciennement reconnue pour sa production perlière assez importante, la ville entière fut souvent attaquée par le pirate français Jean Laffite et saccagée par le pirate anglais Sir Francis Drake en 1596. C'est aujourd'hui une ville portuaire de peu d'envergure.

Riohacha aujourd'hui

À peine 8 heures du matin et Riohacha est déjà en feu, tellement la chaleur se fait oppressante. Le mercure indique 30°C. Il fait sec. Difficile même de respirer. À midi, la température atteindra les 37°C et plus. Riohacha brûle directement sous le soleil. Plus rien ni personne ne bouge. Même les moustiques suent. En tout cas, ils subissent tellement les effets de la chaleur qu'ils refusent de voler. Seule et mince consolation, le vent du large souffle une légère brise qui n'apporte pas de soulagement (à moins bien sûr qu'elle soit responsable de la nonchalance des moustiques). Pour ce qui est de la chambre d'hôtel, c'est une véritable fournaise qui n'offre ni air conditionné ni ventilateur à cause d'une panne générale d'électricité, situation courante à Riohacha. Vite une banque, un commerce, une pharmacie, une grande surface, n'importe quoi équipé d'une génératrice et d'un système d'air conditonné, ça urge. En attendant, il faut se réfugier sous les rares arbres de la plage. Même toucher une clôture de fer forgé pourrait causer une brûlure. Rien d'autre à faire que de boire de la bière, ce à quoi en sont souvent réduits les *Gajiros*.

Les soirées sont mouvementées à Riohacha, surtout les fins de semaine : les habitants aiment fêter. C'est la seule ville du monde à avoir élevé un bronze à un joueur d'accordéon, Francisco Rodríguez dit El Hombre, le créateur de la musique *vallenato*. C'est tout dire. Mais quand on connaît la popularité du *vallenato* en Colombie et même au-delà des frontières, on comprend l'importance du musicien natif de Riohacha. On peut admirer la sculpture en plein centre d'un rond-point, à l'intersection de la Carrera 7 et de la Calle 15 (Avenida El Progreso), qui est aussi la Carretera Troncal del Caribe. D'autre part, la *guajira* est une danse d'origine cubaine qui vante la beauté de la *guajira*, la paysanne. Qui ne connaît pas la chanson *Guajira guantanamera!*

Tout le long de la promenade face à la mer (*Avenida de la Playa ou Calle 1*), on trouve des amuseurs publics et les enfants y sont rois et maîtres. Les bars et les terrasses entre les

Carreras 6 et 9 sont pleins à craquer, et l'ambiance est tout à fait conviviale. À l'occasion, on pourra bloquer la rue pour y organiser une fête spéciale avec orchestres de *vallenato* sur scène et danses dans la rue. Riohacha se métamorphose en effet, à la moindre occasion, en discothèque à ciel ouvert. Ici, pas besoin d'être sur ses gardes. Les habitants de Riohacha se mêlent de leurs affaires et ne prêtent aucune attention aux étrangers. Ils ont d'autres chats à fouetter : ils dansent.

En dehors de la *fiesta*, Riohacha est une ville tranquille où l'on peut se promener n'importe où, à n'importe quelle heure du jour et de la nuit, en toute quiétude. La ville elle-même est une suite de maisons basses et blanches avec des rues étroites, sans arbres, et quelques gratte-ciel au centre-ville. Riohacha n'est pas une belle ville, mais elle est reconnue pour ses couchers et ses levers de soleil uniques au monde. Ce spectacle à lui seul vaut le déplacement, alors que le soleil émerge tôt le matin, vers 5h, pour disparaître dans une orgie de couleurs, aussi en pleine mer, vers 18h.

 ## POUR S'Y RETROUVER SANS MAL

Les rues de Riohacha sont divisées en *calles* et en *carreras*, les *calles* (quelquefois *avenidas*) suivant la direction est-ouest, et leurs numéros augmentent à partir de la plage en direction sud. Les *carreras* suivent la direction nord-sud, et leurs numéros augmentent en direction est-ouest. Pour ce qui est de l'artère la plus importante de Riohacha, la Calle 1, elle porte aussi le nom d'Avenida de la Playa et, passé le pont Riito enjambant le Río Ranchería, elle devient l'Avenida Circunvalación.

L'avion

L'**Aeropuerto Almirante Padilla** de Riohacha est situé à 5 km au sud-ouest de la ville. C'est un aéroport local desservi uniquement par les compagnies d'aviation colombiennes dont Avianca et Intercontinental. Avianca propose un vol direct par jour en direction de Bogotá à 12h34 au coût de 232 000 pesos.

Avianca, angle Calle 7 et Carrera 8, ☎27 36 24 ou 27 36 27.

Intercontinental de Aviación, angle Calle 1a et Carrera 7, ☎27 25 89.

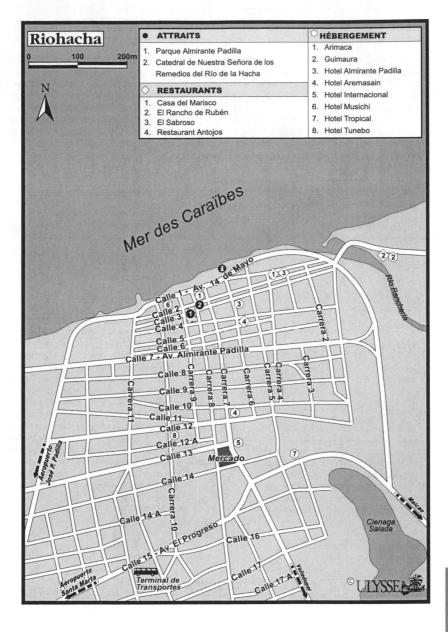

Riohacha

0   100   200m

N

● **ATTRAITS**

1. Parque Almirante Padilla
2. Catedral de Nuestra Señora de los Remedios del Río de la Hacha

◇ **RESTAURANTS**

1. Casa del Marisco
2. El Rancho de Rubén
3. El Sabroso
4. Restaurant Antojos

○ **HÉBERGEMENT**

1. Arimaca
2. Guimaura
3. Hotel Almirante Padilla
4. Hotel Aremasain
5. Hotel Internacional
6. Hotel Musichi
7. Hotel Tropical
8. Hotel Tunebo

Mer des Caraïbes

Río Rancheria

Calle 1 - Av. 14 de Mayo
Calle 2
Calle 3
Calle 4
Calle 5
Calle 6
Calle 7 - Av. Almirante Padilla
Calle 8
Calle 9
Calle 10
Calle 11
Calle 12
Calle 12-A
Calle 13
Calle 14
Calle 14-A
Calle 15 - Av. El Progreso
Calle 16
Calle 17
Calle 17-A

Carrera 2
Carrera 3
Carrera 4
Carrera 5
Carrera 6
Carrera 7
Carrera 8
Carrera 9
Carrera 10
Carrera 11

Mercado

Cienaga Salada

Maicao

Valledupar

Aeropuerto José P. Padilla

Aeropuerto Santa Marta

Terminal de Transportes

© ULYSSE

L'autocar

La Guajira, et plus particulièrement Riohacha, sont reliées au monde extérieur par une route entièrement revêtue, la Carretera Troncal del Caribe, qui, en direction est, mène à Santa Marta et, en direction ouest, à Macaio et au Venezuela. Il y a des autocars qui partent toutes les heures pour des destinations comme Santa Marta (3 heures), Barranquilla (5 heures), Macaio (1 heure 30 min), Valledupar (4 heures), etc. Le Terminal de Transportes se trouve sur la Calle 15 (ou Avenida El Progreso) entre les Carreras 11 et 12, et les compagnies d'autocars y ont leur billetterie.

Expreso Brasilia, ☎27 22 40
Copertrán, ☎27 25 90
Rápido Ochoa, ☎27 33 02
Cotracosta, ☎27 27 39

Les transports en commun

Des minibus parcourent les rues de Riohacha. Leur route est indiquée par un panneau de carton sur le pare-brise du véhicule. Cependant, la plage et le marché peuvent être rejoints facilement à pied d'à peu près toutes les directions.

Les taxis

Les taxis ne sont pas identifiés comme tel. Mais toutes les grosses voitures américaines dégingandées à quatre portières et datant d'au moins 10 ans prendront des passagers. Toujours au même prix : 1 000 pesos, quelle que soit la course.

? RENSEIGNEMENTS PRATIQUES

Indicatif régional : 54

Poste

La correspondance est acheminée via les bureaux d'**Avianca**, à l'angle de la Calle 7 et de la Carrera 8.

Banques

On ne peut pas changer de chèques de voyage à Riohacha, ce qui est absurde puisqu'il s'agit d'une capitale de département qui se veut aussi un centre économique et commercial et qu'on y fait la promotion touristique. On trouvera tout de même des guichets automatiques sur l'Avenida de la Playa et dans les environs du Parque Almirante Padilla.

Renseignements touristiques

Corporación de turismo de la Guajira (CORTUGUAJIRA), Calle 1a ou Av. de la Playa, ☎27 24 82.

Excursions

Plusieurs excursions sont disponibles chez les agences de voyages qui proposent des visites offrant un confort relatif en tout-terrain ou en autocar avec l'air conditionné. On peut choisir entre des excursions d'une ou plusieurs journées, selon de la demande. En effet, les excursions sont organisées pour un minimum de quatre personnes, et il vaut mieux s'informer quelques jours à l'avance pour permettre à l'agence de voyages de planifier une excursion. Plusieurs destinations sont disponibles, comme Boca de Camarones, Uribia, Maicao, Manaure, Musichi, Cabo de la Vela, le Parque Nacional Macuira, le Parque Nacional Cierro Píntao, la mine de charbon Cerrejón, etc. Il faut éviter la ville de Maicao, à la frontière colombo-vénézuélienne, une ville de 40 000 habitants dont aucune rue n'est asphaltée et où les autobus doivent contourner les vieux pneus qui jonchent le sol un peu partout. À cause de sa proximité avec la frontière, Maicao est un repaire de contrebandiers. C'est une ville dangereuse malgré les prétentions des agences touristiques qui la décrivent comme un paradis des acheteurs puisque, en effet, on y trouve tout à moitié prix, à prix de contrebande pour tout dire. Consultez les agences de voyages suivantes :

Administradores Costeños Viajes y Turismo Calle 2 No. 5-02, ☎27 33 93, ⌐27 23 36;
Agencia Gujira Viva, hôtel Arimaca, Calle 1 No. 875, ☎27 37 84;
Guajira Tour, Calle 3 No. 6-39, ☎27 33 85;

Les Wayuús

La structure sociale des Wayuús est encore aujourd'hui organisée autour de clans matrilinéaires. Les Wayuús vivent en petites colonies *(rancherías* ou *pichiipalas)*, composées de cinq ou six maisons habitées par des membres d'une même famille, selon la relation avec la lignée des femmes. Le mariage constitue une transaction, et la polygamie est un gage de succès économique. À l'exception de la nouvelle mariée, toutes les autres femmes habitent avec leurs enfants dans des cases séparées où elles sont régulièrement visitées par leurs maris.

L'espace vital est relativement simple, sans aucune décoration, alors que les objets familiers et de luxe sont conservés dans des sacs suspendus aux murs. La cuisine est une construction indépendante, alors qu'on trouve aussi la *luma*, où se déroule la vie sociale, soit une structure ouverte avec un toit de chaume supporté par des colonnes. Les maisons elles-mêmes sont carrées, bien qu'on en trouve aussi des rondes dans la Alta Guajira. Construites depuis toujours à l'aide de *yotojoros*, le cœur du cactus, ou avec des bambous, certaines sont aujourd'hui en pierre avec des toits de tôle, matériaux importés par les travailleurs de la mine de charbon pour construire leur baraquement.

L'économie

L'activité économique se réduit à l'élevage de troupeaux de chèvres et de moutons. Plus le troupeau est important en nombre de têtes, plus il permet de s'approprier de femmes, celles-ci étant troquées contre des animaux. Plus les bêtes sont nombreuses, mieux le propriétaire peut assumer ses dettes morales et physiques auprès de la communauté, contractées lors de transactions antérieures.

L'autorité

L'organisation politique est inexistante, et les Wayuús ne reconnaissent aucune autorité particulière. Quand des problèmes surgissent, ils sont habituellement résolus entre les parties impliquées, faisant naître des rancunes et des vengeances violentes. La seule institution sociale acceptée est celle du *piache* ou guérisseur — habituellement des femmes —, dont les pouvoirs sont magiques.

Aujourd'hui, la construction de routes asphaltées, pour le développement des mines notamment, et l'injection de capitaux de la part des gouvernements colombien et vénézuélien des deux côtés de la frontière contribuent grandement à la disparition des coutumes *wayuús*.

Awarraïja Tour, Av. de la Marina No. 3-55, ☎27 58 06.

 ATTRAITS TOURISTIQUES

Riohacha ★

Il n'y a pas beaucoup d'attraits touristiques à Riohacha. Cependant, la ville étant le lieu de naissance de l'amiral José Prudencio Padilla, l'un des héros de la guerre d'Indépendance qui vainquit les Espagnols dans une bataille navale sur le lac Maracaibo, le 24 juillet 1823, on peut voir sa statue dans le **Parque Almirante Padilla ★★**, autour duquel se trouve le centre-ville avec ses banques, ses boutiques les plus sophistiquées et sa cathédrale.

La **Catedral de Nuestra Señora de los Remedios del Río de la Hacha ★★** *(Parque Almirante Padilla)* s'élève au centre-ville et constitue l'un des lieux les plus importants de Riohacha pour les habitants. L'église sans architecture particulière est en effet dédiée à la patronne de la ville. C'est ici que l'on conserve les cendres de l'amiral Padilla, dans l'aile sud plus précisément.

RIOHACHA

Pélican

Cabo de la Vela ★★★

Pour atteindre Cabo de la Vela, il n'y a qu'une piste de sable qui change au jour le jour selon la direction du vent. Si l'on désire s'y rendre sans passer par une agence, il faut prendre une *buseta* ou un autocar tôt le matin, en direction de Maicao, au Terminal de Transportes, ou même directement sur la Calle 15, à l'angle de la Carrera 5. Il faut ensuite descendre 30 km plus loin, au point dénommé Cuatro Vias — qui est effectivement une croisée de chemins —, où sont installées, en plein soleil, quatre ou cinq petites *tiendas* qui vendent de la bière. Il faut alors tenter de négocier son passage dans un camion à quatre roues motrices, passage qui peut coûter jusqu'à 40 000 pesos, un prix d'ami selon le chauffeur, pour faire 160 km sur un chemin de terre mal entretenu. Puis, le voyage débute via Uribia, en suivant le chemin de fer utilisé uniquement pour le transport du charbon, de la mine de Cerrejón à Puerto Bolívar.

Le chauffeur conduit son véhicule d'une main alors que, de l'autre, il boit sa bière, la main sur le volant servant aussi à passer l'embrayage. Le soleil plombe. Il fait chaud comme dans un four. La route de terre rouge a été recouverte d'huile depuis un certain temps déjà, et transformée en une céramique raboteuse et émaillée par l'action du soleil. Le conducteur n'en a cure et roule à 90 km sur cette chaussée accidentée qui finit toutefois par s'améliorer quelque peu. Ce qui n'arrange rien, car il augmente sa vitesse en conséquence, dépassant maintenant les 110 km à l'heure. Il s'arrête à tous les

20 km pour acheter d'autres bières dans des huttes d'Amérindiens, perdues et isolées dans un paysage plat, où seuls quelques cactus décharnés ont encore le courage de lever la tête vers le ciel pour quêter un peu d'eau. Qui ne viendra pas. Et l'on repart de plus belle, la *rumba* de la radiocassette jouant à tue-tête, ce qui n'empêche pas le camionneur de tenter de renégocier le prix de la course en expliquant que son véhicule en prend pour son rhume et que sa suspension en arrache. Il a raison!

Il stoppe brusquement au bout d'une heure, au moment où il aperçoit un ami dont le camion est en panne. Après une courte discussion, il décide de le remorquer. On roule plus lentement maintenant, à cause de la charge additionnelle, puis on s'arrête enfin à un garage de Ciudad Uribia.

À **Uribia**, petite ville de quelque 5 000 habitants avec des maisons basses et des rues sans arbres, il n'y a rien à faire. Pourtant, on y met à l'affiche à grand renfort de banderoles une édition (la 12ᵉ) du festival de la culture Wayuú, qui se tient tous les mois d'octobre de chaque année.

On repart. À pleine vitesse maintenant. Le chauffeur, qui a racheté de la bière, décide que le prix chargé n'est pas juste et que, pour atteindre Cabo de la Vela, il faudra payer 10 000 pesos de plus. Allez donc discuter avec un chauffeur ivre qui conduit à plus de 100 km à l'heure, en plein désert, et qui menace de vous y laisser. Au bout de deux bonnes heures de ce trajet infernal, on arrive alors à un panneau indicateur écrit à la main qui signale «Cabo de la Vela». On bifurque et emprunte alors non plus une route, inexistante, mais une piste que le chauffeur suit au jugé, choisissant entre trois avenues, le côté d'une dune plutôt que l'autre. Il indique du doigt Cabo de la Vela au loin, qui apparaît comme un mirage vague et scintillant dans la turbulence de l'air cuit du midi. Mais ça prendra encore une heure avant de débarquer dans ce village du bout du monde. Fait chaud : de 40°C à 42°C minimum.

Cabo de la Vela est un *pueblito* directement sorti d'un western de Sergio Leone. Niché sur le rivage de la mer des Caraïbes, il compte une cinquantaine de huttes et de maisons en pierre blanche délavée et rôtie au soleil, dispersées sur moins de 2 km. Pas un arbre en vue. Ni même un cactus. Le désert total. Au centre, une seule rue en terre avec, côté désert, deux maisons basses dont l'une fait aussi office de bar et une église blanchie à la chaux délavée.

Côté mer, une maison, deux hôtels contigus et une autre maison suivie de huttes en bois. Un *vallenato* métallique flotte en sourdine, grésillant, provenant d'un poste de radio mal ajusté. Le vent siffle et hue ce paysage avec rage, qui soulève le sable, qui fait rouler les broussailles et qui fait grincer une pancarte rouillée annonçant une marque de bière. Il fait tinter la cloche au beffroi de l'église, tel un glas lugubre. Personne n'y répond. Un chien jappe. Un âne brait. Un homme soûl rit, édenté : c'est un Wayuú!

Il n'y a pas d'électricité à Cabo de la Vela. L'hôtel-restaurant La Langosta produit la sienne à l'aide d'une génératrice bruyante. On peut y louer un hamac sur la terrasse à aire ouverte directement sur la plage ou encore l'une des deux chambres fermées. La chambre à deux lits simples, sans ventilateur, sans couverture et sans oreiller, n'a pas non plus de salle de bain privée. Le tenancier, par ailleurs sympathique, explique qu'il a la bonne idée d'interrompre la génératrice pour la nuit. Pas question donc de ventilateur. De toute façon, la température est acceptable le soir à cause du vent. Il n'y a pas de moustiques pour la même raison.

La plage est magnifique et forme une vraie piscine. On marche longtemps dans l'eau avant d'atteindre une certaine profondeur. Il vente toujours fort et l'on se prend à rêver de planche à voile ou de dériveur. Cabo de la Vela ne signifie-t-il pas «Cap de la Voile»? L'endroit est assurément appelé à devenir le paradis pour ce genre de sport. Dès que l'électricité y aura fait son apparition. Dans six mois, estimation colombienne sans doute, rendant la vie plus agréable et invitant au développement du site. Il n'y a pas d'attraction touristique à Cabo de la Vela sauf la mer, bien sûr, qui est une merveille. Il y a aussi El Pilón de Azúcar, le «pain de sucre», un rocher blanc assez imposant qui émerge de l'eau et qui, selon une légende *wayuú*, indique aux morts la voie de l'éternité. C'est à Cabo de la Vela que débarqua la première fois en 1499 le «découvreur» de la Colombie, Alonso de Ojeda, en provenance du Venezuela, qui compte Francisco Pizzaro parmi ses hommes (voir p 22). Il crut apercevoir une voile à l'horizon. D'où le nom du cap. Mais il n'y a rien pour rappeler ce moment historique.

Quoi faire alors? Rien justement. Profiter du soleil et de la mer, s'étendre dans un hamac en sirotant une bière glacée et... finir par découvrir la beauté mystérieuse et austère du désert. Parce que le désert est beau. Ce n'est pas l'exubérance des régions luxuriantes. Ce n'est pas l'excès de couleurs d'un jardin botanique.

Ce n'est pas non plus la sérénité d'une rivière isolée qui coule doucement en montagne. Mais c'est le dénuement total dans ce qu'il y de plus extraordinaire.

Si les couchers de soleil sont uniques dans la péninsule de la Guajira, la nuit n'a pas non plus son pareil nulle part dans le monde. Il faut imaginer cet immense plateau presque aussi grand que la Gaspésie au Québec, la Calabre en Italie ou Cap Cod aux États-Unis et dont la moitié est privée d'électricité. Les étoiles y apparaissent deux fois plus grosses et cinq fois plus lumineuses que nulle part ailleurs, surtout les nuits sans lune. Du jamais vu. Tout simplement étonnant. C'est aussi la beauté du désert.

Des gens vivent ici. En effet, la Guajira est la région des Wayuús (les fils de la terre), des descendants directs des Tayronas. Leur population atteint quelque 80 000 âmes du côté de la Colombie et plus même du côté du Venezuela. La plupart vivent encore selon les coutumes ancestrales, ce qui est en soi une constatation incongrue. En effet, l'électricité n'ayant pas encore rejoint la majorité des agglomérations, les Wayuús n'ont aucune raison de modifier leur façon de vivre qui ne leur apparaît pas surannée mais essentiellement adaptée à leurs besoins, la télévision n'étant pas évidement l'une de leurs préoccupations quotidiennes. Ils vivent dans des huttes à toit de chaume. On les reconnaît facilement à leurs costumes. Les femmes par exemple, remarquablement belles et altières, portent une robe longue et ample de couleur unie, noire, blanche ou verte, ou encore colorée de plusieurs teintes variées. Elles ont la peau cuivrée, les pommettes saillantes et les cheveux noirs jais, lisses et longs, quelquefois retenus par une barrette. Aux pieds, elles portent des sandales en cuir. Souvent, elles s'enduisent le visage d'un gel végétal noir pour se protéger du soleil. Les hommes sont plus assimilés et ne portent plus le costume traditionnel.

L'hôtel La Langosta, où je descends, fait aussi restaurant, et l'on choisit la prise du jour directement de la barque du pêcheur. Peut-on rêver de mieux? Toutes les huttes et les maisons des Wayuús le long de la plage font aussi restaurants. Il n'y a qu'à s'informer et à choisir l'une d'entre elles dont les patrons semblent plus sympathiques que les autres. Ils le sont tous. Ils installent une table directement sur la plage et, à la chandelle ou à la lampe à l'huile, on déguste une quantité incroyable de crevettes fraîches en sauce tomate, le tout pour 6 000 pesos. L'aubaine!

RIOHACHA

Le folklore

La **chichamaya** — ou la **yonna** — et le **cabrito** sont considérés comme des danses originaires de la partie nord de la Guajira, qui tiennent encore une grande importance dans l'esprit de ses habitants. Le *cabrito* en particulier est la danse de la pluie, mais c'est aussi une danse de réjouissance pour célébrer le dieu Mareiwa, créateur de la Guajira.

Pour ce qui est de la *chichamaya* dansée par un couple, c'est une chorégraphie plus profane et ouvertement sensuelle qui se danse notamment lors d'une demande en mariage. L'homme est vêtu de son plus beau *guayuco* ou *taparabo* — une pièce de tissu qui recouvre les parties génitales et les fesses du danseur —, alors que la femme porte sa plus belle *taquiara*, une longue robe ample et souple qui facilite les mouvements et qui la couvre du cou aux pieds. Les deux portent aussi des bijoux et des ornements qui indiquent leur rang social.

L'homme danse en sautant en arrière au son des tambours, alors que la femme s'avance vers lui en tentant de lui faire perdre l'équilibre. Elle réussit enfin son manège à la suite de nombreuses tentatives simulées. Puis, l'assistance manifeste son appréciation selon la qualité, l'audace et la performance générale des deux protagonistes.

Dans la partie sud de la Guajira, c'est le **vallenato** qui est à l'honneur, un rythme qui a pris sa source dans la région. À la base, le *vallenato*, littéralement «né ou issu de la vallée», est une musique western à la sauce colombienne. Le *vallenato* est en effet constitué d'un mélange des sons mélodieux du *guacharaca* — un bambou creux qui émet des sonorités profondes quand on le frotte —, de l'accordéon et d'un tambourin, le tout accompagné d'un *zapateado* cadencé (les musiciens tapent du pied). La ville de Riohacha est la capitale de l'accordéon et le lieu de naissance de Francisco Rodríguez, dit Francisco El Hombre, le créateur de la musique *vallenato*.

Au palmarès du *vallenato* d'aujourd'hui, on retrouve une relève nombreuse, seule ou en groupe, dont El Binomio de Oro, Hermanos Zuleta, Vallenatos Express, Omar Geles, Miguel Morales, Los Chiches, Miguel Mateus. Pour sa part, Carlos Alberto Vives, originaire de Santa Marta, est parvenu à donner ses lettres de noblesse hors de Colombie au *vallenato* puisqu'il a vendu au-delà de 1,5 million d'exemplaires de *Clásico de la provincia* en Amérique latine seulement.

Pour le retour à Riohacha, il suffit de ne pas avoir d'horaire fixe et d'attendre qu'un véhicule tout-terrain passe par Cabo de la Vela en route pour Cuatro Vias, deux fois par jour en moyenne, ou que le patron d'un des deux hôtels décide de faire ses courses. Le prix est abordable puisqu'il est partagé entre plusieurs passagers. Il faut tout de même compter quelque 15 000 pesos.

 HÉBERGEMENT

Riohacha

Tout autour du marché, on trouve de nombreux hôtels et restaurants pour petit budget, mais la propreté des rues laisse à désirer. Pour des hôtels et des restaurants de meilleure qualité, il faut choisir la Calle 1a (appelée aussi Avenida 14 de Mayo, Avenida de la Marina ou Avenida de la Playa), qui longe la plage. Tous les chauffeurs de taxi la connaissent.

L'**Hotel Almirante Padilla** *($; bp, ⊛, tv, ℜ; Carrera 6 No. 3-29, ☎27 23 28, 27 36 12 ou 27 36 07)* porte le nom de l'un des personnages les plus importants de Riohacha, l'amiral José Prudencio Padilla, l'un des héros de la guerre d'Indépendance. On y trouve 58 chambres propres, avec télévision et ventilateur, dont certaines avec salle de bain privée. On y trouve aussi un petit restaurant à l'intention des clients et uniquement pour les petits déjeuners. L'hôtel est une ancienne résidence coloniale de trois étages et est fréquenté par une clientèle colombienne. À la réception, le personnel est empressé et souriant.

L'**Hotel Aremasain** *($; bp, ≡, ⊛; Calle 12 No.7-60, ☎27 32 68)* est un petit hôtel avec ambiance familiale dont le restaurant, appartenant au même propriétaire, est situé de l'autre côté de la rue juste en face. Il s'agit d'une ancienne résidence familiale convertie en hôtel pour petit budget. Les chambres sont propres et meublées convenablement, certaines avec l'air conditionné et un téléphone.

En plein cœur du marché, l'**Hotel Internacional** *($; bp, ⊗; Carrera 7 No. 12a-31,* ☎*27 34 83 ou 27 34 84)* peut convenir à ceux dont le budget ne permet pas de choisir un meilleur établissement. Il faut cependant savoir que toutes les chambres sont propres et ont des salles de bain et des douches. Pour 7 000 pesos (moins de 7 $US) par jour, on y trouve un accueil aimable et serviable. L'hôtel est aussi une ancienne résidence avec une cour intérieure asphaltée sur laquelle donnent la majorité des chambres. La proximité du marché incite toutefois à la prudence, mais la ville de Riohacha ne jouit pas d'une mauvaise réputation quant aux crimes de droits communs.

L'**Hotel Musichi** *($; bp, =; Calle 2a No.10-16,* ☎*27 39 65 ou 27 67 83)* est un petit hôtel sympathique installé dans une maison privée convertie en hôtel à quelque 200 m de la plage. On y trouve neuf chambres avec ventilateur, dont deux avec l'air conditionné et cinq avec salle de bain privée. C'est évidemment un hôtel pour petit budget, propre, et les voyageurs y sont reçus avec plus d'empressement que dans les grands hôtels.

Adjacent au marché, l'**Hotel Tropical** *($; bp, =, ⊗, ℜ; Calle 15 No. 3-82,* ☎*27 11 73 ou 27 11 74)* est un hôtel de 26 chambres situé directement sur la Troncal del Caribe, menant de Santa Marta à Maicao. Il s'agit ici aussi d'un hôtel pour petit budget avec une salle commune pour la télévision. Ambiance décontractée.

L'**Hotel Tunebo** *($; bp, =, ⊗, ℜ; Carrera 10 No. 12a-02,* ☎*27 33 26 ou 27 31 39)* est aussi un petit hôtel de 16 chambres dans un édifice blanc de deux étages. Aussi pour budget limité, il offre tout de même confort et tranquillité.

L'hôtel **Arimaca** *($$-$$$$; bp, ec, ⊗, =, ☎, tv, minibar, ▣, ℜ; Calle 1a No. 8-75,* ☎*27 34 81 ou 27 34 82, ⌐27 22 39)* est sans conteste le meilleur hôtel de Riohacha avec 45 chambres et 5 suites dans un édifice de 9 étages avec balcon et vue sur la mer. Mais l'hôtel est surtout équipé d'un système électrique indépendant qui permet d'offrir tous les services sans interruption, ce qui n'apparaît pas comme un luxe à Riohacha, où l'électricité manque souvent. L'hôtel est propre, sans plus, et assez

décevant quant à l'ambiance. L'entrée principale est constituée d'un escalier situé entre un bar et un restaurant et n'indique pas qu'il s'agit d'un hôtel bien tenu, donnant asile à un chien pouilleux qui y faisait la sieste lors de notre passage. À Riohacha, on n'a pas encore l'habitude des voyageurs étrangers, et le personnel de la réception de l'hôtel Arimaca ne démontre pas beaucoup d'empressement ni même d'intérêt. Cela dit, pour le prix, c'est encore ce qu'il y a de mieux comme hébergement.

L'hôtel **Guimaura** *($$-$$$$; bp, ⊗, =, ☎, tv, minibar, ▣, ℜ; Calle 1a,* ☎*27 45 87, ⌐27 45 46)* est un complexe hôtelier qui appartient au gouvernement et qui propose 40 chambres, 2 suites et 5 *cabañas*. L'hôtel a aussi un immense parc plein d'arbres qui sert aussi de terrain de camping. Pas un mauvais hôtel en soi — avec ambiance familiale —, mais le tout mal entretenu et avec une gérance molle. (En toute honnêteté, il faut préciser que la chaleur accablante ne favorise pas la dépense d'énergie.) Les chambres entre autres nécessitent une rénovation en profondeur pour prétendre aux trois étoiles annoncées. La majorité des ampoules électriques ne fonctionnaient pas, le minibar était rouillé, et les meubles et les murs réclamaient un rafraîchissement. Elles offrent toutes un balcon avec vue sur la mer, mais l'accès du mien en était interdit par une porte mal ajustée sur ses charnières. D'autre part, l'hôtel n'est pas équipé d'un système autonome d'électricité, ce qui est une nécessité partout sur la péninsule de la Guajira pour un hôtel qui prétend à une certaine classe. Encore ici, le personnel de la réception n'est pas habitué à la clientèle extérieure et n'a pas le souci de se mettre à son service, ce qui est pourtant le propre d'un hôtel trois étoiles.

Cabo de la Vela

À Cabo de la Vela, il y a au moins deux hôtels qui proposent des chambres ou des hamacs. Ils sont situés l'un à côté de l'autre sur la plage et on ne peut les manquer. L'adresse est inutile et probablement inexistante. Par ailleurs, on peut s'organiser pour loger au même prix chez la plupart des habitants.

🦞 Le plus intéressant est sans doute l'**Hotel Restaurant La Langosta** *($; ☎ cellulaire 93 644 0124),* qui produit sa propre électricité à l'aide d'une génératrice bruyante. Les deux chambres disponibles n'offrent que des lits simples sans oreiller, sans salle de bain privée, ni ventilateur ni air conditionné. L'hôtel est une bâtisse en pierres blanchies à la chaux, au confort rudimentaire. Recommandé pour les esprits aventureux et les vacanciers qui voyagent avec un sac à dos. On peut aussi y louer un emplacement pour installer son hamac ou même louer un hamac sur place pour 4 000 pesos. L'hôtel pourrait prétendre qu'Alonso de Ojeda et Francisco Pizzaro y ont déjà séjourné il y a près de 500 ans, ce qui ne serait pas loin de la vérité.

L'autre hôtel, l'**El Caracol** *($)*, propose aussi des emplacements avec hamacs au même prix. Mais là, il n'y a pas d'électricité. Comme le soleil se couche entre 17h30 et 18h, il faut s'attendre à manger à la lampe à l'huile ou à la chandelle.

 RESTAURANTS

Riohacha

On peut trouver des restaurants pour tous les budgets à Riohacha, en général à prix économique, mais on ne peut pas dire qu'on y mange particulièrement bien. On trouvera un meilleur choix sur la Calle 1 (ou Avenida de la Playa).

El Sabroso *($-$$; tlj 11h à 23h; Calle 1a No. 4-37, ☎27 04 68 ou 27 47 18)* est une petite rôtisserie à ciel ouvert avec deux ou trois tables sur une terrasse directement sur le trottoir. Le restaurant sert toutes sortes de viandes grillées sur charbons de bois — bœuf, poulet, saucisses, etc. —, et ce sur un poêle installé directement dans la rue. Sans prétention, bon et économique. Le restaurant fait aussi la livraison à domicile.

Le **Restaurant Antojos** *($-$$; tlj 7h à 20h; Carrera 6 No. 4-01, ☎27 00 18)* sert une cuisine typique de la région de la Guajira. La propriétaire, Gelsomina Gómez de Curiel, se fera un plaisir de créer une ambiance familiale sur mesure. Ce restaurant est installé dans les deux petites pièces avant d'une résidence privée, décorées avec beaucoup d'exubérance et rappelant l'atmosphère des îles des Caraïbes. Recommandé le midi pour un repas exotique et économique. Dépaysement assuré.

La Casa del Marisco *($-$$$; tlj 11h à 23h; Calle 1a No. 4-43, ☎27 04 68 ou 28 34 45)* est aussi un restaurant de fruits de mer. Installé face à la mer, dans une petite salle longiligne avec deux rangées de tables et une allée pour le service, le restaurant est agréable et le service empressé. Ce soir-là, la *cazuela de mariscos* (la casserole de fruits de mer) avec une moitié de langouste était des plus savoureuses.

 El Rancho de Ruben *($-$$$; tlj 11h à 23h; Calle 1 No. 1-103, ☎27 35 81)* est probablement le meilleur restaurant de Riohacha. Fréquenté par le tout Riohacha, ce restaurant spécialisé en poissons et fruits de mer est installé dans une hutte à toit de chaume et à air conditionné à l'extrémité est de l'Avenida de la Playa, de l'autre côté du pont Riito enjambant le Río Ranchería. Les tables sont plaisamment décorées et l'atmosphère est chaleureuse, le restaurant offrant une vue directe sur la mer. Le service est personnalisé et l'on vous invite même à discuter avec le chef concernant le contenu du menu du jour. Le propriétaire, Ruben, se fait un devoir de recevoir lui-même la clientèle afin de s'assurer que tout est parfait. L'*arroz con camarones* (le riz aux crevettes) ne l'était pas et l'on aurait juré que les petites crevettes, trop cuites, sortaient directement d'une boîte de conserve. Ce choix en particulier n'a pas été heureux, mais il serait présomptueux de généraliser. Tout compte fait, le Rancho de Ruben reste un restaurant fort recommandable.

 SORTIES

Quelques événements à caractère social et culturel ont lieu dans le département de la Guajira. En voici quelques-uns :

La Fiesta patronale de Nuestra Señora de los Remedios, à Riohacha, au mois de février, en l'honneur de la patronne de la ville;

Le **Festival del Acordeón,** comme son nom l'indique, est un festival de musique d'accordéon et de *vallenato* qui se tient au mois de juillet à Maicao;

Le **Festival de las Flores** est une foire de fleurs qui s'organise à Urumita en septembre;

Le **Festival y Reinado del Carbón** a lieu à Barrancas pour le couronnement de la reine du charbon, au mois d'octobre;

Le **festival de la culture Wayuú** se tient tous les mois d'octobre à Uribia. C'est un festival en l'honneur de la culture Wayuú;

Le **Festival Cuna de Compositores Monguí** est un festival de musique *monguí* qui a lieu au mois de décembre à San Juan del Cesar.

 MAGASINAGE

Riohacha

On trouve de tout au marché public de Riohacha *(entre les Carreras 7 et 8 et les Calles 13 et 14)* et même de l'artisanat vendu par les Wayuús, notamment d'immenses hamacs à deux places ou *chinchorros*, sans oublier la fameuse *manta guajira* ou *taquiara*, la robe ample que portent les femmes *wayuús*. On peut aussi acheter la *mochila*, un sac que l'on porte en bandoulière et qui est fabriqué en différents matériaux. Le marché est ouvert tous les jours, tôt le matin et jusqu'à la tombée du jour, vers 18h.

Une boutique se spécialise toutefois dans l'artisanat, la **Casa de la Manta Guajira** *(tlj 8h à 12h30 et 14h à 18h; Carrera 6 No. 97-35,* ☎*27 34 41)*, où l'on peut trouver tous les produits artisanaux sous un même toit.

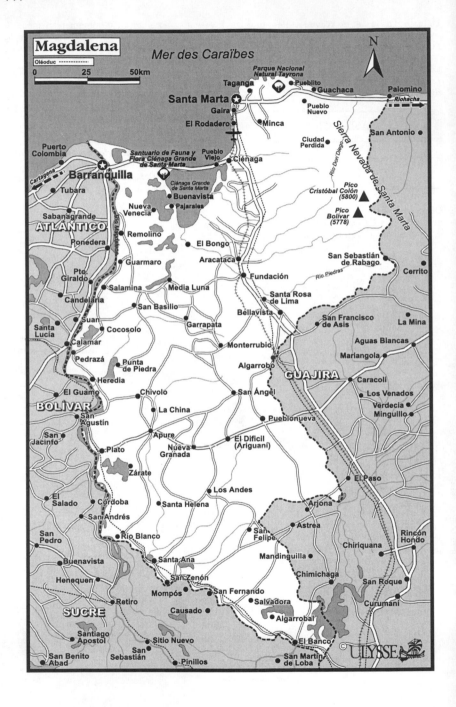

Magdalena

Oléoduc ------------

0   25   50km

Mer des Caraïbes

N

Parque Nacional
Natural Tayrona

Taganga
Pueblito
Guachaca
Palomino

Santa Marta
Riohacha

Gaira
Pueblo
Nuevo

El Rodadero
Minca

Ciudad
Perdida

San Antonio

Puerto
Colombia

Santuario de Fauna y
Flora Ciénaga Grande
de Santa Marta

Pueblo
Viejo

Ciénaga

Sierra Nevada de Santa Marta

Río Don Diego

Cartagena

Barranquilla

Tubara

Ciénaga Grande
de Santa Marta

Buenavista

Pajarales

Pico
Cristóbal Colón
(5800)

Pico
Bolívar
(5778)

Nueva
Venecia

Sabanagrande

ATLÁNTICO

Remolino

Ponédera

El Bongo

San Sebastián
de Rabago

Cerrito

Guarmaro

Aracataca

Río Piedras

Pto.
Giraldo

Fundación

Candelaria

Salamina

Media Luna

Santa Rosa
de Lima

Suan

San Basilio

Bellavista

San Francisco
de Asis

La Mina

Santa
Lucía

Cocosolo

Garrapata

Calamar

Aguas Blancas

Pedrazá

Monterrubio

Mariangola

Caracolí

Punta
de Piedra

Algarrobo

GUAJIRA

Heredia

El Guamo

Chivolo

San Ángel

Los Venados

BOLÍVAR

San
Agustín

La China

Pueblonueva

Verdecia

Minguillo

San
Jacinto

Apure

Nueva
Granada

El Difícil
(Arïguaní)

El Paso

Plato

Zárate

Los Andes

El
Salado

Córdoba

Santa Helena

Arjona

San Andrés

Astrea

Rincón
Hondo

San
Pedro

Río Blanco

San
Felipe

Chiriquana

Buenavista

Santa Ana

Mandinguilla

Henequen

San Zenón

Chimichaga

San Roque

Mompós

San Fernando

Retiro

Causado

Salvadora

Curumaní

SUCRE

Algarrobal

Santiago
Apostol

Sitio Nuevo

El Banco

San Benito
Abad

San
Sebastián

Pinillos

San Martín
de Loba

© ULYSSE

SANTA MARTA ET LE DÉPARTEMENT DE MAGDALENA

Le département de Magdalena est l'un des plus anciens de Colombie après la Guajira. Situé dans le nord-est du pays, il présente une superficie de 22 742 km² pour une population de quelque 1,1 million d'habitants. Il est bordé au nord par la mer des Caraïbes, au sud par les départements de Bolívar et de Cesar, à l'est par le département de Cesar et de la Guajira, et à l'ouest par les départements d'Atlántico et de Bolívar.

Son climat est excessivement varié. En effet, la Sierra Nevada de Santa Marta fait que ce département côtier offre des températures tropicales au niveau de la mer avec une végétation exubérante mais aussi les neiges éternelles des pics Bolívar et Cristóbal Colón — ce dernier culminant à près de 5 800 m d'altitude —, sans oublier les sables des zones désertiques. Tout y est.

Santa Marta

L'une des agglomérations les plus anciennes de la Colombie, Santa Marta a été fondée par Rodrigo de Bastidas le 29 juillet 1525 et devint le premier gouvernement espagnol sur la terre ferme en Amérique. Au cours des premières années de son existence, elle se révéla être l'un des ports les plus importants au regard de la pénétration des conquistadores au Nouveau Monde.

Elle est sise dans un paysage unique sur le rivage de la mer des Caraïbes dans une baie paradisiaque, où le climat atteint une moyenne de 28°C annuellement : la brise constante en provenance de la mer en fait une température idéale pour les vacances.

Avec quelque 350 000 habitants, Santa Marta est la capitale du département de Magdalena. C'est une petite ville «conviviale» en ce sens qu'on peut facilement en faire le tour à pied, ses principaux centres d'intérêt jouxtant la plage. La plupart des visiteurs ne font pas la différence entre Santa Marta et El Rodadero et considèrent ces deux sites comme étant une seule et même destination. Pourtant, la station balnéaire El Rodadero, le site touristique le plus développé de la région, n'est en fait qu'une partie de Santa Marta — un *barrio* (quartier) situé à quelque 5 km de la ville.

Un peu d'histoire

Bien avant la conquête espagnole, la région de Santa Marta était habitée par des indigènes dont les origines encore aujourd'hui posent des problèmes aux ethnologues. Ce que l'on sait par contre, c'est que les premiers habitants qui s'y sont installés en permanence ont, dès le début, formé des groupes séparés et isolés probablement à cause du relief particulier à la région. La civilisation Tayrona par exemple, dont l'influence s'est étendue partout sur la côte Atlantique, s'est établie au pied de la

Sierra Nevada de Santa Marta sur le versant nord. Lors de l'arrivée des Espagnols, elle était divisée en deux groupes principaux, les Caribes et les Arwacos, ces derniers étant considérés comme le plus ancien des deux peuples.

Les Caribes, plus belliqueux, poussèrent les Arwacos dans les montagnes et s'installèrent à leur place en empruntant leur mode de vie et leurs techniques. C'est ainsi qu'ils devinrent pêcheurs, chasseurs et fermiers. Au moment de l'apparition des Espagnols, ils étaient en expansion et avaient déjà conquis de vastes étendues de ce qui est aujourd'hui le territoire de la Colombie. Ils y cultivaient entre autres le maïs, les pommes de terre, les ananas et autres produits qu'ils échangeaient avec les tribus voisines. Ils exploitaient aussi des mines de sel et étaient de talentueux orfèvres.

Les Arwacos pour leur part étaient paisibles. Cultivateurs, ils produisaient entre autres le manioc, le maïs et la patate douce et, dans leurs rituels et autres cérémonies sacrées, ils consommaient la feuille de coca.

Comme la majorité des autres Amérindiens, ils arboraient des ornements de corps sous forme de bracelets, de pectoraux, de boucles d'oreilles, et des anneaux de nez. Ils fabriquaient des pièces d'artisanat comme des couvertures, des hamacs, des filets et des paniers pour le transport des marchandises qu'ils échangeaient aussi avec les tribus voisines. C'est ainsi que les émeraudes du centre de ce vaste territoire étaient connues jusque sur la côte Caraïbe.

En 1499, Alonso de Ojeda découvre la Colombie, accompagné du cosmographe Juan de la Cosa, en mettant la première fois les pieds à Cabo de La Vela dans la presqu'île de la Guajira en provenance de ce qui est aujourd'hui le Venezuela. Francisco Pizzaro, futur conquérant du Pérou, l'accompagne à titre de simple soldat. Pizzaro est le seul conquistador à avoir touché la Colombie par l'océan Atlantique et par l'océan Pacifique (voir p 26). Quelques années plus tard, Rodrigo de Bastidas prend la relève et explore toute la côte colombienne de Cabo de la Vela à Santa Marta. Il y établit ses quartiers généraux et découvre l'estuaire d'un fleuve qu'il nomme Grande de la Magdalena. Il crut pouvoir s'y établir en permanence, mais il fut trahi par ses soldats qui tentèrent de l'assassiner. Gravement blessé, il réussit à s'enfuir et gagna Cuba, où il mourut quelque temps plus tard.

Son successeur, Rodrigo Alvárez Palomino, se livra pour sa part à la destruction et aux massacres systématiques des indigènes sur la côte, et ceux-ci trouvèrent refuge sur les hauteurs de la Sierra Nevada de Santa Marta. La fondation de Santa Marta se caractérise donc par la lutte des indigènes contre l'envahisseur espagnol et par la succession de gouverneurs qui plient devant l'appétit vorace de leur troupe pour l'or. Souvent, ils doivent prendre la fuite avant même d'avoir été officiellement accrédités par les autorités espagnoles.

À la recherche d'or donc, plusieurs expéditions partent de Santa Marta vers l'intérieur du pays dont la plus importante est sans contredit celle de Gonzalo Jiménez de Quesada, qui découvre la savane de Bogotá et y fonde la ville de Santafé en 1538.

Cependant, dès l'arrivée du gouverneur Lope de Orozco à Santa Marta en 1596, l'agriculture et l'élevage se développent d'une façon significative. Plus important encore, les relations avec les indigènes s'améliorent sensiblement alors qu'un pacte tacite de non-agression s'installe dans les habitudes des deux communautés. Des colons de plusieurs pays — de l'Angleterre plus particulièrement — s'installent dans la région tout en important des techniques différentes de culture et d'élevage. Une certaine prospérité voit le jour graduellement, qui fait envie. Santa Marta est donc victime à plusieurs reprises d'attaques de pirates qui la rançonnent au cours des XVIe et XVIIe siècles.

Avec la création de la vice-royauté de Nouvelle-Grenade en 1717, la région devient province sous le nom de Magdalena, avec Santa Marta comme capitale et principale ville portuaire au pays. De 1882 à 1911, on y construit un chemin de fer entre Santa Marta et Fundación qui se révèle être le principal instrument de développement de la région. En effet, la production la plus importante est la banane, et elle est dorénavant exportée dans le monde entier à partir du port de Santa Marta. C'est l'entreprise nord-américaine United Fruit Company qui s'en charge jusqu'à ce que cette dernière se retire au cours des années quarante à la suite de nombreux conflits de travail.

Dès les années cinquante cependant, Santa Marta se tourne résolument vers le tourisme en exploitant non seulement son site particulièrement enchanteur mais aussi l'intérieur de la région et surtout la Sierra Nevada de Santa Marta, l'un des plus beaux panoramas de toute la Colombie. Plusieurs sites touristiques présen-

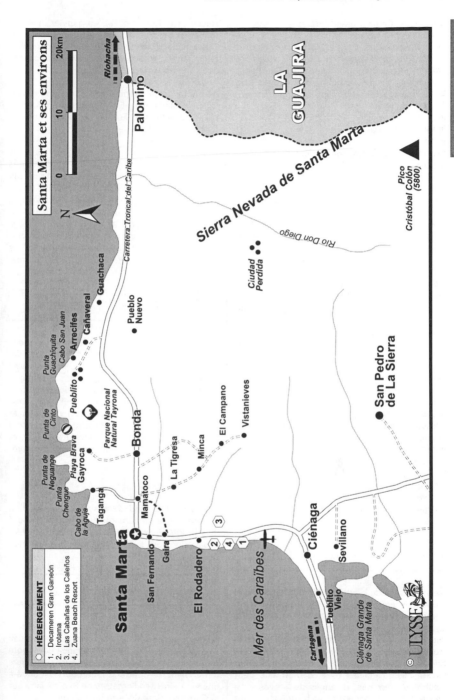

Santa Marta et ses environs

HÉBERGEMENT
1. Decameren Gran Ganeón
2. Irotama
3. Las Cabañas de los Caleños
4. Zuana Beach Resort

tent aujourd'hui un grand intérêt pour tous les visiteurs colombiens et internationaux. Par exemple, c'est à Santa Marta que mourut Simón Bolívar, El Libertador, le 17 décembre 1830. On peut visiter la Quinta de San Pedro Alejandrino à quelques kilomètres des limites de la ville, le site même où reposent ses restes.

Santa Marta aujourd'hui

Les premiers Espagnols s'installèrent tout naturellement sur le rivage de la mer autour d'une *plaza* centrale (aujourd'hui la Plaza Bolívar) avec d'un côté l'église et de l'autre, la mairie et autres maisons des grands seigneurs. Puis, la ville continua son développement vers l'intérieur et aussi en direction nord et sud de la côte jusqu'à l'extrémité nord-ouest de la Sierra Nevada.

L'activité portuaire occupe la plus grande place au niveau de l'économie. Cependant, avec près de 350 000 habitants et une population flottante de quelque 30 000 personnes, Santa Marta se présente aussi comme un important centre commercial avec ses édifices neufs et surtout avec sa station balnéaire El Rodadero, qui n'a rien à envier à celles de la Méditerranée.

Couchée sur le sable de la baie du même nom, la ville présente encore aujourd'hui de beaux édifices coloniaux autour de la Plaza Bolívar, donnant accès à des rues étroites où l'on trouve une multitude de boutiques et de nombreuses maisons d'époque. Mais c'est l'avenue Rodrigo de Bastidas (aussi appelé Avenida del Fundador) qui attire le plus les touristes avec sa belle et longue promenade le long de la mer — le Paseo de Bastidas —, où l'on trouve des terrasses agréables, des hôtels abordables de même qu'une variété de restaurants pour tous les budgets.

El Rodadero

À une dizaine de kilomètres de Santa Marta, El Rodadero, en fait un *barrio* (quartier) de Santa Marta, se présente comme la station balnéaire la plus européenne de toute la côte colombienne. Ici, hôtels en hauteur rivalisent avec les condominiums (appartements), les nombreux restaurants, les boutiques et les bars pour offrir à une clientèle aisée tout ce dont elle peut souhaiter pour des vacances de «rêves». La plage de sable blanc attire les baigneurs durant toutes les périodes de l'année, mais c'est surtout en décembre et en janvier que les touristes se manifestent en grand nombre. Outre la plage, les restaurants et les discothèques, il n'y a pas beaucoup d'attraits touristiques à El Rodadero.

De Santa Marta, on peut s'y rendre en prenant la *buseta* indiquée «El Rodadero-Aeropuerto» sur l'Avenida del Fundador (aussi appelée Carrera 1a) en face de la Plaza Bolívar.

À El Rodadero, on peut pratiquer tous les sports aquatiques imaginables et faire des excursions en *lanchas* (bateaux à moteur) aux autres plages environnantes. On peut s'informer directement sur la plage au kiosque de la Corporación de Turismo de Magdalena sur le *paseo de la playa*, Carrera 1a, en face de la Calle 8. Ici, on vous renseignera sur les excursions aux plages les plus intéressantes et les plus en demande (la Playa Blanca entre autres) et sur les prix recommandés et pratiqués.

POUR S'Y RETROUVER SANS MAL

Santa Marta est divisée par des *carreras* et des *calles* qui portent toutes des numéros. On trouve aussi des *transversales*, des *diagonales* et des *avenidas* qui portent, elles, des noms et des numéros. Les *avenidas* se retrouvent autant du sens des *carreras* que de celui des *calles*. Les *carreras* suivent la direction nord-sud et leurs numéros augmentent d'est en ouest, alors que les *calles* suivent la direction est-ouest et leurs numéros augmentent du sud vers le nord.

El Rodadero

Les *calles* d'El Rodadero suivent la direction est-ouest et leurs numéros augmentent du nord vers le sud. Pour leur part, les *carreras* suivent la direction nord-sud et leurs numéros augmentent d'ouest en est.

L'avion

L'**Aeropuerto Internacional Simón Bolívar** dessert la région de Santa Marta en accueillant les transporteurs locaux en provenance de Bogotá mais aussi certains transporteurs étrangers notamment les charters. L'aéroport est situé à une vingtaine de kilomètres de Santa Marta sur la Carretera Santa Marta-Barranquilla.

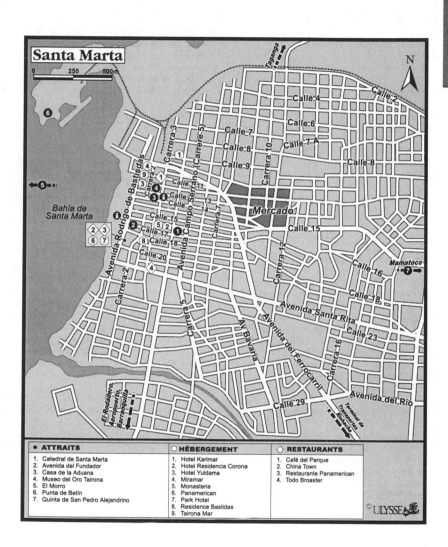

Santa Marta

0   250   500m

Bahía de Santa Marta

Mercado

N

Calle 4
Calle 2
Calle 6
Calle 7
Calle 7-A
Calle 8
Calle 8
Calle 9
Calle 11
Calle 13
Calle 14
Calle 15
Calle 15
Calle 17
Calle 18
Calle 16
Calle 16
Calle 18
Calle 20
Calle 23
Calle 29

Tagunga
Mamatoco

Carrera 3
Carrera 5
Carrera 10
Carrera 7
Avenida Rodrigo de Bastidas
Campo Serrano
Avenida 7
Avenida Campo Serrano
Carrera 12
Carrera 2
Carrera 5
Avenida Santa Rita
Av Bavaria
Avenida del Ferrocarril
Carrera 16
Avenida del Río

El Rodadero, Aeropuerto, Barranquilla
Terminal de Transportes Rodadero

● ATTRAITS	◯ HÉBERGEMENT	◇ RESTAURANTS
1. Catedral de Santa Marta	1. Hotel Karimar	1. Café del Parque
2. Avenida del Fundador	2. Hotel Residencia Corona	2. China Town
3. Casa de la Aduana	3. Hotel Yuldama	3. Restaurante Panamerican
4. Museo del Oro Tairona	4. Miramar	4. Todo Broaster
5. El Morro	5. Monasteria	
6. Punta de Betín	6. Panamerican	
7. Quinta de San Pedro Alejandrino	7. Park Hotel	
	8. Residence Bastidas	
	9. Tairona Mar	

©ULYSSE

Voici l'horaire des vols directs d'Avianca vers d'autres destinations colombiennes :

Bogotá, tlj 8h28 et 11h23; jeu, dim 16h35; lun, mer, ven 20h25; jeu, dim 20h35; mar, sam 20h50; 198 000 pesos.
Cali, tlj 9h50 avec escale; 232 000 pesos.
Medellín, tlj 9h50; 176 000 pesos.

Voici les coordonnées des compagnies d'aviation à Santa Marta :

SAM, Calle 14 No. 3-08, Edificio Los Bancos, ☎22 82 11 ou 21 07 87
Avianca, Calle 17 No. 2-76, ☎21 02 76 ou 21 12 76; El Rodadero, Calle 7 No. 4-27, Edificio Plaza II, ☎22 62 12
AeroRepública, Calle 22 No. 2-14, bureau 201, ☎21 01 20 ou 21 43 66
American Airlines, Calle 22 No. 2-14, local 104, ☎21 36 57

L'autocar

Ici encore, le service d'autocar interurbain est excellent et peu coûteux. Plusieurs compagnies offrent des services concurrentiels pour les mêmes destinations à différents prix. Elles ont toutes des billetteries au **Terminal de Transportes** *(Troncal del Caribe, ☎20 90 40)*, et l'on peut trouver à voyager en *colectivos*, en *aerovans* ou en autocars de luxe, avec des départs toutes les heures pour les destinations proches comme Barranquilla (2 heures), Cartagena de Indias (4 heures) ou Riohacha (3 heures), et à heure fixe pour les destinations les plus éloignées comme Bogotá (20 heures), Medellín (15 heures) ou Bucaramanga (9 heures).
Berlinas del Fonce, ☎23 42 73
Coolibertador, ☎23 85 98
Expresso Brasilia, ☎23 40 88
Copertrán, ☎23 32 22
La Costeña, ☎23 42 73
La Veloz, ☎23 42 73
Rápido Ochoa, ☎20 80 50

Les transports en commun

De l'aéroport, on peut prendre une *buseta (300 pesos)* à la porte même pour longer El Rodadero avant d'atteindre la Plaza Bolívar, au cœur de Santa Marta. Un panonceau, sur le pare-brise, indique bien d'ailleurs «El Rodadero-Aeropuerto», avec un symbole d'avion en guise d'illustration. La *buseta* de l'aéroport dessert

aussi plusieurs *barrios* en route et entasse autant de passagers que l'espace le permet sans se soucier de leur confort. Avec des bagages, il vaut mieux prendre le taxi, qui devrait coûter quelque 5 000 pesos jusqu'à El Rodadero et 6 000 jusqu'à Santa Marta.

Le transport public est bien organisé à Santa Marta, et les différentes destinations sont desservies soit par des *busetas* soit par des minibus. Le prix est sensiblement toujours le même et se situe entre 250 et 350 pesos pour toutes les destinations environnantes.

Les taxis

Les taxis sont ici aussi de couleur jaune ocre et identifiés *Servicio Público*. Ils ne sont pas munis de taximètre, et il faut négocier avec le chauffeur le prix de la course, qui ne devrait pas dépasser 1 000 pesos à Santa Marta même.

La location d'une voiture ou d'une moto

Il n'est pas nécessaire de louer une voiture pour se déplacer à Santa Marta car, dans la ville même, on peut facilement tout voir à pied. Même chose pour El Rodadero. Mais il peut s'avérer intéressant d'utiliser une automobile pour visiter la très belle campagne en direction de Riohacha, que l'on atteindra en moins de trois heures.

Si la circulation est stressante à Santa Marta, elle est plutôt calme sur les grandes routes. Mais encore faut-il se rappeler que, ici aussi, la surveillance routière par la police est inexistante. Les Colombiens ne respectent pas la double ligne et dépassent dans les courbes ou dans les déclivités.

Certaines agences de location de voitures sont représentées à l'aéroport, mais elles ont aussi des bureaux notamment à El Rodadero. Les tarifs sont à peu de chose près les mêmes, dépendant de la formule de location proposée et des spéciaux en vigueur pour une fin de semaine par exemple. Voici quelques coordonnées utiles pour la location d'une voiture ou d'une moto :

Avis Rent a Car, Carrera 4 No. 7-27, Edificio Plaza, local 105, El Rodadero, ☎22 78 07 ou 22 78 09;

Hertz, Carrera 4 No. 7-45, Edificio Plaza, local 9, El Rodadero, ☎22 71 67 ou 22 92 95; **National Car Rental**, Carrera 3 No. 7-63, Edificio Centro Internacional, El Rodadero, ☎22 80 78 ou 22 87 99; **Las Motos**, Carrera 3 No 9-29, ☎22 97 91. Ici, on loue des motos à l'heure au tarif de 12 000 pesos, à la demi-journée 30 000 pesos et à la journée 45 000 pesos. On exigera un dépôt de 20 000 pesos.

 RENSEIGNEMENTS PRATIQUES

Indicatif régional : 5

Poste

La correspondance est acheminée via les bureaux d'**Avianca** *(lun ven 8h à 12h et 14h à 19h)*, Calle 17 No. 2-76 Santa Marta; El Rodadero, Calle 7 No. 4-27, Edificio Plaza II.

Banques

Santa Marta

Certaines banques changent les devises et les chèques de voyage à Santa Marta, mais il vaut mieux faire affaire avec le **Banco Industrial Colombiano** (BIC) *(lun-jeu 8h à 11h30 et 14h à 16h, jusqu'à 16h30 ven; Calle 13 No. 4-96, ☎21 23 42, ⌐21 17 80)*. L'heure d'ouverture matinale permet de profiter pleinement de la journée. Ici, on change sans difficulté chèques de voyage et devises d'à peu près n'importe quel pays, du Canada, de la France, de la Belgique, de la Suisse et, bien sûr, des États-Unis.

El Rodadero

Aucune banque ne change de chèques de voyage à El Rodadero. On pourra sans doute trouver des bureaux de change, mais ils pratiquent des taux exorbitants. Mieux vaut faire le change à Santa Marta.

Renseignements touristiques

Santa Marta

Corporación de Turismo de Magdalena Carrera 2 No. 16-44, Casa de la Cultura, ☎21 24 25.

El Rodadero

La **Corporación de Turismo de Magdalena** a aussi un kiosque sur la plage d'El Rodadero *(lun-ven 8h à 12h et 14h à 18h; Carrera 1a en face de la Calle 8)*.

Corporación Nacional de Turismo Calle 10 No. 3-10, ☎22 94 83.

 ATTRAITS TOURISTIQUES

Santa Marta ★★

La **Catedral de Santa Marta** ★★★ *(angle Carrera 4a et Calle 17)* est aussi connue sous le nom de Basílica Menor. C'est la plus vieille église de l'Amérique espagnole. Construite tout d'abord en 1529 par le dominicain Fray Tomás Ortíz, elle fut baptisée église de Santa Ana. Elle fut promue au titre de cathédrale en 1533. Mais ce n'est que beaucoup plus tard, en 1766, qu'on entreprit la construction de l'édifice actuel en pierre blanchie. Sous la bénédiction de l'évêque Fray Agustín Camacho y Rojas et sous le parrainage du gouverneur Andrés Pérez, elle est l'œuvre de l'architecte de l'armée royale Don Lucas Gayetano Chacón et est un exemple de la période néo-romane avec une touche baroque.

Comme tous les édifices religieux de l'époque, elle possède un clocher et un dôme surélevé en son centre qui domine la nef, avec quatre arches principales en marbre de Carrare en provenance d'Italie. Le maître-autel est dédié à sainte Marthe (Santa Marta), sœur de Marie-Madeleine.

À la droite de la porte principale, on peut visiter le mausolée où sont conservés les restes de Don Rodrigo de Bastidas, le fondateur de la ville. Les restes de Simón Bolívar ont aussi été gardés dans cette cathédrale de 1830 à 1842, alors qu'ils ont été portés à Caracas au Venezuela, avant de revenir à la Quinta de San Pedro Alejandrino, où ils reposent actuellement. La cathédrale de Santa Marta offre des services à 18h tous les jours de la semaine. Le dimanche à 7h, 10h, midi et 18h.

L'**Avenida del Fundador** ★★ ou **Paseo Bastidas** est l'avenue la plus importante de Santa Marta pour les visiteurs. Elle longe la baie de Santa Marta sur toute sa longueur, et elle grouille d'activité toute la journée et particulièrement le soir dès 17h. Ayant subi des rénovations en profondeur à l'occasion des célébrations du 450e anniversaire de fondation de la ville en 1975, l'Avenida del Fundador se présente aujourd'hui comme le balcon de Santa Marta avec ses bars, ses restaurants, ses terrasses fermées climatisées ou ouvertes directement sur le trottoir, et avec sa convivialité qui ne peut manquer de toucher le visiteur en quête de détente.

La plage est fréquentée surtout par les *Samarios* (les habitants de Santa Marta), alors que les étrangers préfèrent celle d'El Rodadero ou encore celles du Parque Nacional Tayrona.

La **Casa de la Aduana** ★★★ *(angle Calle 14 et Carrera 2a)* est une très belle maison coloniale qui se présente comme la quintessence de la ville de Santa Marta puisqu'elle est un témoin vivant de sa fondation. Construite par le gouverneur García de Lerma en 1531, elle est la première maison en pierre et en brique à être construite en sol colombien. À ce titre, elle fut déclarée monument national le 17 mars 1970. Ici commença l'agonie de Simón Bolívar avant qu'on le conduise, à sa demande et en pleine nuit, à la Quinta de San Pedro Alejandrino, où il mourut quelques heures plus tard. On attribue la construction du deuxième étage aux frères Nicolás et Domingo Jimeno en 1730. À la mort de Nicolás en 1799, la maison fut rachetée par Doña Ramona Oligós, avant que le gouvernement confisque l'immeuble en 1855.

Après plusieurs changements de vocation — la Casa de la Aduana fut, entre autres, le siège de la United Fruit Company en 1991 de même qu'elle abrita la Cooperativa Bananera del Magdalena en 1933 —, elle est aujourd'hui le foyer du Museo Arqueológico Tayrona du Banco de la República, mieux connu sous le nom de Museo del Oro Tayrona.

Le **Museo del Oro Tayrona** ★★★ *(lun-ven 8h à 12h et 14h à 18h; angle Calle 14 et Carrera 2a)* est installé dans une ancienne maison coloniale, la Casa de la Aduana (voir ci-dessus), restaurée par le Banco de la República et située au nord de la Plaza Bolívar. Tous les musées consacrés à l'or en Colombie valent le détour non seulement pour les pièces qu'on y présente mais aussi pour leur valeur historique et ethnologique. Quoique celui de Santa Marta ne soit pas le plus important, il est intéressant en ce qu'il se spécialise sur la civilisation *tayrona*. On y trouve, entre autres objets, de la poterie ainsi que de nombreuses pièces d'or signées par les orfèvres hors pair Tayronas, dont des bracelets, des bagues et des ornements pectoraux. Les Tayronas habitaient la Sierra Nevada de Santa Marta, et leur principale ville se nommait Tayronaca. Plus tard, on donna le nom de «Tayrona» à toutes les tribus qui subirent l'influence de cette civilisation. Elle remonte à 500 av. J.-C. et trouva son déclin à l'arrivée des premiers conquistadores.

El Morro ★ est un rocher en plein cœur de la baie de Santa Marta, visible de la plage. Au cours de la période coloniale, le rocher était utilisé pour défendre la ville contre les attaques des pirates. Aujourd'hui, on y trouve un phare, mais certaines constructions en ruine sur l'île indiquent qu'elle a déjà servi de prison pour les rebelles créoles.

La **Punta de Betín** ★★ est un promontoire rocheux situé au nord de Santa Marta qui fut utilisé aussi pour défendre la ville contre les attaques des pirates. Au cours de cette période glorieuse, quatre canons y étaient maintenus en permanence en état de fonctionnement.

De nos jours, la Punta de Betín est le lieu de résidence du Centre colombo-germanique de recherche biologique et océanographique. Le point de vue y est magnifique, alors qu'on y admire la ville tout entière.

La **Quinta de San Pedro Alejandrino** ★★★ *(tlj 9h30 à 16h30 en saison touristique, fermé lun-mar en basse saison; à quelque 3 km du centre-ville, en suivant l'Avenida Santa Rita, qui conduit à l'Avenida del Libertador)* est une villa reconnue comme un sanctuaire national puisqu'elle renferme les restes vénérés de Simón Bolívar. La villa est entourée de jardins magnifiques où sont érigées 11 constructions, dont notamment une distillerie et une cave à vins. Son musée présente une foule d'objets et de curiosités ayant appartenu au grand leader. Dès l'entrée, on peut voir deux statues : celle bien sûr d'El Libertador et celle aussi de son médecin personnel, Don Alejandro Próspero, qui coiffent l'«Autel de la Nation».

Construite en 1608 par Don Francisco de Godoy Cortesía, au sud-ouest de ce qui était alors la toute nouvelle Santa Marta, la Quinta de San Pedro Alejandrino se voulait une ferme spécialisée dans la culture et le raffinement de la canne à sucre. Elle passa à l'histoire puisque le grand libérateur y mourut quelque 200 ans plus tard, le 17 décembre 1830.

La maison des maîtres, les écuries, le moulin à sucre, le musée et la distillerie sont incontestablement d'architecture méditerranéenne, cependant que le tout laisse une impression de calme et de sérénité comme si l'histoire tumultueuse de la Colombie avait décidé de se reposer ici.

Dans une autre section de la Quinta de San Pedro Alejandrino, se trouve le **Museo Bolivariano de Arte Contemporaneo** ★★★ *(lun-dim 9h30 à 17h; ☎20 70 21, ☛20 65 89)*. On peut y admirer des œuvres contemporaines d'artistes provenant de pays qui furent libérés par Simón Bolívar dont évidemment la Colombie, le Venezuela, le Pérou, la Bolivie et le Panamá. Fondé le 24 juillet 1986 par le président de la République du temps, Belisario Betancur, d'après l'idée du peintre Armando Villegas selon laquelle les pays libérés par Bolívar — mais jamais unis en fédération selon son désir —, devaient être réunis par les arts, le musée obtint son financement du gouvernement colombien, alors que des artistes des pays concernés donnèrent les œuvres en exposition. Aujourd'hui, le musée organise aussi des expositions ponctuelles d'artistes contemporains de ces pays.

Pour sillonner les environs de Santa Marta, vous pouvez vous adresser à :
Tierra Mar Aire (TMA), Calle 15 No. 2-60, bureau 3, ☎21 12 57;
Tayronatur, Calle 16 No. 5-33, ☎21 21 82 ou 21 27 83, ☛21 49 13.

El Rodadero ★★★

L'Iglesia Santa María Estrella del Mar ★★ *(Calle 8, entre les Carreras 3a et 4)* est une église moderne de forme octogonale à aire ouverte et protégée par des grilles de fer forgé rappelant celles utilisées en décoration espagnole à l'époque coloniale. Sans être un chef-d'œuvre d'architecture, l'édifice attire l'attention.

L'Acuario y Museo del Mar Rodadero ★★★ *(5 000 pesos; tlj 8h à 18h; ☎22 72 22)* est situé à 10 min de bateau de la plage d'El Rodadero. Premier aquarium d'Amérique du Sud, l'Acuario y Museo del Mar Rodadero a été inauguré il y a plus de 30 ans maintenant. Aménagé dans des piscines de grandeurs et de formes différentes, alimentées directement par l'eau de la mer, l'aquarium permet d'admirer une grande variété de poissons et de mammifères des Caraïbes gardés dans leur habitat naturel, dont des requins, des phoques et des dauphins. Des guides sur place offrent des explications en espagnol, mais il est relativement facile de comprendre avec un minimum d'attention, d'autant plus que tous les bassins sont identifiés avec des noms et des illustrations.

Les phoques ont subi l'entraînement en vigueur dans les plus importants aquariums du monde et donnent un spectacle des plus fascinants, alors que deux espèces de dauphins démontrent leur savoir-faire d'une façon étonnante.

Dans de plus petits aquariums, on peut admirer une grande variété de poissons et d'animaux coralliens, comme des murènes, des thons, des langoustes, des crabes de même que des coraux, des gorgonias, des oursins de mer, des coquillages ainsi que des éponges, tout ce qui, en fait, compose le fond marin de la côte colombienne.

Pour ce qui est du musée, il présente des pièces recueillies sur de vieux galions par le directeur de l'aquarium, le capitaine Francisco Ospína Návia, un plongeur expérimenté en plus d'un explorateur et d'un chroniqueur chevronné. On peut y voir le canot *Darién*, dans lequel le capitaine et son fils, Juan Carlos, ont exploré les côtes colombiennes en parcourant 3 000 km de Santa Marta jusqu'à Esmeralda, en Équateur, en naviguant sur les fleuves Atrato et San Juan.

L'Agencia de Viajes y Turismo del Valle Tours est spécialisée dans le tourisme écologique, archéologique et sportif : Carrera 1a, à l'angle de la Calle 8, El Rodadero, ☎22 45 20, ☛22 87 40.

Parque Nacional Tayrona ★★★

Le **Parque Nacional Tayrona** *(tlj 8h30 à 17h30)* est situé au pied de la Sierra Nevada de Santa Marta et s'étire jusqu'à la mer des Caraïbes. Il

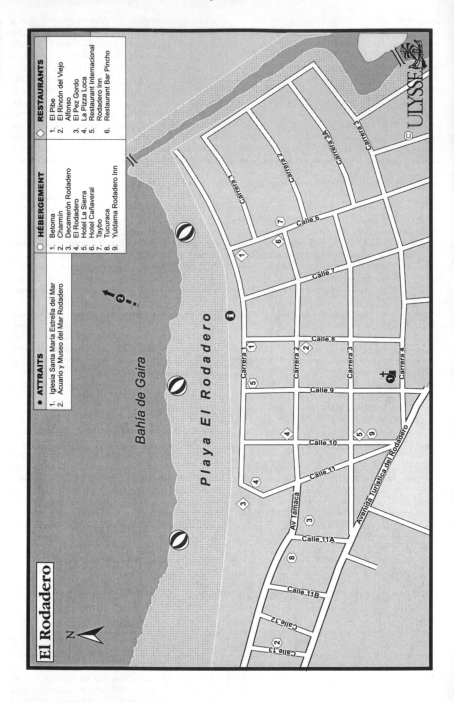

El Rodadero

● ATTRAITS
1. Iglesia Santa María Estrella del Mar
2. Acuario y Museo del Mar Rodadero

○ HÉBERGEMENT
1. Betoma
2. Charmin
3. Decamerón Rodadero
4. El Rodadero
5. Hotel La Sierra
6. Hotel Cañaveral
7. Taybo
8. Tucuraca
9. Yuldama Rodadero Inn

◇ RESTAURANTS
1. El Pibe
2. El Rincón del Viejo Alfonso
3. El Pez Gordo
4. La Pizza Loca
5. Restaurant Internacional Rodadero Inn
6. Restaurant Bar Pincho

Bahía de Gaira

Playa El Rodadero

© ULYSSE

débute à l'est de Santa Marta pour s'étendre sur 85 km jusqu'au Río Piedras. Ce parc naturel a depuis longtemps établi sa renommée en Colombie et même à travers le monde pour la beauté de ses plages de sable blanc, ses eaux cristallines dans de nombreuses petites baies désertes protégées du soleil par des cocotiers et sa formation corallienne qui longe la montagne dont la faune et la flore sont une représentation presque complète de celles que l'on trouve partout en Colombie. Balayé par tous les climats de 19°C à 33°C, il présente, ici, des paysages désertiques où pousse exclusivement le cactus. Ailleurs, l'humidité suffocante favorise l'éclosion d'une végétation luxuriante de forêts vierges où les cris des singes, l'apparition d'un iguane (dont la chair est estimée) et le chant des oiseaux exotiques dans la chaleur moite et la brume envahissante transportent le visiteur dans un monde irréel et sans âge. Où le temps a disparu. Où l'époque s'est volatilisée. Où la vie s'est perpétuée depuis des millénaires.

Le Parque Nacional Tayrona est dédié à la recherche, à la conservation, à la propagation et la défense des animaux et de la végétation. Mais c'est aussi un site archéologique important, et l'on peut y visiter Pueblito, un village *tayrona* dont on admire les vestiges au cœur de la forêt.

Aucune route ne mène à Pueblito et il faut y aller à pied accompagné d'un guide : départ dès 6h30 le matin et retour vers 18h à l'hôtel. Le trajet prend quatre à six heures de marche dans un chemin étroit n'offrant pas toujours la sécurité que prétend le guide. Il doit d'ailleurs souvent l'ouvrir à grands coups de machette pour dégager la végétation qui l'encombre. Ce fameux chemin de pierre est lui-même un vestige archéologique. En effet, il a été construit il y a plus de 1 000 ans par les Amérindiens qui habitaient Pueblito. Il offre la particularité de présenter de nombreuses pierres non solidifiées à intervalles plus ou moins réguliers. Quand on met le pied au hasard sur une de ces pierres, spécifiquement choisies par les Amérindiens de l'époque, elle produit un bruit sourd, un signal d'alarme, qui se répercute longtemps dans les frondaisons : il annonce la venue d'un visiteur. Ami, il était reçu alors avec toute la dignité due à son rang. Étranger ou ennemi, il était tué sur place, sans autre forme de procès, d'une fléchette empoisonnée au curare (poison tiré du strychnos, un arbre tropical) soufflée d'une sarbacane. Ce système est d'une efficacité à toute épreuve. Le guide doit s'arrêter pour fournir des explications et en faire la

démonstration. Sinon, l'alerte passe inaperçue aux yeux — et surtout aux oreilles — du visiteur qui n'y perçoit qu'une défaillance de construction.

Le sentier peut causer des entorses aux «ennemis» d'aujourd'hui, et il vaut mieux avoir le pied solide pour s'y aventurer. D'autant plus qu'il s'élève en montagne à quelque 400 m et que la température atteint un degré d'humidité qui force à l'arrêt toutes les cinq minutes. Pas recommandé pour les enfants et les personnes fragiles en général.

À un point précis après trois heures de marche et à quelque 400 m d'altitude, le chemin redescend, selon le guide. Il n'en est rien puisqu'il continue vers les hauteurs sur encore une bonne centaine de mètres. Le guide avoue candidement qu'il évalue la hauteur de la montagne en fonction de la capacité de grimper de ses «guidés». Estimation colombienne, sans doute. Question de ne pas décourager les moins enthousiastes, plus habitués au confort de l'air conditionné des hôtels. Qu'à cela ne tienne, on continue! En tout cas, mieux vaut prévoir quelques bouteilles d'eau froide, d'insectifuge, une serviette éponge qui s'avérera une nécessité et de bons souliers de marche. Encore une heure et demie d'escalades, de passages dangereux et étroits sous d'immenses rochers et de descentes abruptes avant d'atteindre Pueblito.

L'effort en vallait la peine et l'on oublie vite les estimations approximatives du guide. En effet, dès l'approche du village, on a l'impression de pénétrer de plain-pied dans une légende amérindienne, alors qu'une immense pierre gravée en annonce la proximité. Une centaine de mètres plus loin, les vestiges de Pueblito apparaissent sous les rares rayons du soleil qui réussissent à traverser le feuillage sombres des arbres et la brume humide et stagnante, comme les faisceaux lumineux de projecteurs directifs. Ils laissent entrevoir, graduellement, les fondations en pierre qui déterminent l'emplacement exact où s'élevaient jadis les huttes des anciens Amérindiens, celle du cacique par exemple, sur un promontoire, et celles réservées aux cérémonies religieuses, aussi sur un promontoire qui permettait aux dignitaires civils et religieux d'avoir une vue d'ensemble sur la communauté. Les autres habitations sont dissimulées çà et là aux abords de la forêt, selon l'importance hiérarchique que détenait leur propriétaire. Ces Amérindiens pratiquaient l'agriculture et la chasse. La pêche constituait aussi une bonne partie de leur menu.

Les Tayronas

Lorsque les premiers conquistadores débarquèrent sur la côte nord-est de la Colombie au XVIe siècle, ils rencontrèrent plusieurs groupes d'Amérindiens établis dans la Sierra Nevada de Santa Marta sur des territoires que, faute de mieux, ils désignèrent sous le nom de «provinces». Un de ces groupes était les Tairos qui habitaient la vallée du Río Don Diego — nom tiré de la toponymie espagnole, il va sans dire —, dont la principale agglomération portait le nom de Tayronaca. Par la suite, le nom «Tayrona», fut utilisé pour désigner l'ensemble des villages de cette région de même qu'une zone archéologique et une culture précolombienne qui comprennent des lieux précis et les groupements humains différents qui y ont vécu à une certaine époque.

Ces groupes d'Amérindiens ont commencé à se former en société vers les années 500 de notre ère pour atteindre leur sommet vers l'an 1000. La majorité appartenait à la famille linguistique *chibcha*, qui couvrait un territoire assez vaste, à partir de l'Amérique centrale jusqu'au nord et au centre de la Colombie ainsi qu'une partie du Venezuela.

Les Espagnols rencontrèrent donc une population nombreuse et organisée en hiérarchie. Au lendemain de la découverte, elle fut décimée, voire même exterminée systématiquement, leurs villages rasés, et les rares survivants forcés de se réfugier dans les hauteurs de la Sierra Nevada.

La Sierra Nevada de Santa Marta

La Sierra Nevada de Santa Marta — nom qui provient aussi de la toponymie espagnole —, est une masse montagneuse qui émerge abruptement du littoral atlantique de la Colombie. S'étendant sur plus de 17 000 km², elle traverse les départements de Magdalena, de la Guajira et de Cesar. Ses pics culminent à 5 700 m d'où naissent d'innombrables fleuves et cours d'eau qui, avec les accidents de terrain, forment d'étroites vallées. Dans ce massif, la végétation est très diversifiée, allant du bosquet sec du désert jusqu'à une variété de bosquets humides, en passant par la végétation clairsemée, propre aux neiges éternelles. La faune y est aussi variée. On y rencontre par exemple, une variété d'oiseaux (mouettes, faucons, buses), de petits mammifères (renards, singes, chauves-souris) et des reptiles (serpents et iguanes). Le climat se caractérise par de fortes précipitations, par l'humidité et par la nébulosité, mais aussi par la sécheresse, dans la Guajira par exemple.

La région est importante non seulement par ses caractéristiques géographiques et écologiques, mais aussi parce qu'elle abritait une importante population préhispanique. Elle est encore aujourd'hui habitée par différents groupes ethniques.

Les premiers habitants

Les premiers habitants de la région respectaient l'environnement. Avec leurs terrasses de pierre, leurs chemins et leurs canalisations qui assuraient la solidité de leurs constructions, ils contrôlaient l'érosion sur les pentes abruptes. Parmi les agglomérations les plus connues des Tayronas, se trouvent Pueblito et Ciudad Perdida.

L'habitation

L'habitation indigène de la Sierra Nevada était et est encore aujourd'hui une hutte circulaire construite avec des matériaux autochtones faciles à trouver et à manipuler : du bois, du bambou et des feuilles de palmiers. Les travaux étaient divisés selon les sexes, et la cuisine était la tâche principale des femmes. L'homme s'occupait, lui, de la fabrication de la céramique, indispensable à la vie quotidienne. Il confectionnait des vases, des mortiers pour réduire les graines en poudre ou en farine, des rôtissoires et autres récipients de conservation, dans une variété de formes et de couleurs qui servaient à la cuisine, à la distribution des aliments et à l'entreposage des liquides.

Pendant que l'homme s'adonnait aussi au sarclage et au semis, à la pêche et à la chasse, la femme vaquait à ses autres occupations qui consistaient à récolter les fruits, à chercher l'eau, à tirer la laine, à piler le maïs et à filer le coton.

L'organisation sociale

Les Tayronas vivaient en structure pyramidale. À la tête se trouvaient les *naomas* ou les grands-prêtres. Suivaient ensuite par ordre d'importance les guerriers, les tisserands, les céramistes, les cultivateurs, les sculpteurs et les orfèvres, puis le petit peuple. Les chroniques du temps font aussi mention d'un chef politique gouvernant toute une province où se trouvaient de nombreux villages sous la domination d'un cacique, ces villages étant eux aussi subdivisés en quartiers sous la protection d'un cacique «mineur», assujetti au cacique du village.

La musique

Le langage de la musique *tayrona* — comme probablement le langage de toutes les musiques amérindiennes —, est le reflet et l'expression avant tout des origines, des traditions, des forces naturelles, de la vie et de la mort. Toutes les cérémonies religieuses sont donc accompagnées d'airs de flûtes, de sons de plaques résonnantes et de sons de gros coquillages creux.

Incroyablement, la centaine d'habitations que formait le village de Pueblito laissent entrevoir une civilisation passablement évoluée. En effet, elles étaient toutes desservies par un système d'aqueducs creusés et étanchés avec un fond en pierre. Ce réseau permettait de fournir les maisons en eau potable et d'en évacuer les eaux usées, et ce quelque 1000 ans avant l'arrivée des premiers Espagnols. Il est pour le moins étonnant de constater que ces derniers, en Europe, ne bénéficiaient pas, au moment de la Conquête, de la qualité de vie qui prévalait depuis des siècles chez certaines tribus indigènes d'Amérique du Sud, en pleine forêt vierge. En déambulant dans le village paisible, rafraîchi par les arbres immenses qui le recouvrent entièrement et encore habité par une famille indigène chargée d'en préserver l'authenticité, on se retrouve soudainement en contact direct et spirituel avec l'ancienne culture *tayrona*. Un sentiment qu'on n'oubliera pas de sitôt.

Pueblito ★★★

Pueblito est situé près de la mer, et ses quelque 3 000 habitants se spécialisaient dans la pêche et la collecte de coquillages. Pueblito agissait comme un centre de commerce où l'on pouvait échanger les produits en provenance de la mer avec ceux fabriqués en montagne. Du point de vue architectural, Pueblito se caractérise par ses terrasses et son aqueduc qui traverse le village et unit toutes les habitations et les lieux de culte.

Ciudad Perdida ★★★

Ciudad Perdida — en langue *chibcha* «Teyuna» —, fut érigée vers les années 700 de notre ère. C'est l'un des centres urbains les plus importants parmi plus de 250 établissements découverts dans la Sierra Nevada de Santa Marta. Ciudad Perdida est aménagée sur un terrain en pente dont la déclivité se situe entre 950 m et 1 300 m au-dessus du niveau de la mer. Située sur le versant nord de la Sierra Nevada de Santa Marta, la «Cité Perdue» s'étend sur les rives du Río Buritaca et fut un centre économique et politique de première importance pour les Tayronas. En effet, 40% de son territoire était réservé aux édifices publics, alors que le reste était destiné aux habitations privées. Dépendant des années et des circonstances, sa population pouvait fluctuer entre 1 400 et 3 000 habitants. On y trouvait plus de 250 terrasses distribuées dans huit secteurs ou villages, qui servaient de fondations pour les habitations familiales, pour les lieux de travail spécialisé, pour les temples ou encore pour les espaces publics. Des chemins ou des escaliers de pierre, de formes et de dimensions diverses, permettaient de communiquer facilement d'une terrasse à l'autre.

Les habitations familiales étaient construites sur les terrasses circulaires, leur circonférence dépendant de la topographie. Certaines terrasses adoptaient une forme ovoïde, alors que d'autres pouvaient recevoir plusieurs habitations. D'autres encore étaient renforcées par un muret en pierre. On y trouvait aussi des canaux de distribution et de collecte d'eau, organisés autour d'anneaux qui permettaient un contrôle efficace de la distribution. D'autres canaux servaient à transporter l'eau d'irrigation des terrasses réservées à l'agriculture.

Ciudad Perdida ne fut découverte qu'en 1975 par l'archéologue Julio César Sepúlveda. C'est l'une des plus importantes cités *tayronas* qui démontre le savoir-faire des Amérindiens pour s'adapter à leur environnement. Aujourd'hui, on peut y voir 160 terrasses en montagne, entourées d'arbres de plus de 50 m de hauteur. Les touristes ont maintenant l'autorisation de visiter les lieux s'ils sont accompagnés de guides. Pour se rendre à Ciudad Perdida, le voyage d'une durée de trois jours se fait à dos d'âne et avec des sacs de couchage ou des hamacs. On peut aussi y aller en hélicoptère à certaines périodes de l'année. Il faut prévoir 500 000 pesos et compter une heure pour l'aller et une heure pour le retour. On doit s'informer auprès des agences de voyages.

Taganga ★★★

Le petit village de Taganga vaut le déplacement. Situé dans une belle petite baie, il apparaît soudainement au détour de la route, en bas de la montagne, comme un paysage de carte postale. Mais il est bien réel et à moins de 20 min en direction nord de Santa Marta. Un minibus avec indication «Taganga» y conduit. On le prend toutes les 15 min sur l'Avenida del Fundador (aussi appelée Carrera 1a) en face de la Plaza Bolívar.

Taganga était et continue d'être un village de pêcheurs de près de 1 000 habitants. Plusieurs barques en témoignent, tant à l'eau que sur la plage, où l'on fait les réparations nécessaires avant la remise à l'eau. Certains pêcheurs ont toutefois trouvé plus avantageux de piloter des excursions en mer, notamment à la Playa Grande. On s'informe sur place, directement sur la plage. Ces derniers étant en association, ils proposent tous les mêmes prix pour les mêmes distances et les mêmes destinations.

Taganga n'offre pas beaucoup d'attraits sauf sa situation et son charme. Faisant justement partie de son charme, ses nombreuses petites *tiendas* (échoppes) plantées sur la plage où l'on peut déguster une variété complète de produits de la mer, attablé sous un parasol en bénéficiant de la brise saline tout en sirotant une bière froide. Outre la langouste, il faut déguster le *sancocho de pescados*, une soupe de poisson (la bouillabaisse colombienne) avec des carottes, des bananes plantains et des épis de maïs. Accompagné d'un plat de riz et d'une salade de légumes, le *sancocho* constitue un repas complet *(3 500 pesos)*. Mais on ne peut

dire qu'on connaît Taganga si l'on n'a pas dégusté le *pargo frito,* un rouget frit, assaisonné, et servi entier avec une salade de légumes et des tranches de bananes plantains, frites aussi, le tout arrosé copieusement de jus de lime *(5 000 pesos)*. Sans conteste, le meilleur *pargo* de toute la Colombie.

Ciénaga Grande ★★★

La Ciénaga Grande de Santa Marta est le plus grand lac marécageux de toute la Colombie. *Ciénaga grande* signifie d'ailleurs en espagnol «grand marécage». Situé à moins d'une demi-heure de route de Santa Marta en direction de Barranquilla, la Ciénaga Grande est le plus grand des neuf marécages formés par le Río Magdalena à son embouchure. Au sud-ouest, on entre dans une sorte de sanctuaire pour la faune et la flore, un parc naturel et l'un des meilleurs endroits pour l'observation d'oiseaux dont on dénombre plus de 150 espèces. La Ciénaga était auparavant une immense baie qui a été modifiée par la formation d'une barrière de sable et de sédiments provenant de la Sierra Nevada. Cette barrière a formé l'île de Salamanque, une étroite bande de terre sur laquelle est construite la Carretera Santa Marta-Barranquilla. En coupant l'accès définitif à la mer, cette construction a résulté en une catastrophe écologique de grande envergure, en modifiant la salinité de l'eau, ce qui à causé la destruction de millions d'arbres. C'est une vision d'apocalypse qui se présente aux voyageurs empruntant cette route. Tous ces arbres morts donnent froid dans le dos. Blanchis par le soleil, momifiés, ce sont de véritables squelettes qu'on aurait oublié d'enterrer.

Sur le lac même, on peut visiter des villages lacustres comme Nueva Venecia (Nouvelle Venise), Trojas de Cataca, Pueblo Viejo, Buenavista et Pajarales. Ce sont des villages de pêcheurs bâtis sur des îles ou sur pilotis, et l'on ne peut y accéder qu'en bateau.

 **HÉBERGEMENT**

Santa Marta

Santa Marta dispose d'hôtels pour tous les budgets mais aussi pour toutes les nécessités. Aussi faut-il savoir se servir de son flair et choisir un hôtel qui offre l'*ambiente familiar*, c'est-à-dire l'ambiance familiale, pour éviter de se retrouver dans un hôtel de passe.

L'Hotel Karimar *($; bp, ≡, ⊗, ☎, tv, ▨, ℜ; Carrera 4 No. 10-08, ☎21 51 20, ↝23 42 83)* est un petit hôtel d'une vingtaine de chambres dans un édifice rénové datant d'une centaine d'années. Très économique pour le confort offert, l'hôtel est situé à 5 min de la plage à pied, mais aussi à l'entrée d'un quartier considéré comme peu sûr le soir. Cependant, comme l'hôtel est isolé sur une rue large et éclairée, il et possible d'y revenir en sécurité en voyageant en taxi. Autre avantage à considérer, son restaurant est ouvert 24 heures sur 24. Le propriétaire s'exprime très bien en anglais, ayant vécu une dizaine d'années aux États-Unis.

L'hôtel **Miramar** *($; ⊗, ℜ; Calle 10c No. 1c-59, ☎21 47 56)* est une institution à Santa Marta et, en ce sens, il vaut à lui seul une visite. En effet, des groupes de voyageurs à petit budget de tous âges et de tous les pays d'Amérique et d'Europe s'y retrouvent dans une ambiance totalement désordonnée des années soixante-dix. On peut y prendre des nouvelles fraîches sur son propre pays d'origine et des tuyaux sur à peu près toutes les destinations en Colombie ou ailleurs, l'un des pensionnaires y ayant sans doute déjà mis les pieds. Le propriétaire s'exprime en anglais et organise les excursions les moins coûteuses de Santa Marta, en fonction du budget de ses hôtes. On peut encore aujourd'hui y dormir dans un dortoir pour moins de 5 000 pesos. On peut aussi y louer une chambre privée. L'hôtel est une ancienne résidence coloniale avec une cour intérieure qui sert à n'importe quoi, entre autres de salle à manger, de salle de lecture ou de télévision et de salle de conférences sur la connaissance des langues étrangères. Les chambres sont propres, mais il faut s'attendre à des relents de marijuana qui ne déplairont pas à certains voyageurs. Une telle promiscuité force cependant à être sur ses gardes pour éviter de se faire voler, surtout si l'on voyage seul.

L'hôtel **Monasterio** *($; bp, ⊗, ▨, ℜ; Calle 16 No. 2-08, ☎21 10 60)* est une maison historique en rénovation avec cour, balcon et jardin intérieurs. Un grand balcon extérieur donne directement sur une rue étroite et accommode plusieurs chambres. Il s'agit d'un hôtel pour petit budget. La réception est sympathique, et les chambres sont propres et très grandes, avec des plafonds hauts et d'immenses portes de

bois verni. Après rénovation, le propriétaire assure qu'il maintiendra des bas prix tout en amortissant ses coûts. Il faut donc calculer une hausse de 20%, ce qui ne changera pas la catégorie de prix de l'hôtel qui demeure économique.

Le **Park Hotel** *($; bp, ⊗, mb, ☎, tv, ▨, ℜ; Carrera 1a, No.18-67, ☎21 12 15, 21 49 39, ↝21 27 85)* est un édifice assez imposant de quatre étages qui compte 80 chambres dont 25 avec télévision, téléphone et minibar. Situé en bordure de mer, c'est un hôtel pour petit et moyen budget. Certaines chambres ont un balcon avec vue sur la mer. Ce sont les plus intéressantes. On a aussi toujours intérêt à choisir une chambre avec un minibar ou un réfrigérateur pour avoir accès à de l'eau froide la nuit.

La **Residence Bastidas** *($; bp, ⊗; Carrera 2 No.18-26, ☎21 16 02)* propose des chambres pour petit budget, et c'est probablement sa seule qualité. Mais si l'on utilise la chambre uniquement pour dormir, le choix peut s'avérer avantageux car la Residence Bastidas n'est située qu'à une centaine de mètres de la plage.

L'**Hotel Residencia Corona** *($; ⊗, ℜ; Calle 16 No. 3-23, ☎21 30 32)*, comme son nom l'indique, est plus une pension pour petit budget qu'un hôtel proprement dit. Les hôtes manifestent beaucoup de bonne volonté, mais ne sont pas habitués à recevoir la clientèle étrangère. Certains touristes trouveront un avantage à passer un certain temps dans un environnement exotique. D'autres y seront mal à l'aise à cause du manque de communication.

L'hôtel **Tairona Mar** *($; bp, ≡, ⊗, ℜ; Carrera 1a No. 11-41, ☎21 24 08)* est une très ancienne maison de bois verni, à quelques pas de l'hôtel Yuldama. Retiré à une centaine de pas à l'arrière d'une terrasse et présentant une très belle cour intérieure, c'est un hôtel pour petit budget, avec beaucoup de style, et fréquenté uniquement par des Colombiens. Le Tairona Mar n'hésitera cependant pas à doubler les prix en haute saison puisque, comme son nom l'indique, l'hôtel est situé aussi en bordure de mer.

L'hôtel **Panamerican** *($$-$$$; bp, ≡, ⊗, mb, ☎, tv, ℭ, ▨, ℜ; Carrera 1a No.18-23, ☎21 18 24, 21 39 32, 21 29 61 ou 21 12 39, ↝21 47 51)* propose 47 chambres dont certaines avec balcon et vue sur la mer. Il s'agit d'un hôtel pour budget moyen qui offre un choix de chambres avec cuisinette. D'autre part, certaines chambres sont climatisées et d'autres n'ont qu'un ventilateur. Cette dernière option est recommandée pour les voyageurs qui n'utilisent leur chambre que pour dormir. Étant donné la proximité de la mer et la brise qui rafraîchit le soir, le ventilateur est suffisant, d'autant plus qu'il sert aussi à chasser les moustiques. Pour ceux qui choisissent une chambre avec cuisinette, il est préférable d'opter aussi pour l'air conditionné car, dès 7h et jusqu'à 19h, la température peut devenir inconfortable autour de la cuisinière.

L'**Hotel Yuldama** *($$$-$$$$; bp, ≈, ⊗, mb, ☎, tv, ◙, ℜ; Carrera 1 No. 12-19, ☎21 00 63, 21 28 89 ou 21 46 19, ↝21 49 32)*, en face de la plage, est un hôtel de style moderne quelconque. Sur quatre étages, il dispose de 60 chambres avec tous les services d'un grand hôtel sans les coûts, dont une terrasse avec vue sur la mer. Décor intérieur neutre et service adéquat, sans aucune autre prétention.

El Rodadero

El Rodadero étant le site idéal de vacances dans la région de Santa Marta, tous les prix des hôtels y sont majorés d'environ 20% en haute saison, soit fin décembre, janvier et février de même qu'au congé de Pâques. D'autre part, si les hôtels ne sont pas situés directement sur la plage, ils n'y sont qu'à quelques pas. On peut facilement faire le tour d'El Rodadero en moins de 20 min à pied. Tout est donc à portée de la main, que ce soit les centres commerciaux, les hôtels, les restaurants, la plage, les discothèques, etc. D'autre part, El Rodadero n'ayant d'autre vocation que le tourisme, le personnel des hôtels manifeste beaucoup d'ouverture d'esprit envers les vacanciers qui, eux, n'ont pas toujours cette obligation.

On peut facilement trouver des hôtels pour petit budget dans le secteur. Ils n'offrent pas l'eau chaude assurément. Mais la température ne descendant que rarement en deçà de 28 °C, les hôtes affirment sans ambages que l'eau y est toujours chaude à souhait.

L'hôtel **Charmin** *($; bp, ⊗, ≈, ☎, tv, ◙, S; Calle 13 No. 2-41, ☎22 06 16, ↝22 82 53)* est un petit hôtel de 22 chambres sans prétention, mais qui offre une bonne qualité de service pour le voyageur à petit budget.

Hôtel **Taybo** *($-$$; bp, ⊗, ≈, C, ☎, tv, ◙, ℜ, S; Calle 6 No. 2-43, ☎22 83 36, 22 74 48 ou 22*

98 39, ↝22 74 48)*. Encore ici, un petit hôtel de quatre étages dans un édifice récent comptant 42 chambres sans prétention mais tranquilles, et surtout avec des employés désireux d'être utiles. Les chambres, propres, sont meublées avec discernement, en tenant compte du climat chaud.

L'hôtel **Tucuraca** *($-$$$; bp, ⊗, ◙, ℜ; Carrera 2 No. 12-53, ☎22 74 93, ↝23 12 76)* est un hôtel correct, genre motel à deux étages, à moins de 100 m de la plage. Les chambres sont propres et la réception est cordiale.

L'hôtel **Betoma** *($$-$$$; bp, ec, ⊗, ≈, ☎, tv, mb, balcon, ◙; Calle 8 No. 1-58, ☎22 73 39, 22 73 40 ou 22 71 12, ↝22 80 12)* est un type de résidence pour budget moyen. À moins de 30 m de la plage et pour 80 000 pesos par jour pour deux personnes, le Betoma dispose de 65 chambres avec balcon et vue en biais sur la mer, de salles de réunion, d'un café, d'un bar, d'un restaurant, d'une petite piscine et de boutiques. La hall d'entrée manque de charme, mais le personnel de la réception est empressé.

L'hôtel **El Rodadero** *($$-$$$; bp, ec, ⊗, ≈, ☎, tv, ◙, ≈; Carrera 1a No. 1-29, ☎22 72 62, 22 75 23 ou 22 84 57, ↝22 73 71)*, face à la plage, est certainement une aubaine. L'hôtel est propre avec une ambiance familiale et une réception amicale. Les 44 chambres et les 10 suites sont décorées sobrement mais adéquatement. L'hôtel est un édifice bas et moderne et s'apparente plus à un motel. L'entrée se fond dans un décor d'arbres exotiques. La réception est vaste et décorée avec des meubles de rotin. Ce n'est pas un grand hôtel, mais il saura satisfaire même ceux qui bénéficient d'un bon budget.

L'**Hotel Cañaveral** *($$$-$$$$; bp, ec. ⊗, ≈, tv, mb, ◙, ℜ; Carrera 2a No. 11-65, ☎22 70 02, 22 71 46 ou 22 71 12, ↝22 80 76)*, à un coin de rue de la mer, propose des chambres avec balcon et vue sur la mer ou sur la montagne. C'est un édifice moderne, de six étages de style méditerranéen, peint blanc et bleu délavé, aux couleurs de la Grèce. Les chambres avec plancher en carreaux de céramique sont propres et tranquilles, et le décor est simple mais efficace. Le personnel de la réception est sympathique.

L'hôtel **Decamerón Rodadero** *($$$-$$$$; bp, ec. ⊗, ≈, ☎, tv, mb, ◙, ℜ; Carrera 2a No. 11a-98, ☎22 70 28 ou 22 70 15)* est un édifice peu attrayant de couleurs bleue, jaune et rose, en plein centre d'El Rodadero, et direc-

SANTA MARTA

tement sur la plage. La formule des hôtels Decamerón est connue : elle propose des forfaits tout compris incluant l'hébergement, les repas avec vin, les alcools locaux et même les cigarettes. Cette formule offre l'avantage de prévoir un budget fixe pour les vacances, et ce, pour une ou deux personnes et même pour une famille entière. La formule plaît ou ne plaît pas. Elle ne laisse pas de place pour la diversité, mais les hôtels Decamerón sont reconnus pour satisfaire leur clientèle. Pour ce qui est du Decamerón Rodadero, il est plus avantageux que le Decamerón Gran Galeón (voir plus bas), trop à l'écart : en plein centre d'El Rodadero en effet, il permet de vagabonder à pied jusqu'à tard dans la nuit.

Hotel La Sierra *($$$-$$$$; bp, ec, ⊗, ≈, ☎, tv, mb, ▣, ℜ, salle de réception; Carrera 1a No. 9-47, ☎22 79 60 ou 22 71 97, ≈22 81 98)* est un hôtel moderne de 75 chambres et 14 suites, sur huit étages, dans un style qui rappelle la Méditerranée, et dont l'entrée principale donne directement sur la plage. Les chambres avec plancher de carreaux de céramique sont immenses et meublées simplement : la majorité sont avec balcon et ont vue sur la mer. Bon rapport qualité/prix.

L'hôtel **Yuldama Rodadero Inn** *($$$$-$$$$$; bp, ec, ⊗, ≈, ☎, tv, mb, ▣, ≈, ◯, discothèque, bar, café, ℜ, S; Carrera 3 No. 10-40, ☎22 92 52, 22 92 76 ou 22 71 12, ≈22 92 32)* est un hôtel neuf de 90 chambres qui, comme l'hôtel Yuldama à Santa Marta, représente une aubaine pour les budgets moyens. On y trouve une piscine pour adultes et pour enfants, un sauna, un gymnase, des boutiques, un restaurant (voir p 164), un bar, un café et une discothèque, le tout à moins de 500 m de la mer. L'hôtel Yuldama est un édifice de six étages récemment inauguré et, outre le décor un peu froid de la réception, on y trouve tout le confort désiré et un personnel dévoué.

Autour de Santa Marta

Hors d'El Rodadero, en direction de Barranquilla via l'aéroport, on trouve quelques hôtels sur une quinzaine de kilomètres de plage de sable gris mais fin, dont certaines sections seulement sont sous surveillance. Des panneaux l'indiquent clairement en français, en anglais et en allemand : «À l'extérieur de ce secteur, la plage n'est plus sous la protection de l'hôtel».

L'hôtel Four Points de la chaîne Sheraton y était en construction lors de notre passage.

Las Cabañas de los Caleños *($; bp, ⊗, tv; Barrio La Paz, ☎22 40 22)* appartiennent aux frères Dagoberto, Alonso et Arturo Gómez, qui sont natifs de la région de Cali. D'où le nom de Las Cabañas de los Caleños. Ce sont des chambres de motel (cinq unités) situées à une centaine de pas à l'intérieur même du *barrio* La Paz, face à l'hôtel Irotama, à quelque 800 m de la plage. Dépaysement assuré donc, dans un quartier essentiellement colombien, peu fréquenté par les étrangers. De construction récente, les unités sont propres avec un plancher de marqueterie et des meubles adéquats. Il faut rencontrer l'un des propriétaires, Dagoberto, un Colombien naturalisé Canadien qui a vécu 20 ans à Montréal, et qui connaît par cœur tout ce qu'il y a à voir en dehors des sentiers battus dans les environs de Santa Marta. Dagoberto s'exprime aussi bien en français qu'on anglais. On peut s'informer au restaurant El Pez Gordo (voir p 163), directement sur la plage d'El Rodadero, angle Carrera 1a et Calle 11.

L'hôtel **Decamerón Gran Galeón** *($$$-$$$$; bp, ec, ⊗, ≈, ☎, tv, mb, ▣, ℜ; kilomètre 17, Carretera Santa Marta - Barranquilla, ☎22 80 76 ou 22 80 78, ≈21 80 92)*, comme celui d'El Rodadero, offre la formule «tout compris». Ici cependant, les touristes sont totalement isolés et n'ont d'autre choix que de passer leur journée entière à l'hôtel à moins de participer à une expédition. Cette formule est idéale pour les familles entières, mais elle est déconseillée aux aventureux ou aux tempéraments curieux. Pour ce qui est de l'hôtel, c'est un édifice d'une dizaine d'étages construit en demi-cercle sur le bord de la mer, mais qui coupe la vue à la montagne. On y trouve tous les sports aquatiques et toutes les installations dans une sorte de village complètement autonome.

L'hôtel **Irotama** *($$$$$; bp, ec ⊗, ≈, ☎, tv, mb, ▣, ≈, ◯, bain turc, ◯, ℜ, cafétéria, bars, discothèque, S, salle de réception; kilomètre 14, Carretera Santa Marta - Baranquilla, ☎21 80 21 ou 21 81 21, ≈21 80 77)* est un hôtel 5 étoiles qui, à cause de sa situation éloignée du centre et directement sur la plage, offre la particularité d'un décor unique avec 65 chambres, 14 suites et 25 *cabañas*. Il faut cependant comprendre que les *cabañas* font référence à des chalets privés, en pierre et à toit de chaume, chacune ayant sa propre terrasse sous les palmiers, avec patio et pelouse, et un passage directement vers la plage. En ce sens, les *cabañas* sont un choix plus intéressant que les chambres à cause de l'intimité qu'elles procurent. L'hôtel offre tous les services que l'on peut souhaiter d'un hôtel de cette catégorie.

🛥 **Zuana Beach Resort** *($$$$$; bp, ec, ⊗, ≡, ☎, tv, mb, ▨, cuisine et salle à manger dans les suites, ≈, ⊘, bain turc, △, ℜ, S, cafétéria, bars, discothèque, boutiques, supermarché, salle de réception; Carrera 2a No. 6-80, Avenida Tamacá, Bello Horizonte,* ☎*22 46 52 ou 22 46 53,* ⇝*22 46 71)* est aussi un hôtel de 5 étoiles complètement neuf qui, avec ses 3 piscines, ses bars, sa plage et tous les sports aquatiques dans une ambiance de grand hôtel, ne peut que favoriser la détente et le *farniente*. Les 167 chambres et 18 suites sont immenses. Elles disposent toutes d'un balcon avec vue sur la mer et d'un mobilier luxueux. L'hôtel forme une enclave autour des piscines agrémentées çà et là de tables avec des parasols en feuilles de palmier séchées. Trois bars sont au service des clients, dont un directement dans l'une des piscines. Dans le vaste hall d'entrée, décoré avec des meubles de style tropical et beaucoup de plantes vertes, on trouve des boutiques où l'on peut se procurer des souvenirs et des accessoires de plage. On trouve aussi le Zu Market, un petit marché où l'on achète aussi bien de la bière et du vin et autres boissons alcoolisées que des produits pour la cuisine de même que des repas congelés. Le personnel de l'hôtel est affable et s'exprime aussi en anglais. L'hôtel a récemment inauguré un centre récréatif comprenant deux courts de tennis, deux terrains de squash, un parc et une salle de jeux électroniques. Le Zuana Beach possède aussi, en collaboration avec un partenaire, un terrain de golf de neuf trous, avec notamment deux lacs et une dizaine de trappes de sable. Le *clubhouse* est équipé d'une piscine.

Parque Nacional Tayrona

On peut trouver à se loger directement dans le Parque Nacional Tayrona, mais l'hébergement ne s'adresse qu'aux amants de la nature.

La **Finca El Paraíso y Bukarú** *($; ℜ; Arrrecifes,* ☎*21 47 56)* se présente comme deux terrains de camping situés sur le bord de la mer dans le Parque Nacional Tayrona, à 40 km de Santa Marta. On peut y planter sa tente, louer du matériel de camping, installer son propre hamac dehors entre deux arbres et même louer un hamac. On peut loger dans des *cabañas* en bois avec toit de chaume pour 4 000 à 10 000

pesos par personne par jour. On trouve tout ce qu'il faut sur ces terrains, y compris des douches. Le numéro de téléphone indiqué ci-dessus est celui de l'hôtel Miramar (voir p 159), et les départs se font tous les jours à 10h30 à la porte de l'hôtel même, Calle 10c No. 1-59.

Taganga

À Taganga, à moins de 20 min de Santa Marta, il y a deux superbes petits hôtels dont l'un en plein centre du village et l'autre perché dans la montagne. L'un et l'autre sauront satisfaire les plus exigeants par la qualité de l'hébergement, l'amabilité et le professionnalisme du personnel et le coup d'œil qu'ils offrent sur la petite baie de Taganga.

🛥 L'hôtel **Bahía Taganga** *($$; bp, ⊗, ≡, tv, mb, ℜ;* ☎*21 76 20)* est situé à l'extrémité nord de la plage, et juché sur une colline. Sa situation privilégiée en hauteur permet de proposer une vingtaine de chambres, dont certaines avec un balcon directement au-dessus de la mer et d'autres avec vue sur la montagne. L'hôtel est confortable et dispose de suites pour toute la famille. L'accueil est chaleureux, et l'ensemble invite à la détente.

🛥 **La Ballena Azul** *($$$-$$$$; bp, ⊗, ≡, ☎, tv, mb, ▨, ℜ;* ☎*21 66 68 ou 21 50 93,* ⇝*21 75 80, www.ballena-azul.com)* est un hôtel de 30 chambres, au centre du *pueblo* et face à la plage de Taganga. Cet hôtel de charme est parfait pour ceux qui recherchent la tranquillité et le dépaysement, tout en souhaitant pratiquer des sports nautiques comme la plongée-tuba ou l'exploration sous-marine. Appartenant à une famille colombo-française du nom de Trujillo-Girardot et dirigé par le fils des propriétaires, Sébastien Girardot, l'hôtel est un véritable paradis pour les couples qui désirent passer quelque temps en amoureux. L'hôtel, rénové il y a moins de trois ans, est une ancienne maison coloniale avec un magnifique jardin intérieur envahi par les fleurs, les palmiers et les cactus, et couronné par un balcon soutenu par des arches sur lequel donnent les chambres. Le blanc domine partout, soutenu par des touches de bleu, un rappel du nom de l'hôtel : La Baleine bleue. Les chambres offrent tout le confort nécessaire, et certaines sont avec balcon et ont vue sur la mer. La Ballena Azul a bâti sa réputation, depuis plus de 15 ans, sur la qualité de son restaurant spécialisé en fruits de mer (voir p 164). Le personnel s'exprime aussi bien en français qu'en anglais.

L'hôtel organise ses propres excursions à Ciudad Perdida ou dans le Parque Nacional Tayrona et propose aussi un forfait de plongée sous-marine qui comprend le logement en occupation double, le cocktail de bienvenue, le t-shirt de l'hôtel, le petit déjeuner continental, le dîner sur la terrasse et deux plongées par jour, minimum deux jours, le tout pour 130 000 pesos par personne par jour.

On peut aussi trouver une **maison à louer** *($$$; on s'informe auprès du Señor Miguel A. Busta-mante, à la Casa de Las Ruedas, au ☎21 64 62 à Santa Marta et au ☎368 44 67 à Barranquilla)* directement sur la plage pour cinq à huit per-sonnes pour 100 000 pesos par jour. La maison est dotée d'un téléviseur, d'un frigo et d'une cuisinette, d'une salle de bain, de ventilateurs, et les lits sont distribués dans quatre pièces différentes.

✖ RESTAURANTS

Santa Marta

On trouve des restaurants pour tous les goûts et tous les budgets à Santa Marta, mais c'est surtout le long de l'Avenida del Fundador que l'on choisira parmi tous ceux qui y ont terrasse et pignon sur rue. Pour des restaurants de plus grande classe et un meilleur choix de terrasses dans un environnement branché, il faut opter pour El Rodadero. D'autre part, tous les hôtels haut de gamme ont aussi un ou deux restau-rants ouverts à la clientèle de passage.

Le **Café del Parque** *($; tlj 7h30 jusqu'à la fermeture commandée par l'achalandage; Calle 12 No. 3-10, ☎21 36 29)* est un grand café européen à ciel ouvert sous les arbres, face à la Plaza Bolívar et adjacent au Museo del Oro. C'est un endroit sympathique où l'on peut déguster toutes sortes de cafés de même qu'une variété de pâtisseries et de sandwichs. L'administrateur Gustavo A. Rojas Velázquez se débrouille en anglais. Il est une source de renseignements informels pour les touristes.

China Town *($-$$; tlj 11h à 22h30; Carrera 1a No. 18-47, ☎21 46 62 ou 23 32 17)*, comme son nom l'indique, est un restaurant chinois en face de la plage. Dans un décor peint en rouge et sa salle en retrait avec air conditionné, le restaurant offre une ambiance familiale mais ne peut prétendre à la haute gastronomie.

Todo Broaster *($-$$; tlj 11h à 23h; Calle 22 No. 4-21, ☎21 03 29)* est une rôtisserie spécia-lisée dans le poulet. Le restaurant fait la livrai-son, et l'on parle ici de *fast food*.

 Le **Restaurante Panamerican** *($$-$$$$; tlj 11h à 15h et 18h à 23h; Carrera 1a No. 18-23, ☎21 10 31 ou 21 29 01)* est un restaurant qui offre une terrasse fermée avec air conditionné et vue sur la mer. Le restaurant se situe à l'entrée de l'hôtel Panamerican et se spécialise dans les poissons et les fruits de mer. On peut aussi y déguster une cuisine continentale de même que des pâtes à l'italienne. L'ambiance est chaleureuse dans la salle à manger et sur la terrasse avec des tables aux nappes blanches, des chaises «capitaines» et un éclairage diffus à la chandelle sur chaque table. Le service est professionnel et courtois. Le Panamerican s'est taillé la meilleure réputation de tous les restau-rants de Santa Marta.

El Rodadero

Autant peut-on considérer El Rodadero comme une immense discothèque le soir, on pourrait aussi, à la rigueur, prétendre qu'il s'agit d'un seul et unique restaurant offrant tous les choix de cuisine, tellement la diversité est complète et le choix varié.

El Pibe *($; tlj 10h30 à 2h; Calle 6 entre les Carreras 1a et 2a)* est une rôtisserie argentine, sans prétention, avec quelques tables à l'intérieur mais surtout avec une terrasse avec vue en biais sur la mer. Au menu, des côtelet-tes et des steaks cuits sur charbons de bois, servis avec frites et salades de légumes. Le tout arrosé de bière. On peut cependant appor-ter son vin si l'on en fait la demande à la ser-veuse.

El Pez Gordo *($-$$; directement sur la plage, au centre même d'El Rodadero, à gauche de la Carrera 1a, angle Calle 11, ☎22 40 22)* appar-tient aux frères Gómez, qui prétendent servir la meilleure *cazuela de mariscos* (casserole de fruits de mer) de Santa Marta. Il s'agit, ici, plus d'une *tienda* (échoppe) que d'un restaurant, et la terrasse est située sur la plage même, avec des tables installées dans un patio et d'autres directement sur le sable, toutes protégées du soleil par des parasols et d'immenses palmiers. On ne saurait trop le recommander, cette fameuse *cazuela de mariscos*. On pourra aussi apporter son vin si l'on discute de cette possibi-lité avec le serveur.

El Rincón del Viejo Alfonso *($-$$$; tlj 8h à 23h, plus tard les fins de semaine; Carrera 2a No. 7-63, ☎22 81 13 ou 22 77 71)* est l'un restaurant de poissons et fruits de mer où on trouve aussi un menu de table d'hôte et à la carte. On aura aussi le choix d'une variété de sandwichs et de hamburgers. Le *viejo* Alfonso, le vieil Alphonse, accueille lui-même sa clientèle et semble s'amuser beaucoup en la mettant à l'aise. Sa femme prend alors la relève et présente son restaurant tropical, dont une vaste salle est décorée avec des piscines et où l'on trouve aussi une piste de danse. Musique en direct les fins de semaine dès 22h.

La Pizza Loca *($$; tlj 12h à 3h; Calle 9a No. 1-69, ☎22 00 99, 22 81 15, 22 02 60 ou 22 07 07)*, comme son nom l'indique, est une pizzeria avec une salle climatisée et une terrasse tropicale surélevée. On peut y déguster toutes les sortes de pizzas imaginables, mais aussi une bonne variété de plats italiens à la table d'hôte ou à la carte. Le décor est moderne avec des tables et des chaises de bois verni sur la terrasse.

Restaurant Bar Pincho *($$-$$$$; tlj 12h à 15h30 et 18h30 à 24h; Carrera 2a No. 6-30, ☎/≈22 98 59)* est un restaurant haut de gamme spécialisé dans les poissons et les fruits de mer. Évidemment, comme tous les restaurants colombiens qui se respectent, on peut y trouver aussi du bœuf ou du poulet au spécial du jour. Le décor se veut sophistiqué avec un bar en fond de scène et des tables alignées dans une salle carrée de dimension moyenne. On y trouve des filets et des articles de pêche suspendus et un éclairage tamisé pour créer l'ambiance. À gauche, un espace est réservé à l'orchestre à l'affiche les fins de semaine durant la saison touristique. Le service est empressé.

Restaurant Internacional Rodadero Inn *($$-$$$$; tlj 12h à 15h30 et 18h30 à 24h; Carrera 3a No. 10-40, ☎22 92 52 ou 22 92 76)* est le restaurant français de l'hôtel Yuldama (voir p 161). Dans un décor simple mais sophistiqué, avec des tables rondes et des nappes blanches, on sera tenté surtout par le chateaubriand, le filet mignon ou le médaillon de bœuf sauce aux champignons. Le restaurant offre une carte comprenant des vins français, italiens et chiliens.

Taganga

Comme déjà mentionné, il y a une bonne vingtaine de petites *tiendas* (échoppes) avec terrasse sur la plage qui se font concurrence pour la restauration. Elles ont toutes une ambiance de vacances et s'adressent à une clientèle décontractée qui s'y installe nu-pieds.

Pour une restauration plus sophistiquée, il faut choisir le restaurant de l'hôtel **La Ballena Azul** *($$-$$$$; tlj 7h à 21h, sur la plage même de Taganga; ☎21 66 68 ou 21 50 93)*, qui a fait sa renommée (voir p 162). Sous la direction du fils de la propriétaire, Sébastien Girardot, qui a étudié à l'École d'hôtellerie de Paris, le restaurant maintient ses bonnes habitudes en servant une cuisine recherchée dans une ambiance décontractée mais sophistiquée. Spécialisé dans les poissons et les fruits de mer, le restaurant accueille ses clients dans une salle et sur la terrasse. Dépendant de l'heure du jour, on choisira l'un ou l'autre, alors que le service restera le même, attentif et professionnel. La carte propose des vins français, italiens et chiliens.

 SORTIES

El Rodadero

Pour l'apéritif, il faut opter pour El Rodadero, qui se transforme, le soir, en véritable discothèque à ciel ouvert en haute saison touristique. Il n'y a qu'à déambuler dans la rue pour être attiré par une musique tonitruante, la meilleure publicité en fait pour ce genre d'établissements que l'on retrouve pratiquement à toutes les deux portes ici.

La **Tienda Gaira** *(angle Carrera 1a et Calle 8, ☎22 02 04)* est un petit bar branché, à aire ouverte et terrasse, avec vue sur la mer. La décoration est un rassemblement de photos et d'objets hétéroclites ayant rapport à la navigation. On y déguste des bières colombiennes et importées du Venezuela, du Mexique, de l'Allemagne et de la Belgique.

La discothèque la plus réputée est sans contredit **La Escollera** *(Calle 5a No. 4-107, secteur El Laguito, ☎22 81 86 ou 22 78 59)*, située sur une petite île d'une lagune au nord d'El Rodadero.

Événements

Quelques événements à caractère social et culturel se tiennent un peu partout dans le département de Magdalena. En voici quelques-uns :

Las Fiestas de Caimán ont lieu au mois de janvier à Ciénaga Grande. Ce sont des fêtes en l'honneur de cet animal protégé.

Le **Festival de la Cumbia** a lieu une fois par année en juin dans la petite ville d'El Banco. C'est un festival de danse qui dure plusieurs jours.

La **Feria Exposición Agropecuaria** se tient à Fundación au mois de juillet.

La **Fiesta Nacional del Mar** se tient à Santa Marta au mois d'août. On y élit une reine de la mer.

Le **Festival del Hombre Caimán** est un festival de folklore et de légendes qui a lieu à Plato au mois de décembre.

 MAGASINAGE

Santa Marta

Tout autour de la Plaza Bolívar et tôt le matin, des artisans s'installent pour la journée et proposent leurs produits à la clientèle locale et aux touristes. On y trouve des sandales et des ceintures en cuir, des bijoux en argent, des vêtements tissés, des hamacs et une foule d'autres produits.

Établi dans l'édifice qui regroupe aussi l'académie d'histoire, la bibliothèque et l'école des beaux-arts de Santa Marta *(angle Carrera 1a et Calle 22)*, le **Centro Artesanal Siga**, en face de la plage, réunit 20 boutiques d'artisanat. On y vend des vêtements de cuir, des ceinturons, des sandales, des bijoux de même que de la poterie et des pièces en céramique.

El Rodadero

Provisiones Mary *(Carrera 2a No 8-33, Centro Comercial Los Arcos San Andresito No. 1, local 3, ☎22 72 95)* est une petite boutique de produits d'importation qui propose des denrées haut de gamme comme du jus de légumes et de tomate, de la moutarde de Dijon, des huiles extra-vierges et autres.

Supertiendas Olímpica S.A. *(lun-sam 8h à 20h, dim et jours fériés 8h à 15h, jusqu'à 17h en haute saison; angle Calle 13 et Carrera 4 No. 13-58, ☎22 75 09)* est un supermarché où l'on vend de la viande, des fruits et des légumes, de la bière froide et des vins d'importation du Chili ou de la France. À l'entrée se trouvent un comptoir de produits cuisinés du jour de même qu'un étal de sandwichs que l'on peut déguster sur place ou emporter. On y propose aussi des produits pharmaceutiques comme des crèmes solaires.

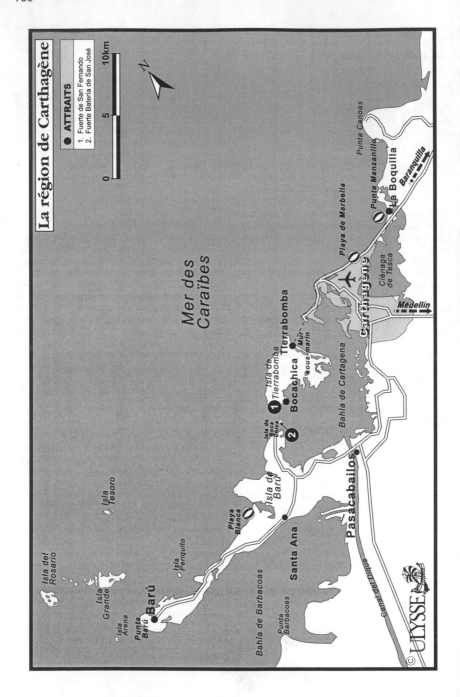

La région de Carthagène

ATTRAITS
1. Fuerte de San Fernando
2. Fuerte Batería de San José

0   5   10km

Mer des Caraïbes

Isla del Rosario
Isla Grande
Isla Tesoro
Isla Arena
Isla Periquito

Punta Barú
Barú
Isla de Barú

Playa Blanca

Bahía de Barbacoas
Punta Barbacoas
Santa Ana

Canal del Dique

Pasacaballos

Bahía de Cartagena

Isla de Boca Chica
Isla de Tierrabomba
Tierrabomba
Bocachica

Mur Bousmarin

Carthagène

Ciénaga de Tesca

Playa de Marbella

Punta Canoas
Punta Manzanillo
La Boquilla
Barranquilla

Medellín

© ULYSSE

CARTAGENA DE INDIAS ET LE DÉPARTEMENT DE BOLÍVAR

L e département de Bolívar est probablement le plus connu de la Colombie à cause de sa capitale, Cartagena de Indias, dont le centre-ville a été déclaré patrimoine mondial par l'Unesco en 1985. Avec une population de quelque 1,6 million d'habitants et une superficie de 26 479 km², le département est bordé au nord par la mer des Caraïbes, au sud par les départements d'Antioquia et de Santander, à l'est par les départements de Cesar, de Magdalena et d'Atlantico, et à l'ouest par les départements de Sucre, de Córdova et d'Antioquia. C'est une région portuaire fort active avec ses exportations de bananes, de sucre et de café. C'est cependant l'activité touristique qui y tient la place prépondérante avec Cartagena de Indias comme capitale, ses plages et ses îles de vacances.

Cartagena de Indias

L'une des plus belles villes de toute la Colombie sur la mer des Caraïbes avec près d'un million d'habitants, Cartagena de Indias ou, plus simplement Cartagena, a été nommée à la gloire de Cartagena, elle-même une ville portuaire d'Espagne qui, à son tour, doit son nom à Carthage, puissante cité marchande de l'Antiquité et rivale de Rome, fondée par les Phéniciens en Afrique du Nord — en Tunisie d'aujourd'hui —, au VIIIe siècle av. J.-C. Les conquistadores avaient l'habitude de baptiser l'établissement d'une nouvelle colonie du nom d'une des villes qui avaient payé ou partagé le coût de l'expédition, question d'honorer leurs sponsors. Les noms des rois régnants de l'époque se retrouvent donc souvent dans les territoires du Nouveau Monde, eux qui finançaient la majeure partie des expéditions : la Louisiane, du nom de Louis XIV, en est un exemple.

Cartagena fut bâtie sur des îles à l'extrémité d'une baie de la côte atlantique de la Colombie, non loin du majestueux fleuve Magdalena. Les marais qui l'entouraient à l'origine furent plus tard comblés de manière à rattacher les îles à la côte. La ville, blottie dans la baie même, est prolongée par une péninsule en forme de doigt recourbé appelée Bocagrande, à l'extrémité de cette dernière, deux grandes îles semblent naturellement protéger l'accès à la baie. L'une d'elles, l'Isla Barú, doit son existence à la construction d'un canal appelé Canal del Dique. Ce gigantesque ouvrage de 114 km de long fut construit à l'époque coloniale dans le but de relier le Río Magdalena à la mer, ce qui eut pour effet de séparer la péninsule Barú de la terre ferme et d'en faire une île artificielle. Il s'agit là d'un des plus importants ouvrages du genre jamais réalisés dans les colonies espagnoles. Aujourd'hui encore, de nombreux bateaux continuent d'emprunter ce passage. La deuxième île, l'Isla Tierrabomba, est, quant à elle, naturelle et située au milieu de l'entrée de la baie.

Au large de l'extrême pointe de l'île Barú, se trouve l'archipel des Islas del Rosario. Composé d'une multitude de petites îles, il possède de belles plages de sable blanc et de magnifiques coraux. Cet ensemble constitue, selon certains admirateurs de la faune marine, un des plus beaux endroits de la côte colombienne.

À l'intérieur même de la baie de Cartagena, et au fond de celle-ci, se trouve une autre île, dénommée La Manga. Reliée par plusieurs ponts, dont un mène vers la vieille ville, elle sert surtout de lieu de résidence à la population aisée de Cartagena. Tandis que plusieurs lagunes séparent la vieille ville de la banlieue, son centre est entouré de superbes murailles. Seules hauteurs à l'horizon, le fort de San Felipe, aux portes de la ville, et le monastère de la Popa, sur une colline haute d'une centaine de mètres faisant face à l'île de la Manga.

Cartagena, ainsi admirablement protégée, a su garder intacts ses bâtiments militaires ainsi que ses belles maisons bourgeoises et ses églises coloniales. Elle est aujourd'hui l'un des plus beaux exemples d'architecture coloniale espagnole en Amérique du Sud, et il n'est pas étonnant qu'elle ait été classée «Patrimoine mondial» par l'Unesco.

La faune et la flore

Dans les Islas del Rosario, on peut surtout observer une multitude de palétuviers ainsi qu'une faune marine abondante. Dans la région de Cartagena, la nature du sol a permis l'extraction d'une pierre aux couleurs ambrées appelée localement *la coralina*. Cette dernière se caractérise surtout par la présence d'innombrables trous qui lui confèrent un charmant aspect de pierre usée par le temps. Dans l'arrière-pays, les grandes plaines du Río Magdalena présentent surtout une végétation typique des marais et constituent l'habitat naturel d'une quantité impressionnante d'oiseaux aquatiques ainsi que d'alligators.

Un peu d'histoire

Fondée en 1533 par Pedro de Heredia (voir p 29), Cartagena de Indias est édifiée sur l'emplacement d'un ancien village indigène abandonné, appelé autrefois Calamarí, et situé sur une petite île du même nom. Fils d'un noble madrilène, cet illustre personnage quitta soudainement l'Espagne à cause d'un duel et s'établit dans un premier temps à Saint-Domingue

(capitale de l'actuelle République dominicaine). Par la suite, dès son arrivée en Nouvelle-Grenade, il s'installe à Santa Marta, où il s'adonne au commerce avec la population autochtone. Puis, devenu gouverneur, il se fixe dans le village de Calamarí afin d'y fonder Cartagena. Le petit village deviendra très vite prospère grâce à la découverte dans la région de nombreux trésors dont, entre autres, ceux des tombes des Sinús, un peuple amérindien qui avait l'habitude d'enterrer ses morts avec tous leurs biens. En 1552, cependant, un incendie réduit le village (de bois à l'époque) en cendres, et Pedro de Heredia ordonne que toute construction soit dorénavant réalisée en pierre. Cette ordonnance permit en quelque sorte à la ville de conserver son très beau patrimoine jusqu'à nos jours.

Au fur et à mesure que se poursuit la colonisation du continent sud-américain, de fabuleuses richesses sont découvertes et pillées aux différentes nations amérindiennes, dont celles de l'Empire inca. Le port de Cartagena, bien protégé dans une baie, profite pleinement de ces pillages. Les navires chargés de leurs précieuses cargaisons en provenance de l'Équateur et du Pérou, via l'isthme de Panamá, marquent en effet une halte au port de la ville. On y charge d'autres biens en provenance de l'intérieur du pays, ceux-ci étant principalement acheminés jusqu'au port par le fleuve Magdalena. Une fois chargés, les navires continuent leur route vers Cuba ou Puerto Rico, où d'autres marchandises viennent s'ajouter à la précieuse cargaison. Les bateaux, bien remplis, voguent ensuite vers la mère patrie, l'Espagne.

Un autre facteur qui permet à la ville un développement rapide est la traite des esclaves importés d'Afrique. La colonie se voit en effet octroyer le monopole de «commerce» par le roi d'Espagne, et ce, dès le début du XVIIe siècle. Il faut savoir qu'à l'époque la couronne d'Espagne avait déjà interdit l'esclavage des Amérindiens, mais concédait des droits sur l'esclavage des Africains à des comptoirs ou à des personnalités des nouvelles colonies. Cartagena reçut ainsi le triste privilège, par ailleurs très convoité, de comptoir officiel d'esclavage. Un seul autre comptoir de ce genre existait, soit celui de Veracruz, au Mexique.

Toutes ces activités commerciales permettront aux notables locaux d'accumuler d'énormes fortunes et de construire de superbes demeures qui font encore aujourd'hui le charme de la ville. Ainsi, en quelques années, Cartagena acquerra une prospérité telle qu'elle suscitera l'intérêt non seulement des autres puissances coloniales, mais aussi des nombreux pirates sillonnant les mers.

Les conséquences d'une telle réputation ne se font pas attendre, et les pirates lèvent régulièrement le *Jolly Mary* (Marie Joyeuse ou Marie Galante) — le drapeau noir où figurent une tête de mort et deux tibias croisés — au mât de misaine de leur caravelle avant d'attaquer le galion espagnol plein d'or. Un Français du nom de Robert Baal attaque même Cartagena avec succès. Surprenant le gouverneur en plein banquet, Baal réussit à extorquer 310 kg d'or à la ville. Et ce n'est là que le début d'une longue liste d'attaques de pirates de toutes nationalités. Parmi eux, se trouvent les Anglais John Hawkins (en 1567) et Francis Drake (en 1586) ainsi que les Français Jean-Bernard Desjeans et Jean Ducasse (en 1697).

Toutefois, Cartagena résistera aux attaques des 1 500 hommes de l'amiral Edward Vernon en 1741, envoyés spécialement par le roi George II d'Angleterre pour déloger les encombrants Espagnols de cette place forte. Les Anglais ont la surprise de leur vie, alors que la petite garnison les repousse à la mer, sous la direction du général Basco de Lezo, qui continue à se battre comme le dernier des enragés après avoir perdu un bras, une jambe et un œil. Il ne dût pas faire preuve d'une grande efficacité sur le champ de bataille. Mais comme exemple à donner à ses hommes...

La couronne d'Espagne, irritée de voir la convoitise suscitée par toutes ses richesses, décide finalement de procéder à des travaux de fortification de la ville ainsi que des alentours. L'ampleur des travaux réalisés en fait bientôt la ville coloniale la mieux protégée de toute l'Amérique du Sud. La construction des ouvrages de fortification se fera cependant par l'exploitation honteuse des esclaves noirs.

Parmi les nombreux faits d'armes qui marquèrent l'histoire de la cité, deux grandes dates doivent retenir l'attention. La première est celle de 1741, année de la célèbre bataille de Vernon (voir «Castillo San Felipe», p 186); la seconde est celle de 1811, alors que la ville fut la première à déclarer son indépendance face aux Espagnols. En 1815, cependant, lors de la reprise de la ville par le général Pablo Morillo, la cité retourna sous le joug espagnol. Lors des combats, plus du tiers de la population périt, soit 6 000 morts au total! Plus tard, lors de la guerre d'indépendance finale menée par Simón Bolívar, Cartagena sera une fois de plus parmi les premières à affirmer son indépendance, obtenant ainsi sa liberté définitive en 1821. C'est d'ailleurs pour sa bravoure et sa capacité de résistance que le *Libertador* la surnomma la *Ciudad Heroica* (la ville héroïque).

Cartagena de Indias aujourd'hui

Aujourd'hui, avec ses forts et ses beaux bâtiments coloniaux, la ville défie pacifiquement chaque année une armada de touristes en leur offrant ses beautés, son atmosphère, ses services et ses distractions. La péninsule de Bocagrande et d'El Laguito y est presque entièrement consacrée. Du point de vue économique, tandis que la ville se voue au tourisme, la banlieue et son port (le deuxième en importance en Colombie) accueillent plusieurs industries.

| POUR S'Y RETROUVER SANS MAL |

Cartagena de Indias

Sur toute la péninsule, les rues perpendiculaires au front de mer et à la baie s'appellent *calles*, et leur numérotation va en s'accroissant en direction du centre-ville. Les rues parallèles à la côte se nomment, quant à elles, *carreras*, et leur numérotation s'accroît en s'éloignant de la mer.

El Centro et San Diego

Le cœur de Cartagena se divise en quelque sorte en deux quartiers : **El Centro** et **San Diego**. Ces deux quartiers étant situés dans l'enceinte, nous appellerons *intra-muros* cette partie de la ville. Que ce soit dans la partie *intra-muros* ou *extra-muros*, le meilleur moyen de se déplacer demeure la marche. On peut en effet aisément atteindre n'importe quel point de ces deux secteurs à pied et, en marchant d'un bon pas, on peut passer d'une extrémité de la ville à l'autre en moins d'une demi-heure.

Bocagrande et El Laguito

En voiture, Bocagrande peut-être facilement rejointe en empruntant l'Avenida Santander, qui devient par la suite la Carrera 1 (aussi appelée Avenida del Malecón) et qui parcourt toute la péninsule en longeant le front de mer. Au bout, la route bifurque à gauche afin de pénétrer dans El Laguito. À cet endroit, la route change de nom pour devenir d'abord la Calle 1A, puis l'Avenida Almirante Brión.

Le meilleur moyen pour se rendre à Bocagrande et El Laguito à partir de la ville *intra-muros* est la marche. Les deux endroits sont en effet situés respectivement à 15 min et à 25 min du centre-ville. Les personnes appréciant peu la marche pourront prendre l'un des nombreux bus *Executivo (300 pesos)* parcourant les Carreras 2 et 3, ou les multiples taxis *(1 000 pesos)* sillonnant la ville. Tandis que les bus se dirigeant vers le centre se prennent sur la Carrera 3, ceux se dirigeant vers Bocagrande et El Laguito se prennent sur l'Avenida Blas de Lezo (près de l'office de tourisme du vieux port de Los Pegasos). Ils parcourent ensuite la Carrera 2.

Getsemaní et La Matuna

Le quartier de Getsemaní, que l'on appellera *extra-muros*, se situe tout près de la ville *intra-muros* et, par l'intermédiaire de la zone de La Matuna, s'y trouve même accolé. Pendant la journée, le déplacement à pied constitue un bon moyen de visiter les lieux. On peut aisément atteindre n'importe quel point à pied et, en marchant d'un bon pas, passer facilement du secteur de La Matuna à celui d'El Centro en moins d'une demi-heure. La nuit et en soirée, cependant, il est recommandé d'utiliser un taxi pour s'y déplacer.

L'avion

L'**aéroport Rafael Núñez** (aussi appelé Aeropuerto Internacional Crespo), situé à 1,6 km du centre-ville de Cartagena, comporte deux sections. La première est réservée aux arrivées et n'offre aucun service de restauration ou autre. On y trouve néanmoins un petit parc (sur la gauche) où il est agréable de patienter en attendant son passage à la douane. La deuxième section est consacrée aux départs et offre les services de poste, des boutiques hors taxes (plus chères qu'au centre-ville cependant) ainsi que des kiosques à journaux. Malgré la présence d'une cafétéria et d'un petit comptoir à café, l'endroit n'est pas très agréable pour se restaurer et n'offre que très peu de choix. Aussi, plutôt que d'attendre dans cet aéroport bruyant, nous vous conseillons une petite sortie

dans le quartier tout proche (5 min à pied), où vous pourrez vous désaltérer ou vous restaurer sans trop vous éloigner (voir Crespo, p 193).

Voici l'horaire des vols directs d'Avianca vers les destinations extérieures :
Aruba : sam 11h20.
Madrid, Espagne : ven 21h20.
Miami, États-Unis : tlj 9h20.
New York, États-Unis : sam 16h25 .

Voici l'horaire des vols d'Avianca vers d'autres villes colombiennes :

Bogotá : lun-sam 7h; tlj 10h30, 13h36 et 16h22; lun, mer, ven 16h25; tlj 18h54; sam 19h40; lun, jeu, sam, dim 21h35; 198 000 pesos.
Bucaramanga : tlj 17h avec escale; 209 000 pesos.
Cali : tlj 15h25; jeu, dim 16h30 avec escale; 232 000 pesos.
Capurganá : dim 12h20; lun, jeu 12h40; 96 000 pesos.
Cúcuta : tlj 17h; 182 000 pesos.
Medellín : sam 12h45 et 15h40; jeu, dim 16h30; tlj 16h50; 167 000 pesos.
San Andrés : mar, jeu, sam, dim 8h10; lun, mer, ven 13h35; 178 000 pesos.

Plusieurs compagnies d'aviation desservent l'Aeropuerto Internacional Crespo. En voici les coordonnées :

Avianca, Plaza de la Aduana, ☎665 55 04, 665 77 40 ou 665 82 03, ≈665 08 17
SAM, Plaza de la Aduana, ☎665 55 04, 665 77 40 ou 665 82 03, ≈665 08 17
Viasa, Carrera 5a No. 5-42, Bocagrande, ☎665 41 58, ≈665 14 22
Aces, ☎664 68 58, 664 32 99, 664 49 64 ou 664 31 31, ≈664 01 17
AeroRepública, ☎665 8751 ou 665 82 03, ≈665 82 03
COPA, ☎664 82 89, 664 45 26, ≈664 57 49
LACSA, ☎664 43 52 ou 664 73 78

Le trajet de l'aéroport au centre-ville dure environ 20 min en voiture ou en autobus. Étant donné l'encombrement des bagages, les risques de vols et l'affluence des navetteurs, il est de loin plus commode de prendre un taxi. Le prix étant fixé en fonction des zones traversées, il ne devrait pas excéder 5 000 pesos. Notez d'autre part que la majorité des forfaits proposés par les agences de voyages comprennent le transport jusqu'à l'hôtel.

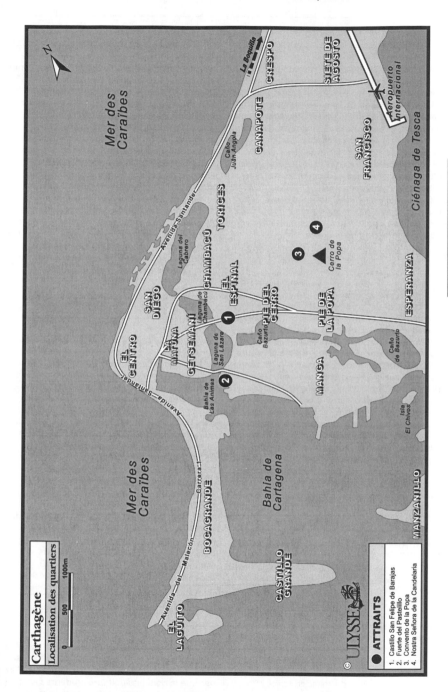

Carthagène

Localisation des quartiers

0   500   1000m

Mer des Caraïbes

Mer des Caraïbes

Bahía de Cartagena

EL LAGUITO

BOCAGRANDE

CASTILLO GRANDE

Avenida del Malecón

Carrera 1

EL CENTRO

Avenida Santander

LA MATUNA

GETSEMANÍ

SAN DIEGO

Bahía de Las Ánimas

Laguna de San Lázaro

Caño Bazurto

Laguna de Chambacú

Laguna del Cabrero

CHAMBACÚ

EL ESPINAL

PIE DEL CERRO

MANGA

PIE DE LA POPA

Isla El Chivos

Caño de Bazurto

TORICES

Caño Juan Angola

CANAPOTE

CRESPO

La Boquilla

SIETE DE AGOSTO

Aeropuerto Internacional

SAN FRANCISCO

ESPERANZA

Ciénaga de Tesca

MANZANILLO

①

②

③

④

Cerro de la Popa

© ULYSSE

● **ATTRAITS**

1. Castillo San Felipe de Barajas
2. Fuerte del Pastelillo
3. Convento de la Popa
4. Nostra Señora de la Candelaria

CARTAGENA DE INDIAS

L'autocar

Un nouveau Terminal de Transportes a été inauguré il y a quelques années et offre tous les services désirés jour et nuit. On peut s'y rendre en autobus (Paseo de Heredia) identifié *Terminal* au prix de nombreux efforts surtout si l'on voyage avec des valises. Il vaut mieux prendre le taxi, qui ne devrait pas coûter plus de 5 000 pesos.

Plusieurs compagnies d'autocars desservent les mêmes routes dont Expreso Brasilia, Rápido Ochoa, Coolibertador, Unitransco et La Veloz. Il y a des départs réguliers pour toutes les destinations, mais il faut s'informer sur place pour connaître l'horaire exact.

Les taxis

Des services de taxis sont proposés dans tous les lieux de villégiature ainsi que dans le centre-ville de Cartagena. Le taxi est probablement le moyen le plus efficace et le plus sûr pour se déplacer. Si vous voyagez à plusieurs, il vous coûtera même moins cher que les transports en commun. Ce sont des voitures compactes à quatre portes, la plupart récentes et de couleur jaune ocre, identifiées *Servicio Público*. Dans la ville et la banlieue, les tarifs ont été établis en fonction du nombre de zones traversées. Par exemple, pour vous rendre à l'île de La Manga au départ de la ville *intra-muros*, vous traverserez deux zones. Le prix courant pour le transport à l'intérieur d'une zone est de 1 000 pesos. Ainsi, lorsque vous traversez deux zones, il vous en coûte 2 000 pesos, et ce, même si la distance les séparant est très courte. Le soir et la nuit, les tarifs demandés sont plus élevés et vont jusqu'à 1 300 pesos par zone. Si vous décidez d'utiliser ce moyen pour vous rendre en excursion, par exemple au monastère de la Popa ou au village de La Boquilla, convenez alors, avant votre départ, d'un prix fixe, et ne payez qu'une fois arrivé à destination. Parfois, si vous le désirez, le chauffeur vous attendra, moyennant une entente préalable évidemment; dans les sites isolés, il est d'ailleurs particulièrement conseillé d'utiliser cette formule. Comme le prix de la course est parfois difficile à estimer, nous avons, tout au long de nos descriptions, indiqué à chaque fois le prix du trajet en taxi.

Les transports en commun

Les autobus publics, appelés *chivas*, sont nombreux et circulent à peu près partout. En général, ils sont vieux, lents, et manquent de confort. Ils sont souvent bondés et peu commodes lorsqu'on voyage avec des bagages. De plus, ils constituent l'endroit rêvé pour les voleurs à l'affût de touristes. Malgré tous ces désavantages, le *chiva* constitue un moyen original et économique pour se déplacer. Peint de couleurs vives et décoré d'une série d'objets hétéroclites, cet autobus public est souvent envahi par des musiques claironnantes de *merengue* ou de *salsa* à travers la radio du conducteur, qui semble être devenu subitement sourd! Par ailleurs, de nombreuses rencontres amicales s'y font, et il n'est pas rare que votre voisin de siège décide de satisfaire sa curiosité en vous questionnant sur vos origines.

La location d'une auto

Parce que les attractions principales de la ville et des alentours sont très proches les unes des autres, la location d'une automobile est déconseillée aux voyageurs qui décident de limiter leur séjour à Cartagena. Voici toutefois quelques adresses utiles:

Avis Rent a Car, Av. San Martín, No 6-94, Bocagrande, ☎665 32 59
Auto Costa Rent A Car, ☎665 24 27, 665 32 59 ou 665 38 79
AlquilAuto, Av. San Martín No. 6-96, Bocagrande, ☎665 57 86 ou 665 09 68
Budget, Carrera 3 No. 5-183, Bocagrande, ☎665 17 64 ou 665 68 31
Hertz, Av. San Martín, No. 6-84, Bocagrande, ☎665 28 52 ou 665 665 33 59
International Car Rental, ☎665 53 99, 665 11 64 ou 665 55 94, ☎665 55 94
National Car Rental, Calle 10 No. 2-30, Bocagrande, ☎665 33 36 ou 665 71 45

La location de motocyclettes

Dans la péninsule de Bocagrande, il est possible de louer un scooter moyennant 12 000 pesos l'heure. Un dépôt vous sera demandé. N'oubliez pas que la conduite doit être prudente car, bien que les motocyclistes soient assez nombreux, les automobilistes n'y prêtent pas attention.

Sasha Motor, ouvert de 9h à 19h30; Carrera 1 No. 9-18, ☎665 08 44 poste 230, renseignements dans le magasin de vêtements.

 RENSEIGNEMENTS PRATIQUES

Indicatif régional : 5

Poste

La correspondance est acheminée via les bureaux d'**Avianca**, Carrera 3 No. 8-129, Bocagrande.

Renseignements touristiques

El Centro et San Diego

Corporación de Turismo
Casa del Marqués de Valdehoyos
8h à 12h et 14h à 18h
Calle de la Factoría, No. 34-56
☎660 04 48, ⊷664 65 67

Empresa Promotora de Turismo
Calle Centanario
Près du Paseo de los Pegagos, à l'embarcadère du vieux port, au début de l'Avenida Blas de Lezo, ☎665 13 91 ou 665 18 43, ⊷665 48 77.

Bocagrande et El Laguito

Empresa Promotora de Turismo
Carrera 1, près de Calle 4
À côté du bureau de la police touristique
Dans le petit parc face au front de mer

Tours de ville

El Centro et San Diego

De nombreuses agences proposent des tours de ville en autobus local, en calèche ou encore en autobus climatisé. Plusieurs formules sont offertes, et certaines ajoutent même à la visite des principaux sites un repas durant le tour. Un tour de ville en calèche coûte 18 000 pesos l'heure, tandis qu'un tour de ville en *chiva* (voir p 172), d'une durée de trois heures, coûte 12 000 pesos. Les prix peuvent donc varier

énormément. Quel que soit votre choix, il est vivement conseillé de vous renseigner sur les services offerts avant le départ. En règle générale, les grands hôtels possèdent leur propre agence d'excursions, mais il est sage, avant de faire votre choix, de comparer les tarifs avec d'autres établissements.

Banques

El Centro et San Diego

Banco Ganadero
Plaza de la Aduana
8h à 11h30 et 14h à 16h
Banque Visa, avance de fonds à l'étage

Bocagrande et El Laguito

Banco Industrial de Colombia
Carrera 2, près de Calle 5
8h45 à 11h30 et 14h à 15h30
Banque MasterCard, avance de fonds

Banco de Credito
Carrera 2, près de Calle 6
Banque Visa, avance de fonds

Aussi, bon taux de change à l'hôtel Cartagena Plaza Carrera 1 No. 6-154, ☎665 40 00.

Excursions

Un très grand nombre d'agences locales proposent des excursions variées au départ de Cartagena. Que ce soit par mer ou par route, avant de vous lancer dans la grande aventure, il convient de bien comparer les prix et les services offerts. Pour ne pas être pris au dépourvu, voici quelques conseils utiles :

• Lors d'excursions en mer, informez-vous du type de bateau utilisé, car certaines entreprises possèdent de petits bateaux qui, une fois au large, se mettent à tanguer fortement. Parfois, le capitaine (surtout pour les bateaux à destination des Islas del Rosario) s'amuse à procurer des sensations fortes aux visiteurs en naviguant de manière quelque peu imprudente. Pour les personnes sensibles au mal de mer, mieux vaut prendre un bateau de grande capacité pouvant accueillir une centaine de personnes.

• Comparez toujours le nombre d'escales offertes car, pour des destinations identiques, il arrive que les agences proposent des haltes en des endroits différents.

• Choisissez **toujours** une agence bien établie et **ne négociez pas** avec des personnes dans la rue, car ceux-ci vous proposeront souvent de magnifiques excursions sans lendemain. De nombreuses personnes se sont ainsi vu payer très cher pour des promesses vaines!

• Renseignez-vous sur la durée exacte du trajet et sur le nombre de services offerts (repas inclus ou non). Certaines excursions ne peuvent se faire en une seule journée et nécessitent ainsi une nuit d'hébergement sur place.

• Pour des raisons de sécurité, n'emportez que le strict nécessaire.

Quelques adresses utiles

Tesoro Tours *(Carrera 2 No. 6-129, ☎665 47 13 ou 665 33 80, ⇥665 6299)*, pour des excursions d'observation et de plongée (Islas del Rosario, Playa Blanca, etc.). Cette firme possède un bateau de grande capacité.

Tours Los Pinos *(angle Carrera 2 et Calle 9)*. Nombreuses excursions proposées à des prix intéressants.

La Tortuga Dive School *(Av. del Retorno, El Laguito)*. Cours de plongée et location de matériel.

EcoBuzos *(Av. Almirante Brion No. 2-50, local 102, El Laguito, ☎665 27 07 ⇥655 11 29, ecobuzos@axisgate.com)*, pour de la plongée écologique.

Quelques exemples de prix

Les prix mentionnés ci-dessous ne le sont qu'à titre indicatif et pourraient considérablement varier suivant les saisons.

• Islas del Rosario : de 20 000 à 35 000 pesos
• Playa Blanca : de 20 000 à 25 000 pesos
• Tierrabomba : de 20 000 à 25 000 pesos
• Volcan Totumo : de 15 000 à 20 000 pesos

Plusieurs agences de voyages organisent aussi des excursions à l'intérieur et à l'extérieur de Cartagena, comme la visite de la ville en autocar ou à pied, de jour ou de soir, la visite à un volcan et à une ferme, une sortie d'un ou de plusieurs jours à Barranquilla ou à Santa Marta, aux Islas del Rosario, etc. Voici quelques adresses utiles :

Contactos Viajes, Av. San Martín No. 8-16 Centro Comercial Bocagrande, 2e étage, local 216 ☎665 45 59 665 45 60, 665 45 61 ou 665 28 03, ⇥665 23 27
Gema Tours, Carrera 2a No. 4-15, Edificio Antillas Bocagrande, ☎665 52 06, 665 48 32 ou 665 56 27, ⇥665 56 28
Tierra Mar Aire (TMA), Carrera 4 No. 7-196, Bocagrande ☎665 10 62, ⇥665 59 86
Viajes El Laguito, Edificio Belmar, local 102, ☎665 01 49, 665 44 46 ou 665 09 23, ⇥665 38 56.

 ATTRAITS TOURISTIQUES

Cartagena de Indias ★★★

Avant d'entreprendre la description des différents attraits, il nous apparaît important de mentionner que pratiquement toutes les rues de la ville *intra-muros* sont intéressantes à parcourir. Les très nombreuses maisons privées aux couleurs pastel, avec leurs beaux balcons en bois, font d'une flânerie dans les rues une agréable découverte. Les jeux de lumière et d'ombre, variant au fil de la journée, semblent donner à la ville un aspect différent à chaque heure. Le soir, n'hésitez pas non plus à vous glisser à travers des petites rues afin d'y faire un bond de plusieurs siècles. À ce moment, les maisons semblent artistiquement éclairées. La partie *intra-muros* de la ville est relativement sûre et, moyennant quelques précautions d'usage, il n'est pas dangereux de s'y promener. Le charme magique dont semble bénéficier la ville de Cartagena a, ces dernières années, attiré beaucoup de riches Colombiens à la recherche d'un endroit idyllique et d'un bon investissement. La conséquence en est double : d'une part positive, elle a entraîné la restauration d'un grand nombre de belles demeures; d'autre part négative, la ville a tendance à se vider de sa population d'origine, moins fortunée, pour faire place à des commerces de luxe. Espérons que, dans un avenir proche, Cartagena continuera à s'embellir tout en gardant son âme, c'est-à-dire sa charmante population et ses petits commerces.

Puerta del Reloj

El Centro et San Diego

Les quartiers d'**El Centro et de San Diego** ★★★ sont sans conteste les zones les plus intéressantes de la ville. Bien conservés et riches en architecture, ils sont entourés d'épaisses murailles qui en font, avec Québec, l'une des rares villes fortifiées des Amériques. À l'origine, El Centro était surtout habité par les riches négociants et les notables, tandis que San Diego abritait plutôt des soldats et des artisans.

La **Puerta del Reloj** *(Av. Blas de Lezo)*, appelée «la porte de l'horloge» à cause de l'horloge qui s'y trouve, fait partie intégrante des fortifications (voir p 181) qui entourent la ville et symbolise aujourd'hui encore la ville de Cartagena. Autrefois, seule l'arcade centrale existait, servant à la fois d'entrée principale à la ville et la reliant, par le biais d'un pont, au village de Getsemaní. Les deux arcades latérales, autrefois fermées, servaient de salles de dépôt de munitions d'une part et de chapelle d'autre part. La tour de l'horloge actuelle, ajoutée vers la fin du XIX° siècle, remplace l'ancienne horloge. Le portique décorant l'arche centrale est de style toscan.

Juste en face de la tour de l'horloge, vous pourrez admirer un petit square agrémenté de palmiers où est placée la statue de Pedro de Heredia, le fondateur de la ville.

Plaza de los Coches ★ *(juste derrière la Puerta - del Reloj)*. C'est sur cette agréable place, où se concentre encore aujourd'hui une grande activité commerciale, que se tenait autrefois un marché où toutes sortes de produits étaient vendus. De nombreux esclaves noirs, amenés du port situé juste à côté, y étaient vendus comme de la simple marchandise. Après avoir été marqués au fer rouge, ils étaient acheminés vers de nouvelles colonies. Il faut savoir qu'à l'époque la couronne d'Espagne, bien qu'elle ait interdit l'esclavage des Amérindiens, octroyait le droit de traite d'esclaves africains à des comptoirs ou à des personnalités de ses nouvelles colonies. Cartagena s'était ainsi vu octroyer le triste privilège, par ailleurs très convoité, de comptoir officiel d'esclavage pour toute la région des nouvelles colonies découvertes (Pérou, Venezuela et Équateur). Seul un autre comptoir, à Veracruz au Mexique, existait. Le nom de «place des coches» lui vient du siècle passé, alors que partaient de cet endroit de nombreux coches emmenant les Carthaginois à travers la ville. Aujourd'hui, face à la place, vous pourrez admirer un bel alignement d'arcades, appelé «Portal de los Dulces» (car on y vend toutes sortes de friandises), ainsi qu'un pittoresque ensemble de balcons de bois. Malgré un certain mélange dans les styles (observez les différents frontons), l'ensemble reste visuellement très agréable et forme une des belles places de la ville.

Plaza de la Aduana ★★★ *(juste à côté de la Plaza de los Coches)*. Voici probablement la

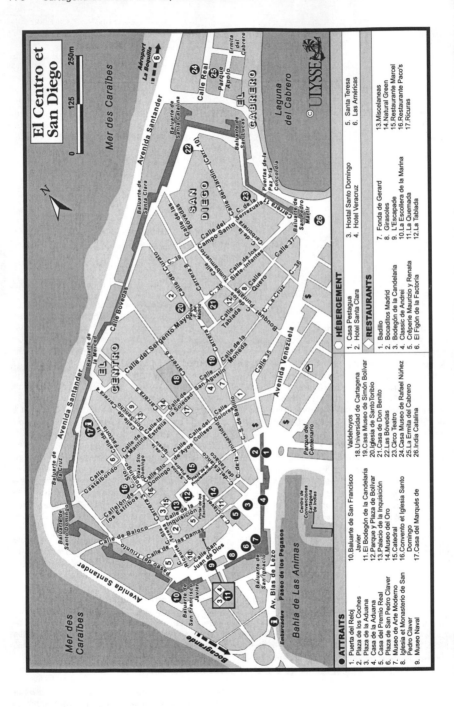

El Centro et San Diego

0   125   250m

Mer des Caraïbes

Mer des Caraïbes

Bahía de Las Ánimas

Bocagrande

Laguna del Cabrero

EL CABRERO

SAN DIEGO

EL CENTRO

© ULYSSE

● ATTRAITS

1. Puerta del Reloj
2. Plaza de los Coches
3. Plaza de la Aduana
4. Casa de la Aduana
5. Casa del Premio Real
6. Casa de San Pedro Claver
7. Museo de Arte Moderno
8. Iglesia et Monasterio de San Pedro Claver
9. Museo Naval
10. Baluarte de San Francisco Javier
11. El Bodegón de la Candelaria
12. Parque y Plaza de Bolívar
13. Palacio de la Inquisición
14. Museo del Oro
15. Catedral
16. Convento et Iglesia Santo Domingo
17. Casa del Marqués de
Valdehoyos
18. Universidad de Cartagena
19. Casa Museo de Simón Bolívar
20. Iglesia de Santo Toribio
21. Casa de Don Benito
22. Las Bóvedas
23. Circo Teatro
24. Casa Museo de Rafael Núñez
25. Casa Museo del Cabrero
26. India Catalina

○ HÉBERGEMENT

1. Casa Pestagua
2. Hotel Santa Clara
3. Hostal Santo Domingo
4. Hotel Veracruz
5. Santa Teresa
6. Las Américas

◇ RESTAURANTS

1. Badillo
2. Bocaditos Madrid
3. Bodegón de la Candelaria
4. Classic de Andrei
5. Crêperie Maurizio y Renata
6. El Figón de la Factoría
7. Fonda de Gerard
8. Girasoles
9. L'Escapade
10. La Escollera de la Marina
11. La Quemada
12. La Tablada
13. Miscelaneas
14. Natural Green
15. Restaurante Marcel
16. Restaurante Paco's
17. Ricuras

plus belle place et le plus bel exemple d'unité architecturale civile de l'époque coloniale que l'on puisse encore trouver à Cartagena. Cette place, qui est aussi la plus grande de la ville *intra-muros*, servait autrefois aux parades militaires. Admirez, le long des murailles, l'ensemble d'arcades parfaitement alignées de la **Casa de la Aduana** ★★ (maison de la douane). Ce beau bâtiment porte ce nom du fait qu'à l'époque coloniale c'est en ces lieux que toutes les marchandises entrant ou sortant de la ville étaient taxées. Actuellement, plusieurs services administratifs y sont situés, et le maire de la ville y a ses bureaux. Face à ce bâtiment, du côté gauche et à l'extrémité de la place, se trouve la **Casa del Premio Real** ★★. Cette maison, qui possède un élégant fronton en pierre, était la résidence du vice-roi et servait à l'administration locale. Les balcons de bois, surmontés de petits toits aux tuiles de couleur terre, sont un exemple de style andalou. Au loin, derrière, les clochers de l'église de San Pedro Claver semblent vouloir nous rappeler que, en ces lieux où l'argent affluait, il convenait de ne pas oublier l'humilité. Enfin, comme pour parachever une si belle place, une élégante statue trône en son centre. Nul meilleur représentant que Cristóbal Colón (Christophe Colomb) ne pouvait y figurer. C'est en l'année 1892 que celle-ci y fut érigée.

Seule discordance dans ce bel ensemble architectural, presque provocante, l'horrible bâtiment du Banco de Bogotá, qui semble vouloir gâcher le plaisir qu'a le regard à embrasser cet place unique.

Plaza de San Pedro Claver ★ *(au bout de la Plaza de la Aduana)*. Après la visite de la place de la douane, la Plaza de San Pedro Claver apparaît toute petite, et son église, dominante, semble encore renforcer cette impression. C'est en cet endroit que se trouvent le monastère du même nom (juste à côté de l'église) ainsi que le musée d'art moderne. De la place, on peut aussi observer la belle perspective qu'offre la Calle San Pedro Claver, avec ses maisons aux nombreux balcons de bois et la cathédrale de Cartagena au loin.

Le **Museo de Arte Moderno** *(500 pesos; du côté gauche de la place, lorsqu'on fait face à l'église)*, en restauration lors de notre visite, est situé dans une ancienne demeure coloniale. Il comprend trois grandes salles d'exposition où sont présentées des œuvres d'artistes colombiens avant-gardistes.

L'**Iglesia** ★ et le **Monasterio de San Pedro Claver** ★★★ *(1 500 pesos; lun-dim 8h à 18h; entrée par le couvent juste à gauche de l'église)*, accrochés l'un à l'autre, ont été construits au début du XVIIᵉ siècle. Par la suite, différentes modifications furent apportées à l'église, et ce, jusqu'au XXᵉ siècle. Il en est ainsi pour l'ensemble supérieur de la façade, composé de volutes entourant l'horloge, ainsi que pour la coupole de l'édifice, qui lui fut ajoutée dans les années vingt. Cette coupole est l'œuvre de l'architecte français Gaston de Lelarge. La façade, comme celle de la plupart des édifices importants de la ville, fut construite avec la fameuse pierre corallienne locale et garnie de colonnes de style toscan. Les deux clochers, situés de part et d'autre de l'entrée, alourdissent quelque peu l'élégance de la façade en raison de leur faible hauteur. L'intérieur, peu exceptionnel, comprend quelques curiosités telles que la chaise fabriquée pour la visite du pape en 1986, située près du maître-autel, et la Vierge noire de Montserrat, située à l'arrière de l'église. Près de l'entrée, un arc-boutant soutient le chœur des religieux placé en hauteur. Lors de votre visite, demandez une entrée simple, non guidée, car les explications fournies sur place ne sont que de peu d'utilité.

Le monastère, construit sur deux étages et où vivent encore actuellement cinq jésuites, est consacré en partie au musée relatant la vie de San Pedro Claver, qui y demeura durant 38 ans. Ce moine, né en Catalogne en 1580, arriva comme missionnaire en Nouvelle-Grenade vers l'âge de 30 ans. Il consacra son apostolat à défendre les esclaves, et c'est grâce à lui, notamment, que le gouverneur de la ville de l'époque, Pedro Zapata de Mendoza, permit aux esclaves de ne plus travailler les dimanches et les jours fériés. À l'intérieur du monastère, on peut visiter les pièces principales dans lesquelles vécut et mourut ce moine espagnol. Les pièces sont garnies d'un mobilier ancien assez intéressant. Plusieurs objets religieux ainsi que quelques poteries précolombiennes sont aussi exposées çà et là. San Pedro Claver fut le premier moine du Nouveau Monde à être canonisé. Ses restes sont conservés dans un cercueil de verre situé sous l'autel principal de l'église. Dans l'agréable jardin ombragé du couvent, vous pourrez voir de beaux toucans et perroquets qui, avec leur plumage aux couleurs vives, embellissent les lieux.

Le **Museo Naval** *(au bout de la Calle San Juan de Dios, face au Baluarte de San Francisco Javier)*, dont seule une petite salle située au

CARTAGENA DE INDIAS

Quelques mots sur l'architecture

Du fait de sa position géographique en bordure de mer, stratégiquement bien placée, et de son climat chaud à longueur d'année, la ville de Cartagena possède plusieurs caractéristiques architecturales que l'on ne retrouve pas ailleurs en Colombie. Outre le fait qu'elle soit une ville fortifiée, la plupart de ses demeures coloniales ont la particularité d'avoir été construites avec un souci de protection supérieur contre l'envahisseur venu de la mer. Très souvent, en effet, les maisons sont surélevées, et les fenêtres donnant sur la rue sont protégées par des barreaux de bois. Le plafond des pièces inférieures est haut afin d'exhausser l'étage, le portant ainsi loin au-dessus de la rue. De plus, les murs extérieurs sont généralement lisses, sans prises possibles, afin d'enlever à l'assaillant la possibilité d'escalader l'immeuble. Seul l'étage sert de lieu de résidence, les pièces du rez-de-chaussée étant plutôt réservées à l'entreposage de marchandises. Autre caractéristique reliée au besoin de sécurité et au climat chaud : les balcons. Omniprésents, ils sont toujours à l'étage, en surplomb sur la rue, ce qui donnait aux habitants la possibilité de se défendre contre les assaillants tout en leur permettant de s'en servir comme dortoir pendant les chaudes nuits d'été.

rez-de-chaussée est actuellement accessible (le musée étant en complète restauration), expose quelques maquettes de bateaux, des cartes navales et d'autres objets en rapport avec la mer qui intéresseront surtout les passionnés de navigation. Nous vous recommandons une petite escalade du **Baluarte de San Francisco Javier ★**, situé face au musée. Là, du haut de la muraille, vous pourrez profiter d'une belle vue sur le dôme de l'église San Pedro Claver et, au loin, sur celui de la cathédrale.

El Bodegón de la Candelaria ★★ *(Calle de las Damas, n° 64)*. Cette maison est un très bel exemple de grande demeure bourgeoise de l'époque coloniale. Vieille de plus de 300 ans, elle appartenait autrefois au riche négociant Alonso Alvárez de Armenta. Une légende veut que la Vierge soit miraculeusement apparue dans cette maison et donne à Fray Alonso de la Cruz des recommandations afin qu'il construise un lieu de prière sur la colline où se trouve actuellement le Monasterio de la Popa.

Par la suite, la demeure fut donnée à l'Église et devint pendant quelque temps un couvent puis un collège. Devenue propriété privée, elle abrite actuellement un restaurant (voir p 196), au centre duquel se trouve un très beau patio décoré de verdure. Remarquez les belles grilles de bois disposées dans les arcades au-dessus des portes. Au premier étage, vous pouvez vous promener sur la loggia qui surplombe la cour intérieure et y admirer une belle succession de salles garnies de meubles d'époque. Dans l'une de ces salles, celle où eut lieu l'apparition, sont exposés une statue de bois de la Vierge (reproduisant ainsi l'apparition) et différents petits objets religieux. Toujours au

premier étage, en haut de l'escalier, à l'extrémité du balcon de l'aile droite, se trouve un autre escalier, qui vous mènera au sommet de la tour **El Mirador ★** (voir p 200). De cet endroit, transformé en bar, une belle vue sur la ville et sur le dôme de l'église San Pedro Claver s'offre à vous.

Parque y Plaza de Bolívar ★. Cette petite place sur laquelle se trouve un parc bordé de grands arbres constitue le cœur de Cartagena. Après avoir porté bien des noms différents, dont celui de Plaza de la Inquisición, elle se fit donner le nom du libérateur du pays. La ville, déclarée indépendante une première fois en 1811, mais reprise par le général espagnol Pablo Morillo en novembre 1815, fut en effet définitivement libérée en 1821 grâce au général Simón Bolívar. Afin d'honorer son libérateur, la ville plaça au centre du parc une sculpture le représentant à cheval. Remarquez la gravure citant l'une des phrases célèbres du général qui honore les villes de Cartagena et de Mompós : *Si Caracas me dio vida, vosotros me disteis gloria* (si Caracas m'a donné la vie, vous m'avez donné la gloire). Plusieurs bâtiments importants, dont l'ancien palais de l'Inquisition, le musée de l'or et la cathédrale de Cartagena, entourent cette jolie place. Un passage voûté (Portal de los Escribanos), situé du côté sud de la place, permet d'avoir une agréable vue sur la place et la cathédrale.

À l'intérieur du **Palacio de la Inquisición ★** *(1 800 pesos; lun-ven 8h30 à 12h et 14h à 18h; Plaza Bolívar)* se situe le musée de l'Inquisition, dont le portail à lui seul vaut le déplacement. Ce dernier est un magnifique exemple du style baroque et, de l'avis de certains historiens, le seul exemple «pur» de ce style dans toute la Colombie. Au centre du portail, au-dessus de la porte, vous pourrez observer un écusson aux armes de l'Espagne et, juste au-dessus de celui-ci, l'inscription «1770», qui précise l'année de réalisation du bâtiment. À l'époque de la colonie, cette demeure servait de tribunal, et l'on y jugeait tout ce qui pouvait s'avérer hérétique au yeux de l'Église. Ce puissant tribunal, qui avait aussi juridiction sur le Venezuela, le Panamá et plusieurs autres territoires de la Couronne, sema véritablement la terreur jusqu'à l'indépendance. Au total, près de 800 personnes y furent condamnées, et cinq d'entre elles périrent sur le bûcher.

L'Inquisition

Créé par le roi Philippe III en 1610, le Saint-Office de l'Inquisition permettait surtout au pouvoir colonial d'écarter et même d'éliminer physiquement toute personne gênante ou «non-conformiste». Il va sans dire que le pouvoir avait trouvé là un moyen facile et «justifiable» de se protéger contre toutes contestations ou remises en cause du pouvoir.

Bien qu'elle constitue l'une des maisons très bien conservées de la ville, cette demeure abrite un musée aux expositions désuètes et mal entretenues. Des instruments de torture utilisés à l'époque de l'Inquisition y sont présentés, ainsi que plusieurs cartes et une maquette du vieux Cartagena (plutôt démodée). Malgré ces aspects négatifs, quelques salles valent la peine d'être visitées, surtout celle où se trouve l'autel (en bois peint rouge et or) de l'ancienne église de Santa Clara et celle consacrée aux objets précolombiens. Dans cette dernière, les masques amérindiens fabriqués à partir de fibres de palme, ainsi que les poteries et couronnes cérémoniales, sont très intéressants. Malheureusement, la pauvreté de l'éclairage et l'absence d'explications en amoindrissent la valeur. Dès l'entrée, le service d'un guide vous sera proposé, ce qui n'est pas vraiment nécessaire étant donné la piètre qualité de l'exposition. Si vous décidez de visiter le musée, n'oubliez pas de vous rendre dans les jardins intérieurs situés à l'arrière du bâtiment à droite. Avec un peu de recherche et de patience, vous apercevrez, perchés haut dans les branches des arbres, deux paresseux

qui semblent avoir élu domicile en ces lieux. Espérons qu'un indésirable retour de l'Inquisition ne viendra pas troubler ces êtres peu conformistes!

Une fois sorti du musée, vous pourrez voir sur le côté gauche du bâtiment, dans la Calle de la Inquisición, la petite fenêtre protégée d'une grille d'où l'on annonçait au public les condamnations prononcées par le tribunal.

Le **Museo del Oro** ★★★ *(1 200 pesos; 8h30 à 12h et 14h à 18h; Plaza Bolívar, à l'opposé du musée de l'Inquisition)* regroupe plusieurs salles très intéressantes sur les ethnies amérindiennes de la région, ainsi qu'une «chambre forte» où sont exposés de très beaux bijoux, des parures et d'autres objets en or de l'époque précolombienne. Dans cette salle située au rez-de-chaussée, de nombreux bijoux à motifs d'oiseaux aquatiques sont présentés. Cela s'explique en partie par le fait que, dans la mythologie indigène, les oiseaux étaient des intermédiaires vénérés entre les forces supérieures (le ciel) et les forces inférieures (l'eau). De très beaux exemples de bijoux en filigranes sont aussi montrés. Toujours au rez-de-chaussée, mais en dehors de cette salle, à l'arrière du bâtiment, se trouve une reproduction grandeur nature de l'habitat d'une famille amérindienne *sinu*.

À l'étage, deux salles sont également intéressantes à visiter. Dans la première, on explique (en espagnol) les différentes phases d'expansion des tribus ayant habité la région côtière et son arrière-pays. Plusieurs très belles poteries ainsi que de très curieux sceaux cylindriques utilisés pour les tatouages y sont exposés. La deuxième salle, quant à elle, présente une maquette de village *sinu* (aussi écrit *zenú*) dans son environnement, c'est-à-dire les marais de la vallée du fleuve Magdalena. Différents objets décrivant leurs activités, basées surtout sur la pêche, s'y trouvent. On est surpris d'y apprendre que leur domaine s'étendait sur d'immenses territoires dotés d'un réseau complexe de canaux qu'ils entretenaient.

La construction de la **Catedral** ★★ *(angle Plaza de la Proclamación et Calle de los Santos de Piedra)* débuta en 1575 sous l'impulsion du gouverneur de l'époque, Pedro Fernández de Busto, et c'est à la suite d'un concours que fut nommé l'architecte Simón González, responsable de l'édification du bâtiment. Simón González était à l'époque l'un des plus grands maîtres d'œuvre de la ville. Les travaux devaient s'échelonner sur 10 ans, mais en

1586, alors qu'il ne restait plus que la tour à terminer, le pirate Francis Drake attaqua la ville et détruisit en partie les bâtiments déjà construits. Les travaux ne reprirent ensuite qu'en 1598, cette fois sous l'élan du maître Benito de Morales. Deux ans plus tard, cependant, comble de malheur, alors que les travaux étaient encore en cours, le toit s'effondra, ce qui retarda encore l'édification du bâtiment. La cathédrale ne sera achevée qu'en 1612. Par la suite, l'édifice connut encore bien des transformations. Ainsi, au cours du XIXᵉ siècle, sa tour fut coiffée d'un dôme de style florentin, et sa façade fut recouverte d'un enduit afin de lui donner l'aspect du marbre. Le côté gauche de la cathédrale ainsi que le fronton ont été restaurés dans leur état primitif, ce qui lui rendi son charme original.

L'intérieur de la cathédrale, bien qu'assez sobre, offre de belles proportions. Sa toiture de bois ainsi que sa rangée de colonnes, séparant les trois nefs, contribuent à lui conférer une certaine harmonie. Dans la nef centrale, bien éclairée grâce aux oculi (petites fenêtres rondes), on peut admirer trois beaux lustres de grande taille en fer forgé. Dans le chœur se trouve un très bel autel en bois aux couleurs rouge et dorée.

Le **Convento** et l'**Iglesia Santo Domingo** ★ *(angle Plaza Santo Domingo et Callejón de los Estribos)*, dont la belle façade semble malheureusement en état de délabrement avancé, valent le déplacement. Il s'agit d'un des plus vieux et des plus imposants ensembles de la ville. Commandé par les dominicains, cet ensemble devait s'avérer impressionnant. Sa construction, débutée en 1570, devait s'étaler sur 10 ans mais, vu le manque de fonds et la démesure du projet, celle-ci s'étala sur près de deux siècles. L'édification de l'église et de sa nef centrale unique posa bien des problèmes, sa grande taille et son poids en étant la cause. Lorsqu'on plaça la voûte, le poids de celle-ci était tel qu'il fallut renforcer la nef centrale afin d'éviter l'effondrement. Des contreforts situés à l'extérieur de l'église (dans la Callejón de los Estribos) durent, de ce fait, y être ajoutés. La coupole qui devait à l'origine coiffer le chœur ne fut ainsi jamais construite par manque de stabilité. L'intérieur de l'église est sobre et possède un bel autel de style baroque. En ce qui concerne le couvent attenant, aucune visite n'est malheureusement autorisée.

C'est dans le magnifique édifice dénommé **Casa del Marqués de Valdehoyos** ★★★ *(Calle de la Factoría)* que se situe un des trois offices de tourisme que compte la ville de Cartagena, et de nombreuses activités culturelles s'y déroulent régulièrement. Cette grande demeure bourgeoise fut jadis la propriété du marquis de Valdehoyos, qui s'enrichit grâce au commerce de la farine et, surtout, grâce à la vente d'esclaves. Celui-ci reçut en effet de la Couronne espagnole l'autorisation «d'importer» et de vendre des esclaves. On ne sait si c'est en guise de remerciement pour le succès de cet odieux commerce, mais c'est à son épouse (aussi fille du Marqués Premio Real) que l'on doit la très belle **couronne d'or** offerte à la Vierge située dans le Convento de la Popa. Vers 1830, cette maison servit également de lieu de résidence pendant quelque temps à l'illustre Simón Bolívar. Le bâtiment, parfaitement restauré, constitue, avec ses balcons de bois et ses fenêtres protégées, un très bel exemple d'architecture civile coloniale. À l'intérieur, l'attention est surtout attirée par les deux très belles salles en enfilade avec vue sur la rue et situées au premier étage. Un beau mobilier ancien (bien que peu abondant) y est exposé, et le salon renferme un remarquable plafond à caissons ainsi qu'un élégant lustre de cristal. En se rendant sur les balcons de bois, on peut remarquer combien leur hauteur et leur largeur par rapport à la rue permettaient aux habitants des lieux de se protéger contre les assaillants.

Située près de la cathédrale, l'**Universidad de Cartagena** *(Calle de la Universidad)* est installée dans l'ancien couvent des Augustins, érigé en 1580 et complètement transformé par la suite. Elle possède un délicieux jardin intérieur où il est agréable de se réfugier, laissant loin derrière les vendeurs ambulants dont l'activité commerciale finit par devenir quelque peu oppressante. Une harmonieuse rangée d'arcades entoure la cour intérieure de l'université.

Près de la très animée Plaza del Estudiante, la **Casa Museo de Simón Bolívar** *(Calle San Agustín)* est la première maison dans laquelle habita le général lors de son passage à Cartagena. Transformée en musée, elle abrite des documents sur les campagnes militaires menées par le *Libertador* et ses compagnons d'armes. C'est aussi dans cette demeure que Simón Bolívar écrivit le manifeste de Cartagena, rédigé en 1812.

Donnant sur le petit parc Fernández de Madrid, l'**Iglesia de Santo Toribio** *(entrée par la Calle del Sargento Mayor)* possède une jolie voûte de bois sculpté ainsi qu'un autel en bois recouvert de dorures. La construction de cet édifice date de la fin du XVIIᵉ siècle. Toujours dans le parc, la **Casa de Don Benito** constitue un bel exemple d'architecture coloniale. Lors de notre passage, d'importants travaux de réfection étaient toutefois en cours.

Las Bóvedas ★★ *(sur la place du même nom, près du Baluarte de Santa Catalina)* signifie «les donjons». Accolé aux murailles, l'ensemble comprend 23 donjons qui servirent dans un premier temps de caserne militaire, puis d'entrepôt d'armes et de munitions. Par la suite, après l'indépendance, ils furent surtout utilisés comme geôles. Construits vers la fin du XVIIIᵉ siècle, ces donjons constituent la dernière construction *intra-muros* importante de l'époque coloniale. Une terrasse couverte par un bel alignement d'arcades compose la façade du bâtiment. Actuellement, les donjons ont été reconvertis en boutiques de souvenirs. Du côté droit du bâtiment, en face de celui-ci, se trouve une rampe par laquelle pouvaient autrefois entrer et sortir les automobiles. En l'escaladant, on arrive sur les anciennes **murailles** ★★★, qui furent construites tout autour de la ville afin de la protéger des attaques des pirates. Deux séries de fortifications seront bâties : celles entourant le centre de la vieille ville et celles protégeant le faubourg de Getsemaní. Les premières constructions, dont le maître d'œuvre fut l'ingénieur militaire italien Giovanni Bautista Antonelli, débuteront vers la fin du XVIᵉ siècle à l'emplacement de l'actuel Baluarte de Santo Domingo. Par la suite, après bien des destructions causées par les attaques de pirates et aussi parfois par une mer déchaînée, de nombreuses réparations et modifications seront apportées, et plusieurs architectes y travailleront jusqu'à la fin du XVIIIᵉ siècle. Malgré ces multiples intervenants (architectes italiens, espagnols et même hollandais), on peut considérer que «l'auteur» principal de l'ouvrage fut l'Espagnol Cristóbal de Roda (neveu de Giovanni Battista Antonelli). Aujourd'hui, les fortifications les mieux conservées sont celles de la vieille ville et, sauf la destruction de la petite partie allant de la Puerta del Reloj au Baluarte de San Pedro Mártir, elles sont restées intactes. Sur les 23 bastions *(baluarte)* répartis le long des 2 murailles, 16 sont encore actuellement visibles et en bon état de conservation.

En vous dirigeant vers la maison de Rafael Núñez, située en dehors des murailles, et en empruntant la Puerta de la Paz y la Concordia, vous remarquerez le **Circo Teatro**, aussi appelé **Plaza de Toros** *(Calle de la Serrezuela)*, car il s'y tenait autrefois des corridas. De construction relativement récente (début XXᵉ

siècle), cet édifice circulaire en bois mérite votre attention. Ses proportions, convenant parfaitement à la ville, en font un édifice intéressant qu'il conviendrait de conserver. Aujourd'hui, il est malheureusement abandonné et ne peut être visité.

Casa Museo de Rafael Núñez ★ *(Calle Real de d'El Cabrero, en dehors des murailles, dans le quartier El Cabrero)*. Cette belle demeure coloniale à l'architecture de type caraïbe est située dans le quartier d'El Cabrero, qui constituait autrefois un lieu de résidence secondaire pour la bourgeoisie carthaginoise. Il s'agit là de la demeure d'un illustre président de la République colombienne : Rafael Núñez. Celui-ci, en plus d'être écrivain et poète, fut élu quatre fois président de la République au cours de sa vie. C'est aussi à cet homme conservateur que l'on doit l'hymne national de la Colombie et sa constitution de 1886, qui, malgré quelques changements, est encore aujourd'hui à la base de la législation. Cette maison, actuellement transformée en musée, lui servit de lieu de résidence pendant huit ans, et plusieurs réunions s'y sont tenues sous son gouvernement. À l'intérieur, on expose des objets personnels ayant appartenu au président et à sa famille. On accède au premier étage par une volée de marches de bois d'où l'on aperçoit un agréable jardin. La surprenante salle à manger, de forme octogonale, à peine séparée de l'extérieur par un beau balcon de bois travaillé auquel se rattache une série de volets, baigne dans une lumière toute tropicale. Observez aussi son lustre de style Empire. On se prend à rêver ici de ce que pouvait être la vie des nantis dans cette banlieue aisée. Plus loin, toujours à l'étage, on accède à une série de pièces telles que le bureau avec sa curieuse bibliothèque rotative, la salle de séjour avec ses beaux meubles d'époque ainsi que les chambres avec leurs lits à baldaquin. L'ensemble constitue un bel exemple d'harmonie. Lors de votre passage sur le balcon menant aux chambres, admirez la belle demeure située juste à côté. Celle-ci, de style républicain du début du XXᵉ siècle, était autrefois le siège de la corporation des exploitants de café. Face à la maison se trouve une étonnante église appelée **La Ermita del Cabrero**, qui sert de lieu de sépulture au président et à son épouse.

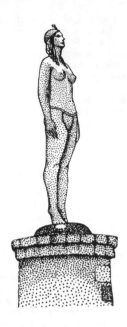

La India Catalina

En retournant vers la vieille ville et en continuant vers le Puente de Chambacú, sur la route principale, vous observerez, au centre du rond-point qui précède le pont, un monument dédié à une Amérindienne ayant vécu dans la région : **La India Catalina**. Cette femme, courageuse guerrière au dire de certains, aurait été utilisée comme traductrice par Pedro de Heredia lors de la colonisation de la région. Aujourd'hui, une mini-copie de la statue est offerte chaque année comme trophée pour la meilleure production lors du festival annuel du film de Cartagena (voir p 202).

Bocagrande et El Laguito

La péninsule de **Bocagrande** ★, bordée d'une belle bande de sable, est devenue en l'espace de quelques années l'endroit où sont concentrés la majorité des hôtels et des services offerts aux touristes. Rattachée au centre-ville par une route située en front de mer, elle constitue le lieu où les Carthaginois aiment se rendre les fins de semaine afin de profiter des plages ensoleillées et d'une mer chaude à souhait. Bocagrande est aussi l'endroit où fut entreprise une gigantesque construction sous-marine. De la moitié à la fin du XVIIIᵉ siècle, les Espagnols ont en effet construit une immense

muraille de pierres sous-marine joignant l'île de Tierrabomba à la pointe de la péninsule. Élevée presque au niveau de la mer, celle-ci avait pour but d'empêcher les navires d'accéder à la baie par ce côté.

El Laguito ★, sorte de petite excroissance terminant la péninsule, regroupe surtout des hôtels plus luxueux et attire de ce fait une clientèle plus fortunée. Peu avant El Laguito se trouve également une espèce de bras de terre dénommé Castillogrande, qui constitue surtout un lieu de résidence.

L'attraction principale des lieux est surtout la **plage** ★★. Situées presque exclusivement du côté de la mer, environ un demi-kilomètre de belles plages s'offrent à vous. Propres et bien gardées, elles font la joie des baigneurs. La péninsule accueille également de très nombreux magasins, restaurants, bars et discothèques, comblant à la fois ceux qui recherchent le soleil, les sports de mer et l'animation tant diurne que nocturne. C'est aussi à cet endroit que sont concentrés la presque totalité des grands et moyens hôtels de Cartagena.

Getsemaní et La Matuna

Bien que moins riche en architecture que les quartiers d'El Centro et de San Diego, le quartier de **Getsemaní** ★ constitue, avec ceux-ci, la partie historique de la ville. À l'origine, séparé de ces derniers par un canal par-dessus lequel un pont reliait les deux zones, il était surtout habité par une population pauvre. Bien qu'autrefois tout entouré de murailles, le quartier n'en possède plus aujourd'hui que quelques parties. Le quartier de **La Matuna**, quant à lui, est blotti entre la vieille ville et Getsemaní. Construit sur ce qui était autrefois le canal séparant les deux localités, il est d'aspect plutôt moderne. On y trouve de nombreux magasins et services tels que la poste et la régie de téléphone.

Autrefois édifice religieux, le **Convento de San Francisco** ★★ *(Avenida del Mercado, à côté du centre des congrès)* est composé d'un ensemble de bâtiments réunissant un grand cloître entouré de part et d'autre de deux églises : l'Iglesia de la Tercera Orden et l'Iglesia de San Francisco. Tandis que la première est restée un lieu de culte, la deuxième a été transformée en salle de cinéma. La construction du **cloître** ★ *(accès par un long couloir situé à droite du cinéma)* débuta en 1555 pour se terminer en 1628. On peut y admirer une

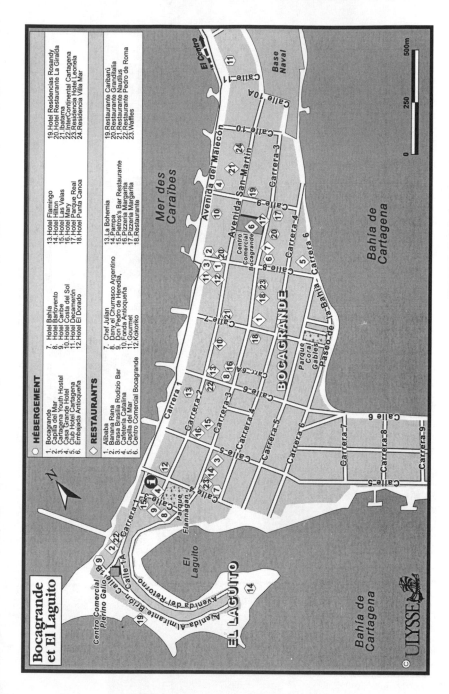

CARTAGENA DE INDIAS

Bocagrande et El Laguito

○ HÉBERGEMENT

1. Bocagrande
2. Capilla del Mar
3. Cartagena Youth Hostel
4. Casa Grande Hotel
5. Club Hotel Cartagena
6. Embajada Antioqueña

7. Hotel Bahía
8. Hotel Barlovento
9. Hotel Caribe
10. Hotel Costa del Sol
11. Hotel Decamerón
12. Hotel El Dorado

13. Hotel Flamingo
14. Hotel Hilton
15. Hotel Las Velas
16. Hotel Mary
17. Hotel Parque Real
18. Hotel Punta Canoa

19. Hotel Residencias Rosandy
20. Hotel Restaurante La Giralda
21. Ibatama
22. InterContinental Cartagena
23. Residencia Hotel Leonela
24. Residencia Villa Mar

◇ RESTAURANTS

1. Alibaba
2. Banana Rana
3. Brasa Brasilia Rodizio Bar
4. Cafetería Catalina
5. Capilla del Mar
6. Centro Comercial Bocagrande

7. Chef Julian
8. Dany el Churrasco Argentino
9. Don Pedro de Heredia,
10. Fonda Antioqueña
11. Gourmet
12. Kokoriko

13. La Bohemia
14. Pampa
15. Pietro's Bar Restaurante
16. Pizzería Margarita
17. Pizzería Margarita
18. Restaurante

19. Restaurante Caribarú
20. Restaurante Granditalia
21. Restaurante Nautilus
22. Restaurante Pedro de Roma
23. Waffles

Mer des Caraïbes

Bahía de Cartagena

Bahía de Cartagena

Base Naval

BOCAGRANDE

EL LAGUITO

El Laguito

Parque Flannagan

Centro Comercial Pierino Gallo

Parque Coral Gables

Avenida San-Martín

Avenida del Malecón

Avenida-Almirante Brión

Avenida del Retorno

Paseo-Bahía

El Centro

0 250 500m

© ULYSSE

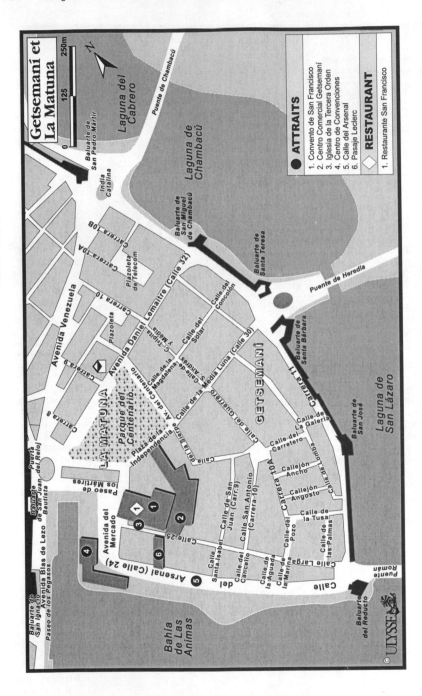

Getsemaní et
La Matuna

0   125   250m

N

Laguna del
Cabrero

Puente de Chambacú

Baluarte de
San Pedro Mártir

India
Catalina

Laguna de
Chambacú

Baluarte de
San Miguel
de Chambacú

Baluarte de
Santa Teresa

Puente de Heredia

Carrera 10B

Carrera 10A

Plazoleta
de Telecom

Avenida Venezuela

Carrera 10

Carrera 9

Plazoleta

Calle Daniel Lemaître (Calle 32)

C. Tripita
y Media

Calle del
Solar

Calle del
Concolón

Baluarte de
Santa Bárbara

Carrera 8

LA MATUNA

Parque del
Centenario

Av. del Centenario

Calle de la
Magdalena

Calle San Andrés

Calle de la Media Luna (Calle 30)

Calle de la Sierpe

Calle del Guerrero

Calle del Pozo

GETSEMANÍ

Calle de
Galería

Calle del
Carretero

Callejón
Ancho

Callejón
Angosto

Calle de
la Tusa

Carrera 11

Baluarte de
San José

Laguna de
San Lázaro

Puerta
del Reloj

Baluarte
de San Juan
Bautista

Paseo de
los Mártires

Plaza de la
Independencia

Calle de San
Juan (Carr. 9)

Calle San Antonio
(Carrera 10)

Carrera 10A

Calle de
Lomba

Calle de
las Palmas

Calle de
la Tusa

Baluarte de
San Ignacio
Paseo de los Pegasos

Avenida Blas de Lezo

Avenida del Mercado

Arsenal (Calle 24)

Calle 25

Calle
del

Calle
Santa Isabel

Calle de
Cancelio

Calle de
la Aguada

Calle de
la Marina

Calle Larga

Calle

Puente
Román

Baluarte
del Reducto

Bahía
de Las
Ánimas

© ULYSSE

● ATTRAITS

1. Convento de San Francisco
2. Centro Comercial Getsemaní
3. Iglesia de la Tercera Orden
4. Centro de Convenciones
5. Calle del Arsenal
6. Pasaje Leclerc

◇ RESTAURANT

1. Restaurante San Francisco

La bataille de Vernon

De toutes les batailles que livra la ville, la plus impressionnante fut probablement celle de 1741, appelée la bataille de Vernon. C'est en effet vers 1740 que les Anglais, sous prétexte d'un accrochage entre un navire britannique et un bateau de la marine espagnole, donnent l'ordre à l'amiral Edward Vernon de prendre possession de Cartagena afin de laver l'affront subi. Le roi d'Espagne, ayant eu connaissance des plans de Londres grâce à ses espions, confia alors à **Don Blas de Lezo** la tâche de défendre la ville. Don Blas de Lezo, noble et basque de naissance, était un officier de l'armée royale qui avait participé à de nombreuses campagnes militaires et qui, «grâce» aux nombreuses mutilations encourues lors de ces batailles (pertes successives de l'œil droit, du bras droit et de la jambe gauche), s'était acquis une réputation d'homme tenace et courageux.

En mars 1741, les premiers navires de guerre anglais apparurent au large des côtes de Cartagena. Dans les jours qui suivirent, les forces anglaises continuèrent à affluer, rassemblant jusqu'à 186 vaisseaux. Vernon, disposant de 20 000 combattants, s'était en plus assuré du concours d'un régiment de 4 000 hommes originaires de la colonie de Virginie. Fait anecdotique, l'homme qui commandait ce régiment n'était autre que le capitaine Lawrence Washington, le frère de Georges Washington, futur fondateur des États-Unis. Il s'agissait donc là de la plus importante force jamais rassemblée pour capturer la cité. Face à eux, les Espagnols, avec quelque 3 000 hommes, faisaient presque pitié. Début avril de l'année 1741, la bataille s'engagea et, après 16 jours d'assauts sanglants, Vernon parvint à franchir l'entrée de la baie, obligeant ainsi les Espagnols à se réfugier dans les fortifications de la cité. Les Anglais se trouvant de ce fait aux portes de la ville, et le Convento de la Popa étant entre leurs mains grâce aux contingents américains, ils étaient sûrs de leur victoire. Tellement sûrs que Vernon envoya un messager vers la colonie anglaise de la Jamaïque et vers Londres afin de les prévenir de sa victoire.

Quelque temps après, les combats reprirent et, après une semaine de tirs soutenus, l'assaut final du fort de San Felipe fut entrepris. Ce 20 avril 1741, cependant, après plusieurs heures d'intenses combats et à la surprise générale, les Anglais furent vaincus. Don Blas de Lezo, dans son fort imprenable, avait en effet tenu bon, incitant l'assaillant à battre en retraite. Bien que cela n'enlève rien à la bravoure des combattants carthaginois, il est vrai qu'une épidémie de malaria s'était abattue sur les hommes de Vernon, aidant ainsi quelque peu les braves habitants à défendre leur ville. Les Anglais s'en retournèrent donc les mains vides avec comme seule consolation la médaille commémorative frappée prématurément à l'occasion de leur «victoire» sur la ville! Don Blas de Lezo, pour sa part, tout auréolé de sa victoire, perdit malheureusement son unique jambe durant les combats et mourut peu de temps après la bataille, en septembre 1741. Une statue à sa gloire fut érigée au pied du fort.

CARTAGENA DE INDIAS

intéressante superposition d'arcades aux belles colonnes imposantes, quoique d'aspect un peu lourd. Tout autour de la cour centrale, de grands arbres agrémentent les lieux et prodiguent aux visiteurs leur ombrage. Sous les arcades, diverses petites boutiques d'artisanat ont été aménagées. À l'arrière du bâtiment, se trouve le **Centro Comercial Getsemaní**, qui constitue un véritable labyrinthe dans lequel se succèdent de nombreuses autres boutiques sans intérêt particulier. À l'avant du couvent, cachant en quelque sorte sa façade, un autre édifice à arcades fut ajouté. C'est sous ces dernières que se tient habituellement un marché aux fleurs.

L'Iglesia de la Tercera Orden ★ *(à droite du cloître, au coin de la Calle Larga)* mérite une visite pour son intéressant plafond de bois, dont la voûte centrale possède de belles traverses sculptées. D'après certaines rumeurs, et bien que personne ne connaisse réellement l'endroit exact, il semblerait que c'est en ces lieux qu'est enterré le vaillant Don Blas de Lezo.

Le **Centro de Convenciones** *(Avenida del Mercado)* est un édifice moderne, construit en 1972, où sont régulièrement organisées des activités tant commerciales qu'artistiques (expositions, foires, congrès, etc.). Critiqué par certains pour sa modernité, l'édifice est intéressant pour ses formes aux lignes pures et élancées, ainsi que pour le choix de la pierre dont il est maçonné. Cette dernière, de type corallienne, rappelle par sa couleur et sa texture les constructions coloniales de la ville *intra-muros*.

Bien qu'elle ne possède pas de monuments particuliers à visiter, il fait bon se promener sur la **Calle del Arsenal**; plusieurs jolies maisons bordant une rue pavée qui court le long de la baie rendent la flânerie romantique. Le soir, la rue s'anime, et l'on y voit défiler une faune bigarrée. Les bars qui s'y trouvent improvisent des terrasses sur lesquelles des orchestres jouent des airs rythmés. Au début de la rue, vous remarquerez le **Pasaje Leclerc**, un passage couvert sous lequel sont logés toutes sortes de magasins, allant de la boutique de jouets à la quincaillerie, en passant par le magasin d'appareils ménagers. On se trouve alors dans un marché à l'ambiance bien colombienne.

Les environs de Cartagena

Lors de vos excursions dans les environs de Cartagena, à la sortie de la ville, juste avant le Puente de Heredia, vous remarquerez une sculpture en bronze, baptisée *Los Zapatos Viejos*, représentant, comme son nom l'indique, une paire de vieilles chaussures. Cette œuvre fut érigée à la mémoire du poète carthaginois Luis Carlos López, qui, par ses écrits, sut si bien glorifier sa ville natale.

Situé à proximité du quartier de Getsemaní, le **Castillo San Felipe de Barajas** ★★★ *(1 500 pesos; juste après le Puente Heredia, en sortant de Getsemaní)* est la plus importante construction militaire de l'époque coloniale jamais réalisée en Amérique latine. Édifié sur la colline de San Lázaro, le fort n'était au départ que de modeste taille et se concentrait surtout sur le sommet. C'est d'ailleurs à cet endroit que se trouvent les parties les plus anciennes de l'édifice.

Les travaux, débutés en 1630, connaîtront un essor particulier à l'époque du gouverneur Pedro Zapata y Mendoza et se poursuivront jusqu'en 1657. Ils seront surtout réalisés d'après les plans d'un ingénieur hollandais. En 1697, cependant, les pirates français Desjeans et Ducasse détruisirent en partie le fort ainsi que la ville en emportant un imposant butin de 11 millions de pesos d'or. Le butin servit à alimenter partiellement la trésorerie du roi Louis XIV. Restauré après l'attaque par Juan

de Herrera y Sotomayor, le fort connut d'importantes modifications. Les plus significatives seront toutefois celles apportées par l'ingénieur militaire Antonio de Arévalo, qui, après la terrible bataille de Vernon, lui ajouta une série d'imposantes batteries latérales. Celles-ci furent reliées entre elles par un grand nombre de galeries souterraines et complétées par de grandes salles pour entreposer des armes. Un passage souterrain le joignant à la vieille ville fut également construit.

La visite du fort offre de très intéressants points de vue sur la ville et ne manque pas d'impressionner par sa taille. Attendez-vous cependant à être assailli dès votre arrivée par une horde de marchands de souvenirs (progrès oblige!) étant prêts à tout pour écouler leurs produits. À l'intérieur, une série impressionnante de galeries communiquant entre elles permet de se rendre compte de l'ampleur des travaux réalisés.

Le **Fuerte del Pastelillo** *(juste après le Puente Román, prendre à droite l'Avenida del Pastello; l'entrée du fort est située au bout de l'avenue)*, auquel on accède par une jolie porte formée d'une arcade et sur laquelle est gravée la date de sa réalisation, fut construit peu de temps après la bataille de Vernon sur l'emplacement d'un ancien fort. Le premier fort, appelé El Boquerón, fut érigé après qu'un pirate français du nom de Martin Cote eut assiégé et pillé la ville. La construction de cette succession de forts avait, bien sûr, pour but de protéger le port et la Bahía de Las Animas. Aujourd'hui bien conservé, le Fuerte del Pastelillo est devenu un club de pêche abritant un excellent restaurant. Cet endroit fera surtout la joie des amateurs de bateaux tout en leur offrant une vue dégagée sur Bocagrande.

C'est sur la plus haute colline qui borde la ville, à 145 m d'altitude, que fut construit le **Convento de la Popa** ★★★ *(1 600 pesos).* Ce sont les moines de l'ordre des augustins récollets qui débutèrent les travaux en l'an 1606, sous l'impulsion de Fray Alonso García Parades de la Cruz. Dans un premier temps, seule une petite chapelle fut érigée en l'honneur de la Vierge. Celle-ci fut appelée Notre-Dame de la Chandeleur à cause de l'apparition qui eut lieu dans une maison dénommée «El Bodegón de la Candelaria» (voir p 178) et au cours de laquelle le père Alonso reçut l'ordre de la Vierge de lui consacrer un sanctuaire sur le haut de la colline de la Popa. Les travaux continueront tout au long du XVIIe siècle et, après de multiples agrandissements et modifications, la chapelle

Fuerte del Pastelillo

deviendra un véritable couvent. Peu après l'indépendance, cependant, le couvent sera confisqué par les militaires et transformé en fort afin de défendre la ville contre une possible attaque des Espagnols. Par la suite, l'indépendance définitivement acquise, les bâtiments seront abandonnés pendant une très longue période, soit pendant plus d'un siècle. Les pères de la même confrérie réoccupèrent les lieux à compter de 1961 et entreprirent d'importants travaux de restauration dès 1964.

L'entrée du couvent donne sur un magnifique cloître entouré d'une double série d'arcades reposant sur des colonnes massives. La pierre (de type corallienne), les beaux arbustes de bougainvilliers, les balustrades de bois sculptées des balcons situés à l'étage, le charmant puits disposé au centre de la cour, tout semble en parfaite harmonie! En plus de ce tableau digne d'une carte postale, les lieux offrent de l'ombre et de la fraîcheur, ce qui est bien apprécié sur cette colline exposée au soleil. Bien qu'encore occupé par quelques moines, le couvent a été transformé en musée. On peut y admirer des cartes anciennes, des recueils de chants grégoriens ainsi que divers objets religieux. Certains objets précolombiens intéressants y sont aussi exposés. Remarquez surtout l'étonnante maquette et le tableau représentant l'*Adoración del Cabro de Oro* (l'adoration du bouc d'or). Selon son propre témoignage, le père Alonso aurait surpris, au sommet de la

colline, des Amérindiens et des esclaves en train d'adorer un bouc d'or. Profondément offensé, il aurait alors précipité de ses propres mains l'idole dans une crevasse située à l'entrée de l'actuel couvent.

À gauche de l'entrée se trouve une petite chapelle dans laquelle est exposée la célèbre statue de bois représentant **Nostra Señora de la Candelaria ★★★**, qui est aussi la patronne de la ville de Cartagena. Objet d'un véritable culte, elle accueille chaque année des centaines de croyants qui gravissent la colline en pèlerinage. Le 2 février, jour de la Chandeleur, une procession est organisée en l'honneur de Notre-Dame. Une couronne en or sertie de 400 émeraudes lui est aussi apposée une fois l'an (voir p 180).

La statuette, richement habillée, est blottie dans un splendide autel de bois finement sculpté, peint en rouge et recouvert de feuilles d'or. Un très beau plafond intérieur et quelques belles sections de marqueterie s'ajoutent au splendide décor des lieux.

Tout autour du couvent, à l'extérieur, des vues panoramiques sur la vieille ville, Bocagrande, l'Isla de la Manga et, au loin, l'Isla Tierrabomba feront le bonheur des photographes.

Le **Fuerte de San Fernando**, situé dans l'île de Tierrabomba et construit en 1753, a été bien conservé. Édifié à l'extrémité de l'île sur une petite péninsule, ce fort avait évidemment pour mission d'empêcher tout navire pirate d'attaquer la ville. Avec l'édification d'un autre fort, dénommé **Fuerte Batería de San José**, beaucoup plus modeste mais bien situé, dans la petite île de Boca Chica, juste en face, les Espagnols pouvaient aisément bombarder tout navire hostile. Les deux forts étaient autrefois reliés par une chaîne afin de bloquer le passage. Aujourd'hui, ainsi que la loi sur la souveraineté colombienne l'exige, lorsqu'un bateau étranger pénètre dans la baie, il doit être conduit jusqu'au port par des pilotes militaires colombiens. La visite de ces deux forts, assez isolés, attirera plutôt l'attention des passionnés d'architecture militaire.

Islas del Rosario ★★★

Les Islas del Rosario (îles du Rosaire), au nombre de 26, pointent au large de l'île Barú, et leur formation est de type corallienne. Selon les Colombiens, il s'agit là des plus belles îles de toute la côte caraïbe de la Colombie. Malgré le fait que l'archipel ait été classé parc naturel, la plupart des petites îles sont privées et ne peuvent pas être visitées. Un grand nombre d'entre elles appartiennent en effet à des personnalités politiques, à des vedettes locales ou simplement à de riches familles.

Tandis que certaines îles contiennent des trésors d'imagination au niveau architectural, d'autres semblent dans un lamentable état. La présence d'une faune et de fonds marins très riches ainsi que les eaux cristallines en font un lieu rêvé pour l'exploration marine ou la simple baignade. Sur l'île San Martín, un **parc marin** a été aménagé où vous pourrez admirer toutes sortes de poissons vivant dans les eaux des Caraïbes. Vous pourrez y assister à une superbe démonstration de l'agilité des dauphins ainsi qu'à une impressionnante séance de distribution de nourriture aux requins. Un local dans lequel sont disposés plusieurs aquariums mérite également d'être visité. Tout près du parc, vous pourrez vous baigner dans un site protégé où une faune marine de toute beauté est observable.

La plage de **Playa Blanca**, située sur l'île Barú, est réputée pour son beau sable blanc et ses eaux limpides. Son éloignement et son manque de services en font un lieu apprécié des personnes recherchant le calme et l'isolement.

La Boquilla ★★

À moins de 10 km de Cartagena se trouve un petit village typique de pêcheurs du nom de La Boquilla. On peut s'y baigner, ou tout simplement observer les pêcheurs vaquer à leurs occupations. Pour les plus aventureux, des excursions en bateau sont organisées dans la mangrove, où l'on peut admirer la riche faune qu'abritent les palétuviers. L'endroit, fort fréquenté les fins de semaine par les Carthaginois, est surtout réputé pour ses excellents mets de poisson.

Volcán Totumo

Les personnes intéressées aux cures de santé pourront opter pour une visite d'une journée au Volcán Totumo. Plusieurs agences organisent en effet des excursions pour les amateurs de bains de boue. D'aspect plutôt curieux, le volcan est essentiellement formé d'un cône de taille modeste, au centre sommital duquel se trouve une mare de boue.

Santiago de Tolú ★★★

Localisé dans le département voisin de Sucre, à plus de trois heures de route de Cartagena, Santiago de Tolú permet une agréable excursion que l'on peut aisément réaliser dans la même journée. Ce qui n'empêchera pas d'y passer une ou deux nuits ou même plus parce qu'on y trouve des hôtels confortables pour tous les budgets. La campagne de Cartagena de Indias est magnifique en direction est via Santiago de Tolú. Montagneuse et verdoyante, elle présente de coquettes petites fermes (*fincas*) d'élevage bien délimitées et clôturées et, surgissant soudain à la sortie d'une courbe ascendante, de charmants *pueblos* avec des maisons pimpantes, peintes en blanc avec toitures rouges en tuiles rondes et patios garnis de clôture de fer forgé, et de petites *tiendas* avec «bar-terrasse» où des habitants décontractés sirotent un café ou une bière. On se croirait en pleine campagne méditerranéenne. Mais le rêve s'arrête là. Abruptement. Certains villages en effet offrent une tout autre image et accusent une pauvreté presque indécente face à l'ensemble du paysage. Un panneau indicateur signale qu'un *pueblito* reçoit l'aide d'organisations internationales comme Foster Parents.

La pauvreté existe partout. Même ici, à moins d'une heure de Cartagena, l'une des villes les plus riches de Colombie.

Santiago de Tolú, ou plus simplement Tolú, est un village de pêcheurs converti en une petite station touristique : une quinzaine de milliers d'habitants, des maisons bien entretenues dont certaines avec des toitures de feuilles de palmier et quelques rues asphaltées qui convergent toutes vers la mer. L'Avenida 1, ou Avenida de La Playa, longe la plage de Santiago de Tolú, qui s'étend sur près de 3 km. Cette oasis touristique est probablement le seul point d'intérêt de Tolú. Bordé d'une promenade ombragée par des palmiers, ce front de mer loge quantité de petits restaurants, des petits hôtels agréables, des bars et des terrasses ombragées.

 HÉBERGEMENT

Cartagena de Indias

El Centro et San Diego

Situé non loin de l'église Santo Domingo, l'**Hostal Santo Domingo** *($; ⊗; Calle Santo Domingo No. 33-46, ☎664 22 68)* propose des chambres regroupées autour d'une petite cour intérieure joliment fleurie. Bien que les chambres ne soient pas très bien isolées, l'hôtel bénéficie d'un environnement calme.

Près de l'université, l'**Hotel Veracruz** *($; bp, ⊗; Calle San Agustín, ☎664 15 21 ou 664 62 65)* propose, quant à lui, des chambres un peu moins confortables, mais qui conviendront tout de même aux personnes peu soucieuses du bruit. Le rez-de-chaussée est en effet occupé par une discothèque les fins de semaine. Avant tout, un endroit pour les très petits budgets.

Le très bel **Hotel Santa Clara** *($$$$$; bp, ec, mb, ≡, ℜ, ≈, tv, △, ⊘; Calle del Torno, Barrio San Diego, ☎664 60 70, ⊷664 70 10)* aurait facilement pu s'insérer dans la section «Attraits touristiques» ou encore dans la rubrique «Excursions». Certes, un hôtel cher. Et si les hôtels chers souffrent souvent d'un côté bancal assez déplaisant, ici ce sont la simplicité et l'esthétique qui pour attirent l'attention. Le Santa Clara est tout simplement beau. Lors de la rénovation, la chaîne d'hôtels française Sofitel a en effet respecté le caractère du bâtiment en conservant à l'ancien couvent Santa Clara de Asis, érigé en 1617 à l'intérieur même des murs de la vieille ville, son cachet antique et la sobriété de ses lignes. Si l'architecture extérieure est un parfait exemple du mélange du style espagnol et républicain, le hall à lui seul vaut le détour. Il est défendu par une immense porte de fer forgé noire et divisé en trois pièces d'une hauteur de quelque 10 m, à savoir le hall d'entrée, la réception et la salle réservée à l'organisation d'excursions. Les murs y sont peints en rouge brique et éclairés seulement par des spots ponctuels qui mettent en valeur d'authentiques peintures d'époque sur bois. Une large corniche sculptée en bois foncé couronne les murs. L'effet est étonnant, d'autant plus que les meubles sont aussi de l'époque coloniale. Un vrai musée dont la décoration a été confiée sans aucun doute à un professionnel renommé, à un véritable artiste. Le hall donne sur une cour intérieure qui constitue un véritable mini-jardin botanique, toutes les plantes et tous les arbres y étant identifiés pour le plaisir des visiteurs. La cour est entourée d'un péristyle, également décoré de meubles et d'objets d'époque. Ici et là sont disposées quelques tables et chaises en fer forgé où l'on peut prendre le café. Outre la piscine creusée dans une autre cour intérieure, on y trouve un relais santé complet constitué d'un bassin à remous, d'un sauna avec bains turcs et d'une salle d'exercice avec un équipement professionnel. Naturellement, l'hôtel offre des salles de réunion, de banquets et de conférences pour 240 personnes. Les 162 chambres et 18 suites spacieuses aménagées dans le cloître, toutes avec balcons, possèdent des plafonds hauts et sont aussi décorées avec des meubles d'époque choisis avec minutie pour procurer le plus grand confort. On y trouve évidemment télévision, téléphone, minibar et coffret de sécurité pour répondre aux besoins d'aujourd'hui. Autre point non négligeable, le personnel vous répondra aussi bien en français qu'en anglais.

Le **Santa Teresa** *($$$$$; bp, ec, ≡, ≈, ℜ, tv, △, ⊘; Centro Plaza Santa Teresa, Carrera 3a No. 31-23, ☎664 94 94, ⊷664 94 47 ou 664 94 48, hsteresa2ns.axisgate.com)*, un autre très bel hôtel moins cher mais un peu moins cher, et un peu plus austère mais tout aussi spectaculaire. Il est aménagé lui aussi dans un ancien couvent et situé près de l'Escolera de la Marina et du centre de congrès de Getsemaní. L'architecture imposante de la façade est un véritable héritage historique et se présente comme un amalgame réussi des style colonial et républicain. Au début du XVIIe siècle, Doña María de Barras y

Montalvo, issue d'une famille aisée de l'époque, a voulu finir ses jours chez les carmélites. Elle fit alors construire le Convento Santa Teresa, le premier couvent érigé à l'intérieur des murs de la vieille ville. Plus tard, le convent fut transformé tour à tour en baraquement militaire, en prison, en école pour jeunes filles et finalement en fabrique de pâtes alimentaires, subissant, au rythme des changements de vocations, des transformations souvent malheureuses. Le couvent fut alors acheté par la Banque centrale de Colombie et finalement complètement restauré et transformé en hôtel par le groupe Hoteles Pedro Gómez y Cía. S.A. L'établissement fait maintenant partie des Relais et Châteaux. Ici aussi, on peut parler de véritable musée. Les chambres spacieuses mais sans balcon, équipées d'un coffret de sécurité, sont décorées avec des meubles soit de l'époque coloniale ou républicaine. Mais c'est surtout la piscine, au cinquième étage, qui attire l'œil avec sa vue splendide sur Cartagena de Indias et sur la mer. On y trouve aussi un gymnase complet de même qu'un sauna, des bains turcs, etc. L'hôtel dispose aussi de salles de réunion pouvant accueillir 220 personnes dans l'ancienne chapelle du couvent, dont on a conservé l'élégance austère et même certaines statues.

La **Casa Pestagua** *($$$$$; bp, ec, ≈, ℛ, ≈, tv; Calle Santo Domingo No. 33-63, ☎664 95 14, ⇨660 05 16)* appartient aussi au groupe Hoteles Pedro Gómez y Cía. S.A. et fait aussi partie de la chaîne des Relais et Châteaux. Cette ancienne maison coloniale à deux étages se pare de balcons qui ont fait la renommée de Cartagena. La cour intérieure, sur laquelle donnent les 11 suites, vaut à elle seule la visite avec son plancher en marbre, ses colonnades voûtées, son balcon et ses huit palmiers géants qui dépassent le toit. Les chambres, uniquement des suites, sont décorées selon les canons stricts de la restauration qui respectent et maintiennent l'ambiance traditionnelle dans une élégance sans pareille. La suite présidentielle, avec ses poutres au plafond très haut, a son propre bassin à remous sur le balcon avec vue sur la vieille ville. Pour ce qui est du service, il se passe de commentaires puisqu'il est sans reproche. Un hôtel cher, il va sans dire, mais unique.

Bocagrande et el Laguito

Le **Cartagena Youth Hostel** *($; ⊗; Carrera 1, No. 8-210, ☎665 04 55, ⇨665 10 74)* est, comme son nom l'indique, l'auberge de jeu-

nesse de Cartagena. L'auberge est située dans une grande maison avec un immense parterre face à la plage, et l'on y trouve le niveau de confort habituel de ce genre d'établissement.

Endroit au bon rapport qualité/prix, l'**Hotel Parque Real** *($; bp, ec, ≈, ⊗; Carrera 3 No. 8-171, ☎665 55 31 ou 665 55 07)* propose des chambres aérées et bien éclairées. Les lieux sont propres et bien entretenus. Le personnel y est serviable et efficace.

Pour les petits budgets, l'**Hotel Restaurante La Giralda** *($; bp, ec, ⊗, ℛ; Carrera 3 No. 8-166, ☎665 45 07 ou 665 77 17, ⇨665 77 07)*, situé dans une villa au charme désuet mais qui ne manque pas de cachet, est à considérer. Les chambres, propres, sont cependant un peu délabrées. L'endroit manque un peu d'intimité, et le service fait quelque peu «amateur». À son actif, sa localisation centrale et ses prix intéressants. Possibilité de location de chambres avec ventilateur à bon compte.

À 100 m de la plage, l'**Hotel Punta Canoa** *($; bp, ec, ≈, ⊗; Calle 7, No. 2-50, ☎665 41 79 ou 665 56 72)*, bien que d'apparence extérieure agréable, ne semble pas avoir été rafraîchi à l'intérieur depuis bien longtemps. Seuls avantages, la proximité de la plage et la possibilité de louer des chambres à petit prix.

L'hôtel **Ibatama** *($; bp, ec, ≈, ⊗; Av. San Martín No. 7-146, ☎665 40 02 ou 665 11 27, ⇨665 84 45)* est un établissement intéressant dans sa catégorie. L'endroit, propre, est géré par un personnel aimable. Bon rapport qualité/prix.

L'**Hotel Mary** *($; bp, ec, ≈, ⊗; Carrera 3 No. 6-53, ☎665 28 33)* conviendra encore aux petits budgets. Les chambres, propres, sont meublées simplement, et il y a une télévision et un téléphone à la réception.

Toujours pour les petits budgets, l'**Hotel Residencias Rosandy** *($; bp, ec, ≈, ⊗; Av. San Martín No. 9-42, ☎665 58 63, 665 51 01, 665 48 65 ou 665 48 64, ⇨665 39 47)* est situé en plein centre du quartier touristique à quelque 100 m de la plage. Ce petit hôtel bien tenu conviendra à ceux qui recherchent la tranquillité.

L'**Embajada Antioqueña Hotel-Restaurant** *($; bp, ≈, ⊗, tv, ℛ; Carrera 3a No. 8-54, ☎665 27 18)* se situe à quelques pas de la plage et propose des chambres propres dans une ambiance familiale. Fait exceptionnel et à considérer, l'hôtel et son restaurant distribuent une partie de leurs profits à la Fondación Hogar Oscar, laquelle s'occupe des enfants de la rue de Cartagena de Indias qui y trouvent refuge et une oreille attentive.

La **Residencia Villa Mar** *($; bp, ec, ≡, ⊗; Carrera 2 ou Av. San Martín No. 9-183, ☎665 04 25 ou 665 62 85, ≈665 91 45)* est située dans une demeure de charme à laquelle on a ajouté une aile latérale. Louez l'une des chambres dans la maison, car celles qui se trouvent dans l'aile latérale manquent de confort et sont mal isolées. L'endroit gagnerait à être mieux entretenu.

La petite **Residencia Hotel Leonela** *($; bp, ec, ≡, ⊗; Carrera 3 No. 7-142, ☎665 85 95, ≈665 88 68)* dispose de chambres sans grand confort dans un cadre commun mais propre.

Autre endroit au bon rapport qualité/prix, l'hôtel **Bocagrande** *($$; bp, ec, ≡; Carrera 2 No. 7-187, ☎665 44 35, 665 44 36 ou 665 71 64, ≈665 44 37)* propose une cinquantaine de chambres petites et propres qui conviennent aux petits budgets. Le personnel est sympathique.

L'agréable **Hotel Bahía** *($$$; bp, ec, ≡, ≈, ℜ, tv; Calle 4, près de la Carrera 4, ☎665 03 16, 665 03 17 ou 665 03 18, ≈665 61 70)* compte 62 chambres et 2 suites, coquettes et confortables, réparties sur 5 étages. Certaines d'entre elles donnent sur l'arrière du bâtiment, où une très grande piscine et un jardin avec palmiers agrémentent les lieux. L'hôtel est très bien entretenu et décoré avec beaucoup de goût. La plage est située à 300 m. Bon rapport qualité/prix.

Avec son architecture intérieure intéressante, l'**Hotel Costa del Sol** *($$$; bp, ec, ≡, ≈, ℜ, tv; Carrera 1 No. 9-18, ☎665 08 44 ou 665 66 43, ≈665 37 55)* accueille les visiteurs dans un hall moderne joliment décoré avec des meubles de rotin. Les chambres, bien équipées et également meublées avec beaucoup de goût, seraient parfaites si elles disposaient d'un balcon (malheureusement absents dans tout l'hôtel). L'hôtel est situé à deux pas de la plage et possède une petite piscine installée sur le toit.

Établi sur un terrain s'étendant de la Carrera 1 à la Carrera 2, l'**Hotel Flamingo** *($$$ pdj; bp, ec, ≡, ℜ, ℝ, tv; Carrera 1 No. 5-85, ☎665 03 01, 665 03 02 ou 665 31 60, ≈665 69 46)* compte 32 chambres décorées et

équipées de manière convenable mais sans grande originalité. Tandis que le rez-de-chaussée de l'hôtel abrite un restaurant donnant directement sur la Carrera 2, la partie située du côté de la plage (Carrera 1) sert, quant à elle, de «bar-terrasse». Implanté sur une rue assez passante, l'établissement conviendra aux personnes peu soucieuses du bruit.

Au début d'El Laguito se trouve l'**Hotel Las Velas** *($$$ ou $$$$ avec balcon; bp, ec, ≡, ≈, ℜ, ℝ, tv; Carrera 1 No. 1a-60, ☎665 00 00 ou 665 68 66, ≈665 05 30)*, qui, avec l'hôtel Hilton, est le seul à posséder un accès direct à la plage. Les chambres sont décorées avec goût et très éclairées. De plus, certaines d'entre elles disposent d'un balcon avec vue sur la plage et sur la mer. Une grande piscine aménagée dans un cadre verdoyant (nombreux palmiers) s'ajoute à ce très agréable endroit. Bon rapport qualité/prix.

En front de mer, la **Casa Grande Hotel Cartagena** *($$$ ou $$$$ avec vue sur mer; bp, ec, ≡, ℜ, tv; Carrera 1 No. 9-128, ☎665 39 43 ou 665 58 93, ≈665 68 06)* accueille ses pensionnaires dans une jolie villa précédée d'une agréable terrasse garnie de plantes et d'arbustes. À l'intérieur, une décoration réhaussée de boiseries lui confère un aspect chaleureux. Les chambres les plus agréables sont, bien entendu, celles avec vue sur la mer. Ambiance familiale.

L'**Hotel Barlovento** *($$$$ ou $$$$$ avec balcon; bp, ec, ≡, ≈, ℜ, tv; Carrera 3 No. 6-23, ☎665 39 65, 665 39 66, 665 39 67 ou 665 06 16, ≈665 57 26)* offre un niveau de confort et un rapport qualité/prix acceptable. La décoration, bien que d'aspect quelque peu hétéroclite, est convenable. Les chambres avec balcon, plus claires, n'ont toutefois pas de vue intéressante et sont plus bruyantes. Une très petite piscine agrémente aussi les lieux.

L'édifice du **Club Hotel Cartagena Plaza** *($$$$$; bp, ec, ≡, ≈, ℜ, ℝ, tv; Carrera 1 No 6-154, ☎665 40 00 ou 665 41 04, ≈665 63 15)* est une imposante construction récente composée de deux immenses tours sans grande originalité sur le plan architectural. Bien que situées face à la plage et dotées de 319 chambres, ni l'une ni l'autre ne possèdent de balcons. Les deux tours (Torre Plaza et Torre Bolívar) sont peu différentes et manquent cruellement de charme. Les chambres, confortablement équipées, sont décorées correctement, sans plus. Les couloirs, quant à eux, recouverts partiellement de céramique aux couleurs foncées, sont sombres et peu accueillants. L'établissement offre de nombreux services (piscine sur le toit, boutiques, discothèque, restaurant, etc.) et prête gracieusement des chaises longues et des serviettes de plage à sa clientèle.

L'hôtel **Capilla del Mar** *($$$$$ avec balcon; bp, ec, mb, ≡, ≈, ℛ, ℝ, tv; angle Carrera 1 et Calle 8, ☎665 11 40 ou 665 11 78, 665 38 68, ⇝665 51 45)*, situé en front de mer, est un grand édifice moderne comptant 194 chambres. Toutes offrent le confort auquel on est en droit de s'attendre d'un hôtel de cette catégorie (minibar, télévision, etc.). La décoration y est agréable quoique quelque peu conventionnelle. Les chambres avec balcon disposent de grands lits. De nombreux services et installations se trouvent sur place, tels que sauna, centre de conditionnement physique, salon de coiffure, salle de conférences, boutiques, agence de voyages, chaises longues et serviettes de plage. Tandis qu'une agréable cafétéria occupe le rez-de-chaussée, une petite piscine couronne le toit de l'immeuble, d'où l'on bénéficie d'une belle vue. Malheureusement, la proximité des ventilateurs du système d'air conditionné brise un peu le charme des lieux.

Composé de deux tours distinctes, l'**Hotel El Dorado** *($$$$; bp, ec, ≡, ≈, ℛ, tv; Carrera 2 No. 4-41, ☎665 02 11, 665 09 14 ou 665 02 72, ⇝665 04 79)* propose la formule «tout inclus». Cette formule comprend en effet non seulement tous les repas, mais aussi toutes sortes d'activités allant des séances d'aérobie aux spectacles de soirée, en passant par les visites organisées. La tour appelée Torre Los Andes possède une entrée qui donne sur le front de mer. L'entrée de celle appelée Torre El Dorado se trouve, quant à elle, sur la Carrera 2. Bien que les couloirs soient un peu lugubres, les chambres sont décorées agréablement et adéquatement. Ces dernières sont cependant dépourvues de balcons. Une piscine de taille moyenne agrémente les lieux, plutôt animés, qui conviendront surtout aux personnes aimant l'activité tant diurne que nocturne.

Dans la même veine, l'**Hotel Decamerón** *($$$$ tout inclus; bp, ec, ≡, ℛ, tv; Carrera 1 No. 10-10, ☎665 76 01 ou 665 44 00, ⇝665 61 45)* propose 280 chambres au décor moderne et bien équipées. L'avantage de cet hôtel réside surtout dans la présence de balcons avec vue sur la mer dans certaines chambres. Il est en outre installé plus près de la

vieille ville. Étant donné qu'on y organise chaque soir un spectacle (pas toujours de très bon goût), l'endroit s'adresse essentiellement aux voyageurs recherchant l'animation.

L'Hotel Caribe *($$$$$; bp, ec, ≡, ≈, ℛ, ℝ, tv; Carrera 1 No. 2-87, ☎665 01 55, 665 00 51 ou 665 54 66, ⇝665 37 07 ou 665 49 70)*, comparé à bien d'autres grands hôtels installés dans les environs, présente une architecture nettement plus intéressante. Il s'agit probablement du plus vieil hôtel encore existant sur la péninsule. Tout entouré de verdure, avec son entrée principale à arcades flanquées de deux tours, le bâtiment, peint de douces couleurs pastel, présente un petit air colonial agréable. À l'intérieur, les chambres sont agréablement décorées avec du mobilier moderne, mais ne possèdent pas de balcons donnant sur la mer. L'édifice comprend également une salle de casino et de machines à sous, une chapelle et un très joli petit théâtre qui mérite une visite pour son décor en trompe-l'œil. Sur place, plusieurs services et installations permettent de satisfaire les plus exigeants : trois restaurants, un bar, une salle de sport *(tlj jusqu'à 20h)*, un sauna, un court de tennis, des boutiques, une salle de conférences et une grande piscine sur laquelle donne une cafétéria. Un agréable jardin intérieur agrémente l'ensemble.

L'hôtel **Inter-Continental Cartagena** *($$$$$; bp, ec, ≡, ℛ, ≈, ℝ, tv, ⊗; Av. San Martín, angle Calle 6A, ☎665 82 61 ou 665 82 66, ⇝665 82 69)* est un imposant immeuble neuf à 3 tours de 21, 15 et 13 étages abritant quelque 200 chambres et une cinquantaine de suites. D'architecture exceptionnelle, l'hôtel présente un vaste hall impressionnant qui se veut un rappel des façades des églises de Cartagena de Indias de la période coloniale. Les chambres sont évidemment sans surprise pour un hôtel de cette qualité. Elles sont adéquatement meublées, et l'on y trouve un grand niveau de confort. Des coffrets de sécurité sont disponibles dans chaque chambre. En plus de 7 salles de conférences d'une capacité de 1 000 personnes, d'un gymnase complet, d'une piscine et d'un casino, l'hôtel dispose aussi d'un centre sophistiqué de communication équipé d'ordinateurs avec Internet et fax à la disposition des gens d'affaires.

Dans la catégorie «grand luxe», l'**Hotel Hilton** *($$$$$; bp, ec, ≡, ≈, ℛ, ℝ, tv; au bout de la pointe d'El Laguito, ☎665 06 66, ⇝665 22 11)* comprend tous les services et installations dont on peut rêver : plage privée, salle d'exercice,

Le Festival Latino-americano de Teatro à Manizales réunit,
chaque année, des troupes provenant de tout le continent.

La façade
joliment
ouvragée
d'un des
beaux
bâtiments
de Manizales.

La palette de coloris
d'un coucher de
soleil sur la Bahía
de Buenaventura.

courts de tennis, piscine, ping-pong, sauna, bars, discothèque, restaurants, salles de conférences et bien d'autres encore. Fidèle à sa tradition de vouloir satisfaire les goûts les plus difficiles, il correspond bien à l'image de la chaîne Hilton. Les habitués ne s'attendront donc à aucune surprise, si ce n'est le spectacle folklorique organisé tous les samedis soirs (voir p 201).

Les environs de Cartagena

Playa de Marabella

Situé à 10 min de marche du centre historique de Cartagena, en bordure de la route qui mène à l'aéroport, le petit **Hotel Bellavista** *($; Av. Santander No. 47-64,* ☎*664 64 11 ou 664 06 84,* ⤳*660 03 79)* dispose de quelques chambres confortables réparties dans une vieille maison de style colonial. En plus d'être localisé à proximité de la plage, l'établissement est agrémenté de plusieurs patios garnis d'une agréable végétation tropicale, et Henri, le propriétaire d'origine française, se fera un plaisir de vous accueillir dans la langue de Molière. Comme l'hôtel se trouve légèrement à l'écart du flux touristique, il s'agit d'une bonne adresse pour ceux qui sont à la recherche de calme.

Islas del Rosario

🛥 Établi sur l'île de Majagua, l'**Hotel San Pedro de Majagua** *($$$-$$$$; bp,* ⊛*,* ℜ*;* ☎*664 60 70,* ⤳*664 70 10)* propose quelques chambres (11 au total), de style chalet (*cabañas*), avec toit de feuilles de palmiers séchées, dans un vrai décor de rêve, sous les arbres tropicaux. Il comprend un centre de plongée sous-marine, deux magnifiques plages privées avec bar, douches, toilettes, chaises, hamacs, moustiquaires, serviettes et canots de mer, ainsi qu'une restaurant-terrasse avec une vue magnifique sur la mer. L'hôtel fait partie de la chaîne Sofitel et dépend de l'hôtel Santa Clara de Cartagena, dont il utilise le numéro de téléphone pour les réservations. Ici aussi, la chaîne Sofitel a respecté l'environnement, car l'hôtel est installé sur le site même de l'ancien atelier du peintre français Pierre Daguet, dont on a conservé intacte la bibliothèque – qui sert aussi de salle de télévision – et où les invités ont accès aux livres préférés du peintre, entre autres des livres d'art et de nombreux romans policiers autant français qu'anglais. Une splen-

dide faune marine (magnifiques coraux) ainsi que des eaux cristallines à faire pâlir d'envie les amateurs d'exotisme rendent enchanteurs ces lieux isolés. Sur place, le personnel espagnol, qui s'exprime aussi en français et en anglais, fera découvrir l'archipel aux invités et les plongeurs pourront s'adonner à leur activité favorite. Pour les repas composés de poissons et de fruits de mer, de pâtes et même de viandes grillées, comptez de 14 000 à 35 000 pesos. Dans cet îlot perdu des Caraïbes qui constitue une véritable aubaine à 125 000 pesos la nuitée par chambre pour une ou deux personnes, pourquoi ne pas en profiter pour s'offrir une fantaisie et déguster une bouteille de champagne Veuve Cliquot bien frappé à 190 000 pesos pour accompagner la langouste? Il faut compter environ 35 000 pesos par personne pour le transport aller-retour à l'île de Majagua, qui propose cinq hôtels de même style mais à moindre coût.

Pierre Daguet

Né à Clermont-Ferrand en Auvergne en 1905, le peintre Pierre Daguet expose d'abord à Paris avant de participer à une exposition collective à Santafé de Bogota, où il s'installe en 1933. Il y travaille à titre de professeur d'art et y fonde une première académie des arts conjointement avec un collègue, Alberto Manrique Convers. Il enseigne par la suite à l'école des beaux-arts de Cartagena de Indias et ouvre son studio de peinture «la Majagua», en 1955, dans la petite île de San Pedro des Islas del Rosario, lequel est aujourd'hui transformé en hôtel. Le 7 juin 1971, le secrétaire de l'Éducation et de la Culture du département de Bolívar lui confère la médaille d'Honneur et de Mérite pour son apport à la culture colombienne. Il meurt à Cartagena de Indias le 20 juillet 1980, à l'âge de 75 ans.

Crespo

Crespo, à moins de 4 km du centre ville, est un petit *barrio* qui ne compte que quelques hôtels dont l'attrait principal est de ne se situer qu'à cent pas de l'aéroport international Raphael Núñez. Idéal pour un dépannage petit budget en attendant de trouver mieux, la plage y étant facilement accessible au bout de la Calle 70. On y trouve pourtant le meilleur hôtel de Cartagena de Indias, le Las Americas.

L'Hospedaje La Fonda Los Arrieros *($; bp,* ⊗, ℛ; *Calle 70 No. 6-142,* ☎666 53 53*)* est un hôtel pour petit budget et ne prétend pas à autre chose. Ambiance décontractée, personnel aimable et petite terrasse à l'avant.

L'Hotel Aero *($; bp,* ⊗, ℛ; *Carrera 70 No. 6-142,* ☎666 32 49*)* reçoit ses clients 24 heures par jour. Aussi pour petit budget, l'hôtel permet de se loger dès la descente d'avion.

🐚 À moins de 2 km de l'aéroport, le **Las Americas Beach Resort** *($$$$$; bp, ec, tv, ≡, ≈, ℛ, △, ◎; sur la route de La Boquilla à moins d'un kilomètre de Crespo,* ☎664 40 00 *ou 664 96 50,* ≈664 99 10, *lasamericas@ctgred.net.co)* est un grand complexe hôtelier de 7 bâtiments de 3 étages comprenant 250 chambres, toutes avec balcons et vue sur la mer. Parmi les multiples services et installations, vous trouverez des bars, des restaurants, des salles de conférences, une discothèque, deux mini-centres commerciaux, trois piscines, deux courts de tennis, un vert de golf, un bassin à remous et divers équipements de sports aquatiques. De plus, un accès direct à la mer est prévu. Le hall à aire ouverte, immense et équipé d'un guichet automatique, est muni d'un escalier digne des émissions de télévision relatant la vie des gens riches et célèbres. Après avoir gravi les «royales» marches de l'imposant escalier, outre des salles de conférences, vous découvrirez en son sommet un bar qui surplombe une cafétéria, El Mesón de Don Cristóbal. Tous deux à aire ouverte, le bar et la cafétéria offrent une belle vue sur la *piscina de niños* et la mer au loin, écarlate le soir venu. Une promenade clôturée par une haie entoure le site des piscines où se réfugient des milliers de papillons (*mariposas*) pour la plus grande joie des enfants et des amateurs. L'hôtel est également devenu un lieu d'asile pour une colonie d'oiseaux de toutes les couleurs qui viennent se nourrir là aux nombreuses mangeoires disséminées un peu partout. Par ailleurs, ces oiseaux ne se privent pas de déguster de temps à autre un papillon en entrée ou au dessert. Le Las Americas propose à sa clientèle de nombreuses animations tant diurnes que nocturnes. Toutes sortes d'activités pour les enfants y sont organisées, et les adultes pourront bénéficier du nouveau relais santé de l'hôtel avec équipement complet de gymnastique, sauna, salle de massage, etc. Un service gratuit de navette aux heures paires au centre-ville et à Bocagrande est organisé dès 8h le matin, avec retour aux heures impaires, et ce, jusqu'à 23h le soir. De plus, l'autobus desservant Cartagena–La Bo-

quilla passe devant l'hôtel, et ce service débute dès 6h du matin. Les chambres, grandes et meublées confortablement avec des lits géants, sont dotées de portes-fenêtres s'ouvrant sur un grand balcon où l'on peut dîner ou simplement se prélasser dans un hamac tout en écoutant la mer qui déferle tout près. En plus d'être dévoué, le personnel de l'hôtel parle autant la langue de Molière que celle de Shakespeare. Pour toute question, n'hésitez pas à communiquer avec la directrice des relations publiques de l'hôtel, Mme Patricia Puccetti Carvajal, qui se fera un plaisir de vous aider.

La Boquilla

L'**Hotel Costa Azul** *($; douche, bp,* ⊗; *sans véritable adresse ni téléphone mais situé tout près du Colegio de Bachirato)*, un petit hôtel familial de six chambres, genre motel, tranquille, est situé en face d'une dizaine de petits «restaurants-terrasses» sur la plage. Chambres propres mais, décidément, pour petit budget.

Santiago de Tolú

La majorité des hôtels ne présentent pas de numéro de porte et sont situés sur l'Avenida de la Playa. Voici quelques adresses qui méritent mention :

Brisas del Mar *($; bp,* ⊗, ℛ; *Av. de la Playa,* ☎88 50 32*)* est un petit hôtel sans prétention de 31 chambres qui n'offre d'autres attraits que celui de se situer à vingt pas de la plage. Pour petit budget.

L'**Hotel Restaurant El Platana** *($; bp,* ℛ; *Av. de la Playa)*, un petit hotel, compte 13 chambres dont une seule avec ventilateur. Pas cher et pour petit budget.

Parmi les hôtels à petit prix, l'**Hotel Mar Azul** *($; bp,* ⊗, ≡; *Av. de la Playa,* ☎88 52 15*)* constitue un bon choix, car l'hôtel vient d'être complètement rénové. On y trouve une vingtaine de chambres dont une avec l'air conditionné. Un bon choix pour petit budget.

L'**Hotel Piedra Verde** *($-$$; bp,* ⊗, ≡; *Av. de la Playa,* ☎88 52 46*)* loge dans un beau bâtiment de style colonial sur trois étages avec une cour intérieure dont le plancher est carrelé de céramique. Le personnel est accueillant.

Le **Club Náutico Los Delfines** *($-$$; bp,* ⊗, tv, ℂ; *Av. de la Playa No. 11-08,* ☎88 52 02*)* compte 16 chambres à moins de 70 000 pesos pour 2 personnes. Le Club Náutico Los Delfines apparaît comme l'hôtel le plus dynamique, et l'on y organise des excursions dans les îles. Mais l'hôtel abrite aussi une discothèque et devient, de ce fait, peu ou pas recommandable pour les voyageurs au sommeil léger.

Le **Restaurant y Cabañas Macondo** *($$; bp, ⊗, ℜ; Av. de la Playa, ☎88 51 78)* propose quatre chambres de style motel avec toilettes et douche. Rien d'autre. Pour environ 70 000 pesos par soir, on peut y loger seul ou à quatre personnes pour le même prix.

 L'**Hotel Caribe** *($-$$$; bp, mb, ⊗, ≡, tv; Av. de la Playa No. 18-82, ☎88 51 15 ou 88 51 33, ⌐88 52 47)* est un hotel de 36 chambres dont 17 avec l'air conditionné. Une grande terrasse au deuxième avec chaises et parasols offre une vue splendide sur la mer. Génial le soir à l'apéro. Comptez environ 70 000 pesos pour deux personnes, petit déjeuner compris pour une chambre avec ventilateur. Avec l'air conditionné, la télé et le minibar, il faut compter environ 105 000 pesos pour deux personnes, petit déjeuner inclus. Bon rapport qualité/prix.

L'hôtel **Montecarlo** *($$-$$$; bp, ⊗, ≡, tv, ℜ; Av. de la Playa No. 8-30, ☎88 52 30, ⌐88 52 31)* est probablement le plus gros hôtel de Santiago de Tolú et aussi le plus confortable. Il est situé à l'extrémité gauche de la plage et est doté d'une cinquantaine de chambres très propres pour des vacanciers plus fortunés. La réception sympathique et décontractée en fait un hôtel hautement recommandable.

✕ RESTAURANTS

Cartagena de Indias

El Centro et San Diego

Au petit restaurant **Galeón de los Mares** *($; lun-sam 10h à 19h, fermé dim; Calle de la Iglesia y Santos de Piedra)*, vous pourrez déguster de la bonne cuisine familiale sans prétention. La soupe maison au manioc ainsi que les *albondiguas* (boulettes de viande de bœuf) sont excellentes. L'accueil est chaleureux et souriant. Une adresse pour un repas peu cher et sans prétention. Seul petit inconvénient, l'omniprésence de la télévision.

Pour une petite halte coupe-faim, la crêperie **Maurizio y Renata** *($; mar-ven 9h à 21h, sam et lun 9h à 17h, fermé dim; Plaza de Bolívar, No. 3-10)* constitue un bon choix. Logé sous les arcades de la Plaza Bolívar, cet établissement propose des crêpes pour tous les goûts; essayez la surprenante crêpe aux crevettes et au curry. Bien que l'emplacement à l'ombre sous les arcades soit très agréable, la crêperie ne dispose que de quelques tables et gagnerait à offrir un service plus rapide et plus avenant.

Malgré son nom quelque peu trompeur, c'est bien de la cuisine familiale colombienne que vous pourrez manger au **Restaurante Muralla China** *($; Calle del Estanco del Tabaco, No. 35-64)*. Dans un décor commun, le principal attrait de l'endroit réside dans ses plats à moins de 5 500 pesos.

Dans la même catégorie de cuisine et de prix, le restaurant **Badillo** *($; Calle Segunda de Badillo, No. 36-47)* sert la *comida corriente* (c'est-à-dire le plat du jour) dans une cour intérieure. Sans prétention.

Un peu plus loin, sur la même rue, se trouve le restaurant **Fonda de Gerard** *($; Calle Segunda de Badillo, No. 36-50)*, qui offre un plus grand choix. Le décor est cependant peu attrayant.

S'il ne vous reste que 2 800 pesos pour vous nourrir, tout est encore possible au restaurant **Ricuras** *($; Calle de la Soledad, près de l'université)*, où l'on vous servira un plat familial dans un décor de voûtes à l'ancienne. Télévision en prime.

Toujours pour les petits budgets, le restaurant **Miscelaneas** *($; le jour seulement; Calle de Don Sancho No. 36-44)*, fort fréquenté par une clientèle jeune (et universitaire), sert de petits plats du jour au goût bien familial : soupe, cuisses de poulet avec riz, etc. Une cuisine très simple, que vous savourerez dans une cour intérieure couverte d'un toit de paille. Parfait pour les «pas difficiles» au budget serré.

Dans un cadre un peu plus agréable, le restaurant **La Tablada** *($; Calle de la Tablada No. 7-46)* vous propose, pour moins de 5 500 pesos, un plat du jour dans son jardin intérieur.

Bien que pauvrement décoré, le restaurant végétarien **Girasoles** *($; angle Calle Quero et Calle de los Puntalles, ☎664 52 39)*, situé au-dessus de sa boutique naturaliste, prépare de bons plats du jour, tel le riz à la noix de coco avec des haricots et du gluten. À voir les affiches et la décoration, on suppose les propriétaires plutôt religieux.

Toujours pour les végétariens, le petit restaurant **Natural Green** *($; Calle de la Soledad No. 5-41, ☎664 51 33)* sert quelques mets simples dans un endroit un peu renfermé.

Près du Parque Fernández de Madrid, le restaurant **Bocaditos Madrid** *($; Calle del Curato)* conviendra surtout pour un petit casse-croûte ou un dessert. Simple, sans attraits particuliers, mais bon marché.

Le «bar-restaurant» **La Escollera de la Marina** *($$-$$$; tlj 11h à 15h et 18h à 4h; angle Calle San Juan de Dios No. 31-24 et Calle Antonio Ricaurte, près du Museo Naval, ☎664 20 40 ou 664 13 37)* sert une bonne cuisine espagnole en de généreuses portions. Le personnel, en costume d'époque coloniale, vous accueille dans plusieurs salles. Celle qui se trouve à l'étage, malheureusement souvent fermée, mérite une visite pour sa très belle décoration; anciennes poutres de bois, arche de brique mise à nu et beaux luminaires en fer forgé y forment un superbe décor colonial. La salle du rez-de-chaussée, quoiqu'un peu tassée contre le bar, est également agréable et dispose d'un jardin intérieur intéressant. Les desserts manquent un peu de raffinement, mais le rapport qualité/prix vaut le déplacement.

Au restaurant **La Quemada** *($$$; tlj 11h à 15h et 18h à 4h; angle Calle de la Amargura No. 32a-33 et Calle de Nuestra Señora del Ladrinal Esquina, ☎664 53 12)*, vous vous retrouverez dans une taverne du vieux Londres de la moitié du XIXᵉ siècle. En effet, le restaurant a été bâti pour les besoins du film *Burn* (*Quemada* en français), qui mettait en vedette Marlon Brando. Le restaurant propose des fruits de mer et une cuisine internationale.

Que ce soit dans son charmant patio ou à l'intérieur de sa salle climatisée, le **Bodegón de la Candelaria** *($$$$; lun-ven 12h à 15h et 19h à 23h, sam 19h à 23h, fermé dim; Calle de las Damas No. 64, ☎664 72 51)*, situé dans l'une des plus belles maisons de Cartagena (voir p 178), accueille les amateurs de fruits de mer. Une bonne cuisine sans surprise. Au même endroit, à l'étage, le piano-bar El Mirador (voir p 200) mérite une visite.

Le **Restaurante Marcel** *($$$$; lun-sam 12h à 15h et 19h à 22h; Calle de la Inquisición No. 78, par la Casa Skandia, juste à gauche du Palacio de la Inquisición, ☎664 70 58)*, au décor élégant et logé au fond d'un patio du très bel immeuble colonial Casa Skandia (restauré en 1978), saura satisfaire les palais à la recherche d'une bonne cuisine européenne classique. Au menu, jambon de Parme, civet de canard, steak au poivre sauce cognac, etc. Pour terminer le repas, essayez ses très bonnes crêpes Suzette. La salle est climatisée (peut-être un peu trop), et le personnel est aimable. Bon rapport qualité/prix.

Constituant la perle rare des restaurants de Cartagena, **L'Escapade** *($$$$-$$$$$; mer-dim 19h30 à 22h30; Calle de Don Sancho No. 36-15, près de Calle La Estrella, ☎660 08 58 ou 665 50 37)* peut sans rougir se vanter d'être la meilleure table de la cité héroïque. Installé dans une maison agréablement rénovée aux couleurs chaudes, le chef français, Eric Beldent, vous convie à découvrir une fine cuisine délicatement préparée avec beaucoup de légumes frais. Le flan de langouste, le veau *marengo* ou le *robalo* (un poisson local) en papillote ne sont que quelques-unes des surprises qu'il vous réserve. D'excellents desserts, dont une délicieuse tarte Tatin (l'une des meilleures, paraît-il), clôturent un menu irréprochable. La belle présentation des plats s'alliant non seulement au plaisir du goût mais aussi de l'ouïe (Reggiani et Brel sont à l'honneur) fait de ce restaurant un lieu de passage obligé pour les fines bouches. Excellent rapport qualité/prix.

Au cœur de la vieille ville, le **Restaurante Paco's** *($$$$; lun-ven 12h à minuit, sam-dim 19h à 1h; Plaza Santo Domingo, ☎664 42 94)* propose une cuisine axée sur les poissons et les fruits de mer. Possibilité de déguster des tapas. Un orchestre s'y fait entendre les fins de semaine (voir p 201). Ce restaurant au décor chaleureux est situé dans une très belle maison de style colonial décorée de magnifiques balcons de bois. Avec la pittoresque place de Santo Domingo pour toile de fond, le cadre est de toute beauté. Un endroit à ne pas manquer mais cher.

Pour de la bonne cuisine internationale, le **Classic de Andrei** *($$$$$; lun-ven 12h à 15h et 19h à 1h, sam-dim 18h à 1h; angle Calle de las Damas et Calle Antonio Ricaurte, ☎660 09 68, 664 02 84 ou 664 26 63)*, au décor recherché, est un endroit à ne pas manquer. La salle principale aux hauts plafonds et aux larges fenêtres, avec ses colonnes, ses boiseries et son parquet de bois, est de toute beauté. Une petite cascade et des grilles de fer forgé ajoutent à la décoration. La «nouvelle cuisine» y est excellente et réserve même quelques surprises telles que sushis, légumes au sésame et riz à la noix de coco. Le service est aimable et efficace; la clientèle se révèle surtout constituée de riches Colombiens.

Comptoirs à glaces et pâtisseries

El Centro et San Diego

Pour un petit déjeuner pas cher, rendez-vous sur la **Calle de la Soledad** (près de l'université), où la boulangerie de la rue vous propose des croissants pour 265 pesos ou de délicieuses boissons au lait et aux fruits pour moins de 800 pesos.

Bocagrande et El Laguito

Vingt-quatre heures par jour, la **Panadería Repostería** *(Avenida 3, tout près de la Calle 7)* vend du pain et toutes sortes de gâteries.

Au **Gran Gelato** *(Carrera 2, près de Calle 9)*, vous pourrez acheter d'excellentes glaces italiennes dans une variété infinie de parfums. Également, grand choix de délicieux sorbets. Une adresse à retenir!

Getsemaní et La Matuna

Les glaces **Mimo's** *(angle Av. del Pastello, immédiatement à droite après le Puente Román)* proposent de bonnes glaces ou sorbets aux saveurs multiples.

C'est dans le bâtiment abritant le centre culturel espagnol que vous trouverez **El Figón de la Factoría** *($$$$$; Calle de la Factoría No. 36, ☎664 10 44)*. Une cuisine de type authentiquement espagnole vous y sera servie dans une demeure de type colonial. Dîner possible dans la belle cour intérieure aux accents mauresques, à moins que vous ne préfériez la salle climatisée, décorée avec goût. L'endroit, agréable, propose une bonne cuisine mais s'avère un peu cher.

Bocagrande et El Laguito

🦐 **La Fonda Antioqueña** *($; lun-sam 8h à 23h30, dim 11h30 à 23h30; Av. San Martín No. 6-164, ☎665 13 92 ou 665 58 05)* est un petit «restaurant-terrasse» qui propose une cuisine typique régionale des environs de Medellín. Plats de viande avec fèves rouges et bananes plantains frites. Très bon rapport qualité/prix.

La **Pizzeria Margarita** *($; angle Calle 5 et Carrera 2, ☎653 14 54)*, qui fait partie d'une chaîne de restaurants, offre un bon choix de pizzas entre 8 000 et 15 000 pesos. Sa grande terrasse, située au coin de la très animée Carrera 2, voit défiler toutes sortes de gens et est surtout un endroit de grande animation. Musique assurée!

Ceux préférant un endroit moins animé pourront se rendre au **Centro Comercial Bocagrande** *(Carrera 2, entre Calle 8 et Calle 9, ☎635 39 39)*, où une autre pizzeria, installée sur une terrasse située en contrebas du complexe commercial, les accueille. Toujours de la même chaîne, mais située presque en bordure de plage, la **Pizzeria Margarita** de la Carrera 1 *(au bout de la rue, juste avant d'accéder à la plage en se dirigeant vers El Laguito, ☎665 39 31)* vous proposera les mêmes mets dans un espace plus restreint.

Curiosité du coin, le **Kokoriko** *($; angle Carrera 1 et Calle 8)* est une espèce de McDonald's à la colombienne! Petits mets intéressants tels que *guacamole* (purée d'avocat préparée), *mayorca dulce* (maïs), *chili con carne* et, bien sûr, poulet. Surtout pour une restauration rapide, peu chère et sans complications.

🦐 Les amateurs de cuisine italienne pourront se régaler au **Pietros's Bar Restaurante** *($$; Carrera 3 No. 5-15, ☎665 18 37)* sur une agréable petite terrasse située un peu en retrait de la rue. En plus de ses délicieuses pâtes fraîches, il est également possible d'y manger de la cuisine colombienne. Vins à partir de 14 000 pesos. Service efficace et personnel sympathique. Une bonne adresse.

Des crêpes et encore des crêpes! Salées ou sucrées, elles sont servies à toutes les sauces chez **Waffles** *($$; Carrera 3 No. 4-76)*. Sur une grande terrasse couverte au décor commun, vous pourrez déguster des crêpes aux *camarones al curry* (crevettes au curry) ou, pour changer, de bons *pitas*. Un grand choix de desserts attire les familles nombreuses colombiennes, ce qui en fait un endroit très animé. L'omni-présence de la télévision (comme si besoin en était!), combinée avec le spectacle de la «très passante» rue, en fait un endroit où le coup de cafard semble impossible! Attention, cependant, la maison n'accepte pas les cartes de crédit.

Agrémenté d'une terrasse entourée de plantes, en face de la plage, le **Restaurante Pedro de Roma** *($$; Carrera 1, en se dirigeant vers El Laguito, au bout de la rue)* prépare des mets italiens, dont de bons spaghettis pour moins de 7 000 pesos. Les personnes appréciant le calme s'y rendront en début de soirée, car la présence de la discothèque du Banana Rana (situé juste à côté) rend les lieux très animés par la suite.

Sur la même rue, le **Banana Rana** *($$; Carrera 1, en se dirigeant vers El Laguito, au bout de la rue, en face de la plage)*, dans un décor de style plutôt caraïbe, sert de la cuisine japonaise. À cause de sa discothèque, l'endroit est néanmoins très animé en fin de soirée.

Le **Restaurante Granditalia** *($$; lun-ven 11h30 à 15h et 19h à 23h, sam-dim 11h30 à 23h; Carrera 2 No. 8-19, ☎665 63 26)*, comme son nom l'indique en espagnol, vous servira de la cuisine italienne dans une agréable salle climatisée ou, selon votre choix, dans son verdoyant jardin intérieur. Dans ce dernier, toutefois, il est préférable de choisir une table située au fond de la terrasse afin d'éviter les bruits que produisent tant la soufflerie d'air conditionné que la cuisine. Le menu affiche un choix de plats de pâtes de bonne qualité. Les pâtes végétariennes y sont excellentes. Le service est cependant un peu distant et pourrait être amélioré.

Pour une bonne grillade, rendez-vous chez **Dany el Churrasco Argentino** *($$$; lun-dim 10h à 24h; Carrera 3a No. 2-104, ☎665 45 23 ou 665 30 59)*, où les amateurs de steak (les Argentins en étant les spécialistes!) trouveront de quoi satisfaire leur goût carnivore! L'endroit dispose d'une petite terrasse au décor sans prétention aménagée face à la rue.

Offrant le même genre de cuisine, et situé juste en face, le restaurant **Pampa** *($$$; lun-dim 10h à minuit; Carrera 3a No. 5-462)* propose des steaks et des grillades dans un cadre plus bruyant. Sa terrasse, plus grande que celle de son concurrent, offre moins d'intimité et de charme.

Une cuisine brésilienne dans un décor tout de bois, voilà ce qui vous attend au **Brasa Brasilia Rodizio Bar** *($$$$; Carrera 3 No. 5-104, ☎665 48 35)*. Un menu surtout composé de viandes grillées.

Tout habillé en costume de marin, le personnel du **Restaurante Nautilus** *($$$$; lun-dim 11h30 à minuit; Carrera 2 No. 9-145, ☎665 39 64)* vous accueillera dans un décor quelque peu surprenant, rappelant l'intérieur d'un navire. La maison est spécialisée dans les poissons et les fruits de mer. Un second restaurant Nautilus *(☎664 42 04)* est également installé à proximité du Monumento de la India Catalina.

Pour apprécier une cuisine authentiquement espagnole, le restaurant **Chef Julian** *($$$$; lun-dim 11h à 23h; Carrera 3 No. 8-108, ☎665 52 20 ou 665 26 02)* est une adresse intéressante. La salle, malheureusement rendue inconfortable par la climatisation (il y fait carrément froid), est aménagée à l'intérieur d'une belle maison et décorée d'un mobilier élégant.

Dans une atmosphère chaleureuse et un décor raffiné, **La Bohemia** *($$$$; lun-jeu 12h à 15h30 et 18h à 1h, ven-sam 12h à 15h30 et 18h à 4h, dim 18h à 1h; Carrera 2 No. 6-147, ☎665 38 14)* vous propose une cuisine italienne ou internationale. La maison sert des plats intéressants, incluant une combinaison de différentes pâtes avec viande ou poisson. Grand choix de vins, entre 20 000 et 40 000 pesos (demi-bouteille à partir de 15 000 pesos). La présence du pianiste jouant des airs de jazz, combinée à un service efficace et sympathique, donne à l'endroit une atmosphère agréable et chaleureuse où il fait bon passer la soirée. Bon rapport qualité/prix.

Au **Restaurante Arabe** *($$$$; mer-lun 12h à 23h; Carrera 3 No. 8-83, ☎665 43 65 ou 665 36 32)*, vous pourrez déguster, comme son nom l'indique, de l'authentique cuisine arabe dans un beau petit jardin intérieur (le choix du mobilier en plastique gâchant cependant un peu le charme de l'endroit) ou dans une salle climatisée au décor tout aussi agréable. Personnel aimable et souriant.

Plus loin sur la rue, en direction de la vieille ville, le restaurant **Alibaba** *($$$$; mar-dim 12h à 22h30; Carrera 3 No. 7-49, ☎665 35 73 ou 665 35 18)* propose lui aussi de la cuisine arabe et colombienne dans un cadre sophistiqué quoiqu'un peu surchargé. Le jardin intérieur mérite une visite.

Le restaurant **Don Pedro de Heredia** *($$$; Calle 3, au bout de la Carrera 2 en se dirigeant vers El Laguito,* ☎*665 01 55, 665 01 31 ou 665 00 51)*, situé dans l'hôtel Caribe (voir p 195), sert une cuisine de type international et colombienne. Les mets, quoique convenables, y sont sans grande surprise, et l'endroit manque un peu d'originalité. Dans le même complexe, juste en face, la **Cafetería Catalina** *($$$)*, voisine d'une piscine et munie d'un bar, étale un buffet de mets internationaux. Un petit déjeuner y est servi pour 11 000 pesos. L'endroit, très fréquenté et très éclairé, est quelque peu bruyant et conviendra surtout pour des soirées animées. Pour les personnes intéressées par les viandes, grillades ou pizzas, le **Jardín Punta de Icacos** *($$)*, situé dans le jardin de l'hôtel, constitue peut-être l'endroit le plus original et le plus agréable des lieux.

Établi au 2e étage de l'hôtel Capilla del Mar, le restaurant **Gourmet** *($$$; angle Carrera 1 et Calle 8,* ☎*665 11 40)* conviendra aux personnes à la recherche d'une ambiance feutrée et calme. La salle est climatisée, et la cuisine, de bonne qualité mais classique, est servie par un personnel aimable et souriant. Au rez-de-chaussée de l'hôtel, la cafétéria **Las Ninfas***($$$)* propose un buffet de cuisine familiale (poulet, steak, haricots, maïs, etc.). Installée sur une terrasse couverte, face à la mer, cette cafétéria est surtout agréable pour sa jolie décoration de céramique et pour ses volets de bois qui la protègent de la brise du front de mer.

Pour de la bonne cuisine française, le **Capilla del Mar** *($$$$$; lun-dim 12h30 à 15h30 et 18h30 à 23h; Carrera 5 No. 8-59,* ☎*665 50 01 ou 665 47 73)*, à ne pas confondre avec l'hôtel du même nom, figure dans les environs parmi les très bonnes adresses. Il se trouve dans une demeure bourgeoise, autrefois propriété de Pierre Daguet, un immigrant français, peintre de son état, qui a fondé le restaurant dans les années quarante. On peut encore admirer plusieurs de ses beaux tableaux sur les murs du restaurant, ce qui ajoute au charme de l'endroit. Le repas pourra être pris soit dans une salle confortablement climatisée, soit dans une salle où de grandes grilles de fer forgé laissent passer l'air marin de la baie. Essayez l'entrée *Capilla del Mar*, qui vous permettra de goûter à plusieurs spécialités maritimes. Le *róbalo* (poisson local) au gratin avec câpres et fromage est un vrai délice! Une petite salade ainsi qu'une bonne sélection de pains (assez rare à Cartagena) accompagnent chaque plat. Les portions sont généreuses, et

le service est efficace et souriant. Bon rapport qualité/prix.

Installé dans une villa moderne à la Frank Lloyd Wright, le **Restaurante Caribarú** *($$$$$; lun-dim 12h à 22h; Av. Almirante Brion No. 2-110, côté plage,* ☎*665 07 83)* propose une bonne cuisine de type international avec un bon choix de poissons. Le vin peut y être facturé à la consommation. Possibilité de dîner sur son agréable terrasse donnant sur la mer, où il fait bon paresser au bruit des vagues. Table et service soignés. Bon rapport qualité/prix.

Getsemaní et La Matuna

Afin de combler les petits creux, le **Café de l'Arsenal** *($; lun-sam 16h à 1h30; Calle del Arsenal)* propose toutes sortes de petits plats (quiches, entre autres) à des prix avantageux.

Situé dans un beau cadre rustique, le **Mister Babilla** *($$$; tlj 12h à 5h; Calle del Arsenal No 8b-137,* ☎*664 70 05 ou 664 87 77)* est un restaurant mexicain qui sert des viandes faisandées à des températures prédéterminées de façon à livrer toute leur saveur. On vous servira de la cuisine mexicaine classique, du poulet au gingembre ainsi que des plats à base de manioc. Une cuisine sans prétention pour de longues soirées caribéennes. Une belle petite cour intérieure agrémente les lieux. Mais il faut se restaurer tôt car Mister Babilla se transforme rapidement en discothèque dès 10h le soir, puis vers minuit, on y danse sur les tables! Comme l'endroit est l'un des plus courus de Cartagena de Indias, on se réserve le droit de refuser du monde à la porte.

Pour une cuisine empreinte d'un brin d'exotisme, **El Áncora Café** *($$$; lun-ven 12h à 15h et 17h à 1h, sam-dim 17h à 1h; Calle del Arsenal No 9-47,* ☎*664 82 36)* est une bonne adresse. Cailles sauce aux raisins, crevettes au tamarin et au coco, crème de céleri et fromage bleu ne sont que quelques-unes des curiosités que l'on peut y goûter. Sur sa petite terrasse, dressée à même la rue, on vous servira aussi de délicieux jus et cocktails maison.

Le restaurant **La Langosta** *($$$$; Av. Daniel-Lemaitre No 9-50,* ☎*664 27 85)*, spécialisé dans les poissons et les fruits de mer, constitue un endroit chaleureux et réputé pour la fraîcheur de ses mets. Le restaurant n'est pas situé dans le plus beau quartier, mais offre un rapport qualité/prix acceptable.

CARTAGENA DE INDIAS

C'est dans l'ancien couvent du même nom (voir p 182) que vous trouverez le **Restaurante San Francisco** *($$$$; lun-dim 12h à 15h et 19h à 22h; dans le couvent même, Av. del Mercado)*, qui, dans sa salle intérieure au décor quelque peu austère et sombre, propose un menu de cuisine traditionnelle. Possibilité de manger sur la terrasse située dans le centre commercial.

Installé dans l'ancien fort de San Sebastián del Pastelillo, le **Club de Pesca** *($$$$; lun-dim 12h à 15h et 19h à 23h; dans le fort même, immédiatement à droite après le Puente Román, ☎664 87 34 ou 664 87 36)* se spécialise dans les poissons et fruits de mer ainsi que dans les mets espagnols. Sa terrasse, très fleurie et agréablement blottie sous les arbres, offre une belle vue sur les murailles voisines et sur la marina, où sont amarrés de nombreux voiliers. Essayez ses bonnes paellas, dont l'excellente paella végétarienne (sur demande seulement). La beauté des lieux compense le service un peu lent mais aimable. Demi-bouteille de vin à partir de 10 000 pesos. Bon rapport qualité/prix.

Les environs de Cartagena

Crespo

Situé juste en face de l'aéroport, à l'angle de la Carrera 4 et de la Calle 70, le **Piko Rico** *($)* affiche un menu de plats à base de poulet pour moins de 7 000 pesos. Sa petite terrasse vous permettra de profiter encore pleinement des rayons de soleil avant de vous envoler vers des cieux plus gris. Juste en face, sur la Carrera 4, le **Rica Carne** *($)* sert des grillades. Il existe également une **Pizzeria Margarita** *($; angle Calle 70 et Carrera 67, ☎666 54 14)* à proximité de la sortie de l'aéroport qui fait aussi partie de la même chaîne que l'on retrouve sur la presqu'île de Bocagrande. Ces derniers établissements sont simples et sans prétention.

Pour ceux qui désirent prendre un repas plus élaboré, le **Las Americas Beach Resort** *($$$$; sur la route de La Boquilla à moins d'un kilomètre de Crespo, ☎664 40 00 ou 664 96 50)*, un grand complexe hôtelier de sept bâtiments (voir p 194), dispose de plusieurs restaurants ainsi que d'une cafétéria dans un environnement où luxe et bon goût font bon ménage.

Santiago de Tolú

La majorité des restaurants de Tolú sont situés sur l'Avenida de la Playa. Parmi les nombreux établissements qui s'y succèdent, mentionnons le restaurant de l'hôtel **Brisas del Mar** *($; Av. de la Playa, ☎88 50 32)*, l'**Hotel-Restaurant El Platana** *($)*, le **Restaurant Macondo** *($$; tlj 7h à 22h; Av. de la Playa, ☎88 51 78)* ainsi que le restaurant de l'hôtel **Montecarlo** *($$$; Av. de la Playa No. 8-30, ☎88 52 30)*, ce dernier étant le plus luxueux de Tolú.

 | SORTIES

Bars et discothèques

El Centro et San Diego

Une visite au piano-bar **El Mirador** *(7 000 pesos; à partir de 19h; Calle de las Damas No. 64, ☎664 72 51)*, situé dans la maison Bodegón de la Candelaria (voir p 178), vous permettra de bénéficier d'une belle vue nocturne sur une partie de la ville tout en sirotant un cocktail au son du piano. Comme son nom l'indique en espagnol, le bar est situé au sommet d'une tour attenante à la demeure et nécessite quelques acrobaties (le dernier escalier est assez raide) pour y accéder. La petite salle exiguë, où une banquette recouverte de confortables coussins longe les murs, constitue un endroit idéal pour une fin de soirée romantique!

Les personnes appréciant l'alternance de musique anglophone et colombienne, dans un endroit sans prétention, pourront se rendre au petit bar **El Zorba** *(angle Calle Segunda de Badillo et Calle de la Tablada)*, où des consommations sont servies à prix modérés. On bénéficie d'une vue sur le Parque Fernández de Madrid. L'endroit est surtout fréquenté par la population locale.

Pour une musique endiablée, le **Bar La Vitrola** *(lun-dim 17h à 3h; Calle de Baloco No. 33-201, près des remparts)* présente du jeudi au samedi, et ce, à partir de 22h, des groupes de bons musiciens. *Merengue*, *vallenato* et *salsa* sont au rendez-vous dans un beau décor aux couleurs pastel. À l'extérieur, sur le trottoir d'en face, de petites tables éclairées à la chandelle invitent les passants à venir consommer de délicieux cocktails (un peu chers cependant). Un endroit fréquenté par les Colombiens. Ambiance assurée.

Une terrasse improvisée en plein air sur les anciennes murailles de la ville et un orchestre faisant entendre, les fins de semaine, des *salsas*, des *vallenatos* ou des *merengues*, voilà ce qui vous attend au bar **El Baluarte** *(sur la muraille du Baluarte de San Francisco Javier, en face du musée naval)*. Les grandes torches utilisées comme éclairage et le décor environnant, avec la mer en arrière-plan, font de cet endroit un lieu magique à ne pas manquer. Possibilité de petite restauration.

La **Taberna Paco's** *(lun-ven 12h à minuit, sam-dim 19h à 1h; Plaza Santo Domingo, ☎664 42 94)* propose toutes les fins de semaine de la musique colombienne interprétée par le groupe Los Veteranos (les vétérans), qui semblent par ailleurs bien porter leur nom. Les musiciens ont en effet tous entre 60 et 75 ans! Ambiance assurée dans cette belle demeure coloniale au décor chaleureux. Restauration possible sur place (voir p 196).

Bocagrande et El Laguito

Les amateurs de bars branchés se rencontreront au **Kaoba** *(Av. Almirante Brion, au début de la Calle 1A)*, où une clientèle jeune se fréquente sur une terrasse au décor moderne. Musique américaine et petite restauration. L'une des spécialités du bar : les cocktails de soirée. Les aventureux voudront essayer le Cabeza de Jabalí, qui les plongera directement dans une ambiance tropicale! Endroit agréable.

Le grand bar-disco **Banana Rana** *(Carrera 1, en se dirigeant vers El Laguito, au bout de la rue, du côté gauche)* est un bon endroit pour les amateurs de musique assez hétéroclite et bruyante. Le fait qu'on y serve de la cuisine japonaise dans un décor de style caraïbe en fait un établissement quelque peu étonnant mais plaisant. La plage est située au pied même du bâtiment.

Autre lieu situé près de la plage, **La Escollera** *(7 000 pesos; Carrera 1, près de Calle 5)*, tout en décor exotique et recouverte d'un toit de paille, accueille une jeunesse avide de disco dans une ambiance tropicale jusqu'aux petites heures du matin.

Dans un style plus «habillé», le **Portobello Night Club** *(Calle 1B, au premier étage du centre commercial Pierino Gallo)* s'adresse surtout à une clientèle argentée. Tenue correcte.

Que ce soit pour prendre une boisson ou pour danser dans une ambiance disco, allez au **Nautilus Video Bar Disco** *(Carrera 2, entre Calle 9 et Calle 10)*, où une clientèle de tout âge semble se donner rendez-vous.

Pour les amateurs de jeux, le **Casino Caribe** *(Calle 1B, au premier étage du centre commercial Pierino Gallo)*, à ne pas confondre avec le casino de l'hôtel Caribe, propose des mises de jeu à partir de 2 500 pesos.

Plus cher que son confrère, mais installé dans un cadre plus élégant, le **Casino Royal** *(à l'intérieur de l'hôtel Caribe, Calle 3, au bout de la Carrera 2 en se dirigeant vers El Laguito)* offre des mises de jeu à partir de 8 000 pesos. Situé dans le même hôtel, le **Bar Discotec Bolero** propose des soirées animées avec son orchestre, qui se produit les fins de semaine de 21h à 2h. L'endroit est agréable, bien que les consommations soient assez chères.

L'hôtel **Hilton** *(au bout de la pointe d'El Laguito, ☎665 06 66)* (voir p 192) propose, dans un beau cadre, un spectacle de musique folklorique tous les samedis soirs à 20h. Comptez 30 000 pesos par personne, incluant un buffet colombien.

Getsemaní et La Matuna

Pour passer une fin de soirée agréable, le beau **Zagera Bar** *(Calle del Arsenal No 8-149)*, au décor soigné, conviendra à une clientèle à la recherche d'endroits calmes et feutrés.

Des tables dressées à même le trottoir et un orchestre jouant des *vallenatos* et d'autres musiques tropicales, voilà ce qui vous attend à la **Terraza de Rafael Ricardo** *(Calle del Arsenal No. 9-149)*. Certains soirs, un groupe de mariachis, qui semblent débarqués tout droit du Mexique, vient animer ces lieux fort fréquentés par les Colombiens. Musique et ambiance assurée, tous les soirs de 21h à 4h. Bons cocktails, mais assez chers.

Un rythme tropical alternant avec les dernières nouveautés anglo-saxonnes, voilà ce que vous pourrez entendre dans la discothèque **Tiffany Club** *(2 800 pesos les fins de semaine; lun-dim 19h à 4h; Calle del Arsenal No. 24-02)*. L'endroit, assez sombre et au décor un peu

kitsch, est très fréquenté par les Colombiens.
La piste de danse s'avère plutôt petite.

Santiago de Tolú

L'**Escotilla Music Bar** *(18h à 4h)* du Club Náutico Los Delfines (voir p 194) est la discothèque
la plus «branchée» de Tolú. Musique forte et
ambiance décontractée.

Événements

Quelques événements à caractère social et
culturel attirent l'attention des touristes dans le
département de Bolívar. En voici quelques-uns :

La Fiesta Brava à Cartagena au mois de janvier.

Le **Festival Patronales de la Candelaria**, durant
laquelle un pèlerinage au mont de la Popa est
organisé à Cartagena au mois de février.

Le **Festival Internacional de Música del Caribe**,
un festival de musique à Cartagena, et le
Carnaval de Barranquilla, un des plus importants de Colombie, au mois de mars.

La **Semana Santa**, à Mompóx au mois d'avril.

Le **Festival Internacional de Cine**, qui rassemble
les meilleures productions sud-américaines à
Cartagena. Plusieurs films nord-américains y
sont aussi présentés au mois de juin.

Le **Festival Bolivarense del Acordeón**, un festival de musique *vallenato* qui se tient à Arjona
au mois d'août.

La **Fiesta de San Pedro Claver**, à Cartagena au
mois de septembre.

**Festivités commémorant l'indépendance de la
ville de Cartagena**, du 9 au 12 novembre.

Le **Reinado Nacional de la Belleza**, en décembre : le couronnement de la reine de beauté de
Colombie, à Cartagena.

MAGASINAGE

Cartagena de Indias

El Centro et San Diego

Cadeaux

Le meilleur endroit pour magasiner, celui où l'on
trouve le plus grand choix, c'est bien entendu
Las Bóvedas *(Plaza de las Bóvedas)*. Dans un
ancien bâtiment colonial (voir p 181) se sont
installées 23 boutiques, toutes situées les unes
à côté des autres! Vous y trouverez une grande
variété de produits artisanaux pour tous les
budgets.

Située près de la cathédrale, **La Casa del Joye-
ro** *(Calle Santos de Piedra No. 34-23)* est un
bon endroit pour acheter ou faire fabriquer
toutes sortes de bijoux. Émeraudes brutes à
partir de 14 000 pesos. Avec de la patience, un
bon établissement pour le marchandage.

Luz Miriam Toro, Arte Precolombino *(Plaza de
Santo Domingo, Edificio Cuesta, local 2,
☎664 39 55)* est une belle boutique d'art
précolombien où l'on peut se procurer de belles
pièces d'artisanat.

Sur la **Calle de la Soledad** *(No. 5-18, contigu à
la boulangerie et près de l'université; l'endroit
ne porte pas de nom)*, vous pourrez acheter des
t-shirts attrayants. Bien que plus chers que
ceux vendus par les marchands ambulants, ils
affichent des motifs originaux et sont de bonne
qualité.

Antiquités

Vous trouverez dans la vieille ville un grand
nombre de boutiques d'antiquités attirantes.
Celles-ci, bien que situées sur plusieurs rues, se
concentrent néanmoins dans un secteur relativement restreint. Nous vous invitons à vous
promener dans la Calle de las Damas, la Calle
Santa Teresa et la Calle Santo Domingo, où un
grand nombre d'entre elles sont installées. En
règle générale, les prix sont assez élevés mais,
pour qui sait «fouiner», des achats intéressants
pourraient se présenter.

Alimentation

La boutique naturaliste **Girasoles** *(angle Calle Quero et Calle de los Puntalles)* propose des produits santé ainsi que différents petits mets végétariens à emporter.

Dans la même gamme de produits alimentaires, la boutique **Natural Green** *(Calle de la Soledad No. 5-41)* offre un choix intéressant mais plus limité.

Au supermarché **Magali Paris** *(Plaza de los Coches, sous les arcades)*, vous trouverez tout ce dont vous pourriez avoir besoin, de la papeterie aux vêtements en passant par l'alimentation.

Bocagrande et El Laguito

Cadeaux

Au **Centro Comercial Pierino Gallo** *(Calle 1B)*, vous trouverez plusieurs boutiques d'artisanat ainsi qu'une bijouterie dans un environnement raffiné. Les prix sont cependant à la hauteur du décor.

Chez **Joyería Casa Paris** *(Centro Commercial Pierino Gallo, aussi sur Carrera 2 No. 6-76)*, vous trouverez toutes les formes et grandeurs possibles d'émeraudes. De nombreux bijoux en or y sont aussi vendus. N'hésitez pas à discuter ferme, car la maison fait des prix.

La **Joyería Ángel** *(Carrera 2 No. 7-127)* fabrique toutes sortes de bijoux en or et vend des émeraudes pour tous les budgets et tous les goûts.

Livres et disques

Installée dans un local agréable, la **Librería Bitacora** *(Carrera 2, entre Calle 7 et Calle 8)* vend de la littérature de langue espagnole et anglaise, et compte même quelques livres en français. Personnel souriant et aimable.

Le **Disco Store** *(Carrera 1, près de Calle 4)* possède un bon choix de disques.

Alimentation

Le magasin **Olympíca** *(24 heures sur 24; Carrera 3, près de Calle 6; aussi Carrera 2, près de Calle 10)* vend des boissons alcoolisées à bon compte ainsi que de l'excellent café colombien.

Le supermarché **Magali-Paris** *(angle Carrera 4 et Calle 6)*, situé dans un beau quartier, propose une marchandise un peu plus chère, mais aussi un peu plus raffinée que le précédent.

L'**España Delicatessen** *(lun-sam 7h à 23h, dim 10h à 23h; Calle 3a No. 8-38, Edificio Juviper, ☎665 18 90)* est une belle petite boutique de charcuterie fine et de produits d'importation comme des huiles, entre autres. On peut y trouver du véritable «Jamón Serrano» importé d'Espagne de même que des fromages et des vins. On peut aussi déguster sur place des produits maison autant que des sandwichs.

Getsemaní et La Matuna

Cadeaux

À l'intérieur du **Convento de San Francisco** *(Avenida del Mercado)*, vous trouverez un grand nombre de boutiques de tout genre. Que ce soit pour un sac à main, un bijou de fantaisie ou un bel objet de décoration, vous trouverez dans cet endroit tout ce dont vous avez besoin. Ne pouvant citer ici toutes les boutiques, nous avons néanmoins décidé de mentionner la coopérative **Artesanías de Colombia** *(lun-ven 9h à 13h et 15h à 19h, sam 9h à 15h; sous les arcades du patio)*, qui offre un très grand choix d'objets artisanaux, dont le produit des ventes va directement aux artisans. Les prix y sont néanmoins un peu plus élevés qu'ailleurs.

À l'intérieur et au sommet du **Castillo San Felipe** se trouvent deux boutiques contiguës, dont une est tenue par un Colombien très aimable, Bernardo. Vous trouverez un très beau choix de reproductions de bijoux précolombiens à prix raisonnable. Le propriétaire, en plus d'avoir bon goût, se fera un plaisir de vous expliquer la signification de certains d'entre eux.

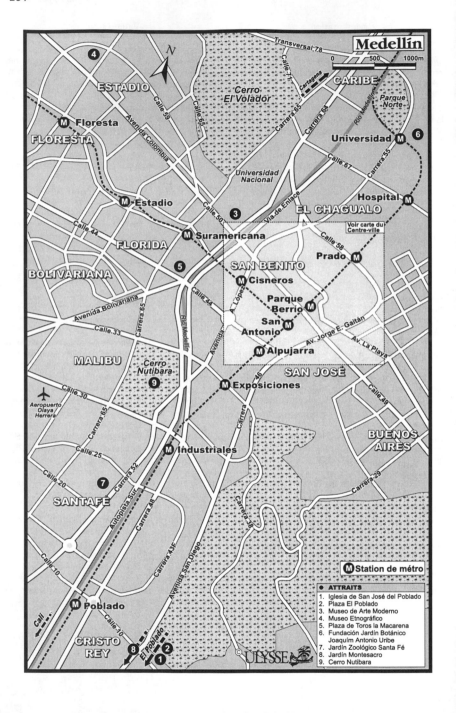

Medellín

0   500   1000m

CARIBE

Cerro El Volador

Parque Norte

ESTADIO

FLORESTA
Ⓜ Floresta

Avenida Colombia

Calle 59

Calle 65

Calle 71

Transversal-78

Cartagena

Carrera 65

Carrera 64

Río Medellín

Ⓜ Universidad

Carrera 55

Ⓜ Hospital

Universidad Nacional

Calle 67

Vía de Enlace

EL CHAGUALO

Voir carte du Centre-ville

Ⓜ Estadio

Calle 50

Calle 58

Ⓜ Prado

Calle 44

FLORIDA

Ⓜ Suramericana

SAN BENITO

Ⓜ Cisneros

BOLIVARIANA

Avenida Bolivariana

Calle 44

A. López

Carrera 65

Río Medellín

Avenida

Parque Berrío
Ⓜ

San Antonio
Ⓜ

Av. Jorge E. Gaitán

Av. La Playa

Calle 33

Ⓜ Alpujarra

MALIBU

Cerro Nutibara
⑨

SAN JOSÉ

Calle 30

Ⓜ Exposiciones

Calle 46

Calle 49

✈ Aeropuerto Olaya Herrera

Carrera 65

Carrera 29

BUENOS AIRES

Calle 25

Calle 20

Ⓜ Industriales

Carrera 52

⑦

SANTAFÉ

Autopista Sur

Carrera 48

Carrera 43F

Avenida San Diego

Carrera 46

Carrera 38

Calle 10

Ⓜ Poblado

Cali ➞

CRISTO REY

⑧

El Poblado

②

①

Ⓜ **Station de métro**

● **ATTRAITS**
1. Iglesia de San José del Poblado
2. Plaza El Poblado
3. Museo de Arte Moderno
4. Museo Etnográfico
5. Plaza de Toros la Macarena
6. Fundación Jardín Botánico Joaquím Antonio Uribe
7. Jardín Zoológico Santa Fé
8. Jardín Montesacro
9. Cerro Nutibara

© ULYSSE

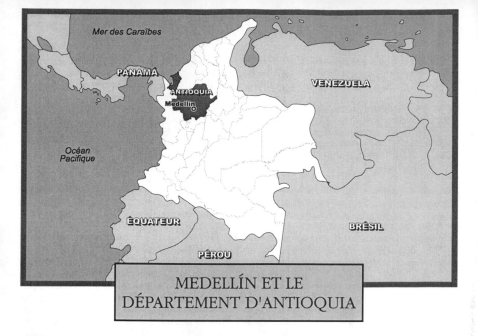

MEDELLÍN ET LE DÉPARTEMENT D'ANTIOQUIA

E n ce qui a trait à la dimension, Antioquia est le septième département de la Colombie. Sa superficie s'étend sur quelque 64 000 km² et est bordée au nord par les départements de Bolívar, de Sucre et de Córdova et aussi par la mer des Caraïbes, au sud par les départements du Chocó, de Risaralda et de Caldas, à l'est par les départements de Boyacá, de Santander et de Bolívar, et à l'ouest par le Chocó.

D'une richesse naturelle assez exceptionnelle puisqu'on y retrouve plus de 70% de la production d'or au pays, il est baigné abondamment par de nombreux fleuves dont le Río Atrato, le Río Cauca, le Río León, le Río Magdalena, le Río San Jorge, le Río Sinú, le Río Samaná, le Río Sur, le Río Buey, le Río Porce-Nechí et le Río Nus, entre autres. Son climat est tempéré et ne souffre pas de variations importantes.

Mais c'est aussi un territoire montagneux et accidenté avec des pics tant dans la Cordillère centrale que dans la Cordillère occidentale, dont le mont Frontino (4 080 m), le mont Paramillo (3 960 m), le mont Morro Campana (3 950 m) et le mont Caramanta (3 900 m). On y trouve 12% de la population colombienne reconnue comme dynamique, créatrice, entreprenante et déterminée. Elle génère environ 15% du produit national brut. Antioquia est en effet le premier fournisseur d'énergie au pays, le principal producteur et exportateur de bananes et de café, et le second en ce qui concerne les fleurs.

Un peu d'histoire

Les premiers Espagnols qui débarquèrent à San Juan de Urabá au nord d'Antioquia au cours des années 1500 et 1501 étaient ceux-là même qui venaient de découvrir la Colombie un an auparavant sous le commandement d'Alonso de Ojeda en mettant la première fois les pieds à Cabo de la Vela. Cette fois-ci, l'expédition était commandée par Rodrigo de Bastidas, qui fonda plus tard Santa Marta. Toute la région était alors occupée par de nombreuses tribus indigènes. Elles appartenaient à la grande famille des Caribes, et l'on y trouvait entre autres les Yamesís, les Niquías, les Katíos, les Nutabes, les Cunas, les Tahamíes, les Quimbayas et les Aburrás.

Cette première incursion fut suivie quelque temps plus tard de celle d'Alonso de Ojeda, qui construisit la forteresse de San Sebastián de Urabá. Puis, Vasco Núñez de Balboa — il découvrira le Pacifique en 1513 sur les hauteurs d'une montagne du Panamá (voir p 23) — fonde un poste de commandement à Santa María la Antigua de Darién, d'où débutera l'exploration de l'intérieur du pays à partir de la côte atlantique.

Vers 1535, le fondateur de Cartagena de Indias, Pedro de Heredia, établit les fondations de San Sebastián de Buena Visa, qui est aujourd'hui Necolí. Le 24 août 1541, Jerónimo Luis Tejelo, de l'expédition du maréchal Robledo, découvre le Valle del Aburrá, où s'élève aujourd'hui la capitale d'Antioquia, la ville de Medellín.

Pour sa part, Robledo fonde en 1541 une petite agglomération minière vouée à la recherche d'or qui fut transplantée plus tard, en 1587, sur son site actuel, un peu à l'ouest du Río Cauca, par Gaspar de Rodas et qui porte le nom de Santa Fé de Antioquia.

Au même moment, une petite communauté agricole voit le jour sous le nom de San Lorenzo de Aburrá, aujourd'hui El Poblado. Le nom fut modifié en 1675 en Nuestra Señora de la Candelaria de Medellín, qui, depuis le 17 avril 1826, constitue la capitale d'Antioquia. Le département se dota d'une première constitution le 21 mars 1812; le 11 août 1813, le dictateur Juan del Corral en déclara l'indépendance absolue de la colonie espagnole. Le titre de département lui fut imposé par la Loi de la Nation en 1830, à la suite de la formation de la Grande-Colombie par Simón Bolívar. Mais jusqu'en 1886, on procéda à des modifications et des additions au territoire, et ce n'est qu'à partir de cette date que se forma définitivement le département d'Antioquia tel qu'on le connaît aujourd'hui avec plus de 5 millions d'habitants.

Medellín

Ville natale du peintre mondialement reconnu qu'est Fernando Botero, et principal centre culturel de la Colombie avec ses galeries d'art dans tous les grands hôtels, à la chambre de commerce et à la mairie, avec ses 24 universités ou collèges d'enseignement supérieur — dont la Universidad de Antioquia et ses 22 000 étudiants, la Universidad Nacional, la Pontificia Bolivariana, la Autónoma Latinoamericana, la Universidad de Medellín, entre autres —, avec son centre des congrès, ses 25 centres commerciaux, ses théâtres, ses musées et son métro, Medellín (on prononce *Mededgín*) est la deuxième ville en importance en Colombie après Santafé de Bogotá. Enclavée dans la vallée Aburrá formée par deux embranchements de la cordillère Centrale, à quelque 1 500 m d'altitude, et arrosée par le Río Medellín — qui la traverse du nord au sud —, Medellín est la capitale du département d'Antioquia, avec près de 2 millions d'habitants et près de 3 millions, si l'on inclut les municipalités de la région métropolitaine qui sont Caldas, La Estrella, Itagüi, Envigado et Sabaneta au sud, Bello, Copacabana, Girardotat et Barbosa au nord.

Les Espagnols traversèrent son emplacement en 1541 sans s'arrêter, et il faut attendre jusqu'en 1616 pour assister à sa véritable fondation par des colons juifs, les *paisas*, fuyant les persécutions en Europe. Ils n'étaient pas des conquistadores mais des fermiers. Ils divisèrent le territoire en petites fermes qu'ils cultivèrent eux-même sans l'aide d'esclaves indigènes, en cherchant à s'isoler de peur de nouvelles persécutions et en favorisant un développement autarcique. Les habitants de la région ont conservé encore aujourd'hui ces valeurs d'autrefois, ce sens inné de l'autosuffisance et de l'indépendance.

Medellín aujourd'hui

Actuellement, Medellín a la réputation d'une ville énergique que les *Medellinenses* ont transformée en l'un des centres économiques les plus importants de Colombie. Première productrice de minerai d'or au début du siècle, la ville s'est graduellement transformée en un centre industriel de réputation internationale. La métallurgie, la céramique, le verre, le textile et l'exploitation pétrolière y sont les moteurs principaux. Son internationalité est aussi reconnue pour ses services médicaux économiques et efficaces, notamment les transplantations d'organes et la chirurgie esthétique.

La ville elle-même regroupe 271 *barrios* divisés en six zones. Au sud-est se trouvent les *barrios* cossus, entre autres San Diego, El Poblado — où Medellín a vu le jour —, la Aguacatala et La Pila Rica. Au sud-ouest, on trouve entre autres Los Laureles, Guayabal, Belén et La América. Le Prado, Boston, Buenos Aires, La Milagrosa et le centre-ville se situent au centre-est, alors qu'au centre-ouest, on traverse San Javier, Calazans, Estadio et Carlos E. Restrepo. Au nord-est, on trouve entre autres Manrique, Aranjuez et Campo Valdés, et enfin, au nord-ouest, Castilla, Pedregal et Doce de Octubre.

Dans les collines environnantes, d'autres *barrios* s'étendent à perte de vue : Popular 1, Popular 2, París, Santa Rita, Villa del Socorro, Viejo, Dos de Octubre, Nueva Villa de Aburrá, entre autres. Ces quartiers ont servi de refuge aux populations rurales terrorisées fuyant la campagne au cours de *la Violencia* des années cinquante.

Au début, ces paysans ne savaient rien faire dans un environnement urbain. Ils construisaient des maisons n'importe où, n'importe

comment, avec n'importe quoi, dans un désordre favorisant encore plus la violence. Avec la montée du pouvoir des narcotrafiquants dans les années soixante-dix et quatre-vingt, et l'apparition du cartel de Medellín, ces *barrios* de la pauvreté se sont transformés rapidement en une véritable pépinière inépuisable de *sicarios* (tueurs à gages travaillant à la pige) âgés de 12 ans à 20 ans à la solde des trafiquants. La réputation de violence de Medellín s'est alors répandue à travers le monde comme une traînée de poudre.

Mais, à la suite d'une guerre dévastatrice engagée en 1983 par le gouvernement de Belisario Betancur et la nomination d'un nouveau ministre de la Justice, Rodrigo Lara Bonilla, le cartel fut décimé, non sans avoir au préalable assassiné le ministre Bonilla, en mars 1984, l'éditeur du *El Espectador* de Bogotá, Guillermo Cano, en décembre 1986, et même un éminent candidat à la présidence de la Colombie, Luis Carlos Galán, en août 1989.

De son côté, le cartel ne s'en remit pas, et l'un des ses principaux leaders, Carlos Lehder, fut arrêté en février 1987 et extradé aux États-Unis, où il purge actuellement une peine de prison à vie. Puis, un autre lieutenant, Gonzalo Rodríguez Gacha, dit «El Mexicano»,

fut mis hors de combat : il tomba sous les balles de la police en mars 1990.

Enfin, en décembre 1993, ce fut au tour du chef du cartel lui-même, Pablo Escobar, de succomber aux tirs de la police, dans son fief d'Envigado, qui tua du même coup six autres de ses lieutenants. Le cartel était démantelé. Medellín pouvait enfin respirer. Mais le commerce de la drogue ne fut pas éradiqué pour autant en Colombie, puisque le cartel de Santiago de Cali prit la relève, sous la gouverne des frères Rodríguez Orejuela, plus discrets et plus orientés vers les affaires. Tout en continuant le commerce lucratif de la cocaïne, le cartel de Cali se spécialise maintenant dans l'opium et l'héroïne, des drogues de plus en plus à la mode aux États-Unis et en Europe, leurs principaux marchés.

Medellín aujourd'hui est une ville relativement calme qui a pris son essor au cours des 15 dernières années avec ses nouvelles constructions modernes, la rénovation de ses vieux édifices et surtout la construction de son métro à deux lignes, qui court sur plus de 35 km et dessert 25 stations, inaugurées le 30 novembre 1995. De fait, Medellín est la seule ville de Colombie à être dotée d'un métro, alors que Santiago de Cali se propose d'en construire un au cours des prochaines années.

Alors que 99% de la population du Valle de Aburrá jouit de l'électricité, 98% possède l'eau courante et les égouts. De plus, l'Empresas Públicas, l'organisme chargé de fournir les services de base aux habitants de la région, procède actuellement à l'installation de conduites de gaz naturel partout dans la ville pour réduire la consommation de l'électricité de 30%. Medellín est l'une des villes les plus développées d'Amérique du Sud. Tournée résolument vers le commerce de produits manufacturés et les services, elle attache beaucoup d'importance à la qualité de vie et à la propreté : 97% de ses foyers bénéficient de la collecte directe des déchets, alors que 90% de ses rues sont nettoyées régulièrement. D'autre part, l'Autopista Medellín-Bogotá, qui traverse la ville du nord au sud, est fermée à la circulation automobile en un sens tous les dimanches pour permettre à la population de faire du vélo et du patin à roues alignées.

La température

Surnommée «la ville de l'éternel printemps» pour son climat tempéré dont la moyenne varie autour de 23°C, grâce à son altitude qui se situe à 1 538 m, ou encore «la ville des fleurs» qui embellissent ses parcs, ses jardins et ses avenues, Medellín subit tout de même deux hivers puisqu'il pleut fréquemment aux mois d'octobre et de novembre ainsi qu'aux mois d'avril et de mai. Le soir, on aura intérêt à porter une veste ou un lainage.

POUR S'Y RETROUVER SANS MAL

Les *carreras* de Medellín vont du sud au nord, et leurs numéros vont en s'accentuant d'est en ouest. Les *calles* se dirigent de l'est vers l'ouest, et leurs numéros vont croissant du sud au nord, exception faite des *calles* d'El Poblado dont les numéros augmentent du nord au sud. Il faut noter qu'au centre-ville, les rues s'identifient autant par des numéros que par des noms. La Calle 50 s'identifiera aussi comme la Calle Colombia, alors que la Carrera 46 se dénomme quant à elle Avenida Jorge Eliécer Gaitán.

L'avion

L'aéroport international **José María Córdova** de Rionegro *(☎287 40 10 ou 287 40 11)*, à 50 min du centre-ville, est aussi situé à quelque 3 000 m d'altitude. Le taxi *(7 000 pesos)* se dirige allègrement vers la ville en empruntant une route qui descend abruptement en longeant une falaise. Medellín illuminée surgit alors dans toute sa splendeur au milieu d'un paysage fascinant, au fond d'une vallée entourée de montagnes, où stagnent des nuages lourds de pluie en cette soirée de novembre. Medellín apparaît par intermittence, dans de courtes éclaircies, comme une vision fantasmagorique, surnaturelle, puis disparaît aussitôt dans la brume éthérée, blafarde, éclairée par les phares de l'auto. Elle réapparaît quelques instants plus tard et se volatilise de nouveau. Le manège continue pendant une bonne dizaine de minutes, émerveillant autant le chauffeur que son passager. Spectaculaire!

Un autre aéroport, l'**Aeropuerto Regional Olaya Herrera** *(Carrera 65a No. 13-157, ☎285 99 99)*, dessert Medellín. Il est situé à moins de 15 min du centre-ville. Cet aéroport offre un service régional de jour et permet de rejoindre des destinations dans le département d'Antioquia et certaines villes de Colombie.

Voici l'horaire des vols directs d'Avianca vers les destinations extérieures, départs de l'aéroport international José María Córdova :

Aruba, dim 9h25 avec escale; sam 9h30 avec escale; ven 10h05 avec escale; merc 12h55; jeu 16h20 avec escale
Miami, États-Unis, tlj 7h4o avec escale
New York, États-Unis, sam 14h35 avec escale
Panamá, Panamá, lun, mer, ven 7h45

Voici l'horaire des vols directs d'Avianca en Colombie, avec des départs à l'un ou l'autre des deux aéroports :

Bahía Solano, lun, mer, ven et dim 8h30 avec escale (Olaya Herrera), 98 000 pesos.
Barranquilla, lun-ven et dim 9h25; lun-mer, ven-sam 14h45; jeu 16h20 (José María Córdova), 167 000 pesos.
Bogotá, lun-ven 6h35; tlj 7h06; lun-ven 8h04; tlj 10h24 et 12h20; lun-sam 12h56; lun-sam 14h; tlj 14h37; lun-ven et dim 16h24; dim 17h; tlj 17h38, lun-ven et dim 19h10; lun, mer, ven 19h50; tlj 22h (José María Córdova), 117 000 pesos.

Bucaramanga, tlj 6h55 avec escale; tlj 15h35 (José María Córdova), 151 000 pesos.
Cali, tlj 7h, 11h35 et 1915 (José María Córdova), 131 000 pesos.
Capurganá, dim 9h35; lun, jeu 9h55 (Olaya Herrera), 120 000 pesos.
Cartagena, tlj 7h40; sam 9h30 et 14h35; jeu, dim 14h45 (José María Córdova), 167 000 pesos.
Cúcuta, tlj 6h55; tlj 15h35 avec escale (José María Córdova), 151 000 pesos.
Montería, lun-sam 8h05; tlj 15h05 (Olaya Herrera), 119 000 pesos.
Puerto Berrio, lun-sam 6h; dim 11h45; lun-sam 16h (Olaya Herrera), 63 000 pesos.
Quibdó, tlj 8h30; lun-sam 13h30 (Olaya Herrera), 68 000 pesos.
San Andrés, tlj 7h; lun, mer, ven 7h45 (José María Córdova), 202 000 pesos.
Santa Marta, tlj 8h (José María Córdova), 176 000 pesos.

Plusieurs compagnies d'aviation desservent ces deux aéroports. En voici les coordonnées :

Les compagnies nationales :

Aces, Calle 49 No. 50-21, 34ᵉ étage, ☎511 22 37
AeroRepública, Carrera 66a No. 34-32, ☎235 09 17
Aires, Carrera 65a No. 13-57, bureau 214, ☎255 95 35
Avianca, Calle 53 No. 45-112, ☎251 55 44
Intercontinental de Aviación, angle Calle 34 et Carrera 43, Centro Comercial San Diego, bureau 243, ☎262 83 17
SAM, Calle 53 No. 45-112, ☎251 55 44

Les compagnies internationales :

Aerolinas Argentinas, Carrera 50 No. 56-126, bureau 401, ☎513 11 14
Air Aruba, Carrera 43a No. 19a-87, bureau 22, ☎262 35 17
Air France, Calle 55 No. 46-14, bureau 1102, ☎251 05 44
American Airlines, Calle 16 No. 28-51,Hotel Inter-Continental, bureau 243, ☎268 08 59
Copa, Calle 57 No. 49-44, bureau 215, ☎251 86 52
Iberia, Carrera 50 No. 52-126, bureau 401, ☎511 37 16
Lufthansa, Calle 52 No. 49-28, 3ᵉ étage, ☎251 28 30
Tampa, Carrera 76 No. 34a-61, ☎250 29 39
Zuliana de Aviación, Carrera 75 No. 49-29, ☎260 43 99

L'autocar

De Medellín, on peut rejoindre facilement la côte atlantique, Cartagena de Indias (13 heures), Barranquilla (15 heures) ou Santa Marta (17 heures) entre autres, et Buenaventura (12 heures) sur la côte du Pacifique, en empruntant la Troncal Occidental. En fait, toutes les destinations de Colombie peuvent être rejointes en autocar à partir de Medellín en utilisant, pour les destinations vers le nord, le **Terminal de Transportes Mariano Ospina Pérez** *(Carrera 64c No. 78-344, ☎277 77 56)*, ou pour les destinations vers le sud en direction de Santafé de Bogotá (9 heures) et de Santiago de Cali (9 heures), le **Terminal de Transportes Alberto Díaz Muños** *(Calle 8b No. 65-50, ☎361 18 53)*.

Voici les coordonnées téléphoniques de quelques compagnies de transport :

Rápido Ochoa, ☎411 11 00
Expreso Brasilia, ☎230 99 31
Flota Fredonia Ltda., ☎262 12 03
Cootratam, ☎230 59 33
Sotroraba, ☎230 96 96
Coonorte, ☎232 56 42
Coopetransa, ☎230 32 10
Expreso Belmira, ☎230 90 32
Surandina, ☎230 61 52

Les transports en commun

Le métro

Le métro de Medellín est un service de transport public en surface qui roule au niveau du sol en périphérie et sur un viaduc au centre-ville. Il dessert un total de 25 stations. La ligne A traverse Medellín du sud au nord et court sur 22 km entre les stations Niquia et Itagüi. Un train y passe tous les 5 min ou 10 min. La ligne B, moins importante, ne court que sur 8 km, de la station San Antonio jusqu'au Barrio San Javier, à l'ouest. On achète son billet à l'entrée des stations, à un guichet automatique ou à un préposé, pour aussi peu que 350 pesos par passage et 650 pesos par deux. Beaucoup d'autobus conduisent au métro, un panneau indicateur sur le pare-brise fournissant cette information et le nom d'une des 25 stations.

MEDELLÍN

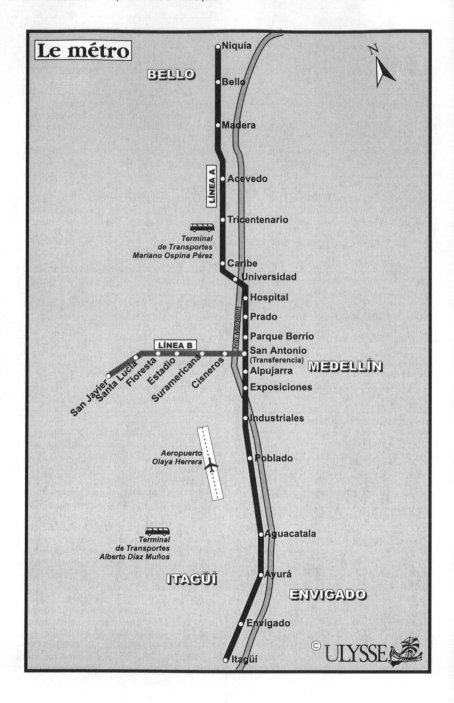

L'autobus

Plus de 25 compagnies indépendantes desservent tous les quartiers de Medellín, offrant, comme dans les autres grandes villes de Colombie, un service de première classe, *ejecutivo*, pour les mêmes destinations. Étant donné l'étendue de la ville, il faut utiliser les transports en commun pour changer de quartier, mais on peut facilement passer à pied d'une attraction touristique à l'autre, au centre-ville, surtout que la température printanière en tout temps invite à la marche. Pour ce qui est des municipalités métropolitaines comme Itagüi, Envigado, Sabaneta et Copacabana par exemple, on peut s'y rendre en prenant l'un des minibus sur la Carrera 51 au pied de la station de métro San Antonio.

Les taxis

Les taxis sont de couleur jaune ocre et identifiés *Servicio Público*. Ils sont légion et surtout économiques. Pour cette raison, il faudra patienter longtemps pour en trouver un libre s'il pleut. Ils fonctionnent au taximètre — tous les chauffeurs l'utilisent — avec un minimum de 1 000 pesos la course. Sauf le soir, rarement peut-on payer plus, les taxis traversant presque la moitié de la ville pour ce prix. Comme dans la plupart des villes de Colombie, les voitures compactes à quatre portes sont des modèles récents et propres. Les chauffeurs acceptent les passagers sans hésitation n'importe où dans la rue, au moindre signe de la main. Ils offrent aussi un service sur appel téléphonique, les autos étant munies d'une radio. Une note d'appréciation : étant donné le haut degré de scolarité de la population, la plupart des chauffeurs de taxis de Medellín reflètent cet état de fait. Ils sont jeunes, avenants, curieux et constituent une source privilégiée d'information concernant leur ville qu'ils affectionnent.

La location d'une voiture

La circulation est dense à Medellín, mais comme la ville est en général mieux organisée que les autres grandes villes de Colombie, notamment Santafé de Bogotá, il peut être intéressant de louer une voiture pour en visiter les principaux *barrios*, les points d'intérêt étant concentrés au centre-ville. Encore ici cependant, il faut apporter une attention toute spé-

ciale aux motos qui n'obéissent que rarement aux signaux de circulation.

Adressez-vous à ces compagnies pour la location d'une voiture :

Avis Rent-a-Car, Carrera 43a No. 23-40, ☎236 46 70 ou 232 38 10
Budget, Carrera 43a No. 23-52, ☎232 82 03
Hertz, Carrera 43a No. 23-50, ☎232 23 07 ou 232 48 74
Rentacar, Calle 58 No. 49-50, ☎254 57 66.

 RENSEIGNEMENTS PRATIQUES

Indicatif régional : 4

Poste

La correspondance est acheminée via les bureaux d'**Avianca**, Calle 53 No. 45-112

Banques

Le Banco Industrial Colombiano (BIC) changera la plupart des devises et même des chèques de voyage émis en devises autres qu'américaines. Le BIC étant le plus efficace, il exige tout de même une photocopie de la page d'identification du passeport et de la page montrant le tampon d'entrée au pays avant de changer les chèques, une procédure normale en Colombie.

Le **Banco Industrial Colombiano** (BIC) *(lun-ven 8h à 12h et 14h à 16h, jusqu'à 17h ven; Av. Columbia No. 51-70)*. Il y a un service de photocopie en face de la banque *(Calle 50 No. 51-81)*.

Pour le guichet automatique Visa, rendez-vous au **Llavebanco** du Banco de Columbia *(Carrera 51, angle Calle 50 ou Avenida Bolívar)*.

Renseignements touristiques

Comme partout ailleurs lors de notre passage, les services gouvernementaux de développement touristique étaient en pleine réorganisation. Voici tout de même les adresses des principaux services de tourisme de Medellín qui

MEDELLÍN

devraient pouvoir fournir des cartes et des dépliants sur les activités et les sites touristiques intéressants :

Officina de Turismo y Fomento de Medellín *(lun-ven 8h30 à 12h et 14h à 17h; Calle 57 No. 45-129, ☎254 08 00, ⊷254 52 33, turismo@educam.gov.co)*

Officina de Turismo y Fomento de Medellín *(lun-ven 8h30 à 12h et 14h à 17h; Aeropuerto José María Córdova, ☎260 38 12)*

Officina de Turismo y Fomento de Medellín *(lun-ven 8h30 à 12h et 14h à 17h; Aeropuerto Olaya Herrera, ☎285 10 48)*

Fundo Mixto de Promoción Turistica de Medellín *(lun-ven 8h30 à 12h et 14h à 17h,;Aeropuerto Olaya Herrera, bureau 324, ☎285 65 25)*

Turantioquia *(lun-ven 8h30 à 12h et 14h à 17h; Carrera 48 No. 58-11, ☎291 11 11).*

Excursions

Plusieurs excursions sont intéressantes dans les environs de Medellín et dans toute la campagne d'Antioquia. À cause de son climat essentiellement printanier, elle n'est pas sans rappeler les Alpes-Maritimes en France ou le Vermont aux États-Unis.

La façon la plus commode de se déplacer est probablement de louer une voiture à l'heure avec chauffeur qui, ici, coûte la modique somme de 7 000 pesos. Mais on aurait aussi intérêt à s'informer auprès des agences de voyages qui proposent des forfaits sur mesure. Les circuits sont nombreux et couvrent toutes les directions.

Outre les habituels tours de ville, tour de magasinage, «Medellín de nuit» et autres, les agences organisent des visites des municipalités de la région métropolitaine dont Caldas, La Estrella, Itagüi, Envigado et Sabaneta, Bello, Copacabana, Girardotat et Barbosa. Elles proposent aussi huit excursions avec des points de chute plus éloignés :

1- **Región del oriente**, avec la ville de Guatapé comme destination ultime;
2- **Región del suroeste**, avec la ville de Jardín comme dernière destination;

3- **Región del occidente**, avec l'ancienne capitale du département, Santafé de Antioquia, comme point culminant;
4- **Región del norte**, avec Santa Rosa comme ville la plus éloignée;
5- **Región del nordeste**, avec Barbosa comme ville principale;
6- **Región del Río Magdalena medio**, avec Puerto Triunfo sur le Magdalena;
7- **Región del Urabá** ou **la Ruta al mar**, avec Turbo comme point de chute sur la mer des Caraïbes;
8- **Región del bajo Cauca**, avec Cáceres comme dernière destination.

On vous suggérera aussi le tourisme écologique en visitant le Parque Natural Los Katios, le Parque Nacional Natural de Las Orquideas ou encore le Parque Natural Paramillo.

Voici les coordonnées des agences de voyages à Medellín :

Viajes Turantioquia, Carrera 48 No. 58-11, ☎291 11 11, ⊷291 11 12
Viajes Maya Londoño Ltda., Calle 54 No. 45 25, ☎231 46 66, ⊷511 44 08
Agencia de Viajes Naturaleza y Fantasia, Centro Comercial Villanueva, bureau 990, ☎513 12 84, ⊷251 80 26
Destino Colombia, Carrera 65 No. 49b-21, bloc B, bureau 207, Centro Comercial Los Sauces, ☎260 68 68, ⊷230 77 50
Seditrans, Calle 9c sur No. 50-161, ☎285 19 78, ⊷285 48 07.

 ATTRAITS TOURISTIQUES

Medellín ★★★

Privilégiée par un site unique au fond du Valle del Aburrá et par un climat printanier à longueur d'année, Medellín est une ville moderne qui ne possède pas beaucoup d'attractions touristiques si ce n'est sa verdure, ses fleurs, sa qualité de vie et quelques édifices et églises historiques. La majorité des sites intéressants se trouvant au centre-ville, il est possible de les visiter à pied, El Centro étant sans danger au cours de la journée. Plusieurs rues sont d'ailleurs piétonnières et transformées en marchés publics, des milliers de boutiques ayant pignon sur rue et d'autres directement dans la rue. Le capharnaüm qui en résulte fait

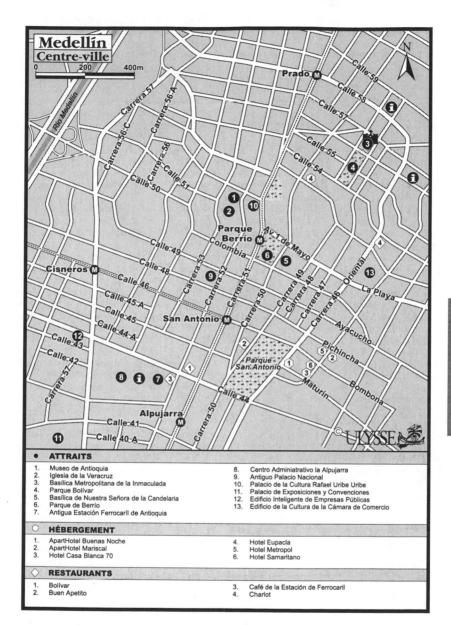

MEDELLÍN

● **ATTRAITS**

1. Museo de Antioquia	8. Centro Administrativo la Alpujarra
2. Iglesia de la Veracruz	9. Antiguo Palacio Nacional
3. Basílica Metropolitana de la Inmaculada	10. Palacio de la Cultura Rafael Uribe Uribe
4. Parque Bolívar	11. Palacio de Exposiciones y Convenciones
5. Basílica de Nuestra Señora de la Candelaria	12. Edificio Inteligente de Empresas Públicas
6. Parque de Berrío	13. Edificio de la Cultura de la Cámara de Comercio
7. Antigua Estación Ferrocaril de Antioquia	

○ **HÉBERGEMENT**

1. ApartHotel Buenas Noche	4. Hotel Eupacla
2. ApartHotel Mariscal	5. Hotel Metropol
3. Hotel Casa Blanca 70	6. Hotel Samaritano

◇ **RESTAURANTS**

1. Bolívar	3. Café de la Estación de Ferrocaril
2. Buen Apetito	4. Charlot

partie intégrante de la vie de Medellín et, à ce titre, il constitue un attrait en soi.

Ce guide ne s'attardera qu'au centre-ville (El Centro), où se trouvent les principaux attraits touristiques. Il décrira aussi El Poblado (la Zona Rosa), où sont la majorité des hôtels et des restaurants, et signalera d'autres point d'intérêt hors de ces deux sites, en suggérant de s'y rendre en taxi.

El Centro

Le **Museo de Antioquia** ★★★ *(prix d'entrée variable; mar-ven 9h30 à 18h, sam 9h à 2h; fermé dim, lun et jours fériés; Carrera 52a No. 51a-29, ☎251 36 36, ⌐251 08 74)* présente la plus importante collection des œuvres de Fernando Botero. Il s'agit de 32 peintures et sculptures dans deux salles différentes. L'artiste, qui grossit démesurément ses personnages et les situations dans lesquels ils se trouvent, fait rire... jaune. Comme ce portrait d'un ministre de la Guerre (1977) qui ressort dans toute la fatuité de son personnage. Ou encore cette étonnante nature morte, avec un poulet déplumé pendu par le cou. On pourra voir, entre autres, la *Mona Lisa Niña, Rosita, Nuestra Señora de Colombia, Dama colombiana, Familia colombiana* et *Pedrito*, le portrait de son fils. Dans la salle des sculptures, il ne faut pas manquer parmi la dizaine de pièces exposées, *Adán y Eva*, un bronze grandeur nature représentant un homme et une femme nus et bedonnants, Pantagruel candides, le regard perdu dans l'immensité de la vie. Hilarant! Un autre bronze de Botero représentant une grosse femme nue, *La Gorda*, orne aussi la devanture du Banco de la República sur la Calle 50 angle de la Carrera 51.

Fondé en 1881, le Museo de Antioquia a commencé ses activités sous le nom de Museo de Zea avec une collection d'œuvres gracieusement offerte par le président de l'époque, le général Pedro Justo Berrío. Le Museo de Antioquia est le plus ancien de Medellín et le second en Colombie. Il est installé dans un vieil édifice colonial rénové, la Antigua Casa de la Moneda, et présente aussi, dans deux autres salles, outre une collection permanente du peintre Francisco Antonio Cano, une exposition d'œuvres religieuses de même que des peintures d'époque. Au second étage, on peut trouver l'anthologie la plus complète de la peinture colombienne, alors que le musée offre aussi une collection itinérante qui compte des œuvres, entre autres, de Pablo Picasso, de

Wilfredo Lam, d'Alejandro Obregó, d'Enrique Grau, de Marco Tobón, d'Edgar Negret et d'Eladio Vélez. Le musée est doté d'une librairie et d'une cinémathèque, et peut organiser des visites guidées en français et anglais sur demande.

Le musée possède aussi un autre édifice *(lun-ven 8h à 12h et 14h à 18h, sam 8h à 14h; Carrera 45 No. 52-49, ☎251 22 22 ou 231 20 13)* où l'on peut admirer des dessins et des aquarelles et participer à des ateliers.

L'**Iglesia de la Veracruz** ★★★ *(Carrera 52, angle Calle 51, adjacente au Museo de Antioquia, ☎511 16 24)* est une petite église qui mélange le style colonial et espagnol avec une façade en pierre et un beffroi à trois cloches. Sa construction débuta en 1791 pour remplacer l'Ermitage de los Forasteros et se termina en 1803. Elle est l'œuvre de deux architectes de Medellín, José Ortiz et Joaquím Gómez, et est considérée comme la plus vieille église de Medellín encore en service. À l'entrée, on peut admirer un bénitier en bronze importé d'Europe. Comme son nom l'indique, elle est dédiée à la Sainte-Croix, l'une des plus fortes dévotions populaires d'Antioquia.

La **Basílica Metropolitana de la Inmaculada** ★★★ *(adjacente au Parque de Bolívar, sur la Carrera 48 No. 56-81, entre les Calles 54 et 57, ☎513 22 69)* est une cathédrale de style néoroman provençal, avec une structure de briques cuites, l'une des plus vieilles d'Amérique du Sud construite à l'aide de ce matériau. L'œuvre, commencée en 1875 par l'architecte Felipe Crosti, fut reprise par l'architecte français Charles Carré et inaugurée en 1931, sous la direction de Holieordo Ochoa et de Salvador Ortiz. Par sa dimension gigantesque, elle est classée septième au monde et première en Amérique latine.

Son intérieur voûté présente un maître-autel décoré de nombreuses œuvres d'artistes incluant des peintures de Gregorio Vásquez de Arcey y Ceballos (on trouve aussi des œuvres de ce peintre dans la Capilla del Sagrario, sur la Plaza Bolívar, à Bogotá, voir p 100), de Van Thuelden, de Francisco Antonio Cano et de León Arango. Ses vitraux et sa croix ont été importés d'Italie, alors que ses grandes orgues Walker en acajou, installées en 1933, utilisent 3 418 tuyaux de bois et de métal. Tous les dimanche, l'orchestre symphonique de l'Université d'Antioquia s'y retrouve pour un concert hebdomadaire.

Fernando Botero

Bote en espagnol signifie «bocal, flacon ou bouteille» alors que, par extension, *botero* serait le fabricant de ces objets aux flancs arrondis. Est-il donc si étonnant alors que Fernando Botero ait consacré tout son art à peindre et à sculpter des œuvres où les personnages grotesques et les objets volumineux ont toutes des formes jouffues et pansues d'urne boursouflée? Qui ne connaît pas sa *Mona Lisa* datant de 1978, cette immense femme au sourire déconcertant, aux fossettes ridicules et aux menottes potelées, sans oublier une seconde *Mona Lisa*, âgée de 12 ans, réalisée en 1979, deux œuvres en hommage à Leonardo da Vinci! Combien d'ironie aussi dans toutes ses toiles de la série «La Corrida» peintes entre 1984 et 1986, qui montrent d'immenses toréadors prétentieux (*Matador en rojo*, 1986), combattant des taureaux énormes (*Toro muerto*, 1985) pour mieux séduire des danseuses himalayennes (*Mana*, 1984 et *Iablao flamenco*, 1984) avec leur ridicule grain de beauté minuscule directement sous l'œil! Pourtant, à l'étude de ses premières œuvres, on constate une évolution chez cet artiste de génie; ses premières toiles, comme «la femme en pleurs», datée de 1949, et même une nature morte, datée de 1959, ne laissent pas encore transparaître l'ironie qui caractérisera l'ensemble de son œuvre, au cours de sa carrière.

Fernando Botero est né le 19 avril 1932 à Medellín, ville qui fut la source de son inspiration pour plusieurs de ses créations. Dès 1948, il présente deux aquarelles à l'Exposición de Pintores Antioqueños à Santafé de Bogotá. Installé dans cette ville en 1951, il participe à deux expositions consécutives à la galerie Leo Matis, alors que Walter Engel lui consacre une monographie publiée chez Eddy Torres. Obtenant le second prix au Salon des artistes colombiens intitulé *Frente al mar*, il entreprend alors un long voyage qui le mène, entre autres pays, en Espagne (1952), en France (1953, 1969, 1971, 1973), en Italie (1953, 1967), au Mexique (1956), aux États-Unis (1957, 1960, 1972), au Brésil (1959), en Allemagne (1966, 1967). En 1974, alors que le monde entier commence à reconnaître en lui l'un des grands maîtres de la peinture de la seconde moitié du siècle, son fils Pedro, alors âgé de quatre ans, perd la vie dans un accident de la route en Espagne dans lequel lui-même subit des blessures. Dès cette date, sans qu'il apporte de grand changement à son style, les critiques remarquent une plus grande profondeur dans ses œuvres, empreintes du souvenir de son enfant. L'une de ses toiles, *Pedrito*, un enfant sur son cheval de bois, en est l'illustration, avec ses teintes vives qui transpercent les tons de bleu du fond. Cette toile fait partie de la collection de 16 toiles données en 1977 par le peintre lui-même au Museo de Antioquia (voir p 214), qui lui consacre désormais en permanence une salle d'exposition, la salle Pedrito Botero. De 1978 à aujourd'hui, des expositions de ses œuvres sont organisées dans les plus grandes galeries et les plus importants musées d'art au monde, alors qu'il partage son temps entre New York, Paris et la Toscane, où il conserve toujours un atelier à Pietrasanta. En 1984, il fait encore don au Musée d'Antioquia d'une série de sculptures cette fois, et le musée lui consacre alors une seconde salle permanente pour exposer cette nouvelle collection.

Le **Parque de Bolívar** ★★ *(entre les Carreras 48 et 49 et les Calles 54 et 57)* est le site le plus représentatif du centre de Medellín avec un monument en bronze du Libertador Simón Bolívar, œuvre du sculpteur Eugenio Mascagnani, inauguré en 1923, et un buste de Don Fidel Cana, réalisé par l'artiste Francisco Antonio Cano. On y voit aussi l'effigie de Tyrrel Moore, un immigrant britannique à qui appartenait le terrain de l'emplacement du parc et qui en fit cadeau à la ville dans les années vingt.

La **Basílica de Nuestra Señora de la Candelaria** ★★★ *(adjacent au Parque de Berrío, Calle 51 No. 49-51, ☎231 33 22)* est une église toute blanche, de style colonial, dont la construction remonte à la fin du XVIIe siècle, avec deux clochers massifs datant de 1781. Elle est l'œuvre de l'architecte Don José Barón de Chávez et fut la cathédrale de Medellín de 1868 à 1931. Le maître-autel de style baroque est orné de pièces d'orfèvrerie créole et surmonté d'un retable, d'origine inconnu, présentant l'image de la vierge de la Candelaria, sainte patronne de Medellín.

Le **Parque de Berrío** ★★ *(entre les Carreras 50 et 51 et les Calles 50 et 51)* est considéré comme le cœur de Medellín où l'on peut admirer des sculptures de Fernando Botero et de

Rodrigo Arenas Betancur. En son milieu, on peut aussi voir la statue en bronze de l'ancien président de la République, Pedro Justo Berrío, œuvre du sculpteur italien Giovani Auderlini inaugurée en 1905.

La **Antigua Estación Ferrocaril de Antioquia** ★★★ *(angle Calle 44 ou Av. San Juan et Carrera 52)* a été inaugurée en 1914. L'ancienne gare ferroviaire, blanche, à deux étages, avec des fenêtres en ogive, est aujourd'hui un monument national, œuvre de l'architecte et ingénieur Enrique Olarte. Dans la cour extérieure — adjacente à la mairie de Medellín—, qui servait de quai d'embarquement, on peut apercevoir une vieille locomotive sur rail. Cette cour a été transformée en restaurant (voir p 221).

L'**Edificio Inteligente de Empresas Públicas** ★ *(Calle 44, entre les Carreras 52 et 55)* est un tout nouveau concept en ce qui concerne la ville de Medellín. Le fonctionnement de l'édifice rectangulaire de 15 étages est, en effet, totalement contrôlé par ordinateur, et en ce sens, il est le symbole de l'efficacité même pour cette entité para-gouvernementale de services publics, responsable autant de la téléphonie que de l'électricité, du gaz naturel, de l'aqueduc et des égouts.

Le **Centro Administrativo La Alpujarra** ★★ *(Calle 44, entre les Carreras 52 et 55)* est constitué d'un groupe d'édifices où se concentrent les services administratifs du département. On y trouve le siège de l'administration municipale (la mairie), le Conseil municipal, le siège du gouvernement d'Antioquia, l'Assemblée du département, l'administration de la Justice, etc. Sur sa *plaza*, on peut admirer un bronze monumental assez spectaculaire dédié à la race *antioqueña*. L'œuvre est du sculpteur Rogrigo Arenas Betancur. On peut admirer d'autres sculptures de Betancur au Parque de Berrío entre les Carreras 50 et 51 et les Calles 50 et 51.

L'**Antiguo Palacio Nacional** ★★★ *(lun-sam 8h à 19h30; Carrera 52 No. 48-45)* est l'un des édifices les plus remarquables et les plus remarqués de Medellín, avec ses quatre étages et ses trois coupoles en bronze doré éclatant au soleil et visibles de toute la ville. Longtemps considéré comme l'édifice le plus haut de Medellín, le Palacio a été inauguré en 1925 et a été conçu par l'architecte Agustín de Goovaerst. Il a servi longtemps de siège du gouvernement; récemment rénové en profondeur, il a été transformé en un centre commercial, avec des balcons à

arcades et à colonnades de style espagnol à chaque étage, et une centaine de boutiques indépendantes qui donnent sur une cour intérieure fermée.

Le **Palacio de la Cultura Rafael Uribe Uribe** ★★★ *(Carrera 51 No. 52-01, ☎251 14 44)* est un ancien édifice du gouvernement d'Antioquia dont l'architecture extérieure baroque, sinon bizarre et surtout excessive, mélange allègrement les styles gothique, anglais, français, flamand, espagnol et italien dans un désordre organisé par l'imagination de l'architecte Agustín de Goovaerst en 1925. Patrimoine culturel, historique et architectural, il est actuellement le siège du ministère de la Culture du département d'Antioquia. On y trouve une galerie d'art, une bibliothèque, le département des Archives d'Antioquia, un auditorium, une cinémathèque et une murale de l'artiste local Ignacio Gómez Jaramillo.

Le **Palacio de Exposiciones y Convenciones** *(Calle 41 No. 55-35, ☎232 45 22)* a été inauguré en 1971. C'est un édifice moderne, cubique, dont la structure tridimensionnelle permet beaucoup de flexibilité dans l'organisation de toutes sortes d'expositions intérieures et extérieures.

La galerie de l'**Edificio de la Cultura de la Cámara de Comercio** ★★ *(lun-ven 9h à 19h; Av. Oriental No. 52-82, ☎511 61 11, ☞231 86 48)* présente des œuvres graphiques dans trois salles d'exposition. Au mois de novembre, la chambre de commerce organise annuellement la Muestra Grafica Artistica, une exposition collective regroupant une centaine d'artistes en arts graphiques spécialisés en sérigraphie, en lithographie, en gravure, en eau-forte, en relief ou en techniques mixtes.

El Poblado

On ne peut se rendre à pied du centre-ville à El Pobado, la distance étant trop longue à Parcourir. On doit alors prendre le métro en direction sud, à la station San Antonio, et descendre à la station El Poblado. Ou prendre le taxi.

L'**Iglesia de San José del Poblado** ★★ *(Carrera 42 No. 9-11, en face du Parque San José del Poblado, ☎266 42 46)* est, pour sa part, construite sur le site même du premier hameau du Valle de Aburrá, fondé en 1616, et qui a donné naissance à Medellín. De conception originale, cet édifice imposant est la création de l'architecte Horacio M. Rodríguez, adaptée plus tard par Agustín de Goovaerst, le créateur de l'Antiguo Palacio Nacional (voir p 216) et du Palacio de la Cultura Rafael Uribe Uribe (voir p 216).

La **Plaza El Poblado** ★ *(Av. El Poblado, au coin de la Calle 10, en face de l'église San José del Poblado)* est un petit parc remarquable surtout à cause d'un bronze grandeur nature représentant une Indienne cherchant de l'or à l'aide d'une batée avec, en arrière-plan sur un bas-relief, un village indien et des conquistadores. L'œuvre est du sculpteur Luz María Piedrahita B.

Autres attraits

D'autres attraits touristiques se trouvent en dehors d'El Poblado et d'El Centro. En voici quelques-uns où on se rend plus facilement en taxi.

Le **Museo de Arte Moderno** ★★★ *(lun-ven 10h30 à 19h, sam de 10h à 17h; Carrera 64b No. 51-64, ☎230 26 22, ⌐230 27 223)* organise, sur deux étages, des expositions d'art plastique, de collage, d'architecture et de design moderne, dans quatre salles distinctes, avec des visites guidées, des conférences et des séminaires. On peut assister à des projections de films et de vidéos sur l'art.

Fondé le 24 août 1978, le Museo de Arte Moderno a une vocation éducative et organise des expositions itinérantes dans les écoles, les collèges et les universités pour mieux faire connaître l'art moderne aux étudiants avec, entre autres collections, la totalité des œuvres de l'artiste colombienne Débora Arango. Au moment de la visite, le musée avait organisé une rétrospective des œuvres du peintre français Olivier Debré en collaboration avec la galerie nationale du Jeu de Paume de Paris.

Voici un petit musée sans prétention qui manifeste beaucoup de bonne volonté dans la préservation de la culture et des vestiges indiens de Colombie : le **Museo Etnográfico Miguel Angel Builes** ★★ *(mar-ven de 8h à 12h et 14h à 17h; Carrera 81 No. 52B-120, ☎264 22 99, poste 717)*. Parmi plus de 2 000 pièces intéressantes, se trouvent une collection d'armes indiennes, la reproduction grandeur nature d'une hutte indienne et la peau d'un boa de quelque 6 m de longueur. L'édifice lui-même a été construit en 1970 par les architectes Laureano Foreno, Luz Elena de Foreno, Francis-

co Bayer et Ocvio Epegui. Le prix d'entrée est laissé à la discrétion du visiteur.

La **Plaza de Toros la Macarena** ★ *(Autopista Sur, angle de la Calle 44)*, un édifice circulaire en briques rouges d'influence mudéjare, peut recevoir 11 000 spectateurs dans ses gradins. L'ensemble a été construit par les architectes Felix Mejía et Gonzalo Restrepo et fut inauguré en 1946. L'arène a un diamètre de 38,6 m. C'est ici que se pratique la tauromachie *antioqueña* chaque année, au mois de janvier. La Plaza la Macarena est aussi utilisée pour des spectacles musicaux.

La **Fundación Jardín Botánico Joaquím Antonio Uribe** ★★★ *(2 000 pesos; lun-sam 8h à 18h, dim et jours fériés 9h à 18h; Carrera 52 No. 73-298, ☎233 70 25)* est en fait un immense parc où l'on trouve une quinzaine de constructions dans le style des résidences d'époque, mises en valeur par plus de 250 espèces de fleurs. On y présente une exposition annuelle d'orchidées, au mois de mars, de même qu'une collection permanente de fleurs diverses et de nombreux arbres tous identifiés. Le site du jardin renferme un lac, un théâtre à l'air libre et un auditorium servant aux conférences et à la projection de films et de vidéos. On peut y accéder facilement par la station de métro Universidad.

Orchidée

Le **Jardín Zoológico Santa Fé** ★★★ *(adulte 2 000 pesos, enfant 1 000 pesos; tlj 9h à 18h; Carrera 52 No. 20 -63, ☎235 09 12)* présente une bonne sélection d'animaux. On peut y côtoyer, entre autres, des bisons, des tapirs, des ours, des lions, des jaguars, des éléphants, des zèbres, des hippopotames, des rhinocéros, des chameaux, des autruches, des crocodiles et des singes. Le zoo est surtout remarquable par

MEDELLÍN

le nombre d'oiseaux qu'il garde en liberté. Entre autres, des perroquets, des toucans, des vautours et des flamands roses.

Des balades à dos de lama et d'âne sont organisées pour les enfants. Un petit musée présente une maison meublée à l'ancienne. Le zoo se transforme en parc familial les fins de semaines, et les visiteurs en profitent pour y faire des pique-niques.

Le cimetière **Jardín Montesacro** ★ *(Autopista Medellín-Bogotá, Envigado)* se présente aussi comme un rendez-vous familial où les gens vont visiter leurs chers disparus les fins de semaine et couvrir leur sommeil éternel de fleurs. On y voit entre autres sépultures, la tombe de Pablo Escobar, l'ancien dirigeant du cartel de Medellín, entretenue et fleurie quotidiennement par un employé de la famille. Pablo Escobar est décédé il y a plus de quatre ans déjà. Sur une dalle de pierre dure et blanche, on peut lire l'inscription :

Mientras el Cielo Exista,
Existirán Tus Monumentos
y Tu Nombre Sobrevivirá
como el Firmamento

qui se traduit en substance par : «Aussi longtemps que le ciel existera, il y aura des monuments sur lesquels ton nom survivra comme au firmament».

Le **Cerro Nutibara** ★★★ *(entre les Calles 30a et 33 et entre la Carrrera 55 et l'Autopista Sur,* ☎*235 64 96)* est une montagne située en plein centre de Medellín que l'on considère comme le poumon culturel de la ville. On y a une vue panoramique imprenable de tout le Valle de Aburrá à partir d'une terrasse qui constitue un mirador. On y trouve une galerie d'art de même qu'une reproduction d'un ancien village *antio-quieño*, El Pueblito Paisa, avec sa plaza principale en pierre, sa fontaine, son église coloniale, sa mairie, son école, ses boutiques d'artisans et ses maisons à balcons présentées selon l'organisation sociale de l'époque et conçues par l'architecte Julián Sierra Mejía en 1977.

On y voit aussi un théâtre à aire ouverte de 4 000 places, bordé de sculptures, notamment celle du cacique Nutibara, une représentation de chef héroïque défendant son peuple contre les envahisseurs espagnols. L'œuvre (1955) est signée par le maître José Horacio Betancur.

Plus loin, on peut visiter un parc dédié à la sculpture où sont exposées des œuvres moder-

nes de sculpteurs colombiens et étrangers, entre autres John Castles, Carlos Rojas, Edgard Negret, Alberto Uribe et Ronny Vayda (Colombie), Manuel Felguerez (México), Sergio de Camargo (Brésil), Julio Le Parc (Argentine), Otto Herbert Hajek (Allemagne). On peut s'y rendre en autobus à partir de la Carrera 46 ou en prenant un taxi à la sortie de la station de métro Exposiciones.

 HÉBERGEMENT

Medellín

À Medellín, c'est dans la Zona Rosa El Poblado, un quartier résidentiel neuf, que se trouvent les meilleurs hôtels. Ils sont aussi les plus chers. On pourra par contre trouver de bons hôtels à meilleur marché au centre-ville (El Centro) ou dans les environs immédiats.

El Centrro

L'**Apart-Hotel Buenas Noche** *($; bp, ec, ⊗, mb, ☎, tv, ▣; Carrera 46 ou Av. Oriental No.45-22,* ☎*251 29 38 ou 251 29 36,* ⊶*251 29 27)* est aussi un hôtel pour petit budget de 36 chambres sur quatre étages avec ascenseur, en plein centre de la ville. Il offre un bon rapport qualité/prix mais, situé sur l'avenue la plus achalandée de Medellín, mieux vaut choisir les chambres à l'arrière.

L'**Hotel Casa Blanca 70** *($; bp, ec, ⊗, ☎, tv, ▣, ℜ; Carrera 45 No. 46 09,* ☎*251 52 11,* ⊶*251 47 17)* est un autre petit hôtel de 36 chambres avec ambiance familiale et un personnel dévoué.

L'**Hotel Samaritano** *($; bp, ec, ⊗, mb, ☎, tv, ▣; Carrera 45 No.45-25, El Palo,* ☎*251 80 11 ou 251 39 42,* ⊶*252 36 87)* est un hôtel économique et propre qui offre aussi une certaine qualité avec 120 chambres tranquilles dont certaines avec cuisinette. Pour petit budget, évidemment.

L'**Hotel Eupacla** *($$; bp, ec, ⊗, ☎, tv, ▣, ℜ; Carrera 50 No. 53-16,* ☎*231 18 44, 252 69 69 ou 231 17 65,* ⊶*511 14 40)* compte une centaine de chambres économiques, mais aurait avantage à être rénové. Cependant, le quartier limitrophe au centre-ville est sous surveillance de deux postes de police et, à la réception, on assure qu'il n'y a aucun danger de s'y promener même le soir. Un bon point.

L'**Apart-Hotel Mariscal** *($$; bp, ec, ⊛, mb, π, tv, ▣, ℜ; Carrera 45 No. 46 49, π251 54 33, ⇌251 29 27)*, adjacent au Casa Blanca, offre non seulement 28 chambres qualité supérieure, un peu plus chères, mais offre aussi un accueil plus chaleureux à la réception.

🚢 À deux coins de rue de la station de métro San Antonio, l'**Hotel Metropol** *($$; bp, ec, ⊛, mb, ⊘, π, tv, △, ▣; Calle 47 No.45-11, π513 78 00 ou 251 56 98, ⇌251 56 98)* est sans contredit le meilleur hôtel de Medellín du point de vue qualité/prix. De type *ejecutivo*, l'hôtel propose 60 chambres sur cinq étages, et l'on y trouve aussi un centre de conditionnement physique, un sauna et un bain turc. Cet hôtel n'est pas un chef-d'œuvre d'architecture et ne prétend pas l'être. Cependant, il remplit bien son rôle qui consiste à loger décemment les voyageurs à prix raisonnable. Que peut-on demander de plus?

El Poblado

On trouve, à El Poblado, les meilleurs hôtels de Medellín. Les plus chers aussi. On doit s'attendre à payer entre 150 et 250 $US et même plus la nuitée à moins de participer à un forfait ou un plan spécial de fin de semaine, par exemple, où l'on peut bénéficier de réductions allant jusqu'à 70%. Il faut s'informer auprès des agences de voyages ou même directement à la réception des hôtels, qui mettent tous à l'affiche des forfaits semblables. Haut perchés en montagne, certains offrent une vue magnifique sur toute la région. D'autres sont érigés sur un site isolé offrant sécurité et tranquillité, à quelques pas du centre des affaires et des sièges sociaux des grandes banques et des compagnies d'assurances.

🚢 L'hôtel **Belfort** *($$$$; bp, ec, ≈, mb, π, tv, ≈, ▣, chauffage, ℜ, ⊘, ⊛, △, S extérieur; Calle 17 No. 40b-300, π311 91 71 ou 311 00 66, ⇌311 00 76)* est un très bel hôtel neuf doté d'une architecture unique qui allie audace, sobriété, confort et esthétique, sans oublier le charme et la chaleur : on s'y sent chez-soi. Situé sur un immense terrain entouré d'arbres et surplombant la ville, le Belfort est un édifice en brique rouge de huit étages tout en design et en subtilité, dans les moindres détails, qui en font l'un des meilleurs hôtels de Medellín. Le Belfort dispose de 96 chambres superbement meublées avec, notamment, un

secrétaire de travail et des fauteuils, et propose 24 suites avec divans et fauteuils. Ici, pas de hall d'entrée. Le portier indique simplement l'ascenseur. Il conduit à la réception au second étage, où l'on vous accueille avec courtoisie, dans une ambiance feutrée, rappelant vaguement le style anglais avec un décor de boiseries vernies. Le personnel est empressé et l'on parle anglais si cela s'avère nécessaire. Des divans confortables, dans des alcoves psychologiques, sont installés dans ce petit *lobby* tout en longueur qui sert aussi de bar pour l'apéro. Il débouche sur la salle à manger, aussi délimitée par une séparation psychologique, les deux menant à la piscine extérieure par des portes coulissantes vitrées. La piscine vaut à elle seule le déplacement. En effet, même si l'on ne choisit pas l'hôtel Belfort, il faut profiter de son restaurant (voir p 221) ou de son bar, ne serait-ce que pour admirer cette piscine unique, à fond de carrelage de céramique bleue, qui n'offre pas, au regard du visiteur, de mur visible à l'une de ses extrémités : on a l'impression qu'une chute entraîne les nageurs dans les abîmes de la ville tout en bas. Impressionnant! Pour sa part, la galerie d'art du Belfort utilise les murs de ces trois pièces : le *lobby*, le bar et la salle à manger.

🚢 L'**Hotel Dann Carlton** *($$$$$; bp, ec, ≈, mb, π, ≈, tv, ▣, chauffage, ℜ, ⊘, ⊛, △, S extérieur; Carrera 43a No. 7-50 (ou Av. Poblado) π312 41 41, ⇌268 13 16 ou 312 73 23)* fait partie intégrante de la chaîne Carlton Hotels et est reconnu comme l'hôtel le plus cher de Medellín. De tradition et d'architecture anglaise, l'hôtel de 18 étages en brique peut répondre à toutes les exigences de ses hôtes. La salle de conférences principale du 18e étage offre une vue spectaculaire sur Medellín et sur tout le Valle de Aburrá. Le hall d'entrée en marbre blanc vaut à lui seul le coup d'œil et les remarquables jeunes filles de la réception vous recevront toutes avec un sourire dans un parfait anglais. Les 185 chambres, ici aussi, sont meublées avec goût et élégance, sans artifice. Tout y est fonctionnel et chaleureux. La galerie d'art, sur deux étages, comprenant un bar à aire ouverte avec un piano à queue, exposait les œuvres du peintre Servando Palacios représentant la vie quotidienne des *Medellinenses*, principalement des scènes du métro. La piscine est immense et sert aussi de bar pour l'apéro de cinq heures.

L'**Hotel Four Points** *($$$$$; bp, ec, ≈, mb, π, tv, ▣, chauffage, ℜ, ⊘, ⊛, △, S extérieur; Carrera 43c No. 6 Sur-100, π311 80 88, ⇌312 68 06, Sheraton@epm.net.co)* est un hôtel tout à fait dans le style de la chaîne Sheraton, efficace, confortable mais un peu froid. Le hall d'entrée s'ouvre sur les 10 étages de l'édifice en pierre grise. Ici, on reçoit la clientèle dans un anglais impeccable pour présenter 123 chambres, dont trois suites, grandes et meublées avec goût. Un salon du deuxième sert aussi de galerie d'art. Le hall est doté d'un guichet automatique.

L'**Hotel Inter-Continental** *($$$$$; bp, ec, ≡, mb, ☎, tv, ◙, chauffage, ℜ, ⊙, ◉, ◯, S extérieur; Calle 16 No. 28-51, ☎266 06 80, ≈266 15 48)* est probablement le premier hôtel à s'installer dans la montagne d'El Poblado. Vieil édifice de neuf étages, en Y, et de style 1950, l'Inter-Continental n'en demeure pas moins un excellent hôtel avec 294 chambres confortables et bien meublées. Le hall froid, immense, n'a pas beaucoup de cachet, mais les employés de la réception sont empressés et capables de s'exprimer en anglais et en français. La galerie d'art présentait des aquarelles du peintre (naïf) Hernan Dario Catano et, entre autres thèmes, des scènes de ville et de la campagne de Medellín. Pour la détente, l'hôtel met aussi à la disposition de ses hôtes deux courts de tennis avec éclairage de nuit.

Le **Park 10 Hotel** *($$$$$; bp, ec, ≡, mb, ☎, tv, ◙, chauffage, ℜ, ⊙, ◉, ◯, S extérieur; Carrera 36B No. 11-12, ☎381 44 70 ou 266 88 11, ≈381 43 55, park10@colomsat.net.co)* est résolument tourné vers une clientèle de gens d'affaires. Il met à leur disposition un bureau complet avec ordinateurs équipés de l'Internet, d'un fax, de téléphones et d'un service de café, dans un espace assez vaste pour accueillir 10 personnes. Le Park 10 met aussi à la disposition de ses clients une bibliothèque et des documents de références sur plusieurs sujets d'intérêt économique et commercial. Situé aussi dans El Poblado et bénéficiant d'un environnement tranquille entouré d'arbres, le Park 10 est un édifice récent de neuf étages qui propose 55 suites à deux niveaux, meublées avec soin et élégance.

L'**Hotel Poblado Plaza** *($$$$$; bp, ec, ≡, mb, ☎, tv, ◙, chauffage, ℜ, ⊙, ◉, ◯, S extérieur; Carrera 43a No. 4 Sur-75, ☎268 53 66 ou 288 55 55, ≈268 69 49, 104551.341@compuserve.com)* est un édifice de six étages qui présente une décoration intérieure démontrant beaucoup de style, avec son restaurant français aux fenêtres quadrillées donnant sur une terrasse et un jardin fleuri avec un arrangement aquatique assez plaisant. Les 85 chambres immenses (les plus grandes de

Medellín selon la publicité) sont meublées sans reproche, et offrent tout le confort auquel on doit s'attendre pour un hôtel de cette qualité.

 RESTAURANTS

Medellín

Beaucoup de petits restaurants de Medellín qui pourraient avoir du style ont tendance à se métamorphoser en magasin général. Par exemple, une pizzeria qui pourrait s'avérer sympathique fait aussi dans le poulet rôti et dans la cuisine typique tout en vendant des chips, des eaux gazeuses, des confitures, de la gomme à mâcher, du lait, du pain, des jus de fruits en bouteilles, en canettes, en sachets, des galettes, des *empanadas*, etc. D'autre part, comme partout ailleurs en Colombie, hors de Cartagena, les restaurants sont fréquentés surtout le midi.

Dans El Centro, il y a des restaurants pratiquement aux deux portes, surtout spécialisés dans le *fast food*. La majorité des restaurants propose l'*almuerzo*, le repas complet du midi. Comme l'endroit est tout à fait recommandable le jour et vu que l'on peut y circuler sans danger à pied, il n'y a que l'embarras du choix.

El Centro

Le restaurant **Bolívar** *($; tlj 6h à 20h; Carrera 51 No. 44-10, angle Av. San Juan, ☎511 68 19 ou 511 68 23)* se spécialise dans le *fast food*, mais prépare aussi un bon petit déjeuner économique. Face à l'Estación de Ferrocaril et au Centro Administratif La Alpajurra, c'est un bon endroit où débuter la journée.

Le **Buen Apetito** *($; lun-sam 7h30 à 18h; Torre de Bonbona, local 109, à côté du Parque San Antonio, entre les Calles 44 et 46 et les Carreras 49 et 46, ☎239 97 77)* est un restaurant de classe moyenne, sympathique, avec une dizaine de petites tables décorées de nappes à carreaux dans un espace plutôt restreint. Le restaurant étant situé au pied d'une tour à bureaux, il affiche complet le midi. On y sert du poisson ainsi qu'un plat du jour. Le service est rapide, attentionné et efficace.

🐟 Le **Café de la Estación de Ferrocaril** *($; tlj 8h à 18h; angle Calle 44 ou Av. San Juan et Carrera 52)* est installé dans la cour extérieure de la gare, à côté du Centro Administrativo La Alpajurra. On peut y prendre un repas léger style cafétéria ou un sandwich, assis à des tables à parasol. Achalandé le midi, c'est le rendez-vous du personnel du centre administratif. Pour un *tinto* tranquille (un café noir), mieux vaut s'y rendre l'après-midi.

Le bar-restaurant **Charlot** *($; tlj 8h à 18 h; Av. Oriental No. 54 58, ☎231 36 49)* est, comme son nom l'indique, un petit restaurant sans prétention, décoré avec des affiches de films de Charlie Chaplin. On y sert une cuisine simple dont l'*almuerzo*, un spécial du midi, et le petit déjeuner, dès 8h.

El Poblado

À El Poblado, on trouve un excellent choix de restaurants, mais il faut s'attendre à délier les cordons de sa bourse.

Empanaditas El Poblado *($; sans adresse précise, mais située face au parc El Poblado, à gauche de l'église San José del Poblado)* est une petite terrasse extérieure tenue par deux aimables dames qui reçoivent avec le sourire, tôt le matin dès 6h, et jusqu'à 21h tous les jours, ce qui augure bien du restant de la journée. Petit déjeuner colombien avec *empanadas* épicées au cumin et café *tinto* sont au menu, mais on peut aussi commander un petit déjeuner à l'américaine avec œufs au goût et café au lait.

El Portal Chino *($$; tlj 12h à 24h; Av. El Poblado No. 70-58, ☎266 53 46)* est un restaurant chinois, tenu par des Chinois, mais dont le service est assuré par des Colombiens. Le décor n'a rien de très original et ressemble en tout point à tous les décors de restaurants chinois du monde, avec des accessoires en plastique et des murs rouges. On y mange bien cependant et on peut y boire du vin au verre ou à la bouteille. Rare en Colombie, la consommation de *saké* chaud : les propriétaires ne sont pas habitués à ce genre de commande de la part de la clientèle colombienne. Ils utilisent le *saké* uniquement en cuisine, dans la confection des plats, et ne l'offrent pas sur la carte des vins. Quelle erreur! Par ailleurs, les crevettes aux légumes étaient excellentes et il s'agit ici d'un restaurant qui offre un bon rapport qualité/prix.

🐟 Le restaurant de l'hôtel **Belfort** *($$-$$$$$; tlj 7h à 22h; Calle 17 No. 40b-300, ☎311 00 66)* (voir p 219) est un endroit sophistiqué mais détendu, probablement à cause de l'amabilité du personnel qui s'exprime aussi en anglais. D'autre part, le chef qui adore se promener dans la salle, conçoit des menus différents chaque soir, selon son imagination ou selon sa température. Par exemple, certains soirs, il organisera un barbecue sur la terrasse alors que, le lendemain, il fera «à l'italienne» en proposant des pâtes fraîches dont les sauces, certaines flambées, sont préparées directement à vote table. Le tout avec classe et raffinement, sans autre prétention que de varier les menus et la présentation des plats. La béchamel aux fruits de mer restera longtemps en mémoire surtout que le bar offre les consommations en double à la *feliz hora (happy hour)*, heure joyeuse), de 17h à 19h. Parlez-en à Johnny Salas, le sympathique maître d'hôtel qui aime, s'exprimer en anglais. La carte des vins offre quant à elle un choix de produits français, italiens et chiliens.

Le restaurant **El Claustro de Villa Carlota** *($$$$$; tlj 12h à 15h et 18h à 24h; Calle 16 No. 16-91, angle Carrera 43b, ☎266 85 20)* est une *parrilla* spécialisée dans les viandes cuites sur charbons de bois. Installé dans un ancien cloître sur une rue tranquille, ce très beau restaurant en pierre est considéré comme l'un des meilleurs et des mieux fréquentés de Medellín. Le décor a respecté l'architecture, et les chapelles — salles de prières — ont été transformées en salles à manger. Cher, mais excellent.

Las **Cuatro Estaciones** *($$$$$; tlj 12h à 15h et 19h à 24h; Calle 16b No. 43-79, au pied de l'hôtel Belfort, ☎266 71 00 ou 266 71 20)* est un restaurant exclusif de fruits de mer spécialisé en cuisine espagnole. Aussi rendez-vous des gens d'affaires et de la classe politique de Medellín, ce restaurant ne peut décevoir ni par sa cuisine soignée ni par l'accueil réservé mais efficace du personnel, encore moins par le service hautement professionnel. Divisé en quatre salles, à savoir le Salón España, le Salón Oriental, le Salón Europa et le Salón Colombia, le Cuatro Estaciones révèle un décor de murs laminés et peints en rouge, un plancher carrelé céramiques, rouges aussi, et des meubles de style espagnol et colonial.

🐟 **La Posada de la Montaña** *($$$$$; tlj 12h à 15h et 18h à 24h; Carrera 43b No. 16 22, ☎266 85 40)* est un restaurant spécialisé dans la cuisine *antioqueña*. L'établissement étant

MEDELLÍN

Medellín, ville culturelle par excellence

On ne peut pas trop insister sur l'importance que Medellín accorde à la vie culturelle, sollicitude inégalée dans la majorité des grandes villes du monde. Par exemple, tous les grands hôtels de Medellín, spécialement ceux d'El Poblado, rivalisent pour présenter les collections de peintures et de sculptures des artistes locaux. Ils participent financièrement à la publication de brochures explicatives, aux cartons d'invitations et aux vernissages, tout en offrant gratuitement leurs murs pour des expositions. En débarquant au Belfort, la préposée à la réception offre tout de go une invitation au vernissage de l'artiste internationale locale María Victoria Vélez, qui expose ses toiles à la galerie de l'hôtel le soir même. D'autre part, l'Alcadia Major de Medellín, l'hôtel de ville, consacre trois salles d'exposition, chacune proposant un nouvel artiste toutes les deux semaines. La Ville défraie une partie des coûts des vernissages de même que ceux des cartons d'invitations, alors qu'elle met gratuitement l'espace à la disposition des artistes. Elle expose en permanence sa propre collection d'une cinquantaine d'œuvres dans ses bureaux *(Calle 44, entre les Carreras 52 et 55)*.

Des artistes internationaux mais aussi la relève

C'est à Medellín qu'on trouvera sans doute les meilleurs représentants de l'art figuratif de toute la Colombie. N'ayant peut-être pas la cote chez les critiques, ils n'en demeurent pas moins des expressionistes au talent unique, avec une technique qui pourrait faire école, si ce n'était de l'entêtement des spécialistes à ne reconnaître art que l'abstrait. Ce qui laisse bien peu de place à l'expression personnalisée, au figuratif par exemple, un trait caractéristique du langage plastique latino-américain et particulièrement colombien. Les artistes qui exposent dans les galeries d'art des hôtels ou de l'hôtel de ville ont souvent atteint une renommée internationale, mais on peut aussi admirer des œuvres d'artistes de la relève comme les peintres Lucy Correa, Javier Toro, Fernando E. Muños S. le sculpteur Olga Inés Arango D, et combien d'autres.

Pour connaître d'autres artistes figuratifs de Colombie, il faut visiter les salles d'exposition de l'Alcadia Major où l'on vous remettra une documentation complète sur les événements artistiques en cours. Vous pouvez aussi consulter le livre d'art *Galería Gráfica Santandereana*, signé par Joaquím Romero Díaz, qui présente notamment le peintre Miguel A. Betancur, le peintre Alba Helena Pérez Pavony, le peintre León Molína V, le sculpteur Julio Londoño, le peintre Jorge Cárdenas Hernández, le peintre Jaime Carmona et combien d'autres.

situé dans une ancienne résidence coloniale, par-delà un talus qui le soustrait à la circulation de l'avenue Poblado, on y accède par un escalier fleuri qui descend entre des arbres magnifiques. Une première galerie extérieure avec des tables aux nappes blanches freine nette l'envie de regarder plus loin puisqu'elle donne sur un superbe verger plein de fleurs et d'arbres, notamment une variété de citrus. Mais il y a plus, et il faut traverser la salle à manger interne pour accéder à la terrasse de la cour intérieure qui donne aussi sur un magnifique verger agrémenté d'arbres et de fleurs, d'une fontaine et d'une pièce d'eau. On y déguste des plats à la carte, mais c'est la *cocina corriente*, le plat du jour, qu'il faut choisir. Ce midi-là, c'était la côtelette de porc recouverte d'une sauce douce et pourpre, aux cerises et aux raisins secs. Une merveille! Le chef a-t-il été influencé par la nouvelle cuisine dans la présentation des plats? Celui-là, pourtant copieux, était une œuvre d'art. D'autre part, une salade de légumes frais l'accompagnait d'où émanait un parfum de citron. Provenait-il de l'arbre voisin dont le feuilles ombrageaient la table?

Le **Sakurahana** *($$$$$; lun-ven 12h à 15h et 19h à 24h, sam 19h à 24h, dim et jours fériés 12h à 16h; Carrera 43a No. 3 Sur-98, ☎311 62 51)* est un incroyable restaurant japonais. Installé aussi dans une ancienne résidence coloniale au fond d'un parc privé, le Sakurahana est divisé en une douzaine de salles séparées par des cloisons et des portes en papier de riz décorées de dragons, et éclairées à la lanterne aussi en papier de riz. On y trouve un bar avec foyer qui donne sur un jardin de pur style japonais avec pièce d'eau comprenant ruisseau et ponton en bois. Il y a une autre pièce d'eau dans la cour intérieure, entourée d'un péristyle, sur lequel sont installées des tables. On y déguste évidemment une cuisine japonaise comprenant *sushis* et *sashimis*. Ou encore, déchaussé et assis à une table basse sur un *tatami*, on choisit des viandes et des fruits de mer, servis à la japonaise, et cuits par le chef sur une plaque centrale. Ici, les serveurs reçoivent vêtus à la japonaise : en *geisha* pour les femmes, avec maquillage complet et éventail, en *kimono* de soie noir pour les hommes, qui saluent à la japonaise, avec main droite au corps et abaissement rapide de la tête. Pourtant, aucun Japonais ne travaille au Sakurahana. Tous les employés sont colombiens, y compris les *geishas* au visage blanchi et aux yeux maquillés en amande. Les propriétaires aussi sont colombiens, de même que le chef qui sait pourtant y faire, la préparation des *sashimis* étant un art subtil. Comme si l'attitude, l'allure, la façon japonaise avaient été achetées clés en main et importées directement du Japon. Bon, extrêmement cher et... exotique. On y trouve aussi une petite boutique qui vend de l'artisanat japonais, des *kimonos* et de la vaisselle entre autres.

 SORTIES

Medellín

Pour les sorties, il faut choisir la Zona Rosa El Poblado, qui offre un grand nombre de bars et de discothèques. Il n'y a que l'embarras du choix, la plupart des établissements étant fréquentés par une jeunesse oisive, issue de familles aisées, et désabusée parce que c'est la mode. Essayez tout de même le bar **Berlín** *(Calle 10 No. 41-65, ☎266 29 05)* qui, dans un décor hétéroclite de néons et d'instruments de musique en cuivre, fait revivre les beaux jours du Berlín d'avant-guerre. On y déguste des bières importées et locales, et le service est détendu. Une fois par mois, on y organise des spectacles de jazz mais, comme l'explique la serveuse, l'horaire et la fréquence sont sujets à changement et ressemblent plus à une loterie, reflet exact du Berlín.

À Medellín, il y a une seconde Zona Rosa, et tous les *Medellinenses* connaissent bien la Carrera 70, entre les Calles 40 et 50, qu'ils nomment affectueusement la *Calle de mariachis*. Des bars, des restaurants et des discothèques — tous avec terrasse donnant sur la rue — s'y succèdent d'un côté et de l'autre, et

l'activité commence généralement vers 16h pour se terminer aux petites heures du matin selon l'affluence.

Au **El Viejo Salón**, *(Carrera 70 No. 42-15, ☎412 18 08)*, on peut prendre un apéro tranquille, la musique étant moins forte qu'ailleurs. On peut y préférer l'**Estadero Bar Reminiscencias** *(Carrera 70 No. 42-19, ☎250 22 87)*, à quelques pas qui, lui, est généreux en ce qui concerne la production de bels. En face, deux discothèques contiguës, **El Zozo** et le **Xochi**, tentent d'attirer les danseurs dès 18h... et réussissent. En effet, des couples sont déjà en piste pour une chaude *salsa*.

Pour une soirée sans prétention, El **Chocolo** *(Carrera 70 No. 3-28, ☎260 67 83)*, une terrasse surélevée où l'on déguste une parrilla de bœuf ou de poulet, se transforme en salle de spectacle. En effet, un groupe de huit mariachis costumés avec *sombrero*, importés directement du Mexique, entonnent un *Coucouroucoucou Palôôôômaââââ* bien senti dès 21h. Aucun prix d'entrée puisqu'on peut assister au spectacle de la rue. Cependant, les clients doivent se soumettre au détecteur de métal pour s'asseoir à la terrasse.

On ne peut passer sous silence l'**Avenida Las Palmas**, sur le flanc de la montagne. C'est aussi une avenue très courue où se trouvent une multitude de restaurants et de discothèques, dispersés sur plus de 5 km. On s'y rend en taxi ou en voiture pour se déplacer d'un endroit à l'autre. Tous ces endroits sont reconnus comme très dispendieux. C'est le rendez-vous des voitures de luxe et d'une clientèle qui ne connaît pas la valeur de l'argent.

Événements

Medellín est une ville active et beaucoup d'événements s'y déroulent au cours de l'année. Voici les principaux :

La **Feria Taurina de la Candelaria** se tient à la Plaza de Toros La Macarena, à la fin de janvier et au début de février. Cette foire annuelle réunit les meilleurs toréadors d'Espagne et de Colombie.

L'**Exposición Internacional de Orquídeas**, au mois de mars, réunit des exposants d'orchidées de plusieurs pays.

La **Feria Nacional de Artesanias** regroupe des artisans de tous les coins du pays, au mois de juillet : des céramistes, des maroquiniers, des sculpteurs de pierre et de bois, entre autres.

Le **Mercado de Sanalejo** a lieu tous les premiers samedis du mois, au Parque de Bolívar. C'est une exposition avec un marché d'artisanat *antioqueño,* mais on y retrouve aussi une exposition de fleurs.

La **Feria de las Flores** est la foire la plus traditionnelle de Medellín. Elle a lieu tous les ans au mois d'août et comporte un programme sportif et culturel de même que l'élection de la reine des fleurs.

La **Sinfonía de luces** se tient à partir de la première semaine de décembre jusqu'à la fin de la première semaine de janvier. À l'occasion de Noël, en effet, plusieurs édifices sont décorés de lumières multicolores dont La Empresas Públicas, qui en installe 200 000.

Le **Desfile de mitos y legendas** débute dès le début de la deuxième semaine de décembre au centre-ville. Il s'agit d'un défilé qui présente les mythes, les légendes et la culture d'Antioquia avec groupes musicaux et folkloriques.

BUCARAMANGA
ET LE DÉPARTEMENT
DE SANTANDER

Portant le nom du principal lieutenant de Bolívar, Francisco de Paula Santander, le département de Santander, qui compte 30 537 km², formait auparavant la région *santandereana* avec le département de Norte de Santander, créé comme État en 1857, et muté en département en 1886, lors de l'adoption de la Constitution. Situé au centre-est du pays, et traversé du nord au sud par la Cordillère orientale, qui en fait le département le plus accidenté de toute la Colombie, Santander est néanmoins doté d'un excellent réseau routier. Dans sa partie montagneuse, on rencontre une succession de canyons au fond desquels s'allongent les vallées des Río Suárez, Río Fonce et Río Chicamocha. L'autre partie du territoire s'étend sur la rive orientale du Río Magdalena. Anciennement couverte par la forêt vierge, elle est aujourd'hui vouée à l'exploitation pétrolière.

Santander est bordé au nord par les départements de Norte de Santander et de Cesar, et au sud par le département de Boyacá. Il est limité à l'est par les départements de Boyacá et de Norte de Santander, et à l'ouest par le Río Magdalena, qui le sépare des départements de Bolívar et d'Antioquia. Le département est lui-même divisé en six provinces : Soto, Mares, Guanentá, García Rovera, Vélez et Comunera. Sa population atteint près de 1,7 million d'habitants répartis en 87 villes et villages; sa température peut varier entre 20°C et 28°C.

Habité auparavant par de nombreux groupes indigènes de diverses souches — dont les Yarigüíes et les Agataes sur les rives du Río Magdalena, les Guanes au centre et sur les flancs de la montagne, et les Chitareros et les Laches sur les hauts plateaux —, Santander fut colonisé par les Espagnols dès le début du XVIe siècle. Mais c'est un Allemand du nom d'Alfinger qui, le premier, fit face aux Amérindiens pour les regrouper en *pueblos indigenos*, des villages autochtones, de façon à mieux les dominer, et ainsi faciliter le travail d'évangilisation.

Si l'économie des indigènes reposait sur l'agriculture, la céramique et le tissage, les Espagnols, eux, se concentrèrent surtout sur le développement des mines d'or et de charbon, l'extraction de la quinine, la culture du tabac et l'élevage. Des agglomérations comme Vélez, San Gil, Soccoro, Zapatoca, peuplées en majorité de métis, prirent rapidement leur essor et, dès 1778, on comptait plus de 15 000 habitants à Soccoro, par exemple, qui dépendait administrativement de Tunja, la capitale du département de Boyacá, qui, elle, n'en comptait que 3 000. Rien d'étonnant, dans ces conditions, à ce que les premiers soubresauts anti-espagnols fassent leur apparition, ici, en 1781, dans le cadre des soulèvements des *comuneros* (voir p 31), alors que Manuela Beltrán déchira l'ordonnance publique d'augmentation des impôts sur les marchés, décrétée par la couronne d'Espagne. Les Espagnols avaient aussi adopté de nombreuses mesures offensantes et discriminatoires, dont l'interdiction du port des vêtements traditionnels pour les Amérindiens.

Bucaramanga

Bucaramanga est non seulement la capitale du département de Santander, mais aussi celle de la province de Soto, située au nord du départment. Reconnue à travers la Colombie comme la «Cité des parcs», Bucaramanga est aussi un centre économique et culturel important qui regroupe quelque 500 000 habitants.

Un peu d'histoire

Lorsque les Espagnols envahirent Santander, Bucaramanga était une agglomération indigène *guane*, établie sur les rives du Río de Oro, baptisé ainsi à cause de la grande quantité d'or qui se déposait sur le sable de ses plages. Fondé donc le 22 décembre 1622 par Andrés Páez de Sotomayor, sur le domaine du cacique Bucarica, le village fut déclaré *pueblo de indios* à la suite de la visite d'un fonctionnaire de la Couronne en 1623. Il conserva cette appellation jusqu'à la fondation d'une paroisse et l'établissement définitif de colons métis et espagnols. Dès ce moment, l'agglomération se développa d'une façon fulgurante du point de vue économique et politique. Au lendemain de l'indépendance, elle fut élevée au rang de cité, et elle devint capitale de l'État souverain de Santander au milieu du XIXe siècle. Mais c'est avec la Constitution de 1886 qu'elle acquit définitivement le titre de capitale du département de Santander. Dès 1825, la ville s'ouvrit à l'immigration et vit s'installer de nouveaux arrivants provenant d'Angleterre qui, rapidement, s'assimilèrent à la population *santandereana*, pour participer activement à son développement. À la fin du XIXe siècle, ce sont des immigrants allemands qui s'y établirent et contribuèrent grandement aussi à son développement, en y apportant un nouveau souffle. Bucaramanga fut ainsi la première ville colombienne à être dotée d'électricité et de gaz naturel dans les maisons, et c'est ici que s'installèrent les premières compagnies aériennes.

Bucaramanga aujourd'hui

Dépassant les limites de son territoire naturel — un plateau de 950 m d'altitude dominant la vallée du Río de Oro —, Bucaramanga a fusion-né, au cours des dernières années, avec les municipalités environnantes de Floridablanca, San Juan de Girón et Piedecuesta, pour former une région métropolitaine qui regroupe aujourd'hui plus de 700 000 *Bumangueses*. Dotée d'un climat agréable avec une température oscillant autour de 24°C, Bucaramanga offre peu à découvrir, sauf quelques vestiges concentrés autours du Parque García Rovira. Mais la ville elle-même apparaît après une longue descente par l'Autopista Girón-Barrancaberjerma, et l'on demeure étonné par ce paysage apocalyptique de gratte-ciel de terre qui émergent d'un peu partout, séparés par des ravins puissamment gravés dans le sol, fruits d'une érosion incessante.

Bucaramanga est une ville paisible avec des rues piétonnières — la Calle 35 entre les Carreras 15 et 19, entre autres —, que des milliers de commerçants ont transformées en marché public, avec des boutiques climatisées et des échoppes à même la rue. On y trouve de tout, des ustensiles de cuisine aux vêtements, en passant par des valises et des pièces d'artisanat local.

Le dimanche, la moitié de la Carrera 27, qui est aussi l'Avenida Próspero Pinzón, est transformée en piste cyclable pour permettre aux *Bumangueses* de pratiquer le vélo, la planche à roulettes, le patin à roues alignées, la course à pied ou tout simplement la marche.

San Juan de Girón

Avec Floridablanca, San Juan de Girón, à 9 km à l'ouest de Bucaramanga, fait maintenant partie de la région métropolitaine de Bucaramanga. Fondée en 1631, sur les rives du Río de Oro, par Francisco Mantilla de los Ríos, sous le nom de la Villa de los Caballeros de San Juan de Girón, l'agglomération se tailla rapidement une place importante dans l'économie de l'époque, par l'exploitation de l'or déversé par le fleuve et ses affluents, importance qui se maintint même après l'épuisement des sources du fleuve, alors que débuta l'exploitation des gisements sur les hauteurs de la Cordillère orientale, qui traverse le département.

San Juan de Girón aujourd'hui

À cause de son architecture coloniale riche et entièrement conservée, San Juan de Girón a

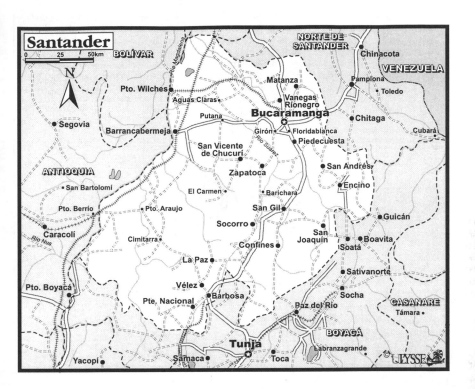

été déclarée monument national en 1963 pour en protéger les trésors architecturaux, toutes ses maisons basses à toiture de tuile rouge étant peintes en blanc, et ses rues étant en pierre, selon le style en vigueur à l'époque; Girón est traversée par une douzaine de petits pont à arches, en pierre aussi, qui accentuent l'impression de retour à l'époque coloniale. Plusieurs artistes y ont élu domicile et ont rénové leurs maisons. Girón, il va sans dire, est un endroit paisible qui accueille les touristes avec chaleur.

 POUR S'Y RETROUVER SANS MAL

Les *calles* de Bucaramanga et de San Juan de Girón suivent la direction est-ouest et leurs numéros augmentent du nord au sud. Les *carreras* suivent la direction nord-sud et leurs numéros augmentent d'ouest en est.

L'avion

L'**Aeropuerto Palo Negro** est situé au sud de la ville, sur un haut plateau, à environ 1 heure de route du centre-ville de Bucaramanga. La vue est spectaculaire à l'atterrissage. Il y a des autobus indiqués *Aeropuerto* qui desservent Palo Negro depuis le centre-ville, sur la Carrera 15, au coût de 450 pesos. Mais il y a aussi des *colectivos* (2 000 pesos) qui déposent les passagers sur la Calle 35, entre la Carrera 19 et la Carrera 20, au Parque de Santander. Les taxis, pour leur part, coûtent 6 000 pesos. Palo

Les spécialités de Santander

Las «*hormigas culonas*», les «fourmis à gros derrières», ou, plus simplement, les «gros culs». La dégustation d'insectes ne fait par partie des habitudes culinaires des pays nordiques, de nos jours du moins. On s'étonnera donc, à juste titre, qu'une des spécialités *santandereanas* soit *las «hormigas culonas»*, de grosses fourmis frites et salées, que l'on vend en emballage plastique un peu partout à travers le département et notamment à l'aéroport. Elles ne font pas non plus partie du régime quotidien des *Santandereanos*, mais ces derniers y ont goûté au moins une fois dans leur vie. Assez pour en parler. Assez pour en vanter les mérites et les qualités gastronomiques. Il serait toutefois étonnant que l'on finisse par retrouver *las culonas* en accompagnement d'un *Big Mac* chez McDonald's, par exemple, pour remplacer les frites.

Heureusement, il y a d'autres spécialités culinaires dans Santander. Essayez celles-ci :

El cabro o cabrito, un plat de chevreau mariné, braisé ou grillé;
La pepitoría, un boudin de cabri servi en entrée;
La carne seca, une viande séchée au soleil et cuite sur des charbons de bois;
La sopa de pichón, une soupe de pigeon, confectionnée avec un bouillon de bœuf, auquel on ajoute du lait;
El sancocho, une soupe de viande ou de poisson. Même si ce plat national se retrouve partout au pays, il prend une saveur spéciale dans Santander, alors qu'on le confectionne avec du bœuf, du porc, du poulet, du chou, des carottes, du céleri, des oignons, des bananes plantains et des pommes de terre;
El ajiaco santandereano, une soupe élaborée avec du maïs, du porc et du poulet;
El tamal santandereano, préparé avec du maïs, du bacon, du poulet, des fèves, des oignons, de l'ail et du persil, enrobés dans des feuilles de bananier;
El masato de arroz, un breuvage fermenté, à base de riz.

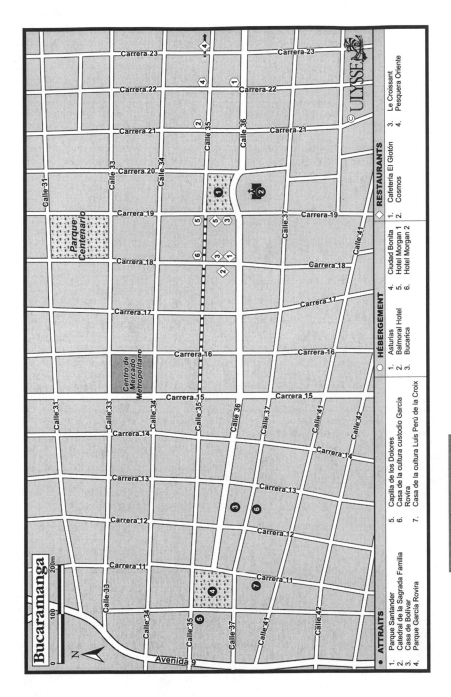

Bucaramanga

0 100 200m

N

BUCARAMANGA

● **ATTRAITS**

1. Parque Santander
2. Catedral de la Sagrada Familia
3. Casa de Bolívar
4. Parque García Rovira
5. Capilla de los Dolores
6. Casa de la cultura custodio García Rovira
7. Casa de la cultura Luis Perú de la Croix

○ **HÉBERGEMENT**

1. Asturias
2. Balmoral Hotel
3. Bucarica
4. Ciudad Bonita
5. Hotel Morgan 1
6. Hotel Morgan 2

◇ **RESTAURANTS**

1. Cafetería El Glotón
2. Cosmos
3. Le Croissant
4. Pesquera Oriente

Negro n'est pas un aéroport international, mais plusieurs compagnies d'aviation colombiennes, dont Avianca, proposent des services en direction d'autres villes colombiennes.

Voici l'horaire d'Avianca :

Baranquilla : tlj 7h15 avec escale; lun, mer, ven et sam 8h15 avec escale; 182 000 pesos.
Bogotá : tlj 6h25; lun-sam, 7h29; mar, jeu et dim 9h; tlj 12h15 et 13h59; lun-ven et dim 14h35; tlj 15h25 et 17h01; lun-ven et dim 18h05; tlj 20h07 et 22h05; 141 000 pesos.
Cartagena : tlj 14h avec escale; 182 000 pesos.
Cúcuta : tlj 7h15, 9h40, 14h et 16h50; 67 000 pesos.
Medellín : tlj 9h40 avec escale; tlj 19h05; 151 000 pesos.
Valledupar : lun, mer, ven et sam 8h15; 139 000 pesos.

Voici les coordonnées des compagnies d'aviation :

Les compagnies nationales :

Aces, Carrera 36 No. 26-48, local 104, ☎634 95 95, 632 05 96 ou 635 87 91, ⇢634 90 72
AeroRepública, Carrera 33 No. 45-85, ☎643 53 77, 643 79 69 ou 643 33 84, ⇢643 45 31
Avianca, Calle 37 No. 15-03, ☎642 61 17 ou 642 15 19, ⇢642 85 26
Helicol, Calle 35 No. 18-65, bureau 501, ☎633 47 41
Intercontinental de Aviación, Calle 52, No. 31-71, ☎643 43 52
Satena, Calle 37 No. 17-46, local 202, ☎642 14 77

Les compagnies internationales :

Aerotaca, angle Calle 36 et et Carrera 15, 2ᵉ étage, ☎630 51 58
Aerolíneas Argentinas, Carrera 27 No. 36-14, bureau 501, ☎634 68 38
Agroaves, Carrera 45 No. 33a-40, ☎634 27 29
Air France, Calle 36 No. 31-39, local 206, ☎634 24 81
American Airlines, Calle 42, No. 34-13, ☎647 45 38
Tas, Calle 42, No. 29-82, ☎645 22 75.

L'autocar

Le **Terminal de Transportes** *(☎644 55 72, poste 154)* se trouve à mi-chemin entre Bucaramanga et San Juan de Girón, sur l'Autopista Girón-Barrancaberjerma. C'est un édifice neuf où l'on propose des trajets en direction des grandes villes de Colombie, dont Bogotá, Cartagena de Indias, Barranquilla, Santa Marta et Medellín. Les compagnies d'autocars suivantes ont toutes une billetterie au Terminal de Transportes et/ou à Bucaramanga :

Autoboy S.A., ☎644 55 96
Berlinas del Fonce, ☎644 52 37
Copetrán, Calle 55 No. 17b-17, ☎644 81 67
Cootransmagdalena, Calle 32 No. 26-06, ☎644 55 88
Cotrasangil, Calle 31 No. 18-55, ☎644 55 62
Expreso Brasilia, ☎644 55 64
Omega, ☎644 55 87
Transportes Reina, ☎644 55 71

L'autobus

Tous les quartiers de Bucaramanga sont desservis par des autobus dont les destinations sont bien identifiées sur le pare-brise *(350 pesos)*. Par exemple, on peut se rendre à Girón en prenant l'autobus identifié à cette destination sur la Carrera 15 en direction sud.

La location d'une voiture

Le centre-ville est souvent congestionné à Bucaramanga, mais la circulation devient acceptable hors de ce point névralgique, ce qui rend plaisant la location d'une voiture pour visiter Girón, Floridablanca et Piedecuesta, par exemple. Adressez-vous aux agences de location suivantes :

Hertz, Carrera 19 No. 36-40, ☎633 40 06
Alquilauto, Calle 36 No. 31-39, local 315, ☎635 17 56
Bucarautos Rental, Calle 53 No, 36-33, bureau 101, ☎643 39 54
Renta Autos Ltda., Carrera 19 No. 36-40, ☎633 07 46.

? RENSEIGNEMENTS PRATIQUES

Indicatif régional : 7

Poste

La correspondance est acheminée via les bureaux d'**Avianca** *(lun-ven 8h à 12h et 14h à 18h)*, Calle 37 No. 15-03.

Renseignements touristiques

Fundo Mixto de Promoción Turística, angle Calle 35 et Carrera 19, hôtel Bucarica, ☎630 75 91 ou 630 75 89.

Banques

Vous n'aurez aucun problème d'échange de devises ou de chèques de voyage en vous adressant au **Banco Industrial Colombiano** (BIC) *(Calle 35 No. 18-21, ☎633 12 68)*. Pour les guichets automatiques, la plus grande concentration se trouve aux environs immédiats du Parque Santander, entre les Calles 35 et 36 et les Carreras 19 et 20.

Excursions

Plusieurs excursions peuvent être organisées par les agences de voyages dans le département de Santander.

Le **Circuito del Cañon** propose de visiter la principale attraction touristique de Santander : le Cañon del Chicamocha *(par l'Autopista a Bogotá)*. On peut y observer des pics étroits et des dénivellations abruptes de montagne qui font place au bassin des *ríos* Suárez et Fonce.

San Gil, une ville située à 96 km au sud de Bucaramanga *(par l'Autopista a Piedecusta)*, et reconnue comme La Perla del Ponce, «la perle du fleuve Ponce», a comme principale attraction le Parque Gallineral, avec ses saules centenaires qui laissent pleurer leur feuillage dans les eaux tranquilles du fleuve. On y trouve des allées pour la promenade, des ponts et des jardins de fleurs.

Barichara, à 120 km au sud de Bucaramanga, et à 30 km de San Gil *(aussi par l'Autopista a Piedecusta via Barichara à partir de San Gil)*, est aussi classée monument national par le gouvernement de la Colombie.

Le **Circuito del río** est reconnu comme le safari de Santander, puisqu'il mène à la ville Barranca Bermeja *(à l'ouest de Bucaramanga, par l'Autopista a Girón)*, où l'on peut visiter plusieurs *ciénagas* (marécages) du Río Magdalena.

Vous trouverez les agences de voyages suivantes à Bucaramanga :

Agencia de Viajes Santur, Calle 36 No. 13-61, ☎630 54 54, ₪633 33 23
Galvis Tur Ltda., Calle 36 No. 31-39, local 301, Centro Comercial Chicamocha, ☎645 77 53, 634 33 08, FAX 634 39 09
Trayectos Tour, Calle 48 No. 24-57, ☎643 58 46 ou 643 58 93, ₪643 58 93.

★ ATTRAITS TOURISTIQUES

Bucaramanga ★★

Le **Parque de Santander** ★★★ *(entre les Calles 35 et 36 et les Carreras 19 et 20)* est un endroit assez spectaculaire, donnant la parole à toutes les expressions. On y trouve par exemple, pendant les Fêtes, un groupe de Krishnas qui fait concurrence au père Noël pour réclamer l'aumône destinée à une œuvre caritative. Il y a aussi des cireurs de chaussures, des vendeurs de journaux et même un vendeur de nourriture ambulant qui, le dimanche, installe des tables avec une nappe fleurie autour de son gril, pour le confort de ses clients. Outre le stationnement de *colectivos* aux destinations variées et notamment vers l'aéroport, on y admire une très belle fontaine lumineuse et, en son centre, un bronze de Francisco de Paula Santander.

La **Catedral de la Sagrada Familia** ★★★ *(Calle 36, au sud du Parque de Santander)* est l'une des plus belles églises de la région. Peinte en blanc, avec deux immenses clochers qui s'élèvent à quelque 100 m de hauteur, la cathédrale, de style colonial, est un témoignage de la dévotion des *Bumangueses*. L'intérieur est assez spectaculaire avec ses quelque 75 vitraux qui, le matin, sont les seuls à fournir l'éclairage ambiant. L'ensemble porte au recueillement.

BUCARAMANGA

La culture Guane

On ne peut, encore aujourd'hui, préciser la date de l'apparition des premiers habitants dans le département de Santander. Mais on sait que le territoire a été l'un des premiers à être occupés par l'homme en Colombie. Il s'agissait de groupes nomades qui pratiquaient le troc avec les autres groupes indigènes. Ils fabriquaient des instruments rustiques en pierre, qui pouvaient être utilisés à différentes fonctions. Ils habitaient des cavernes sur les rives des fleuves ou des lacs. L'introduction de l'agriculture marqua un point tournant du développement de ces premières populations, en permettant l'organisation d'une structure sociale basée sur le développement d'une communauté stable et dorénavant sédentaire. On y trouvait un cacique, secondé par un nombre variable de caciques de moindre importance, de qui relevaient l'organisation du travail communautaire et la distribution de la nourriture.

Les spécialistes ont longtemps cru que les Guanes étaient des Muiscas, puisqu'ils en étaient les voisins, et qu'il existait plusieurs similarités entre les deux peuples. En réalité, les Guanes — qui faisaient partie de la famille linguistique *chibcha* — entretenaient de bonnes relations non seulement avec les Muiscas, dont ils assimilaient les habitudes, mais aussi avec les Sutagaos, les Laches, les Tunebos et les Chitareros, de même qu'avec les peuples de la Sierra Nevada de Santa Marta, et même avec certaines peuplades du Venezuela, voisin de l'actuel territoire *santandereano*.

Les Guanes vivaient d'agriculture, se spécialisant dans le maïs, qui constituait l'aliment de base. Dans les régions plus froides des Andes, ils cultivaient la pomme de terre, alors que les fèves et autres fruits, la feuille de coca et le coton étaient cultivés dans les régions les plus chaudes sur les rives du Río Magdalena. Ils exploitaient aussi le sel des sources salines et l'or des berges du Río del Oro. Ils étaient aussi des tisserands fabuleux, et la collection la plus importante de textiles archéologiques de Colombie est encore aujourd'hui celle des Guanes.

L'immense nef est divisée en travées, soutenues par quatre rangées de neuf colonnes qui supportent la voûte. Pour ce qui est du maître-autel, il est surmonté lui aussi d'une série de quatre colonnes.

La **Casa de Bolívar** ★★ *(mar-ven 8h à 12h et 14h à 18h, sam 9h à 13h; Calle 37 No. 12-15, ☎642 25 42)* est l'une des anciennes résidences du *Libertador*, qui y séjourna en 1828. Aujourd'hui, c'est un musée d'histoire et d'ethnographie où l'on peut admirer des objets ayant appartenu à Simón Bolívar ainsi que des vestiges de la culture Guane. C'est le siège de l'Academia de Historia du département. On y trouve une bibliothèque ouverte au public pour consultation qui sert aussi de centre de recherche pour les historiens.

Le **Parque García Rovira** ★★★ *(entre les Calles 35 et 37 et les Carreras 10 et 11)* regroupe tous les vestiges des édifices coloniaux que l'on peut trouver à Bucaramanga. Ils abritent les instances gouvernementales du département de Santander de même que la mairie de Bucaramanga. On y trouve aussi la Capilla de los Dolores.

La **Capilla de los Dolores** ★★ *(Calle 35, angle Carrera 10)* est un monument national. C'est l'église la plus ancienne de la région, et elle est considérée comme un joyau architectural de la période coloniale. C'est ici que vint prier le grand libérateur Simón Bolívar en 1828, lorsque des conflits d'intérêt et de pouvoir surgirent au sein des dirigeants de la nation nouvellement libérée. Comme la chapelle n'offre plus aucun service, elle est rarement ouverte aux visiteurs.

La **Casa de la Cultura Custodio García Rovira** ★★ *(lors d'exposition, tlj 9h à 12h et 14h à 18h; Calle 37 No. 12-46, ☎630 20 46)* est un édifice colonial qui est en fait le musée des beaux-arts de Bucaramanga. On y expose des œuvres d'artistes *santandereanos* aussi bien qu'étrangers, des peintres surtout, mais aussi des sculpteurs et des graveurs.

La **Casa de la Cultura Luis Perú de La Croix** ★★ *(Calle 37 No. 11-18, ☎633 81 16)* est aussi un centre d'art. C'est dans cette magnifique maison coloniale que l'on rédigea un portrait psychologique et biographique de Simón Bolívar, sous forme de chronique relatant la vie de tous les jours de la Bucaramanga

Catedral del Señor de los Milagros

coloniale. On y présente aujourd'hui des activités artistiques de toutes formes.

Le **Museo Arqueológico Guane** ★★★ *(tlj 8h à 12 et 14h à 18h; Carrera 7 No, 4-35, Floridablanca)* est un centre culturel dans un édifice récent, érigé autour d'une immense pierre sculptée, *la piedra del sol,* un pictogramme *guane* en hommage au Soleil. On peut y admirer des spirales creusées et des motifs géométriques en bas-relief dont la signification demeure encore aujourd'hui un mystère. Pour ce qui est du musée proprement dit, on y trouve une collection de vestiges *guanes* qui fut acquise en 1993 du Señor Samuel Arenas, et classifiée par l'antropologue Pablo Fernando Pérez Riaño. Elle est constituée de différents objets notammment, des bijoux, des textiles, des vases et des urnes en céramique, des sculptures en bois, des vêtements, des armes et d'autres vestiges de l'époque précolombienne.

Le **Jardín Botánico Eloy Valenzuela** ★★★ *(adulte 500 pesos, enfant 300 pesos; tlj 8h à 11h30 et 14 à 17h; au sud de la région métropolitaine de Bucaramanga, sur l'Autopista a Piedecuesta, à mi-chemin entre les quartiers Bucarica et Floridablanca)* est assez récent puisqu'il n'a été inauguré qu'en 1990. Situé sur une dénivellation de 80 m à 1 800 m d'altitude, il abrite donc plus de 200 espèces d'arbres et de plantes, divisées en 76 familles et 151 genres, représentant toute la gamme des plantes *santandereanas,* de même que des plantes exotiques, provenant d'autres parties de la Colombie, dispersées dans 20 jardins, à différents niveaux.

San Juan de Girón ★★★

Patrimoine national, San Juan de Girón constitue un attrait touristique en soi et se laisse découvrir à pied, de préférence le matin, lorsque la température n'a pas encore franchi le cap des 25°C. C'est le rendez-vous des *Bumangueses,* et le lieu de résidence de prédilection de nombreux artistes de la région qui y trouvent inspiration. On s'attardera aux sites décrits ci-après.

Le **Parque Principal** ★★ *(entre les Carreras 25 et 26 et les Calles 30 et 31)* est un très beau parc ombragé, entouré de résidences coloniales, qui sert de portail à la cathédrale. C'est le centre d'attraction de Girón, où se retrouve toute la population pour flâner et prendre un peu d'air frais. Des gitanes y lisent l'avenir dans les lignes de la main, et des vendeurs proposent des rafraîchissements.

La **Catedral del Señor de los Milagros** ★★ *(Carrera 26 entre les Calles 30 et 31)* n'a été terminée qu'en 1876, alors que sa construction avait débuté en 1656. Cette cathédrale étant de style roman, peinte en blanc, et présentant deux clochers carrés massifs, il est assez étonnant d'y trouver une étoile de David qui surplombe une très petite croix sur un balcon au-dessus du portail. L'intérieur est doté de deux séries de six colonnes qui soutiennent des arches qui, à leur tour, soutiennent la voûte de la nef.

La **Mansión del Fraile** ★★ *(tlj 7h à 22h; Calle 30 No. 25-27, ☎646 54 08 ou 646 52 22)* est une très belle maison coloniale, érigée en 1755, où résida Simón Bolívar à quelques occasions, notamment en 1813, en 1822 et en 1828. Aujourd'hui la maison est un véritable musée avec deux étages et plusieurs salles, toutes donnant sur une cour intérieure convertie en restaurant. Le musée organise un tour guidé des lieux, en espagnol et en anglais, pour 1 000 pesos par personne. Mais c'est aussi un hôtel (voir p 235) et un restaurant (voir p 235) pour loger et dîner dans le même décor et les mêmes meubles dont le *Libertador* et ses principaux lieutenants s'étaient entourés.

🛏 HÉBERGEMENT

Bucaramanga

Au centre-ville même de Bucaramanga, on trouvera un choix d'hôtels pour tous les goûts et pour tous les budgets. Ils présentent tous un bon rapport qualité/prix et sont reconnus pour leur sécurité.

 L'hôtel **Asturias** *($; bp, mb, ⊗, ≡ ☎, tv, 🅐, ℜ; Carrera 22 No. 35-01, ☎635 19 14, 635 29 76 ou 645 75 65)* est un très bel hôtel de 34 chambres meublées en style d'époque et logées dans un édifice colonial. Le hall d'entrée, spacieux, est invitant avec le blanc de ses murs qui contraste efficacement avec le bois foncé de ses colonnes et de ses meubles. Un escalier en bois mène à une mezzanine sur laquelle donnent les chambres.

Le **Balmoral Hotel** *($; bp, ec, ☎, tv, 🅐, ℜ; Carrera 21, angle Calle 35, ☎630 37 23 ou 630 46 63)* est un petit hôtel de construction récente de 30 chambres agréablement meublées qui peut offrir un meilleur confort que les hôtels Morgan puisque situé à l'écart des bruits de la rue. C'est un hôtel avec une ambiance familiale qui répond aux exigences d'un petit budget.

L'**Hotel Morgan 1** *($; bp, mb, ☎, tv, 🅐, ℜ; Calle 35 No. 18-33, ☎630 39 49 ou 630 37 41)* est un petit hôtel familial de 19 chambres, certaines étant munies d'un minibar et d'autres non. Pour le même prix, il faut choisir avec minibar

qui donne accès, entre autres, à des bouteilles d'eau froide la nuit. Adjacent au Parque de Santander, c'est le lieu idéal pour voir à pied tous les attractions du centre-ville. L'hôtel peut être bruyant lors de manifestations sportives locales, alors que tous les hôtes regardent le *fútbol* à la télévision.

L'**Hotel Morgan 2** *($; bp, mb, ☎, tv, 🅐, ℜ; Calle 35 No. 18-83, ☎630 42 26 ou 630 46 32)*, à quelques portes du Morgan 1, est sensiblement un meilleur hôtel que ce dernier, un peu plus cher, tout en demeurant dans la même catégorie. Aussi à deux pas du Parque de Santander, c'est un hôtel confortable pour le prix.

🌴 L'hôtel **Ciudad Bonita** *($$$$; bp, ec, mb, ⊗, ≡, ☎, tv, 🅐, ≈, ⊘, △, bain turc, ℜ; Calle 35 No. 22-01, ☎635 01 01, ⊷635 61 24)* est situé en face de l'Asturias. C'est un hôtel complètement neuf, d'architecture très moderne, dont certaines chambres avec balcon offrent une vue exceptionnelle sur la ville de Bucaramanga. Elles sont grandes et bien meublées en style moderne, simples, sans fioritures : on s'y sent donc à l'aise. Le vaste hall d'entrée est décoré sobrement de meubles en cuir sur un plancher de marbre blanc, et la réception est sympathique, comme partout ailleurs à Bucaramanga.

🌴 L'hôtel **Bucarica** *($$$$-$$$$$; bp, ec, mb, ⊗, ≡, ☎, tv, 🅐, ≈, ℜ; Calle 35, angle Carrera 19, ☎630 15 92, ⊷630 15 94)* est un monument national même si, à première vue, l'extérieur ne suscite pas d'intérêt particulier. Dès le hall d'entrée cependant, on comprend que l'on se trouve dans un ancien édifice de grande classe qui a su garder aujourd'hui son charme d'autrefois. Du côté gauche en effet, apparaît une cour intérieure, ornée de plantes vertes et d'une fontaine dans un immense plan d'eau, où des tables sont installées pour prendre le café, l'apéro ou même un repas complet, cette cour servant de hall d'entrée au restaurant. Dans une cour attenante, à l'arrière, on trouvera la piscine. À la réception, chaleureuse, où l'on parle aussi l'anglais, on aperçoit un large escalier de marbre, recouvert de tapis et orné d'une rampe de bois foncé, qui mène aux trois étages où se trouvent les chambres. Réparties de part et d'autre de larges corridors à l'éclairage feutré, celles-ci sont vastes, meublées avec goût, en style d'époque, avec un mobilier fonctionnel. Le Bucarica — du nom de l'ancien cacique *guane* qui régnait autrefois sur le territoire *santandereano* — fait partie de l'Organización Hotelera Germán Morales E. Hijos, qui exploite des hôtels à Bogotá, Santa Marta et San Andrés notamment.

San Juan de Girón

L'hôtel **Las Nieves** *($; bp, tv, ℜ; Calle 30 No. 25-71, ☎646 89 68)* est un petit hôtel colonial, situé directement sur le Parque Principal, qui n'a d'autre prétention que de se trouver en plein milieu du monument national qu'est Girón. En ce sens, c'est l'hôtel idéal pour petit budget.

La **Mansión del Fraile** *($$$; bp, tv, ℜ; Calle 30, No. 25-27, ☎646 54 08 ou 646 52 22)* est une très belle maison coloniale érigée en 1755, avec une cour intérieure que surplombe un balcon sur lequel donnent les chambres. C'est un «hôtel-restaurant-musée» (voir p 234 et 235) qui propose de loger dans le même décor et les mêmes meubles dont Simón Bolívar et ses principaux lieutenants aimaient s'entourer lors de leurs séjours à Girón. Situé aussi directement sur le Parque Principal, donc au cœur de Girón, l'hôtel est peut-être un peu cher pour sa catégorie.

 RESTAURANTS

Bucaramanga

On trouvera, à Bucaramanga, toutes les cuisines et tous les genres de restaurants, dans la Zona Rosa notamment, sur la Carrera 33 ou Avenida Las Américas, entre les Calles 35 et 56, où logent aussi les discothèques, bars et terrasses à la mode.

Pour les petits déjeuners rapides au centre-ville, on choisira **Le Croissant** *($; tlj 7h à 20h; Carrera 17 No. 35-40)* ou, en face, le **Cosmos** *($; tlj 7h à 22h; Carrera 17 No. 35-53)*, ou encore la **Cafetería El Glotón** *($; tlj 7h à 24h; Carrera 17 No. 35-23)*, tous les trois proposant aussi des assiettes bien garnies, sans prétention et économiques.

Pour des restaurants de meilleure qualité et de plus haut standing, on choisira les suivants :

 Le **Restaurante Macaregua** *($$$; tlj 7h à 22h; Calle 35, angle Carrera 19, ☎630 15 92)* est le restaurant de l'hôtel Bucarica. Logé au premier plancher, dans une vaste salle aux immenses fenêtres, le restaurant est habitué de servir une clientèle de gens d'affaires aux goûts

éclectiques. On y mange très bien, et le choix est varié. Spécialisé dans la cuisine continentale, il apprête autant les viandes rôties que les pâtes à l'italienne, et même le poisson. Le service est discret et témoigne d'un savoir-faire hautement professionnel.

 Le **Pesquera Oriente** *($$$-$$$$; tlj 11h30 à 15h et 18h à minuit)* est un restaurant spécialisé dans les poissons et les fruits de mer comme son nom l'indique. On peut choisir de manger dans la salle ou sur la terrasse mais, comme cette dernière est située directement sur la rue la plus achalandée de Bucaramanga, il faut opter pour la première solution. Le service est rapide et courtois. Pour éviter que le plat principal ne se retrouve sur la table en même temps que l'entrée, il faut demander au garçon de prendre son temps. La truite meunière est exquise.

San Juan de Girón

 La **Mansión del Fraile** *($$; tlj 7h à 22h; Calle 30, No. 25-27, ☎646 54 08 ou 646 52 22)* est un «hôtel-restaurant-musée» (voir p 234 et p 235) logé dans une très belle maison coloniale à deux étages, érigée en 1755, avec une cour intérieure, où les tables sont dressées. Le restaurant propose de dîner dans le même décor où se retrouvaient Simón Bolívar et ses principaux lieutenants lors de leurs passages à Girón. On y dégustera naturellement une cuisine *santandereana*, composée de spécialités locales (voir p 228), de même qu'une variété de poissons d'eau douce, le tout servi dans une vaisselle d'époque.

 SORTIES

Événements

Quelques événements culturels et sociaux susceptibles d'intéresser les touristes sont organisés dans Santander :

Reinado Departemental, le couronnement de la reine de Santader, à Girón en décembre;

Feria y Reinado de la Piña, le couronnement de la reine de l'ananas, à Lebrija en août;

Feria de Agricultura, à San Gil, en juin;

Feria Bonita, Celebraciones Populares, Feria Ganadera, une foire regroupant plusieurs événements, à Bucaramanga en septembre.

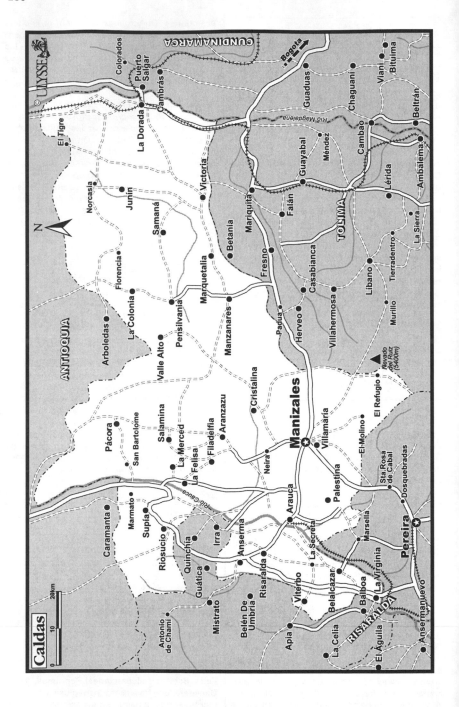

Caldas

MANIZALES ET LE DÉPARTEMENT DE CALDAS

L a région du café colombien, le meilleur café du monde selon les experts, comprend trois départements au centre ouest du pays qui sont Caldas, Quindío et Risaralda. La région est dotée d'une topographie en dents de scie et, pour cette raison, elle possède tous les climats, de la neige des pics des Andes, notamment du Nevado del Ruiz, qui culmine à 5 400 m, à l'humidité des forêts tropicales et à la chaleur des vallées du *río* Cauca et du *río* Magdalena.

Le département de Caldas était, il y a à peine quelques années, regroupé avec les départements de Quindío et de Risaralda. En effet, il ne reçut le titre de département qu'en 1905. Il compte aujourd'hui 7 888 km² avec près d'un million d'habitants.

Caldas est bordé au nord par le département d'Antioquia, au sud par le département de Risaralda et de Tolima, à l'est par le département du Cundinamarca et à l'ouest par le département de Risaralda. Sa capitale est Manizales.

Manizales

Ville paisible tout en étant dynamique à cause de sa proximité équidistante avec les trois plus grands centres économiques du pays, à savoir Santafé de Bogotá, Medellín et Santiago de Cali, Manizales a été presque entièrement détruite par deux incendies successifs, en 1925 et 1926, et reconstruite aussitôt.

Un peu d'histoire

Fondée par un groupe de pionniers en provenance d'Antioquia le 12 octobre 1849, Manizales fut d'abord une petite communauté établie à l'extrême est de ce qui est aujourd'hui la ville, sur un site connu sous le nom de La Enea. Un an plus tard, le 1er octobre 1850, le gouvernement d'Antioquia crée le disctrict de Manizales à quelque 250 km de Medellín.

Le dynamisme de ces premiers colons se transmit de génération en génération et permit une croissance rapide de la petite ville qui, tout en gardant des vestiges de la culture d'Antioquia, se tourna tout de même vers un développement axé sur le modernisme.

Manizales aujourd'hui

La *ciudad de las puertas abiertas* ou «la ville aux portes ouvertes», comme on se plaît à la surnommer, est un centre économique et industriel important entièrement voué à la production de café. Située à quelque 2 500 m d'altitude, Manizales bénéficie d'une température moyenne de 17°C. La ville compte six universités, soit la Universidad Autonoma, la Universidad de Caldas, la Universidad Católica, la Universidad de Manizales, la Universidad

Nacional de Colombia et la Universidad Antonio Nariño pour une population de moins de 500 000 habitants. Manizales ayant été fortement ébranlée à la suite de l'éruption du Nevado del Ruiz en novembre 1985, le gouvernement colombien adopta un décret qui comportait une exemption de taxes pour la région dévastée. Ce qui permit une rapide reconstruction et le développement de nouvelles industries. Aujourd'hui, Manizales est une ville avec une touche européenne qui ressemble étrangement aux villes du centre de l'Espagne avec des bars sympathiques fréquentés par un grand nombre de *Manizaleños* à la fermeture des bureaux. Il y règne une étrange ambiance de sérénité qu'on ne retrouve que rarement dans les autres villes de Colombie. La musique n'est pas omniprésente et ne tient pas une place prépondérante dans la vie de tous les jours comme sur la côte par exemple. Même chose pour les gardiens armés, absents presque en totalité de son paysage urbain. En se sens, Manizales est rafraîchissante et l'on peut s'y promener partout sans aucun danger.

 POUR S'Y RETROUVER SANS MAL

Les numéros des *calles* de Manizales s'en vont croissant d'ouest en est alors que les numéros des *carreras* augmentent du nord au sud.

L'avion

L'**Aeropuerto La Nubia** se trouve à l'extrémité sud-est de la ville *(km 8, vía Bogotá, ☎71 54 39)* et dessert uniquement les destinations locales. Voici l'horaire des vols directs d'Avianca : Bogotá, tlj 7h55 et 17h25, 105 000 pesos.

Voici les coordonnées des compagnies d'aviation locales :

Aces, Calle 24 No. 21-34, local 1b, ☎83 22 37. Aussi Carrera 23 No. 62-16, local 110, ☎85 84 88
Avianca, Calle 23 No. 21-19, ☎84 70 88. Aussi angle Carrera 23 et Calle 64, Edicifio Cervantes, ☎86 77 21

L'autocar

Le **Terminal de Transportes**, un édifice neuf, se trouve près du centre-ville *(entre les Carreras 14a et 17 et les Calles 18 et 19, ☎83 54 25)*, mais il vaut mieux prendre le taxi pour s'y rendre. On y trouve de nombreuses compagnies d'autocars dont Expreso Bolivariano, Expreso Palmira, Expreso Trejos, Rápida Tolima, de même que des *colectivos* et des *aerovans* qui mènent à Medellín (3 heures), à Bogotá (7 heures) et à Cali (7 heures). Les départs se font régulièrement, mais il vaut mieux s'informer à l'avance pour les trajets de longue distance.

Les transports en commun

Des autobus parcourent la ville régulièrement et en tous sens mais tous les points d'intérêt ici se découvrent à pied, sauf bien sûr la «route du café», un circuit touristique qui propose la visite de *fincas* (fermes) de café situées à l'extérieur de la ville.

Les taxis

Les taxis sont de couleur jaune ocre et identifiés *Servicio Público*. Ils ne sont pas équipés de taximètre, et il faut négocier avec le chauffeur le prix de la course qui ne devrait pas dépasser 1 000 pesos. On peut aussi louer une voiture à l'heure; le prix exigé est de 6 000 pesos, une véritable aubaine pour visiter la ville.

La location d'une voiture

La circulation n'est pas stressante à Manizales en comparaison avec d'autres destinations en Colombie. Aussi peut-il être agréable de louer une voiture pour visiter la campagne montagneuse environnante qui fournit des paysages exceptionnels avec ses *fincas* de café.

Hertz, Carrera 22 No. 20-20, hôtel Las Colinas, ☎84 20 09.

RENSEIGNEMENTS PRATIQUES

Indicatif régional : 68

Poste

La correspondance est acheminée via les bureaux d'**Avianca**, Calle 23 No. 21 19.

Banques

Les banques sont ouvertes du lundi au jeudi de 8h à 11h30 et de 14h à 16h, le vendredi jusqu'à 16h30. Le **Banco Industrial Colombiano** *(Calle 21, angle Carrera 22)* change les chèques de voyage et les devises. Le **Banco Anglo Colombiano** *(Carrera 22 No. 17-04)* et le **Banco de la República** *(Carrera 23 No. 23-06)* changeront probablement les chèques de voyage mais non les devises.

Renseignements touristiques

Fomento y Turismo, angle Carrera 22 et Calle 26, Edificio Licorera, 1er étage, ☎84 62 11.

Excursions

Diverses excursions sont proposées par les agences de voyages de Manizales dont quelques-unes pourront donner froid dans le dos puisqu'il s'agit de camping d'hiver sur le Nevado del Ruiz... qui fit éruption en 1985 et réclama la vie de plus de 20 000 personnes.

Mais la région est surtout reconnue pour ses excursions sur la Ruta de Juan Valdez (la route du café) dans les *fincas* (fermes) de café. Voici les options qui s'offrent à vous afin de parcourir cette route (voir aussi p 242).

Forfait 1, **Juan Valdez en la montañas cafeteras** : cette excursion propose de se familiariser sur place avec la culture du café, la principale production de la Colombie. S'étalant sur une période de sept jours et six nuits, la formule proposée inclut l'hébergement dans différentes fermes dont certaines à plus de 4 000 m d'altitude, les repas, les déplacements terres-

tres de même que les assurances. Le prix se situe aux alentours de 550 000 pesos par personne, en occupation double. Il faut prévoir des vêtements pour des températures variant entre 5°C et 35°C.

Forfait 2, **Juan Valdez en las murallas, la playa y el cafetal** : cette excursion de 12 jours et 11 nuits est intéressante, car elle combine judicieusement la plage et la montagne. Les cinq premiers jours se déroulent à Cartagena de Indias et incluent les hôtels, les petits déjeuners et la plongée sous-marine, alors que les sept jours suivants se vivent en montagne et incluent le logement, les repas et les déplacements. On doit compter 1 350 000 pesos par personne en occupation double. Il faut prévoir des vêtements de plage de même que des vêtements pour la montagne, pour des températures variant entre 5°C et 35°C.

On offrira un choix de *fincas* à différents prix selon les services qu'on y trouve. On proposera aussi le camping des neiges à la Laguna del Otún, à la Reserva de Normandia ou à Santa Isabel. D'autres excursions d'une journée sont aussi à l'affiche, comme la visite du Nevado del Ruiz et le Parque Nacional del Café entre autres.

Voici les coordonnées des agences de voyages ou des guides spécialisés :

Cafetales, Carretera al Magdalena No. 74-71, Edificio Andi, bureau 905, ☎/⇒87 31 60 ou 87 00 36, nrgonzal@col2.telecom.com.co

Condores, angle Calle 23 et Carrera 21, local 109, Edificio Tomanaco, ☎80 25 26, ⇒80 82 30, condores@eccel.com. Il faut parler à Ximena Dávila Mejía. Ximena est diplômée en tourisme, s'exprime en anglais et surprend par son dynamisme et sa disponibilité.

Agencia de Viajes Tour Colombia Calle 22 No. 23-23, ☎84 66 99, ⇒82 87 56.

Javier Echavarria C. ☎80 83 00 ou 74 01 16.

★ ATTRAITS TOURISTIQUES

Manizales ★

Manizales est une ville pimpante mais, outre la «route du café» et les excursions à l'extérieur (voir p 242), il ne s'agit pas d'une destination touristique de première importance. En effet, ayant subi plusieurs cataclysmes dont des tremblements de terre (1875 et 1879), des incendies (1925 et 1926) et des éruptions volcaniques, notamment celui du Nevado del Ruiz en novembre 1985, qui fut particulièrement dévastateur, Manizales a été presque entièrement reconstruite et modernisée. On pourra tout de même apprécier les édifices suivants :

La **Catedral Basílica** ★★★ *(Carrera 22, entre les Calles 22 et 23, au sud de la Plaza Bolívar)* est une église de style gothique dont la construction a débuté par l'érection d'une petite chapelle sur le site même de l'église d'aujourd'hui en même temps que les fondations de Manizales, soit en 1850. Le premier temple fut partiellement détruit par de forts tremblements de terre et reconstruit en 1854 avec trois clochers, pour être de nouveau détruit en 1886. Comme la foi catholique était vive chez les premiers colons, on ne tarda pas à reconstruire une autre cathédrale en bois qui fut de nouveau détruite par le feu le 20 mars 1926.

La construction reprit de plus belle à la suite d'un concours organisé à l'École des beaux-arts de Paris sous la direction du *Manizaleño* Don Miguel Gutiérrez et remporté par l'architecte Julien Polty. Construite cette fois-ci en béton armé et d'inspiration néo-gothique, elle subit encore des dommages lors du tremblement de terre de 1979, qui fit tomber un de ses trois clochers, dont le plus imposant atteint les 105 m en hauteur. Aujourd'hui remise en état, la cathédrale est devenue l'un des édifices les plus remarquables de Manizales sur la Plaza Bolívar avec son marbre italien, ses vitraux qui fournissent une lumière chatoyante, conçus par Gerardi et Bonarda, et ses trois portes de bronze dont les gravures en bas-reliefs, œuvre du jésuite Eduardo Ospina, racontent l'histoire de la ville.

Les arches semi-circulaires de style roman ont été inspirées par celles de l'église Sainte-Sophie d'Istanbul qui, sous le nom de Byzance, était alors dominée par les Romains. Les arches en ogive, où se trouvent les vitraux, sont pour leur part de style gothique, alors que les vitraux eux-mêmes ont été fabriqués en Grèce, en Italie et en Colombie.

Le baldaquin de 12 m au-dessus du maître-autel a été conçu par la firme new-yorkaise Rambush, construit en Italie par la maison Stuflessu

de Ortisei dans la province de Bolzano et doré en Colombie par Don Manuel Vargas.

La **Plaza Bolívar** ★★★ *(entre les Calles 22 et 23 et les Carreras 21 et 22)* de Manizales est l'une des plus remarquables de Colombie, à cause de son style et de son ambiance. Située au cœur même de la ville, elle est toute en carrelage de brique émaillée et s'étend sur trois paliers que l'on rejoint en franchissant des marches en pierre aussi. Décorée de murales en céramique de l'artiste *manizaleño* Guillermo Botero qui réfèrent à l'histoire de la Colombie, la Plaza est toujours envahie par une foule nombreuse, surtout vers 16h, soit à la sortie des bureaux. Elle est le site du Cóndor Bolívar et donne accès à la cathédrale et à l'édifice La Gobernación.

Le Cóndor Bolívar

Inauguré le 12 octobre 1991, le **Cóndor Bolívar** ★★★ *(sur la Plaza Bolívar en face de la cathédrale)* est un imposant monument allégorique à la mémoire du Libertador. Juché sur un piédestal carrelé en ciment de 12 m, un bronze de 6 m représentant un condor à forme humaine, un «centaure volant», déploie ses ailes au-dessus de Manizales (et de la Colombie) pour mieux la protéger. Devant, aussi en bronze et retenu au piédestal par trois fixations apparentes, se trouve un masque à l'effigie de Francisco de Paula Santander, le bras droit de

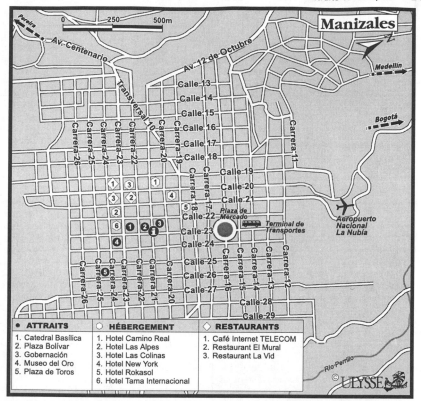

Manizales

Calle-13
Calle-14
Calle-15
Calle-16
Calle-17
Calle-18
Calle-19
Calle-20
Calle-21
Plaza de
Calle-22 Mercado
Calle-23
Calle-24
Calle-25
Calle-26
Calle-27
Calle-28
Calle-29

Av-12-de-Octubre
Av.-Centenario
Transversal-10
Pereira
Medellín
Bogotá
Aeropuerto
Nacional
La Nubía
Terminal de
Transportes
Río Perrillo

● ATTRAITS	○ HÉBERGEMENT	◇ RESTAURANTS
1. Catedral Basílica	1. Hotel Camino Real	1. Café Internet TELECOM
2. Plaza Bolívar	2. Hotel Las Alpes	2. Restaurant El Mural
3. Gobernación	3. Hotel Las Colinas	3. Restaurant La Vid
4. Museo del Oro	4. Hotel New York	
5. Plaza de Toros	5. Hotel Rokasol	
	6. Hotel Tama Internacional	

© ULYSSE

El sombrero aguadeño

Les amateurs de films d'aventures, dont l'action se déroule en Amérique centrale, connaissent parfaitement bien le *panamá*, ce chapeau de paille du nom de ce pays qui couvre le chef du chef de la bande des malfaiteurs dont le héros tente de contrer les vues diaboliques. S'il y a souvent des invraisemblances dans ces productions de série B, le *panamá* en est une — et non la moindre —, puisque ce *sombrero* ne provient pas du Panamá mais de Colombie, et plus précisément de Aguadas, une petite municipalité de la région de Caldas et un centre important d'artisanat.

En effet, le *sombrero aguadeño* — appelons-le par son nom —, était utilisé depuis bien longtemps par les montagnards de cette région avant son apparition au Panamá. Établis sur les pentes abruptes des Andes, ces derniers cultivaient un petit fruit rouge, le café, qui devait faire plus tard la renommée de la Colombie tout entière. Ils utilisaient un chapeau tressé avec la feuille séchée du latanier pour se protéger tant de la pluie que du soleil intense, les deux principales caractéristiques du climat régional.

Bolívar qui, imperturbable, semble défier le temps et... les leaders d'aujourd'hui. Interrogé quant à la signification de l'œuvre, le sculpteur Rodrigo Arenas Betancur a répondu, sarcastique, qu'il s'agissait de deux démons chassés de la cathédrale en face. Rodrigo Arenas Betan-

cur est le même artiste controversé qui a créé le bronze dédié à la race *antioqueña* au Centro Administrativo La Alpujarra, à Medellín (voir p 216) de même que les sculptures El Bolívar Desnudo, sur la Plaza Bolívar (voir p 258), El Cristo Sin Cruz, Avenida 30 de Agosto (voir

MANIZALES

p 258) et El Monumento a los Fundadores, Carrera 13, angle Calle 13, à Pereira.

La **Gobernación** ★★ *(côté nord de la Plaza Bolívar)* est un édifice datant du XIXe siècle qui a été entièrement rénové de 1925 à 1927. De style républicain tout en présentant aussi des touches de roman, de baroque, de classique et de gothique, l'édifice rectangulaire en *U,* conçu par l'architecte John Wotard, a été réalisé par l'architecte italien Angello Papio, responsable de la construction de plusieurs édifices de Manizales. Dans une cour intérieure, on trouve un jardin décoré de hauts-reliefs qui lui donne un caractère mudéjare. Le Palacio de Gobierno a été déclaré monument national de Colombie en 1984.

Le **Museo del Oro** ★★ *(lun-ven 9h à 11h30 et 14h à 17h30; Carrera 23 No. 23-06, 2e étage, ☎84 38 51, poste 259)* possède une collection d'objets de céramique et de bijoux en or de la culture *quimbaya.* Même s'il ne s'agit pas ici du plus important musée de l'or en Colombie, il faut le visiter, ne serait-ce que pour se donner une idée de l'évolution ethnographique des premiers habitants du pays. Fondé en 1939 à Santafé de Bogotá par le Banco de la República, le Museo del Oro a suivi une politique de décentralisation, et c'est en 1981 que fut inauguré celui de Manizales spécialisé dans la culture *quimbaya.*

La **Plaza de Toros** ★ *(Av. Centenario, vía a Pereria)* est un imposant édifice de style mudéjare, construit il y a plus de 25 ans, par la firme d'ingénieurs Borrero y Robledo, selon les plans de l'architecte Roberth Vélez. Ici se tiennent les *corridas* du mois de janvier, l'une des passions des *Manizaleños.*

La Ruta de Juan Valdez, la «route du café»

Le portait familier du *cafetero* Juan Valdez est utilisé en publicité à travers la Colombie. À Manizales, plusieurs excursions d'une ou de plusieurs journées gravitent autour de cette image sous le nom La Ruta de Juan Valdez. Elles consistent à visiter une ferme de café pour mieux se familiariser avec le petit fruit. Voici le trajet d'une des nombreuses sections de la Ruta de Juan Valdez.

Départ à 9h et retour à midi. Coût : 30 000 pesos par personne. Le guide vient chercher ses clients directement à l'hôtel en tout-terrain et les ramènera au même endroit. Il s'agit d'un camion transformé en autobus, avec des bancs latéraux à l'arrière.

À moins de 20 min de Manizales, le chauffeur emprunte un sentier de terre qui descendra puis grimpera difficilement dans les Andes pour le restant du parcours. Le paysage est à couper le souffle, alors que l'on pénètre dans une profonde vallée où des *fincas* apparaissent ici et là, quelques-unes à plus de 4 000 m d'altitude et d'autres tout au fond de la vallée.

Le guide s'arrête souvent pour donner des explications. Ici, un plan de café entre en floraison et produit une petite fleur blanche. Là, un caféier présente des baies vertes et rouges en même temps. Là encore, un plan produit des fleurs en même temps que des baies des deux couleurs, un phénomène assez singulier, propre au caféier. Plus loin, un *cafetero* (un travailleur de l'industrie du café) récolte les fruits à la main sur une pente présentant une inclinaison de près de 80%. Se sert-il d'une corde de rappel ou de tout autre équipement d'alpiniste? Bien sûr que non! Les *cafeteros,* ici, le sont de père en fils, et les méthodes empiriques, de la culture au produit fini, sont transmises par de patientes démonstrations, bien que tous les jeunes *cafeteros* fréquentent l'une ou l'autre des écoles d'agronomie du département.

Plus tard, une *finca* blanche à deux étages avec son toit de tuiles de céramique rouge apparaît sous les arbres. On y sert un café préparé avec les grains de la ferme, il va sans dire. Le décor est splendide avec une vue complète sur l'ensemble de la vallée, cette *finca* se situant en plein milieu.

À l'intérieur, la cuisine, simple, offre portant tout le confort. Les murs et le plancher sont carrelés de céramique blanche, et la table centrale de même que les chaises sont en bois brun. À l'étage, qui est couronnée d'un balcon en bois peint rouge, les chambres sont meublées sobrement mais adéquatement. Il est possible d'y passer la nuit, selon des arrangements pris avec les agences de voyages. Les prix varient selon la qualité de la *finca* choisie, certaines étant équipées de piscine creusée chauffée et offrant des services qui s'apparentent plus à ceux des auberges de luxe.

Les bâtiments, quant à eux, servent aux différents processus entrant dans la fabrication du café. Celui-ci au séchage mécanique et celui-là à l'empaquetage. Le guide continue ses explications en prenant un *cafetero* à témoin. On sert

Caféier

une autre tasse de café, et l'on présente des emballages cadeaux pour ramener en souvenir. Ce sont des livres ou des kilos de café empaquetés dans des sacs de jute et disposés dans une boîte de bois, identifiée au nom de la *finca*, et portant l'effigie de Juan Valdez.

 HÉBERGEMENT

La majorité des fermes, aux environs de Manizales, proposent l'hébergement : il faut s'informer auprès des agences de voyages pour y loger. D'autre part, tous les hôtels recommandables de Manizales sont situés au centre-ville.

L'**Hotel Las Alpes** *($; bp, ec, ☎, ≡, ⊗, tv, ▣, ℛ; Carrera 24 No. 22-52, ☎82 73 39 ou 82 14 83)* est un petit hôtel de 12 chambres avec des tapis et des meubles confortables. Le propriétaire s'exprime en anglais et peut trouver facilement quelqu'un qui parle français si nécessaire. Rénové récemment, l'hôtel est une ancienne maison coloniale qui offre tout le confort souhaitable à bon marché. La réception est accueillante.

L'**Hotel New York** *($; bp, ec; Calle 20 No. 20-17, ☎82 38 99)* est un vieil hôtel tenu par une dame à peu près du même âge. L'hôtel se distingue par ses plafonds hauts et l'immensité des pièces. Les portes de bois à double battant des chambres ont encore du style, mais l'hôtel répond uniquement aux besoins des petits budgets. On peut y louer une chambre simple sans salle de bain, sans téléphone et sans télé pour aussi peu que 7 000 pesos par personne. La douche commune est à l'eau chaude. Avec douche et télévision, on

s'en tirera à 30 000 pesos pour une ou deux personnes.

L'**Hotel Rokasol** *($; bp, ec, ☎, tv, ▣; Calle 21 No. 19-16, ☎84 20 84 ou 84 76 81, ☛84 77 22)* dispose de 42 chambres propres sans plus. C'est un hôtel sans style et sans histoire qui conviendra aux petits budgets.

L'**Hotel Tama Internacional** *($; bp, ec, ☎, mb, tv, ▣, ℛ; Calle 23 No. 22-43, ☎84 77 11 ou 84 21 24, ☛84 76 10)* est difficile à trouver, car son entrée se confond avec l'entrée d'un restaurant au premier étage. Voilà tout de même un hôtel avec beaucoup de style, situé au second étage d'une ancienne maison coloniale, dont les plafonds hauts et un balcon intérieur offrent une vue assez spectaculaire sur son restaurant. Les 30 chambres sont ordinaires et meublées simplement. Pourtant, on y trouve tout le confort nécessaire dans une ambiance familiale et chaleureuse.

L'**Hotel Camino Real** *($$-$$$; bp, ec, ☎, ⊗, ▣, ℛ; Carrera 21 No. 20-45, ☎84 55 88, 84 54 70 ou 84 06 32, ☛84 61 31)* est un hôtel deux étoiles sans style particulier qui propose 42 chambres propres, meublées simplement et adéquatement, dont certaines donnent sur la rue. Comme la circulation n'est intense qu'à la sortie des bureaux, cela ne pose pas de problème. Le personnel est aimable et dévoué.

L'**Hotel Las Colinas** *($$$$; bp, ec, ▣, ☎, tv, mb, ℛ, bar; Carrera 22 No. 20-20, ☎84 20 01 ou 84 18 16, ☛84 15 90)* est le meilleur hôtel de Manizales. Situé en plein centre-ville et adjacent à la Plaza Bolívar, cet hôtel trois étoiles compte 63 chambres et trois suites adéquatement meublées. Son hall d'entrée est sombre et sans style propre. Le Las Colinas n'est peut-être pas un grand hôtel, mais le personnel fera tout pour être agréable autant à la réception — où l'on parle un peu l'anglais —, au restaurant El Mural (voir plus loin) et au bar qu'au service aux chambres. Il ne faut pas hésiter à faire appel à la responsable des relations publiques, Luisa Liliana Velásquez, pour toutes questions concernant Manizales. Sa compétence et son charme ne font aucun doute.

 RESTAURANTS

À Manizales, on trouve beaucoup de restaurants au centre-ville et, en déambulant, on aura le choix entre le *fast food* et les restaurants spécialisés. Il ne faut pas s'attendre à de la grande cuisine, mais les restaurants proposant la cuisine régionale sont en général bons et économiques. Encore ici, les restaurants sont peu fréquentés le soir, sauf ceux des hôtels qui servent leurs hôtes.

Le **Café Internet TELECOM**, *($; tlj 10h à 12h et 14h à 20h; Carrera 23 et Calle 20, ☎84 20 30, cafealpha@col2.telecom.com.co)* est un petit café équipé d'ordinateurs où l'on peut déguster du café et des sandwichs. L'Internet est à la disposition des clients à raison de 1 200 pesos pour 15 min. On peut aussi imprimer des textes pour 300 pesos la feuille.

Le **Gran China** *($; tlj 11h30 à 23h; Carrera 23 No. 55-30, ☎85 40 25)* propose une cuisine chinoise sans recherche — le bœuf aux légumes était servi avec des frites — dans une petite salle avec quelques tables vides. Le restaurant se spécialise surtout dans la livraison à domicile.

 Le **Restaurant La Vid** *($; dim-ven 12h à 18h; Carrera 23 No. 22-26, ☎82 01 77)* est un restaurant végétarien. Situé au deuxième étage, La Vid propose une petite salle sympathique avec une hôtesse qui l'est aussi. On y trouvera la cuisine typique de ce genre de restaurant.

Le **Restaurant El Mural** *($$-$$$; tlj 7h à 22h; Carrera 22 No. 20-20, ☎84 20 09)* est le restaurant de l'hôtel Las Colinas (voir ci-contre). Situé au troisième étage dans une immense salle, le restaurant ne manque pas d'ambiance en semaine malgré son décor froid,

alors que l'hôtel reçoit des groupes en congrès. La cuisine internationale y est excellente et variée. Le service est irréprochable.

  SORTIES

Manizales se targue d'être la première ville en Colombie à avoir organisé des *ferias* (foires). Quelques événements à caractère social et culturel agrémentent donc la vie de la ville, de ses environs et du département de Caldas. En voici quelques-uns :

La **Feria Anual de Manizales**, chaque année, au mois de janvier;

Le **Reinado International del Café**, le couronnement de la reine du café, à Manizales, au mois de janvier;

Le **Carnaval del Diablo**, un carnaval coloré, à Riosucio, en janvier;

La **Feria Exposición Equina**, l'exposition équestre de Manizales, en mars;

Le **Festival del Imagen**, un festival consacré au film, au video, à la photo et à l'illustration par ordinateur, à Manizales, en avril;

Le **Festival Latino-americano de Teatro**, qui réunit des troupes provenant de tout le continent, à Manizales, au mois de septembre.

 MAGASINAGE

Les boutiques d'artisanat sont aussi des attraits touristiques à Manizales, où l'on trouve le fameux *sombrero aguadeño* accompagné de la *mulera caldense*. On peut y acheter d'autres vêtements confectionnés à la main de même que du café dans des emballages-cadeaux.

Almacén Artístico, Carrera 23 No. 24-06, ☎84 63 85
Artesanías Dian, Carrera 22 No. 30-64, ☎83 42 85
Artesanías de Aguadas, Carrera 22 No. 28-14, ☎83 44 49
Artesanías de Colombia, Carrera 21 No. 26-10, ☎84 78 74.

ARMENIA ET LE DÉPARTEMENT DE QUINDÍO

Selon toute vraisemblance, le nom de Quindío se rapporterait à la tribu indigène des Quindus. Il pourrait aussi s'agir de la déformation d'un mot *quimbaya* d'origine qui signifierait «éden». Avec une superficie de 1 960 km², Quindío, qui n'a été constitué en département qu'en 1996, est bordé au nord par le département de Risaralda, au sud-ouest par le département Valle del Cauca et au sud-est par le département de Tolima. Quindío compte une population de plus de 500 000 habitants dont la moitié vit dans la capitale, Armenia.

Quindío connaît un climat instable; la température varie entre 10°C et 24°C, et la moyenne s'établit à 20°C. Habituellement, les étés surviennent au cours des mois de décembre et janvier ainsi que de juillet et août. Les hivers s'installent aux mois d'avril et de mai et aussi aux mois d'octobre et de novembre. Mais rien n'est sûr et personne ne peut le prévoir avec exactitude.

Sa principale production est le café, dont les plants procurent le plus haut rendement à l'hectare au monde, les département de Quindío, Caldas et Risaralda constituant la «route du café», l'un des plus intéressants circuits touristiques en Colombie. Mais on y cultive aussi la banane plantain, le manioc, les agrumes, la canne à sucre, le cacao, la tomate d'arbre (les arbres atteignent de 4 m à 5 m de hauteur). On y trouve aussi des asperges, des champignons, des fèves, du maïs, des pommes de terre et du

tabac. On y pratique l'élevage du bœuf, du mouton et de la volaille, de même que la pisciculture et l'apiculture.

Parmi ses industries, on retrouve la construction, la fabrication de meubles et de souliers ainsi que l'artisanat. Son altitude se situe entre 1 200 m et 3 000 m, et Quindío compte 12 municipalités principales : Buenavista, Filandia, Calarcá, Circasia, La Tabaida, Montenegro, Quimbaya, Córdova, Pijao, Génova, Salento, et finalement la capitale, Armenia.

Armenia

Située à 1 438 m d'altitude sur les flancs de la Cordillère centrale, Armenia offre l'un des plus agréables climats de Colombie avec une température moyenne de 20°. Ses habitants sont accueillants, ouverts aux visiteurs, spontanés et aimables. La ville est calme et l'on trouve encore ici une ambiance facilement comparable à celle qui règne dans certaines petites villes du centre de l'Espagne, du Portugal ou de l'Italie.

Un peu d'histoire

Fondée le 14 octobre 1889 par Jesús María Ocampo Toro, accompagné par Jesús María Suáres, Nicolás Macías, Hipólito Nieto et d'autres colons sur le territoire des Sinús — une tribu du groupe caribe de culture Quimbaya —, Armenia reçut le nom d'une *hacienda* (grande ferme) déjà existante sur son territoire, laquelle avait été baptisée en l'honneur de paysans tués à la même époque par Shakir Bajá en Arménie, en Asie occidentale, une république qui faisait partie de l'ancienne URSS.

 POUR S'Y RETROUVER SANS MAL

Les *calles* et les *carreras* d'Armenia sont toutes numérotées. Les *calles* suivent la direction est-ouest et leurs numéros augmentent du nord vers le sud. Les *carreras* suivent la direction nord-sud et leurs numéros augmentent d'est en ouest.

L'avion

L'**Aeropuerto nacional El Edén** *(vía La Tabaida, ☎47 94 00)* est situé au sud-ouest, à environ 18 km du centre-ville, sur la route de Santiago de Cali. On s'y rend plus commodément en taxi (*6 000 pesos*), bien qu'on puisse s'y rendre en autobus, indiqué «Aeropuerto», que l'on prend sur la Carrera 19.

Avianca propose des vols directs d'Armenia en direction de Bogotá : lun-jeu et sam 7h17, ven 9h05, tlj 12h51 et 19h15; 105 000 pesos.

L'Aeropuerto nacional El Edén est desservi par les deux principales compagnies colombiennes, cependant qu'on y trouve aussi American Airlines.

Aces, Carrera 15 No. 21-27, ☎44 40 83.
Avianca, Carrera 15 No. 19-38, ☎44 26 17 ou 44 79 30.
American Airlines, Calle 20 No. 14-30, ☎46 35 25.

L'autocar

Le **Terminal de Transportes** se trouve aussi au sud-ouest, à l'angle de la Carrera 19 et de la Calle 35; des autobus empruntant la Carrera 19 y vont régulièrement depuis le centre-ville. Il faut compter 5 000 pesos pour la course en taxi du centre-ville au Terminal.

Les compagnies d'autres suivantes desservent les autres villes de Colombie, entre autres

Santafé de Bogotá (8 heures) et Santiago de Cali (4 heures).

Expreso Palmira, Calle 35 No. 20-68, ☎44 40 83 ou 47 19 31.
Flota Occidental, Calle 35 No. 20-68, ☎47 58 86 ou 47 46 16.
Nuevo Rápido Quindío, Calle 35 No. 20-68, ☎47 45 15 ou 47 72 49.

Les transports en commun

Des autobus parcourent la ville régulièrement en tous sens (*350 pesos*), mais tous les points d'intérêt ici se découvrent à pied, sauf bien sûr les *fincas* de la «route du café».

Les taxis

Ici aussi, les taxis sont de couleur jaune ocre et identifiés *Servicio Público*. Ils sont munis de taximètre, et le prix de la course ne devrait pas dépasser 1 000 pesos pour les courtes distances, et jamais plus de 2 000 pesos pour les distances plus longues, à l'intérieur des limites de la ville, pour se rendre au Museo del Oro par exemple. On peut aussi louer une voiture à l'heure; le prix exigé est de 6 000 pesos.

 **RENSEIGNEMENTS PRATIQUES**

Indicatif régional : 6

Poste

La correspondance est acheminée via les bureaux d'**Avianca**, Carrera 15 No. 19-38.

Banques

Le **Banco Industrial Colombiano** *(tlj 8h à 16h; Calle 20, entre les Carreras 15 et 16)* change les chèques de voyage et les devises étrangères.

ARMENIA

Renseignements touristiques

Anato, l'association colombienne des agents de voyages, Calle 20 No. 14-30, ☎41 11 11;
Corporación de Fomento y Turismo de Armenia, Calle 20 No. 15-31, ☎41 04 41,
41 35 86 ou 41 35 96;
Secretaría de Cultura, Artesanía y Turismo, Calle 20 No. 13-22, premier étage,
☎41 42 80, poste 276;
Fundo Mixto de Promoción Turística del Quindío, Carrera 14, angle Calle 13, Edificio Cámara de Comercio, deuxième étage, ☎41 28 10.

Excursions

Plusieurs excursions sont organisées au départ d'Armenia, et les agences de voyages propo-
sent autant des séjours dans les nombreuses *fincas* de café que des visites des villes du département ou encore, incontournable, la visite du Parque Nacional del Café (voir p 250).

Voici les coordonnées des agences de voyages qui sauront organiser ces visites selon vos exigences :

Viajes Palma de Cera, Calle 19 No. 13-45, ☎41 42 43;
Viajes Armenia, Carrera 15 No. 21-61, ☎44 95 44;
Viajes Quindío, Carrera 14 No. 20-12, ☎44 11 94;
Quinditour, Calle 20 No. 14-30, ☎41 11 11.

Les indigènes du Viejo Caldas

Quimbaya est le nom générique des indigènes qui habitaient la région où se trouve actuellement El Viejo Caldas, c'est-à-dire les départements de Caldas, de Risaralda et de Quindío, regroupés avec celui de Valle del Cauca, sur le versant ouest de la Cordillère centrale. Ils s'occupaient d'agriculture et étaient d'excellents orfèvres. Outre les Espagnols, leurs principaux ennemis, les Panches et les Pijaos habitaient le versant est de cette même cordillère.

Les Quimbayas étaient des gens pacifiques. Ils n'offrirent que peu de résistance aux conquistadores, contrairement à leurs voisins, entre autres les Armas, les Paucuras, les Pozos et les Picaras, qui pratiquaient le cannibalisme entre eux, un rituel de guerre qui consistait à dévorer leurs ennemis et à utiliser certaines parties du corps en guise de trophées. À l'entrée de la case des caciques par exemple, on pouvait trouver des corps disloqués et embaumés ainsi que des crânes recouverts de cire d'abeille qui, utilisée comme maquillage, les faisait paraître encore vivants, un message clair et sans équivoque à leurs ennemis.

L'extinction

Au XVIᵉ siècle, le commencement de la Conquête marqua en même temps le commencement de la fin de la culture Quimbaya, avec l'arrivée du maréchal Jorge Robledo dans la région. Les nombreux affrontements provoqués par les Espagnols et l'esclavage, qui signifiait la perte de leur liberté et de leur autonomie ancestrales, contribuèrent à la disparition de cette culture dont les vestiges sont encore troublants aujourd'hui.

La mise en valeur du patrimoine de cette nation commença au milieu du XIXᵉ siècle, alors que les cultivateurs commencèrent à trouver des tombes de même que des objets précieux lui ayant appartenu. Plus récemment, les fouilles archéologiques et les recherches ethnographiques ont permis de faire des pas en avant quant à la reconstitution de l'histoire des Quimbayas et des tribus voisines de l'époque qui font partie intégrante de l'histoire de la Colombie.

ATTRAITS TOURISTIQUES

Armenia ★

Armenia est une petite ville agréable qui, cependant, ne présente pas beaucoup d'attraits touristiques sauf dans la campagne bien sûr. Il y a pourtant des sites qui peuvent retenir l'attention. Il faut noter que le centre-ville est considéré comme sécuritaire, mais il faut éviter les autres secteurs la nuit venue.

La **Catedral de la Inmaculada ★★** *(Plaza de Bolívar, Carrera 14, entre les Calles 20 et 21)* est l'une des cathédrales les plus modernes de toute la Colombie. Dotée d'un plan en forme de croix latine, sa structure épouse la forme d'un *A* majuscule encadré par un second *A* de dimension supérieure, surplombés d'un immense obélisque de quelque 40 m de hauteur qui sert de clocher. À l'intérieur, on peut contempler une murale d'inspiration byzantine, des marbres et des vitraux de l'artiste Antonio Valencia.

La **Plaza Bolívar ★★★** *(entre les Carreras 13 et 14 et les Calles 20 et 21)* constitue le cœur civique de la ville. On peut y admirer un premier monument en bronze inauguré le 17 décembre 1979, le Monumento al Esfuerzo, un hommage à la vision, à l'effort et à la ténacité des premiers colons. L'œuvre est du sculpteur Rodrigo Arenas Betancur, à qui l'on doit aussi El Bolívar Desnudo, le Monumento a los Fundadores et le Cristo Sin Cruz de Pereira (voir p 258), le Cóndor Bolívar de la Plaza Bolívar de Manizales (voir p 240) et le bronze du Centro Administrativo La Alpujarra à Medellín (voir p 216). L'autre bronze, inauguré le 17 décembre 1930, est évidemment une statue de Simón Bolívar, œuvre du sculpteur *quindiano* Roberto Henao Buriticá, qui l'a coulé à Paris.

Le **Museo del Oro ★★★** *(mar-ven 10h à 18h; sam-dim 10h à 17h; Av. Bolívar, angle Calle 40n, ☎49 38 20 ou 321 33 00, ≈49 44 26)* est le musée de l'or le plus moderne de la Colombie. Propriété encore ici du Banco de la

ARMENIA

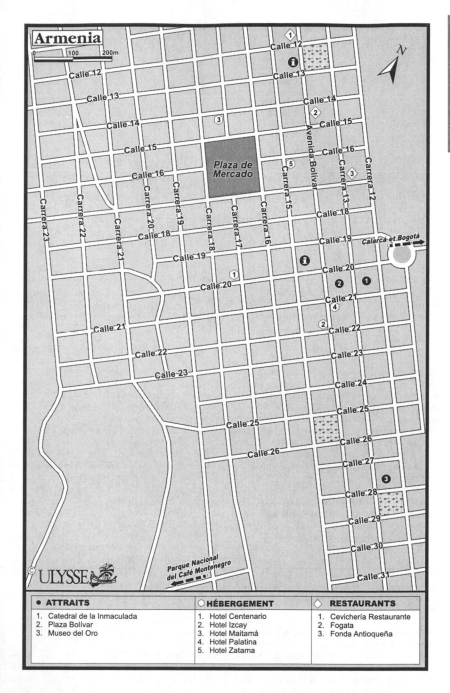

● ATTRAITS	○ HÉBERGEMENT	◇ RESTAURANTS
1. Catedral de la Inmaculada	1. Hotel Centenario	1. Cevichería Restaurante
2. Plaza Bolívar	2. Hotel Izcay	2. Fogata
3. Museo del Oro	3. Hotel Maitamá	3. Fonda Antioqueña
	4. Hotel Palatina	
	5. Hotel Zatama	

Parque Nacional del Café

República, il a été inauguré le 25 juillet 1986 et est l'œuvre de l'architecte Rogelio Salmona, qui a remporté ainsi le premier prix d'architecture de Colombie en 1986-1987. Le musée est situé aux limites d'Armenia, mais on peut s'y rendre en prenant l'autobus sur la Calle 14, en direction nord.

Le musée est divisé en sept salles basses en brique rouge qui donnent sur deux cours intérieures à aire ouverte et qui communiquent entre elles par des allées en brique rouge aussi. On y trouve une salle de lecture, un centre de documentation, une cafétéria, des jardins et un théâtre en plein air. On y admire encore ici de nombreuses pièces d'or de la culture Quimbaya, entre autres des pectoraux et des bracelets, de même que d'autres pièces d'utilisation courante.

Le **Parque Nacional del Café** ★★★ est situé à moins de 20 min en voiture d'Armenia et à quelques kilomètres de la petite ville de Montenegro. Il s'agit d'un parc entièrement dédié à la culture du café où l'on peut mieux connaître le processus de sa fabrication, du choix des graines à la plantation en passant par l'entretien, la récolte, le séchage, la torréfaction, l'emballage et même la mise en marché et la vente.

Situé dans une vaste zone verte, le parc abrite le Musée du café, des salles de conférences et un mirador en bois d'au moins 30 m qui permet une vue assez exceptionnelle sur toute la région. On y déambule pendant plus de 2 heures sur une promenade de 4 km dans des jardins magnifiques dont celui des légendes amérindiennes et celui des orchidées, l'emblème du département de Quindío.

 HÉBERGEMENT

La plupart des *fincas* (fermes) de café proposent l'hébergement dans le département de Quindío, mais étant donné qu'elles sont situées hors des grandes villes, il faut s'adresser aux agences spécialisées. Quant aux hôtels, ils sont tous situés au centre-ville, mais il faut se méfier des hôtels près du marché qui servent aussi d'hôtels de passe. Essayez ceux-ci :

L'**Hotel Zatama** *($; bp, ec, ⊗, ☎, tv, ℜ; Carrera 15 No. 16-22, ☎45 35 76 ou 45 15 24)* est un hôtel de 72 chambres économiques sans cachet particulier. Elles sauront satisfaire une clientèle «petit budget».

L'**Hotel Izcay** *($$; bp, ec, ◙, ⊗, ☎, tv, ℜ; Calle 22 No. 14-05, ☎41 02 63, 41 02 64, 41 02 65 ou 41 02 66, ≠44 05 68)* n'est pas un bel hôtel, mais il donnera satisfaction pour le prix. Situé près des activités du centre-ville, c'est un édifice de 5 étages et de 60 chambres sans beaucoup d'attraits. Le personnel de la réception est accueillant, et l'hôtel n'a aucune autre prétention que d'héberger les voyageurs recherchant la simplicité et la tranquillité.

L'**Hotel Maitamá** *($$; bp, ec, ◙, mb, ⊗, ☎, tv, ℜ; Carrera 17 No. 14-05, ☎41 04 88, ≠44 93 08)* propose 70 chambres et 4 suites dans un édifice de 6 étages; le prix inclut le petit déjeuner continental ou américain. C'est

ARMENIA

un hôtel sans attrait particulier mais qui saura satisfaire sa clientèle.

L'**Hotel Palatina** *($$; bp, ec, , mb, ⊗, ☎, tv, ℜ; Calle 21 No.* 14-49, ☎41 27 30, 41 27 40 ou 41 27 44) est aussi un hôtel sans prétention, moyen et propre, qui veut donner toute satisfaction à sa clientèle. Les chambres sont meublées correctement et demeurent confortables.

L'**Hotel Centenario** *($$$; bp, ec, ⊘, , mb, ⊗, ☎, tv, ℜ, bar; Calle 21 No.* 18-20, ☎43 31 43, ☎41 13 21) est un hôtel convenable avec 60 chambres confortables et propres, dispersées sur les 4 étages d'un édifice récent mais sans attrait particulier. Ici aussi, le personnel est accueillant. L'hôtel est cependant doté d'un centre de conditionnement physique, d'un sauna et d'un bain turc, de même que de stationnements.

surtout pas s'y fier. Le service est professionnel et stylé, et la cuisine est renommée à juste titre, ayant souvent fait l'objet de critiques élogieuses dans les médias de Quindío.

 La **Fogata** *($$$; tlj 11h30 à 23h; Av. Bolívar No. 14n-39,* ☎49 59 80) est sans doute le meilleur restaurant d'Armenia. Par ailleurs, il est le rendez-vous des gens aisés qui s'y rencontrent régulièrement. Faisant l'angle entre deux avenues, le restaurant est doté d'une terrasse extérieure protégée par des arbres magnifiques, mais la circulation toute proche incite à choisir la salle en *V* vitrée des deux côtés qui a vue sur l'extérieur. On y trouve une cuisine proposant autant les viandes que les poissons et les fruits de mer cuits sur charbons de bois dans la salle directement à l'entrée. La carte des vins est assez vaste et offre un choix de vins français et chiliens.

RESTAURANTS

On trouvera à Armenia, comme partout ailleurs en Colombie, beaucoup de restaurants *fast food* au centre-ville. Cependant, certains établissements pourront surprendre par la qualité et le service qu'ils offrent.

La **Fonda Antioqueña** *($; tlj 7h à 22h; Carrera 13 No. 18-55,* ☎44 49 58) est un restaurant de cuisine régionale. On pourra donc y déguster la *bandeja paisa*, une généreuse portion de fèves accompagnées de viande hachée, de banane plantain, de riz et des incontournables *arepas*. Ou encore le *sancocho*, une soupe confectionnée à l'aide de pommes de terre, de banane plantain et de manioc accompagnés de morceaux de poulet, de porc ou de bœuf, et cuits dans le bouillon de la viande. Aussi avec *arepas* bien entendu.

Le **Cevichería Restaurante** *($$; lun-sam 11h30 à 22h, dim 11h à 16h; Carrera 14 No. 11-62,* ☎45 32 05) est un restaurant de poissons et fruits de mer en provenance du Pacifique. Il s'agit d'un petit restaurant qui a beaucoup de charme mais sans clientèle assidue. Dommage!

 L'**Asadero Sierra Dorada** *($$$; tlj 11h à 22h; Av. Bolívar No. 1-160,* ☎46 37 50) est aussi un restaurant de fruits de mer où l'on peut manger à la terrasse ou dans la salle. Pourvue de longues tables en bois, la salle à manger donne l'impression d'être située au bord d'une plage, tellement l'atmosphère y est détendue. Ce n'est pas un défaut et il ne faut

SORTIES

Quindío organise un certain nombre d'événements culturels et sociaux susceptibles d'intéresser. En voici quelques-uns :

Temporada Taurina, les corridas du mois de janvier à Armenia;

Reinado Nacional del Café, le couronnement de la reine du café au mois de juin à Calarcá;

Concurso del Alumbrado, un concours de chandelles et de lanternes au mois de décembre à Quimbaya.

MAGASINAGE

Il y a beaucoup de produits d'artisanat qui sont faits à Armenia. On trouvera donc des pièces en plâtre, en bois et en argile, de même que des vêtements en laine et en coton. Le travail du cuir est aussi important, alors que, dans la campagne, le cheval et l'âne sont encore très présents. Des artisans d'Armenia sont donc spécialisés dans la confection de selles et d'accessoires d'équitation en cuir. Essayez les boutiques suivantes :

Tumbaga, Calle 20a No. 15-30, ☎44 86 20;
Savi, Carrera 16 No. 21-29, ☎44 01 15;
Ema, Calle 19 No. 13-38, local 3, ☎44 31 27.

252

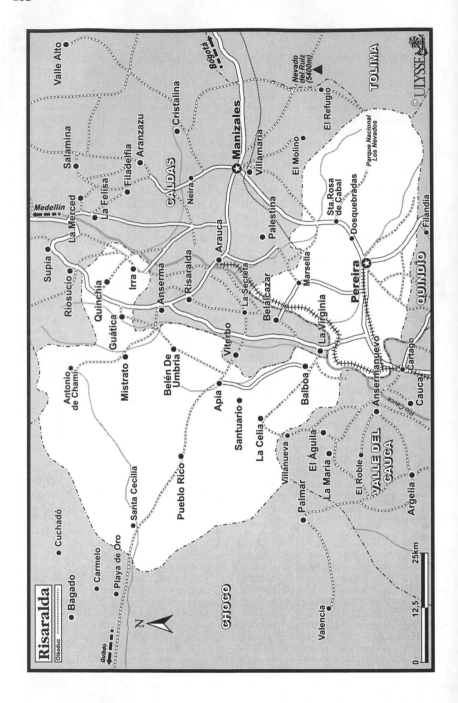

PEREIRA ET LE DÉPARTEMENT DE RISARALDA

Risaralda couvre 4 014 km², à peine 3% de tout le territoire colombien avec une population de près de 1 million d'habitants, à 88% citadins. Le département est bordé au nord par Antioquia et Caldas et au sud par les départements de Quindío et de Valle del Cauca. Il est limité à l'est par Caldas et Tolima et à l'ouest par le Chocó. Les cendres volcaniques de son sol le rendent d'une exceptionnelle fertilité, alors que le département est baigné par de nombreux fleuves et leurs affluents, dont le Río Risaralda, le Río Otún, le Río La Vieja, le Río Cauca et le Río Barbas. Le département offre un climat varié allant de la chaleur humide du bas de la vallée au climat froid de la zone supérieure andine. Il bénéficie d'une température moyenne annuelle de 21°C avec deux périodes de pluies, d'avril à juin et de septembre à novembre.

Regroupant 14 municipalités, soit Apía, Balboa, Belén de Umbría, Dos Quebradas, Guática, La Celia, La Virginia, Marsella, Mistrató, Pueblo Rico, Quinchía, Santa Rosa de Cabral, Sanctuario et la capitale, Pereira, Risaralda est desservi par un réseau routier bien développé qui permet de facilement communiquer entre elles. Et Risaralda s'enorgueillit de la concertation qui existe entre le gouvernement du département, les corporations commerciales et industrielles et les centres éducatifs qui favorisent le travail et le progrès.

Pereira

Établie au centre d'une petite vallée de la Cordillère centrale à quelque 1 400 m au-dessus du niveau de la mer et baignée par le Río Otún, la capitale du département de Risaralda, Pereira, s'étend sur 609 km² et compte quelque 500 000 habitants reconnus pour leur amabilité, leur sens de l'entreprise et leur ingéniosité.

Un peu d'histoire

Son histoire a débuté à une époque lointaine, alors que les orfèvres de la tribu des Quimbayas imposèrent chez les autres peuples, et pendant de nombreuses générations, une technique plus évoluée.

Quelques années après la découverte, le maréchal Jorge Robledo fonda dans la région, en 1541, une petite agglomération qu'il nomma Cartago. À la suite de nombreuses altercations avec les Amérindiens, il déménagea la ville sur les rives du Río La Vieja en 1691, où elle se trouve encore aujourd'hui.

Ainsi s'écoulèrent quelque 150 ans avant qu'un certain Francisco Pereira Martínez décide de faire revivre l'emplacement de la cité perdue. Cependant, il mourut avant de réaliser son rêve, et c'est un ami de celui-ci, le prêtre Remigio Antonio Cañarte, qui concrétisa son idée. Avec un groupe d'hommes, il pénétra sur ce qui est aujourd'hui la Plaza Bolívar pour y célébrer une messe le 30 août 1863.

Pereira aujourd'hui

Tout en étant une cité intermédiaire, Pereira se présente aujourd'hui comme l'un des principaux centres urbains de la Colombie. La capitale du département ne compte pas moins de huit universités, à savoir la Universidad Tecnológica de Pereira, la Universidad Católica Popular de Risaralda, la Universidad Cooperativa, la Universidad Libre, la Universidad Antonio Nariño, la Universidad del Area Andina, la Universidad de Santo Tomás et le Seccional de EAFIT. Ses principales industries sont les aliments — poulet, café et boissons —, les textiles — vêtements de qualité et cuir —, le bois, incluant les meubles et le papier, la métallurgie, la machinerie lourde et les équipements connexes. Pereira est une ville dynamique, et il faut déambuler au centre-ville pour s'en rendre compte, alors qu'il y a des bouchons de circulation même sur les trottoirs dès la sortie des bureaux, de 16h à 19h. Pereira est une ville paisible, et l'on peut s'y promener partout sans difficulté, avec un minimum de prudence.

 POUR S'Y RETROUVER SANS MAL

Les *calles* de Pereira suivent la direction nord-sud et leurs numéros augmentent d'est en ouest. Pour ce qui est des *carreras*, elles suivent la direction est-ouest et leurs numéros augmentent du nord au sud. S'il y a des avenues, elles suivent la direction des *calles* ou des *carreras* et portent aussi des numéros.

L'avion

L'**Aeropuerto Internacional Matecaña** *(Av. 30 de Agosto, ☎36 00 21)* est situé à moins de 15 min au sud de la ville. On peut prendre un des autobus à l'aéroport en direction du centre-ville. Ils sont identifiés «El Centro-Matecaña» par un carton sur le pare-brise.

Il y a un vol, avec escales, tous les jours à 6h39 vers Miami.

Voici l'horaire d'Avianca pour ses vols directs vers Bogotá : tlj 6h39, 7h25, 9h59, 12h21,

15h15, 18h20; lun-ven 19h25; lun, ven-dim 21h20; 105 000 pesos.

Plusieurs compagnies d'aviation nationales et internationales y sont représentées. Voici leurs coordonnées :

Les compagnies nationales

Aces, Av. Circunvalar, local 111, ☎24 22 37, à l'aéroport ☎36 00 21.
Avianca, Calle 19 No. 6-28, ☎35 85 09, à l'aéroport ☎36 00 29.
Aires, Aeropuerto Internacional Matecaña, ☎26 11 48 ou 36 96 03.
Intercontinental de Aviación, Calle 22 No. 7-38, ☎35 04 81, à l'aéroport ☎36 49 91.
SAM, Carrera 8a No. 22-02, ☎35 21 12, à l'aéroport ☎36 00 29.
Air Pereira, Aeropuerto Internacional Matecaña, ☎26 10 66.
Saturno Ltda, Aeropuerto Internacional Matecaña, ☎26 06 51.

Les compagnies internationales

Aerolinas Argentinas, Calle 21 No. 8-48, 2e étage, ☎34 37 61, 34 08 50 ou 35 17 72.
Aeroperú, Calle 21 No. 8-24, ☎34 20 50.
American Airlines, Calle 18 No. 7-59, bureau 501, ☎34 40 82.
British Airways, Calle 21 No. 8-24, ☎34 20 50.
Copa, Calle 100 No. 8a-49, ☎26 93 70.
Iberia, Calle 21 No. 8-48, 2e étage, ☎34 37 61, 34 08 50 ou 35 17 72.
KLM, Av. Circunvalar No. 12-32, bureau 201, ☎35 77 29.
Lan Chile, Calle 21 No 8-24, ☎34 20 50.
Lufthansa, Carrera 7a, bureau 301, ☎25 89 30.
Mexicana de Aviación, Carrera 7a No. 18-21, bureau 301, ☎25 89 29.
Norwegian Cruise Line, Calle 21 No 8-24, ☎34 20 50.
Viasa, Calle 21 No. 8-48, 2e étage, ☎34 37 61, 34 08 50 ou 35 17 72.

L'autocar

Le département de Risaralda attache une importance primordiale à son réseau routier, et il est facile de communiquer avec toutes ses municipalités par autocar. Au **Terminal de Transportes** *(Calle 17 No. 23-157, ☎35 44 37, 35 44 38 ou 35 44 39)*, au sud de la ville, on trouve les officines des compagnies d'autocars qui les

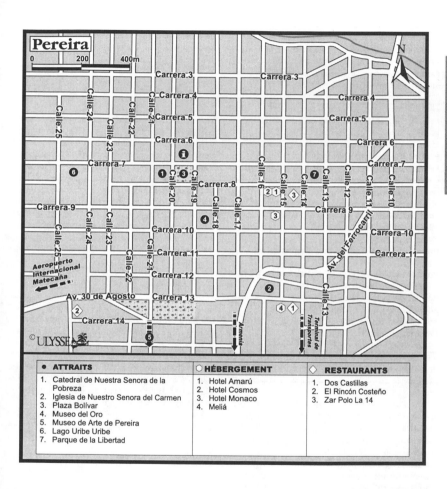

● ATTRAITS
1. Catedral de Nuestra Senora de la Pobreza
2. Iglesia de Nuestro Senora del Carmen
3. Plaza Bolívar
4. Museo del Oro
5. Museo de Arte de Pereira
6. Lago Uribe Uribe
7. Parque de la Libertad

○ HÉBERGEMENT
1. Hotel Amarú
2. Hotel Cosmos
3. Hotel Monaco
4. Meliá

◇ RESTAURANTS
1. Dos Castillas
2. El Rincón Costeño
3. Zar Polo La 14

PEREIRA

desservent, entre autres Expreso Bolivariano, Velotax, Flota Magdalena en direction de Bogotá (360 km), Flota Occidental en direction de Medellín (235 km), Expreso Palmira et Expreso Bolivario en direction de Santiago de Cali (230 km) et Buenaventura (372 km).

Les transports en commun

Des autobus desservent tous les quartiers de Pereira, mais encore une fois, la circulation étant très dense aux heures d'affluence, il vaut mieux se déplacer à pied.

Les taxis

Encore ici les taxis, bien identifiés *Servicio Público*, sont économiques et le transport s'effectue dans des voitures récentes. Il est rare de débourser plus de 1 000 pesos pour une course. Ils sont équipés de radio et offrent un service autant sur la rue que sur appel téléphonique.

Cooperativa de Taxis Consotas, ☎35 51 11, 33 76 66 ou 33 77 77.
Cooperativa de Taxis Covichoralda, ☎24 44 44, 24 02 43 ou 24 02 44.
Cooperativa de Taxis Luxor, ☎34 73 10, 34 74 00 ou 34 75 00.
Primer Tax, ☎34 80 40.
Tax San Lázaro, ☎33 31 00.

La location d'une voiture

La circulation est stressante à Pereira, surtout au centre-ville, à cause surtout des rues étroites. Aussi vaudrait-il mieux réserver la location d'une voiture à la visite de la campagne montagneuse environnante qui fournit, encore ici, des paysages exceptionnels. D'autre part, les attractions touristiques de la ville sont facilement accessibles à pied. Sinon, il est plus simple de prendre le taxi.

Hertz, Aeropuerto Internacional Matecaña, ☎36 00 36, poste 264.
Renta Car, Aeropuerto Internacional Matecaña, ☎26 17 38.
Uno Auto Renta Lida, Carrera 10 No. 46-81, ☎26 30 33.

? RENSEIGNEMENTS PRATIQUES

Indicatif régional : 6

Poste

La correspondance est acheminée via les bureaux d'**Avianca**, Calle 19 No. 6-28.

Banques

Beaucoup de banques ont des succursales à Pereira, mais pour un meilleur service de change de devises et de chèques de voyage, il faut s'adresser au **Banco Industrial Colombiano**. On peut aussi tenter sa chance au **Banco Anglo Colombiano**. Les deux sont situés sur la Carrera 7, à l'angle de la Calle 19, au nord-est de la Plaza Bolívar. On trouvera aussi des guichets automatiques sur la Calle 19, entre les Carreras 6a et 7a et aussi entre les Carreras 8a et 9a. Il y en a aussi sur l'Avenida Circunvalar entre les Calles 13 et 14.

Renseignements touristiques

Pour de l'information touristique pertinente, il faut s'adresser aux organismes suivants :

Fomento al Turismo, Carrera 7a No. 19-28, 2ᵉ étage, bureau 403, ☎35 71 32 ou 35 71 72, ⊷26 76 84. Aussi à l'Aeropuerto Internacional Matecaña, bureau 101, ☎36 00 21, poste 274
Fondo de Promoción Turística, Calle 20 No. 8-73, 2ᵉ étage, ☎34 63 95 ou 34 68 00.
Compañía Regional de Turismo (Corturis), Club Social Alcides Arévalo, bureau 308-310, ☎35 07 86, ⊷25 25 87.
Corporación de Turismo de Risaralda, Calle 20 No. 8-73, 3ᵉ étage, ☎35 64 27 ou 35 64 89.

Excursions

Les agences de voyages de Pereira proposent plusieurs routes touristiques dans les environs immédiats de la capitale et ailleurs dans le Risaralda, entre autres vers le Parque Nacional Natural de Los Nevados, le Parque Regional Natural Ucumari, l'Estación Piscícola El Cedral,

Une statue
anthropo-
morphique
du Parque
Arqueológico
de San
Agustín.

La guadua, une
espèce de palmier
qui pousse dans la
région de Quindío.

La Cordillère occidentale façonne les paysages le long du littoral pacifique.

Une finca de café

La Suiza, le Sanctuario de Flora y Fauna et Otúm Quimbaya. On propose aussi un tour de ville en *chiva*, une visite technique d'une ferme de café ou encore la route des vins de Colombie. Voici les principales agences de voyages spécialisées de Pereira :

Sin Fronteras, Carrera 13 No. 15-73, hôtel Meliá, ☎35 07 70, poste 117, ≠35 06 75; **Operadores Colombiana de Turismo**, Calle 18 No. 4-64, local 103, ☎35 41 73 ou 34 40 17; **Pereira Travel**, Carrera 7a No. 19-28, bureau 801, ☎25 86 41 ou 25 86 42; **Turismo Café y Montaña**, Carrera 6a No. 17-62, bureau 203, ☎25 07 38; **Excursiones Fidel García**, Carrera 8a No. 20-04, ☎35 85 67 ou 35 58 08.

 ATTRAITS TOURISTIQUES

Pereira ★

Pereira, qui forme une région métropolitaine avec les municipalités de Dosquebaras et La Virginia, est une ville récente. Bourgeoise et un peu guindée, elle se distingue plus par ses momuments, ses murales, ses rues piétonnières *(la Calle 28 entre les Carreras 7 et 8, où l'on trouve des artisans qui travaillent sur place le cuir et le métal et qui confectionnent des vêtements de laine, des bijoux et des breloques; la Calle 27, aussi entre les Carreras 7 et 8; la Calle 18, toujours entre les Carreras 7 et 8, entre autres)* et ses parcs que par ses édifices neufs sans distinction particulière. Sympathiques aussi *(Calle 19 entre les Carreras 9 et 10)*, ces écrivains publics installés sur le trottoir avec leur machine à écrire qui, pour quelques pesos, rédigent une lettre d'amour ou une mise en demeure au (à la) bien-aimé(e), au courtier d'assurances, au garagiste, etc.

La **Catedral de Nuestra Señora de la Pobreza** ★ *(Calle 20, angle Carrera 7, ☎35 65 45)* est une église à deux clochers qui donne directement sur la Plaza Bolívar. Sans être un édifice historique, elle possède quand même des colonnades intérieures et de nombreux vitraux qui lui confèrent un aspect grandiose.

L'**Iglesia de Nuestra Señora del Carmen** ★★ *(Calle 15, angle Carrera 13, ☎33 29 18)* est plus intéressante avec son style lourd néogothique. On y trouve aussi plusieurs vitraux puisque l'église est une réplique de la Catedral del Buen Pastor de San Sebastián en Espagne.

Monuments, bustes, sculptures et murales

Pereira est reconnue pour ses nombreux monuments et bustes en l'honneur des fondateurs de la patrie ou abordant d'autres thèmes, selon l'inspiration des artistes. On peut y aussi voir de nombreuses sculptures et murales sur la place publique ou dans le vestibule des banques ou des autres institutions. Par leur aspect éducatif et leur esthétique propre, ces œuvres d'art valent toutes de s'y attarder.

Les monuments

El Bolívar Desnudo, le «Bolívar nu» *(Plaza Bolívar)*, un bronze spectaculaire du sculpteur Rodrigo Arena Betancur, le même artiste provocateur à qui l'on doit le Cóndor Bolívar de la Plaza Bolívar de Manizales (voir p 240) et le bronze du Centro Administativo La Alpujarra à Medellín (voir p 216);

El Monumento a los Fundadores *(Carrera 13, angle Calle 13)*, aussi de Rodrigo Arena Betancur;

El Cristo Sin Cruz *(Av. 30 de Agosto, entre les Calles 49 et 50)*, toujours de Rodrigo Arena Betancur, qui, ici aussi, a suscité la controverse avec ce Christ sans croix;

La Virgen de la Ofrenda *(Calle 21, angle Carrera 7a)*, de Leonidas Méndez.

Les bustes

Jorge Eliecer Gaítan *(Carrera 4a, entre les Calles 24 et 25)*, de Alexandra Ariza;

Rafael Uribe Uribe *(Lago Rafael Uribe Uribe)*, de Francisco A. Cano, duquel le Museo de Antioquia de Medellín présente une collection permanente (voir p 214) et dont les peintures apparaissent aussi à la Basílica Metropolitana de la Inmaculada, toujours à Medellín (voir p 214);

Benito Juárez *(Av. 30 de Agosto)*, un don du gouvernement du Mexique;

Oscar Teherán *(Calle 24, angle Carrera 12)*, un don du Club Rotary.

Les sculptures

El Argonauta *(Calle 19, entre les Carreras 6 et 7)*, de Martín Abad Abad;

Hombre y Progreso 1 *(Calle 18, angle Carrera 7a)*, de Jaime Mejía Jaramillo;

Hombre y Progreso 2 *(Calle 19, angle Carrera 7a,)* de Jaime Mejía Jaramillo;

Colombia *(Calle 17, angle Carrera 6a)*, de Carlos Nicholls;

El Obelisco *(Calle 17, angle Carrera 6a)*, de Hernado Hoyos;

El Vigia *(Calle 17, entre les Carreras 23 et 24)*, de Carlos Nicholls;

La Bohemia *(Av. 14, entre les Carreras 21 et 22, Edificio La Bohemia)*, aussi de Carlos Nicholls;

Vendedora de Mango *(Carrera 7, entre les Calles 21 et 22)*, de Jaime Mejía Jaramillo;

Totem de Rostros *(Carrera 13, angle Calle 22)*, de Ruben Germanchs;

La Familia y el Café *(Av. 30 de Agosto No. 50-54)*, de Salvador Arango.

Les murales

Guaca Pobre y Guaca Rica *(Carrera 9a No. 18-23, Banco de la República)*, de Lucy Tejada;

Al Estudiante *(Parque de la Libertad)*, de Lucy Tejada;

Bestiaro Geométrico de la Fauna Americana *(Edicifio Comercio La 16)*, de Jaime Mejía Jaramillo.

La **Plaza Bolívar** ★★ *(entre les Calles 19 et 20 et les Carreras 7 et 8)* est l'une des places les plus populaires et les plus fréquentées de Pereira. C'est d'ailleurs ici que sont célébrés les événements à caractère public du département, la Plaza ayant été rénovée justement à cette fin au mois d'août 1993. D'autre part, un fort tremblement de terre a secoué la ville en 1995 et certains édifices sont encore en rénovation. C'est ici que s'élève le Bolívar Desnudo (voir p 258), un bronze en hommage au *Libertador*.

Le **Museo del Oro** ★★ *(lun-ven 9h à 11h30 et 14h à 17h30; Carrera 9 No. 18-23)* est aussi dédié à la culture Quimbaya. Loin d'être le plus important musée de l'or de la Colombie, il renferme cependant un bon nombre de pièces d'or *quimbaya* et l'on y apprend comment les orfèvres précolombiens les fabriquaient. L'artisan *quimbaya* sculptait premièrement l'objet de son choix en cire et le recouvrait de plusieurs couches d'argile et de boue se-mi-liquide qu'il laissait sécher. Enfin, il terminait cette étape avec une couche d'argile plus ferme. Il jetait alors l'objet au feu pour faire fondre la cire et cuire l'argile. Pour terminer, il remplissait la pièce d'or liquide, la laissait refroidir, puis brisait l'argile pour faire appa-raître l'œuvre dans toute sa splendeur. L'art des orfèvres *quimbaya* fait encore aujourd'hui l'objet d'études, car on n'en a pas encore compris tout le raffinement.

Le **Museo de Arte de Pereria** ★★ *(lun-ven 10h à 12h et 14 à 18h, sam-dim 11h à 16h; Av. Las Américas Sur No. 19-88, ☎25 55 08 ou 25 50 09, ⌐34 43 54)* est un musée moderne installé sur deux étages. Dans trois salles, les visiteurs peuvent admirer ce qui se fait de plus récent en arts platiques dans Risaralda et ailleurs en Colombie ou dans le monde. En effet, le musée organise des expositions régu-lières d'œuvres d'artistes colombiens et étran-gers dans deux salles distinctes. On peut aussi assister à des projections de films et de vidéos.

Le **Lago Uribe Uribe** ★ *(entre les Calles 24 et 25 et les Carreras 7 et 8)* est l'un des plus

beaux et des plus paisibles parcs de Pereira où l'on trouve un lac artificiel et une fontaine avec jets d'eau et jeu de lumières.

Le **Parque de la Libertad** *(entre les Calles 13 et 14 et les Carreras 7a et 8a)* est un petit parc plaisant, sans plus. C'est l'un des nombreux rendez-vous des cireurs de la ville.

 ## HÉBERGEMENT

Tous les hôtels de Pereira sont situés au centre-ville ou dans les environs immédiats. On peut tous les rejoindre à pied.

L'**Hotel Amarú** *($; bp, ec, ☎, tv, ⊛; Calle 15 No. 8-49, ☎35 13 83, 35 13 84 ou 35 13 85, ⌐33 87 40)* est un petit hôtel à quelques pas du centre-ville avec une ambiance familiale. L'hôtel est installé dans un édifice rénové. Les 22 chambres sont donc propres et offrent un bon rapport qualité/prix pour un petit budget.

L'**Hotel Cosmos** *($; bp, ec, ☎, tv; Calle 15 No. 8-21, ☎33 14 22, 35 64 97 ou 34 94 34)* est aussi un petit hôtel d'une quinzaine de chambres à quelques pas du centre-ville qui offre une ambiance familiale. Les chambres sont propres et confortables. On ne peut en demander plus pour ce prix.

L'**Hotel Monaco** *($; bp, ec, ☎, tv, ⊛, mb, ℜ; Carrera 9a No. 15-39, ☎39 09 01, 39 09 02 ou 39 09 03, ⌐33 09 08)* ne paye pas de mine de l'extérieur, mais c'est un excellent hôtel de 120 chambres propres, meublées adéquate-ment, confortables et surtout économiques. D'autre part, l'hôtel offre à ses hôtes de fin de semaine la possibilité d'utiliser son auberge champêtre à quelques minutes du centre-ville où l'on trouve une piscine, un bar et un restau-rant dans un cadre reposant. Le personnel est attentionné.

🛎 L'**Hotel Ejecutivo** *($$; bp, ec, ☎, tv, mb, ⊛, ▣, ℜ; Calle 7a No. 16-61, ☎25 82 92 ou*

25 82 96, ☎34 37 41) est le meilleur hôtel de Pereira pour ce qui est du rapport qualité/prix. Situé au deuxième étage d'un petit centre commercial au cœur même de Pereira sur l'une des rues les plus achalandées, l'hôtel compte 30 chambres dans un édifice rénové. L'accueil est sympathique, et le personnel, souriant.

L'**Hotel Soratama** *($$$$; bp, ec, ☎, tv, mb, ⊗, ▨, ℜ; Calle 7a No. 19-20, ☎35 13 83, 35 13 84 ou 35 13 85, ☎33 87 40)* est un hôtel d'une dizaine d'étages près du centre des affaires de Pereira. Ses 77 chambres sont meublées sans véritable recherche, mais le tout reste confortable. Le Soratama propose à ses hôtes un forfait de fin de semaine qui inclut la chambre, le petit déjeuner américain et le cocktail de bienvenue pour deux personnes, pour aussi peu que 80 000 pesos.

L'hôtel **Meliá** *($$$$$; bp, ec, ≡, mb, ☎, tv, ▨, ≈, ℜ; Av. Circunvalar ou Carrera 13 No. 15-73, ☎35 07 70 ou 35 39 70, ☎35 06 75)* de la chaîne internationale du même nom est le plus gros hôtel de Pereira. Installé un peu à l'écart du centre-ville — à moins de 10 min à pied —, l'hôtel offre un service de première classe dans un édifice récent d'une dizaine d'étages. Le vaste *lobby* s'ouvre d'un côté sur la rue et de l'autre sur un centre commercial, où l'on trouve des boutiques haut de gamme. L'accueil y est plutôt froid, et le personnel, guindé. Les chambres sont grandes et meublées avec goût, alors qu'on y trouve le confort habituel des grands hôtels de luxe. La majorité donne sur des balcons intérieurs, à chaque étage, lesquels offrent une vue d'ensemble de l'hôtel, alors que d'immenses fenêtres permettent d'apercevoir Pereira dans toute sa splendeur au lever ou au coucher du soleil. C'est un hôtel qui s'adresse à une clientèle aisée ou qui profite des avantages d'un compte de dépenses. On y propose cependant des forfaits touristiques.

 RESTAURANTS

On trouve de nombreux restaurants au centre-ville de Pereira, et il n'y a que l'embarras du choix. Pour le *fast food*, il faut choisir les rôtisseries **Zar Polo La 14** *($-$$; Carrera 8 No. 14-62, ☎25 25 53)*, **Zar La Bolívar** *($-$$; angle Carrera 7 et Calle 28, ☎35 79 13)* ou **Zar La Lorena** *($-$$; Calle 21b No. 16b-61, ☎33 36 15)*, ouvertes tous les jours de 10h à 22h.

Pour la cuisine typique, on payera moins cher aux environs du marché *(entre les Calles 18 et 21 et entre les Carreras 9a et 10)*. Essayez aussi la **Posada Paisa** *($-$$$; tlj 11h à 21h; Av. 30 de Agosto No. 48-40, ☎36 35 88)*.

Pour une cuisine internationale, il faut choisir **Dos Castillas** *($$-$$$$; tlj 11h à 22h, Av. Circunvalar ou Carrera 13 No. 15-73, ☎35 07 70)*, le restaurant de l'hôtel Meliá, qui, comme l'hôtel, offre un service et une cuisine haut de gamme. Situé au premier étage de l'hôtel près de la piscine, il sert des plats de viande ou de poisson ainsi que toute une variété de pâtes.

Pour les fruits de mer, il faut rechercher **Aristi** *($$$; Carrera 7a No. 31 49)* ou encore **El Rincón Costeño** *($$$; Carrera 14 No. 25-057)*.

  SORTIES

Pereira et le département de Risaralda organisent un certain nombre d'événements culturels et sociaux susceptibles d'intéresser les touristes. En voici quelques-uns :

L'**Aniversario del Departemento de Risaralda**, le 1er février;

La **Semana Santa**, en avril;

Le **Festival Nacional de Bambuco**, un festival de musique, en novembre;

L'**Agroferia**, en décembre.

 MAGASINAGE

Comme dans tous les autres départements de la Colombie, l'artisanat tient une place importante dans la vie de tous les jours des *Risaraldenses*, puisque les pièces fabriquées sont des objets d'utilisation courante et non pas uniquement décoratives. On pourra par exemple acheter des vêtements, des accessoires de cuir et de la poterie dans les boutiques suivantes :

Sindamanoy, Calle 23 No. 7-78, ☎25 08 06;
Mi Pequeña Artesania, km 4, via Armenia, ☎35 52 54;
El Turista, Calle 23 No. 7-20, ☎33 91 99.

SANTIAGO DE CALI
ET LE DÉPARTEMENT DE
VALLE DEL CAUCA

L e département de Valle del Cauca a fait partie du département de Cauca jusqu'en 1863, alors qu'à cette date il s'en sépara pour former sa propre capitale, Santiago de Cali. Situé au centre ouest de la Colombie et s'étendant sur 22 140 km², le Valle del Cauca, avec une population de 3 500 000 habitants, est reconnu pour sa fertilité et son climat varié. C'est, en fait, le jardin de la Colombie traversé par le Río Cauca, d'où il tire son nom. Bordé au nord par les départements du Chocó, de Risaralda et de Quindío, et au sud par les départements de Cauca et de Huila, le Valle del Cauca est limité à l'est par Tolima et Quindío, et à l'ouest par le Chocó et par l'océan Pacifique. C'est donc une région de contrastes géographiques puisqu'on y trouve deux chaînes de montagnes avec des pics enneigés — les cordillères centrale et occidentale — de même que l'océan Pacifique, avec son climat torride et humide, qui favorise la végétation de forêt vierge sur son rivage. On y compte 41 municipalités. Il est recommandé de s'informer auprès des organismes de tourisme, des agences de voyages ou même de la réception des hôtels avant de partir à l'aventure, puisqu'on y signale la présence de guérilleros dans les montagnes environnantes. Ce guide ne s'attardera qu'à Santiago de Cali, Tuluá, Guadalajara de Buga et Buenaventura, villes que l'on peut visiter seul sans problème.

Santiago de Cali

Cali est la ville des femmes. Des belles femmes. Cette affirmation apparaît dans toute la littérature publicitaire consultée et il faut bien admettre l'évidence : c'est vrai!

La ville s'allonge langoureuse entre les jambes béantes que forment les cordillères centrale et Occidentale en profitant outrageusement du climat ensoleillé, tout en dévoilant ses charmes plantureux : ses édifices coloniaux et modernes, ses longues avenues ombragées et ses terrasses fleuries où traîne une faune bigarrée à la recherche du plaisir de vivre. Puis, Cali se lance dans une *salsa* provocante qui ne finira qu'aux petites heures du matin.

Si Bogotá se compare à New York, Cali, sans jeu de mots et sans exagération, est la Californie de la Colombie : on y trouve, en effet, le même climat, le même paysage grandiose, la même atmosphère insolite, la même nonchalance étudiée des gens, la même passion pour la chose artistique, notamment la musique, la même folie douce qui règne aux terrasses des restaurants et dans les bars, la même recherche d'originalité et de démarcation et, assurément, la même philosophie, insouciante mais structurée, qui a fait de la Californie la place branchée par excellence aux États-Unis depuis si longtemps. En Colombie, c'est Cali qui tient ce rôle!

Un peu d'histoire

Santiago de Cali, puisqu'il faut l'appeler par son nom, s'étend sur plus de 560 km² et jouit d'un climat uniforme qui oscille entre 23°C et 25°C. Fondée le 25 juillet 1536 par Sebastián de Belalcázar (voir p 29), un lieutenant de Francisco Pizzaro, deux ans avant même la fondation de Bogotá, Cali a immédiatement connu un fort développement pour l'époque, à cause de la fertilité du sol de la région et de la canne à sucre qui y pousse comme de la mauvaise herbe. Des esclaves noirs y furent donc importés de Cartagena de Indias pour travailler à cette récolte. Aujourd'hui la population *caleña* en est encore imprégnée, présentant une proportion assez visible de métis. Avec près de 2 millions d'habitants, Cali est la seconde ville en importance de Colombie après Bogotá.

Cali aujourd'hui

Capitale internationale de la *salsa*, Santiago de Cali est une belle ville européenne dans sa manière de vivre, dans sa culture, dans sa gastronomie, dans le respect de son passé glorieux et surtout dans sa vision de l'avenir. Elle présente encore beaucoup de vestiges de son histoire coloniale en même temps qu'une architecture moderne en accord avec son développement et ses aspirations. Cali s'apprête en effet à affronter le prochain millénaire avec beaucoup d'enthousiasme, notamment avec la construction prochaine de son métro, qui devrait être en service dès le début de l'an 2000.

Cali aujourd'hui est l'image même du progrès et du succès. La dépollution du Río Cali, qui la traverse, la modernisation de son administration, la revalorisation de son économie et de sa construction, et les programmes de développement sociaux sont des défis que les *Caleños* devront affrontés s'ils veulent maintenir leur niveau de croissance actuel et la qualité de vie qu'ils se sont donnée.

Tuluá

Tuluá est une petite ville comme on en trouve partout dans le monde. Traversée par une route achalandée, elle offre à première vue, sur l'*autopista* qui la traverse, un paysage désolant et empoussiéré de stations-service et de garages, pour la réparation des autos et des camions, qui n'en finissent plus d'y défiler. On y

trouve aussi des restaurants et des hôtels qui s'annoncent avec ostentation. Mais ce n'est qu'un mirage. Tuluá est aussi une petite ville agréable et paisible que l'on découvre tranquillement en déambulant dans ses rues.

Un peu d'histoire

Située à 105 km au nord de Cali et au centre du département, Tuluá ne se souvient pas exactement de la date de sa fondation. En effet, aucun acte législatif n'en rapporte la preuve formelle. Alors, les historiens ont adopté l'année 1639 comme date de référence, parce qu'ils ont découvert, dans les archives historiques de Guadalajara de Buga, une lettre signée par Don Juan de Lemus y Aguirre, un riche propriétaire terrien qui réclamait la permission d'ouvrir un chemin pour traverser ses terres comprises entre le Río Tuluá et le Río Morales. Ceux qui accompagnaient le Señor Lemus y Aguirre dans son aventure sont considérés, depuis la découverte de cette lettre, comme les premiers fondateurs de Tuluá, qui a vu le jour sur les rives du fleuve qui porte son nom. Tuluá a été reconnue comme municipalité en 1872.

Guadalajara de Buga

La légende veut que le Señor de Los Milagros (le Christ miraculeux) soit apparu en 1570 à une Amérindienne sur les rives du Río Guadalajara, qui traverse Buga. Depuis cette apparition, Buga est devenue l'une des villes les plus visitées de l'Amérique latine, une Amérique ultra-catholique. C'est principalement une «ville sanctuaire», à cause surtout des nombreuses églises qu'on y trouve. Et depuis 1959, la Ciudad Señora de Guadalajara de Buga est classée monument national en Colombie.

Un peu d'histoire

Fondée, en premier lieu, sous le nom de Nueva Jeréz de los Caballeros en 1555 par Giraldo Gil de Estupiñán — qui fut par la suite assassiné par les Pijaos —, Guadalajara de Buga n'est devenue une municipalité qu'en 1857, après quatre fondations successives dont une par *el capitán* Rodrigo Díez de Fuenmayor, en 1557, sous son nom actuel. Buga fut l'objet d'une dernière fondation en 1570, les précédentes installations étant toujours détruites par les Pijaos, qui refusaient de laisser envahir leur territoire.

Située à 75 km de Cali dans une région d'éleveurs de bestiaux, Buga est aujourd'hui un immense sanctuaire baigné par le sacré qui côtoie la banalité quotidienne. Assez pour donner l'impression qu'on devrait garder le silence lorsqu'on déambule dans ses rues. À tout le moins se découvrir la tête en signe de respect.

Dans ce bourg, voué entièrement à la religion donc, ce sont les touristes-pèlerins qui fréquentent les restaurants et qui envahissent les hôtels, certains établissements ayant même transformé en chapelle l'espace habituellement réservé au bar, et ce, directement dans le hall d'entrée. Ils portent aussi des noms qui n'offrent pas de doute quant à leur... vocation : Hotel Los Angeles, Hotel Cristo Rey, Casa del Peregrino, etc.

Guadalajara de Buga aujourd'hui

Pour leur part, les *Bugeños* (près de 100 000) sont parfaitement adaptés à cette situation, et l'architecture de leurs maisons, de leurs hôtels, de leurs églises et de leurs places publiques en témoigne. On y retrouve en effet autant le style colonial que l'éclectisme propre à l'Art déco, qui a fait son apparition en 1924, avec l'inauguration du Parque de Bolívar et du Teatro

Municipal, conçus par l'architecte Enrique Figueroa.

La plupart des *plazas* de la ville se transforment quotidiennement en de véritables centres commerciaux religieux en plein air. Des centaines de boutiques s'y disputent le droit de vendre aux nombreux passants, qui un Christ dont la main animée bénit, qui une Vierge dont l'auréole s'illumine, qui un scapulaire garantissant l'entrée aux cieux ou argent remis, qui encore la statue d'un saint en plâtre grandeur nature pour la pelouse. Ici, ce sont des collections d'icônes représentant toute la galerie des saints au complet. Ailleurs, ce sont des prières que l'on achète et qui garantissent aussi l'entrée directe aux cieux sans passer par un dédale de fonctionnaires. Plus loin, des cierges, des vêtements, des vases, des livres liturgiques entre autres. Pour les miracles, voyez la boutique spécialisée en face. Tout pour édifier le croyant ou pour racheter son âme de pauvre pécheur. En toute honnêteté faut-il admettre que ces marchandises — aussi ridicules puissent-elles paraître aux yeux de certains profanes — sont souvent des pièces d'artisanat confectionnées à la main, et avec le plus grand soin. Elles font l'objet d'une vénération toute particulière chez les gens du troisième âge, l'un des groupes touristiques les plus représentés à Buga avec les congrégations religieuses. Inutile

La *salsa*

La musique afro-antillaise est apparue en Amérique, dès le début de la découverte au XVIe siècle, avec l'arrivée massive d'esclaves noirs provenant de l'Afrique. Elle racontait de façon simpliste et syncopée le drame quotidien de l'esclavage et s'accompagnait d'instruments de percussion africains ou confectionnés grossièrement, dans les cales des bateaux, avec des matériaux rudimentaires, ou encore déjà utilisés chez les indigènes. Elle s'est répandue dans toutes les îles des Caraïbes et même dans le sud des États-Unis, en s'inspirant à plusieurs sources et suivant diverses tendances. Aucune documentation précise n'existe pour témoigner de ce phénomène mais on sait que la *salsa* — qui se traduit par «sauce» — n'est qu'une épopée de cette grande fresque musicale, au même titre que le *Latin jazz*. Elle serait une évolution ou un amalgame de genres différents comme le *son,* la *guajira,* le *guaguancó,* le *danzón,* la *conga,* la *guaracha,* le *mambo,* le *bolero,* la *rumba* et le *cha-cha-cha,* des rythmes et des musiques nés dans les ruelles de La Havane à Cuba ou de San Juan à Puerto Rico ou dans leurs faubourgs, tous des airs qui connurent la gloire aux États-Unis dès le début des années vingt, à La Nouvelle-Orléans par exemple. En effet, plusieurs musiciens étasuniens de l'époque voyageaient souvent à Cuba, notamment au cours des années de la Prohibition — établie en 1919 par la loi Volstaedt et abolie en 1933 —, pour jouer dans les salles de spectacles et les bars de La Havane. Ils en ramenèrent une influence certaine, et Dizzy Gillespie, entre autres, s'en inspira beaucoup dans le *be-bop.*

La *salsa* aux États-Unis

Si la *salsa* s'est inspirée des rythmes cubains, elle est pourtant née à New York vers les années soixante. En effet, avant la victoire de Fidel Castro sur la dictature de Fulgencio Batistá à Cuba en 1959, plusieurs Cubains avaient déjà quitté l'île pour trouver refuge aux États-Unis, notamment en Floride et à New York. D'autre part, les quartiers pauvres de New York avaient été précédemment envahis par un très fort mouvement continu d'émigrants provenant de Puerto Rico, une colonie espagnole qui passa aux mains des États-Unis en 1898. En quelques années, New York se retrouva avec la plus importante colonie latino-américaine en Amérique du Nord. Rien d'étonnant qu'une musique typique, qu'un rythme nouveau, qu'une danse sensuelle, qu'une mode incontournable naisse d'une telle concentration, en mêlant les influences des deux pays d'origine avec celles en vogue alors dans la métropole étasunienne : le jazz, le *rhythm n' blues* et les débuts du *rock n'roll.*

La *pachanga,* dérivant de l'essoufflement du *cha-cha-cha,* fit bientôt son apparition à la fin des années cinquante et, au début des années soixante, quelques variations du *son* connaissent une popularité américaine. Mais la rupture des relations diplomatiques des États-Unis avec Cuba coupe abruptement le cordon ombilical des musiciens *latinos* d'Amérique avec leur principale source d'inspiration. Ils s'identifient désormais aux musiciens noirs et le mélange — ou la sauce — qui résulte du brassage surchauffé de la musique latine, de la musique *soul* et du *rock n'roll* naissant donne le *bugalú* (le *boogaloo*), d'où surgira la *salsa,* notamment inspirée par des musiciens comme Tito Puente *(¿Oye! como va?,* une chanson reprise plus tard par Carlos Santana dans les années soixante-dix). Cette musique, caractérisée par l'utilisation d'instruments de percussion dont la batterie, les congas, la cloche et les timbales (du mot arabo-persan *atabal,* qui signifie «tambour»), et rehaussée par des instruments à vent comme le trombone et la trompette, conquit facilement le monde, surtout à la suite de la diffusion du film *Salsa* en 1973, qui mettait en vedette le groupe Fania All Stars, interprétant les pièces de musique du microsillon intitulé *Hommy,* enregistré en 1972, en réponse à l'opéra-rock *Tommy.* Aujourd'hui, la *salsa* revit partout dans le monde, abâtardie par la musique disco, diront les puristes. Elle fait cependant la conquête d'une nouvelle jeunesse, sous l'influence notamment du Miami Sound Machine, et de sa soliste Gloria Estefán, qui propose une *salsa* énergique. Peut-être moins connu mais plus authentique, le *salsero* Yuri Buenaventura — de son vrai nom Yuri Bedova —, un fils de pêcheur de Buenaventura, d'où il a pris son nom de scène, a récemment fait une tournée sur la scène internationale pour promouvoir son disque

Herencia Africa (Héritage d'Afrique), enregistré à Bogotá, qui rend hommage à la population noire du littoral pacifique de la Colombie. On y trouve une interprétation de *Ne me quitte pas* de Jacques Brel qui a fait sensation en Europe.

La *salsa* en Colombie

Même si la musique des Antilles avait déjà atteint la Colombie au début des années trente, la *salsa* ne s'y est imposée qu'à la suite d'une série de concerts donnés par le groupe de Richie Ray et Bobby Cruz au mois de février 1968 à Barranquilla. Au mois de décembre de la même année, le groupe fait aussi la conquête de Cali et des environs, notamment de Buenaventura, où se trouve la plus forte concentration de population noire et mulâtre du pays. Puis, la *salsa* s'installe définitivement en Colombie, après avoir difficilement vaincu les rétiscences de Medellín et de Bogotá, qui la trouvent vulgaire au début, alors que le plus grand des *salseros* originaire de Cartagena, Joe Arroyo, 14 fois vainqueur du trophée Congo au Carnaval de Barranquilla, présente un concert à Bogotá à l'occasion de ses 25 ans de scène. Même si, aujourd'hui, Barranquilla revendique le titre de capitale de la *salsa,* les musiciens et les *aficionados* lui préfèrent Cali, puisque les belles *Caleñas,* aux jambes longues et nues, s'y prêtent avec tant de chaleur.

de préciser que Guadalajara de Buga est une ville sûre et qu'on peut s'y promener seul à pied, jour et nuit, sans aucune crainte. Ça prendrait un véritable «miracle»... pour qu'un crime y soit commis.

Buenaventura

Santiago de Cali étant située à environ 1 000 m au-dessus du niveau de la mer, et Buenaventura directement sur la mer, à environ 125 km à l'ouest de Cali, il faut non seulement descendre pour y arriver, mais aussi traverser entièrement la Cordillère occidentale en empruntant l'Autopista Cali-Buenaventura. C'est l'une des plus belles routes de Colombie. Elle serpente autant au fond de vallées perdues — où apparaissent soudainement des petits villages qui se dessinent à la sortie d'une courbe, à mesure que s'estompent des poches de brume stagnantes — qu'à des hauteurs inimaginables, par-dessus des montagnes crénelées et verdoyantes. Elle traverse six tunnels percés à flanc de montagne, dont un d'environ un demi-kilomètre de longueur.

Buenaventura ne fera sans doute pas l'unanimité chez les touristes. En effet, et contrairement à ce que l'on pourrait s'attendre, cette ville portuaire est désavantagée par sa situation géographique sur la côte du Pacifique. Premièrement, Buenaventura n'est pas directement située sur l'océan mais dans une baie, la Bahía de Buenaventura, qu'on n'aperçoit qu'au

dernier moment, après avoir traversé la ville tout entière. Puis, c'est au tour de la baie de décevoir parce que, subissant les fortes marées du Pacifique, elle apparaît, à marée basse, comme un immense marais noir et boueux, rempli de détritus amenés par la mer. Le spectacle est navrant. Il est cependant naturel et personne n'y peut rien.

Un peu d'histoire

Buenaventura est le principal port de Colombie, d'où se manipule plus de 60% de toutes les importations et exportations du pays. Fondée le 14 juillet 1540, fête de San Buenaventura — d'où son nom —, par Don Juan Ladrilleros, sous les ordres de Pascual de Andagoya, venu en Amérique avec le découvreur du Pacifique, Vasco Núñez de Balboa, la ville a commencé son développement sur l'île de Cascajal, habitée alors par les Buscajáes. Puis, à la suite de la découverte de mines d'argent et de la présence d'or en abondance dans les cours d'eau de la région, les Espagnols firent venir des milliers d'esclaves africains de Cartagena de Indias pour exploiter ces gisements.

Épuisant rapidement ces richesses naturelles, les Espagnols se dispersèrent en laissant les esclaves noirs sur place. Leurs descendants forment maintenant la population de Buenaventura, qui se situe aujourd'hui à près de 250 000 habitants.

Vers 1878, l'ingénieur cubain Francisco J. Cisnero construisit un pont, le Puente El Piñal, qui réunit l'île de Cascajal à la terre ferme, où Buenaventura continua son développement. La ville fut entièrement détruite par le feu en 1881 et, en 1892, le feu détruisit encore la partie sud. Plus tard encore, en 1931, le feu détruisit tout son secteur commercial. Lentement, la ville se reprit en main et entreprit sa reconstruction.

Buenaventura aujourd'hui

Depuis les dernières décennies, Buenaventura a subi plusieurs transformations, dont la plus importante est sans doute le revêtement des rues complété à environ 80% aujourd'hui. De plus, on a assisté à l'édification de parcs, de zones vertes et de terrains de jeu, tout en fait pour se donner une meilleure qualité de vie.

Mais impossible de se baigner à Buenaventura même, où la chaleur humide peut se révéler être un inconvénient majeur pour les visiteurs qui y sont sensibles. Pourtant, Buenaventura est la destination de vacances préférée de beaucoup de *Vallecaucanos*, qui trouvent plaisir à fréquenter les plages des environs. En effet, à partir du quai des touristes, le Muelle Turístico *(angle Calle 1a et Carrera 2)*, on peut prendre une *lancha* (une chaloupe à moteur) pour se rendre aux nombreuses plages des environs. Un nouveau *muelle turístico* est en construction à moins de 100 m de celui en service aujourd'hui. Le nouveau quai est érigé au niveau de l'eau et en béton, et doit être inauguré en 1998. Celui utilisé au moment de notre passage était peu sécuritaire. Il était en effet construit en bois sur pilotis, à quelque 5 m au-dessus de la mer, sans garde-fou, avec des planches ajourées et pas toujours fixes. Pour ce qui est des *lanchas* réservées au transport de passagers, elles procurent un confort discutable, d'autant plus que l'on y accepte des marchandises. On offre un gilet de sauvetage et, dans ces conditions, il est préférable de l'endosser.

La plage de Ladrilleros est située à environ 20 min à pied de la plage de Juanchaco, que l'on atteint après 45 min de voyage en mer *(24 000 pesos)*. C'est ici qu'accostent les *lanchas* provenant de Buenaventura (les prix indiqués incluent l'aller et le retour) pour desservir les deux sites. Ce sont des villages de pêcheurs d'une seule rue en terre — Juanchaco s'étendant sur près de 5 km —, sur laquelle s'alignent des petites *tiendas*, de construction

rudimentaire, où l'on peut manger, boire ou dormir en attachant son hamac. De Juanchaco, il est possible de prendre une *lancha*, via l'embouchure du Río San Juan, pour visiter une petite communauté indigène formée par les Cholos et les Wuaunanás, qui vivent encore de façon traditionnelle.

La Bocana *(15 000 pesos)*, à 25 min en *lancha*, au départ de Buenaventura, est aussi un *pueblito* qui propose une suite de *tiendas,* accolées les unes aux autres, et quelques hôtels fréquentés par les *Caleños* en vacances.

À 15 min seulement de Buenaventura, Cangrejos *(7 000 pesos)*, à son tour, propose uniquement sa plage et son club privé (voir p 281) où, pour 35 000 pesos en occupation double, il est possible de passer la nuit dans un des douze *cabañas* genre motel, ce prix incluant trois repas. Tranquillité assurée, excellente cuisine — *cangrejo* signifie «écrevisse» —, et coucher de soleil magnifique sur le Pacifique.

Aucune de ces plages n'est particulièrement attrayante, selon les standards habituels, puisque le sable y est noir et que les fortes marées du Pacifique y laissent beaucoup de détritus et de saletés qui surgissent de la boue, à marée basse, et dont la provenance est trop souvent humaine : sacs de plastique, canettes, etc. Les *Vallecaucanos* ne s'en formalisent pas outre mesure et trouvent ces endroits idéals pour «foirer», pour s'éclater les fins de semaine. Ici en effet, c'est le *farniente* dans toute sa splendeur qui prend rapidement le dessus, et tout est prétexte à la fête. La musique est omniprésente d'une *tienda* à l'autre, mettant surtout en vedette le *reggae*, la *salsa* et les autres musiques à la mode en Colombie et ailleurs. La bière, le rhum et l'*aguardiente* coulent à flots, ce qui réchauffe les tempéraments et incite à la danse jour et nuit.

Ici, aucun problème pour se restaurer ou pour dormir, toutes les *tiendas* faisant aussi restaurants et auberges en même temps. On y trouve naturellement les poissons et les fruits de mer les plus frais du département, capturés la journée même par les pêcheurs qui pratiquent encore le métier, les autres s'étant convertis au tourisme. Ici par exemple, à une petite terrasse sous les palmiers, sur une table de bois posée sur le sol en sable, des langoustes. Combien? Cinq langoustes! Combien? 5 000 pesos! Soit moins de 5 $US. Qui dit mieux? La patronne suggère avec un large sourire que la langouste est un aphrodisiaque infaillible. Lui laissant entendre que je n'ai aucun besoin d'excitant pour «la chose», elle répétera ma protestation à ses voisines de terrasse, qui se mettront à rire et à danser en se tapant sur les cuisses et en me faisant des clins d'œil lubriques, le tout en s'amusant fermement. Le *party*, quoi!

 ## POUR S'Y RETROUVER SANS MAL

À pied

Santiago de Cali

Les *calles* de Cali suivent la direction nord-sud et leurs numéros augmentent d'ouest en est. Les *carreras* suivent la direction est-ouest et leurs numéros augmentent du nord au sud. Pour ce qui est des *avenidas*, on les retrouve sur les deux sens, mais elles portent aussi des numéros.

Tuluá

Les *calles* de Tuluá suivent la direction nord-sud. Leurs numéros augmentent d'ouest en est. Les *carreras* suivent la direction est-ouest et leurs numéros augmentent du nord au sud.

Guadalajara de Buga

Les *calles* de Buga suivent la direction est-ouest et leurs numéros augmentent du sud au nord. Les *carreras* suivent la direction est-ouest et leurs numéros augmentent d'est en ouest.

Buenaventura

Les *calles* de Buenaventura suivent en général la direction est-ouest et leurs numéros augmentent du sud au nord. Les *carreras* suivent, en général, la direction nord-sud et leurs numéros augmentent d'ouest en est.

L'avion

Santiago de Cali

L'aéroport international **Palmaseca** — aussi appelé Alfonso Bonilla Aragón — est situé à 15 km au nord-ouest de Cali *(Autopista Cali-*

Palmira, ☎442 26 24). On peut s'y rendre en prenant un minibus identifié à cette fin, à l'extrémité gauche du Terminal de Transportes, au deuxième étage.

Voici l'horaire des vols directs d'Avianca vers les destinations extérieures :

México, Mexique, sam 6h avec escale, mar, jeu, ven7h29 avec escale.
Miami, USA, tlj 8h40 avec escale
New York, USA, ven 14h05 avec escale.

Voici l'horaire d'Avianca en direction d'autres villes colombiennes :

Barranquilla, tlj 8h40; lun-mer et ven-sam 13h30 avec escale; ven 14h05, 232 000 pesos.
Bogotá, lun-sam 6h24; lun-mer, ven, dim 7h29; lun-sam 8h01; tlj 9h25; lu-ven et dim 10h29, tlj 11h45, 12h27, 14h01 et 15h31; lun-ven et dim 17h29; tlj 18h et 18h33; lun-ven et dim 19h35; tlj 22h, 129 000 pesos.
Cartagena, tlj 13h30; jeu,dim 13h30 avec escale; 232 000 pesos.
Medellín, tlj 6h45, 13h30 et 18h; 131 000 pesos.
Pasto, tlj 6h30 et 15h25, 127 000 pesos.
San Andrés, tlj 8h30
Santa Marta, tlj 6h45 avec escale.
Tumaco, tlj 9h.

La majorité des compagnies nationales d'aviation de même que certaines compagnies internationales desservent l'aéroport. En voici les coordonnées :

Aces, Av. 8n No. 24an-07, ☎668 09 09.
AeroRepública, Calle 25n No. 6n-42, ☎660 40 50.
Aires, Av. 6n No. 20n-73, ☎660 47 77.
Avianca, Av. 4n No. 17n-78, ☎667 69 19.
Intercontinental de Aviación, Calle 10 No. 3-23, ☎880 70 65.
SAM, Av. 4n No. 17n-78, ☎667 69 19.
American Airlines, Calle 10 No. 4-47, ☎884 26 00.
Copa, Av. 4n No. 23n-49, ☎660 02 24.

Buenaventura

L'aéroport de Buenaventura est situé à une quinzaine de kilomètres en dehors de la ville, et l'on doit s'y rendre en taxi. Il faut compter au moins 5 000 pesos. Une seule compagnie d'aviation le dessert en direction de Bogotá et de Cali.

Satena, Calle 1a No. 2a-39, ☎242 31 89
ou 242 38 25.

L'autocar

Santiago de Cali

Le **Terminal de Transportes** de Cali *(Calle 30n No. 2an 29,* ☎*668 36 55)* est un édifice récent. On y trouve tous les services que l'on peut imaginer dans une gare routière, y compris les restaurants, qui servent une très bonne cuisine économique, le service de consigne de valises et même un service de douches au deuxième étage. On y trouve les billetteries des différentes compagnies d'autocars dont Espreso Palmira, Espreso Bolivariano et Flota Magdalena, qui desservent régulièrement toutes les destinations de Colombie, y compris l'aéroport, Bogotá (12 heures), Medellín (10 heures) Popayan (2 heures 30 min), Tuluá (1 heure 30 min) Guadalajara de Buga (1 heure), Buenaventura (3 heures). Les arrivées se font au premier étage, près du poste de répartiteur de taxis, alors que les départs s'effectuent au deuxième.

Tuluá

Le **Terminal de Transportes** de Tuluá *(Carrera 20, entre les Calles 26 et 27)* se trouve à l'entrée de la ville.

Guadalajara de Buga

Le **Terminal de Transportes** de Buga *(sur la Carrera 19, entre les Calles 5 et 6)* se trouve en face de l'ancienne gare ferroviaire, dont le parking sert aussi de stationnement pour les autocars.

Buenaventura

Le **Terminal de Tranportes** de Buenaventura *(Carrera 5, au bout des Calles 7a et 7b)* se trouve à quelque 500 m du centre-ville. C'est un édifice récent et il y a des départs pour Cali et Buga dès le lever du jour toutes les heures.

Les transports en commun

Santiago de Cali

Encore ici à Cali, de nombreux autobus de toutes dimensions et de toutes classes desservent la ville. Le passage coûte entre 350 et 450 pesos. Mais il faut savoir où l'on va pour les emprunter. Comme la majorité des attraits touristiques sont situés au centre-ville, on peut facilement passer de l'un à l'autre à pied, le centre-ville étant un endroit relativement sûr même le soir.

Les taxis

Santiago de Cali

Les taxis de Santiago de Cali, comme souvent en Colombie, sont de couleur jaune ocre et identifiés *Servicio Público.* Ils sont dotés de taximètre, mais la course ne dépasse que rarement 1 000 pesos. On peut aussi louer les services d'un taxi à l'heure. Le prix exigé est alors de 8 000 pesos. On peut le héler dans la rue ou à la sortie des hôtels, mais on peut aussi retenir leurs services par téléphone car ils sont munis de radio.

Coopetriunfo, ☎558 12 60
Sindiunión, ☎855 55 55
Tax Emperado, ☎881 06 45 ou 881 07 99
Tax Libre, ☎444 44 44
Taxi Valcali, ☎443 00 00

Tuluá

Les taxis de Tuluá sont de couleur jaune ocre et identifiés *Servicio Público.* Ils ne sont pas munis de taximètre, mais la course ne peut dépasser 1 000 pesos.

Guagalajara de Buga

Les taxis de Buga sont de couleur jaune ocre et identifiés *Servicio Público.* Ils ne sont pas pourvus de taximètre, mais la course ne dépassera 1 000 pesos.

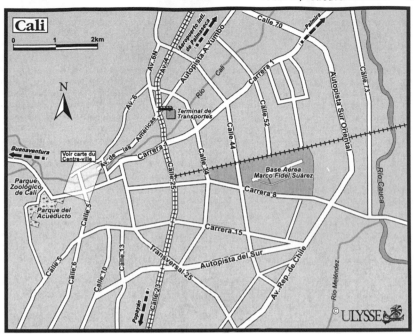

Buenaventura

Les taxis de Buenaventura sont de couleur jaune ocre et identifiés *Servicio Público*. Ils ne sont pas équipés de taximètre, mais la course ne dépasse que rarement 1 000 pesos, sauf le soir.

La location d'une voiture

La circulation est ridiculement congestionnée aux heures de pointe à Cali et reste dense tout au long de la journée. Il n'est donc préférable de louer une voiture que pour une balade à l'extérieur de la ville, pour visiter les autres villes du département. Par exemple, en direction de Buenaventura, les paysages sont mémorables. En effet, l'Autopista Cali-Buenaventura traverse la Cordillère occidentale au complet, d'est en ouest, et serpente de bas en haut et à flanc de montagnes sur environ 125 km tout en traversant six tunnels. Il faut redoubler de prudence avant d'effectuer une manœuvre de dépassement, car la circulation y est lente à cause des camions qui doivent gravir des pentes abruptes.

Rentamovil, Av. 1a Norte No. 3n-71, ☎661 01 03 ou 661 30 42.

Hertz, Av. Colombia No 2-72, hôtel Inter-Continental au fond du hall à gauche, ☎882 24 28 ou 882 32 25, poste 221.

 RENSEIGNEMENTS PRATIQUES

Indicatif régional : 2

Poste

La correspondance est acheminée via les bureaux d'**Avianca**, Av. 4n No. 17n-78.

Renseignements touristiques

Santiago de Cali

Corporación Regional de Turismo del Valle (CORTUVALLE) *(lun-ven 8h à 12h et 14h à 18h, Av. 4n No. 4n-20, ☎660 50 00).*

Fondo Mixto de Promoción del Valle del Cauca *(lun-ven 8h à 12h et 14h à 18h, Calle 8 No. 3-14, 13e étage, ☎882 32 71, poste 300).*

Subsecretaría de Comercio y Turismo *(lun-ven 8h à 12h et 14h à 18h, Calle 19n No. 2n-29, 39e étage, ☎667 20 06).*

Étrangement, aucun de ces organismes, uniquement voués au tourisme, n'a montré un empressement particulier à donner de l'information sur Cali et ses environs, n'ayant même pas de plan de Cali à offrir.

Guadalajara de Buga

Oficina de Turismo (TURISBUGA S.A.) *(Carrera 14 No. 5-53, bureau 507, ☎28 04 46, ⇌28 00 93)*

Buenaventura

Oficina de Turismo *(lun-ven 8h à 12h et 14 à 18h, Calle 1 No. 1-26, ☎224 44 15).*

Banques

Santiago de Cali

Les banques sont ouvertes du lundi au vendredi, de 8h à 12h et de 14h à 16h, certaines jusqu'à 16h30. On n'aura aucune difficulté à trouver des devises 24 heures par jour en utilisant sa carte de guichet automatique partout dans le département. Pour changer des chèques de voyage ou des devises, il est nécessaire de procéder à ces transactions à Cali en s'adressant au **Banco Industrial Colombiano** (BIC) *(Carrera 6 No. 10-46, entre les Calles 10 et 11, ☎882 25 63).*

Tuluá, Guadalajara de Buga et Buenaventura

On pourra utiliser la carte de guichet automatique à Tuluá, Guadalajara de Buga et Buenaventura, mais on ne pourra ni changer des chèques de voyage ni des devises dans ces villes. Il vaut mieux prévoir d'avance changer assez d'argent pour effectuer un voyage aller-retour de Cali, par exemple.

Excursions

Plusieurs excursions sont organisées par les agences de voyages dans le département de Valle del Cauca au départ de Santiago de Cali. Par exemple, on peut choisir :

L'Aventura Pacífica, d'une durée de 12 heures, qui comprend le transport terrestre à partir de l'hôtel dès 6h jusqu'à Buenaventura, le transport maritime jusqu'aux plages, le repas du midi, les assurances, le retour, etc. Coût : 70 000 pesos par personne pour 12 passagers.

Juanchaco, d'une durée de 24 heures, qui comprend le transport terrestre, le transport maritime, le logement, le repas du soir et le petit déjeuner, les assurances, etc. Coût : 90 000 pesos par personne, et 40 000 pesos par journée additionnelle.

Viva Cali, d'une durée de 6 heures, à partir de l'hôtel dès 7h, qui comprend le transport et la visite des différents sites d'intérêt de la ville. Coût : 50 000 pesos, minimum 5 personnes.

La **Ruta Panorámica**, d'une durée de 10 heures, qui comprend le transport terrestre dès 8h de l'hôtel, le repas du midi, la visite du Lago Calima, de la Basílica del Señor de los Milagros et de la Capilla El Overo. Coût : 75 000 pesos par personne, minimum 2 personnes. Si vous faites partie d'un groupe de plus de 20 personnes, le prix sera ajusté en conséquence et pourra se situer autour de 35 000 pesos par personne.

On peut s'informer aux agences de voyages suivantes :

Santiago de Cali

Comercializadora Turística del Valle del Cauca S.A., Calle 20n No. 8n-40, ☎668 72 32 ou 668 85 04, ⇌668 86 77
Comercializadora Turística, Av. 6n No. 6n-43, ☎667 11 02 ou 660 12 55
Tierra Mar Aire, Calle 22n No. 5bn-53, ☎667 67 67
Turiscali, Calle 24n No. 5n-29, ☎661 51 46

Tuluá

Turisvalle, Calle 26 No. 25-64 No. ☎24 44 01
Guadalajara de Buga

Casa del Turismo, Carrera 12 No. 5-74, ☎27 11 00, 28 05 62 ou 28 02 36
Viajes Guadalajara, Carrera 14 No. 5-47, ☎28 07 32 ou 28 07 31, ⇌36 16 23

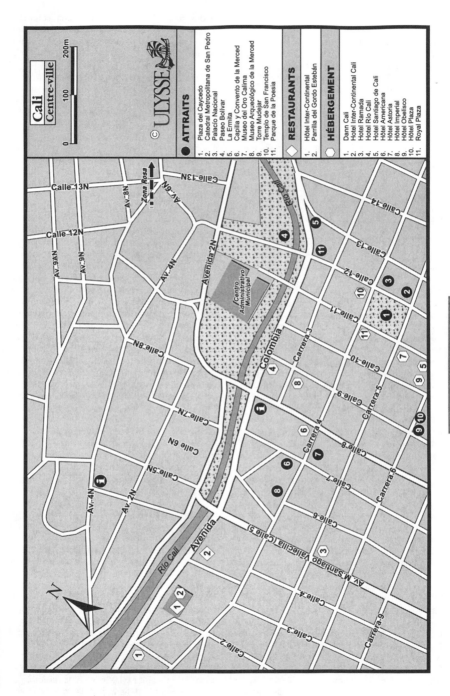

SANTIAGO DE CALI

Cali
Centre-ville

0   100   200m

© ULYSSE

● **ATTRAITS**

1. Plaza del Cayccdo
2. Catedral Metropolitana de San Pedro
3. Palacio Nacional
4. Paseo Bolívar
5. La Ermita
6. Capilla y Convento de la Merced
7. Museo del Oro Calima
8. Museo Arqueológico de la Merced
9. Torre Mudejar
10. Templo de San Francisco
11. Parque de la Poesía

◇ **RESTAURANTS**

1. Hôtel Inter-Continental
2. Parrilla del Gordo Esteban

⬡ **HÉBERGEMENT**

1. Dann Cali
2. Hotel Inter-Continental Cali
3. Hotel Ramada
4. Hotel Río Cali
5. Hotel Santiago de Cali
6. Hôtel Americana
7. Hôtel Astoria
8. Hôtel Imperial
9. Hôtel Obelisco
10. Hôtel Plaza
11. Royal Plaza

Buenaventura

Promotore Cascajal, Carrera 1 No. 1a-88, ☎224 11 58
Viajes Balboa, Carrera 1 No. 2a-39, ☎241 80 67 ou 242 38 25
Pacífico Tours, Calle 2a No. 4-17, ☎242 44 28, ≈242 24 34
Yubarta Tours, Muelle Turístico, ☎243 41 57, ≈243 35 70
Embarcaciones de Turismo, Muelle Turístico, ☎242 36 96 ou 242 46 20, qui propose aussi des excursions de plongée sous-marine sportive ou commerciale.

 ATTRAITS TOURISTIQUES

Santiago de Cali ★★★

Malgré la présence du cartel de la drogue et la menace des guérilleros que l'on prétend tout près dans les montagnes environnantes, Cali est la ville la plus agréable de Colombie, à cause de son climat bien entendu, mais surtout à cause de l'atmosphère européenne qui se dégage de ses avenues, de ses parcs et de ses terrasses de bars et de restaurants. À cause aussi de l'accueil décontracté des *Caleños*. On peut visiter tous les attraits touristiques de Santiago de Cali à pied au centre-ville ou en périphérie. Inutile de prendre l'autobus donc, y compris pour la Zona Rosa, qui, ici, est plutôt une *ruta rosa* puisque la zone s'étend sur une seule avenue, l'Avenida Sexta Norte (6n).

La **Plaza del Caycedo** ★★★ *(entre les Carreras 4a et 5a et entre les Calles 11 et 12)* est la place la plus connue et la plus fréquentée de Cali. C'est en fait son centre-ville, et c'est ici aussi qu'est née Cali. On l'a appelée Plaza de la Constitución jusqu'en 1813, alors qu'on la rebaptisa Plaza Caycedo, du nom d'un grand seigneur *caleño* et l'un des leaders de l'indépendance, Joaquín Caycedo y Cuero. On y trouve entre autres la Catedral Metropolitana, le Palacio Nacional et des immeubles de bureaux.

La **Catedral Metropolitana de San Pedro** ★★ *(Calle 11 No. 5-53, ☎881 13 78)* est un exemple du style néoclassique en Amérique. Érigée en 1539 sur la Plaza de Caycedo, elle ne fut cependant inaugurée qu'en 1841. Après plusieurs rénovations rendues nécessaires par les ravages de tremblements de terre successifs et d'autres événements désastreux comme le feu, elle a subi de nombreuses modifications. Elle était encore en rénovation lors de mon passage.

Le **Palacio Nacional** ★★ *(Carrera 4, entre les Calles 12 et 13)* est, quant à lui, un édifice d'inspiration néoclassique française. C'est un bel immeuble qui, avec la Catedral Metropolitana, donne le ton et l'atmosphère à la Plaza Caycedo. Il est l'œuvre des ingénieurs *bogotanos* Paulo Emilio Paéz et Giovanni Lignarolo, qui en ont importé le ciment et les pierres d'Europe. Le Palacio fut inauguré le 29 juin 1933, alors que sa construction avait débuté le 15 février 1926.

Le **Paseo Bolívar** ★★★ *(entre l'Avenida 2 et la Carrera 1 et les Calles 8 et 12)* est aussi un endroit très fréquenté de Cali où s'élève le Centre administratif municipal. On y trouve, entre autres, un bronze (1992) de Simón Bolívar, œuvre du sculpteur italien Pietro Tenerani, une statue en marbre de Carrare, du sculpteur catalan Carlos Perea, dédiée à l'écrivain Jorge Isaacs et représentant deux de ses personnages, Efraín et María, tirés de l'œuvre *La Obra de María*, traduite en cinq langues, et le pont Ortíz, dont la construction en brique commença en 1834 sous la direction de Fray Francisco Ortíz. On dit qu'aux briques utilisées on ajouta un mélange de coquilles d'œufs et de sang de bœuf. Ce magnifique pont à arche, qui a déjà servi à la circulation automobile, est actuellement à l'usage des piétons seulement. Il réunit le centre-ville et le Paseo Bolívar, qui, lui, longe l'Avenida Rosa (6n). Adjacent au pont, se trouve un très beau parc, le Parque de la Retreto, dont le terrain fut donné à la Ville par le Banco de Occidente à l'occasion de la célébration du 450e anniversaire de Cali en 1986.

La **Ermita** ★★★ *(Carrera ou Avenida 1, angle Calle 13, ☎881 85 53)* est sans aucun doute l'église la plus sensationnelle de Cali, qui la considère comme son symbole national et international. Non seulement ne peut-on la manquer, puisqu'elle se trouve directement en face du Paseo Bolívar, mais son style unique, gothique, extravagant, en pierre bleutée, est inspiré de la cathédrale de Köln (Cologne) en Allemagne. La construction originale date de 1602, mais elle fut détruite en 1925 par un tremblement de terre. La Señora Micaela Borrero réunit alors des fonds de la communauté *caleña* pour la reconstruction, qui fut mise en chantier en octobre 1926 sous la direction de l'architecte et ingénieur civil Paulo Emilio Páez. Plus tard, le 21 avril 1942, elle fut consacrée à

Les frites

Si la Belgique est renommée pour ses frites, alors que les Italiens les consomment froides, en salade, il ne faut pas oublier qu'on les dégustait en Colombie bien longtemps avant l'arrivée de Christophe Colomb, selon toute vraisemblance. En effet, les indigènes de Colombie possédaient tous les ingrédients pour confectionner de bonnes frites — les pommes de terre, l'huile de maïs et le sel —, et ils connaissaient l'art de la friture, notamment sur le bord de la mer, où ils dégustaient déjà le poisson frit. Pour ce qui est de la pomme de terre originaire des Andes, elle ne fut importée en Europe par les Espagnols qu'en 1534. Ce n'est que 200 ans plus tard qu'elle fit son apparition en France, introduite par l'agronome Antoine Augustin Parmentier, qui la cultiva aux Sablons à Neuilly, sous l'ordonnance de Louis XVI, et avec laquelle il jugula la famine qui ravageait le pays. En Colombie, on trouvera de bonnes frites partout, mais, comme ailleurs, elles sont mieux réussies dans certains établissements que dans d'autres.

Voici une recette de frites qui, sans prétendre faire partie du folklore colombien, a tout de même été concoctée là-bas. Lavez vigoureusement à l'eau courante, afin d'éviter d'éplucher, une grosse pomme de terre — ou deux moyennes — par personne, et coupez en languettes de 2 cm^2. Faites tremper les languettes quelques heures dans de l'eau glacée, au frigo, pour enlever un surplus d'amidon. Une fois qu'elles seront asséchées, plongez-les, avec deux ou trois gousses d'ail (ou plus) avec leur enveloppe, dans l'huile de maïs (ou d'olive) frissonnante, et laissez cuire à feu moyen pendant 20 min. Retirez les gousses d'ail et augmentez la chaleur au maximum. Les frites commenceront immédiatement à se colorer. Terminez la cuisson selon que vous les aimez dorées ou brunes (environ 10 min). Les frites ainsi traitées conservent leur tendreté à l'intérieur et sont agréablement croustillantes à l'extérieur. Servez-les avec du sel et avec les gousses d'ail débarrassées de leur enveloppe, dont la texture est devenue crémeuse comme du beurre. Les Belges dégustent leurs frites avec une mayonnaise ou un ailloli. Essayez-les arrosées de jus de lime et saupoudrées généreusement de poivre du moulin.

SANTIAGO DE CALI

la Nuestra Señora de los Dolores par le nonce apostolique, l'Excelentísimo Señor Luis Adriano Díaz. Son autel est l'œuvre du sculpteur italien Alido Tazzioli. Seule épargnée par le tremblement de terre, l'effigie du Señor de la Caña, une œuvre indigène représentant le Christ avec une couronne d'épines qui porte une canne à sucre. Il s'agit de l'une des plus importantes dévotions des *Caleños*.

L'ensemble de la **Capilla y Convento de la Merced** ★★★ *(Carrera 3 No 6-40, ☎880 47 37)* est situé sur la place même où fut célébrée la première messe de Cali, par Fray Santos de Añasco, à l'occasion de la fondation de la ville, le 25 juillet 1536. Le matériau utilisé pour la fabrication des briques de la construction est un mélange de terre, d'eau du Río Cali, de coquilles d'œufs, de chaux et de sang de bœuf, en proportion indéterminée, mais qui a résisté aux intempéries jusqu'à aujourd'hui, soit près de 500 ans. On y trouve une icône de la Virgen de las Mercedes (la Vierge de la Miséricorde) vêtue à la mode du XVe siècle.

Le **Museo del Oro Calima** ★★★ *(lun-ven 8h à 12h et 14h à 18h; Calle 7 No. 4-69, ☎883 43 53, poste 263 ou 269)* se trouve, ici, au deuxième étage de l'édifice du Banco de la República. Encore une fois, la visite de ce musée s'impose pour se familiariser avec la vie des indigènes précolombiens. Dans plusieurs salles, on peut admirer autant les pièces d'or et les bijoux des Amérindiens que des urnes et des objets de culte de la culture Calima.

Le **Museo Arqueológico de la Merced** ★★★ *(lun-ven 8h30 à 12h30 et 14h à 18h; Carrera 4 No. 6-59, ☎881 32 29 ou 880 43 31)* présente une intéressante collection de pièces archéologiques précolombiennes provenant des cultures amérindiennes Tolima, Quimbaya, Calima, Tierradentro, San Agustín, Tumaco et Nariño. L'édifice lui-même, qui abrite le musée, est de style colonial et fait partie du patrimoine architectural de Cali. Sa restauration, en 1976, est l'œuvre de l'architecte José Luis Giraldo. Du point de vue didactique, son travail est à la portée du visiteur puisqu'on y montre les plans complets de l'ancien monastère de même que les plans conçus par Giraldo lui-même, avec les explications concernant les modifications nécessaires apportées par ce dernier. Les planchers, les murs et les finitions, autant que les portes et les fenêtres, témoignent de l'évolution de l'édifice jusqu'à nos jours.

La Torre Mudejar

La **Torre Mudejar** ★★★ *(Carrera 6, angle Calle 9)* est l'une des constructions les plus représentatives de l'art mudéjar en Amérique du Sud. Construit en 1772 comme ajout à l'église de San Francisco, ce clocher est encore aussi impressionnant aujourd'hui qu'il l'était à l'époque alors que, érigé en brique rouge et s'élevant, carré, sur quatre étages et sur plus de 30 m de hauteur, il servait à regrouper ou à alerter les *Caleños* à l'aide de son carillon.

Le **Templo de San Francisco** ★★★ *(Carrera 6, entre Calle 9 et Calle 10, ☎884 24 57)* a été érigé entre 1803 et 1807. Cette immense église de style néoclassique n'a été décorée intérieurement qu'en 1926 par l'architecte italien Mauricio Ramelli. Son autel de marbre, serti de bois précieux et d'or, a été importé d'Espagne.

Le **Parque de la Poesia** ★ *(Av. Colombia, angle Calle 12)* est un parc minuscule où l'on peut admirer une dizaine de bronzes, réalistes, grandeur nature, de poètes et de philosophes, dans des attitudes de discussion entre eux et, pourquoi pas, avec les passants.

Un peu en dehors du centre-ville (il faut demander au chauffeur de taxi de revenir à une heure fixe, ou bien il faut prendre l'autobus à la porte pour le retour), le **Parque Zoológico de Cali** ★★★ *(2 500 pesos, tlj 9h à 17h; angle Carrera 2a Oeste et Calle 14, Barrio Santa Teresita, ☎883 31 79 ou 883 31 80, ☞883 02 62)* est l'un des plus beaux jardins zoologiques de la Colombie. C'est un site de 8 ha traversé par le Río Cali, enjambé par un pont. Regroupé sur les deux rives, le zoo présente plus de 800 animaux dont 32 espèces de reptiles, 83 espèces d'oiseaux et 53 espèces de mammifères : on y trouve des rhinocéros, des zèbres, des lions, des dromadaires, des antilopes, des tigres, des jaguars, des singes, des crocodiles, etc. En plus d'offrir un habitat pour ces animaux, le zoo s'est donné une mission d'éducation et offre des programmes de visites pour les enfants, spécialement pour les groupes d'écoliers.

Tuluá ★

Malgré les premières impressions, Tuluá se révèle une petite ville charmante quand on y séjourne. Avec une population de près de 130 000 habitants, et sans attraits touristiques particuliers, elle comporte cependant une **Plaza Bolívar** ombragée *(angle Calle 27 et Carrera 27)*, un centre-ville hétéroclite, un **marché** coloré *(entre les Carreras 22 et 23 et les Calles 27 et 28)*, où abondent les légumes — notamment la pomme de terre — et les fruits récoltés dans les champs environnants. On y trouve aussi des terrasses sympathiques, des restaurants superbes ainsi que deux parcs.

Le **Parque Carlos Sarmiento Lora** ★★★ *(mar-sam 10 à 17h, dim et jours fériés 10h à 18h; La Variante, Entrada Sur, ☎224 16 77 ou 224 48 53)* est reconnu comme l'un des plus beaux parcs municipaux de Colombie. On y trouve, entre autres, des piscines olympiques, des piscines pour les enfants, des terrains de *fútbol*, de volley-ball et de basket-ball, de nombreuses aires de pique-nique sur les rives du Río Tuluá ainsi que des restaurants sous de grands arbres qui offrent de l'ombre toute la

La Basílica del Señor de los Milagros

journée. C'est un endroit idéal pour passer la journée en famille.

Le **Parque de la Guadua** (parc du bambou) ★★★ *(Av. Cali, Barrio El Principe)* est un autre très beau parc ombragé (aussi appelé Parque Principe) qui offre tout pour toute la famille, de la pratique des sports nautiques et de ballons — *fútbol*, volley-ball, basket-ball — à la pêche dans des ruisseaux, en passant par les tables de pique-nique.

Guadalajara de Buga ★★★

Guadalajara de Buga a fait du tourisme religieux sa spécialité. On y trouvera donc de nombreuses églises, chacune d'elles valant le déplacement, non seulement pour son architecture et sa décoration mais aussi pour la dévotion qu'elle peut susciter auprès des nombreux pèlerins.

La **Basílica del Señor de los Milagros** ★★★ *(Carrera 14 entre les Calles 3 et 4)*, de style roman dorique, est une église à deux clochers qui a été construite entre 1892 et 1902. Le Cristo Milagroso fut vénéré pour la première fois dans un ermitage fondé entre 1573 et 1576 sur un terrain donné par le Señor Rodrigo

Díez de Fuenmayor, mais ce n'est que le 7 août 1892 qu'on posa la première pierre de l'actuelle basilique. La construction dura 15 ans et coûta une somme astronomique à l'époque. Elle est l'œuvre de trois frères rédemptoristes : le frère Juan Stiehle en dessina les plans, le frère Sylvestre (José Bindner) s'occupa de l'exécution et le frère Urbano (Francisco Meyer) en fabriqua les 120 000 briques avec l'aide de toute la communauté *bugeña*.

Les clochers atteignent 45 m de hauteur, alors que le carillon français de cinq cloches se targue de posséder la meilleure résonance de toute la Colombie. Son horloge, française aussi, donne l'heure à la population de Buga depuis le 18 mars 1909.

Le maître-autel, les autels secondaires et les confessionnaux ont été exécutés par Hernano Herrera y Ramón Molina selon les plans du frère Sylvestre. On y trouve huit autels dont celui de la Virgen del Carmen, une représentation allégorique du purgatoire, avec des figures humaines, et celui de Santa Teresa del Niño Jesús, où l'on admire la statue de Santa Rosa de Lima et de Santa Teresa de Ávila, de même que la statue imposante de Santa Teresa del Niño Jesús. Pour ce qui est du maître-autel, on y distingue, entre autres, 10 niches et 4 petites

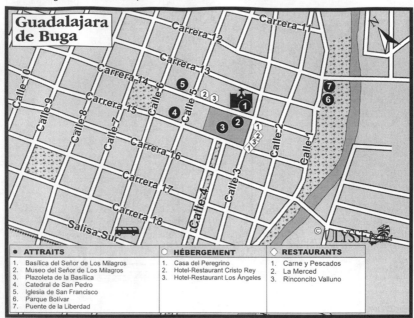

● ATTRAITS	○ HÉBERGEMENT	◇ RESTAURANTS
1. Basílica del Señor de Los Milagros	1. Casa del Peregrino	1. Carne y Pescados
2. Museo del Señor de Los Milagros	2. Hotel-Restaurant Cristo Rey	2. La Merced
3. Plazoleta de la Basílica	3. Hotel-Restaurant Los Ángeles	3. Rinconcito Valluno
4. Catedral de San Pedro		
5. Iglesia de San Francisco		
6. Parque Bolívar		
7. Puente de la Liberdad		

tours décorées d'angelots androgynes et d'images de la Dolorosa, de San Juan, de Santa Elena, de la Verónica, de Santa Bárbara et de María Magdalena. Le retable, pour sa part, est décoré d'une statue de la Résurrection, alors que la sacristie est partie intégrante du maître-autel. On trouve un nombre impressionnant de vitraux qui décorent l'église au complet. Ils sont de fabrication française et représentent divers moments de la vie du Señor de los Milagros (le Christ miraculeux), de la Vierge et d'autres saints. Sous le maître-autel, on peut voir une crypte où reposent les restes des missionnaires rédemptoristes qui ont travaillé à la construction de l'église.

Le **Museo del Señor de los Milagros** ★ *(lun-sam 9h30 à 13h et 14h à 16h30, dim et jours fériés 9h à 17h30; Carrera 14 No. 3-37, à gauche de la basilique en sortant, ☎28 28 23 ou 28 01 60)* est un petit musée consacré à la Basílica del Señor de los Milagros, en face. On y trouve, entre autres, des objets de culte, des vêtements sacerdotaux de même que des peintures murales racontant l'histoire du Señor de los Milagros.

Comme la plupart des autres *plazas* de la ville, la **Plazoleta de la Basílica** *(en face de la Basílica del Señor de los Milagros, Calle 4, entre les Carreras 14 et 15)* se transforme quotidiennement en un véritable centre commercial religieux en plein air. Des centaines de boutiques

s'y disputent le droit de vendre aux nombreux passants, qui un Christ dont la main animée bénit, qui une Vierge dont l'auréole s'illumine, qui un scapulaire garantissant l'entrée aux cieux ou argent remis, qui encore la statue d'un saint en plâtre grandeur nature pour la pelouse.

La **Catedral de San Pedro** ★★★ *(Carrera 15, entre les Calles 5 et 6)* a été initialement construite par les jésuites en 1573. L'église fut partiellement détruite par le tremblement de terre de 1766, puis reconstruite en 1775 avec l'aide financière du roi d'Espagne. La cathédrale est considérée aujourd'hui comme un pur joyau de l'héritage colonial de Buga.

L'**Iglesia de San Francisco** ★★ *(Carrera 14, entre les Calles 5 et 6)* a été érigée en 1745 par le frère jésuite Simón Schnherr pour servir de chapelle consacrée à Jesús Nazareno. En 1870, on reconstruisit sa façade, la seule partie touchée par le tremblement de terre de 1776.

Le **Parque de Bolívar** ★★ *(Carrera 12, angle Calle 1)* a été conçu en 1924 par l'architecte Enrique Figueroa. On peut y admirer une copie de la statue du *Libertador*, œuvre du sculpteur italien Teneravi, dont l'original se trouve sur la Plaza Mayor de Bogotá.

Le **Puente de la Libertad** *(Carrera 12, entre les Calles 1 et 3)* a été construit entre 1897 et 1898 sous l'égide du gouverneur du départe-

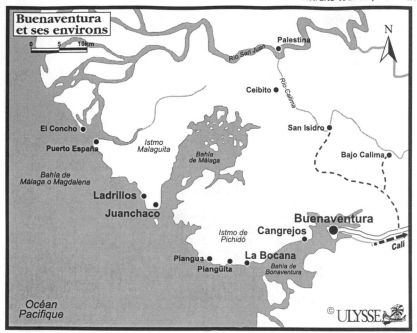

Buenaventura
et ses environs

0   5   10km

Río San Juan   Palestina

Ceibito

Río Calima

El Concho

Puerto España

Bahía de
Málaga o Magdalena

Istmo
Malaguita

Bahía
de Málaga

San Isidro

Bajo Calima

Ladrillos

Juanchaco

Istmo de
Pichidó   Cangrejos   Buenaventura

Piangua   La Bocana

Pianguíta   Bahía de
Bonaventura

Cali

Océan
Pacifique

© ULYSSE

SANTIAGO DE CALI

ment de Cauca à l'époque, Manuel Antonio Sanclemente, qui fut plus tard président de la république.

Buenaventura ★★

Buenaventura n'offre pas beaucoup d'attraits touristiques, sauf ses plages qui, par ailleurs, ne sont pas très belles, selon les standards établis. Mais l'atmosphère qui règne partout vaut à elle seule le déplacement. De plus, en saison, soit du mois de juin à octobre, on pourra y voir les baleines lors de leur migration.

La **Calle 1** ★★★ *(entre les Carreras 1a et 5)* est l'une des plus belles avenues de Buenaventura : la *ruta rosa*, pourrait-on dire, qui s'étire sur moins d'un kilomètre. On y voit la baie de l'autre côté du Parque Colpuertos, et l'on y trouve des hôtels, des restaurants et des terrasses sympathiques. C'est ici que les *Bonaverenses* se retrouvent le soir pour se rafraîchir. Au coin de la Carrera 3a, il ne faut pas manquer les artisans qui vendent des bijoux et des vêtements de cuir directement sur le trottoir.

L'hôtel **Estación** ★★★ *(Calle 2a No. 1a-8, ☎243 40 70, ≈243 41 18)* est en soi un «monument historique» à Buenaventura (voir

p 280). Sa construction remonte à 1928, époque où l'on subit encore l'influence du style romantique de la fin du siècle. Il est l'œuvre de l'ingénieur *bogotano* Paulo Emilio Páez. On lui doit aussi le Palacio Nacional à Cali (voir p 272) et la reconstruction de La Ermita, aussi à Cali (voir p 272). L'hôtel a appartenu longtemps à la Société nationale des chemins de fer colombiens (Ferrocarrils Nacionales, División Pacífico), à laquelle il doit son nom d'Estación, d'autant plus qu'il est situé devant l'ancienne gare maintenant désaffectée. En peu de temps, l'hôtel devint le centre des activités et du commerce de Buenaventura, et il est aujourd'hui encore reconnu comme tel. Au début du siècle, Buenaventura était la porte d'entrée de la majorité des visiteurs au pays. C'était une époque de grandes splendeurs et de prospérité. Avec son élégance typiquement européenne, mais dont le style se retrouve aussi en Californie, l'hôtel organisait des bals avec orchestre, des concerts et des défilés de mode. Aujourd'hui, en y séjournant, on croit encore entendre des bribes de musique de valse de la Vienne impériale. À la suite de la décadence du chemin de fer, l'hôtel perdit peu à peu son éclat, et la qualité de son service se détériora. En 1979 cependant, un groupe se forma pour faire revivre l'hôtel Estación de Buenaventura : il s'agit de la Federación Nacional de Cafetero, des Hoteles Estelar, qui le dirigent, de Cortu-

El balonpesado

Le jeu de *balonpesado* se déroule dans un rectangle de 15 m sur 28 m où se trouvent, au centre et aux extrémités, deux cercles de 1,50 m de circonférence où sont marqués les buts.

Les joueurs, au nombre de 10 par équipe, 5 en jeu et 5 en relève, se disputent un ballon semblable à celui utilisé au volley-ball. Ils portent des chaussures de tennis.

Le *balonpesado* se joue en deux périodes de 25 min avec un temps intermédiaire de 4 min. La détermination d'un vainqueur se fait donc au bout de 54 min.

Pour commencer la partie, les cinq joueurs de chaque équipe forment deux lignes face à face, puis le ballon est déposé sur une ligne de mêlée. L'arbitre donne alors un coup de sifflet et la partie débute. Celui qui prend possession du ballon court en n'importe quelle direction, en essayant de se débarrasser de ses rivaux avec la main, et en tentant aussi de passer le ballon à ses coéquipiers. L'équipe adverse essaie alors d'en prendre possession et peut, pour cela, retenir uniquement le détenteur du ballon par la main ou par le bras et même par la ceinture, le croc-en-jambe étant cependant défendu. Un but direct est marqué quand un joueur, sans renverser personne, réussit à placer le ballon en le roulant ou en le lançant dans le cercle de la zone adverse. Un but indirect est aussi compté lorsqu'un joueur pénètre à l'intérieur du cercle en portant le ballon ou si le ballon, lancé par un joueur, est reçu par un coéquipier dans la zone adverse.

Créé à Buenaventura le 27 mars 1973 par le professeur Roberto Lozano, le *balonpesado* se joue maintenant partout à travers la Colombie et même, occasionnellement, outre frontière. C'est ainsi que des parties ont été organisées à Cuba, en Allemagne, au Mexique et même dans l'ex-URSS.

valle, de même que de la Corporación Nacional de Turismo. Aujourd'hui, l'Estación réapparaît dans toute la splendeur de la Belle Époque, avec ses longs escaliers blancs à rampes à barreaux chantournés, ses larges balcons blancs, à colonnes et balustrade, aussi à barreaux chantournés, ses restaurants avec vue sur la mer, ses chambres immenses et meublées avec goût, sa piscine invitante et toute l'atmosphère qui se dégage de ses salons et du *lobby* à aire ouverte, le tout donnant l'impression d'un décor spécialement conçu pour les besoins du film *Fitzcarraldo* (1982) du cinéaste allemand Werner Herzog, dont l'action se déroule aussi à la fin du siècle, dans cette partie du monde, à la belle époque des milliardaires du caoutchouc.

Le **Parque Colpuertos** ★★★ *(sur la baie de Buenaventura, Calle 1a, entre les Carreras 1a et 3a)* est un très beau parc qui est devenu, au fil des ans, le rendez-vous quotidien des *Bonaverenses*. On peut y voir un bronze à l'effigie du héros de la guerre d'indépendance, José Prudencio Padilla, qui vainquit les Espagnols dans une bataille navale sur le lac Maracaïbo le 24 juillet 1823. Le parc comporte un phare que l'on peut visiter *(500 pesos)* et qui offre une vue impressionnante sur la ville et sur la baie de Buenaventura, après avoir grimpé les 75 marches qui mènent à son sommet. Le parc renferme aussi un théâtre en plein air et, les dimanches, on y voit des clowns et d'autres attractions pour les enfants, alors que des vendeurs ambulants proposent toutes sortes de victuailles qu'ils font cuire sur le gril. Au bout du parc, à l'entrée du Muelle Turístico, on remarque des terrains de jeu asphaltés : on y joue au *balonpesado*, un jeu de ballon créé en Colombie (voir p 278).

Le **Palacio National** ★ *(Carrera 3a, angle Calle 3a)* est un édifice construit en 1934 qui rappelle vaguement le haut de l'Empire State Building, à New York, par son style Art déco. De couleurs jaune et rouge *terra cota*, il est aujourd'hui le siège du Conseil supérieur de la Justice.

En biais, la **Catedral San Buenaventura** ★ *(Calle 6, en face de la Carrera 3)* est un gros édifice en pierre rouge, de style gothique, à trois clochers, dont la nef est pratiquement à aire ouverte. On peut y admirer un vitrail assez spectaculaire dès l'entrée, à droite.

HÉBERGEMENT

Il faut, encore ici, faire attention au choix de l'hébergement pour ne pas se retrouver dans des hôtels de passe, à Cali évidemment, mais plus spécialement à Buenaventura, qui est avant tout une ville portuaire. On n'aura pas ce problème à Guadalajara de Buga.

Santiago de Cali

L'hôtel **Plaza** *($; bp, ec, ⊗, ☎, tv, ▣, ℜ; Carrera 6a No. 10-29, ☎882 25 60)* est un hôtel petit budget qui offre l'avantage d'être situé en plein centre-ville. Proposant 41 chambres propres et meublées adéquatement, l'hôtel offre un bon rapport qualité/prix. Le Plaza appartient à l'organisation Klonis Hoteles, qui possède six hôtels au centre-ville de Cali. En ce sens, il s'agit d'un gage de qualité puisque cette chaîne d'hôtels tient à sa réputation.

L'**Hotel Ramada** *($-$$; bp, ec, ≡, mb, ☎, tv, ▣, ℜ; Calle 5 No. 5-25, entre les Carreras 5 et 6, ☎881 01 67 ou 884 49 07, ⇌881 17 48)* est un petit hôtel neuf de 5 étages, près de l'Inter-Continental, qui compte 22 chambres de qualité à prix avantageux. On trouvera aussi intéressant de dîner à la terrasse sur le toit, qui offre une vue magnifique sur Cali. Il s'agit, ici aussi, d'un excellent rapport qualité/prix.

☀ L'**Hotel Río Cali** *($-$$; bp, ec, ≡, mb, ☎, tv, ▣, ℜ; Av. Colombia No. 9-80, ☎880 31 56 ou 880 31 57, ⇌880 31 58)* est un hôtel de style colonial situé en bordure du Río Cali et en face du Paseo Bolívar. C'est un vieil hôtel de quatre étages avec des chambres immenses qui surprend par son style vieillot et respectable. Peu fréquenté parce qu'en dehors de la mode du jour, cet hôtel saura quand même satisfaire ceux qui voyagent avec un budget limité.

Le **Royal Plaza** *($$; bp, ec, ⊗, ☎, tv, ℜ; Carrera 4 No. 11-69, ☎883 92 69, ⇌883 99 55)* est un hôtel de 70 chambres qui loge dans un édifice imposant de 10 étages. Les chambres, meublées à l'européenne, sont agréables et offrent un plein confort. La réception est empressée, et l'hôtel appartient aussi à l'organisation Klonis Hoteles.

L'hôtel **Astoria** *($$; bp, ec, ⊗, ☎, tv, ℜ; Calle 11 No. 5-16, ☎883 32 53, ⇌884 35 79)* est situé dans un édifice de huit étages qui fait un

angle arrondie entre la Calle 11 et la Carrera 5. Les 67 chambres sont meublées, notamment, avec des lits en bronze qui leur confèrent un cachet suranné inhabituel. Aussi de l'organisation Klonis Hoteles.

L'hôtel **Americana** *($$$; bp, ec, ≡, ☎, tv, mb, ℜ; Carrera 4 No. 8-73, ☎882 43 70, ⇌880 77 10)* est un hôtel décidément plus moderne que les autres appartenant à Klonis Hoteles. Situé dans un édifice d'une quinzaine d'étages au centre-ville, l'Americana propose des chambres confortables, garnies de mobilier de style contemporain.

L'hôtel **Imperial** *($$$; bp, ec, ≡, ☎, tv, mb, ≈, ⊗, ◊, ℜ; Calle 9 No. 3-93, ☎889 95 71)* est un excellent hôtel du groupe Klonis Hoteles qui occupe un édifice de huit étages de style Art déco. Il propose une piscine sur le toit, avec une vue magnifique sur le centre-ville de Cali. Ses 51 chambres présentent un mobilier de style européen dans un décor moderne.

L'**Hotel Santiago de Cali** *($$$-$$$$; bp, ec, ≡, mb, ☎, tv, ▣, ℜ, ◔, ⊗, ◊, S; Carrera 6a No. 11-48, ☎889 19 51 ou 889 19 52, ⇌880 97 51)* abrite dans un édifice de 6 étages 85 chambres confortables, meublées avec une certaine recherche. Sans être un grand hôtel, le Santiago de Cali, situé au centre-ville, offre les mêmes services que les hôtels de grande classe à meilleur prix. La réception est sympathique.

L'hôtel **Obelisco** *($$$$; bp, ec, ≡, mb, ☎, tv, ▣, ℜ, ≈, ◊; Av. Colombia No. 4o-59, ☎880 91 21, ⇌883 02 19)* est l'hôtel haut de gamme de la chaîne Klonis Hoteles. Dans un édifice de construction récente, l'Obelisco propose 50 chambres au design moderne, dont certaines avec balcon. Situé aussi au centre-ville, cet hôtel s'adresse plutôt à une clientèle de gens d'affaires, mais répondra aussi aux besoins des touristes au budget moyen.

Le **Dann Cali** *($$$$$; bp, ec, ≡, mb, ☎, tv, ▣, ℜ, S; Av. Colombia No. 1-40, ☎882 32 30, ⇌883 01 29)* est situé de l'autre côté de la Calle 2, en face de l'Inter-Continental. Cet hôtel de construction récente d'une dizaine d'étages, sans ambiance particulière, n'offrira aucune surprise à sa clientèle. Tout y est adéquat, sauf l'accueil guindé du personnel de la réception.

☀ L'**Hotel Inter-Continental Cali** *($$$$$; bp, ec, ≡, mb, ☎, tv, ▣, ℜ, ◔, ⊗, ◊, S intérieur; Av. Colombia No. 2-72, ☎882 32 25 ou 881 21 86, ⇌889 10 89, www.inter-*

conti.com) est situé face au Río Cali, en périphérie du centre-ville. L'un des meilleurs hôtels de Cali, l'Inter-Continental est un édifice de 9 étages qui compte 236 chambres, 60 suites *ejecutivas* et 5 suites *especiales*. Malgré la froideur que l'on peut reprocher à ce genre d'hôtel — ce serait vraiment le seul reproche à vrai dire —, il faut signaler que le personnel de la réception, du hall et du bar est d'une exceptionnelle gentillesse, et donne un avant-goût de la réputation de la beauté des femmes de Cali. Les chambres sont immenses et agréablement meublées, l'hôtel ayant été rénové en 1996. On y trouve quatre restaurants, un gymnase complet, un court de tennis, un centre commercial et un casino. C'est avant tout un hôtel pour budget illimité mais, dans cette catégorie, l'Inter-Continental est le meilleur choix.

Tuluá

Au centre-ville de Tuluá, on trouvera un certain nombre d'hôtels agréables. En voici quelques-uns :

L'**Hotel Juan María** *($$; bp, ec, ⊗, ☎, tv, ▣, ℜ; Carrera 28 No. 27-10, ☎24 45 62, ⌕24 35 55)* est un hôtel situé dans un édifice de quatre étages en face de la Plaza Bolívar. On y trouve 53 chambres et 4 suites confortablement meublées dans une ambiance agréable et tranquille.

L'**Hotel Principe** *($$$; bp, ec, ≡, mb, ☎, tv, ▣, ℜ, ⊛; Carrera 24 No. 26-46, ☎25 81 11, ⌕25 87 66)* propose 39 chambres et 6 suites meublées avec distinction, dans un édifice neuf de 3 étages en plein centre-ville. L'accueil est agréable.

Guadalajara de Buga

À Buga, tous les hôtels sont spécialisés dans le tourisme religieux. On y trouvera donc une ambiance familiale et la tranquillité. On s'y plaît ou on ne s'y plaît pas, c'est matière de goût et de... dévotion.

La **Casa del Peregrino** *($; bp, ec, ⊗, ☎, tv, ▣, ℜ; Calle 4a No. 14-45, Plazoleta de la Basílica, ☎20 03 08)* est un gros édifice de 3 étages de style colonial qui propose 79 chambres, dont certaines avec un balcon sur la rue et d'autres avec un balcon qui donne sur l'une ou l'autre des cours intérieures, dont l'une sert de salle à

manger. La clientèle y séjourne surtout pour sa proximité avec la Basílica del Señor de los Milagros, qui se trouve de biais, à moins de cinquante pas.

L'**Hotel-Restaurant Cristo Rey** *($; bp, ⊗, ☎, tv, ▣, ℜ; Carrera 14 No. 5-50, ☎27 28 06, 27 28 23 ou 27 83 11)*, adjacent au Los Angeles, et aussi à quelques pas de la Basílica del Señor de los Milagros, est un hôtel de 52 chambres. Elles donnent toutes sur une cour intérieure agréablement fleurie où se trouve une fontaine remarquablement décorée de figurines amérindiennes.

L'**Hotel-Restaurant Los Angeles** *($; bp, ec, ⊗, tv, ▣, ℜ; Carrera 14 No. 4-34, ☎28 10 18 ou 28 05 76)* abrite quelques chambres avec salle de bain privé, mais surtout des salles communes ou des dortoirs qui peuvent loger jusqu'à huit personnes. Situé à 20 m de la Basílica del Señor de los Milagros, l'hôtel reçoit surtout des groupes de pèlerins qui déboursent aussi peu que 8 000 pesos par nuitée pour un lit dans un dortoir. Il possède son propre petit sanctuaire en plein milieu de la cour intérieure.

Buenaventura

Tous les hôtels recommandables, à Buenaventura même, se trouvent près du Parque Colpuertos. Nous avons suggéré aussi des hôtels à Juanchaco, à La Bocana et à Cangrejos que l'on peut rejoindre uniquement par la mer.

L'hôtel **Cascajal** *($; bp, ≡ ou ⊗, ☎, tv, ▣; Calle 2a No. 1-10, ☎241 81 34, 241 80 88, 242 28 06 ou 242 29 62, ⌕241 40 78)* est un petit hôtel de trois étages, à moins de trente pas de la *ruta rosa*. On y trouvera des chambres agréables pour petit budget. Pour un meilleur confort à Buenaventura, il faut opter pour l'air conditionné à cause de la chaleur écrasante et de l'humidité constante.

Le **Gran Hotel Buenaventura** *($$$; bp, ec, ≡, mb, ☎, tv, ▣, ℜ; Calle 1 No. 2a-71, ☎243 45 27, 241 80 28 ou 241 80 28, ⌕243 48 46)* est un bon hôtel situé directement sur la *ruta rosa* de Buenaventura. On y trouvera des chambres confortables et un service adéquat.

L'**Hotel Estación** *($$$$-$$$$$; bp, ec, ≡, mb, ☎, tv, ▣, ℜ, ≈; Calle 2a No. 1a-8, ☎243 40 70, ⌕243 41 18)* est l'un des plus spectaculaires hôtels de toute la Colombie (voir p 277). Sa construction remonte à 1928, époque où l'on subit encore l'influence du style romantique de la fin du siècle. On y trouve 71 grandes chambres et 4 suites confortablement meublées à la mode des années 1900. L'architecture et le décor de l'Estación rappellent en effet toute la splendeur de la Belle Époque, avec ses longs escaliers blancs à rampes à barreaux chantournés, ses larges balcons blancs, à colonnes et balustrade, aussi à barreaux chantournés, ses restaurants avec vue sur la mer, sa piscine invitante et toute l'atmosphère qui se dégage de ses salons et du *lobby* à aire ouverte. En ce sens, l'hôtel devait apparaître dans la section des attraits touristiques — le plus intéressant en fait — de Buenaventura. Certaines préposées à la réception s'expriment aussi en anglais.

À Juanchaco, à La Bocana et à Cangrejos — les plages de Buenaventura —, toutes les *tiendas* sont des entreprises familiales qui font autant restaurants qu'hôtels : il n'y a pas d'adresse spécifique. Les prix sont sensiblement les mêmes partout pour ce genre d'établissements et varient entre 4 000 et 10 000 pesos. Les hôtels recommandés plus bas sont un peu plus chers. Ils logent dans des constructions de structure plus étudiée et ont des numéros de téléphone à Buenaventura ou sur place. On peut donc confirmer les prix qui sont, comme partout ailleurs, sujets à changement sans préavis. On peut aussi réserver avant de prendre le bateau à Buenaventura.

Juanchaco

L'hôtel **Asturias** *($; bp, ⊗, ℜ; Av. de la Playa, ☎246 02 04)* est un petit hôtel de construction récente en brique rouge, de style motel, à deux étages. La réception est sympathique et empressée. L'hôtel, propre, donne l'impression d'être bien organisé et géré par des professionnels. On s'y sent à l'aise. Même le service détendu rehausse cette impression.

L'**Hotel Liliana** *($; bp, ⊗, ℜ; Av. de la Playa, ☎246 02 60)* est un petit hôtel en bois, à deux étages, d'une dizaine de chambres, dont deux avec vue sur la mer. Cet hôtel avec ambiance familiale, sans prétention, saura répondre aux exigences des voyageurs à petit budget.

La Bocana

L'**Hotel Las Cabañas** *($; bp, ≈, ⊗, ℜ, ≈; Av. de la Playa, ☎242 26 44)* est un hôtel de style motel qui plaira surtout à cause de son éloignement du centre névralgique de la plage. L'hôtel présente un excellent rapport qualité/prix.

Le **Centro Turístico La Bocana** *($$; bp, ≈, ⊗, ℜ, ≈; Av. de la Playa, ☎92 24 62, 92 22 56, 92 22 57 ou 92 22 58)*, avec ses deux piscines, sa discothèque, son restaurant et ses salles de conférences, est l'hôtel le plus imposant de La Bocana. Situé à l'extrémité ouest de la plage, ce centre de vacances se compose d'une série de constructions mitoyennes blanches et bleues à deux étages et au toit en *A* recouvert de tuiles rondes et bleues rappelant les petites maisons pimpantes de la Grèce méditerranéenne. De style motel, toutes les chambres avec balcon offrent une vue sur la mer, celles du rez-de-chaussée disposant d'une terrasse privée. Elles donnent toutes sur une immense cour où se trouvent la piscine et la pataugeoire. La réception est sympathique et le service décontracté.

Cangrejos

Le **Refugio Isla Cangrejos** *($$; bp, ⊗, ℜ, ≈; ☎241 71 57)* propose, pour 35 000 pesos en occupation double, une nuitée dans une des 12 *cabañas* (chalets) disséminées dans une petite colline sous les arbres, toutes avec vue sur la mer, ce prix incluant les trois repas pour deux personnes. La plage de boues noires, pleine de détritus à marée basse, laisse toutefois à désirer et, même si la patronne est une hôte hors pair, les amateurs de baignade seront déçus. Ils choisiront la piscine, mais il s'agit d'un pis-aller lorsqu'on se retrouve directement sur le rivage d'un océan dont on ne peut profiter.

RESTAURANTS

Santiago de Cali

Pour les meilleurs restaurants à Cali, il faut choisir la Zona Rosa, qui est en fait une *ruta rosa*, soit l'Avenida 6n (entre les Calles 15 et 29) à partir du Paseo Bolívar, et qui se termine avec Chipichape, l'ancienne usine de réparation de la Société nationale des chemins de fer colombiens, Ferrocarrils Nacionales, aujourd'hui transformée en un immense centre commercial, probablement le plus gros de toute l'Amérique du Sud. À Chipichape (on prononce «tchipi tchapé»), et des deux côtés de l'Avenida 6n,

SANTIAGO DE CALI

on rencontre toutes sortes de cuisines et toutes sortes de restaurants, la majorité avec terrasse. Il y a donc l'embarras du choix pour ceux qui voyagent avec un budget moyen ou illimité. Pour les petits budgets, on trouvera un bon nombre de *fast food* au centre-ville. Pour des repas plus élaborés dans cette catégorie de prix, il faut choisir les restaurants du Terminal de Transportes, ouverts 24 heures sur 24, où se restaurent les chauffeurs d'autocar et de taxi. Il sont tous très bons et économiques, les prix de l'*almuerzo* (repas complet comprenant une soupe et un plat principal) se situant en deçà de 5 000 pesos.

Pour une gastronomie plus exclusive, on peut essayer :

La Casa Roma *($-$$; tlj 11h à 24h; Calle 5b No. 41-54, ☎553 47 21)* est un restaurant italien avec beaucoup de charme où l'on propose des pâtes à toutes les sauces.

La Cueva del Cangrejo *($-$$; tlj 11h à 24h; Av. Roosevelt No. 36b-18, ☎557 36 89)*, comme son nom l'indique, sert les meilleures écrevisses en ville. C'est un restaurant spécialisé en poissons et fruits de mer qui offre une ambiance agréable.

Mi Tierra *($-$$; tlj 11h à 24h; Av. 8n No. 10n-18, ☎668 28 86)*, pour sa part, est un restaurant typique du Valle del Cauca. On y sert une cuisine paysanne composée de viandes accompagnées de fèves, de riz et de légumes variés.

Il y a quatre restaurants de l'hôtel Inter-Continental Cali, à savoir La Taberna, La Brasserie, La Pizzería et La Terraza. Si vous choisissez **La Terraza** *($$-$$$$; tlj 7h à 22h; Av. Colombia No.2-72, ☎881 21 86)*, ce sera pour y déguster son excellente cuisine continentale, sans oublier son service de grande classe, le tout dans une ambiance détendue. Situé autour de la piscine, La Terraza propose un décor frais et des nappes blanches sur des tables fleuries.

Pour une cuisine régionale dans un décor unique, il faut choisir le **Cali Viejo** *($$-$$$$; lun-sam 12h à 24h, dim 12h à 17h; Casona del Bosque Municipal, ☎883 31 77 ou 888 17 89)*. Ce restaurant, situé sur la rive du Río Cali, à 200 m du Parque Zoológico de Cali, se spécialise dans la cuisine régionale du Valle del Cauca. Installé dans une ancienne maison coloniale, le Cali Viejo permet de manger dans des cours intérieures ou même dans un patio agréablement décoré de fleurs et de plantes vertes.

La **Parrilla del Gordo Estebán** *($$-$$$$; tlj 11h à 15h et 18h à 24h; Av. Colombia No.4-08, ☎882 24 89 ou 885 54 10)*, à côté de l'hôtel Inter-Continental Cali, propose des grillades de viande et de poisson dans une atmosphère sophistiquée. Le propriétaire, Estebán Fagandini Arrojo, est un Argentin qui a développé une expertise en alimentation et une spécialisation en grillade des viandes. En ce sens, on choisira une pièce de bœuf ou une truite sur le gril. Le service est sympathique et empressé, tout en sachant se faire discret.

Tuluá

Dans les environs du marché *(entre les Carreras 22 et 23 et les Calles 27 et 28)*, il y a de nombreux restaurants pour petit budget.

Pour une cuisine plus recherchée, il faut essayer les restaurants qui suivent.

Le **Restaurante Y Pescadería Red Lobster** *($$$; tlj 10h à 22h; Calle 35 No. 26-52, ☎224 17 61, ☎225 77 47)* est, comme son nom l'indique, un restaurant de fruits de mer. Ici, on propose entre autres une langouste pour aussi peu que 15 000 pesos. Le restaurant est petit et divisé en trois salles agréablement meublées en style espagnol. Le propriétaire s'exprime aussi en anglais.

El Montechelo *($$-$$$$; tlj 12h à 23h, beaucoup plus tard les fins de semaine, car le restaurant fait aussi discothèque; Carrera 27a No. 42-39, ☎224 41 78 ou 224 85 63)* est un beau restaurant à toiture de feuilles de palmier séchées, avec une salle fleurie à aire ouverte qui sert aussi de terrasse et de discothèque les fins de semaine. On y déguste une cuisine locale de même que des grillades. Le service est agréable et détendu.

Guadalajara de Buga

Tous les hôtels de Buga ont des restaurants pour satisfaire leur clientèle spéciale composée en majeure partie de pèlerins. On trouvera aussi de beaux restaurants avec terrasse sur la Plazoleta de la Basílica *(Calle 4, entre les Carreras 14 et 16)*.

Le **Rinconcito Valluno** *($-$$; lun-ven 10h à 24h, sam-dim et jours fériés 10h à 2h; Calle 4 No. 15-61, ☎27 56 69)* se spécialise dans la cuisine locale. On choisira de manger à la terrasse qui permet d'observer les touristes déambulant sur la Plazoleta de la Basílica. Le service est efficace.

Carne y Pescados *($-$$; lun-ven 10h à 24h, sam-dim et jours fériés 10h à 2h; Calle 4 No. 15-81, ☎28 15 13)* est un restaurant qui se spécialise pour sa part en poissons et fruits de mer grillés. On choisira un poisson d'eau douce, une truite par exemple, la spécialité de la maison.

La Merced *($-$$; lun-ven 10h à 24h, sam-dim et jours fériés 10h à 2h; Calle 4 No. 15-87, ☎27 60 35)* est aussi un restaurant-terrasse spécialisé en cuisine typique. Ici, on choisira l'*almuerzo*, composé d'une soupe au poulet ou au bœuf, suivi d'un plat principal de poulet, de porc ou de bœuf, accompagné de riz et d'une salade de légumes frais.

Buenaventura

Sur la Calle 1a entre les Carreras 1a et 5, l'une des plus belles avenues de Buenaventura, en face du Parque Colpuertos, se trouvent une dizaine de restaurants et de terrasses sympathiques, y compris quelques *fast food* comme le **Rapido-Rapido** *($; tlj 11h 23h; Calle 1a No. 1a-08, ☎242 431 44)*, qui sert des pizzas, des hamburgers, des *perros calientes* (hot dogs) et des frites sur une terrasse achalandée, à même le trottoir.

Pour une cuisine plus sophistiquée cependant, il faut arrêter son choix sur le **Primo's** *($$; tlj 11h à 23h; Calle 1a No. 3-33, ☎242 31 09)*, un petit restaurant de fruits de mer avec un style et un service sympathique à l'européenne. La salle du restaurant se prolonge sur le trottoir qui sert de terrasse. On aura intérêt à opter pour cette solution afin de mieux profiter de la brise qui vient de la mer le soir venu. Mais les nombreux passants peuvent se révéler un inconvénient. Les fruits de mer sont recommandés alors que leur fraîcheur ne fait aucun doute. Les crevettes à l'ail y sont excellentes.

Le meilleur restaurant de Buenaventura reste encore celui de l'hôtel **Estación** *($$-$$$; tlj 7h à 24h; Calle 2 No. 1a-08, ☎243 40 70)* (voir p 280). En fait, il s'agit de quatre restaurants qui utilisent les mêmes installations de cuisine et le même menu : Las Gaviotas, Cafetería Paso a Nivel, La Pizzería et El Malecón.

Pour satisfaire toute sa clientèle, l'hôtel sert, tous les soirs dès 18h, des pizzas, préparées sur le parterre adjacent à la piscine avec les ingrédients choisis par les convives, et cuites à l'intérieur. Le jeudi, le chef concocte, aussi sur le parterre, une *parilla* (grillade) de viandes et de fruits de mer qu'il cuit sur un gril installé sur la pelouse. On peut choisir une table dans la salle à manger, mais l'air conditionné fonctionnant à plein rendement rend l'atmosphère désagréable, d'autant plus que des tables sont déjà disposées sur le large balcon attenant pour permettre aux hôtes de respirer la brise rafraîchissante soufflant doucement de la mer. On pourra aussi choisir une table sur la pelouse et profiter de coucher du soleil, alors que le service peut même se faire autour de la piscine.

  | SORTIES

Santiago de Cali

Pour les bars, les terrasses et les discothèques à la mode, il faut fréquenter la Zona Rosa, soit l'Avenida 6n *(entre les Calles 15 et 29)* à partir du Paseo Bolívar, qui se termine avec Chipichape.

Buenaventura

À Buenaventura, il faut arpenter la *ruta rosa* pour trouver les bars et les terrasses à la mode, soit la Calle 1a entre les Carreras 1a et 5.

Événements

Quelques événements à caractère social et culturel du Valle del Cauca peuvent intéresser les touristes. En voici quelques-uns :

La **Muestra de Talleres de Bordado**, une foire de fabricants de broderie au mois de mars à Cartago;

Le **Festival Nacional de Intérpretes de la Canción «Mono Núñez»** un festival de la chanson à Ginebra, au mois de mai;

L'**Exposición Agropecuaria e Industrial** de Tuluá, au mois de juin;

SANTIAGO DE CALI

Les **Fiestas de la Virgen de Carmen,** à Buenaventura au mois de juillet;

Le **Festival de la Canción de Buga «Festi Buga»,** à Guadalajara de Buga au mois d'août;

La **Feria International del Vino,** à Cali au mois de novembre;

La **Feria Internacional de la Caña de Azúcar,** à Cali au mois de décembre.

 MAGASINAGE

Cartago, une petite ville du département de Valle del Cauca d'une centaine de milliers d'habitants, située à 170 km au nord de Cali, est reconnue comme la capitale colombienne de la broderie. On trouvera donc de la très belle broderie dans les boutiques d'artisanat de Cali.

Artesanía La Caleñita, Carrera 24 No. 8-53, ☎559 21 36.

Artículo Tipico Calima, Calle 9 No. 29a-22, ☎556 54 66.

El Paraíso de las Artesanías, Carrera 28 No. 8-40, ☎514 08 61.

Galería Museo Dorado, Av. 5a Norte No. 23dn-68, ☎667 69 26.

Los Balcones Colonial, Carrera 38 No. 10-04, ☎335 03 46.

Museo de Artisanías de Colombia, Calle 12 No. 1-16, ☎880 53 14.

POPAYÁN ET LE DÉPARTEMENT DE CAUCA

S itué dans la partie sud-ouest de la Colombie, le département de Cauca constitue sans doute l'attraction touristique la plus extraordinaire du pays, puisqu'on y retrouve un amalgame historique, ethnographique, archéologique, culturel et écologique sans précédent dans le monde. Bordé au nord par les départements de Valle de Cauca et de Tolima et au sud par les départements de Putumayo et de Nariño, El Cauca, d'une superficie de 31 000 km², est limité à l'est par les départements de Caquetá et de Huila, et à l'ouest par le département de Nariño de même que par l'océan Pacifique. On y dénombre près de 1 000 000 d'habitants.

El Cauca compte 34 municipalités dont Popayán, la capitale, et c'est dans ce département que prennent leur source les quatre fleuves principaux de Colombie : le Río Cauca, le Río Magdalena, le Río Patía et le Río Caquetá. On y trouve aussi l'une des montagnes les plus hautes de Colombie, le mont Puracé avec ses neiges éternelles, qui culmine à 4 600 m, alors que sa température se situe en moyenne à 20°C.

Popayán

Capitale du département de Cauca, Popayán est un pied-à-terre essentiel pour ceux qui désirent se familiariser avec l'histoire, l'ethnographie et l'archéologie du pays réunies dans le triangle Popayán – Tierradentro – San Agustín. C'est une ville tranquille dont le centre a été déclaré patrimoine national et où l'hébergement et la restauration sont plus économiques qu'ailleurs au pays tout en offrant une meilleure qualité.

Un peu d'histoire

Le 24 décembre 1536, le capitaine Juan de Ampudia et ses soldats occupèrent un site dans la région en attendant la venue de leur chef, Sebastián Moyano de Belalcázar, qui fonda Popayán le 13 janvier 1537, à titre de général de Francisco Pizzaro, alors gouverneur du Pérou. Le 15 août de la même année, Belalcázar fit célébrer une messe en grande pompe sur la place publique de la nouvelle colonie qu'il baptisa alors officiellement, au nom de Charles Quint, Asunción de Popayán. Dès cet instant, la ville joua un rôle plus important que Cali dans le développement de la Colombie, parce que située sur la route reliant Cartagena de Indias à Quito en Équateur et à Lima au Pérou. Après la victoire sur les Pijaos, Popayán devint le siège du gouvernement régional, assujetti à Quito en Équateur et plus tard à Bogotá. À cette époque, beaucoup de grands seigneurs *caleños* s'y faisaient construire des hôtels particuliers, à titre de résidence secondaire, pour bénéficier du climat accueillant dont la température se situe aux alentours de 18°C, la ville étant nichée à 1 700 m au-dessus du niveau de la mer.

Selon certaines sources, Popayán signifierait «pour l'honneur du plus grand cacique», alors que d'autres affirment que le nom provient de *pampayán*, qui est composé de deux termes, soit *pampa,* qui signifie «vallée» en langue quechua, et *yan* qui signifie «fleuve». Popayán serait donc une vallée où serpente un fleuve, en l'occurrence le Río Cauca.

Popayán aujourd'hui

Popayán aujourd'hui est l'une des villes anciennes les plus typiques de la Colombie. Véritable joyau colonial, le centre-ville a dû être rénové presque en totalité, pierre par pierre pour en conserver l'authenticité, à la suite du tremblement de terre dévastateur du 31 mars 1983. Ici, pas de gratte-ciel, sauf les clochers des églises qui se dressent comme autant de trophées à la gloire du passé et qui se détachent des autres immeubles ne dépassant jamais deux étages de hauteur. Tous les édifices sont peints en blanc selon un édit municipal datant des lendemains de la tragédie. L'éclairage des rues étroites, surplombées par des balcons en fer forgé, est assuré par des lampadaires, en fer forgé aussi, tandis que les toits des édifices sont en tuiles rouges, le tout conférant un aspect unique qui, de jour ou de nuit, transporte tel un voyage à travers le temps, à une époque où les chevaux des conquistadores trépignaient encore sur ses pavés.

Silvia

Silvia   est un *pueblito* colonial de moins de 5 000 habitants situé à quelque 70 km de Popayán et à 2 500 m d'altitude : la température varie entre 14°C et 18°C. Le village à lui seul vaut le déplacement surtout à cause de ses petites maisons toutes simples souvent blanches avec des toits de tuiles rouges qui s'alignent dans de petites rues étroites. Mais le summum de l'intérêt survient le mardi, jour du marché qui se tient dans les rues du centre du village, alors que les Guambianos descendent des montagnes environnantes, tôt le matin, pour l'installation de leurs échoppes. Dès 6h donc, ils arrivent en *chivas* chargés de tout ce qu'ils désirent vendre et étalent les produits de leur ferme, fruits, légumes, fromages, poulets, et les pièces d'artisanat — des vêtements, de la poterie et des bijoux— qu'ils ont confectionnées. Si l'artisanat peut susciter la curiosité, c'est avant tout le rituel de l'installation qui saura charmer le visiteur. Pour profiter du

spectacle, il convient d'arriver dès 7h le matin, ou même de coucher sur place, car la route est longue depuis Popayán. En voiture, on doit compter 1 heure 30 min de trajet par une petite route asphaltée qui, en quittant l'Autopista Cali-Popayán à Piendamo, grimpe difficilement dans un parcours sinueux en montagne avant d'atteindre Silvia. Le paysage est magnifique alors que le soleil se lève sur les Andes mystérieuses, dont la crête disparaît souvent dans la brume matinale blafarde et froide.

Le marché de Silvia, qui se tient de l'aurore jusqu'à 13h, est reconnu comme unique à travers la Colombie à cause du grand rassemblement d'Amérindiens *guambianos* qu'on y retrouve. Malgré le rapprochement avec la civilisation, les Guambianos ont en effet conservé intactes leur langue et leurs traditions. Les femmes *guambianas* sont vêtues d'une longue jupe noire qui descend jusqu'aux pieds et qui est agrémentée d'une ou plusieurs bordures roses. Sur les épaules, elles portent une mante de couleur bleu royal bordée d'une frange fuchsia par-dessus laquelle elles disposent plusieurs rangées de colliers de grains blancs. La tête est couverte d'un chapeau rond, noir ou gris, alors que les pieds sont chaussés de bottines de cuir brunes ou noires.

Pour leur part, les hommes sont vêtus d'une jupe qui descend aussi jusqu'aux pieds et qui présente les mêmes couleurs que la mante des femmes, soit noire et fuchsia. Par-dessus la chemise, ils portent aussi une mante confectionnée avec le même matériel et avec les mêmes couleurs que la jupe des femmes. Ils chaussent des bottines de cuir noires ou brunes, et ils sont coiffés d'un chapeau rond.

San Agustín

San Agustín est, sans contredit, le site archéologique le plus fascinant de toute l'Amérique latine, situé à quelque 110 km au sud-est de Popayán, non plus dans le département de Cauca, mais bien dans celui de Huila. Il faut compter sept heures d'un trajet éreintant, en véhicule tout-terrain — le moyen de transport privilégié pour les excursions organisées par les agences de voyages —, car la route en terre qui sillonne la Cordillère centrale dès sa sortie de Popayan n'est pas très bien entretenue. Il est possible aussi de se rendre à San Agustín en autocar à partir du Terminal de Transportes de Popayán, mais il faut aussi s'attendre à un voyage incorfortable.

Cette petite ville paisible de quelque 30 000 habitants — dont 10 000 à San Agustín même et le reste dans la banlieue rapprochée — se trouve dans la région où habitait, il y a des siècles, une civilisation indigène que les archéologues ont baptisé San Agustín, faute de mieux, puisqu'ils n'en connaissent ni les origines ni les causes de sa disparition. Seul un grand nombre de vestiges du passage de ces Amérindiens est encore présent comme des terrasses, des routes, des fondations de villages, dispersés sur plus de 200 km² dans des montagnes atteignant 1 700 m d'altitude. On trouve aussi un nombre impressionnant de sculptures et de statues qui ont été regroupées au Parque Arqueológico, site qui a été déclaré patrimoine historique et archéologique mondial par l'Unesco en décembre 1995.

Les premières informations concernant ces vestiges remontent à 1758, lorsque Fray Juan de Santa Gertrudis visita les lieux pour la première fois. Mais il faut attendre en 1913 avant qu'un archéologue allemand, K. TH. Preuss, en fasse les premières constatations scientifiques. D'autres éminents spécialistes suivront et y feront des études et des analyses poussées, notamment José Pérez de Barradas en 1936, Gerardo Reichel-Dolamtoff en 1966 et Luis Dunque Gómez depuis 1943.

Selon ces spécialistes, la région était un site sacré pour ces Amérindiens qui pouvaient venir de très loin y enterrer leurs morts et vénérer leurs dieux. La plupart des statues, de dimension impressionnante, représentent en effet des dieux associés aux enterrements. Les premiers Espagnols les déterraient en cultivant leurs champs. Un certain nombre d'entre elles furent sans doute détruites et c'est la raison pour laquelle on a décidé de les transporter sur un même site, aujourd'hui le Parque Arqueologico, là où déjà la majorité avait été découverte. Les chercheurs du parc sont cependant d'avis qu'ils n'ont mis au jour que 60% de la statuaire, et tous les fermiers et les habitants des environs sont constamment en état d'alerte afin d'éviter de nouvelles pertes de cet héritage unique au monde.

Rien ou à peu près n'est connu de cette civilisation dont les origines remonteraient à aussi loin que 3 500 ans av. J.-C. On sait cependant que sa disparition coïncide avec l'arrivée des premiers Espagnols en Colombie. Certaines statues d'ailleurs, plus grossières, ne laissent aucun doute quant à leur ancienneté, par comparaison avec le style et le raffinement d'autres statues plus modernes et plus épurées, exécutées longtemps après les premières esquisses.

POPAYÁN

Les Páez

Ramiro est un Amérindien *páez* qui travaille à l'hôtel Plazuela où je réside. La propriétaire, la *señora* Yolanda Mosquera, lui a demandé de prendre la journée pour me servir de guide et me conduire à Silvia en voiture. Il doit s'assurer que j'y sois dès 7h du matin, pour ne rien manquer de ce mardi de marché *guambiano*. Je ne parle pas très bien espagnol et, tout au cours de la journée, il devra se montrer patient en répétant souvent les mêmes explications.

Les Páez habitaient cette région longtemps avant l'arrivée des Espagnols et, bien que ces derniers se soient approprié leurs terres, les Páez ont conservé leur fierté. Ils ont en effet gardé intactes leur culture, leur langue et beaucoup de leurs coutumes ancestrales. Graduellement cependant, ils modifient leurs habitudes, victimes d'une incompréhension systématique de la part des Blancs. Par exemple, les Páez ont toujours su maintenir l'équilibre entre leurs besoins et l'exploitation des ressources naturelles, un concept inconnu chez les Blancs.

Aujourd'hui, on compte environ 25 000 Páez, répartis sur 3 000 km² dans les montagnes entourant Popayán, Tierradentro et San Agustín. Ils y cultivent le maïs, les fèves, le manioc et certains autres fruits et légumes qu'ils vendent dans les marchés avoisinants. Ils ont leur propre entité gouvernementale, formé d'un conseil élu annuellement. Ils vivent en organisation hiérarchique qui contrôle leurs activités et distribue le travail communautaire, et qui agit comme autorité juridique pour l'ensemble de leur société.

Leurs habitations sont construites en bambou avec des toits de chaume. Elles varient en dimension et en sophistication, selon le climat et les ressources locales. Les Páez sont d'excellents artisans et confectionnent eux-mêmes leurs vêtements, avec du chanvre notamment. Jusqu'à dernièrement, ils fabriquaient aussi les produits nécessaires à la vie courante, comme des cuillères de bois et de la vaisselle en terre cuite.

Ils ne savent rien ou prétendent ne rien savoir des statues, des tombes et des trésors archéologiques découverts un peu partout dans les montagnes de San Agustín et de Tierradentro.

Tierradentro

À partir de San Augustín, on peut rejoindre facilement Tierradentro par la route, un trajet qui durera au moins sept heures. Ici cependant, qui dit «facile» ne dit pas nécessairement «confortable». En effet, la route, aussi en terre, n'est pas meilleure que celle qui relie Popayán et San Agustín. Elle serpente dans les Andes, ce qui vaut des paysages tantôt de ravins escarpés, tantôt de pics altiers, tantôt de *ríos* aux eaux tumultueuses se terminant en cascade, le tout à couper le souffle à tous les virages, à toutes les montées, à toutes les descentes...

Tierradentro est une région qui tire son nom de la difficulté de s'y rendre. Non seulement à cause de sa géographie fortement accidentée, mais aussi à cause de la ténacité des indigènes qui y habitaient à ne pas vouloir laisser envahir leur territoire par les Espagnols. Ces derniers l'ont donc dénommée *La Tierra Adentro,* (littéralement «la terre lointaine ou intérieure», c'est-à-dire difficile d'accès), dès les premières tentatives de pénétration. Tierradentro est située à quelque 110 km au nord-est de Popayán. Il est aussi possible d'atteindre Tierradentro en autocar à partir du Terminal de Transportes de Popayán, mais il faut aussi s'attendre à un voyage inconfortable.

Aujourd'hui, on y trouve la petite localité de San Andrés de Pisimbalá, avec moins de 1 000 habitants, sise dans une vallée entourée de montagnes qui renferment les tombeaux précolombiens les plus spectaculaires du continent.

POUR S'Y RETROUVER SANS MAL

Popayán

Les *calles* de Popayán se dirigent d'est en ouest et leurs numéros augmentent du nord au sud, alors que les *carreras* se dirigent du nord au sud et leurs numéros augmentent d'est en ouest.

L'avion

L'**Aeropuerto Guillermo León Valencia** se trouve à l'arrière du Terminal de Transportes *(direction nord à partir du rond-point sur l'Autopista Norte a Cali, à l'ouest du Terminal, ☎23 13 79)*. Avec de lourds bagages, il vaut mieux prendre le taxi mais on peut s'y rendre à pied, l'aéroport ne se trouvant qu'à une quinzaine de minutes de marche du centre-ville. Il y a un autobus qui dessert directement l'aéroport et le centre-ville, indiqué «Ruta 2, Centro». Voici l'horaire d'Avianca pour ses vols directs intérieurs :

Bogotá, lun-jeu, sam et dim 16h14; 114 000 pesos.

Avianca, Carrera 7 No. 5-77, ☎24 09 01
Intercontinental de Aviación, Carrera 7a No. 4-28, local 1b, ☎24 03 35
Satena, Calle 4a No. 7-39, ☎24 21 36

Les transports intermunicipaux

Popayán

Le **Terminal de Transportes**, un édifice neuf, se trouve à moins de 15 min à pied du centre-ville *(Transv. 9a No. 4n-125 , ☎83 54 25)*, mais il vaut mieux prendre le taxi pour s'y rendre. Le même autobus qui dessert l'aéroport, soit «Ruta 2, Centro», dessert le Terminal. On y trouve de nombreuses compagnies d'autocars et de minibus qui vont à Cali, San Agustín et Tierradentro notamment. Voici les coordonnées des plus importantes :

Expreso Palmira, ☎23 19 99;
Expreso Bolivariano, ☎23 29 27;
Flota Magdalena, ☎23 05 02;
Rapido Tolima, ☎23 38 92.

Silvia

Il y a des *colectivos* qui partent du Terminal de Transportes de Popayán en direction de Silvia dès 8h tous les jours. Pour le retour, les *colectivos* se prennent au Parque Central de Silvia.

San Agustín

Des autocars partent tous les jours du Terminal de Transportes de Popayán via San Agustín tôt le matin. Le voyage d'une durée de sept heures est exténuant, car la route en terre est mal entretenue. Le Terminal de Transportes de San Agustín se trouve sur la Calle 3, à l'angle de la Carrera 11.

Tierradentro

Il y a a trois autocars par jour qui desservent San Andrés de Pisimbalá à Popayán; ils partent du centre du village, près de l'église, à 7h30, 12h30 et 15h.

Les taxis

Popayán

Les taxis sont de couleur jaune ocre et identifiés *Servicio Público*. Ils ne sont pas munis de taximètre, et le prix de la course est toujours de 1 000 pesos. Ils prennent les clients sur la rue mais on peut aussi les réserver par téléphone :

Servitaxi, ☎23 33 33;
Taxi Belalcázar, ☎23 11 11;
Taxi a domicilio, ☎23 99 99.

Silvia, San Agustín et Tierradentro

Il n'y a pas de taxi à Silvia, ni à San Agustín, ni à Tierradentro.

Les transports en commun

Popayán

Des autobus parcourent la ville régulièrement et en tous sens, mais tous les points d'intérêt à Popayán même se découvrent à pied *(350 pesos)*.

POPAYÁN

San Agustín

Il n'y a pas de transport public ni à Silvia ni à Tierradentro; des minibus sont en service à San Agustín et se rendent au Parque Arqueológico notamment *(250 pesos).*

RENSEIGNEMENTS PRATIQUES

Indicatifs régionaux

Département de Cauca : 28
Département de Huila : 88

Poste

Popayán

La correspondance est acheminée via les bureaux d'**Avianca**, Carrera 7 No. 5-77.

Renseignements touristiques

Popayán

Oficina de Turismo, Calle 3 No. 4-70, ☎24 22 51, ⟐24 23 29.
Fondo de Promoción Turística del Cauca, Calle 3 No. 4-70, ☎24 04 68.

Banques

Popayán

Les banques de Popayán ne changeront pas de chèques de voyage. On aura tout intérêt à changer des chèques ou des devises à Cali. Cependant, les guichets automatiques acceptent toutes les cartes, et l'**Almacén Salvador Duque** *(Calle 5a No. 6-25, entre les Carreras 5a et 6a, ☎24 17 00)* accepte de changer les chèques et les devises américaines. La boutique est réputée pour le taux de change raisonnable qu'elle pratique.

Silvia, San Agustín et Tierradentro

Il n'y a aucun moyen de changer des chèques de voyage ou des devises ni à Silvia, ni à San Agustín, ni à Tierradentro. Il faut donc prévoir en conséquence.

Excursions

Plusieurs excursions sont organisées par les agences de voyages dans les environs de Popayán, Silvia, San Agustín et Tierradentro.

On s'informe auprès des agences de voyages suivantes :

Popayán

Lucia Nates Turismo, Calle 4 No. 8-79, ☎24 22 22.
Lunapaz Ecoturismo, Carrera 7 No. 6-23, bureau 201, ☎24 35 47.
Viajes Puracé, Calle 5 No. 6-83, ☎24 30 58
Viajes Popayán Ltda., Carrera 7 No. 5-19, ☎24 41 05.
Regional Sur Andian de Parques, Carrera 9n No. 18n-143, ☎/⟐23 99 32.

Silvia

Operador de Turismo de Silvia, Carrera 2 No. 14-66, ☎25 14 84.

San Agustín

Lucio Moreno Bravo Múños, Calle 4 no. 12-64, ☎37 30 73, ⟐37 32 14.
Cooperativa de Transporte Turístico COOTRANSTUR, Calle 5 No. 15-47, ☎37 30 19.

Tierradentro

Jaime Calderón Devia, Carretera Principal, No. 56, ☎25 29 09.

 ATTRAITS TOURISTIQUES

Popayán ★★★

Popayán est la ville touristique par excellence. Son centre-ville est un véritable livre d'histoire, et tous ses édifices sont des œuvres d'art exposées à ciel ouvert. Les églises par exemple, les hôtels et les résidences sont des joyaux amoureusement entretenus. Même les banques, d'ordinaire si voyantes partout en Colombie, ont pris ici un coup de modestie et ne font

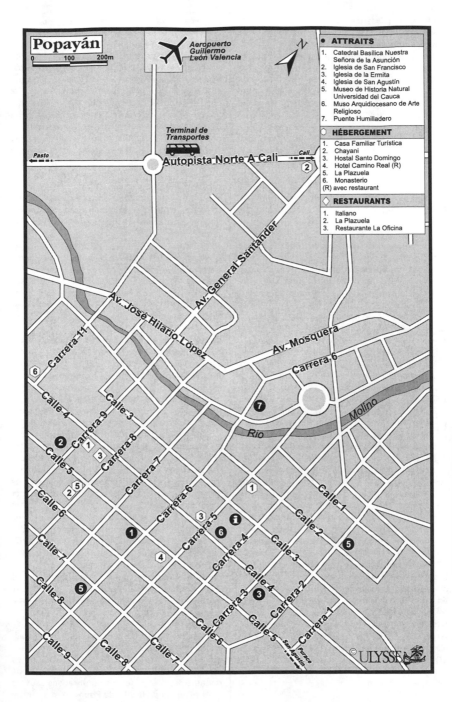

Popayán

0   100   200m

Aeropuerto
Guillermo
León Valencia

Terminal de
Transportes

Pasto

Autopista Norte A Cali

Cali

Av. General Santander

Av. José Hilario López

Av. Mosquera

Carrera 11

Carrera 6

Calle 4

Carrera 9

Calle 3

Molino

Carrera 8

Río

Carrera 7

Calle 5

Carrera 6

Calle 1

Calle 6

Calle 2

Calle 7

Carrera 5

Calle 3

Carrera 4

Calle 8

Calle 4

Carrera 2

Carrera 3

Carrera 1

Calle 6

Calle 5

Parque San Agustín

Calle 9

Calle 8

Calle 7

© ULYSSE

● ATTRAITS
1. Catedral Basílica Nuestra
   Señora de la Asunción
2. Iglesia de San Francisco
3. Iglesia de la Ermita
4. Iglesia de San Agustín
5. Museo de Historia Natural
   Universidad del Cauca
6. Muso Arquidiocesano de Arte
   Religioso
7. Puente Humilladero

○ HÉBERGEMENT
1. Casa Familiar Turística
2. Chayani
3. Hostal Santo Domingo
4. Hotel Camino Real (R)
5. La Plazuela
6. Monasterio
(R) avec restaurant

◇ RESTAURANTS
1. Italiano
2. La Plazuela
3. Restaurante La Oficina

POPAYÁN

sentir leur présence à l'intérieur d'édifices coloniaux que par des petites plaquettes d'identification à peines visibles de la rue. Certains guichets automatiques sont placés dans des entrées que l'on atteint en franchissant une porte coloniale en bois, avec poignée de bronze ou de fer forgé. D'autres sont soustraits à la vue par une grille noire de style colonial, aussi en fer forgé.

Tous les commerces et les édifices publics sont peints en blanc et aucun n'échappe à la règle, même les églises, les chapelles et les couvents. Ici, l'appareil photo est essentiel pour immortaliser le charme et l'atmosphère qui règne et, il va sans dire, le centre-ville est sécuritaire. De jour et de nuit, on peut y circuler à pied sans danger.

On commencera par visiter les églises qui se présentent comme l'attraction touristique principale de Popayán. Elles ne sont pas toutes d'égale qualité, mais elles ont toutes un caractère particulier qui les classe dans les sites à voir absolument.

La **Catedral Basílica Nuestra Señora de la Asunción** ★★★ *(Calle 5, angle Carrera 6)* a été érigée en 1906. Une première cathédrale avait été construite en 1558 avec des matériaux rudimentaires et, en 1575, on décida de construire une «vraie» cathédrale plus «décente» en tuiles et en briques puisque la première s'était vite détériorée sous l'action du temps et principalement de la pluie. Un premier tremblement de terre, survenu 2 février 1736, détruisit la plupart des églises de la ville alors que la cathédrale fut fortement endommagée : on opta pour sa démolition et, pendant un certain temps, ce fut l'Iglesia de la Ermita qui servit de cathédrale aux *Payaneses*. Une troisième cathédrale fut mise en chantier en 1819 selon des plans conçus en Espagne par l'*Academia de San Fernando*. Mais ce n'est qu'en 1906 qu'on termina l'œuvre. Comme aux autres édifices de Popayán, le tremblement de terre du 31 mars 1983 lui causa beaucoup de dommage et l'on procéda à sa rénovation complète. Mélange de style roman et baroque, elle abrite une statue en marbre de la Nuestra Señora de la Asunción.

L'**Iglesia de San Francisco** ★★★ *(Calle 4a, angle Carrera 9a)* date, pour sa part, de 1775, alors que sa construction s'étala sur plus de 20 ans; elle est considérée comme la plus belle église de la ville. Sa façade en reconstruction est de style baroque.

L'**Iglesia de la Ermita** ★★★ *(Calle 5a, angle Carrera 2)* est la plus vieille église de Popayán. Elle a été érigée vers 1602 et a survécu aux tremblements de terre de 1736, de 1817, de 1827 et de 1906. Pendant un certain temps, elle servit de cathédrale aux *Payaneses* puisque leur «vraie» cathédrale était en construction. Le retable baroque, couronné de vautours ailés qui surmonte le maître-autel, est le principal joyau de cette église, mais il faut aussi admirer son chemin de croix, qui est constitué des fresques les plus anciennes de Popayán. On y admire aussi un Jesús Nazareno et une Santa Rosalía de Palermo. Même si le tremblement de terre de 1983 a beaucoup endommagé ses murs, la majorité de ses objets de culte n'ont pas été touchés. Pour cette raison, les *Payaneses* vouent une dévotion toute particulière à la Ermita.

L'**Iglesia de San Agustín** ★★ *(Calle 7a, angle Carrera 6)* est de style roman avec un clocher mudéjar. On peut y admirer de nombreuses fresques, mais ce sont le maître-autel et la statue du Christ agenouillé sur un globe terrestre qui attirent le plus l'attention.

Le **Museo de Historia Natural Universidad del Cauca** ★★ *(tlj 8h à 11h et 14 à 17h; Carrera 2a No. 1a-25, ☎23 41 15)* existe depuis 1936. Il a commencé ses activités comme centre de recherche et de protection de la nature sous la direction du professeur Carlos Lehmán. Aujourd'hui, on y trouve l'une des plus importantes collections d'animaux naturalisés de la Colombie, sinon de toute l'Amérique du Sud, en passant par des ocelots, des pumas et des crocodiles, ainsi que quelques espèces exotiques comme l'ours polaire. Il comprend aussi des sections sur les insectes, les oiseaux et les serpents. Les plus impressionnants? Un condor avec les ailes déployées de près de 2 m d'envergure, sans oublier un anaconda de plus de 10 m de longueur qui dévore un loup adulte, ce dernier, crocs proéminents et yeux exorbités, tentant vainement de mordre son adversaire. On y trouve aussi une section géologique, paléontologique, ethnographique et archéologique se rapportant à différentes cultures indigènes de la région. Ce musée est à voir absolument.

Le **Museo Arquidiocesano de Arte Religioso** ★★★ *(tlj 9h à 12h et 14h à 18h; Calle 4a No. 4-56, ☎24 27 59)* a été mis sur pied en 1977 dans le but de protéger, de conserver, de restaurer et d'exposer les nombreuses œuvres d'art religieux de la ville de Popayán, mais aussi du département de Cauca.

Situé dans une ancienne maison du XVIIIᵉ siècle ayant appartenu à la famille Arboleda, restauré par l'architecte Marcelino Pérez de Arroyo et inauguré le 21 septembre 1979, le musée a subi beaucoup de dommages lors du tremblement de terre de 1983, alors que les œuvres d'art ont dû être confiées au Banco de la República pour leur restauration. Aujourd'hui, le musée compte neuf salles d'exposition qui présentent des sculptures, des peintures, des pièces d'or entre autres, en fait une rétrospective des XVIᵉ, XVIIᵉ et XVIIIᵉ siècles.

Le **Puente Humilladero** ★ *(Carrera 6, près de la Calle 2)* est une pièce d'architecture de grand intérêt puisqu'il est de style baroque et présente 12 arcs de soutènement. Il s'agit d'un pont de 240 m de longueur et de 5,6 m de largeur construit en 1868 qui permet d'enjamber un vallon au centre même de Popayán.

Silvia ★

Outre le village et sa spectaculaire place du marché, lequel se tient uniquement le mardi, on peut visiter le **Museo de Artesanías del Mundo** ★ *(tlj, selon les besoins de la clientèle, puisque le musée est situé dans une auberge, voir p 299; Carrera 2 No. 14-19, ☎25 10 34)*, qui se spécialise dans l'artisanat du monde entier. On y trouve en effet des pièces — peu nombreuses, il est vrai — en provenance de la Chine, du Japon, de l'Afrique du Nord et du Mexique entre autres.

On peut louer des chevaux près de l'hôtel de Turismo Silvia (voir p 299) et se rendre dans les Andes à une petite localité amérindienne qui porte le nom de La Campaña, à près d'une demi-heure de route en voiture, un peu plus à cheval puisque la route est en terre et difficile même pour les tout-terrains.

San Agustín ★★★

La visite du **Parque Arqueológico San Agustín** ★★★ *(5 000 pesos; tlj 9h à 16h; à moins de 2 km à l'ouest de San Agustín)* s'effectue à pied. Il s'agit d'un gigantesque cimetière indigène qu'on peut sillonner en moins d'une heure pour y admirer 130 statues sculptées à différentes époques, soit depuis 3 000 ans av. J.-C. jusqu'au début de la période coloniale. Mais rien ne vaut une visite

avec un guide qui saura s'arrêter et donner toutes les explications nécessaires pour pouvoir apprécier à sa juste valeur la richesse que contient chacune des statues ou groupes de statues uniques au monde. Une visite guidée dure quatre heures. Le meilleur — il parle français, anglais, italien et allemand en plus de l'espagnol —, est le guide professionnel «No. 018» du Bureau Nacional de Turísmo, Lucio Moreno Bravo Muños (voir p 290). Natif de San Agustín, il s'intéresse au site depuis son enfance et en parle avec un amour non dissimulé comme si c'était son propre jardin des merveilles. Le coût de ses services est fixé à 50 000 pesos par visite, par groupe de 10 personnes, ce qui revient à moins de 5 $US par personne. À ce prix, il accepte aussi les pourboires.

Pour ce qui est de la statuaire même, sculptée dans des pierres volcaniques, les caractéristiques anthropomorphiques sont impressionnantes avec des représentations agressives conçues pour intimider l'ennemi ou des images sereines visant à apaiser. Certaines statues portent des têtes gigantesques qui forment la moitié du corps où apparaissent des traits de visage profondément incrustés et, souvent, des lèvres épaisses d'où surgissent des crocs de jaguar. Selon les spécialistes, la disproportion et le raffinement de la sculpture de la tête par comparaison avec la schématisation du bas du corps et des pieds signifient que les indigènes de l'époque accordaient plus d'importance à l'intelligence qu'au physique. D'autres statues sont zoomorphes et sont des représentations d'animaux sacrés comme le condor ou la grenouille.

Le parc est divisé en quatre sites *(mesitas)* principaux, trois sites complémentaires et un jardin de statues. Sur les *mesitas* A et B, C et D, on trouve des monticules qui servaient de temples et où sont disposés des groupes de statues souvent surmontées d'une pierre tombale. Les statues présentent la plupart du temps des têtes énormes, par comparaison avec leurs petites jambes. Elles prennent aussi la forme de figures d'animaux et même de centaures à tête d'animaux et à corps d'homme, ou le contraire. À la Mesita B, on s'attardera surtout à «l'Évêque», une stèle à têtes humaines sculptées tête-bêche. Souvent, ces statues sont entourées par d'autres statues plus petites, des guerriers, dont la fonction intemporelle est de protéger les plus grandes sculptures à l'image des grands caciques qu'elles représentent.

POPAYÁN

Après avoir traversé une forêt de bambous où niche une immense grenouille taillée dans le roc, le visiteur atteint une grande sculpture dénommée *Fuente de Lavapatas*. Il s'agit d'un labyrinthe complexe de canaux en forme de serpents, de lézards et de salamandres à figures humaines, sculptés dans le roc et traversés par des eaux dont le cours forme trois piscines de dimension et de hauteur différentes. C'est un exemple extraordinaire du haut degré de raffinement qu'avait atteint cette civilisation dans l'utilisation des éléments naturels qui l'entouraient : ici, la pierre et l'eau d'un rapide. Les archéologues présument que le site était utilisé pour les bains sacrés et certaines cérémonies religieuses.

Le Cerro de Lavapatas est une colline dont le plateau d'une cinquantaine de mètres de diamètre surplombe tout le paysage. Le site semble avoir été utilisé pour l'enterrement des enfants. On y admire ici aussi des statues, mais il semble qu'il s'agissait avant tout d'un point stratégique qui permettait d'avoir une vue sur tout le paysage environnant de façon à mieux se défendre ou à planifier les attaques contre les envahisseurs. Même aujourd'hui, ce site n'a pas changé et, en effet, la vue est magnifique et ininterrompue à des kilomètres à la ronde.

Le dernier site, le Bosque de las Estatuas, est une installation récente. Il s'agit d'un jardin de 35 monuments monolithes sous les arbres, classés par l'antropologue Reichel-Dolmatoff selon leur caractère archaïque, naturaliste, expressioniste ou abstrait. Ces statues ont été découvertes par les paysans dans les champs environnants. Elles ont été transportées ici pour une meilleure chance de conservation sous surveillance, l'une d'entre elles portant déjà les stigmates de graffittis récents. Il s'agit de l'œuvre d'un artiste «contemporain» travaillant à la peinture en aérosol, ineffaçable sans risquer d'endommager la statue elle-même, sculptée dans un matériau tendre et poreux.

Dans les environs, on peut visiter une quinzaine de ces sites dont certains à plus de 35 km de San Agustín, ceux mentionnées plus haut étant les plus intéressants et les plus rapprochés. Il y a plus de 500 statues exposées dans les environs immédiats de San Augustín, en dehors du Parque Arqueológico, et notamment à El Tablón, à La Pelota, à La Chaquira, à Obando y El Jabón, aux Altos de las Piedras, à l'Alto de las Guacas y El Mortiño, à Quebradillas, à Quichana, à La Parada et à Naranjos y La Vaderos. On peut s'y rendre seul, si l'on est disposé à faire quelques kilomètres à pied, mais il est possible de louer des chevaux à San Agustín même. Un service de minibus dessert

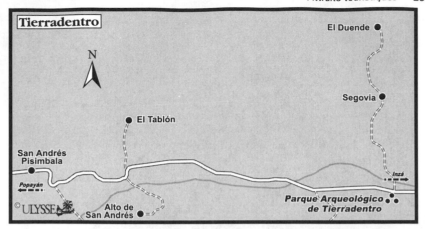

le parc toutes les 15 min à partir du centre-ville.

Le **Museo Precolombiano Villa Real ★** *(1 500 pesos; tlj 8h à 12h et 14h à 19h; Calle 5a No. 12-35, ☎37 34 79 ou 37 33 44)* est le siège de l'Instituto Colombiano de Antropología Muestra Arqueológica. C'est un petit musée installé dans une résidence privée dont toutes les pièces ont été transformées en salles d'exposition. Le musée fonctionne en collaboration avec le gouvernement, puisque personne ne peut posséder de pièces archéologiques qui sont des biens publics.

Tierradentro ★★★

Outre que la petite communauté de San Andrés de Pisimbalá est une véritable carte postale perdue dans les Andes, on se rend à Tierradentro, dans le département de Cauca, surtout pour ses hypogées funéraires dissimulés un peu partout dans la montagne. Avec San Agustín, Tierradentro est l'une des plus importantes découvertes archéologiques précolombiennes de ce siècle. On trouve des tombes de différentes grandeurs, qualités et profondeurs en groupe de 10 à 60 ou plus sur une dizaine de sites.

Le **Parque Arqueológico de Tierradentro ★★★** *(1 000 pesos; tlj 8h à 18h; à l'entrée du pueblo de San Andrés de Pisimbalá)* propose quatre sites archéologiques dans les montagnes environnantes : Segovia, El Duende, Alto de San Andrés et El Aguacate. Ici la visite se fait à cheval à partir du musée de Tierradentro. Le guide, Jaime Calderón, a déjà sellé les montu-

res et le départ se fait rapidement vers 13h. Les chevaux grimpent vaillamment dans des sentiers abrupts, avec d'un côté la montagne et de l'autre le précipice. Le paysage est... surnaturel. Les bêtes sont habituées et nul besoin d'être un expert pour en profiter. Elles choisissent elles-mêmes le meilleur chemin à suivre et c'est tant mieux. Ça permet au fier cavalier de prendre des photos. Au bout d'une vingtaine de minutes, le guide attache les rênes et l'on pénètre dans une enceinte entourée d'une clôture en bois : Segovia. On y trouve 28 tombes creusées et très bien conservées. Pour accéder à l'une ou l'autre, il faut emprunter un escalier en colimaçon qui a été taillé grossièrement par les sculpteurs de l'époque, à même les pierres, et qui mène à l'entrée d'un sépulcre. Certaines tombes sont éclairées, tandis que d'autres nécessitent le faisceau lumineux de la lampe de poche du guide. Pour prévenir la détérioration, il est interdit d'utiliser le flash de l'appareil photo, cette forte lumière pouvant affecter à long terme les couleurs de certains cénotaphes dont la décoration est souvent fort complexe.

Plusieurs tombes sont à quelques mètres de profondeur, alors que d'autres atteignent jusqu'à 7 m. Ce sont des chambres funéraires — des ossuaires — dont les plus imposantes mesurent 3 m de hauteur sur 8 m de largeur et 5 m de profondeur. Elles présentent cinq ou six niches supportées par deux ou trois colonnes. Certaines, plus spectaculaires, proposent des motifs géométriques rouges, blancs et noirs, peints avec des couleurs indélébiles que les Amérindiens extrayaient des plantes et des baies d'arbres ou d'arbustes indigènes. Le guide en fera d'ailleurs la démonstration plus tard en pulvérisant le fruit d'un de ces arbres,

POPAYÁN

La Iglesia de San Andrés de Pisimbalá

en évitant de tacher ses vêtements puisque, effectivement, il parvient difficilement à en effacer la trace sur ses doigts. On voit aussi des dessins anthropomorphes, des hiéroglyphes et des pétroglyphes représentant des animaux, des humains ou des dieux mythiques dont la signification est encore aujourd'hui inconnue. Mais on peut tout de même imaginer que ces Amérindiens décédés il y a plus de trois millénaires transmettent un message d'espoir — communiation intemporelle — en suggérant que la vie continue. C'est vrai puisque nous sommes là, le guide et moi, bien vivants, à en admirer les vestiges.

Dans ces sarcophages, on entreposait les restes des défunts dans des urnes funéraires et, selon leur niveau hiérarchique, leurs armes et des objets d'utilité courante qui pouvaient servir dans l'autre vie. Aujourd'hui, ces urnes et d'autres vestiges ont été transportés dans différents musées pour une meilleure conservation et, notamment, au musée de Tierradentro, à l'entrée du Parque Arqueológico, où ils sont exposés.

Ici, à la tombe numéro 8, on gardera un instant de silence à la mémoire de l'archéologue qui l'a découverte, Alvaro Chávez Mendoza. Le professeur Mendoza est mort à Bogotá en 1976, mais ses cendres reposent ici depuis 1994, dans une urne placée au fond de cette grotte, la plus profonde et la mieux décorée. Par ce geste, dont la volonté a été exprimée dans son testament, le professeur a voulu unir dans la mort ses propres contemporains à cette civilisation responsable de tant de merveilles qui a vécu des millénaires avant eux.

On enfourche de nouveau les montures pour une nouvelle escalade et atteindre El Duende, au bout d'une vingtaine de minutes, un site moins bien conservé mais toujours intéressant, à plus de 2 000 m d'altitude dans les Andes de plus en plus mystérieuses, les chevaux franchissant maintenant les nuages accrochés à leurs flancs. De ce plateau culminant, le panorama est assez unique puisque l'on voit non seulement le point de départ, à l'entrée du Parque Arqueológico tout au fond de la vallée, mais aussi, à des kilomètres à la ronde, d'autres sites de sépulture sur d'autres flancs de montagne.

Plus tard, on s'arrête à la terrasse d'une petite *tienda* à l'arrière de l'église, au cœur du *pueblo* de San Andrés de Pisimbalá, dont les maisons sont disposées de part et d'autre d'une seule avenue en terre, la Carretera Principal, qui s'étend sur moins de 2 km de longueur, où l'on circule surtout à dos de cheval. Un calme mystique s'installe lentement à la tombée du jour en même temps qu'une brume légère qui, comme un halo, confère à l'ensemble du paysage une dignité tout extatique. Ce qui n'empêche pas de commander de la bière froide que l'on déguste à la petite terrasse qui ne comprend que deux tables.

La petite **Iglesia de San Andrés de Pisimbalá** ★★★ *(au cœur du village)*, à toit de chaume et aux murs blanchis à la chaux, est une vraie merveille construite il y a plus de 350 ans. Un minuscule clocher d'à peine 2 m la surplombe, couronné lui aussi de son toit de chaume. L'intérieur dénudé présente un plafond soutenu par des poutres en bois dégrossies à la machette. Le mobilier a aussi été taillé à la machette dès les premiers temps de la colonie, alors que la statue de San Andrés, grossièrement sculptée par un artiste inconnu, repose sur un socle de bois avec des poignées permettant à des porteurs de la promener à travers le village lors de fêtes religieuses. Pour la visiter, il suffit de demander les clés à une vieille dame qui fait sécher son café sur le parvis, à gauche. Sur une tablette de la *tienda* où l'on a acheté de la bière, une bouteille de vin blanc français Barton & Gestier trône, empoussiérée, seule, perdue au sommet des Andes. On la dégustera, rafraîchie au congélateur chez le guide, dont la maison, comme à peu près toutes les autres à Tierradentro, est transformée en restaurant, selon les besoins des visiteurs, celui de l'hôtel n'étant pas toujours ouvert. Le guide, Jaime Calderón Devia (voir p 290), estime le coût de ses services à 20 000 pesos par personne pour une excursion à cheval de plus de quatre heures qui mène aux principaux sites. Malheureusement, il ne parle qu'espagnol, mais ses explications exhaustives permettent de saisir l'atmosphère surréaliste des lieux sans difficulté, d'autant plus que les termes qu'il utilise sont facilement compréhensibles en français et en anglais.

Le **Museo Tierradentro** ★★ *(tlj 7h à 11h et 13h à 17h; à l'entrée du pueblo de San Andrés de Pisimbalá)* présente une collection de vestiges de la culture indigène Páez sur deux étages. On y admire une reconstitution en miniature de la façon de vivre de cette civilisation (voir p 288). On y trouve aussi des urnes funéraires et des objets en provenance des tombeaux des sites funéraires des montagnes environnantes.

À Tierradentro, il y a aussi d'autres sites à visiter que ceux décrits, notamment El Tablón (même nom mais différent de celui de San Agustín), Alto de San Andrés et El Aguacate. On peut s'y rendre à pied, mais on peut aussi louer des chevaux avec un guide (voir p 290).

Parque Nacional Puracé ★

Le Parque Nacional Puracé, une réserve naturelle fondée en 1968 qui s'étend sur quelque 850 km^2 dans la Cordillère centrale, est le cœur du système d'irrigation naturelle de la Colombie : on y trouve en effet la source de quatre de ses principaux fleuves : le Río Magdalena, le Río Cauca, le Río Patía et le Río Caquetá. À 60 km de Popayán, on y trouve des sources d'eau chaude, une faune et une flore particulières dans des montagnes au pic enneigé qui atteignent jusqu'à 4 800 m d'altitude : le Pan de Azúcar (le pain de sucre) par exemple.

Le mont Puracé lui-même, qui culmine à 4 646 m d'altitude, a fait éruption assez souvent et notamment en 1831, 1881 et 1927. Son activité fut particulièrement ressentie par les indigènes et les paysans entre les années 1849 et 1852, alors qu'il força ces derniers à quitter ses pentes. Cependant, aucune éruption ne fut aussi forte que celle enregistrée au mois de mai 1889, alors que la lave et les roches en fusion projetées de son cratère se retrouvèrent à plus de 30 km de distance. Sa dernière éruption, qui remonte au 26 mai 1949, fut aussi accompagnée d'un fort tremblement de terre qui causa la mort de 17 étudiants de la Universidad del Cauca.

Puma

Il y a deux types de sources thermales dans le Parque Puracé, dont l'une, celle du Río Vinagre, est acide et sulfureuse, et l'autre, dans les environs de San Andrés de Pisimbalá, est saline et sulfureuse. On y rencontre aussi une faune très diversifiée, entre autres 22 espèces de mammifères dont des pumas et des cerfs, et

POPAYÁN

plus de 246 espèces d'oiseaux qui vivent dans 4 biomasses différentes : la forêt humide tropicale, la forêt andine, la lande ou *páramo* et la forêt boréale. Ici, il faut signaler un phénomène météorologique pour le moins étrange : alors qu'à Popayán sévit l'*inverno*, la saison des pluies — l'hiver —, en ce début du mois de décembre, le Parque Puracé, à moins de 40 km, est en plein *verano*, la saison sèche — l'été —, caractérisée par l'éclosion de certaines fleurs dont le nectar fait le délice des oiseaux-mouches qui, par milliers, ont envahi la région.

 HÉBERGEMENT

Popayán

Tous les hôtels de Popayán logent dans des édifices coloniaux. Ils présentent tous un excellent rapport qualité/prix.

La **Casa Familiar Turística** *($; bp, ec; Carrera 5 No. 2-11, ☎24 48 53)* est le même type d'hôtel que le Miramar à Santa Marta (voir p 159), et l'on y trouve le même genre de clientèle — sinon les mêmes clients, qui avaient sans doute noté les coordonnées de la Casa Familiar lors de leur passage au Miramar. En effet, des groupes de voyageurs à petit budget de tout âge et de tous les pays d'Amérique et d'Europe s'y retrouvent dans une ambiance des années soixante-dix. On y trouve des informations récentes sur son propre pays d'origine, et des tuyaux sur à peu près toutes les autres destinations en Colombie. La Casa Familiar Turística propose 11 chambres mais aucune individuelle, le lit dans un dortoir coûtant 5 000 pesos. En plus des douches à l'eau chaude, la propriétaire met une cuisine et une petite salle à manger à la disposition de ses hôtes, y compris tous les ustensiles nécessaires à la préparation des repas. Pour 2 000 pesos, elle préparera elle-même le petit déjeuner américain complet. La maison est réputée sécuritaire et calme, la musique étant défendue après 23h.

L'hôtel **Chayani** *($$; bp, ec, minibar, ☎, tv, ▨, ℜ; Carrera 9a No. 17n-38, ☎23 01 54 ou 23 01 55)* est probablement le seul hôtel de construction moderne de Popayán, mais il est situé un peu à l'extérieur de la ville à un rond-point de l'Autopista Norte a Cali. Les chambres sont propres et meublées adéquatement. Cependant, pour le même prix, on trouvera beaucoup plus d'atmosphère et de qualité au centre-ville, notamment à La Plazuela ou à l'Hostal Santo Domingo. L'accueil y est pourtant chaleureux.

L'**Hotel Camino Real** *($$-$$$; bp, ec, minibar, ☎, tv, ▨, ℜ; Calle 5a No. 5-59, ☎24 15 46, 24 13 54, 24 06 85 ou 24 12 54, ⌕24 08 16)* propose 27 chambres et une suite dans une ambiance de monastère. L'édifice blanc de deux étages donne directement sur la rue et présente des arrangements fleuris aux sept fenêtres. On y trouve des chambres agréables et tout le confort désiré. Comme Popayán est une ville calme, on peut choisir une chambre donnant sur la rue sans que le bruit empêche de dormir le soir.

L'hôtel **La Plazuela** *($$-$$$; bp, ec, minibar, ☎, tv, ▨, ℜ; Calle 5a No. 8-13, ☎24 10 84 ou 24 26 64, ⌕24 09 12)* loge, comme certains autres hôtels de Popayán, dans une ancienne maison familiale. Dès le hall d'entrée, où se trouvent la réception et un salon meublé en colonial, l'impression de se retrouver deux siècles plus tôt s'installe. Pourtant, ce n'est qu'une impression car La Plazuela offre tout le confort moderne qu'on pourrait souhaiter avec ses 30 grandes chambres, dont 4 avec un balcon s'ouvrant sur la rue, toutes donnant sur une cour intérieure avec arcs, colonnes et pilastres corniers et une belle fontaine. Les chambres immenses, à plafond haut, sont meublées en colonial, mais tout y est fonctionnel et même agencé avec goût. La Plazuela est la propriété de la *señora* Yolanda Mosquera T., l'une des descendantes de l'ancien président de la République élu pour quatre mandats, Tomás Cipriano de Mosquera, né à Popayán en 1798 et décédé à Coconuco en 1878. La *señora* Yolanda Mosquera reçoit souvent elle-même ses invités. La Plazuela ne pourra décevoir; le personnel de la réception s'exprime aussi en anglais.

L'**Hostal Santo Domingo** *($$-$$$; bp, ec, minibar, ☎, tv, ▨, ℜ; Calle 4a No. 5-14, ☎24 06 76 ou 24 16 07, ⌕24 05 42)* est un ancien hôtel particulier conçu au XVIIIe siècle par Marcelo Pérez de Arroyo, le plus célèbre architecte de l'époque, pour les besoins de la famille Guzmán. Dès le début du XIXe siècle, l'édifice a été divisé en deux résidences particulières. À la suite du tremblement de terre de 1983, qui l'a détruit partiellement, il a été rénové entièrement et transformé en *hostal*, c'est-à-dire un hôtel de séjours de courte durée. Aujourd'hui, on y trouve des chambres agréables et une salle à manger décorée avec goût, tous les meubles étant d'époque coloniale et appartenant à la famille. Elle donne sur une petite cour intérieure remplie de géraniums, d'azalées et d'autres plantes indigènes. La *señora* María Helena Ayerbe de Guzmán, propriétaire des lieux, souhaite elle-même la bienvenue à ses hôtes, alors que des membres de son personnel parlent anglais.

L'hôtel **Monasterio** *($$$$; bp, ec, ≡, minibar, ☎, tv, ▨, ℛ, ≈; Calle 4a entre les Carreras 10a et 11a, ☎24 21 91, ⇌24 40 65)* occupe un ancien monastère et a gardé tout le charme d'un vieux cloître. En effet, complètement rénové, le Monasterio compte une centaine de chambres sur deux étages qui donnent sur une cour intérieure dont le patio est orné d'un jardin de plantes vertes et de fleurs ainsi que d'une très belle fontaine, aussi ornée de fleurs. Les chambres sont immenses et garnies avec goût de meubles anciens mais fonctionnels. En traversant la cour entourée d'un péristyle dont toutes les colonnes, peintes en blanc éclatant, contrastent avec les tuiles rondes et rouges du toit, on accède à un parterre avec tables et transats autour d'une piscine de dimension semi-olympique. Comme on peut s'imaginer, le Monasterio n'a rien de monacal, et l'on peut s'y détendre vraiment, alors que les préposées à l'accueil sont efficaces et que le service est excellent.

Silvia

Pour profiter du mardi des Guambianos, dont les activités débutent dès 6h du matin, il vaut mieux coucher à Silvia.

La **Casa Turística de Silvia** *($; bp, ec, ▨, ℛ; Carrera 2 No. 14-39, ☎25 10 34)* se présente comme le chalet suisse des Andes. Avec raison d'ailleurs. Il s'agit d'une ancienne maison coloniale en bois verni comportant 2 étages et une magnifique cour intérieure fleurie sur laquelle donnent certaines des 30 chambres qui s'alignent, comme les suites d'un motel, le long d'une galerie, aussi en bois verni. On choisira ces dernières surtout à cause de la pelouse de la cour et de la vue unique qu'elle propose sur les Alp... Andes, où est perchée une ancienne chapelle désaffectée toute blanche. La terrasse du restaurant (voir p 300) est aussi aménagée à même cette galerie. La réception est ici fort sympathique. On y trouve aussi le Museo de Artesanías del Mundo (voir p 293).

L'**Hotel Cali** *($; bp, ec, ℛ; Carrera 2 No. 9-70, Parque Central, ☎25 10 99)* est un hôtel à l'ambiance familiale pour petit budget. Situé en plein cœur du village et donc au centre de l'action qui s'y déroule, lors du marché coloré du mardi, l'hôtel est tout indiqué pour se préparer à cet événement. Ancienne maison coloniale, l'hôtel compte neuf chambres qui donnent toutes sur une cour intérieure transformée en restaurant (voir p 300).

L'**Hotel de Turismo Silvia** *($-$$; bp, ec, ▨, ℛ; Carrera 2 No. 11-18, ☎25 10 76 ou 25 12 53)* est un hôtel familial de l'association syndicale CONFANDI (Caja de Compensación Familiar del Valle del Cauca). On y trouvera donc une ambiance détendue avec des salles de jeux, des salles de télévision, un parc et des activités organisées pour toute la famille. Inutile de préciser que les enfants y sont bienvenus.

San Agustín

On trouvera, à San Agustín, quelques hôtels pour petit budget sur la Calle 5a, dont **Residencias Náñez** *($; bp, ec; Calle 5a No. 15-78, ☎37 30 87)*.

L'**Hotel Yalconia** *($$; bp, ec, minibar, ☎, tv, ▨, ℛ, ≈; Carretera al Parque Arqueológico, ☎37 30 13 ou 37 30 01, ⇌37 30 01)* propose 36 chambres modernes, propres et bien meublées. On y trouvera tout le confort nécessaire à prix abordable. Il s'agit du plus bel hôtel de San Agustín. La réception y est pourtant assez froide et le personnel peu coopératif, sauf à la salle à manger (voir p 301).

Tierradentro

À Tierradentro, à peu près toutes les maisons sont disposées à recevoir les touristes pour une ou plusieurs nuits, à très peu de frais. Il n'y a que l'embarras du choix et certaines sont d'ailleurs annoncées comme *«Residencias»*. Essayez **Residencias y Restaurante Pisimbalá** *($; bp, ℛ; à 200 m de l'entrée du Parque Arqueológico, ☎25 29 21)*, qui, pour environ 15 000 pesos par jour, offre la pension complète.

El Refugio *($; bp, ec, minibar, ☎, tv, ▨, ℛ, ≈; à 200 m du Museo Arqueológico, réservation à Popayán, ☎324 22 51 ou 24 04 68, ⇌24 23 29)* est un hôtel de type motel d'une trentaine de chambres, confortables pour le prix. C'est, sans aucun doute, le meilleur hôtel de Tierradentro. Cependant, lors de notre

POPAYÁN

passage, la piscine n'était pas entretenue et la salle à manger était fermée. Le gérant assure qu'il en est autrement en haute saison, c'est-à-dire de décembre à mars.

 RESTAURANTS

Popayán

Tous les hôtels du centre-ville de Popayán abritent des restaurants de classe internationale, et l'on y trouvera autant la cuisine locale que la cuisine spécialisée italienne, française ou américaine.

Le **Restaurante La Oficina** *($$; tlj 11h à 23h; Calle 4 No. 8-01, ☎24 03 80)* est un restaurant de cuisine typique colombienne réputé pour ses portions généreuses. Le personnel est sympathique et accueillant. On y dînera en toute tranquillité vers 20h, alors que le restaurant est moins achalandé.

Le restaurant **Italiano** *($$-$$$; tlj 11h à 24h; Calle 4 No.8-63, ☎24 06 07)* sert, on s'en doute, une cuisine italienne, mais se spécialise aussi dans la cuisine suisse. On pourra donc y savourer des pâtes, des pizzas et des lasagnes, mais aussi des fondues à la viande et au fromage de même que des plats à la carte, y compris des sandwichs; les steaks frites y sont excellents. Il s'agit d'un petit restaurant à deux étages avec mezzanine, géré par une Suisse qui, évidemment, s'exprime en français. C'est le rendez-vous d'une clientèle éclectique composée de *Payaneses*, étudiants et intellectuels, et des touristes de passage, surtout ceux qui ont élu domicile à la Casa Familiar Turística (voir p 298).

Le restaurant de l'hôtel **La Plazuela** *($$-$$$; tlj 7h à 22h30; Calle 5 No. 8-13, ☎24 10 84 ou 24 10 71)* est situé à l'arrière de la cour intérieure. Dans une ambiance feutrée, et meublé en style colonial, le restaurant présente des tables agréablement décorées et offre un service impeccable. On y déguste une cuisine locale et internationale alors que le chef propose des plats du jour variés : des pâtes, des plats cuisinées, etc. Les spaghettis *al dente*, *alla corbonara*, étaient excellents. Le service est empressé, discret et efficace.

Le restaurant de l'hôtel **Camino Real** *($$-$$$$; tlj 7h à 22h30; Calle 5 No. 5-59,*

☎24 12 54, 24 15 46, 24 06 85, 24 29 09 ou 24 35 95) a reçu le diplôme du Mérite de la Fédération internationale de la presse gastronomique, vinicole et touristique pour la qualité de sa table. On y trouve donc une cuisine internationale avec spécialités françaises et une carte des vins élaborée avec soin. Installé dans un décor monastique et proposant des tables à nappe blanche et fleurie, le restaurant ne pratique pourtant pas des prix extravagants pour la qualité qu'il offre. L'établissement est reconnu pour ses steaks juteux.

Silvia

Le restaurant de l'**Hotel Cali** *($; tlj 7h à 21h; Carrera 2 No. 9-70, Parque Central, ☎25 10 99)* est un restaurant de cuisine typique qui renouvelle son plat du jour tous les jours. On y mangera donc un potage, suivi d'un plat de viande accompagné de manioc, de banane plantain, de fèves et de riz.

Le restaurant de la **Casa Turística** *($$; tlj 7h à 21h; Carrera 2 No. 14-39, ☎24 03 80)* est installé sur le balcon de bois de la cour intérieure de l'hôtel et offre une vue magnifique sur les Andes. C'est probablement le plus beau restaurant de Silvia. On y sert une cuisine typique et internationale dans un décor unique.

San Agustín

L'**Arturo Pizzería** *($; tlj 11h30 à 20h; Calle 5a No. 15-58, en direction du Parque Arqueológico, ☎37 35 85)*, comme son nom l'indique, sert une cuisine italienne dans un petit restaurant sans prétention. On pourra tout de même y déguster une pizza végétarienne parmi tant d'autres.

Le restaurant **Brahama** *($; tlj 11h30 à 20h; Calle 5a No. 15-11, en direction du Parque Arqueológico, ☎37 32 26)* propose une cuisine typique dans la cour intérieure ouverte d'une maison coloniale où trône un téléviseur. On pourra y savourer aussi une cuisine végétarienne et des salades. Mais la télévision...

Juste en face de l'hôtel Yalconia, le restaurant **La Brasa** *($; tlj 11h30 à 18h; Carretera al Parque Arqueológico, ☎37 36 79)* sert des *churrascos*, soit des viandes grillées sur charbons de bois, servies sur une terrasse couverte : du poulet surtout, mais aussi du bœuf, des saucisses et du boudin. Le patron est à la rôtisserie, et le service est assuré par sa femme ou sa fille. L'endroit est tout à fait agréable.

Le restaurant de l'**Hotel Yalconia** *($$-$$$; tlj 7h à 22h; Carretera al Parque Arqueológico,* ☎*37 30 13 ou 37 30 01,* ≠*37 30 01)* est probablement le meilleur restaurant de San Agustín. On y déguste une cuisine internationale dans une salle agréablement meublée de tables avec des nappes blanches et décorées de fleurs. Le restaurant, avec des fenêtres panoramiques qui s'ouvrent sur la piscine, offre une vue magnifique sur un paysage de montagne. La carte propose des vins français et chiliens. Les grillades sont la spécialité de l'établissement. Contrairement à la réception de l'hôtel (voir p 299), le service est ici chaleureux et se distingue par son professionnalisme.

Tierradentro

Presque toutes les résidences de Tierradentro se transforment en restaurants et en hôtels selon l'affluence du tourisme.

El 56 *($; Carretera Principale)* est le numéro de porte de la résidence du guide Jaime Calderón Devia qui fait restaurant, toujours selon les besoins de ses clients. Sa femme est aux fourneaux, alors que sa fillette sert à l'unique table — la table familiale —, qui ne pourrait recevoir plus de quatre personnes. La spécialité de la maison est la *sopa de verduras*, une soupe aux légumes dans un bouillon de poulet. Le repas complet ne dépassera pas 5 000 pesos, mais il faudra acheter son vin ou sa bière à la petite *tienda*, à 50 m, en face à gauche.

 SORTIES

Événements

Les départements de Cauca et de Huila organisent des événements culturels et sociaux susceptibles d'intéresser les touristes. En voici quelques-uns :

Temporada de Taurina, en janvier à Popayán;

La **Semana Santa**, en mars ou avril à Popayán;

Le **Mercado Nacional de Artesanías**, en avril à Popayán;

La **Feria del Verano**, la foire d'été, en août à Silvia;

La **Semana Cultural Integral**, en octobre à San Agustín.

 MAGASINAGE

Artisanat

Étant donné la situation isolée de certaines destinations des départements de Cauca et de Huila, et l'importance des communautés amérindiennes qui ont gardé beaucoup de leurs coutumes et leur manière de vivre, la région est le paradis de l'artisanat. On y trouve donc des vêtements, des articles de cuir, des bijoux en or, des articles ménagers, des reproductions de pièces archéologiques à San Agustín notamment, etc. On aura un bon choix de pièces d'artisanat dans les boutiques suivantes :

Popayán

Oficina de Turismo, Calle 3 No. 4-70, ☎24 22 51.
Pubenza, Calle 4 No. 5-20, ☎24 00 83.

Silvia

À Silvia, beaucoup d'échoppes du marché *guambiano* vendent des produits d'usage courant et d'artisanat confectionnés par les Amérindiens. On y trouvera, entre autres, des vêtements en laine — chandails, foulards ou cache-col, gants — de même que des articles de cuir, des bijoux, etc.

Museo de Artesanías del Mundo, Carrera 2 No. 14-19, ☎25 10 34.

San Agustín

À San Agustín, on trouvera une dizaine d'artisans spécialisés dans la reproduction ou même la réalisation de pièces archéologiques sur mesure, sur la Calle 5a notamment, et plus spécialement **Darwin**, No. 16-02, **Artesañas Taller José**, No. 15-46, **Cerámicas El Timaco**,

POPAYÁN

No. 15-30, **Artesañas y Raplicas Précolombia-**
nas Andaquí, No. 15-07.

Tierradentro

À Tierradentro, on pourra acheter de l'artisanat
un peu partout chez les résidants et l'on
s'informe auprès du guide.

LETICIA ET LE DÉPARTEMENT DE L'AMAZONAS

Q ui n'a jamais rêvé de traverser la forêt vierge à coups de machette, d'affronter les tigres, les jaguars, les serpents, les araignées venimeuses, d'entendre les perroquets et les singes jacasser sans arrêt dans les arbres, de descendre en pirogue fragile le deuxième plus long fleuve du monde — l'Amazone —, de lutter contre ses courants, ses crocodiles, ses anacondas gigantesques et ses piranhas voraces, de frôler la folie engendrée par l'humidité et la prolifération des moustiques, et d'affronter les terribles tribus amérindiennes cannibales et réductrices de têtes et leurs fléchettes empoisonnées au curare? Les conquistadores l'ont fait, et ont été les premiers à pénétrer l'Amazonie en 1541, sous le commandement de Francisco de Orellana. Ils ont donné le nom d'Amazonas à cet immense bassin et au grand fleuve qu'ils y découvrirent, en souvenir des femmes guerrières de la mythologie grecque — les Amazones — établies sur les rives du fleuve Thermodon, qui se coupaient le sein droit pour mieux tirer de l'arc. Faisant un parallèle entre ces dernières et la légende des autochtones qui racontaient l'existence d'un peuple de femmes vivant seules, à la source du fleuve, plus féroces que dix guerriers amérindiens, ils n'hésitèrent pas à attribuer ce nom à l'ensemble de la région. De plus, les indigènes utilisaient déjà le vocable quechua *amaçunu*, qui signifie «fracas d'eau», pour désigner le mascaret de l'embouchure de l'Amazone au Brésil, qui atteint 4 m ou 5 m de hauteur. Aujourd'hui, cet immense territoire de 6 430 000 km² s'étend dans sept pays limitrophes : le Brésil, la Guyana, la Bolivie, le Pérou, l'Équateur, le Venezuela et la Colombie.

L'Amazonie

Le bassin de l'Amazonie est irrigué par un système complexe d'affluents et de canaux. Il est habité par de nombreuses mais petites tribus amérindiennes, dont certaines encore inconnues de la civilisation. Elles sont dispersées un peu partout dans les sept pays, alors qu'on trouve aussi des colons en petit nombre, établis çà et là dans de rares clairières. Reconnu comme le poumon du monde à cause de sa diversité biologique et de sa capacité de photosynthèse permettant de régulariser l'oxygène de la planète, le bassin est constamment agressé par l'exploitation forestière et minière et par les populations des sept pays qui tentent de s'y installer pour y pratiquer l'élevage et l'agriculture, toutes des activités qui impliquent la coupe systématique des arbres et la destruction massive de la forêt vierge.

L'Amazonas

L'Amazonie colombienne est un grand territoire qui forme près du tiers du pays, avec une superficie de 400 000 km², recouvert en majorité par la forêt vierge encore impénétrable, et qui présente des ondulations variant entre 100 m et 600 m au-dessus du niveau de la

Le dauphin d'eau douce

Il y a deux sortes de dauphins qui vivent dans les lacs formés par l'Amazone. Il y a le «Bugeo» ou le dauphin rose, dont le nom scientifique est *Inia geoffrensis*. Il peut atteindre jusqu'à 2,7 m de longueur et peser jusqu'à 180 kg. Outre sa couleur rose pâle, il se caractérise par son large museau, ses petits yeux et un court aileron sur le dos. Il se nourrit de poissons et peut en absorber jusqu'à trois ou quatre kilos par jour.

L'autre, le «Tucuxi» ou le dauphin gris, porte le nom scientifique de *Sotalia fluviatilis*. Par son poids, sa couleur et sa forme, il est semblable au dauphin de mer. Il peut mesurer jusqu'à 1,6 m et ne dépasse pas 60 kg. Pour sa subsistance, il lui est nécessaire de consommer plus de 5 kg de poissons par jour.

mer. On y dénombre six départements : Putumayo, Caquetá, Guaviare, Guanía, Vaupés et finalement l'Amazonas. Ce dernier, d'une superficie de 109 655 km² et d'une population de quelque 60 000 habitants, a été élevé au niveau de département à la suite de la refonte de la constitution colombienne de 1991. L'Amazonas est aujourd'hui bordé au nord par les départements de Caquetá, de Vaupés et de Putumayo, au sud et à l'ouest par la république du Pérou et à l'est par le Brésil. Présentant une température moyenne de 27°C et une humidité moyenne au-dessus de 90%, l'Amazonas est baigné par quatre grands fleuves, le Río Putumayo, le Río Caquetá et le Río Apaporis et le Río Amazonas, qui court sur plus de 6 520 km et ne longe la Colombie que sur 130 km, selon un traité signé en 1930 par la Colombie, le Brésil et le Pérou, à la suite de nombreux conflits frontaliers.

L'économie de l'Amazonas est basée sur l'agriculture — le maïs, le manioc, la banane plantain et le riz — et l'élevage, tandis que la pêche en eau douce joue aussi un rôle important. Au fil des ans, le tourisme est devenu l'une des industries les plus prospères, notamment à Leticia. On y recherche la diversité d'une flore incomparable. On y identifie entre autres, outre les palmiers et un grand nombre de plantes médicinales, le cèdre, le palissandre, sans oublier la «Victoria Regia», du nom de la reine d'Angleterre, ce nénuphar de très grande dimension qui peut atteindre 2 m de diamètre et qui flotte en eaux stagnantes, avant qu'éclose une petite fleur blanche et rouge qui contraste avec son vert caoutchouté.

Les touristes recherchent aussi sa faune unique composée de tigres et de jaguars en passant par les singes, les crocodiles et les serpents et notamment l'anaconda ou eunecte, un reptile qui peut atteindre 10 m et qui vit dans les marécages. Mais ce sont surtout les dauphins roses et gris de l'Amazone qui attirent l'attention des visiteurs, sans compter que la plupart de ces derniers rêvent de capturer le piranha.

Leticia

Située directement sur la rive nord de l'Amazone, la capitale de l'Amazonas, Leticia, est la seule ville du département à posséder une infrastructure permettant de recevoir adéquatement le tourisme de masse.

Un peu d'histoire

Leticia a été fondée le 25 avril 1867 par le capitaine Benigno Bustamente sous le nom de San Antonio. La ville a été péruvienne jusqu'à la signature du traité de 1930, alors qu'elle fut cédée à la Colombie et qu'elle changea de nom pour devenir Leticia.

Leticia aujourd'hui

Avec une population de 27 000 habitants, Leticia est aujourd'hui une petite ville coquette et tranquille qui ne semble pas appartenir à la Colombie, ou du moins, qui a adopté un style de vie différent. Leticia se proclame elle-même la capitale mondiale de la paix et ce n'est pas loin d'être la vérité. Tout en étant perdue au fond de l'Amazonie, cette ville de la dimension d'un village, dont on fait le tour en moins d'une demi-heure, joue un rôle essentiel en faisant le pont entre la civilisation de l'extérieur et l'écologie délicate de la forêt vierge dont elle se veut la protectrice. Par exemple à Leticia, on compte plus de petites motocyclettes que

Amazonas

d'automobiles, et ce, dans une proportion de 10 pour un. La circulation n'est jamais dense, d'autant plus que personne ne conduit à plus de 20 km/h. Les taxis ne servent que pour les déplacements de l'hôtel à l'aéroport. Ainsi, dès son arrivée, le visiteur, toujours accueilli avec empressement, est automatiquement plongé dans une sorte de sérénité qui contraste étonnant avec le stress qui prévaut souvent ailleurs en Colombie.

Ici à Leticia, hors des hôtels et des restaurants du centre-ville, toutes les recommandations et les mises en garde concernant l'eau et la santé en général (voir p 64) — et plus particulièrement en ce qui concerne les moustiques — sont de mise, particulièrement lors d'excursions sur l'Amazone, le seul véritable point d'intérêt de la région.

POUR S'Y RETROUVER SANS MAL

Les *calles* de Leticia suivent la direction est-ouest et leurs numéros augmentent du sud vers le nord, alors que les *carreras* suivent la direction nord-sud et leurs numéros augmentent d'est en ouest.

L'avion

L'**Aeropuerto Vásquez Cobo** est situé à 1,5 km au nord de la ville, au bout de l'avenue du même nom. Une taxe touristique *(6 000 pesos)* est perçue de tous les étrangers à l'arrivée à Leticia. Elle permet le développement de l'infrastructure touristique et la conservation ainsi que l'entretien des sites existants. À l'aéroport, on fouille les bagages à l'arrivée et au départ comme si l'on pénétrait en pays étranger. En effet, comme il n'y a pas de poste de douanes entre Leticia en Colombie et Tabatinga au Brésil, les formalités douanières s'effectuent aux aéroports de ces deux villes. Pour atteindre Leticia, il n'y a pas de service d'autobus; il faut prendre le taxi en direction du centre-ville *(2 000 pesos)*.

Trois compagnies y proposent des services, dont Avianca, deux vols par semaine en direction de Bogotá, sam 13h et mar 17h15. Aero-República, pour sa part, propose des vols quotidiens, alors que Satena, une compagnie de fret, accepte quelquefois des passagers. On trouvera les bureaux de ces compagnies à Leticia même.

Avianca, Carrera 11 No. 7-58
Satena, Carrera 11 No. 12- 22

LETICIA

AeroRepública, Carrera 11

Il y a un autre aéroport dans les environs, à Tabatinga au Brésil, d'où l'on peut prendre l'avion pour des destinations de ce pays. Tabatinga est située à moins de 20 min de route de Leticia et il n'existe pas de frontière entre les deux villes. Un minibus fait la navette toutes les 5 min du centre-ville de Leticia aux confins de Tabatinga en passant par le centre-ville et l'aéroport.

Les transports en commun

Il y a des minibus qui sillonnent Leticia, mais ils suivent toujours le même trajet aller-retour à Tabatinga. On peut toutefois parcourir la ville en entier à pied, les endroits les plus intéressants se trouvant au centre-ville.

La location d'une voiture ou d'une moto

On ne loue pas de voiture à Leticia, où le moyen de transport privilégié est la moto. On pourra louer une moto aux endroits suivants — ouverts tous les jours de 7h à 20h —, et il faut opter pour le scooter doté d'une transmission automatique. Les prix sont à peu de chose près les mêmes, et il faut compter 5 000 pesos l'heure, 30 000 pesos pour la journée, 45 000 pesos pour 24 heures et 80 000 pesos pour 5 jours.

Motos Memo, Calle 8 No. 6-47
Motos Alex, Calle 8 No. 7-63
Turismo Leticia, Calle 8 No. 7-70
Moto Tour, Carrera 9 No. 8-08
Papillon, Av. Internal No. 3-13

 RENSEIGNEMENTS PRATIQUES

Indicatif régional : 8

Poste

La correspondance est acheminée via les bureaux d'**Avianca**, Carrera 11 No. 7-58.

Banques

Les banques offrent des services dès 8h jusqu'à 13h tous les jours et jusqu'à 14h le vendredi. Cependant, aucune banque ne changera de chèques ni même les devises à Leticia. On pourra cependant changer des devises américaines aux boutiques de la Calle 8 à l'ouest de la Carrera 11, en direction du fleuve. Ces boutiques n'acceptent que les devises américaines, puisqu'il n'y a pas de marché pour les autres devises. Il faut négocier le taux de change et magasiner d'une boutique à l'autre. Si vous utilisez une carte de guichet automatique, seule la carte d'institutions affiliées au réseau MasterCard est acceptée au guichet du Banco de Bogotá, angle Calle 7 et Carrera 10.

Renseignements touristiques

Secretaría Departemental de Turismo y Fronteras, lun-ven 7h à 12h et 14h à 17h45; Carrera 11 No. 11-35, ☎27505.

Excursions

Leticia est une ville intéressante pour les excursions qui sont proposées dans les environs immédiats ou dans plusieurs sites en descendant ou en remontant l'Amazone, dépendant du temps ou du budget disponible. On peut partir en excursion d'une journée ou deux jours, ou même d'une semaine ou plus.

Voici des exemples d'excursions, les prix étant établis sur une base de cinq personnes. Si vous êtes seul, il convient de réserver le plus tôt possible auprès de l'agence de voyages afin de lui laisser le temps de réunir un nombre suffisant de personnes et ainsi vous faire bénéficier du prix de groupe.

Lagos Yahuarcacas, où l'on observe la «Victoria Regia», 30 000 pesos;

Comunidad de Los Huitotos, une communauté indigène *huitoto*, 43 000 pesos comprenant le déjeuner;

Benjamin Constant, la ville brésilienne située sur l'autre rive de l'Amazone, 50 000 pesos comprenant le déjeuner, l'*almuerzo típico brasilero*;

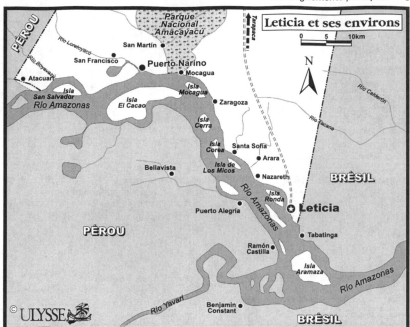

Leticia et ses environs

0   5   10km

N

PÉROU

Río Loretoyacú

Río Boyaveco

San Martín

Parque Nacional Amacayacú

San Francisco

Puerto Nariño

Atacuari

Mocagua

Isla San Salvador

Río Amazonas

Isla El Cacao

Isla Mocagua

Zaragoza

Isla Cerra

Isla Corea

Santa Sofía

Arara

Bellavista

Isla de Los Micos

Nazareth

Puerto Alegría

Río Amazonas

Isla Ronda

Leticia

Tabatinga

Ramón Castilla

Isla Aramaza

Río Amazonas

Río Yavari

Benjamin Constant

BRÉSIL

PÉROU

BRÉSIL

Río Calderón

Río Tacana

Tarapaca

© ULYSSE

Isla de los Micos, l'île des singes, 50 000 pesos comprenant la visite d'une communauté *ticuna*;

Bellavisia, une visite de cette région du Pérou, 65 000 pesos, comprenant l'*almuerzo* péruvien;

Puerto Nariño, une visite de ce petit port de pêche et des Lagos de Tarapoto, où s'observe le dauphin rose, de même que du Parque Amacayacú, une réserve naturelle. Coût : 80 000 pesos comprenant le déjeuner.

Voici des adresses utiles concernant les agences de voyages, la plus recommandée étant celle de l'hôtel Anaconda :

Anaconda Tours, Carrera 11 No. 7-34, dans le hall de l'hôtel Anaconda, ☎27119, 27891 ou 27274; et à Bogotá, Carrera 14 No. 77-46 , 2ᵉ étage, ☎218 01 25, 218 46 79, 611 32 19 ou 256 09 10, ⁼611 23 58

Amaturs, Carrera 11 No. 7-34, aussi dans le hall de l'hôtel Anaconda, ☎27018; et à Bogotá, Calle 85 No. 16-28, bureau 203, ☎256 11 35, 257 22 00 ou 257 03 35, ⁼218 21 13, amaturs@impsat.net.co

Turamazonas, Carrera 11 face à la Calle 6, dans le hall de l'hôtel Parador Ticuna, ☎27243, ⁼27273.

Des guides indépendants sur la rue offrent aussi leurs services pour organiser des excursions ou même des expéditions qu'ils prétendent plus axées sur l'écologie et plus près de la nature. Il faut alors discuter des prix et savoir ce qu'elles comportent : le transport, les entrées sur les sites, le logement s'il y a lieu, le déjeuner, etc. L'un des guides s'exprime parfaitement en français, ayant déjà vécu quelque temps en France. Il s'exprime aussi en anglais et remet un dépliant d'information sous forme de photocopie où il propose une excursion de pêche aux piranhas ou au *pirarucu*, ce gros poisson d'eau douce que l'on ne retrouve que dans l'Amazone : **Expedition Tony El Mowgli**, Calle 9 No. 8-62, ☎83301.

 ATTRAITS TOURISTIQUES

Leticia

L'un des attraits touristiques les plus spectaculaires de Leticia — et probablement de toute la Colombie — est l'**excursion sur l'Amazone ★★★**. Il faut premièrement se rendre à l'embarcadère, en descendant sur la Calle 8 en direction ouest vers le fleuve tôt le

Quelques peuples amérindiens

Les Ticunas

Les Ticunas habitent une grande partie du territoire trapézoïdal du sud de l'Amazonas. Les communautés les plus importantes se trouvent dans les environs immédiats de Leticia, à Nazareth plus précisément, directement sur la rive nord de l'Amazone, à Arara sur la rive du Río Quebrada et à Puerto Nariño sur la rive du Río Loretoyacu. On trouve aussi une communauté *ticuna* sur la route Leticia-Tarapacá.

Alors que les femmes s'occupent de fabrication de paniers et de tissage de vêtements, les hommes fabriquent, entre autres choses, des tissus de matières végétales qui servent à la confection des masques du rituel de la *pelazón*, une cérémonie d'initiation pratiquée aussi dans les environs de Leticia. Il s'agit d'une danse de la présentation à la communauté, de la jeune fille devenue femme. La *pelazón* se pratique dès les premières menstruations de la jeune fille qui, peinte en noir et ornée de plumage et de coquillages représentant la fertilité, est entourée des autres femmes de la tribu et courtisée par les hommes qui font cercle autour d'elles.

Les Huitotos

Cette nation habite la région comprise entre le Río Caquetá et le Río Putumayo. Une communauté importante est cependant installée près de Leticia, entre les kilomètres 7 et 11 de la Carretera Leticia-Tarapacá.

À la suite de la quasi-éradication de la civilisation Huitoto au cours de l'âge d'or du caoutchouc du début du siècle, les gouvernements et les autres entités concernées accordent beaucoup d'importance aujourd'hui à la reconstruction et à la valorisation de cette culture indigène.

L'habitation communautaire *huitoto*, la *maloca*, fait l'objet d'un culte particulier. Elle est composée de quatre piliers principaux qui représentent les quatre éléments naturels : la terre, l'eau, l'air et le feu. On y trouve une entrée principale utilisée au cours de la journée et une autre pour la nuit.

Outre qu'ils fument le tabac, les Huitotos sont aussi des consommateurs de la feuille de coca.

Les Yucunas

Cette nation se retrouve plus spécifiquement au nord du département de l'Amazonas, sur les rives du Río Miriti-Panamá. Les Yucunas sont voisins des Matapis, des Tinimukas et des Letuamas.

Les habitations communautaires *yucunas* sont de formes arrondies et présentent deux grandes ouvertures triangulaires dans leurs parties supérieures.

Leur rituel religieux nécessite l'utilisation de masque et de plumages colorés.

matin, alors que les innombrables boutiques de la rue s'éveillent dans la chaleur humide qui s'infiltre déjà dans les vêtements. Le fleuve apparaît dans toute son immensité, mesurant plus de 2 km de largeur et comprenant une île assez importante en son milieu. Pour prévenir les inondations fréquentes de la crue des eaux, la rive du fleuve a été couverte de poches de sable qui forment un mur de près de 3 m de hauteur que l'on doit franchir en empruntant des passerelles de bois. D'autres passerelles mènent à des bateaux-maisons qui servent de restaurants où sont amarrés des embarcations à moteur, des yachts à cinq ou six passagers, ou de longues pirogues qui peuvent recevoir une trentaine de passagers et parfois plus.

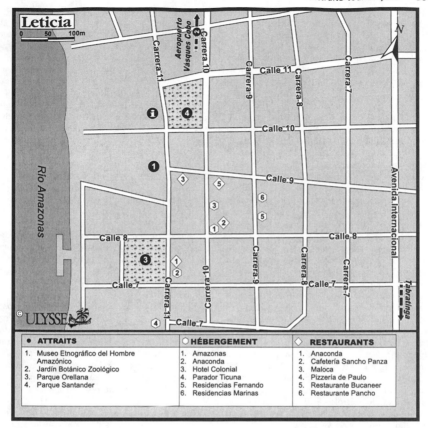

● ATTRAITS	○ HÉBERGEMENT	◇ RESTAURANTS
1. Museo Etnográfico del Hombre Amazónico	1. Amazonas	1. Anaconda
2. Jardín Botánico Zoológico	2. Anaconda	2. Cafetería Sancho Panza
3. Parque Orellana	3. Hotel Colonial	3. Maloca
4. Parque Santander	4. Parador Ticuna	4. Pizzería de Paulo
	5. Residencias Fernando	5. Restaurante Bucaneer
	6. Residencias Marinas	6. Restaurante Pancho

L'embarcation quitte le quai et se dirige lentement vers le nord en direction de Puerto Nariño. À moins de 10 min, on pénètre dans les Lagos Yahuarcacas, des lacs alimentés par l'Amazone, où l'on rencontre une végétation assez impressionnante, et notamment la «Victoria Regia», cet immense nénuphar de l'Amazonie qui flotte ici à des milliers d'exemplaires.

Puis, le pilote revient au fleuve. Ses eaux sont brunâtres et le courant est fort, 5 ou 6 nœuds, 10 peut-être. Après avoir laissé l'île en face de Leticia, l'embarcation prend de la vitesse, et le pilote conduit allègrement en faisant du slalom entre les arbres morts et les débris de la forêt qui se présentent souvent à la proue. On voit qu'il a l'habitude de la navigation à obstacles. En route, on aura l'occasion de croiser des pêcheurs en pirogue à l'affût du *bagre* (poisson-chat ou barbeau). Curieusement lorsqu'ils sont seuls, ils s'installent à l'avant de la frêle embarcation pour pagayer, alors que l'arrière effleure à peine l'eau.

Les rives du grand fleuve sont désertes, à l'exception de quelques habitations indigènes des Ticunas. Elles sont infestées de crocodiles et il est dangereux de s'y aventurer seul. Cependant, il faut savoir que ces terribles animaux ne sont actifs que la nuit, la chaleur du jour les empêchant littéralement de bouger à moins d'être obligés de se défendre.

Au bout d'une dizaine de minutes, notre embarcation s'arrête à une petite plage en haut de laquelle se dresse une hutte en bois à toit de chaume. Il s'agit d'une propriété privée où, en franchissant un pont de bois au-dessus d'une lagune d'eau stagnante, on peut encore admirer la «Victoria Regia».

Vingt minutes plus tard, et pratiquement sur l'autre rive de l'Amazone, nous abordons l'Isla

LETICIA

de los Micos, l'île des singes, qui s'étend sur 10 km de longueur et 1 km de largeur. L'île — de son véritable nom, Isla Santa Sofía —, est peuplée d'une vingtaine de milliers de singes qui servaient, jusqu'en 1974, à approvisionner des laboratoires partout dans le monde. À cette époque, le gouvernement colombien interdit l'exportation de ces animaux. L'île fut abandonnée par ses propriétaires étasuniens qui y avaient construit des installations hôtelières. Elles font maintenant partie de l'organisation de l'hôtel Parador Ticuna, à Leticia, et servent de refuge à des chercheurs à l'occasion. Les excursionnistes y font un arrêt pour observer non seulement ces tout petits singes curieux qui viennent manger dans leur main, mais aussi la faune et la flore de l'île, et notamment les oiseaux.

L'embarcation redémarre et, traversant encore l'Amazone en diagonale, elle emprunte un affluent du fleuve, le Río Amacayacu, où vit, à moins de 5 km de l'embouchure, une communauté amérindienne : les Ticunas. Elle regroupe quelque 350 personnes qui habitent dans des cases ressemblant étrangement à des chalets de villégiature. L'électricité, produite par des génératrices fonctionnant au pétrole, n'est cependant disponible que durant trois heures par jour soit de 18h à 21h. Les Ticunas sont des pêcheurs et des artisans qui échangent leurs produits contre du sucre, du sel, des légumes et du pétrole. Pour se protéger du soleil et des moustiques, ils se couvrent la peau d'un enduit qu'ils tirent d'une plante.

Le pilote se dirige maintenant vers le Río Loretoyacu, un autre affluent de l'Amazone qui, sur la rive de ses eaux noires, abrite Puerto Nariño, où nous reviendrons prendre le repas du midi. L'embarcation continue sa course à pleine vitesse pour se rendre aux Lagos de Tarapoto, une quinzaine de kilomètres plus loin, où vit un animal étrange, le dauphin rose de l'Amazonie, le seul dauphin d'eau douce au monde. Le moteur s'arrête enfin et le silence se fait. Soudain, un bruit de respiration inusité. Le dauphin apparaît à la surface, évacue l'eau de ses évents et replonge en profondeur à la recherche de nourriture.

Le **Museo Etnográphico del Hombre Amazónico** ★★★ *(lun-ven 8h à 12h et 14h à 19h, sam 9h à 12h; Carrera 11, entre les Calles 9 et 10, ☎27729 ou 27783)* a été inauguré en 1988 par le Banco de la República. Le musée présente une collection ethnographique assez complète, héritage des connaissances et des informations colligées pendant plus de 50 ans,

sur les tribus amazoniennes *ticuna, huitoto* et *yucuna,* par les missionnaires franciscains et capucins établis dans la région.

L'exposition débute par une introduction à la géographie assez spéciale de l'Amazonie, et se poursuit par un survol d'objets allant de l'époque précolombienne à aujourd'hui, en passant par les décennies de l'exploitation du caoutchouc du début du siècle, une époque assez dévastatrice pour la population indigène, alors de nouveau réduite à l'esclavage.

Dans une autre salle, on peut se familiariser avec la vie quotidienne des Amérindiens d'aujourd'hui ainsi que leurs cérémonies religieuses.

Le Museo renferme aussi une bibliothèque de plus de 3 000 titres consacrés uniquement à la vie indigène, une source unique pour les chercheurs et les spécialistes toutes catégories confondues.

Le **Jardín Botánico Zoológico** ★ *(1 000 pesos; tlj 7h à 12h et 14h à 17h30; Av. Vásquez Cobo, dès la sortie de l'aéroport)* présente surtout des animaux dans leur milieu naturel puisqu'ils sont originaires de l'Amazonie. On trouve donc des singes, des pumas, des crocodiles et d'autres animaux indigènes, sans oublier un anaconda de près de 8 m.

Le **Parque Orellana** ★★ *(Carrera 11, entre les Calles 7 et 8)* est considéré comme le centre-ville. C'est ici que se réunit la population le soir, entre 17h et 19h, pour bénéficier un peu de la fraîcheur qui s'installe à la tombée du jour. Les vendeurs de nourriture ambulants envahissent ses allées et, les fins de semaine, on peut assister à des concerts de musique populaire dans un théâtre en plein air.

Le **Parque Santander** ★ *(Carrera 11, entre les Calles 10 et 11)* est un beau parc avec un bronze de Francisco de Paula Santander. Mais le parc attire surtout l'attention alors que, vers 17h, il est envahi par des milliers d'oiseaux qui viennent nicher dans ses arbres. Jamais entendu d'oiseaux aussi tapageurs. Impossible de tenir une conversation sous un arbre, tellement ils jacassent fort. Une véritable sirène stridente. Ce sont des *loritos,* de petits perroquets. Ils partent puis reviennent quelques instants plus tard, volant toujours en groupe et criant toujours avec plus de véhémence. Curieusement, ils ne fréquentent pas le Parque Orellana, à moins de deux rues au sud.

Perroquets

Tabatinga ★

Tabatinga est la ville frontalière du Brésil d'où l'on peut prendre l'avion pour des destinations en ce pays. Tabatinga est située à moins de 20 min de route de Leticia, et il n'existe pas de frontière entre les deux villes. Un minibus fait la navette aux 5 min *(450 pesos)* du centre-ville de Leticia, Carrera 10, angle Calle 8, dès 6h et jusqu'à 19h, et se rend jusqu'au *terminal* de Tabatinga, sur la rive de l'Amazone brésilien en passant par le centre-ville et l'aéroport de Tabatinga. On peut y prendre un café, brésilien il va sans dire, et revenir, l'aller-retour s'effectuant en moins d'une heure.

Puerto Nariño ★★★

Située à 90 km de Leticia en pleine forêt vierge, Puerto Nariño, qui compte 5 000 habitants, est la seconde ville en importance du département de l'Amazonas. La petite communauté est sillonnée par des trottoirs en pierre, et il n'y a aucun véhicule moteur en circulation : ni tout-terrain, ni auto, ni moto. On y accède seulement par bateaux, qui accostent directement sur la plage ou à un petit quai de bois où se baignent des enfants, les crocodiles hésitant à s'approcher du village, étant donné qu'ils sont l'un des mets les plus recherchés des habitants. Il y a un service de navette fluviale Leticia-Puerto Nariño qui coûte 5 000 pesos. Départ de Leticia en direction de Puerto Nariño à 8h et à 10h. Départ de Puerto Nariño vers Leticia à 12h et à 14h.

Le village s'étire à l'orée de la forêt à quelque 200 m en haut de la plage, le vaste terrain compris entre cette dernière et le début du village étant vacant. À Puerto Nariño, par mesure d'économie et selon le vœu des habitants, l'électricité, aussi produite par des génératrices au pétrole, n'est disponible qu'à certaines heures de la journée, soit de 11h à 13h et de 17h à 2h.

Puerto Nariño pourrait aussi revendiquer le titre de capitale mondiale de la paix, si ce n'était de la présence des moustiques qui ne se gênent pas pour faire la guerre aux humains et aux animaux, surtout à la tombée du jour. On y trouve quelques petits hôtels au confort plutôt exceptionnel, si l'on tient compte que l'on est ici en pleine brousse. On trouve aussi, dès l'entrée du village, trois ou quatre petits restaurants où l'on déguste surtout le poisson frais en provenance de l'Amazone et de ses affluents.

 ## HÉBERGEMENT

Leticia

On trouve de bons hôtels à Leticia. Cependant, pour un meilleur confort, il vaut mieux choisir un hôtel dont les chambres sont munies d'un système d'air conditionné, car la chaleur et l'humidité sont accablantes dès le début de la matinée.

Residencias Marinas *($; bp, ⊗; Carrera 9 No. 9-29, ☎27309 ou 27303)*. Ce petit hôtel de 19 chambres propres offre une ambiance familiale. Pour petit budget.

Residencias Fernando *($; bp, ⊗; Carrera 9 No. 8-80, ☎27372)* est situé face à Residencias Marinas et propose une qualité semblable. Aussi pour petit budget. Atmosphère détendue.

Hotel Colonial *($$; bp, ec, ℜ, ≈; Carrera 10 No. 7-08, ☎27164)*. Il s'agit d'un vieil hôtel, non sans charme, situé à deux pas du centre-ville. Les chambres au mobilier modeste sont propres. L'accueil est correct.

L'hôtel **Amazonas** *($$$; bp, ec, tv, ☎, mb, ≈, ≈, ℜ; Calle 8 No. 10-32, ☎28025, ⊷28027)*, nouvellement rénové, propose 22 chambres dans un édifice colonial à deux étages. L'architecture, le décor et le mobilier confèrent à l'ensemble une note «amazonienne».

LETICIA

L'hôtel **Parador Ticuna** *($$$; bp, ec, tv, ☎, mb, ≡, ≈, ℜ; Carrera 11 No. 6-11, ☎27243, ⤳27273)* vaut le détour. Installé dans un sous-bois, à quelques pas du centre-ville, cet hôtel d'un seul étage se présente comme un motel avec des chambres qui donnent sur une cour intérieure magnifiquement décorée d'arbres et de fleurs autour de la piscine. Les chambres, de style loft, sont immenses, chacune étant dotée d'une véranda protégée par des moustiquaires. Le mobilier, de style safari, cadre bien avec l'ambiance. Le hall en bambou, à aire ouverte, est aussi exceptionnel, décoré de fleurs et de pièces d'artisanat local, le tout ayant aussi une ambiance «safari». La réception est sympathique. Le Parador Ticuna peut organiser un séjour d'un ou de plusieurs jours à l'hôtel de l'Isla de los Micos. On s'informe sur place, à la réception ou au comptoir de l'agence de voyages Turamazonas, dans le hall d'entrée (voir p 307).

L'hôtel **Anaconda** *($$$$$; bp, tv, ☎, mb, ≡, ≈, ℜ; Carrera 11 No. 7-34, ☎27119, 27891 ou 27274, ⤳27005)* est sans contredit le meilleur hôtel de Leticia. Dans cet édifice de quatre étages à l'architecture impersonnelle, le hall et la réception ressemblent plus à un centre commercial qu'à un *lobby* d'hôtel. En ce sens, c'est le lieu de rendez-vous du tout Leticia, qui s'y sent comme chez lui. On y rencontre autant le gérant de la succursale bancaire que le distributeur d'*aguardiente* local ou l'organisateur d'excursions indépendant. Les chambres sont correctement meublées. Et pour jouir du spectacle unique du coucher du soleil sur l'Amazone, il faut choisir les chambres avant, avec balcon, préférablement au 4ᵉ étage. L'Anaconda est doté d'une grande piscine. On y trouve un mobilier adéquat de tables, de chaises et de transats de patio, et l'on peut profiter du service du bar attenant, le restaurant y ayant même sa terrasse.

Puerto Nariño

On trouve quelques hôtels à Puerto Nariño. Le confort y est cependant relatif, l'électricité ne fonctionnant que sur une base intermittente. Par contre, le dépaysement est total. Essayez celui-ci.

L'hôtel **Brisas del Amazonas** *($; ⊗; sans véritable adresse, mais tout à gauche du village en débarquant au quai; on peut aussi réserver à Leticia, Carrera 8, No. 9-90, ☎/⤳27424, et à Bogotá, Calle 59, No. 9-63, local 247-59,* ☎*211 13 59,* ⤳*211 11 05)* est un édifice sur pilotis de deux étages, en bois rond et au toit de chaume, qui compte 12 chambres, sans salle de bain privée, avec une ambiance d'expédition en pleine brousse. L'atmosphère est détendue, et l'on peut dormir dans un hamac dans une salle à aire ouverte, avec moustiquaires bien entendu. Il n'y a pas de système d'air conditionné, mais l'hôtel étant enfoui sous les arbres, il demeure relativement frais au cours des périodes les plus chaudes de la journée. La réception est on ne peut plus chaleureuse. Sur place, on organise des excursions selon les goûts et le budget des hôtes.

RESTAURANTS

Leticia

Comme ailleurs en Colombie, on mange bien à Leticia et dans les environs. On trouvera de bons restaurants économiques, sur la Carrera 10 par exemple, et notamment la **Cafetería Sancho Panza** *($; tlj 12h à 2h; No. 8-72)*, le **Restaurante Pancho** *($; tlj 12h à 2h; No. 8-68)* et le **Restaurante Bucaneer** *($; tlj 12h à 2h; 8-10c)*, qui servent une cuisine typique et surtout l'*almuerzo* du midi, un repas complet comprenant une soupe et un plat principal.

Pour le petit déjeuner, on peut choisir la **Pizzería de Paulo** *($; angle Calle 8 et Carrera 10)*, qui est une petite terrasse. On y propose le déjeuner américain et des omelettes, de même que des pizzas et des hamburgers, entre autres.

Pour des repas plus sophistiqués, il faut cependant opter pour les restaurants suivants.

La **Maloca** *($-$$; tlj 8h à 2h; Calle 9 No. 9-87)* est une immense case à toit de chaume érigée selon les normes de la *maloca* des Huitotos, une salle commune réservée au culte de ces indigènes de l'Amazonie. On y mange des grillades de poisson et de viande dans une salle à manger qui est aussi une terrasse parce qu'à aire ouverte.

L'**Anaconda** *($$-$$$; tlj 7h à 22h; Carrera 11 No. 7-34, ☎217119, 27891 ou 27274)* est le restaurant de l'hôtel du même nom (voir p 312) dont la salle à manger vitrée, avec air conditionné, offre une vue sur la piscine. Le service s'effectue aussi sur la terrasse, adjacente à la piscine et séparée par une cloison psychologique. On peut y déguster une cuisine continentale, du poisson ou des steaks juteux. La carte comprend des vins français et chiliens.

  SORTIES

Événements

Plusieurs événements d'intérêt sont organisés dans le département de l'Amazonas et notamment dans les environs de Leticia. En voici quelques-uns :

Elección et Coronación de Miss Amazonas Colombia, à Leticia, en avril;

Cupleaños de Leticia, l'anniversaire de la fondation de la ville avec parades militaires et expositions de fleurs, le 25 avril;

Festival de la Confraternidad Amazónica, un festival qui réunit les pays amazoniens en compétitions sportives et en manifestations culturelles, à Leticia, du 15 au 20 juillet;

La Piraña de Oro, une compétition de pêche aux piranhas à Puerto Nariño, plus spécialement aux Lagos de Tarapoto, du 15 au 21 août;

Pirarucú de Oro, un festival de musique populaire amazonienne qui réunit aussi les artistes des pays frontaliers, à Leticia, au mois de novembre;

Desfile de Muñecos Viejos, un minicarnaval de marionnettes qui salue la fin de l'année, le 31 décembre.

 MAGASINAGE

Évidemment, l'Amazonas est le paradis pour les achats d'objets de toutes sortes comme la machette et même la sarbacane avec ses fléchettes qui constituent des souvenirs uniques. Si l'on choisit la sarbacane, il faut prévoir que celle-ci puisse se ranger dans la valise. Il est en effet douteux qu'on puisse prendre l'avion avec un tel objet en main, même si l'on explique qu'il s'agit d'une pièce d'artisanat. Les plus prosaïques choisiront les tapis, les poupées en écorce, des parures amérindiennes faites de plumes et les sacs tressés en corde, les paniers en osier et autres objets d'usage courant. On profitera des excursions pour se les procurer, Leticia ne proposant pas de véritable boutique d'artisanat.

LEXIQUE

Quelques indications sur la prononciation de l'espagnol en Amérique.

CONSONNES

c   Tout comme en français, le *c* est doux devant *i* et *e*, et se prononce alors comme un **s** : *cerro* (serro). Devant les autres voyelles, il est dur : *carro* (karro). Le *c* est également dur devant les consonnes, sauf devant le *h* (voir plus bas).

g   De même que pour le *c*, devant *i* et *e* le *g* est doux, c'est-à-dire qu'il est comme un souffle d'air qui vient du fond de la gorge : *gente* (hhente).

      Devant les autres voyelles, il est dur : *golf* (se prononce comme en français). Le *g* est également dur devant les consonnes.

ch   Se prononce **tch**, comme dans «Tchad» : *leche* (letche). Tout comme pour le *ll*, c'est comme s'il s'agissait d'une autre lettre, listée à part dans les dictionnaires et dans l'annuaire du téléphone.

h   Ne se prononce pas : *hora* (ora)

j   Se prononce comme le **h** de «him», en anglais.

ll   Se prononce comme **y** dans «yen» : *llamar* (yamar). Dans certaines régions, par exemple le centre de la Colombie, *ll* se prononce comme **j** de «jujube» (*Medellín* se prononce Medejin). Tout comme pour le *ch*, c'est comme s'il s'agissait d'une autre lettre, listée à part dans les dictionnaires et dans l'annuaire du téléphone.

ñ   Se prononce comme le **gn** de «beigne» : *señora* (segnora).

r   Plus roulé et moins guttural qu'en français, comme en italien.

s   Toujours **s** comme dans «singe» : *casa* (cassa)

v   Se prononce comme un **b** : *vino* (bino)

z   Comme un **s** : *paz* (pass)

VOYELLES

e   Toujours comme un **é** : *helado* (élado)

      sauf lorsqu'il précède deux consonnes, alors il se prononce comme un **è** : *encontrar* (èncontrar)

u   Toujours comme **ou** : *cuenta* (couenta)

y   Comme un **i** : *y* (i)

Toutes les autres lettres se prononcent comme en français.

ACCENT TONIQUE

En espagnol, chaque mot comporte une syllabe plus accentuée. Cet accent tonique est très important en espagnol et s'avère souvent nécessaire pour sa compréhension par vos interlocuteurs. Si, dans un mot, une voyelle porte un accent aigu (le seul utilisé en espagnol), c'est cette syllabe qui doit être accentuée. S'il n'y a pas d'accent sur le mot, il faut suivre la simple règle suivante :

On doit accentuer l'avant-dernière syllabe de tout mot qui se termine par une voyelle : *amigo*.

On doit accentuer la dernière syllabe de tout mot qui se termine par une consonne sauf *s* (pluriel des noms et adjectifs) ou *n* (pluriel des verbes) : *usted* (mais *amigos*, *hablan*).

PRÉSENTATIONS

au revoir	*adiós, hasta luego*
bon après-midi ou bonsoir	*buenas tardes*
bonjour (forme familière)	*hola*
bonjour (le matin)	*buenos días*
bonne nuit	*buenas noches*
célibataire (m/f)	*soltero/a*
comment allez-vous?	*¿cómo esta usted?*
copain/copine	*amigo/a*
de rien	*de nada*
divorcé(e)	*divorciado /a*
enfant (garçon/fille)	*niño/a*
époux, épouse	*esposo/a*
excusez-moi	*perdone/a*
frère, sœur	*hermano/a*
je suis belge	*Soy belga*
je suis canadien(ne)	*Soy canadiense*
je suis désolé, je ne parle pas espagnol	*Lo siento, no hablo español*
je suis français(e)	*Soy francés/a*
je suis québécois(e)	*Soy quebequense*
je suis suisse	*Soy suizo*
je suis un(e) touriste	*Soy turista*
je vais bien	*estoy bien*
marié(e)	*casado/a*
merci	*gracias*
mère	*madre*
mon nom de famille est...	*mi apellido es...*
mon prénom est...	*mi nombre es...*
non	*no*
oui	*sí*
parlez-vous français?	*¿habla usted francés?*
père	*padre*
plus lentement s'il vous plaît	*más despacio, por favor*
quel est votre nom?	*¿cómo se llama usted?*
s'il vous plaît	*por favor*
veuf(ve)	*viudo/a*

DIRECTION

à côté de	*al lado de*
à droite	*a la derecha*
à gauche	*a la izquierda*
dans, dedans	*dentro*
derrière	*detrás*
devant	*delante*

LEXIQUE

en dehors	*fuera*
entre	*entre*
ici	*aquí*
il n'y a pas...	*no hay...*
là-bas	*allí*
loin de	*lejos de*
où se trouve ... ?	*¿dónde está ... ?*
pour se rendre à...?	*¿para ir a...?*
près de	*cerca de*
tout droit	*todo recto*
y a-t-il un bureau de tourisme ici?	*¿hay aquí una oficina de turismo?*

L'ARGENT

argent	*dinero/plata*
carte de crédit	*tarjeta de crédito*
change	*cambio*
chèque de voyage	*cheque de viaje*
je n'ai pas d'argent	*no tengo dinero*
l'addition, s'il vous plaît	*la cuenta, por favor*
reçu	*recibo*

LES ACHATS

acheter	*comprar*
appareil photo	*cámara*
argent	*plata*
artisanat typique	*artesanía típica*
bijoux	*joyeros*
cadeaux	*regalos*
combien cela coûte-t-il?	*¿cuánto es?*
cosmétiques et parfums	*cosméticos y perfumes*
disques, cassettes	*discos, casetas*
en/de coton	*de algodón*
en/de cuir	*de cuero/piel*
en/de laine	*de lana*
en/de toile	*de tela*
fermé	*cerrado/a*
film, pellicule photographique	*rollo/film*
j'ai besoin de ...	*necesito ...*
je voudrais	*quisiera...*
je voulais	*quería...*
journaux	*periódicos/diarios*
la blouse	*la blusa*
la chemise	*la camisa*
la jupe	*la falda/la pollera*
la veste	*la chaqueta*
le chapeau	*el sombrero*
le client, la cliente	*el/la cliente*
le jean	*los tejanos/los vaqueros/los jeans*
le marché	*mercado*
le pantalon	*los pantalones*
le t-shirt	*la camiseta*
le vendeur, la vendeuse	*dependiente*

LEXIQUE

le vendeur, la vendeuse	*vendedor/a*
les chaussures	*los zapatos*
les lunettes	*las gafas*
les sandales	*las sandalias*
montre-bracelet	*el reloj(es)*
or	*oro*
ouvert	*abierto/a*
pierres précieuses	*piedras preciosas*
piles	*pilas*
produits solaires	*productos solares*
revues	*revistas*
un grand magasin	*almacén*
un magasin	*una tienda*
un sac à main	*una bolsa de mano*
vendre	*vender*

DIVERS

beau	*hermoso*
beaucoup	*mucho*
bon	*bueno*
bon marché	*barato*
chaud	*caliente*
cher	*caro*
clair	*claro*
court	*corto*
court (pour une personne petite)	*bajo*
étroit	*estrecho*
foncé	*oscuro*
froid	*frío*
gros	*gordo*
j'ai faim	*tengo hambre*
j'ai soif	*tengo sed*
je suis malade	*estoy enfermo/a*
joli	*bonito*
laid	*feo*
large	*ancho*
lentement	*despacio*
mauvais	*malo*
mince, maigre	*delgado*
moins	*menos*
ne pas toucher	*no tocar*
nouveau	*nuevo*
où?	*¿dónde?*
grand	*grande*
petit	*pequeño*
peu	*poco*
plus	*más*
qu'est-ce que c'est?	*¿qué es esto?*
quand	*¿cuando?*
quelque chose	*algo*
rapidement	*rápidamente*
requin	*tiburón*
rien	*nada*
vieux	*viejo*

LES NOMBRES

0	*zero*
1	*uno ou una*
2	*dos*
3	*tres*
4	*cuatro*
5	*cinco*
6	*seis*
7	*siete*
8	*ocho*
9	*nueve*
10	*diez*
11	*once*
12	*doce*
13	*trece*
14	*catorce*
15	*quince*
16	*dieciséis*
17	*diecisiete*
18	*dieciocho*
19	*diecinueve*
20	*veinte*
21	*veintiuno*
22	*veintidós*
23	*veintitrés*
24	*veinticuatro*
25	*veinticinco*
26	*veintiséis*
27	*veintisiete*
28	*veintiocho*
29	*veintinueve*
30	*treinta*
31	*treinta y uno*
32	*treinta y dos*
40	*cuarenta*
50	*cincuenta*
60	*sesenta*
70	*setenta*
80	*ochenta*
90	*noventa*
100	*cien/ciento*
200	*doscientos, doscientas*
500	*quinientos, quinientas*
1 000	*mil*
10 000	*diez mil*
1 000 000	*un millón*

LA TEMPÉRATURE

il fait chaud	*hace calor*
il fait froid	*hace frío*
nuages	*nubes*
pluie	*lluvia*
soleil	*sol*

LE TEMPS

année	*año*
après-midi, soir	*tarde*
aujourd'hui	*hoy*
demain	*mañana*
heure	*hora*
hier	*ayer*
jamais	*jamás, nunca*
jour	*día*
maintenant	*ahora*
minute	*minuto*
mois	*mes*
nuit	*noche*
pendant le matin	*por la mañana*
quelle heure est-il?	*¿qué hora es?*
semaine	*semana*

dimanche	*domingo*
lundi	*lunes*
mardi	*martes*
mercredi	*miércoles*
jeudi	*jueves*
vendredi	*viernes*
samedi	*sábado*

janvier	*enero*
février	*febrero*
mars	*marzo*
avril	*abril*
mai	*mayo*
juin	*junio*
juillet	*julio*
août	*agosto*
septembre	*septiembre*
octobre	*octubre*
novembre	*noviembre*
décembre	*diciembre*

LES COMMUNICATIONS

appel à frais virés (PCV)	*llamada por cobrar*
attendre la tonalité	*esperar la señal*
composer le préfixe	*marcar el prefijo*
courrier par avion	*correo aéreo*
enveloppe	*sobre*
interurbain	*larga distancia*
la poste et l'office des télégrammes	*correos y telégrafos*
le bureau de poste	*la oficina de correos*
les timbres	*estampillas/sellos*
tarif	*tarifa*
télécopie (fax)	*telecopia*
télégramme	*telegrama*
un annuaire de téléphone	*un botín de teléfonos*

LES ACTIVITÉS

musée ou galerie	*museo*
nager, se baigner	*bañarse*
plage	*playa*
plongée sous-marine	*buceo*
se promener	*pasear*

LES TRANSPORTS

à l'heure prévue	*a la hora*
aéroport	*aeropuerto*
aller simple	*ida*
aller-retour	*ida y vuelta*
annulé	*annular*
arrivée	*llegada*
avenue	*avenida*
bagages	*equipajes*
coin	*esquina*
départ	*salida*
est	*este*
gare, station	*estación*
horaire	*horario*
l'arrêt d'autobus	*una parada de autobús*
l'arrêt s'il vous plaît	*la parada, por favor*
l'autobus	*el bus*
l'avion	*el avión*
la bicyclette	*la bicicleta*
la voiture	*el coche, el carro*
le bateau	*el barco*
le train	*el tren*
nord	*norte*
ouest	*oeste*
passage de chemin de fer	*crucero ferrocarril*
rapide	*rápido*
retour	*regreso*
rue	*calle*
sud	*sur*
sûr, sans danger	*seguro/a*
taxi collectif	*taxi colectivo*

LA VOITURE

à louer, qui prend des passagers	*alquilar*
arrêt	*alto*
arrêtez	*pare*
attention, prenez garde	*cuidado*
autoroute	*autopista*
défense de doubler	*no adelantar*
défense de stationner	*prohibido aparcar o estacionar*
essence	*petróleo, gasolina*
feu de circulation	*semáforo*
interdit de passer, route fermée	*no hay paso*
limite de vitesse	*velocidad permitida*
piétons	*peatones*
ralentissez	*reduzca velocidad*

station-service   *servicentro*
stationnement   *parqueo, estacionamiento*

L'HÉBERGEMENT

air conditionné   *aire acondicionado*
ascenseur   *ascensor*
avec salle de bain privée   *con baño privado*
basse saison   *temporada baja*
chalet (de plage), bungalow   *cabaña*
chambre   *habitación*
double, pour deux personnes   *doble*
eau chaude   *agua caliente*
étage   *piso*
gérant, patron   *gerente, jefe*
haute saison   *temporada alta*
hébergement   *alojamiento*
lit   *cama*
petit déjeuner   *desayuno*
piscine   *piscina*
rez-de-chaussée   *planta baja*
simple, pour une personne   *sencillo*
toilettes, cabinets   *baños*
ventilateur   *ventilador*

INDEX

INDEX

INDEX

LES GUIDES ULYSSE

Acapulco
Ce guide de la collection «Plein Sud» présente sous un jour nouveau la plus célèbre des stations balnéaires du Mexique : la baie d'Acapulco, ses plages, ses restaurants et sa trépidante vie nocturne, mais aussi les montagnes voisines, de même que son histoire et ses habitants.
Marc Rigole, Claude-Victor Langlois
176 pages, 6 cartes
14,95 $ 85 F
2-89464-061-7

Bahamas
Voici le premier guide en français entièrement consacré aux îles des Bahamas. Les plages les plus extraordinaires, les meilleurs sites de plongée, les casinos..., tous sont recensés dans cet ouvrage qui couvre en détail une quinzaine d'îles de cet archipel des Caraïbes, en plus des deux îles mondialement connues que sont New Providence (Nassau) et Grand Bahama (Freeport).
Jennifer McMorran
224 pages, 15 cartes
8 pages de photos en couleurs
24,95 $ 145 F
2-89464-139-7

Belize
Ce guide vous entraîne à la conquête de ce petit pays d'Amérique centrale, autrefois dénommé Honduras Britannique. Il vous entraîne à la découverte de ce territoire et de ces fonds marins, paradis des plongeurs.
Carlos Soldevila
210 pages, 25 cartes
16,95 $ 99 F
2-89464-178-8

Cancún - Cozumel
Célèbre station balnéaire de la péninsule du Yucatán entièrement construite par l'homme, Cancún attire des visiteurs des quatre coins de la planète. Grâce à la proximité de l'île de Cozumel, paradis pour la plongée, et de fabuleux sites archéologiques, vestiges de la civilisation maya, Cancún représente une expérience touristique unique.
Caroline Vien, Alain Théroux
210 pages, 20 pages
17,95 $ 99 F
2-89464-037-4

Carthagène (Colombie), 2e édition
Voici la seconde édition de cet ouvrage unique consacré à cette magnifique cité colombienne qui réunit richesses culturelles, plages splendides, restos pour tous les goûts et vie nocturne animée. Tout sur les multiples possibilités d'excursions de plein air.
Marc Rigole
120 pages, 10 cartes
12,95 $ 70 F
2-89464-130-3

Colombie
Cet ouvrage jette un regard neuf sur ce pays souvent méconnu et vous dévoile quelques-uns de ces plus beaux secrets, dont Carthagène et Santafé de Bogotá.
Marc Lessard
336 pages, 65 cartes
8 pages de photos en couleurs
27,95$ 145 F
2-89464-078-1

Costa Rica, 5e édition
Ce Guide Ulysse est en quelque sorte devenu un classique et demeure le plus complet sur la destination en français. En voici la cinquième édition, complètement réécrite et réorganisée afin de servir encore mieux les voyageurs. Innombrables idées d'excursions écotouristiques; listes incomparables d'adresses pratiques pour tous les budgets.
Francis Giguère, Yves Séguin
400 pages, 35 cartes
8 pages de photos en couleurs
27,95 $ 145 F
2-89464-125-7

Chili
Après le Venezuela, la Colombie et l'Équateur, voici qu'Ulysse se rend maintenant dans un nouveau pays d'Amérique du Sud : le Chili, qui a tant à offrir au voyageur avec ses nombreuses zones climatiques.
Eric Hamovitch
400 pages, 75 cartes
8 pages de photos en couleurs
27,95 $ 145 F
2-89464-087-0

Cuba, 3e édition

Déjà une nouvelle édition de ce classique ouvrage qu'aucune imitation n'a encore réussi à égaler. La Havane, métropole au riche passé colonial; Trinidad, ville historique reconnue par l'Unesco; Santiago, cité afro-cubaine; les plages édéniques : tout est là. Ce guide regorge de plus de tous les tuyaux imaginables pour voyager à Cuba de manière autonome.

Carlos Soldevila
375 pages, 40 cartes
8 pages de photos en couleurs
24,95 $ 129 F
2-89464-138-9

El Salvador

Le guide indispensable pour apprivoiser ce pays de l'Amérique centrale qui fascine par son histoire, sa culture et sa beauté naturelle, et qui devient de plus en plus accessible aux visiteurs.

Eric Hamovitch
164 pages, 7 cartes
ISBN : 2-921444-96-8
22,95 $ 145 F

Équateur - Îles Galápagos, 2e édition

Ce guide couvre l'ensemble des régions de ce magnifique pays de l'Amérique du Sud, incluant bien sûr Quito, la capitale, mais aussi les îles Galápagos. Des centaines d'adresses pour tous les budgets et les meilleurs tuyaux pour découvrir ce fascinant pays des Incas.

Alain Legault
352 pages, 38 cartes
8 pages de photos en couleurs
24,95 $ 145 F
2 89464-053-6

Guadeloupe, 3e édition

Nouvelle édition de ce guide, le seul sur la destination à réunir de façon aussi habile les dimensions culturelles et pratiques. Il vous dévoilera les beautés de ces îles escarpées baignant dans la mer des Caraïbes. Des centaines d'adresses dans toutes les catégories de prix. Magnifiques planches en couleurs pour l'identification des oiseaux et des espèces végétales de la Guadeloupe.

Pascale Couture
240 pages, 15 cartes
8 pages de photos en couleurs
24,95 $ 98 F
2-89464-133-8

Guatemala

Des accords de paix historiques permettent au tourisme de se développer à nouveau au Guatemala, pays aux traditions amérindiennes si fortes et si présentes. De plus, cet ouvrage vous propose de découvrir le Belize, petit pays devenu le paradis des amateurs de plongée.

Carlos Soldevila
370 pages, 30 cartes
24,95 $ 129 F
2-89464-173-7

Honduras, 2e édition

Voici la seconde édition de cet ouvrage consacré à l'un des pays d'Amérique centrale dont l'avenir touristique est le plus prometteur. Des longues plages sauvages aux sites archéologiques, ce guide ne laisse rien au hasard. Nombreuses suggestions d'excursions de plein air.

Eric Hamovitch
pages, cartes
24,95 $ 145 F
2-89464-131-1

Martinique, 3e édition

Le seul guide sur la Martinique alliant aussi parfaitement les aspects culturels et pratiques. De nombreux circuits vous conduisent dans tous les coins de cette île des Antilles, depuis Fort-de-France jusqu'à Saint-Pierre, en passant par la Grande Anse des Salines et la montagne Pelée. Tout sur la randonnée pédestre et les sports nautiques. Magnifiques planches en couleurs pour identifier oiseaux et espèces végétales.

Claude Morneau
288 pages, 18 cartes
8 pages de photos en couleurs
24,95 $ 98 F
2-89464-134-6

Nicaragua

Jadis en vedette à la une des principaux journaux du monde, le Nicaragua apparaît maintenant plus souvent dans la rubrique «Tourisme». En plus de la capitale Managua et de la populaire station touristique de Montelimar, ce guide explore tous les coins du pays, dont les touchantes villes de León et de Granada.

Carol Wood
256 pages, 18 cartes
24,95 $ 145 F
2-89464-043-9

Panamá, 2e édition

Seul guide en français sur ce pays de l'Amérique centrale. Allie les aspects pratiques et culturels. Des portions importantes sont consacrées à la Ciudad de Panamá et au célèbre canal, mais le guide mène aussi à la découverte de toutes les autres régions.

Marc Rigole, Claude-Victor Langlois
240 pages, 16 cartes
8 pages de photos en couleurs
24,95 $ 145 F
2-921444-88-7

Pérou

Avec cet outil indispensable, suivez les traces des Incas et des autres peuples qui ont formé le Pérou d'aujourd'hui, pays diversifié qui vous réserve des trésors fabuleux comme Machu Picchu, Cuzco l'ancienne capitale inca, le lac Titicaca et ses légendes, Lima, l'ancienne ville des rois, les mystérieux géoglyphes de Nazca et la superbe ville coloniale d'Arequipa.

Alain Legault
356 pages, 60 cartes
8 pages de photos en couleurs
27,95 $ 129 F
2-89464-118-4

Puerto Vallarta (Mexique), 2e édition

Grâce à la seconde édition de ce guide de poche, découvrez comment ce petit village de pêcheurs coincé entre mer et montagnes s'est peu à peu métamorphosé en une splendide station balnéaire de la Riviera mexicaine. Visites des rues de la ville et des plages de rêve. Nombreuses descriptions des bonnes tables de l'endroit.

Richard Bizier, Roch Nadeau
176 pages, 6 cartes
14,95 $ 99 F
2-89464-145-1

République dominicaine, 4e édition

Pays de mer et de montagnes, la République dominicaine constitue une destination des plus variées, en pleine expansion tant sur les marchés nord-américain qu'européen. Visites des célèbres stations balnéaires, des villages perchés et de Santo Domingo, la grande métropole. Cette quatrième édition surpasse tout ce qui a été publié sur ce pays.

Pascale Couture, Benoit Prieur
256 pages, 25 cartes
8 pages de photos en couleurs
24,95 $ 145 F
2-89464-060-9

Saint-Martin - Saint-Barthélemy, 2e édition

Le seul guide spécifiquement consacré à ces îles antillaises rattachées à la Guadeloupe. Permet la découverte de l'ambiance singulière des irrésistibles villages de Saint-Barth et conduit sur les plages et dans les casinos de Saint-Martin, petit paradis que se partagent Français et Hollandais.

Pascale Couture
210 pages, 10 cartes
16,95 $ 89 F
2-89464-063-3

Venezuela, 2e édition

Un guide fort précieux pour une expédition vers les chutes Ángel, une ascension du Roraima, une excursion dans les Andes, une visite de Caracas, une sieste sur une plage d'Isla Margarita ou une exploration des abords du fleuve Orínoco.

Hilary D. Branch
316 pages, 32 cartes
8 pages de photos en couleurs
29,95 $ 145 F
2-89464-044-7

GUIDES DE CONVERSATION

L'Espagnol... pour mieux Voyager

Des milliers de mots et d'expressions usuels pour voyager en toute quiétude dans les pays d'Amérique latine; des planches en couleurs pour trouver le mot juste en un clin d'œil; des indications phonétiques pour une prononciation correcte... le tout organisé de manière pratique dans un guide de format poche.

collectif
192 pages   -   8 doubless-pages en couleurs
9,95 $ 43 F
2-89464-067-6

L'Anglais... pour mieux voyager

Voici l'outil idéal pour franchir les barrières de langue lors de vos expéditions en Amérique. De format pratique, ce guide de conversation recense des milliers de mots et d'expressions à utiliser dans toutes les circonstances. Des illustrations en couleurs permettent de trouver le mot juste rapidement. Des indications phonétiques vous assurent de vous faire comprendre du premier coup...

collectif
192 pages   -   8 doubles-pages en couleurs
9,95 $ 43 F
2-89464-068-4

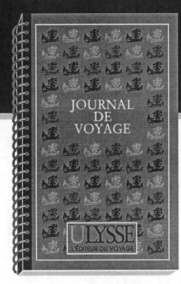

BON DE COMMANDE

GUIDES DE VOYAGE ULYSSE

☐ Abitibi-Témiscamingue et Grand Nord	22,95 $	☐ Jamaïque	24,95 $
		☐ La Nouvelle-Orléans	17,95 $
☐ Acapulco	14,95 $	☐ Lisbonne	18,95 $
☐ Arizona et Grand Canyon	24,95 $	☐ Louisiane	29,95 $
☐ Bahamas	24,95 $	☐ Martinique	24,95 $
☐ Belize	16,95 $	☐ Montréal	19,95 $
☐ Boston	17,95 $	☐ New York	19,95 $
☐ Calgary	16,95 $	☐ Nicaragua	24,95 $
☐ Californie	29,95 $	☐ Nouvelle-Angleterre	29,95 $
☐ Canada	29,95 $	☐ Ontario	24,95 $
☐ Charlevoix Saguenay – Lac-Saint-Jean	22,95 $	☐ Ottawa	16,95 $
		☐ Ouest canadien	29,95 $
☐ Chicago	19,95 $	☐ Panamá	24,95 $
☐ Chili	27,95 $	☐ Pérou	27,95 $
☐ Colombie	29,95 $	☐ Plages du Maine	12,95 $
☐ Costa Rica	27,95 $	☐ Portugal	24,95 $
☐ Côte-Nord – Duplessis – Manicouagan	22,95 $	☐ Provence – Côte-d'Azur	29,95 $
		☐ Provinces Atlantiques du Canada	24,95 $
☐ Cuba	24,95 $		
☐ Disney World	19,95 $	☐ Le Québec	29,95 $
☐ El Salvador	22,95 $	☐ Québec Gourmand	16,95 $
☐ Équateur – Îles Galápagos	24,95 $	☐ Le Québec et l'Ontario de VIA	9,95 $
☐ Floride	29,95 $	☐ République dominicaine	24,95 $
☐ Gaspésie – Bas-Saint-Laurent Îles-de-la-Madeleine	22,95 $	☐ San Francisco	17,95 $
		☐ Toronto	18,95 $
☐ Gîtes du Passant au Québec	12,95 $	☐ Vancouver	17,95 $
☐ Guadeloupe	24,95 $	☐ Venezuela	29,95 $
☐ Guatemala	24,95 $	☐ Ville de Québec	17,95 $
☐ Honduras	24,95 $	☐ Washington D.C.	18,95 $

ULYSSE PLEIN SUD

☐ Acapulco	14,95 $	☐ Carthagène (Colombie)	12,95 $
☐ Cancún – Cozumel	17,95 $	☐ Puerto Vallarta	14,95 $
☐ Cape Cod – Nantucket	17,95 $	☐ Saint-Martin – Saint-Barthélemy	16,95 $

ESPACES VERTS

☐ Cyclotourisme en France	22,95 $	☐ Randonnée pédestre Nord-est des États-Unis	19,95 $
☐ Motoneige au Québec	19,95 $		
☐ Randonnée pédestre Montréal et environs	19,95 $	☐ Randonnée pédestre au Québec	22,95 $
		☐ Ski de fond au Québec	22,95 $

GUIDES DE CONVERSATION

☐ L'Anglais pour mieux voyager   9,95 $ | ☐ L'Espagnol pour mieux voyager   9,95 $
en Amérique   en Amérique latine

JOURNAUX DE VOYAGE ULYSSE

☐ Journal de voyage Ulysse   11,95 $ | ☐ Journal de voyage Ulysse   9,95 $
(spirale) bleu – vert – rouge   (format de poche) bleu – vert –
ou jaune   rouge – jaune ou «sextant»

● zone petit budget

☐ ●zone Amérique centrale   14,95 $ | ☐ ●zone le Québec   14,95 $

TITRE	QUANTITÉ	PRIX	TOTAL

Nom _____

Adresse _____

_____

Paiement : ☐ Comptant   ☐ Visa   ☐ MasterCard

Numéro de carte _____

Signature _____

Total partiel	
Poste-Canada*	4,00 $
Total partiel	
T.P.S. 7%	

TOTAL

ULYSSE L'ÉDITEUR DU VOYAGE
4176, rue Saint-Denis, Montréal (Québec)
☎ (514) 843-9447, fax (514) 843-9448, H2W 2M5
Pour l'Europe, s'adresser aux distributeurs, voir liste p 2.
* Pour l'étranger, compter 15 $ de frais d'envoi.